THE
SOPRANOS

Photo © Timothy White / HBO

"A vida só vale a pena
se você experimentar
de verdade."

DADOS INTERNACIONAIS DE
CATALOGAÇÃO NA PUBLICAÇÃO (CIP)
Jéssica de Oliveira Molinari – CRB-8/9852

Seitz, Matt Zoller
Família Soprano: Menu de Episódios / Matt Zoller Seitz,
Alan Sepinwall ; tradução de Leo Moretti. — Rio de Janeiro:
DarkSide Books, 2024.
576 p.

ISBN: 978-65-5598-449-1
Título original: Sopranos Sessions

1. Sopranos (Programa de televisão) 2. Gangsteres
I. Título II. Sepinwall, Alan III. Moretti, Leo

24-0340   CDD 791.45

Índices para catálogo sistemático:
1. Sopranos (Programa de televisão)

Impressão: Braspor

THE SOPRANOS SESSIONS
Copyright © 2019 Matt Zoller Seitz and Alan Sepinwall
Introduction copyright © 2019 Laura Lippman
First published in the English language in 2019 by Abrams Press,
an imprint of ABRAMS, New York. All rights reserved in all countries
by Harry N. Abrams, Inc.
Todos os direitos reservados
Tradução para a língua portuguesa © Leo Moretti, 2024

Trechos dos resumos da primeira temporada foram originalmente publicados no site *HitFix.com* (agora *Uproxx.com*) e são republicados com permissão da Uproxx Media. Alguns resumos das temporadas quatro e cinco (incluindo "Whitecaps", "Long-Term Parking", e "All Due Respect") contêm trechos de colunas que foram publicadas no *Star-Ledger* e são republicados com permissão. Os resumos das temporadas seis e sete combinam material originalmente publicado no *Star-Ledger* (e em seu site afiliado *NJ.com*) e no *The House Next Door*, agora o blog oficial da *Slant Magazine* (www.slantmagazine.com/house), e são republicados com permissão. O material da seção "De olho na Máfia" foi originalmente publicado no *Star-Ledger* e em *NJ.com*, ou na revista *New York* e seu site afiliado, *Vulture* (www.vulture.com). Todos são republicados com permissão. Imagens da ©Alamy e ©Getty Images.

Capi	**Consiglieri**	**Associati**
Christiano Menezes	Sergio Chaves	Guilherme Kroll
Raquel Moritz	Jessica Reinaldo	Isadora Torres
Francisco de Assis	Jefferson Cortinove	Rebeca Benjamim
Arthur Moraes	Tinhoso e Ventura	Ricardo Brito

MACABRA™ DARKSIDE

Todos os direitos desta edição reservados à
DarkSide® Entretenimento Ltda. • darksidebooks.com
Macabra™ Filmes Ltda. • macabra.tv

© 2024 MACABRA/ DARKSIDE

Matt Zoller Seitz & Alan Sepinwall

CUCINA ITALOAMERICANA

the Sopranos

NEW YORK • NEW JERSEY

Menu de Episódios

Tradução
Leo Moretti

MACABRA™
D A R K S I D E

T1
1999

PREFÁCIO
Você recebe pelo que paga .21

INTRODUÇÃO
*Isso continua e continua e
continua e continua* .27

T1/E1: Pilot
Acordou nessa manhã .34

T1/E2: 46 Long
A melhor amiga de um garoto .45

T1/E3: Denial, Anger, Acceptance
Protocolo .50

T1/E4: Meadowlands
A violência casual .53

T1/E5: College
A verdadeira face .57

T1/E6: Pax Soprana
Como um bandolim .63

T1/E7: Down Neck
Coelho branco .67

T1/E8: The Legend of Tennessee Moltisanti
Limpezinha nos armários .71

T1/E9: Boca
O diabo que ele conhece .75

T1/E10: A Hit Is a Hit
Caixa misteriosa .77

T1/E11: Nobody Knows Anything
O outro para sempre .82

T1/E12: Isabella
Pequenas lágrimas .86

T1/E13: I Dream of Jeanie Cusamano
Janelas de arranha-céus .89

T2

2000

T2/E1: Guy Walks Into a Psychiatrist's Office
Um ano muito bom .96

T2/E2: Do Not Resuscitate
O sujo falando do mal lavado .103

T2/E3: Toodle-Fucking-Oo
Velha-guarda 106

T2/E4: Commendatori
Con te partirò .109

T2/E5: Big Girls Don't Cry
Controle total .112

T2/E6: The Happy Wanderer
Esse jogo não é para você .116

T2/E7: D-Girl
Deus, o pai .120

T2/E8: Full Leather Jacket
A última bolacha do pacote .122

T2/E9: From Where to Eternity
O almirante Piper .125

T2/E10: Bust Out
O escorpião .129

T2/E11: House Arrest
Alexitimia .131

T2/E12: The Knight in White Satin Armor
Pinheiros .134

T2/E13: Funhouse
Templo do conhecimento .138

T3

2001

T3/E1: Mr. Ruggerio's Neighborhood
A fábrica de linguiça .146

T3/E2: Proshai, Livushka
Muito a andar .148

T3/E3: Fortunate Son
O herdeiro .152

T3/E4: Employee of The Month
Cão de ataque .155

T3/E5: Another Toothpick
Sob proteção .160

T3/E6: University
Acidente de trabalho .163

T3/E7: Second Opinion
Dinheiro sujo .170

T3/E8: He Is Risen
Aposentadoria precoce .174

T3/E9: The Telltale Moozadell
Cada criança é especial .178

T3/E10: ... To Save Us All From Satan's Power
Ho, ho, ho, cacete! .182

T3/E11: Pine Barrens
Rasputin .186

T3/E12: Amour Fou
Um mofo .190

T3/E13: Army of One
O negócio do lixo .194

T4

2002

T4/E1: For All Debts Public and Private
O meio-campo de Notre Dame .200

T4/E2: No Show
O sr. Mafioso .203

T4/E3: Christopher
Reservas .206

T4/E4: The Weight
Ela toda .208

T4/E5: Pie-O-My
Meu rifle, meu pônei e eu .211

T4/E6: Everybody Hurts
Reflexões .213

T4/E7: Watching Too Much Television
Tantas garotas de New Jersey .215

T4/E8: Mergers And Acquisitions
A mulher do chefe .218

T4/E9: Whoever Did This
Direto como uma flecha .220

T4/E10: The Strong, Silent Type
Intervenção .225

T4/E11: Calling All Cars
Versales .228

T4/E12: Eloise
Chega de papo .231

T4/E13: Whitecaps
Quem tem medo de Virginia Mook? .233

T5

2004

T5/E1: Two Tonys
Turma de 2004 .240

T5/E2: Rat Pack
Tony do tio Al .243

T5/E3: Where's Johnny?
Pequenos derrames .247

T5/E4: All Happy Families
Rolo compressor .250

T5/E5: Irregular Around The Margins
Telefone .254

T5/E6: Sentimental Education
Peixe fora d'água .256

T5/E7: In Camelot
Feliz aniversário, sr. presidente .260

T5/E8: Marco Polo
Trégua e consequências .264

T5/E9: Unidentified Black Males
Arqui-inimigo .267

T5/E10: Cold Cuts
Na fazenda .270

T5/E11: The Test Dream
Três vezes uma mulher .274

T5/E12: Long Term Parking
Dirigir para longe .279

T5/E13: All Due Respect
Boas-novas .284

T6

2006

T6/E1: Members Only
A forca .290

T6/E2: Join The Club
Sistemas de aquecimento .293

T6/E3: Mayham
Cumplicidade .297

T6/E4: The Fleshy Part Of The Thigh
Kung Fu .300

T6/E5: Mr. & Mrs. John Sacrimoni Request...
Chacais .304

T6/E6: Live Free or Die
No fundo do vale .307

T6/E7: Luxury Lounge
Os que têm e os que não têm .310

T6/E8: Johnny Cakes
Imitações da vida .313

T6/E9: The Ride
Um par de meias .317

T6/E10: Moe n' Joe
A totalidade de Vito .319

T6/E11: Cold Stones
Cidade luz .322

T6/E12: Kaisha
Pelo menos ela é católica .325

T7

2007

T7/E1: Soprano Home Movies
Hotel no calçadão .330

T7/E2: Stage 5
Rodas Giratórias .333

T7/E3: Remember When
Estradas do interior, levem-me para casa .338

T7/E4: Chasing It
Um seixo no lago .342

T7/E5: Walk Like a Man
Heróis do inferno .347

T7/E6: Kennedy And Heidi
Com a finalidade do conforto .351

T7/E7: The Second Coming
Elas são as condutoras .355

T7/E8: The Blue Comet
Leadbelly .359

T7/E9: Made In America
Sem bis .363

MADE IN AMERICA
*O que aconteceu no final
de Família Soprano?* .379

SESSÕES COM DAVID CHASE
Entrevistas .395

DE OLHO NA MÁFIA
Textos selecionados do Star-Ledger .491

PALAVRAS AO CHEFE
Tributo a James Gandolfini .547

AGRADECIMENTOS .563

SOBRE OS AUTORES .565

RECEITA AFETIVA .566

Para Susan Olds, Mark Di Ionno, Wally Stroby, Rosemary Parrillo, Anne-Marie Cottone, Jenifer Braun, Steve Hedgpeth e o restante da gangue do caderno especial do *Star-Ledger* nos gloriosos anos 1990.

Com amor,
Kid e Genius

PREFÁCIO
Você recebe pelo que paga

Antes de 2002 eu tinha assistido a apenas *um* episódio de *Família Soprano*, por acaso, em um quarto de hotel, no norte do estado de Nova York. Gostei do que vi, mas cresci em uma família frugal que tinha uma longa lista de coisas pelas quais nunca se deveria pagar, e TV a cabo estava no topo dessa lista. Afinal, a televisão foi feita para ser *gratuita*. Então, em 1999, eu assisti àquele único episódio, depois não acompanhei mais a série. Após três anos e três temporadas aclamadas pela crítica, tudo o que eu sabia era que, certa vez, Tony Soprano levou a filha para visitar uma faculdade e nada saiu conforme o planejado.

Passado um tempo, decidi comprar uma casa com meu então namorado, atual marido, que, por acaso, estava criando sua própria série na HBO, *A Escuta*. (Aliás, ele estava tão ocupado com a filmagem que fiz a mudança sozinha; mas não vamos remexer em uma mágoa do passado.) Nossa nova casa tinha bancadas laminadas e verdes, iguais às de Carmela Soprano. E o que era ainda mais emocionante: tínhamos uma assinatura da HBO e uma bela provisão gratuita de DVDs. Então, quando uma cirurgia na boca me deixou de molho por alguns dias, na primavera de 2002, eu cozinhei um suflê de queijo e comecei minha primeira maratona — embora, na época, esse termo ainda não fosse popular. Minha esperança era que *Família Soprano* me distraísse da dor até que eu conseguisse dormir.

Eu dormi bem pouco nos três dias que se seguiram.

Como milhões de espectadores antes de mim, fiquei viciada na série e tinha um compromisso marcado aos domingos durante as "três" temporadas que foram ao ar nos cinco anos seguintes. (Como os escritores deste livro e o próprio David Chase, eu as considero quatro temporadas.) Depois que a série terminou, em 2007, reassisti a tudo, pelo menos, seis vezes.

Hoje em dia, séries dramáticas são comuns, mas poucas chegam aos pés de *Família Soprano*. É possível assistir à série do início ao fim com enorme satisfação, mas também curtir episódios individuais, mesmo fora de ordem. Perto de sua morte, a memória do meu pai já era falha, mas, mesmo assim, ele assistia com alegria a reprises dos episódios (editados para suavizar a trama) no A&E, da mesma forma que, tempos atrás, seu pai havia assistido à série *Perry Mason*. Pouco importava que ele não conseguia se lembrar dos arcos narrativos; os episódios individuais nunca deixaram de entretê-lo.

Atribuo essa qualidade ao fato de Chase ter passado anos trabalhando no mundo relativamente tradicional de Hollywood, em seriados como *The Rockford Files: Arquivo Confidencial e Northern Exposure: No Fim do Mundo*. Ele tem uma capacidade incomparável de planejar histórias de curto e longo prazos para televisão. Existe uma estrutura de ficção que muitos reivindicam, mas poucos conseguem realizar de fato: histórias curtas conectadas, em que o todo transcende as partes. *Família Soprano* funciona dessa forma. Episódios que parecem isolados, que introduzem eventos que abandonam um pouco a trama principal, ainda contêm partes importantes da história; e os episódios em que cada detalhe influencia o enredo podem ser apreciados separadamente.

Pegue, por exemplo, o episódio "Pine Barrens". Pode parecer, em um primeiro momento, um episódio engarrafado, escrito com o intuito de reduzir os gastos da série ao diminuir as locações e os personagens em cena, mas a animosidade traçada na história entre Paulie e Chris ressurge constantemente — os segredos daquele dia perduram para sempre na trama. Ou no caso do episódio "College", minha primeira experiência com a série — e que foi, como afirmam Matt Zoller Seitz e Alan Sepinwall neste livro, o episódio em que *"Família Soprano se tornou a Família Soprano"* —, no qual os roteiristas fazem a escolha, aparentemente contraintuitiva, de colocar Tony no estado do Maine enquanto Carmela entretém o padre da paróquia em New Jersey. É impossível subverter um gênero a não ser que você o entenda por completo. Estava claro que Chase e seus roteiristas conheciam todos os pormenores dos filmes de máfia, mas também escolheram embutir em seus personagens este conhecimento. Esses mafiosos não estavam apenas por dentro da piada — eles *faziam* as piadas.

Com o tempo, eu me tornei um pouco obcecada por *Família Soprano*. Isso pode soar como um oxímoro, mas, quando você lê este livro, percebe que existem diferentes níveis de obsessão pela série. As curiosidades que identifiquei com tanto orgulho reassistindo à série — "Olha só, é Joseph Gannascoli, que mais tarde interpretará Vito Spatafore, fazendo uma ponta na primeira temporada" — não são nada comparadas aos detalhes que Sepinwall e Seitz garimparam aqui.

Falando nos nossos autores: embora eu tenha uma lembrança clara do meu primeiro encontro com *Família Soprano*, estou menos certa quanto ao momento em que comecei a ler o trabalho de Alan e Matt, mas sei que faz mais de uma década. Provavelmente foi por meio de seus excelentes comentários e resumos de *A Escuta*. Mas continuei a acompanhar o trabalho deles devido ao inteligente entusiasmo como um todo que eles nutriam pela televisão. Eu *amo* televisão. Sempre amei. Mesmo quando criança, eu sabia que, no fundo, havia algo errado com a mulher esnobe no *The Dick Van Dyke Show* que, ao conhecer Rob Petrie, exclamou: "Ah, eu não tenho um aparelho de televisão". O número de bons críticos de televisão a postos quando *Família Soprano* estreou é uma prova do poder dos jornais (que eu também adoro). Mas acho que Alan e Matt são excepcionais, sobretudo, na abordagem que fazem dessa série de TV tão inovadora. É difícil imaginar que alguém tenha passado tanto tempo quanto eles pensando e analisando todos esses episódios, a não ser, talvez, David Chase, seus roteiristas e o falecido James Gandolfini.

Uma pergunta que não quer calar sobre a saga: e quanto ao episódio final?

Não quero revelar nada, mas devo dizer que este livro me forneceu uma — ah, que palavra temida — conclusão satisfatória. Assisti ao episódio "Made in America" sozinha, enquanto meu marido estava a milhares de quilômetros de distância, na África do Sul, filmando uma minissérie da HBO. (Favor observar o padrão em que a HBO leva meu marido embora quando eu mais preciso dele.)

Quando a tela ficou preta e o som foi cortado, eu tinha certeza de que havia tido um apagão. Em maio de 1988, a eletricidade caiu durante o episódio final de *Seinfeld*, o que tirou do ar a TV a cabo para milhares de pessoas, então talvez eu estivesse hipersensível à possibilidade de isso ter ocorrido novamente.

Quando me dei conta que a tela preta era intencional, eu me senti zombada. Havia dedicado bastante tempo a *Família Soprano*. Tinha até ido ao evento de pré-estreia dos dois primeiros episódios da quarta temporada, o que lembro bem por ter sentado em frente ao escritor William Styron, que morreu de rir na cena em que Adriana vomitou tanto que o poodle dela saiu correndo. Não era uma acéfala sanguinária torcendo por mais carnificina. Eu era uma fã séria e ponderada, capaz até de reconhecer William Styron em meio aos espectadores, no teatro Radio City Music Hall. Eu queria e merecia um desfecho incrível, ao nível da montagem ao som de "Thru and Thru", dos Rolling Stones, no episódio final da segunda temporada, "Funhouse". Àquela altura, eu já havia escrito sete livros de uma série sobre um detetive particular de Baltimore, e decidido que, se escolhesse encerrar minha série, eu o faria com toda grandeza e pompa para recompensar os leitores. Meu sentimento quanto a *Família Soprano*, então, se juntou à lista de rancores fervorosos que sentia pelo Super Bowl de 1969, pela World Series de 1969 e pelos executivos da HBO que agendaram a produção da nova série do meu marido de forma a coincidir com a turnê do meu livro.

Falando sério, este livro me ajudou a curar essa mágoa. Entendo agora que David Chase se encontrava frente a um dilema similar ao enfrentado por L. Frank Baum, que queria parar de escrever sobre Oz (o original, não a série da HBO), mas estava diante do apetite insaciável dos jovens leitores. Chegou ao ponto até de

PREFÁCIO 23

fazer com que a terra de Oz ficasse invisível ao nosso mundo e fez com que Dorothy Dale, agora uma residente permanente de Oz, mandasse uma mensagem que dizia: "Você nunca mais ficará sabendo nada sobre Oz, porque agora estamos desconectados do resto do mundo para sempre". Não funcionou; Baum ainda escreveria mais oito livros, e outros escritores dariam continuidade à série após a sua morte. "Ao pensar que estava livre, eles me arrastaram de volta!" — soa familiar?

Como solucionar a problemática história de Tony Soprano, um vilão que milhões de telespectadores receberam de braços abertos em suas casas por oito anos? Não foi o Chase que me enganou, mas sim o Tony, que conseguiu fazer a mesma coisa com a dra. Melfi. Porém, diferente dela, eu não teria a determinação e a disciplina de abandoná-lo. A cena no Holsten's, que na época me pareceu um grande "foda-se", hoje me parece mais como um dos finais mais conclusivos da história da televisão. *Família Soprano* não merecia nada menos do que isso.

Também não merece nada menos do que este compêndio reflexivo e envolvente, cheio de recapitulações, fatos, curiosidades e análises. Quando soube que Alan e Matt estavam escrevendo este livro, brinquei que tinha um pedido: "Por favor, expliquem o significado do uso da música 'The Three Bells', música dos anos 1950 usada em dois episódios seguidos, na sexta temporada?". E eles não só explicaram, mas também forneceram muito mais detalhes do que eu poderia imaginar. ("O arranjo clássico da era Eisenhower, com suas doces harmonias vocais, serve como uma espécie de máquina do tempo musical, envolvendo os ouvintes não nos Estados Unidos dos anos 1950, mas na autoimagem sentimental da parte branca e classe média do país daquele tempo e lugar.") Nada passa despercebido por esses dois. Se o FBI tivesse adotado esse nível exaustivo de investigação às atividades da família Soprano, Tony teria sido preso no fim da primeira temporada. E nós é que teríamos saído perdendo, não é?

Laura Lippman
Baltimore, Maryland
Março de 2018

LAURA LIPPMAN é romancista best-seller do *New York Times*, ganhou todos os principais prêmios de escrita de mistério nos Estados Unidos. Ela mora em Baltimore com o marido, David Simon.

INTRODUÇÃO

Isso continua e continua e continua e continua

Um cara entra no consultório de uma psiquiatra. Ele conta que está sofrendo ataques de pânico e desmaiando no trabalho e em casa. "Mas ultimamente", diz ele, "ando pensando que eu já cheguei no final, o melhor já acabou."

Que plateia difícil. Quem morreu?

Eu respondo. O cara leva a filha para visitar universidades. Ele se depara com um ex-amigo traidor e o estrangula em plena luz do dia. Enquanto viajam, sua esposa quase transa com o padre, mas, em vez disso, acaba se confessando com ele.

Obrigado, prove os anéis de cebola… na sorveteria Holsten's. O cara vai lá para jantar com a família. Escolhe uma música da banda Journey no jukebox e vê a esposa e o filho entrando, enquanto sua filha tenta (*eternamente*) estacionar o carro. Ele olha ao redor, a porta se abre, e…

O som do microfone foi cortado?

O quê, você queria um desfecho para isso? Ou *esse* foi o desfecho — não só o final mais enigmático, mais polarizado e mais debatido de uma série televisiva de todos os tempos, mas também de uma das melhores séries de todos os tempos, ponto final?

Todas essas são piadas, ao mesmo tempo em que não são. Antes de mais nada, são cenas famosas de *Família Soprano*, uma série cuja genialidade estava no fato de que você nunca tinha certeza de como interpretar os acontecimentos durante todos os episódios, até aquele final que poderia ser uma coisa ou outra, ou até mesmo as duas.

De fato, tudo parecia uma grande piada antes que alguém tivesse visto, até porque o filme *Máfia no Divã*, lançado pouco após a estreia da série, tinha a mesma premissa: um mafioso que fazia terapia. Tony Soprano, protagonista da série, afirmaria posteriormente que o filme era uma comédia. A série *Família Soprano* era estranha, surpreendente, brutal, sombria e se autodefinia como um drama.

Ao mesmo tempo, porém, era engraçada como os melhores sitcoms. O humor ia de pomposo (Nostradamus confundido com Quasimodo) a escatológico ("Chega de papo!") e grotesco (Phil Leotardo no posto de gasolina). E David Chase, o criador da série, estava sempre subvertendo nossas expectativas. Aquele corte seco para a tela preta no final foi mesmo o remate da cena e da série *Família Soprano* como um todo. É como o encontro inicial de Tony com a dra. Melfi, ou seu reencontro com Febby Petrulio: não é o tipo de remate que estávamos esperando, mas não sabíamos que queríamos até David Chase nos proporcioná-lo.

A imprevisibilidade volátil da série era eletrizante. A televisão antes de *Família Soprano* era amplamente considerada um meio feito para séries que não exigiam que o público pensasse sobre nada além do que viria em seguida, e que preferia personagens encantadores que estavam mortos por dentro. A série ideal para a TV aberta era só enrolação entre os comerciais. Era difícil fazer arte em um ambiente assim, embora alguns criadores conseguissem. Havia palavras proibidas, coisas que não podiam ser mostradas, histórias que não podiam ser contadas. A regra número um era: não incomode as pessoas.

Família Soprano não foi a primeira série a quebrar a maioria dessas regras: *Tudo em Família* nos apresentou a um protagonista intolerante (mas não irredimível); *Chumbo Grosso* forçou o gênero dramático para um estilo mais seriado e moralmente ambíguo. *Miami Vice* refutou a noção de que as séries televisivas não podiam ser visualmente bonitas como os filmes. *Família Soprano* também não foi o primeiro seriado de TV a se comportar como se as regras não existissem — ver, entre outros, *O Prisioneiro*, *Twin Peaks* e *Oz*, o primeiro drama original da HBO (estrelando uma atriz chamada Edie Falco).

Mas *Família Soprano* foi a primeira série a fazer tudo isso e, ainda assim, se tornar um sucesso estrondoso e duradouro.

Desde *I Love Lucy* uma série não era tão constante e exaustivamente copiada, a tal ponto que a televisão em 2019 mal se parece com aquela na qual Tony Soprano apareceu em sua SUV em 1999. Todos os aspectos da série, que, naquela época, surpreendiam os telespectadores, hoje são aceitos: serialização, ambiguidade moral e narrativa; anti-heróis ou vilões como protagonistas; estética pura e simples. Aquela série de drama que você acabou de maratonar na Netflix deve mais à *Família Soprano* do que a todos os outros seriados juntos. Os celulares e algumas referências feitas nos diálogos datam a série da virada do milênio, mas ainda assim ela continua poderosamente conectada aos tempos atuais. Para 1999, porém, ela era descaradamente audaciosa: desde a forma como deu o papel principal a um desconhecido, James Gandolfini, ao jeito que treinou o telespectador a esperar e até exigir o inesperado.

Foi um fenômeno quase desde o começo, o qual tivemos o privilégio de cobrir e acompanhar de perto como críticos de TV para o *Star-Ledger*, o jornal da terra de James Gandolfini e de David Chase. Matt estava no set quando a primeira temporada estava sendo filmada e fez uma das poucas entrevistas dadas por James Gandolfini, que era notoriamente avesso a falar com a imprensa. Durante a segunda parte da série, Alan andou pelas ruas de Hoboken com Joey Pants e conseguiu falar no telefone com David Chase — que estava muito reticente — na manhã seguinte ao último episódio da série. Por muito tempo, essa foi a única entrevista que ele deu sobre o assunto.

Pudemos ver de perto quanto esforço e atenção aos detalhes (beirando à obsessão), David Chase e sua equipe dedicaram à série. Recebemos as ligações enfurecidas dos ativistas antidifamação da comunidade ítalo-americana que achavam que *Família Soprano* era uma mácula na imagem dos italianos, ao mesmo tempo que recebemos e-mails de outros italianos que nunca tiveram tanto orgulho de sua cultura e seu país. Vimos como a série, da mesma forma que *I Love Lucy*, mudou drasticamente não só o jeito como as séries eram feitas, mas também como eram recebidas pelo público. *Família Soprano* desafiou a televisão a ser melhor e nos desafiou a sermos telespectadores melhores. Nem sempre teve sucesso nesses aspectos (ouvimos falar muito das hordas sanguinárias que queriam menos falação e mais agressão), mas conseguiu até mais do que o próprio David Chase poderia ter imaginado quando, de saco cheio da indústria da televisão, torcia que a HBO rejeitasse o piloto para que ele pudesse o transformar em um filme.

Já havíamos escrito livros complementares da crítica sobre *Mad Men: Inventando Verdades* e *Breaking Bad: A Química do Mal*, séries que, com certeza, não teriam existido sem *Família Soprano*. A série já não estava tão fresca em nossa memória e, como *Família Soprano* existiu antes da explosão da cultura de recapitulação das séries, tivemos então que escrever grande parte deste livro do zero.[1] Será que a série resistiria ao teste do tempo, após tantos anos e depois dos seus muitos descendentes criativos, ou será que o que tinha sido corajoso e chocante na sua época teria se tornado tão clichê quanto suas imitações mais estereotipadas?

Acredite, ela está ainda melhor. Livres das correntes de ter que prever as próximas manobras da trama e completamente preparados para o amor de Chase pelo anticlímax, pudemos apreciar cada um dos aspectos pelo que eram, não pelo que esperávamos que fossem. A frequentemente menosprezada quarta temporada pareceu mais encorpada e segura de si, e outros experimentos, como a viagem de Kevin Finnerty a Costa Mesa, trouxeram novos tesouros a serem descobertos.

O melhor de tudo foi rever o trabalho do maravilhoso elenco, em especial o de James Gandolfini. Desde 2007 ficou fácil colocar a performance do Gandolfini em um continuum com aqueles que o seguiram, mas, com todo respeito a Bryan Cranston, Jon Hamm, Elisabeth Moss e os demais, rever a série consolidou a atuação de Gandolfini no papel de Tony como a melhor da história da televisão; sendo

---

1 Mesmo as matérias que escrevemos individualmente durante as duas temporadas finais, e até as que Alan escreveu alguns anos atrás sobre a primeira temporada, tiveram que ser desarticuladas e refeitas. [As notas são dos autores]

incrível tanto nas suas cenas sozinho, quanto contracenando com grandes atrizes como Falco e Nancy Marchand.

Sabíamos que nos encontraríamos com David Chase em uma nova leva de entrevistas para revisitar as origens da série e analisar alguns de seus momentos mais famosos,[2] e até tentar extrair dele algo mais sobre *aquele* final. O que não esperávamos era o quanto essas conversas começaram a parecer com sessões de terapia; como, por exemplo, as lembranças de Chase quanto a detalhes específicos de eventos que aconteceram há duas décadas não eram sempre nítidas, mas a memória dos sentimentos e instintos por trás das várias escolhas, sim, ou como a conversa vagava por caminhos que nenhum de nós esperava, nem mesmo Chase.

Essas conversas, assim como tudo relacionado a *Família Soprano*, foram, ao mesmo tempo, reveladoras e perturbadoras. E não foram necessariamente o destaque da experiência, já que pudemos reassistir a série inteira e encontrar novas maneiras de escrever sobre aquele sorrisinho diabólico de Livia, ou Tony cantando a música do The Chi-Lites no carro, ou Paulie e Christopher morrendo de frio nos Pine Barrens.

Este livro é dividido em sete partes:

1. **Você recebe pelo que paga**, prefácio escrito pela aclamada autora Laura Lippman.
2. **Isso continua e continua e continua e continua**, introdução apresentando um breve relato de nossa experiência ao escrever sobre a série quando estreou e revisitando-a atualmente.
3. **Análises dos episódios**, ensaios críticos sobre cada episódio que foi ao ar durante as sete temporadas da série. São à prova de spoiler, portanto as pessoas que ainda não assistiram à série completa podem lê-los sem medo de descobrir o que acontece nos episódios e temporadas mais adiante.[3] Com frequência, os ensaios olham para trás, mas nunca à frente.
4. **Made in America**, no qual os nossos autores discutem o que aconteceu na última cena do episódio final da série.
5. **Sessões com David Chase**, entrevistando o criador da série. Embora tenhamos tentado focar em uma temporada por vez, esta parte vai e volta um pouco na cronologia e às vezes aborda prenunciação; portanto, é melhor terminar a série por completo, pelo menos uma vez, antes de ler.

---

2 Uma exceção notável que fizemos: não falamos sobre o russo do episódio "Pine Barrens", que é o assunto de *Família Soprano* do qual Chase menos gosta de falar. Em vez disso, incluímos trechos de um painel sobre o episódio que foi moderado por Matt, em 2017, e contou com a presença de Chase, o roteirista Terence Winter e o diretor Steve Buscemi.

3 Apesar da HBO ter separado a última leva de episódios em duas partes, que foram ao ar em 2006 e 2007, referindo-se a eles como "Temporada Seis, Parte Um" e "Temporada Seis, Parte Dois", David Chase as considera temporadas isoladas, chegando assim ao total de sete temporadas. Nós concordamos e, portanto, elas serão tratadas desta forma ao longo do livro.

6. **De olho na Máfia**, uma coletânea de trechos dos artigos escritos sobre a série para o *Star-Ledger*;
7. **Palavras ao Chefe**, cobrindo a morte e o legado de James Gandolfini, incluindo a carta escrita e lida por David Chase no velório do ator.

Se estiver assistindo *Família Soprano* pela primeira vez, à sombra de todas as outras séries que ela influenciou, utilizando este livro para acompanhar sua maratona anual, ou a revisitando como um velho amigo com quem não fala há anos, esperamos sinceramente que as recapitulações deem a cada episódio uma nova perspectiva e contexto, que nossas conversas com Chase ajudem a iluminar o que foi o processo de fazer essa série incrível e que os trechos dos artigos do *Star-Ledger* o levem de volta à época em que *Família Soprano* era o seriado mais comentado e o mais polêmico da televisão, quando a única coisa com a qual todos os telespectadores concordavam era que o episódio sobre o Dia de Colombo é bem ruinzinho.

Divirta-se e não esqueça da gorjeta.

"PILOTO" TEMP. 1/EP. 1
ESCRITO E DIRIGIDO POR DAVID CHASE
EXIBIDO EM 10 DE JANEIRO DE 1999

Acordou nessa manhã

"É bom entrar em algo desde o início. Eu já cheguei tarde, eu sei. Ultimamente, tenho tido a sensação que cheguei no fim e que o melhor já se foi." — **Tony**

Desde a abertura, passando pela apresentação do herói deprimido e chefe da máfia à inabalável psiquiatra até a calma e inquietante música do final, "The Beast in Me", *Família Soprano* entrou no mundo com bravata, contradizendo expectativas e dizendo para o público se preparar.

O episódio piloto de *Família Soprano*, criado por David Chase, um veterano do meio televisivo,[1] foi ao ar em 10 de janeiro de 1999 sem grande alarde fora da bolha de críticos de TV que já tinham assistido ao piloto e aos três episódios seguintes, disponibilizados pela HBO em fitas VHS no verão do ano anterior. Apesar do otimismo coletivo, os críticos tiveram dificuldade em convencer os telespectadores que a série era relevante.

O ceticismo era válido. Considere o contexto cultural: os anos 1990 trouxeram várias séries que proporcionaram reviravoltas no gênero — *Twin Peaks, Arquivo X, ER: Plantão Médico, Nova York Contra O Crime, Buffy: a Caça-Vampiros, Minha Vida de Cão, Oz* —, mas ninguém acreditava mesmo que uma série semanal poderia ser arte, ou mesmo mais do que apenas "até que é boa para uma série de TV". Filmes autocontidos poderiam ser considerados arte; isso já era senso comum há pelo menos quarenta anos. Mas a televisão? Nem tanto.

Além disso, *Família Soprano* era sobre gângsteres, e as décadas que a precederam já estavam cheias desse tipo de história. O gênero ajudou a construir o cinema comercial junto aos faroestes, musicais e filmes *noir*, continuando a produzir sucessos de crítica e de público mesmo no pós-guerra, quando as pessoas reduziram as idas ao cinema. Só no ano de 1990, foram lançados seis filmes notáveis desse gênero: *Meu Pequeno Paraíso, Rei de Nova York, Um Tiro de Misericórdia, Ajuste Final, O Poderoso Chefão Parte III* e *Os Bons Companheiros*. Esse último, um épico violentíssimo ambientado no Brooklyn e em Long Island, foi o filme policial mais

---

[1] Chase havia escrito para algumas das séries dramáticas mais aclamadas dos anos 1970, 1980 e 1990, incluindo *Arquivo Confidencial*, uma série sobre o detetive particular espirituoso; a mágica odisseia no Alasca que foi *No Fim do Mundo*; e *I'll Fly Away*, drama de época ambientado durante o movimento dos direitos civis nos EUA. Ele estava de saco cheio da televisão quando escreveu o piloto; tinha esperança de que a HBO recusasse o projeto para que, assim, ele filmasse mais uma hora e criasse um longa para lançar em Cannes.

popular, até então, do mestre do gênero, Martin Scorsese. O filme não só abordava os mesmos temas vistos em *Família Soprano* — mostrando mafiosos fingindo ser suburbanos comuns e apresentando o gangsterismo como a forma mais rudimentar de capitalismo —, mas seu estilo também influenciou a série de David Chase, incluindo momentos chocantes balanceados com humor jocoso, e uma sensibilidade musical eclética que misturava ópera, canções de musicais, pop e rock (inclusive "Mannish Boy", de Muddy Waters, que foi usada na trilha sonora de *Os Bons Companheiros*). *Família Soprano* também escalou muitos atores do clássico de Scorsese, incluindo Michael Imperioli, Tony Sirico,[2] Vincent Pastore[3] e a própria dra. Melfi, Lorraine Bracco.[4] Com isso, *Família Soprano* já corria o risco de ser ignorada como "Os Bons Companheiros: A Série".

Além de tudo isso, Robert De Niro, parceiro frequente de Scorsese, acabara de estrelar a comédia *A Máfia no Divã*, sobre um mafioso fazendo terapia. O filme estava previsto para ser lançado em março de 1999, menos de três meses após a estreia de *Família Soprano*, e os trailers já estavam nos cinemas. Alguns críticos presumiram que *Família Soprano* fosse uma comédia leve. Outro motivo também pode ser o fracasso da comédia *Meu Pequeno Paraíso*, estrelada por Steve Martin no papel de um mafioso no programa de proteção a testemunhas escondido no subúrbio, que tem dificuldades em abandonar os velhos hábitos. Talvez fosse o título *Família Soprano* que remetesse a imagens anteriores à guerra de italianos caricatos cantando árias sentados ao redor de mesas com toalhas quadriculadas vermelhas.

Por trás dessas concepções equivocadas, escondia-se uma profundidade inimaginável de tão rica. Escrito e dirigido pelo próprio David Chase, o piloto é um híbrido de comédia pastelão, sitcom familiar e suspense policial, com pitadas da garra da nova Hollywood dos anos 1970. É alta cultura e cultura de massa, vulgar

---

[2] Sirico interpretou Tony Stacks em *Os Bons Companheiros*, um dos capangas que enfia a cabeça do carteiro em um forno de pizza. Se Paulie Walnuts parecia mais autêntico que alguns dos outros bandidos da série, é porque seu intérprete tinha antecedentes criminais. Ele foi preso 28 vezes, começando aos 7 anos quando roubou moedas de uma banca de jornal e ficou encarcerado por algum tempo por assalto à mão armada e porte ilegal de arma. Sirico conta que foi inspirado a tentar outra profissão quando uma trupe de atores visitou a prisão onde estava cumprindo pena. Quando apareceu em *Os Bons Companheiros*, ele já havia atuado em 27 filmes e morrido em treze deles, incluindo *Melodia Para Um Assassino*, de James Toback, em que seu personagem morre após uma briga de murros e facas com Harvey Keitel, que faz os dois homens despencarem doze metros escada abaixo. Sirico levou um tiro na perna e nas costas quando um capanga rival o flagrou beijando sua namorada na escadaria de uma igreja. Ele costumava criar disfarces elaborados antes de cometer roubos, e, uma vez, foi preso por roubar o mesmo lugar duas vezes usando a mesma peruca loira.

[3] Um integrante do elenco de *Os Bons Companheiros* creditado no filme, sem a menor cerimônia, como "Homem com cabideiro", os papéis anteriores de Pastore na TV e no cinema foram quase todos de gângsteres.

[4] A mais famosa dentre os integrantes de *Os Bons Companheiros* no elenco de *Família Soprano*, Bracco alcançou a fama interpretando a esposa de Henry Hill, Karen, e depois teve dificuldade para repetir o sucesso em filmes como *O Curandeiro da Selva* e *Radio Flyer*.

e sofisticada. Mistura espetáculos escandalosos (nudez casual, execuções sangrentas, drogas, palavrões e sentimentos retrógrados) com floreios de romances pós-modernos, teatro dialético e cinema de arte europeu da metade do século. Muitas vezes, a série é tanto sobre a relação entre a arte e seu público quanto sobre o mundo que o artista retrata.

Essa autoconsciência confere à cena de abertura, na qual Tony encara a estátua no escritório da dra. Melfi, uma outra camada: *Família Soprano* é uma série que fornece ao público todas as traições e os assassinatos que ele espera de uma narrativa sobre a máfia, mas também psicoterapia e interpretação dos sonhos; sátira econômica e social; comentários sobre masculinidade tóxica e opressão patriarcal; e uma rica intertextualidade que posiciona *Família Soprano* em outro patamar em relação às histórias reais e cinematográficas de gângsteres, de ítalo-americanos e dos Estados Unidos.

Os créditos iniciais mostram essa elegante interação. Parecem bastante diretos: aqui está o herói, é aqui onde ele mora. Mas eles fazem pelo menos mais outras cinco coisas que dissipam as expectativas e nos preparam para algo além do filme comum de gângster.

Surpresa #1: O homem ao volante. Se o motorista gordo, careca, fumando charuto que pega o ticket de uma cabine de pedágio é o protagonista da série e um chefe da máfia (e logo descobrimos que ele é mesmo), o ator parece mais um capanga — aquele que seria derrotado por um herói muito menor ou baleado por seu chefe para provar sua crueldade.

Surpresa #2: A música. "Woke Up This Morning", do Alabama 3, vulgo A3. Agora conhecida no mundo todo como o tema musical de *Família Soprano*, era uma música desconhecida em 1999. A linha estrondosa do baixo, os efeitos trinados de sintetizador, os vocais inspirados em Leonard Cohen e o lamento repetitivo da gaita sinalizam que essa não é a história de gângster que você está acostumado a ver. A não ser por exceções excêntricas como *Rei de Nova York*, os filmes de gângster feitos após 1970 geralmente ostentavam trilhas orquestrais arrebatadoras (*O Poderoso Chefão Parte III*, *Um Tiro de Misericórdia*, *Ajuste Final*), playlists com pop do pós-guerra, blues e rock (veja qualquer filme policial contemporâneo de Scorsese) ou alguma combinação dos dois (*Donnie Brasco*). O piloto usa bastante o segundo tipo de música, mas a escolha de apresentar uma novidade como a música do A3 desnorteia o telespectador.

Surpresa #3: A cinematografia. Filmada pelo diretor de fotografia da série, Alik Sakharov, com uma câmera portátil de 35 milímetros, em um trajeto esboçado no videoteipe pelo gerente de locações da série, Jason Minter, a sequência é uma montagem de filmagens "capturadas", feitas em locais de New Jersey sem autorização e editadas de forma irregular e imprevisível. Evitando a técnica desinteressante de sempre fazer os cortes em sincronia com a música, a sequência capta as imagens por durações imprevisíveis. Também evita o clichê de mostrar fotos do elenco ao lado de seus nomes; em vez disso, opta por um estilo cinematográfico que valoriza o detalhe jornalístico e a ambientação.

Surpresa #4: Imediatamente após a logo da HBO aparecer, há uma imagem trêmula de linhas de perspectiva convergentes — na verdade, um plano de ângulo baixo do teto do túnel Lincoln, que conecta Nova York a New Jersey. Se você conhece o túnel Lincoln e os filmes de gângsteres, fica surpreso quando a luz no fim do túnel converge para revelar New Jersey em vez de Nova York — que não é como deve ser. Nos filmes, os gângsteres da Costa Leste só vão para New Jersey quando estão fugindo ou precisam desovar um cadáver. Numerosos filmes clássicos da máfia se passam em Manhattan ou nos arredores de Nova York, porque Manhattan é mais glamorosa, é para onde pessoas reais e personagens de filmes vão quando fazem sucesso na vida. As histórias de gângsteres da Costa Leste podem até se passar no Brooklyn, onde vigaristas medianos vivem em sobrados com suas mães idosas, ou ainda mais para o leste, em Long Island, onde os chefes dos chefes (e até o Jay Gatsby) compram propriedades palacianas, mas, nos filmes da máfia em Nova York, geralmente é assim. Se a história viajar para mais longe, provavelmente será em linha reta ao oeste, até Chicago (historicamente o segundo local mais popular para filmes de máfia), Las Vegas, Reno ou Los Angeles. Além de alguns pontos fora da curva (como os raros filmes ambientados em cidades pequenas onde os gângsteres se escondem ou se envolvem em cenários de filme *noir*), a regra tácita é ambientar o drama "em qualquer lugar menos em New Jersey" — exceto para retratar os personagens como fracassados.

Assim, ao entrar em New Jersey em vez de sair de lá, *Família Soprano* declara sua intenção de explorar o estado dos personagens bem como seus estados mentais, e como um interfere no outro. As casas estilo Cape Cod de East Orange, logo depois de Newark à leste, têm até um charme reverso por sua característica atarracada que é típico do pós-Segunda Guerra Mundial, mas nós passamos voando por elas, subindo a colina e atravessando o bosque antes de estacionar na garagem de uma casa de tijolos claros sem personalidade arquitetônica.[5] É o tipo de lugar que um homem sem imaginação compraria para sua esposa se sua loja regional de peças automotivas acabasse de ser adquirida pela rede Pep Boys.

---

5   Para quem é de New Jersey, o caminho que Tony percorre do túnel Lincoln até sua casa, em North Caldwell, não faz sentido se ele está indo direto para casa, enquanto serpenteia pelos Meadowlands, pelo túnel Holland e por várias outras partes dos condados de Hudson, Passaic e Essex. Mas se os créditos foram feitos para refletir um dia em que ele parou por causa dos vários negócios afiliados à Família (a empresa de saneamento, por exemplo, está localizada atrás da ponte Pulaski Skyway, pela qual ele passa em certo ponto), então faz sentido, mesmo que a maioria dos moradores esteja inclinada a gritar com ele para só pegar a rota 3 sentido oeste.

PRIMEIRA TEMPORADA

Surpresa #5: A ressonância mítica do trajeto que Tony faz de carro.

Se você for branco, anglo-saxão e protestante (WASP) nativo, a história da assimilação estadunidense tem um componente; se você for um imigrante, tem dois.

O primeiro componente é a migração do leste para o oeste, conforme profetizado por Horace Greeley ("Para o Oeste, meu jovem!") e embutido nos faroestes amados por Tony Soprano — filmes sobre individualismo bruto e masculinidade de aço. Eles retratam a tensão entre a civilização e a fronteira, mas também a autorreinvenção ao estilo estadunidense. Você vai ao oeste para abandonar sua antiga versão (e seus pecados) e se tornar uma nova pessoa. Na primeira vez que o encontramos, Tony está se dirigindo (de certa forma) para o oeste.

O segundo componente é a mudança da cidade grande e perigosa — onde os imigrantes de primeira geração replicaram versões grosseiras de seus países de origem em bairros precedidos por "Little" [pequeno] — para os distritos ou subúrbios mais tradicionais, ao redor da metrópole. As casas eram pequenas, mas pelo menos tinham gramados. As famílias de imigrantes de segunda geração podiam viver em lugares como os mostrados nos créditos de *Família Soprano* e sentirem como se tivessem chegado a algum lugar, ou, pelo menos, escapado de algum lugar. Seus filhos podem jogar beisebol no gramado, fazer parte de organizações cívicas e desfilar nas paradas de Quatro de Julho na rua principal, comendo frango à la King, cachorro-quente e torta de maçã, além de espaguete, *lo mein* ou salmão curado. É o tipo de lugar onde Giuseppe e Angelina ou Murray e Tovah podem criar filhos chamados Ryan e Jane.

Essa migração abreviada, na qual viagens corriqueiras de carro representam jornadas para se tornarem estadunidenses "verdadeiros", continua pela terceira geração quando os netos desses imigrantes se mudam para ainda mais longe, estabelecendo-se em conjuntos residenciais ainda mais distantes em meio a campos e bosques; comunidades sem "comunidade", onde cervos comem roseiras e você tem que colocar correntes nos pneus do seu carro para descer a colina quando neva.

É aqui onde o motorista e sua família moram. A viagem de transformação cultural começa com a imagem do teto do túnel Lincoln e termina com o homem estacionando o carro em frente à casa espaçosa, no topo da pequena colina ao norte de New Jersey[6] e saindo do seu veículo. Essa sequência de planos compacta a experiência do imigrante da Costa Leste no século XX, em 59 planos, durante 89 segundos.

---

6   A casa da família Soprano está localizada em North Caldwell, New Jersey. Foi usada para as tomadas internas e externas durante a produção deste piloto, mas depois apenas para as tomadas externas. O interior da casa foi reproduzido em um estúdio no Silvercup Studios em Long Island City, Queens. O que vemos ao fundo, através das janelas, são slides de alta resolução da propriedade em North Caldwell projetados em telas enormes.

Mas a imagem do motorista fechando a porta do carro e saindo de enquadramento não parece uma conclusão satisfatória e reconfortante. Há uma qualidade instável e inacabada, transmitida pelo som do arranhão da agulha da vitrola na música (indicação universal de algo interrompido), pela maneira desajeitada e trêmula com a qual os cineastas apresentam o território, e principalmente pelo personagem que nos guia. Os anéis nos dedos carnudos de Tony, o cabelo escuro e espesso em seus antebraços, o charuto entre os dentes, a fumaça saindo da boca enquanto ele olha pelo espelho retrovisor, as imagens dos bairros onde ele cresceu, mas nunca moraria hoje: esses detalhes descrevem um líder e pai que foi criado de uma certa maneira, mas aspira a ser algo mais — ou algo diferente.

Corte brusco para o motorista, Tony Soprano (James Gandolfini),[7] sentado em uma sala de espera decorada com bom gosto e observando uma estátua. O primeiro plano mostra Tony no fundo da imagem, entre as pernas finas da estátua. O segundo é um close-up da estátua, sob a perspectiva de Tony sentado, enquadrada do plexo solar para cima: um ponto de vista inferior, olhando para cima como se estivesse com admiração, medo ou adoração. A estátua é uma forma feminina com o peito nu e os braços cruzados atrás da cabeça. As pessoas em geral não seguram os braços assim, a menos que estejam posando ou se alongando de forma atlética. O contorno dos braços evoca asas — asas de anjo ou de demônio? A ponta dos cotovelos sugerem chifres. O corpo é magro, mas forte. É uma imagem de mistério e poder, potente sem parecer nobre.

Essa é uma mulher que guarda segredos.

O enquadramento nesse primeiro plano faz Tony parecer uma criança olhando para a abertura de onde foi parido.

Esta também é uma imagem de purgação/evacuação biológica: Tony é um cocô humano, defecado pela mãe que o trata como um merda. Tony, ficamos sabendo, é um "consultor de gestão de resíduos" que, com frequência, se sente um lixo ou um merda: porque seu tio chefia a Família que ele mantém unida; porque o filho é um bobão e a filha rebelde odeia a mãe; porque a máfia está em declínio e "as coisas tendem a piorar"; e, acima de tudo, por conta de sua mãe, Livia (Nancy Marchand),[8] cujo perfil lembra vagamente o da estátua para a qual ele não consegue parar de olhar.

Livia é uma mulher severa e implacavelmente pessimista que não consegue aceitar o amor que Tony lhe oferece. Ela rejeita o novo aparelho de som que ele

---

7 Antes da série, os papéis mais memoráveis de Gandolfini tendiam a ser pequenos e como caras durões: o bandido de *Amor à Queima-Roupa* que luta com Patricia Arquette no banheiro, um dos tripulantes do submarino em *Maré Vermelha*, ou o dublê barbudo que John Travolta esbofeteia em *O Nome do Jogo*.
8 Marchand passou cinco temporadas no papel da rica dona de jornal em *Lou Grant*, a sra. Pynchon, e interpretou Clara na versão original da apresentação televisionada de *Marty*, de Paddy Chayefsky, contracenando com Rod Steiger.

traz e a música gravada que ele sabe que a mãe gosta — Que filho bom! — e rejeita sua tentativa triste de dançar com ela na cozinha. Ela reclama que Tony não está cuidando dela de maneira amorosa e respeitosa, apesar de sustentá-la na casa onde ele e as irmãs cresceram — casa que Livia, de repente, trata como seu próprio paraíso, uma vez que fica claro que Tony está prestes a transferi-la para uma casa de repouso.

Entre a carência afetiva que ele sofreu quando criança e a cultura patriarcal opressiva da máfia ítalo-americana e de gângsteres em geral, Tony tem problemas com mulheres, ponto final. Vemos isso no relacionamento entre Tony e sua esposa Carmela (Edie Falco),[9] que sabe da infidelidade dele e lhe informa, logo antes de uma ressonância magnética, que ele vai para o inferno quando morrer; com sua filha Meadow (Jamie-Lynn Sigler), que tem raiva de Carmela pela mãe fingir ser uma pessoa justa depois de décadas como esposa de um mafioso; com a amante (ou *goomar*, no dialeto de Tony) Irina,[10] uma gatinha do Cazaquistão que com teimosia coloca o quepe de iatista que pertencia a John Kennedy. E também tem as dançarinas no Bada Bing, o clube de striptease/fachada para lavagem de dinheiro que Tony frequenta: silenciosas, sexualmente disponíveis, seminuas, mas raramente cobiçadas por Tony e pelos outros gângsteres, para quem elas existem como parte da decoração.

Tony trata mulheres e homens de forma muito diferente. Com homens, como no caso de seu pupilo, o sobrinho Christopher (Michael Imperioli),[11] ele se comunica por meio de provocações jocosas que parecem afetuosas mesmo quando está pegando no pé dele. Tony é, sem dúvida, mais acessível emocionalmente aos homens, como vemos nas cenas no açougue de suínos. Quando está com mulheres, Tony alterna entre um comportamento cortês e protetor ou rabugento, possessivo e rude, dependendo da mulher. Ele é mais agradável quando se trata de Meadow, que por sua vez não é tão ríspida com o pai quanto com a mãe. Mas Tony sempre demonstra uma impotência reprimida e volátil em torno de mulheres — um subtom de encanto infantil, antecipação predatória ou ressentimento sitiado —, e isso é capturado pelo jeito como Tony estuda a estátua da dra. Melfi.

Os ângulos que denotam o domínio da estátua e a inferioridade de Tony continuam em uma série de planos com a câmera em movimento que nos traz para

---

9 Falco passou três temporadas na primeira série dramática original da HBO, *Oz*, interpretando o papel coadjuvante da guarda prisional Diane Whittlesey. O produtor de *Oz*, Tom Fontana, graciosamente a liberou quando surgiu a oportunidade de Edie interpretar um papel maior em outra série da HBO.

10 No piloto, Irina é interpretada por Siberia Federico; depois disso, por Oksana Babiy (também creditada como Oksana Lada).

11 Mais um ator vindo de *Os Bons Companheiros* (ele interpretou a vítima recorrente de Joe Pesci, Spider) e colaborador frequente de Spike Lee, Imperioli também é o único personagem fixo de *Família Soprano* que chegou a escrever para a série.

mais perto de ambos. Tony está encarando a estátua, como se isso fosse ajudá-lo a descobrir por que ele não consegue parar de olhar para ela.

Quando a dra. Melfi abre a porta do consultório e convida Tony a entrar pela primeira vez, ele ainda está sentado, o que significa que, quando a vê, Tony está olhando para ela como estava para a estátua, de uma posição inferior e de admiração.

Aqui as imagens importam tanto quanto as palavras, o que não era um enfoque comum da televisão dos anos 1990. Apesar de predecessores dirigidos com criatividade, como *Miami Vice, Twin Peaks, Arquivo X* e *Sex and the City*, o contexto dramático em programas roteirizados era transmitido principalmente por meio de close-ups das pessoas que estavam falando. Os críticos notaram um evidente cuidado que Chase e seus colaboradores tiveram na hora de decidir o que nos mostrar, de que ângulo, por quanto tempo e qual seria a próxima cena. Esse cuidado se mostrou crucial para o sucesso da série: atrai o telespectador para dentro do drama em vez de dar a explicação de mão beijada. O silêncio implacável das imagens, acompanhado de música ou apenas de som ambiente, faz a imaginação pular de uma associação para a outra como em um jogo de pinball.

Isso é de grande importância em uma série de TV que aborda a psicologia e terapia. Terapeutas procuram conexões e simbolismo no texto da história de vida do paciente, analisando-o como especialistas analisam um romance ou uma pintura. Eles encontram profundo significado nos sonhos, nas fantasias e mesmo nos eventos aleatórios, e descobrem verdades suprimidas por meio da percepção do tom e da escolha de palavras dos pacientes quando falam de si próprios, seus relacionamentos e seus pensamentos.

À medida que o piloto vai progredindo, aprendemos a ler *Família Soprano* dessa maneira. Logo notamos a diferença da relação de Tony com Melfi e com Livia: Melfi tem compaixão, e Livia não tem. Melfi escuta porque está interessada em seus pacientes e trabalha para ajudá-los a se entenderem. Livia escuta apenas as informações que pode usar para melhorar a própria situação ou infligir dor a terceiros. Outras pessoas existem para Melfi; para Livia, elas existem somente como extensões dela mesma ou como indicadores de seu poder sobre os outros. Mesmo que Melfi esteja na vida de Tony há menos de meia hora (ele sai furioso na marca de 28 minutos depois que ela o pressiona sobre sua mãe), ela já está sendo posicionada na mente do espectador, se não na dele, como a anti-Livia: acolhedora e atenciosa. O útero-santuário do consultório de Melfi com suas paredes curvas, estantes embutidas, faixas de luz solar nas janelas e caixa de lenços de papel dão a Tony um porto seguro para discutir assuntos que o afetam.

Tony aborda vários desses assuntos em sua primeira sessão. Colocar o herói em terapia permite que Chase forneça uma abundância de informações sobre Tony, sua equipe, seus chefes, sua família e suas interseções, junto aos pontos em que a angústia pessoal e profissional de Tony são inseparáveis, tudo isso sem a correria comum a um episódio piloto. As ruminações de Tony para Melfi começam na terapia e depois se tornam locução em off, levando-nos para dentro e para fora da consciência de Tony. Quando estamos naquela sala com eles, estamos ouvindo Tony falar, mas quando o episódio corta para a ação que ele está relatando, de repente nos sentimos como se estivéssemos em sua cabeça. O primeiro corte desse tipo nos mostra o exterior de sua casa; em seguida, corta para um ângulo zenital, com a câmera no alto apontando completamente para baixo, de Tony deitado na cama, parecendo como se a vida o tivesse atropelado com um caminhão de lixo; há até um plano detalhe de um dos olhos vermelhos de Tony, uma composição de cena mais comum em filmes experimentais e épicos de ficção científica, como *2001: Uma Odisseia no Espaço* e *Blade Runner: O Caçador de Androides*, do que em histórias da máfia.

A locução em off sempre corre o risco de se tornar uma forma preguiçosa de os contadores de histórias oferecerem fatos sobre os personagens que poderiam ser descobertos por meio de uma direção ou diálogos mais inteligentes ("Esta é Livia, minha mãe", uma versão da série para a TV aberta poderia ter nos contado). Esse episódio evita essa tendência por meio de interrupções cômicas e, tantas vezes, inseridas em momentos surpreendentes. Em diversas ocasiões, Melfi ou Tony interrompem a história para que os personagens possam decidir o quão cúmplice Melfi pode se tornar, e Tony possa modular as duras verdades sobre si mesmo ou omitir detalhes em busca de simpatia. Esses momentos de negociação e contenção adicionam humor espirituoso a um episódio cujo humor, do contrário, derivaria de demonstrações agressivas de ignorância ("Tchecoslovaco... o que é que é? É um tipo de polonês, não é não?"), citações erradas de falas de filmes famosos ("Louis Brasi está dormindo com os peixes!"), e momentos pesados proporcionados pela TV a cabo (Carmela empunhando uma AK-47 para investigar uma possível invasão da casa por um vagabundo, mas que na realidade era Meadow; Christopher e Big Pussy jogando o cadáver de Emil em uma caçamba de lixo).

Essas interrupções também ilustram um problema central do estilo de vida dos gângsteres. Esses criminosos estão sempre fazendo coisas que são chocantes moralmente e/ou legalmente, mas, para sobreviver, eles ainda precisam se apresentar como pessoas "normais". Tony começou a fazer terapia para se conhecer melhor e, assim, se livrar dos ataques de pânico, mas, desde a primeira sessão, fica óbvio que Melfi quer abrir portas que ele prefere manter fechadas. Alguns dos mal-entendidos entre paciente e terapeuta são hilários e lembram o estilo cômico de Abbott e Costello, especialmente quando Tony menciona que seu trabalho ficou mais difícil "por causa de RICO" (Racketeer Influenced and Corrupt Organizations, lei que combate o crime organizado) e Melfi pergunta se "Rico" era irmão dele, e os diálogos que poderiam ser legendas de uma charge da revista *New Yorker*. ("A esperança aparece de muitas maneiras". "Quem tem tempo pra isso?".)

Conforme Tony descreve seu mundo para a dra. Melfi, percebemos que, para ele, quase não existe uma divisão entre a família e a Família. Quando o tio Junior (Dominic Chianese),[12] capitão de uma gangue rival da Família DiMeo, se opõe à tentativa de Tony de impedi-lo de matar Little Pussy Malanga[13] no Vesuvio, o restaurante administrado por Artie Bucco[14] (John Ventimiglia), amigo de infância de Tony, tio Junior dispara: "Não se lembra das vezes que brinquei com você?". Uma coisa não deveria ter nada a ver com a outra, mas Junior sente que tem direito à lealdade incondicional de Tony — embora, como Tony confessa a Melfi, "Quando eu cresci, ele disse às minhas primas que eu nunca seria um atleta universitário... e, francamente, aquilo acabou definitivamente com minha autoestima". Nesse mundo pequeno e interconectado, onde as ofensas do passado são lembradas e exploradas para sempre, todos parecem não enxergar seu verdadeiro peso. Quando Tony expressa dúvidas à dra. Melfi sobre o estado atual da máfia, não se trata da moralidade da situação em si, apenas da inconveniência de tantos mafiosos optarem pela delação premiada ao serem presos.

O episódio piloto mostra esse ponto com força cômica contundente. Tony literalmente atropela Alex Mahaffey (Michael Gaston) porque Mahaffey lhe deve dinheiro. Christopher atira em Emil Kolar (Bruce Smolanoff) não porque Emil representa uma ameaça iminente para Chris ou para a Família, mas porque é a maneira mais simples de eliminar a oferta concorrente de uma empresa de lixo rival e, assim, tentar impressionar seu mentor, Tony. Tudo isso é monstruoso e no fundo talvez esses caras saibam disso, mas reprimem esses sentimentos para seguir a vida, fazendo com que Tony fique em tal estado de negação que até consegue reclamar para Melfi: "Eu acho que sou o pierrô", sem demonstrar um traço de autocrítica.

A primeira sessão de terapia, como todo este episódio, continua voltando à relação de Tony com a mãe. Ela não tem tanto tempo de tela — sua presença é tão escassa quanto a de Marlon Brando em *O Poderoso Chefão* —, mas, quando aparece, sua rabugice pétrea e expressões furtivas roubam o protagonismo até de figuras dinâmicas como Tony, Carmela e tio Junior, que leva Livia de carro até a festa de

---

12 Embora o filme *Os Bons Companheiros* fosse uma fonte de atores mais frequente para *Família Soprano*, às vezes a série também ia mais atrás, até *O Poderoso Chefão*; particularmente no caso de Chianese, que interpretou o capanga de Hyman Roth, Johnny Ola, no segundo filme.
13 Não confundir com "Big Pussy" Bonpensiero, da gangue de Tony.
14 Tanto Artie quanto Silvio Dante são apresentados no piloto como velhos amigos de Tony que ele raramente vê (de fato, todos ficam surpresos quando Sil aparece no açougue). Do episódio dois em diante, Sil é tratado como um membro de longa data da gangue de Tony, e o Vesuvio como o restaurante frequentado por todos os mafiosos locais.

aniversário de Anthony Jr. (Robert Iler) — uma tarefa que ela pediu a Tony para fazer — e insinua que Tony deveria ser morto por interferir no assassinato de Malanga.[15] E quando Livia não está em cena, outros personagens falam sobre ela, como na infame cena "E agora? E a droga da torta napolitana?",[16] quando Tony e Carmela conversam com seu "mentor espiritual", o padre Phil Intintola,[17] e AJ informa: "Ela não vem. A vovó ligou, ela começou a chorar e desligou".

"Ela quer uma razão para viver", Tony resmunga.

A ansiedade relacionada a Livia desencadeia os dois ataques de pânico de Tony. A causa e consequência são óbvios quando ele, Carmela e as crianças estão visitando o lar de idosos Green Grove com Livia e ela se depara com a ala do asilo, acusando Tony de tentar abandoná-la. Mas o primeiro ataque de Tony tem uma conexão mais oblíqua. Perto do final do piloto, Melfi se esforça para tentar fazer Tony perceber que ele está melhor não por causa da medicação, mas porque está falando sobre seus problemas em vez de guardá-los para si como Gary Cooper, "o tipo forte e calado". Em seguida, ele conta a Melfi sobre um sonho em que desenroscou seu umbigo até que seu pênis caiu e um pássaro voou e o levou embora. Tony descreve o pássaro como um tipo aquático, mas resiste a chamá-lo de pato igual àqueles que desencadearam seu primeiro ataque de pânico, mesmo depois que Melfi o pressiona para fazer esse pequeno progresso. A pata deu à luz e criou seus filhotes atrás da casa dos Soprano, mas, no sonho de Tony, o pato se tornou uma força destrutiva arbitrária. O ser que dá vida, o protetor; o atormentador, o destruidor.

"Foi uma viagem ver aquelas criaturas selvagens na piscina com seus filhotes", Tony diz a Melfi. Então ele se emociona com a própria descrição. O quadro sentimental que ele descreve revela sua capacidade, em grande parte não percebida, de uma gentileza que até mesmo as aves aquáticas puderam sentir, e que, de alguma forma, sobreviveu dentro dele, apesar de ter tido um pai que era um gângster lendário e uma mãe punitiva e controladora. Mas Tony nunca intuiria tudo isso. "Fiquei triste quando eles partiram", confessa ele, e em seguida se distancia de si mesmo verbalmente, quase zombando de sua própria angústia: "Puxa vida, agora

---

15 Depois de não conseguir convencer Junior ou Artie, cuja esposa obediente à lei, Charmaine (Kathrine Narducci, cujo pai mafioso foi morto quando ela tinha 10 anos, levou o filho para fazer teste para um papel em *Desafio no Bronx* e acabou sendo escalada como a mãe do herói, o que foi sua grande estreia como atriz), não permite que ele use as passagens suspeitas de cruzeiro que Tony lhes ofereceu em uma tentativa de fazer com que o restaurante estivesse fechado no dia em que o atentado iria acontecer, Tony acaba mandando o Vesuvio pelos ares, imaginando que, a longo prazo, isso prejudicará menos a reputação de Artie.

16 AJ terá muitos momentos memoráveis ao longo da série — alguns, mas não todos, relacionados à flatulência —, mas se você tiver começado a série agora, esteja avisado que seu auge definitivamente foi com essa fala sobre a torta napolitana.

17 Embora Paul Schulze interprete o padre Phil pelo restante da série, o papel aqui é brevemente interpretado por Michael Santoro.

vou chorar!". Tony adorava os patos na piscina porque eram vigiados por uma mãe que protegia e cuidava deles sem segundas intenções, sem trapaça e manipulação, sem o impulso de aniquilar. Livia, apesar da sua evidente impotência, é a maior força destrutiva no piloto, um buraco negro sugando toda a esperança.

Mas Tony não pode ou não quer entender isso — por enquanto. Por fim, ele decide que está chorando porque tem medo de perder a família. Mas para o quê? Uma bala? A prisão? Um ataque cardíaco por comer demais?

"De que tem tanto medo que aconteça?", Melfi pergunta a ele.

"Eu não sei", responde.

Mas mesmo que Tony não saiba, *Família Soprano*, com certeza, está remoendo o assunto.

Os dois ataques de pânico de Tony foram mortes falsas que pareciam um ataque cardíaco ou AVC. Muitas vezes, experiências de quase morte convencem as pessoas a avaliarem a situação de suas vidas e a se tornarem emocionalmente ou mentalmente mais saudáveis, mais fortes... mais evoluídas. Mas Tony não parece ser esse tipo de homem. Há esperança? Talvez a angústia de Tony seja sobre seu medo de que não haja esperança; que talvez haja muito de Livia nele, e isso sempre estará lá, mexendo pauzinhos invisíveis, não importa o que ele faça.

TEMP. 1/EP. 2
ESCRITO POR DAVID CHASE
DIRIGIDO POR DAN ATTIAS
EXIBIDO EM 17 DE JANEIRO DE 1999

A melhor amiga de um garoto

"Mas é minha mãe. Tenho que cuidar dela." — **Tony**

O piloto de *Família Soprano* foi filmado em 1997 para ser apresentado à HBO como uma prova de conceito. O segundo episódio, "46 Long", foi produzido em 1998 como parte de um pacote de doze episódios. A passagem do tempo pode ser constatada tanto visualmente (Gandolfini está mais pesado, Robert Iler mais alto) quanto dramaticamente, conforme Chase e sua equipe tentam decifrar o quanto de uma série de TV esta antítese de série de TV deveria ter para sobreviver. Parte de "46 Long" — sobretudo qualquer coisa envolvendo Tony e Livia, que foi o que deu origem a tudo isso — parece estruturada por completo. Durante a maior parte do tempo, no entanto, David Chase ainda está mexendo nos controles: tentando equilibrar comédia e drama, decidindo o aspecto visual (Dan Attias, que iria dirigir alguns episódios posteriores, usa mais planos detalhe do que Chase na direção do piloto). É um episódio envolvente, mas por vezes estranho, alternando tons e formas.

Nas cenas com Big Pussy e Paulie Walnuts investigando o roubo do carro do professor de AJ, a obsessão de Paulie com a apropriação da cultura italiana tem um tom cômico, às vezes ecoando elementos de sitcom, quase validando a ideia de que *Família Soprano* era uma espécie de "*A Máfia No Divã: A Série*". O problema em que Christopher e seu amigo viciado em metanfetamina, Brendan Filone (Anthony DeSando), se metem quando começam a roubar caminhões protegidos pelo tio Junior tem mais o estilo de um humor sombrio e começa a aumentar as tensões entre Tony, Junior e o sobrinho idiota de Tony.[18] Silvio Dante (Steven Van Zandt)[19] convencendo Tony a ficar com um terno ou três antes que Christopher devolva o caminhão reflete bem a hipocrisia de toda a situação: neste mundo, Tony e outras figuras de autoridade dão sermões a seus lacaios sobre códigos e regras que nunca devem ser quebrados, mas ignoram tudo isso quando for conveniente.

O uso de drogas de Christopher e Brendan, que se recusam a seguir as regras, remete à cena que abre o episódio, na qual um ex-mafioso, que se tornou escritor, aparece na TV do escritório do Bada Bing explicando que a era de ouro da máfia acabou graças ao tráfico de drogas e outros desvios da tradição. "Se o chapéu serviu", concorda Tony com tristeza, e é claro que ele se sente assim: ele disse a Melfi no piloto que temia ter chegado no fim. O gesto de Tony, de atirar um elástico na TV quando um antigo peixe miúdo que virou delator aparece, não só não é letal, como também é infantil — o tipo de coisa que uma criança malcomportada faria para se exibir na sala de aula — e confirma o ponto do autor. O medo de que os capangas dos anos 1990 sejam míseras cópias de seus antecessores se reflete na cena em que Brendan sequestra outro caminhão de Junior com dois gângsteres negros que não são mais ameaçadores ou competentes do que ele.

Ao rever "46 Long", a cena de abertura parece uma forma autodepreciativa de reconhecer que *Família Soprano* está temerosa em seguir os passos dos clássicos filmes de gângster, mesmo enquanto trilha um novo caminho. Os personagens de Chase reagem à entrevista televisiva ao fundo com acenos tristes ou explosões defensivas de escárnio. ("Eles pagam por palavra pra esse *chiacchierone*?",[20]

---

18 *Família Soprano* faz várias referências a Tony ser o chefe de North Jersey (parte norte do estado de New Jersey). O episódio "46 Long" retrocede um pouco para mostrar que o doente Jackie Aprile Sr. (interpretado por Michael Rispoli, que perdeu o papel de Tony para Gandolfini) está atuando como chefe da Família, mesmo que, como Brendan observa, todo mundo saiba que Tony está realmente no comando das coisas desde que Jackie começou a fazer quimioterapia.
19 Van Zandt foi outro que *quase* ganhou o papel de Tony, mas é muito mais famoso por sua outra carreira como membro principal da E Street Band, de Bruce Springsteen, e um músico prolífico por mérito próprio.
20 Falastrão.

Paulie rosna.) A cena termina com Silvio imitando Al Pacino em *O Poderoso Chefão Parte III*[21] a pedido de Tony, como se dissesse: *Bom, se estamos apenas imitando o que veio antes, vamos pelo menos fazer com gosto.* Não é à toa que Big Pussy está lendo uma matéria no jornal sobre clonagem. O especialista em máfia poderia muito bem ser um crítico televisivo reclamando que o gênero de filme da máfia, como a própria máfia, já está batido, e mesmo que não fosse, esses bandidos da telinha (TV) ainda seriam apenas clones que não estariam à altura do exemplo deixado por seus ancestrais da telona (cinema).

O piloto estabeleceu que esta série existe em nosso mundo e seus personagens assistem aos mesmos filmes policiais que nós. O diálogo inclui citações de filmes (e muitas citações incorretas), e o padre Phil até pergunta a Carmela o que Tony acha da trilogia *O Poderoso Chefão* (o filme favorito dele é o segundo por causa dos flashbacks de Vito na Sicília, o que se encaixa com sua mentalidade de lamento nostálgico, mas a *Parte III* foi "mas o que foi que houve?"). Quando ele pergunta sobre *Os Bons Companheiros* — um filme do qual vieram muitos atores do elenco —, no entanto, a resposta dela é interrompida pelo barulho que Meadow faz ao tentar entrar em casa despercebida — o correspondente televisivo do arranhão de agulha no disco. *Família Soprano* mantém uma conversa ativa com sua própria tradição de cultura pop, mas seu lado nesse diálogo é autodepreciativo e brincalhão, como um subordinado ambicioso e espertinho que sabe o que acontece com capangas que começam a se achar demais.

Talvez as cenas com a própria família sejam mais contundentes e potentes do que cenas de caminhões e carros roubados porque são realistas e emocionalmente diretas, portanto, sem medo do julgamento quando comparadas às representações anteriores. Muitos dos predecessores e descendentes da série focam muito mais na vida profissional do protagonista do que na vida doméstica e na criação dos filhos, mas, em *Família Soprano*, os momentos de Tony em casa são mais cativantes desde o início, e as atividades criminosas terão que se esforçar para ser tão interessantes.

Nós já vimos a violência da máfia, como o roubo dos caminhões Comley, dar errado em outras histórias de gângsteres (em particular nas de Scorsese), mas a relação entre Tony e Livia, e a maneira como Carmela e Melfi forçam Tony a discuti-la, distingue a série de imediato. Basta observar a cara de poucos amigos de Nancy Marchand quando Carmela fala sobre Green Grove, ou a resposta de Livia ao incêndio na cozinha — em grande parte causado por sua própria paranoia — como se fosse outro insulto que este mundo terrível lhe impôs. Ou o olhar arrasado e de pálpebras pesadas — que, até então, James Gandolfini já havia dominado — enquanto Tony examina a casa de sua infância sem sua residente mais poderosa. Tony e Livia parecem

---

21 "Ao pensar que estava livre, eles me arrastaram de volta."

desgastados desde o primeiro dia, mas sua dinâmica é tão confusa e prejudicial para Tony que ele nem consegue ver como ela é, e sempre foi, destrutiva.

A percepção da série de que todos seus personagens — civis e gângsteres — vivem vidas robotizadas, insignificantes e materialistas é quase singular no gênero de histórias de máfia. O episódio "46 Long" apresenta diálogos e imagens sobre declínio, decadência e a passagem irrevogável de velhos costumes, bem como uma atmosfera de insatisfação ancorada na suspeita de que as coisas estavam melhores durante um (em grande parte não especificado) passado. O novo sistema telefônico do Bada Bing é mais complicado do que o antigo. Ao ver um caminhão de aparelhos de DVD roubados, Tony questiona Brendan sobre a qualidade visual inferior em relação aos *laserdiscs* e a escassez de bons filmes. "E o som? É muito melhor", garante Brendan.

"Bom", Tony rosna, "nada como comer pipoca ao som de *Homens de Preto*."

A investigação que leva Paulie e Pussy a várias cafeterias[22] evoca uma frase de *Adeus, Minha Querida*, de Raymond Chandler — "Ele era tão imperceptível quanto uma tarântula numa fatia de manjar branco" —, mas o que a torna memorável é se darem conta de que sua herança italiana está sendo corrompida e reembalada por um conglomerado internacional e vendida de volta a eles a preços inflacionados. Pussy aceita esta realidade com dificuldade; Paulie se enfurece com isso. "Essa droga de espresso, cappuccino! Quem inventou essa droga? Nós! E os idiotas é que estão ficando ricos. [...] É, e não é só dinheiro, é mais orgulho. Toda nossa comida: pizza, calzone, mozarela de búfala, azeite! [...] Mas isso? Isso é o pior, essa coisa de espresso!"

Quando Tony entra na cozinha vestindo um roupão e tenta dançar com Carmela (uma imagem que ecoa sua dança estranha com Livia no piloto), ele canta "A Whiter Shade of Pale" [Um tom mais branco de pálido], do Procol Harum, uma música lançada 32 anos antes, quando ele estava no ensino fundamental. Jackie Aprile, de quem Tony diz que "rasteijou do leito" para se encontrar com ele e Junior, admite que seu câncer o está consumindo, então se pergunta em voz alta se deveria já nomear um sucessor. "Nos dias de hoje?", pergunta Tony, "Quem aceitaria esse emprego?"

Declínio, decadência e perda de potência e autonomia estão todos concentrados na angústia de Tony a respeito de Livia. Tanto mental quanto fisicamente, ela parece estar pior que no piloto. Ela acha que a empregada trinitina[23] roubou seu

---

22 "Estou que nem a porra do Rockford aqui", Pussy reclama sobre a tarefa, como um aceno ao tempo de Chase na série *Arquivo Confidencial* (exibida originalmente entre 1974 e 1980).
23 O racismo casual de Livia se manifesta quando ela se refere à empregada como uma "*titsun*", termo italiano extremamente ofensivo para se referir a pessoas negras.

prato favorito. "Será que você não deu a algum parente? Você vive dando suas coisas achando que vai morrer", diz Tony. "Queria que fosse amanhã", Livia responde.

Talvez Tony sinta o mesmo.

Eis um homem que se sente abandonado pelas duas irmãs para tomar conta de uma mulher que não pode morar com ele porque Carmela "não permite", mas que já não pode mais morar sozinha e que não importa o que ele faça, a percepção de Livia é de que ele é um filho ingrato. Tony está tão apavorado com o aparente declínio cognitivo da mãe que ele se agarra a qualquer prova de que ela está indo bem, como ela se oferecer para dar carona às amigas — até que Livia atropela uma delas. Isso dá a Tony a desculpa que precisa para mandá-la ao Green Grove. Em uma cena posterior, vemos Tony empacotando tudo o que restou da casa de sua infância, incluindo fotos de sua mãe quando era jovem e fotos suas quando bebê e criança. Tomado por sentimentos conflitantes, ele luta contra mais um ataque de pânico, forçando-se a sentar. Freud teria muito a dizer sobre um filho cujos sentimentos sobre a mãe são tão intensos que o fazem sentir como se estivesse à beira da morte. O estímulo de Melfi na terapia parece empurrá-lo mais perto de descobertas profundamente tenebrosas sobre Livia e, por extensão, sobre si próprio, afinal, filho de peixe...

Quando Tony confirma que Livia está fisicamente saudável — "como um touro" — Melfi sugere que ela seja examinada para ver se tem depressão, porque "você sabe bem, da sua própria vida, e a depressão pode causar acidentes, ausências ou coisa pior".

"Está dizendo o quê? Que, inconscientemente, tentou matar a amiga dela?", Tony pergunta. A depressão de Tony é exacerbada por muitos fatores, mas sua mãe está acima de todos. Apesar de não tocar muito no assunto, Livia ainda está de luto pelo marido, Johnny, cuja morte a deixou se sentindo emocional e fisicamente abandonada. Ela talvez sinta falta de Johnny por razões egoístas e narcisistas, mas a dor é real. Parte da sua hostilidade com o filho pode derivar da sensação que Tony, que para Livia é um substituto de Johnny, também está a abandonando, e ela não pode evitar isso. Sob esta ótica, o momento em que Livia quase mata a melhor amiga pode ser visto como uma forma de projeção. A melhor amiga de um menino é a mãe dele.

Melfi acha "interessante" que Tony classificaria uma raiva assassina suprimida contra um ente querido como outro subproduto da depressão, mas ela não segue o comentário dele à sua conclusão lógica. Se o filho é como a mãe, ele seria capaz do mesmo cálculo mental subconsciente e do mesmo resultado: violência contra uma "melhor amiga".

A conclusão do episódio dá a entender que Tony talvez tenha chegado à mesma conclusão por si próprio. Irritado com a incapacidade de George (Frank Santorelli), o leão de chácara do Bing, de transferir uma ligação, Tony perde o controle e bate na cabeça dele com o fone.[24] Uma das provas do declínio de sua mãe que ele apresenta a Melfi é que a mulher "Nem consegue usar o telefone".

"DENIAL, ANGER, ACCEPTANCE"
TEMP. 1/EP. 3
ESCRITO POR MARK SARACENI
DIRIGIDO POR MARK GOMEZ
EXIBIDO EM 24 DE JANEIRO DE 1999

Protocolo

"Se tudo isto é por nada, por que pensar no assunto?" — **Tony**

James Gandolfini não saiu do anonimato para estrelar *Família Soprano*, mas ele era desconhecido o bastante para que, aliado à força titânica de sua atuação na série, era fácil vê-lo como tendo sido sempre o Tony Soprano. Naquela época, havia uma percepção generalizada da ausência de limite entre ator e personagem que funcionou em prol da série. Nenhum espectador pensou: "Ah, James Gandolfini não faria mesmo isso", porque eles não tinham outro referencial. Ao revisitar a série, no entanto, pode ser difícil resistir em projetar a morte de Gandolfini, quando tinha apenas 51 anos, em seu personagem mais famoso — o protagonista de uma série preocupada com declínio, desperdício e oportunidades perdidas, repleta de imagens de mortes naturais e outras nem tanto.

Um episódio como "Denial, Anger, Acceptance" [negação, raiva, aceitação] é, portanto, particularmente difícil de aguentar. Sua essência é sobre Tony confrontando sua própria mortalidade frágil enquanto ele passa pelos estágios do luto (que dão nome ao episódio) a respeito da morte iminente de Jackie Aprile. Gandolfini era um homem muito diferente, e melhor, do que seu alter ego, mas, ao ouvir Tony discutir o significado da vida e da morte com a dra. Melfi, ainda é difícil não imaginar o ator tendo a mesma conversa — ou apenas pensar nele morrendo cedo demais, como Jackie. A sequência inspirada em *O Poderoso Chefão*, na qual a apresentação do grupo de coral de Meadow é intercalada com o ataque a Christopher e Brendan, é poderosa em especial, além da intenção óbvia de Chase e sua equipe. Ver Christopher implorar pela sua vida e, em seguida,

---

24 Outra demonstração do mal-estar que afeta a todos no episódio: depois que Tony sai do enquadramento, a câmera muda o foco para três dançarinas no palco atrás dele, tão desinteressadas em sua situação atual que mal conseguem se mexer.

assistir a Mikey Palmice acabar com a de Brendan é intenso, e a morte de Brendan é o primeiro assassinato de um personagem bem conhecido (Little Pussy Malanga foi mais mencionado do que mostrado; mal vimos seu rosto). Mas não é nada comparado ao momento quando, no auditório da escola, as emoções de Tony encontram uma válvula de escape na música, no ato de ver sua filha brilhar, e na breve compreensão de quanto ele precisa valorizar esses momentos por seja lá quanto tempo lhe resta nessa terra.

Este é um ótimo episódio tanto para Tony quanto para o ator que quase o interpretou, Michael Rispoli. Como prêmio de consolação, Jackie Aprile não é um papel super-rentável ou duradouro, mas Rispoli aproveita ao máximo seu tempo na série. Ele acerta em cheio o tom de comédia na cena em que Jackie não percebe que a "enfermeira" que o visita no hospital foi contratada por Tony para dar um final feliz ao seu dia; mas também no tom dramático, particularmente quando Tony quer relembrar o caos no motel enquanto Jackie está obcecado com a alteração de sua temperatura.

O desempenho de Gandolfini e a luta interna de Tony que o alimenta são fortes o suficiente para segurar o episódio. Embora "Denial, Anger, Acceptance" seja envolvente, também parece irregular. Livia é vista apenas por pouco tempo e mais para o final do episódio, embora seja notável pela forma como ela sentencia Brendan à morte de modo tão casual, sabendo o que Junior fará com o conselho que ela deu; trata-se de uma mulher fria e perigosa, não a figura maternal e calorosa que Tony vive tentando se convencer que ela seja. O caso mafioso da semana, envolvendo o judeu chassídico dono do motel,[25] parece muito com a investigação de Pussy e Paulie sobre o carro roubado do episódio anterior, como se Chase ainda estivesse sondando o terreno: *Ei, não seria engraçado ver esses gângsteres* ítalo-americanos *valentões serem barrados por um bando de caras judeus com chapelões e costeletas?* Na realidade, acabou sendo algo um pouco além disso, em parte porque o fato de Ariel estar disposto a morrer por princípio se conecta ao confronto de Tony e Jackie com sua própria mortalidade, mas, ainda assim, é menos envolvente do que quase todos os outros aspectos do episódio.

A novidade mais bem-vinda do episódio é a primeira subtrama dedicada à Carmela; funciona tanto como uma história curta encaixada no episódio quanto como uma nova lente através da qual podemos ver todas as outras narrativas que acontecem ao seu redor. Carmela convida Artie e Charmaine Bucco para fazer o buffet do evento de arrecadação de fundos para o hospital, com o intuito de tentar ajudá-los a superar o trauma de terem perdido o antigo restaurante e

---

25 Shlomo é interpretado por Chuck Low, cujos acessórios chassídicos o tornam quase irreconhecível como o vendedor de perucas Morrie ("As perucas do Morrie não caem!") de *Os Bons Companheiros*.

também dar dinheiro a eles enquanto aguardam o pagamento da seguradora; mas ela acaba fazendo sua "amiga" Charmaine se sentir ainda mais inferior quanto ao seu status em comparação com a rica e poderosa família Soprano. Essa subtrama nos mostra que Carmela impõe tanta deferência em sua esfera doméstica quanto Tony o faz nas ruas.

Pode parecer estranho classificar uma série povoada por tantas pessoas vulgares como uma comédia de costumes; mas a realidade é que protocolo, status social e consciência das dinâmicas de poder estão enraizadas de forma tão profunda em *Família Soprano* quanto nos romances de Kazuo Ishiguro ou Edith Wharton. Representantes de diferentes culturas, classes e níveis de influência lutam uns contra os outros pelo controle. Os chassídicos têm um sistema de valores e um código de honra tão inflexível e baseado no machismo quanto aquele que guia os ítalo-americanos que estão obcecados em enfrentá-los. O desejo de Carmela de arrecadar fundos para o hospital é alimentado por seu desejo de ser vista como respeitável. Chris vai contra Junior, em grande parte, porque sente que a Família negou a ele a promoção que ele acredita já ser merecedor; ao tirar dinheiro do bolso de Junior, ele está negando o poder que Junior tem sobre ele como um líder da Família, bem como uma espécie de tio. "Ele e o seu... amiguinho... estão cuspindo na minha cara e se escondem atrás do Tony", Junior conta a Livia, buscando implicitamente aprovação para acabar com o garoto. Sem chances. Chris não é filho de Tony, Livia explica, mas ele o ama como se fosse. "E eu também, Junior", acrescenta ela, seus olhos arregalados sinalizando que está usando sua influência emocional sobre ele para vetar qualquer retaliação em andamento.[26]

A subtrama sobre Chris vender anfetaminas a Meadow para ajudá-la a ficar acordada por mais tempo, enquanto estuda para as provas finais, é paralela à da quebra de protocolo na história de Carmela-Charmaine. Meadow se aproveita de seu status social superior (além de laços familiares sentimentais) para pressionar Chris a fazer algo que ele normalmente evitaria. Por sua vez, vemos como Chris, o produto de uma virulenta subcultura patriarcal, despreza sua namorada, Adriana (Drea de Matteo),[27] porque ela é uma mulher (ordenando que ela atenda à porta enquanto ele fuma maconha e assiste TV). E vemos como Adriana tem raiva de

---

26 Então ela diz: "Ele botou as grades nas janelas pra mim". Um comportamento clássico de Livia, sua afeição por Chris não é por ele ser quem é, mas pelo que ele faz por ela. Essa cena também volta a um tema recorrente da série: essas pessoas esperam que pequenos favores paguem dividendos para sempre. Junior quer a deferência de Tony por conta de todas as vezes que brincou com ele.
27 Drea de Matteo teve uma ponta no piloto como recepcionista de um restaurante; quando chegou a hora de escolher a atriz para o papel de Adriana, ela foi chamada de volta com um novo visual e uma linha de diálogo foi adicionada posteriormente para explicar que Tony tinha conseguido aquele trabalho para ela.

Christopher por ele ganhar muito dinheiro por meio de picos de atividade criminosa e ficar vegetando durante o restante do tempo, em vez de trabalhar em um emprego normal como o dela. ("Recepcionista de boate, cala a boca e trabalha", zomba Chris, enquanto Brendan faz flexões em uma porta próxima.)

A vingança de Charmaine é ao mesmo tempo eficaz e o tipo de coisa que somente alguém na sua posição singular — alguém que cresceu com Tony e Carmela, mas deliberadamente vive fora do mundo deles — poderia conceber. A série tem talento para insultos — em especial, os não intencionais —, e esse episódio contém um exemplo especialmente doloroso: Carmela nem consegue reconhecer que seu aceno para Charmaine tem o mesmo ar arrogante que ela havia usado com a empregada. Como troco, Charmaine revela, como se enfiasse uma faca na "amiga", que ela e Tony tiveram um caso no passado e que eles poderiam estar juntos até hoje se assim ela quisesse, e ainda vai mais fundo ao dizer "Nós duas fizemos nossas escolhas, e eu estou feliz com a minha".

Depois que a dor dessa alfinetada passar, Carmela ainda terá a sua supermansão, enquanto Charmaine e Artie estarão vivendo em um apartamento jeitosinho e rezando para receberem o dinheiro do seguro. Mas, em dois episódios, nós já vimos que Charmaine está determinada a não se associar aos negócios da máfia. Em uma série em que quase todos os personagens estão comprometidos, ela é uma anomalia.

"MEADOWLANDS" TEMP. 1/EP. 4
ESCRITO POR JASON CAHILL
DIRIGIDO POR JOHN PATTERSON
EXIBIDO EM 31 DE JANEIRO DE 1999

A violência casual

"Lá vamos nós! Guerra de 1999!" — **Big Pussy**

Depois de alguns episódios em que é evidente que o enredo da família é mais envolvente do que o enredo da Família, "Meadowlands" equilibra bem os dois mundos de Tony; em parte porque as linhas que os separam são muito tênues. Esta sutileza é certificada na variedade de objetos domésticos utilizados como armas (um ioiô, um machado de lenhador e um grampeador) e pela descrição de Melfi do "clima de violência da sociedade americana... a violência casual" — esta última é retratada repetidamente nesse episódio.

"Meadowlands" começa com o pesadelo de Tony no qual membros de sua gangue descobrem que ele está falando da mãe[28] na terapia, antes de descobrir que o dentista de Silvio trabalha no mesmo prédio da dra. Melfi. Esses acontecimentos levam a paranoia de Tony ao limite, a ponto de ele enviar o policial corrupto e viciado em jogo, Vin Makazian (John Heard),[29] para investigar sua terapeuta. O assassinato de Brendan, seguido pela morte de Jackie, força Tony a ter um confronto com Junior; confronto este que ele esperava evitar. O funeral de Jackie — com todos os mafiosos presentes e agentes do FBI os fotografando — é uma experiência reveladora para AJ, que só agora soube qual é realmente o trabalho do pai. (A palavra que dá título ao episódio, "Meadowlands", se refere a uma área real no norte de New Jersey: um pântano perto do que era então o estádio sede dos times de futebol americano New York Giants e New York Jets — agora chamado de MetLife Stadium —, que, ao longo dos anos, tem servido como um lugar para a desova de pessoas assassinadas; mas é também o espaço psicológico onde Meadow, que conhece o segredo da família, habita há algum tempo, e onde ela serve como guia para que seu irmão conheça a verdade sobre o pai. De fato, essa é "Meadow's Land" [A terra de Meadow].)

A tensão entre Tony e Junior, que por semanas vinha cozinhando em banho-maria, atinge o ponto máximo aqui, embora a única ferramenta que Tony use seja o grampeador que ele rouba do hospital para que Mikey Palmice saiba o quanto ele desaprova o assassinato de Brendan e a surra em Christopher.[30] Apesar de todos os pedidos indignados de vingança feitos por Chris e o apoio de seus colegas capitães em pedir a morte de Junior, Tony, em vez disso, com alguma ajuda (talvez) não intencional da dra. Melfi, consegue encontrar uma solução pacífica, deixando Junior pensar que ele é o novo chefe quando, na verdade, é apenas um testa de ferro.

28 A única cena entre Tony e Livia neste episódio (além de sua breve participação especial vestida como Melfi na sequência do sonho) é uma delícia, especialmente quando Tony nota que ele a visita para se animar e pergunta: "Acha que foi um erro?". Infelizmente, isso é o melhorzinho que ele pode esperar de um encontro com a mãe: um número mínimo de gritos, e Livia, em seu jeito incrivelmente cheio de rodeios, pedindo a Tony para deixar alguns dos macarons para ela — não que ela jamais admitiria que era isso o que estava fazendo.
29 John Heard, que morreu no ano em que este livro estava sendo escrito, era um grande ator conhecido por seus papéis excêntricos, que estrelou em muitos filmes pequenos que são verdadeiras joias raras, incluindo *Entre as Linhas do Jornal*, *Caso de Assassinato*, *Depois das Horas* e *As Noites de Rose*. Vin é um dos personagens recorrentes mais bem delineados da série, ganhando vida pelo roteiro e pela atuação de Heard como um fracassado autodestrutivo que não consegue admitir quem ele se tornou.
30 A tradição de *Família Soprano* de homenagear seus predecessores gângsteres do cinema, principalmente para mostrar como os caras de Jersey ficam aquém deles, continua aqui. A maneira como Tony joga o grampeador na rua depois de usá-lo em Mikey é uma reconstituição simplória e não letal da cena em *O Poderoso Chefão* em que Michael Corleone assassina o corrupto capitão da polícia McCluskey e seu aliado da máfia, Sollozzo. Também ouvimos Christopher — um jovem de cabeça quente que, ao contrário dos caras mais velhos, nunca foi "para os colchões", ou seja, uma guerra entre gangues rivais — conclamando para a batalha com o grupo de Junior (e esquecendo os detalhes): "É *Scarface*, cena final, arma debaixo do braço! 'Digam oi para meus amigos!'".

A cena em que Tony marcha para a lanchonete favorita de Junior — armado, como Junior havia sugerido — e surpreende o tio com a oferta é um ápice de tensão na série. É também uma ótima demonstração da sagacidade de Tony como estrategista, quando não está usando aparelhos telefônicos para agredir pessoas. Tony não apenas coloca Junior na mira das autoridades enquanto ele toma a maioria das decisões, como também convence o tio a lhe dar controle dos lucros de Bloomfield e do sindicato dos trabalhadores em pavimentação.

Ser poupado de uma surra no pátio da escola porque o pai do garoto mais velho o avisou para não tocar no filho de Tony Soprano não é uma das piores maneiras de AJ descobrir o segredinho da família. Os roteiristas tendem a apresentar AJ como profundamente mimado, mas, fora isso, um garoto medíocre: inarticulado, desajeitado (suas duas brigas no corredor da escola estão entre as lutas de crianças e adolescentes mais inúteis em termos realistas na TV) e com raciocínio devagar, mesmo quando Meadow pacientemente o leva a perceber que seu pai é um mafioso importante. O crescente reconhecimento de AJ ao observar o funeral de Jackie é uma ótima maneira de encerrar um episódio relacionado com a queda das barreiras entre o trabalho e a vida familiar de Tony.

E então ocorre a situação com a dra. Melfi.[31] "É complicado" seria eufemismo; a própria Melfi pode precisar de várias sessões para explorar todas as camadas. Mesmo antes dela fazer um papel de *consigliere* de guerra na disputa entre Tony e Junior, vemos Tony lutando contra três impulsos conflitantes. Primeiro, ele se sente atraído por sua psiquiatra. Segundo, ela está o ajudando a lidar com seus ataques de pânico e a contínua turbulência emocional que enfrenta por ser Anthony Soprano. Terceiro, se Silvio, ou, pior, tio Junior descobrir que ele está conversando com alguém de fora da organização — mesmo alguém sujeito ao sigilo entre médico e paciente —, ele pode acabar a sete palmos com seu amigo Jackie.

Esse terceiro impulso é o que leva Tony a colocar a coitada da doutora e do namorado dela na mira de Vin Makazian. A surra no sinal de trânsito é consequência da tentativa de Tony de proteger a si mesmo, mas o segredo de sua terapia é tão potencialmente fatal que ele nem consegue contar a Makazian o papel que Melfi ocupa em sua vida. O jeito evasivo de Tony dá margem à suposição errônea de Vin de que a amante de Tony está pulando a cerca com outro cara. Quando Melfi conta a Tony sobre o incidente — em um exemplo surpreendente de suas próprias barreiras desmoronando na frente de um paciente —, Tony fica irritado, entretanto mais porque Makazian se comportou de forma imprudente (podendo ter o exposto) do que por se sentir culpado pela surra em Randall.

---

31 Tony continua a omitir que a dra. Melfi é uma mulher para Carmela.

Outra coisa estranha está acontecendo aqui, mas, dessa vez, vindo da parte de Melfi. A análise que Melfi faz do significado mais profundo das ações de Tony, mais uma vez, transcorre como um sutil e contínuo plebiscito sobre a fascinação intelectual e literária por *Família Soprano*, uma série sobre criminosos brutos e preguiçosos e as mulheres que os amparam. Em teoria, Melfi está lá para analisar as motivações por trás de todo o crime e violência, mas ela é tão fascinada por esses temas quanto qualquer pessoa que adora filmes de gângster (ou documentários de autópsia, true crime ou o caderno policial do jornal). Ela insiste em manter limites firmes entre ela e este paciente — mais do que os outros —, mas a atração exercida pelo lado obscuro é tão magnética que ela ainda é puxada para discussões táticas.[32] É como se um espectador especialmente eloquente tivesse tido acesso à sala de roteiristas de *Família Soprano*.

Igualmente fascinante é a conexão nebulosa entre Livia e Melfi. Há momentos no episódio "Meadowlands" em que Melfi, que já oferece a Tony uma espécie de conforto maternal que falta em sua vida, parece quase se tornar uma Livia, com todo o sentimento doentio que esse fato acarreta. Isso está acontecendo em parte na cabeça de Tony e em parte na série como um todo. A imagem culminante na sequência do sonho, que acontece na abertura do episódio, ressalta a conexão ao ponto em que até mesmo Tony a entende, e, portanto, ele acorda assustado. Ele se esquece disso, ou talvez deixe a lembrança se esconder em algum lugar, permanecendo no seu subconsciente: quem sabe explicar a dinâmica exata por meio da qual uma terapeuta, equilibrada entre ingenuidade e conivência, torna-se uma assistente de estratégia em uma guerra da máfia? Não importa como você explique isso, a relação de Melfi com Tony de repente parece espelhar o relacionamento de Junior com Livia, a quem ele visita em Green Grove e trata como uma combinação de terapeuta e *consigliere*.

Esse fato também se conecta com o eventual ressentimento assassino que Tony demonstrou no episódio "Denial, Anger, Acceptance". Ele bateu na cabeça de Georgie pouco depois de quase ter se dado conta da conexão entre o atropelamento "acidental" da amiga da mãe e seu sentimento de também querer a morte de sua "melhor amiga" (ou que ela fosse exilada em Green Grove, um destino que, para Livia, é pior que a morte). A forma com que a câmera filma pelas costas na sequência do sonho Melfi-Livia evoca um momento famoso do filme *Psicose*: Lila Crane no porão da casa de Norman Bates, aproximando-se de uma figura sentada que ela presume ser a mãe de Norman, e então, ao virá-la, vê que é o cadáver da mulher, o rosto congelado em

---

[32] Esse talvez seja o melhor momento de Bracco até aqui. Sua atuação nas cenas em que ela e Tony discutem estratégia nos permite ver que Melfi está se envolvendo cada vez mais com o drama criminal sobre o qual ela insiste que não quer tomar conhecimento, mesmo que sua postura contida e linguagem precisa cheguem a um passo de fazê-la participar ativamente dos esquemas de Tony. Até as conversas mais inapropriadas podem se tornar toleráveis se forem classificadas como um experimento mental.

um sorriso mortal. Mais tarde, o espectador entende que Norman a matou e a manteve viva em sua mente, absorvendo e encarnando sua personalidade. (A criatura em Norman estava aprisionada em ligações frágeis e tênues.)[33]

No final das contas, Tony decide continuar a relação porque Melfi, involuntariamente, o faz entender outro benefício da terapia: seu conhecimento sobre o comportamento humano, e como manipular pessoas intratáveis como sua mãe e seu tio, pode vir a calhar à medida que ele ascende ao topo da árvore genealógica extraoficial da Família. "Tiro boas ideias daqui", diz ele a Melfi.

TEMP. 1/EP. 5
ESCRITO POR JAMES MANOS JR. E DAVID CHASE
DIRIGIDO POR ALLEN COULTER
EXIBIDO EM 7 DE FEVEREIRO DE 1999

A verdadeira face

"Você é da máfia?" — **Meadow**

O piloto de *Família Soprano* criou um mundo novo e convincente o bastante para chamar a atenção dos espectadores, e os três episódios seguintes foram fortes o suficiente para segurá-la. Mas foi só em "College" que *Família Soprano* se tornou de verdade *Família Soprano* — de forma curiosa, conseguindo isso ao separar três protagonistas, Tony, Meadow e Carmela, de sua comunidade estabelecida com tanto cuidado.

O episódio é, em si, notável por sua estrutura audaciosa: ele se concentra em apenas duas narrativas, colocando de lado todos os outros personagens (a não ser por Christopher em uma performance via telefone). Uma linha da trama acompanha Tony na visita que ele faz com a filha para conhecer as universidades no Maine, onde, por acaso, avista Febby Petrulio (Tony Ray Rossi), um informante da máfia cujo depoimento mandou para a cadeia vários de seus colegas e pode ter acelerado a morte do próprio pai. A obsessão de Tony em matar o dedo-duro se manifesta justamente quando Meadow começa a interrogar o pai quanto a ele ser da máfia.

As tentativas de rastrear e matar Febby com a ajuda de Chris à distância são uma fonte de humor absurdo, com Tony levando Meadow (cada vez mais irritada) em uma perseguição por uma estrada sinuosa de mão dupla, despachando a filha

---

33 Norman Bates foi interpretado por Anthony Perkins. Tony é apelido para Anthony.

em um bar com um grupo de estudantes locais, e sempre inventando motivos para se enfiar em um orelhão.

A segunda história mostra Carmela, que recebe o padre paquerador, Phil Intintola (Paul Schulze),[34] em sua casa vazia na mesma noite tempestuosa em que ao saber que o primeiro nome da dra. Melfi é Jennifer, Carmela descobre que Tony está fazendo terapia com uma mulher; perturbada, ela resmunga que o fato de Tony não ter revelado o sexo de Melfi deve significar que o marido está tendo um caso com ela. Começa uma dança perigosa. (O filme que escolhem ver é *Vestígios do Dia*, um drama de 1993 sobre uma governanta e um mordomo que são reprimidos demais e limitados por suas obrigações para um dia ficarem juntos — parece familiar?) As conexões entre as tramas surgem de maneira orgânica por meio da sobreposição, sem exageros. Sempre que "College" parece entregar temas diretamente ao telespectador, o episódio o faz de uma maneira tão objetiva que abre novos caminhos de interpretação em vez de fechar os já existentes. As discussões de Meadow e Tony sobre honestidade, as conversas de Carmela com o padre Phil sobre pecado, culpa e espiritualidade, e as cenas em que ambos os pares ponderam sobre confidencialidade e sigilo refratam entre as duas situações e iluminam o episódio e a série como um todo. "College" também nos dá uma noção clara dos pontos fortes de Tony como pai — ele pode ser um bom ouvinte quando tira a máscara de durão —, bem como as melhores qualidades que Meadow pode ter herdado de Carmela: sua capacidade de reconhecer as ofertas de paz dos outros (quando Tony meio que admite que é da máfia, ela admite que tomou estimulantes para aguentar as provas finais) e sua prontidão em não aceitar as mentiras dos homens. ("Teve uma época, Meadow, em que o povo italiano não tinha muitas opções", Tony dá como desculpa. "Como Mario Cuomo?",[35] Meadow retruca.)

Mas tudo isso é um mero espetáculo à parte do sangrento carro-chefe deste episódio, o assassinato do informante cometido por Tony. Isso cala de vez as comparações ao filme *A Máfia no Divã*, deixando claro que esta não é uma série leve sobre um chefe molenga da máfia com filhos encrenqueiros ("Mafiosos: são gente feito a gente!") e anuncia que as mudanças evolutivas no jeito de contar histórias na TV, lançadas pela série *Chumbo Grosso*, estão prestes a serem derrubadas.

Isso pode parecer uma afirmação exagerada para qualquer um que cresceu assistindo a televisão depois de *Família Soprano* e acompanhou inúmeros protagonistas

---

34 Schulze, que substitui Michael Santoro, era um velho amigo e colaborador de Edie Falco. Eles estudaram na universidade SUNY Purchase e atuaram juntos muitas vezes no palco e na tela (e continuariam a fazê-lo por anos após o fim de *Família Soprano*, como amantes tóxicos na série *Nurse Jackie* da Showtime). A sintonia e a química entre os dois atores, além do quase romântico, adiciona um enorme valor à trama que precisa levar esta relação ao limite em um ponto em que o telespectador ainda está conhecendo os personagens.

35 Mario Cuomo foi um importante político ítalo-americano que chegou a ser eleito governador do estado de Nova York. [Nota do Tradutor, daqui em diante NT].

fazendo coisas horríveis, às vezes defensáveis, às vezes não. Mas em 1999, o efeito dessa morte em particular foi um divisor de águas. Em quatro episódios, os espectadores viram assassinato e morte violenta, que podiam ser atribuídas à negligência ou incompetência, mas Tony não havia cometido nenhum dos atos, nem foi responsável diretamente por essas ocorrências. Embora fosse muito livre com os punhos, Tony se comportava mais como um apaziguador: incendiando o restaurante de Artie para que Junior não pudesse matar alguém lá, planejando a ascensão de Junior à chefia da organização para evitar uma guerra, e assim por diante. E embora parecesse impensável que ele fosse passar a série toda sem ordenar a morte de pelo menos uma pessoa — ele brincou com a ideia —, um assassinato como esse parecia igualmente impensável, porque os protagonistas da TV não se jogavam na lama daquele jeito. Era para isso que serviam os capangas e atores convidados.

Vamos voltar algumas casas e examinar a arquitetura dramática do assassinato para determinar o que o tornou tão incomum. Não foi a escolha do alvo. Febby pode ter abandonado a vida de mafioso, mas ele realmente não mudou. No fundo, ele ainda era um criminoso,[36] e sempre será um dedo-duro. Como passamos muito tempo com Tony e nenhum com Febby, aceitamos que esse é o tipo de coisa que os mafiosos *precisam* fazer devido ao seu código de conduta, e é claro que vamos ficar do lado de Tony. Também é relevante que seja um crime de oportunidade. Tony não arrastou Meadow para o Maine apenas para procurar Febby e o matar, o que teria sido imprudente e perigoso em vez de apenas impulsivo. Ele não está matando uma pessoa aleatória por desrespeitá-lo ou para encobrir alguma outra ofensa. Esse cara é um ex-gângster, um péssimo gângster, por falar nisso: ele traiu seus amigos (um dos quais morreu na prisão), e então entrou no programa de proteção a testemunhas até que o FBI o expulsou. Agora, ele vive sob o pseudônimo anglicizado de Fred Peters,[37] e dá palestras sobre sua vida pregressa para universitários. Já sabemos (do piloto e de "46 Long") que Tony e os outros consideram esse tipo de comportamento uma ofensa digna de morte.

Tudo isso coloca Febby em cheio na categoria de "problemas do trabalho". Para enquadrar as coisas em termos dos filmes da trilogia *O Poderoso Chefão*, como *Família Soprano* costuma fazer, Febby não é aquela trabalhadora sexual anônima em *O Poderoso Chefão Parte II* que os Corleone matam para deixar um senador em dívida com eles; ele é mais parecido com Frankie Cinco Anjos, o braço direito nesse mesmo filme, que faz uma delação premiada e se mata após cometer perjúrio.

---

36 Podemos ver isso nas cenas em que Febby persegue Tony, visitando o motel e o restaurante e perguntando a um mecânico se um homem que corresponde à descrição de Tony está procurando por ele: os velhos hábitos mafiosos ganham vida mais uma vez.
37 Um detalhe incluído para demonstrar a repulsa generalizada que os mafiosos sentem quando a cultura italiana é diluída ou apagada.

Os Corleone se tornaram heróis do povo estadunidense, apesar de serem monstros que roubam e chantageiam, porque, com poucas exceções, só matavam outros mafiosos e seus parceiros, e só aqueles considerados piores que os Corleone. Esse é o caso aqui também; ainda que tenhamos pena da esposa e da filha de Febby, mesmo sem nos importar com o que aconteceu com ele.

O assassinato do Febby foi chocante devido ao contexto — uma viagem de pai e filha espelhando, de certa forma, a vida de Febby, que tem uma esposa com quem ele nunca mais vai dormir ao lado e uma filha que não vai ver crescer — também pelo prazer que Tony sente em fazer aquilo. Não há remorso ou desconforto em seu rosto no momento que ele torce aquele cabo, só alegria. A coisa mais amedrontadora a respeito de Tony é a maneira com que ele passa da depressão à euforia quando está machucando alguém. O rosto de James Gandolfini se abre em um sorriso predatório, com um olhar malicioso, e ele joga seu corpo alto e largo na ação com a precisão furiosa típica de um homem menor e mais ágil. Seus braços e punhos se embaralham, seus olhos se incendeiam, e partículas de cuspe voam de sua boca enquanto xinga o cara que está socando e machucando. Ele nunca pareceu tão assustador.

A sequência que antecede o estrangulamento revela a essência primordial da cena: estamos assistindo um superpredador caçando e matando sua presa. Tivemos uma amostra desse enfoque mais cedo no episódio, quando Tony visita a casa de Febby e o vê dar boa-noite à filha enquanto o homem está sentado em um ofurô com a esposa. Logo antes que Tony apareça de surpresa, se esgueirando pelas costas de Febby no bosque, o ex-gângster ouve um barulho vindo de um arbusto próximo e olha para saber o que causou aquilo. Nesse momento há um corte, é inserido um plano de um veado que está olhando para Febby, com sua cara curiosa enquadrada pela vegetação. A sequência de ações que nos trouxe até esse ponto representa uma viagem ao passado: Tony e Febby chegam de carro, uma forma de transporte do século XX; Febby deixa cair o revólver, uma arma do século XIX, durante a luta; e há um enfoque na arma caindo na terra abaixo dos seus pés; então Tony o estrangula, o estrangula mais um pouco e continua estrangulando, em um ato de perversidade shakespeariana.[38]

A cena é muito mais longa do que poderíamos esperar, até o ponto em que o público acaba se sentindo atacado também. Os cortes da edição entre os planos detalhe do rosto de Febby, as mãos de Tony apertando a fiação em volta do pescoço de Febby, e o rosto de Tony contorcido em uma raiva eufórica, com seus dentes da frente enquadrados pela boca raivosa (como um sorriso invertido) que evocam as

---

38 "Doce espírito, tenha muito cuidado, É triste o perjúrio no leito de morte." Otelo para Desdêmona enquanto a estrangula; *Otelo*, Ato V, Cena II. Tradução de Enéias Tavares.

presas expostas de um carnívoro. Os close-ups das mãos de Tony revelam que ele está estrangulando Febby com tanta força que o cabo está cortando sua própria carne.[39] Depois que deixa cair o corpo sem vida de Febby, Tony se levanta e caminha passando na frente da agência de viagem enquanto insetos zumbem e pássaros grasnam. Ele olha para cima e vê um bando de pássaros — provavelmente patos — em uma formação em V, um plano que ecoa de múltiplas maneiras, e nenhuma delas é reconfortante.

Cenas de pássaros voando após a morte de um personagem sempre evocam a partida da alma. Nesse caso, elas também ampliam a sensação de que acabamos de ver um ato de selvageria pré-histórica. Esses patos remetem àqueles que partiram da piscina de Tony, parte da narrativa que associamos ao relacionamento de Tony e Livia: o controle que ela possui sobre a imaginação dele, os genes que codificam a metade da fera que existe nele. E ainda representam a segurança familiar e os sentimentos de paz que parecem permanecer sempre longe do seu alcance.

A história de Carmela é quase tão inquietante — em parte, devido à forma como se funde com a de Tony. A metade correspondente à parte de Tony no episódio "College" é uma versão reduzida e liderada por dois personagens de um estudo sobre o que significa ser Tony Soprano, que, teoricamente, é um homem de respeito com uma casa, uma esposa, filhos e uma vida secreta como criminoso. A metade da história que cabe a Carmela é sobre como ser sua parceira e cúmplice. Temos uma ideia do quão reprimida ela é, graças a sua aceitação dos valores sexuais contraditórios nos casamentos da máfia (é esperado, e até encorajado, que os homens tenham amantes, enquanto as esposas têm que ser fiéis), como também pelos preceitos sexuais impostos pela Igreja Católica. Os dois filmes citados neste episódio, *Vestígios do Dia* e *Casablanca*, tratam de grandes amores que não podem se concretizar. Entende-se corretamente, então, que ela criou uma ligação com o padre Phil por meio desse tipo de filme e que ela escolheu um padre para canalizar os desejos, medos e afinidades específicas que Tony nunca permitiria. Não há risco (ou quase não há) que o frisson dessa atração chegue às vias de fato.

Apesar disso, sua noite com o padre Phil transcorre, desde o começo, como um encontro romântico — ela até dá uma arrumada especial no cabelo antes de recebê-lo. As interações entre eles demonstram que gostam mesmo um do outro e que cada um está tirando algum proveito dessa relação. Carmela oferece ao padre um espaço para sua curiosidade intelectual além dos assuntos das escrituras, como também combustível criativo para fantasias de uma vida em que ele

---

39 Aqui, Tony está matando uma versão de si mesmo. Quando Febby e a esposa chamam pela filha, é uma criança que podia ter crescido e visitado universidades com o próprio pai, como Meadow está fazendo. As conversas de Tony com Meadow sobre seus negócios, apesar de cheias de cautela, nos dão uma ideia de um homem que, como Febby, nasceu em um tipo de vida determinado do qual não consegue sair.

pudesse ter um relacionamento normal com uma mulher (por isso a conversa deles sobre Jesus descendo da cruz em *A Última Tentação de Cristo*, filme de Scorsese). Padre Phil oferece a Carmela um ombro amigo, apreço por sua comida e personalidade e um espaço para discutir religião, filosofia e filmes como forma de arte.[40] O roteiro deixa claro o que está em jogo para eles: nunca é uma boa ideia cortejar a esposa de um gângster ou que a mulher de um gângster saia da linha. Mas o padre Phil ser casado com a Igreja acrescenta mais uma camada de tabu. Quando ele corre até o banheiro para vomitar depois de quase beijar Carmela, não é somente o álcool fazendo seu corpo se rebelar.[41] (O momento se conecta com a discussão sobre *A Última Tentação de Cristo*, como também com a fala de Tony enquanto está assassinando Febby: "Você fez um juramento e o quebrou!".)[42]

Parece adequado que "College" coloque a confissão de Carmela para o padre Phil e a comunhão subsequente — momentos quando ela está mais despida emocionalmente — bem no meio, onde a primeira cena de sexo dos personagens poderia acontecer se esse fosse uma história sobre dois amantes. Os close-ups do padre Phil derramando o vinho no cálice da comunhão e a levando diretamente aos lábios de Carmela com a hóstia são a verdadeira consumação de um enredo sobre a energia sexual sendo provocada e desativada (ou redirecionada). É nessas cenas que vamos além da questão de "Será que eles vão ou não vão ficar juntos?" e entramos em um território mais obscuro. Carmela se encontra em negação sobre as traições amorosas do marido, mas isso nem se compara a outros pecados, os crimes literais, que ela não consegue encarar. Sua confissão ao padre Phil, feita no mesmo sofá onde a família vê televisão, resume o fascínio da série pelo mal e por concessões, falsas aparências e autoilusão. "Eu abandonei o que é certo pelo que é fácil, permitindo que o mal entrasse na minha casa", diz ela. "Permitindo que meus filhos — oh meu Deus, os meus queridos filhos! — fizessem parte disso, porque eu queria coisas pra eles. Queria uma vida melhor, boas escolas... esta casa. Eu queria dinheiro nas mãos para comprar tudo o que eu quisesse. Que vergonha! O meu marido... acho que ele cometeu atos horríveis. Eu acho que... você sabe tudo sobre ele, padre Phil. E eu, como sempre, eu não falei nada, eu não fiz nada a respeito. Eu tenho maus pressentimentos... é... é só uma questão de tempo antes que Deus puna meus pecados com Sua fúria."[43]

---

40 O padre Phil é um cinéfilo inveterado. Você nota isso porque quando Carmela menciona *Casablanca* ele logo fala sobre a qualidade da remasterização.
41 A câmera pende para um lado quando segue o padre até o banheiro, como se o próprio episódio estivesse bêbado.
42 Outro ponto de conexão entre Tony e o padre Phil é como eles carregam seus valores, seu código e até mesmo seus rituais aonde quer que vão.
43 O padre Phil diz exatamente o que ela precisa ouvir sobre se arrepender e renunciar ao pecado, mesmo que possamos suspeitar que essa é a explosão momentânea de remorso de Carmela antes que volte a desfrutar dos benefícios de ser a esposa de um mafioso. Na manhã seguinte — depois que o padre Phil é salvo de um segundo momento de tentação por um estômago empanturrado de macarrão e álcool —, Carmela,

Mais tarde, em "College", há uma cena com Tony que conecta explicitamente as duas histórias. Enquanto Tony está sentado no corredor de uma faculdade no Bowdoin College esperando a entrevista de Meadow, ele olha para uma citação gravada em um grande painel pendurado sobre uma porta: "Nenhum homem pode manter uma face para si e outra para a multidão sem que, por fim, caia em confusão sobre qual delas é verdade".[44] É uma citação ligeiramente errada de *A Letra Escarlate*, de Nathaniel Hawthorne, sobre um pastor que se apaixona por uma mulher e quebra seus votos.

TEMP. 1/EP. 6
ESCRITO POR FRANK RENZULLI
DIRIGIDO POR ALAN TAYLOR
EXIBIDO EM 14 DE FEVEREIRO DE 1999

Como um bandolim

"Eu te amo. Estou apaixonado por você.
Sinto muito. É isso mesmo." — **Tony**

Quanto ao avanço do enredo, "Pax Soprana" pode ter vindo logo depois de "Meadowlands", mas seus eventos são compreendidos com mais contundência porque vimos como Tony pode ser um cara tranquilo quando está longe do estresse e das obrigações de New Jersey, podendo fazer o que ele quiser e, mais importante, machucar quem ele quiser. Lembrem-se de como Tony aparentava estar alegre e descontraído enquanto se preparava para matar Febby Petrulio, seguindo-o pela cidade como o detetive particular de um filme antigo, e, logo em seguida, emergindo do mato para o estrangular: em cinco episódios, foi aquele o momento em que ele aparentou sentir menos o peso de suas neuroses. Não era o marido, pai e chefe da máfia explorado que se arrasta pela vida em Jersey; aquele era um cara que *adorava* a possibilidade de infligir dor, independente da burocracia, da política e das dores de cabeça que a acompanham.

de fato, voltou ao seu estado original. Ao mesmo tempo em que ela foi muito vulnerável em sua confissão, foi também extremamente fria e em controle enquanto padre Phil, perambulando de camiseta, tenta se desculpar por seu comportamento.
44 A citação correta é: "Nenhum homem consegue assumir uma face para si e outra para o mundo externo sem que, por fim, acabe desnorteado sobre qual das duas é *a* verdadeira" — como em "a face verdadeira".

O amor de Tony pela ação mafiosa em sua forma mais simples elucida o episódio "Pax Soprana". Ele está de volta ao seu habitat natural, supostamente mandando em tudo pelas costas do tio, com uma esposa, uma amante e uma terapeuta, todas satisfazendo às suas necessidades de maneiras diferentes — e ele não poderia estar mais infeliz, porque voltou a se preocupar com os aspectos nada divertidos da vida de gângster. Esse estresse é palpável durante todo o episódio, seja decorrente do estilo de liderança autoritário de Junior ou do desconforto de Tony em lidar com mulheres exigentes.

Em sua primeira cena juntos nesse episódio, Melfi observa que ela representa todas as mulheres importantes na vida de Tony, e é fascinante ver como elas começam a se misturar na mente dele. Há alguns episódios, ele sonhou que sua mãe era a dra. Melfi. Aqui, seu inconsciente apresenta Melfi tanto como sua amante (falando até com a voz de Irina) quanto como sua esposa.

"O que existe em comum entre sua mãe, sua esposa, sua filha... as mulheres da sua vida?", pergunta Melfi a ele.

"Todas me enchem o saco", responde Tony, fazendo-a rir,[45] e depois acrescenta: "São todas italianas, e daí?".

"Bom, talvez se abrindo francamente comigo, esteja dialogando com elas."

Mais tarde, ele entra em detalhes ao descrever Melfi em termos que valorizam sua gentileza (em oposição às características combativas de Carmela, Meadow e Livia), enquanto compara seu comportamento de forma muito específica a um instrumento de cordas italiano que com frequência é ouvido em canções românticas. "Você é gentil e não é escandalosa, é doce, assim como um bandolim."[46]

O problema é que ele está impotente para todas as mulheres que está enrolando, seja emocional ou fisicamente. Ele não consegue ficar duro com Irina, mal se interessa em tentar com Carmela, e é completamente rejeitado por Melfi, que reconhece transferência quando está diante dela. Tony não consegue receber o que precisa delas, assim como não consegue fazer com que Livia seja ao menos um pouco afetuosa quando a visita em Green Grove. Ele culpa o Prozac e até pensa em descartá-lo para "sentir se as mudanças são de verdade" porque "está funcionando até demais... com efeitos colaterais".

---

45 A resposta de Tony à pergunta de Melfi sobre um exame de próstata para explorar seus problemas de ereção — "Nem deixo que apontem o dedo na minha *cara*!" — é uma de suas falas mais engraçadas intencionalmente de toda a série, e a ampla risada de Melfi em resposta é encantadora. Tony se pergunta, em certo ponto, por que ela o aceitou como paciente, mas está claro que ela gosta mesmo de sua companhia, na maior parte do tempo.

46 A expressão corporal de Lorraine Bracco após rejeitar o beijo de Tony e literalmente se impor a ele é corretíssima. Ela não recua, mesmo ainda estando a uma distância que permitiria que ele a beijasse, porque isso indicaria medo, mas, ao mesmo tempo, ela não dá a ele nada que possa indicar nem uma ínfima chance de reciprocidade.

"Mas nem toda impotência é causada pelo remédio", diz Melfi; alguns minutos depois, ela sugere que a própria depressão também pode ser um fator, e que se ele ainda tem ereção matinal, o problema não são os comprimidos.

"Tem alguma coisa errada comigo?", pergunta Tony, exibindo uma versão reduzida do escárnio predatório que vemos em seu rosto quando ele está infligindo violência. É revelador que sua resposta fisiológica de emergência (reação de luta ou fuga) possa ser desencadeada por um comentário tão inofensivo; talvez seja devido à implicação, mesmo antes de Melfi começar a explicar melhor, de que Tony talvez precise mudar de verdade, mesmo que só um pouco, se quiser ter uma ereção de novo.

As ações de Carmela refletem as de Tony em alguns aspectos. Ela está só um pouco mais disposta do que Tony a fazer o trabalho árduo e tedioso de consertar as relações. Veja como ela se comporta com Tony não muito depois de sua epifania confessional com o padre Phil. Ela quer transar com ele, talvez para fazer uso produtivo dessa energia em vez de vê-la ricocheteando na batina do padre; mas ela não tem ideia de que seu marido não está se saindo melhor com a amante nesse aspecto, e interpreta sua impotência como um sinal de que ele está se satisfazendo no relacionamento com Melfi, de forma sexual ou não.[47] Ela conta ao padre Phil — em uma cena muito bem dirigida com um plano aberto em que uma cruz fica literalmente entre eles — que costumava ver as namoradas e amantes de Tony como "uma forma de masturbação", para satisfazer uma sede carnal que, ao contrário da sua, parecia ilimitada. "Não podia dar a ele tudo o que ele queria. [...] Mas essa psiquiatra, não é uma simples *goomar*. Pela primeira vez, eu sinto que ele está me traindo e eu que estou com essa sede."

Carmela está certa ao chamar a atenção de Tony por fugir da celebração do aniversário de casamento deles para falar de negócios com o subchefe de Nova York, Johnny Sack (Vincent Curatola),[48] e sua observação de como Tony a negligencia em favor do trabalho e a trata como "alguém que escolheu para procriar" é inegavelmente correta. Mas em vez de dar um empurrãozinho para que ele frequente a igreja, ou tentar ela mesmo ser uma pessoa melhor, Carmela tenta chamar

---

47 Tony está impotente também no trabalho, incapaz de controlar Junior e tendo que aguentar insultos por tê-lo feito chefe, mesmo que, como observa, outros membros da Família tivessem concordado que era uma boa ideia.
48 Curatola é um dos vários atores notáveis e fixos de *Família Soprano* que tinha experiência prévia mínima como ator. Ele era um empreiteiro de alvenaria que decidiu, na meia-idade, fazer um teste para entrar nas aulas de atuação de Michael Moriarty, astro de *Lei & Ordem*, o que resultou em alguns pequenos papéis, como o do Detetive #1 no filme spin-off *Lei & Ordem: O Filme*. Ele quase perdeu o teste para o papel de Johnny Sack porque queria fumar um cigarro antes de entrar; quando ele chegou no andar de cima, a diretora de elenco estava arrumando as coisas para ir embora. "Então ela olhou para mim", disse ele, "reconsiderou, pegou [o roteiro] e falou: 'Vamos nessa'. Depois que eu terminei, ela falou: 'Queremos que você volte na próxima semana e faça a audição para os produtores." Ele tinha o tipo certo de rosto.

a atenção de Tony gastando dinheiro com móveis novos. Ela se despede daquele breve sentimento de culpa por desfrutar das vantagens dos negócios de Tony, embora, pelo menos, ela enfim consiga admitir para Tony que sentia ciúme da capacidade de Melfi de ajudá-lo, dizendo: "Eu quero ser essa mulher na sua vida".

De forma compreensível, Tony desenvolve um rápido arrependimento quanto ao monstro de Frankenstein que ele criou ao fazer de tio Junior um falso chefe. A jogada foi brilhante, em teoria, mas esbarra nas complicadas realidades do ser humano: do orgulho de Junior às contínuas tentativas de Livia de se vingar do filho por colocá-la em um asilo/lar de idosos.[49] No momento, são outros membros da Família que estão sofrendo — um amigo do capitão Jimmy Altieri (Joe Badalucco Jr.) com o jogo de pôquer; o mentor de Tony, Hesh (Jerry Adler),[50] tendo que pagar tributos atrasados a Junior —, e Tony é capaz de manipular a situação de Hesh levando a uma solução com o qual todos podem concordar.

Mas você não precisa assistir ao restante da série para suspeitar que o reinado de Junior não será pacífico por tanto tempo quanto foi o do imperador Augusto, responsável por estabelecer, em Roma, o período de paz que durou dois séculos e ficou conhecido como Pax Romana, que inspira o título do episódio. E isso mesmo sem a primeira aparição significativa do FBI, que tira fotos de todos os presentes no jantar de coroação de Junior, que passou a maior parte da vida na sombra de homens mais jovens — primeiro seu irmão mais novo, depois Jackie e agora o sobrinho —, ressentindo-se da falta de validação e respeito dos quais ele se sente merecedor. Depois de todos esses anos, ele enfim alcançou o que considera seu por direito, mas muitas de suas decisões de negócio parecem punitivas ou insensatas, gerando tanto caos que Tony mal consegue manter o status quo, tendo que agir pelas costas de Junior ou bajular seu tio de forma óbvia e descarada — manipulações que são neutralizadas com facilidade por Livia, cujo controle sobre Junior é tão poderoso que ela nem precisa chamar atenção para esse fato.

---

49 Quando Junior visita Livia em Green Grove, ela reconhece que ele está usando o perfume favorito de Johnny Boy (seu falecido marido), Canoe, e os dois, às vezes, se comportam como velhos amantes, em vez de cunhados.

50 Um veterano dos palcos de teatro e das telas de cinema, Jerry talvez seja mais conhecido, antes de *Família Soprano*, por interpretar o faz-tudo, sr. Wicker, no sitcom *Louco por Você*. Adler atuou em vários episódios da fase final de *No Fim do Mundo* (quando David Chase produzia a série) como o velho rabino de Joel Fleischman, que, por vezes, aparecia para ele em visões.

"DOWN NECK"
TEMP. 1/EP. 7
ESCRITO POR ROBIN GREEN & MITCHELL BURGESS
DIRIGIDO POR LORRAINE SENNA FERRARA
EXIBIDO EM 21 DE FEVEREIRO DE 1999

Coelho branco

"Meu filho está condenado, não é?" — **Tony**

"Down Neck" é um episódio mais focado que "College", igualmente envolvido com os valores e códigos herdados que as pessoas escolhem honrar ou violar, porém mais preocupado com a biologia e a linhagem. Ele gira em torno da suspensão escolar de AJ por roubar vinho litúrgico, trazendo à tona memórias de Tony e a possibilidade de AJ estar condenado a repetir os mesmos erros e sofrimentos do pai. "Me meti numa encrenca quando era garoto", conta Tony a Meadow durante a viagem ao Maine; este é o episódio em que temos um gostinho do que ele estava se referindo.

"Down Neck" não tem um momento icônico como Tony estrangulando Febby ou a confissão de Carmela, mas invoca um grande poder ao mostrar a infância de Tony, como a experiência o ajudou a se tornar o adulto que ele é e por que ele teme que esteja transformando AJ no mesmo tipo de homem que seus pais fizeram dele. O padre Hagy (Anthony Fusco) diz a Tony e Carmela que o transtorno do déficit de atenção é "um conjunto de sintomas" que pode incluir desatenção, impulsividade e hiperatividade.

"Ele só tem é que levar uns tapas", diz Tony, expressando a mentalidade antiquada em relação à criação de meninos que ajudou a transformá-lo em quem ele é: um valentão inseguro e violento que se ofende facilmente.

"Bateria numa pessoa doente?", Carmela o pressiona. Tony diz que não, mas apenas porque a sociedade estadunidense moderna considera inaceitável "dar uma tarantela nos filhos de vez em quando, quando saem da linha". Seu próprio pai tinha uma postura diferente: "O cinto era seu instrumento favorito de trato infantil".

A mãe, ao que parece, era ainda mais caótica quando estava com raiva. Um momento especialmente aterrorizante, que é minimizado por Tony ao se referir ao incidente como "ópera", foi quando Livia, estressada pelos afazeres domésticos, acusa seu filhinho de estar a enlouquecendo e ameaça enfiar um garfo no olho dele. Com Melfi, Tony se preocupa que a propensão por violência e ilegalidade "está no sangue — é hereditário", mesmo que ela lhe assegure que "não é um destino escrito em pedra. As pessoas têm escolhas".

James Gandolfini está espetacular nas cenas de terapia, enquanto Tony oscila entre uma clareza apurada sobre sua criação e a ignorância intencional sobre o quão disfuncional de verdade ela foi. Há uma poderosa sensação de que Tony internaliza a masculinidade tóxica do pai ao exibir sua própria versão do problema. Quando Melfi lhe pergunta como ele se sentiu quando viu pela primeira vez o pai bater em um homem, ele responde que "eu não queria [que] o mesmo [acontecesse] comigo", e aí acrescenta: "fiquei feliz que ele não era um covarde". Perguntado se estava "preocupado" que AJ descobrisse como ele realmente ganha a vida, Tony recua, desconversando e racionalizando, e aí as expressões faciais de Gandolfini ficam mais ressentidas e petulantes. "E as indústrias químicas? Eles despejam esgoto nos rios que causam deformações em bebês!",[51] diz ele, evitando contato visual, à medida que resmunga.

Já nos primeiros episódios, Gandolfini tem tamanho controle sobre o papel que até sua nuca parecia estar atuando. Nesta cena em particular, muito de sua atuação se concentra nas pálpebras, uma vez que os momentos quando esconde os olhos expressivos oferecem a melhor visão da alma atormentada de Tony. Quando ele diz a Melfi, "Meu pai era um bom sujeito. [...] Ele sabia se divertir", Gandolfini olha de relance para a perna direita de sua calça, como se estivesse removendo fiapos da peça em vez de estabelecer contato visual.

Lorraine Bracco expressa de forma maravilhosa as reações de Melfi a esses detalhes alarmantes. Próximo ao final do episódio, quando Tony afirma que ele "tinha muito orgulho de ser filho de Johnny Soprano", ele olha bem na cara de Melfi, apontando o dedo para ela e depois para si mesmo, ao responder se o próprio filho tem orgulho dele: "É provável... e eu fico feliz que ele tenha orgulho de mim!". A médica bondosa se esforça para manter o costumeiro distanciamento clínico, mas, dessa vez, simplesmente não consegue, uma vez que entende todo o horror pelo qual Tony passou enquanto era convencido que tivera uma infância comum. Sua curiosidade amigável, ao passo que cutuca e desafia o paciente — como velhos amigos fazendo perguntas enquanto tomam um café juntos —, faz você acreditar que Tony deixou de lado pelo menos alguns mecanismos de defesa.

Os diálogos nas sequências do passado e do presente ligam as escolhas (ou predisposições?) dos avós, dos pais e do filho. "É um crime! Suspender esse menino da escola com todo o dinheiro que vocês pagam a eles?", declara Livia durante um jantar em família, demonstrando a atitude de que o dinheiro fala mais alto, típica de tantos personagens da série *Família Soprano* — e de tantos estadunidenses. Uma Livia jovem diz ao Tony criança que o pai dele foi preso embora não tenha feito "nada, gostam de prender italianos!". No presente, Tony

---

51 Se você é obcecado por James Gandolfini, essa fala tem um aspecto extradramático: ele participou do filme *A Qualquer Preço* como um homem que expõe os proprietários de um curtume em Massachusetts cujo descarte irregular de resíduos está poluindo a rede local de abastecimento de água e causando uma grande incidência de leucemia nos residentes da região. O filme foi lançado nos Estados Unidos em 8 de janeiro de 1999, dois dias antes da estreia de *Família Soprano*.

pergunta à direção da escola se os colegas de AJ também estão sendo testados, "aqueles que não se chamam Soprano". Junior diz: "Aposto que o professor xingou muito quando seu amigo vomitou no sapato dele, hein Anthony?", dando um tom mais leve à situação que tem deixado Tony e Carmela tão nervosos, e fazendo o sobrinho-neto dar risadas. "E você o encoraja?", pergunta Tony, irritado. "Ora, são só garotos!", replica tio Junior com um sorriso. Ele é o primeiro a ser visto no flashback (interpretado por Rocco Sisto) pegando o Johnny Boy Soprano (Joseph Siravo) para dar uma coça em um malandro (Steve Santosusso) que não pagou sua dívida. Em um contraponto elegante entre passado e presente, essa cena ecoa o primeiríssimo ato de violência da série: até nos planos abertos de um patriarca Soprano perseguindo sua presa a pé e o espancando na frente de testemunhas enquanto um parente o segue em um carro novinho em folha.

Os flashbacks trazem nova energia às cenas de terapia, em parte porque é a primeira vez, desde o episódio piloto, que a série se afasta das discussões entre Tony e Melfi para mostrar as lembranças de Tony. Gandolfini e Bracco são atores tão talentosos que Chase poderia se safar até se tivesse optado por expressar essas lembranças em uma sucessão de monólogos teatrais. Mas há virtudes em mostrar, em vez de contar: é assim que temos cenas que criam um universo paralelo de *Família Soprano* com papéis interessantes para atores que estamos encontrando pela primeira vez.

Laila Robins dá vida a uma jovem Livia que é aterrorizante de uma maneira que evoca, mas não imita Nancy Marchand. Siravo é menos eficaz como Johnny Boy. Em teoria, ele tem o trabalho mais fácil, já que não precisa andar na sombra de uma performance indelével no presente, mas ele acaba se encaixando na gama de atuações mais simples de *Família Soprano*. Siravo captura a energia altamente destrutiva e narcisista de tantos desses gângsteres de bairro: você consegue acreditar que Johnny teria sido amado por veteranos tipo Paulie Walnuts, que apreciam machos alfa que fazem o que bem entendem de forma bastante desproporcional às suas habilidades criminosas. Aqueles de fora da máfia, muitas vezes, os idolatram também. Inclusive, há uma cena bem engraçada nos flashbacks em que o mesmo cara que Johnny espancou se debruça na janela para torcer por ele.

É divertido olhar para essas cenas com as lentes de séries de TV inspiradas nos anos 1960 feitas antes e depois; incluindo uma série ótima de autoria do pupilo de Chase, Matthew Weiner, um roteirista-produtor que se juntou a *Família Soprano* na quinta temporada e depois criou *Mad Men: Inventando Verdades*. Em 1999, a música "White Rabbit", da banda Jefferson Airplane, já era uma escolha clichê para apresentar um flashback dos anos 1960, especialmente considerando o coquetel de pílulas tomado por Tony. Mas a história do casamento tóxico entre Johnny e Livia e as características únicas que conferem um jeitinho específico de

New Jersey aos flashbacks (incluindo a cobertura jornalística das revoltas de 1967 em outras partes de Newark, empregada como um pano de fundo e um comentário sobre como os estadunidenses brancos praticamente não foram afetados pelas lutas por direitos civis), fazem com que o episódio "Down Neck" seja inequivocamente *Família Soprano*, mesmo que uma ou duas escolhas musicais agora pareçam um pouco batidas.[52] As cenas dos anos 1960 continuam a explorar a mistura da vida familiar e profissional: Tony está quase tão chateado ao relembrar como o pai preferia sua irmã quanto ao relembrar da prisão dele no parque de diversões por violar os termos de sua liberdade condicional. "Ele usava minha irmã como fachada", explica Tony a Melfi. "Todos os caras levavam as filhas, assim faziam suas transações e tudo parecia inocente."

As histórias do passado e do presente também se ligam com perfeição através de AJ abrindo o bico sem querer para a avó sobre o pai estar fazendo terapia. Neto e avó são uma ótima combinação cômica aqui: AJ é tão desligado — por conta do TDAH (Transtorno do Déficit de Atenção), da genética Soprano, da sua criação questionável ou de uma combinação de todos esses fatores —, que ele não só não percebe o que está contando para Livia, mas é invulnerável às frequentes manipulações emocionais dela. Assim que Livia decide que o principal motivo para Tony ir à psiquiatra é para reclamar dela, começa logo a encenar um choro e se martirizar, mas AJ não poderia estar menos interessado. Assistir a essa velha malévola tentar entrar na cabeça dura do garoto é como ver um cirurgião usar um bisturi em uma lata de lixo.

Claro, nós vimos o quão perigosa Livia pode ser, mesmo nos espaços restritos e monitorados de Green Grove, quando ela aconselha Junior. Vemos mais uma vez aqui quando Tony insinua que sua mãe impediu o pai de começar "um novo negócio" e abrir um restaurante com um sócio em Reno, lembrando a Livia de que ela disse que preferia sufocar seus próprios filhos com um travesseiro do que ver Johnny levá-los embora. "Bom, se te incomoda, talvez seja melhor conversar com um psiquiatra", Livia diz com frieza. "É o que as pessoas fazem quando estão procurando alguém pra culpar pela vida delas, não é?"

---

[52] "Don't Bring Me Down" [não me bote para baixo, em tradução livre], música da banda The Animals que toca durante a surra que Johnny dá no caloteiro, é uma escolha bem mais interessante, menos conhecida do que "White Rabbit", e com um título que reverbera um significado secundário. Tony está deprimido, em grande parte, porque é um mafioso que pratica o mal como rotina. Esse flashback mostra as raízes dessa parte de sua infelicidade, enquanto, no presente, Tony nega que sua infância tenha sido traumática ou que lembrar dela seja desagradável. O título pode ser considerado um pedido indireto de Tony à sua terapeuta.

"THE LEGEND OF TENNESSEE MOLTISANTI"

TEMP. 1/EP. 8
ESCRITO POR FRANK RENZULLI E DAVID CHASE
DIRIGIDO POR TIM VAN PATTEN
EXIBIDO EM 28 DE FEVEREIRO DE 1999

Limpezinha nos armários

"Cadê meu arco?" — **Christopher**

Com a mesma rapidez que *Família Soprano* se tornou um sucesso para a HBO, nos primeiros meses de 1999, também se tornou polêmica entre alguns ítalo-americanos — muitos como o ex-marido da dra. Melfi, Richard La Penna[53] — que estavam cansados de ver filmes e seriados os retratando como gângsteres. Na qualidade de críticos de TV do jornal preferido de Tony Soprano, uma grande publicação diária em um estado com uma população ítalo-americana forte e orgulhosa, os autores deste livro ouviram, desde o início e com frequência, a insatisfação de cidadãos que achavam que a popularidade da série tirava o brilho dos descendentes de italianos. Ao mesmo tempo, também ficamos sabendo de ítalo-americanos que amavam a série e sentiam orgulho em ter Tony como seu representante na cultura pop, do mesmo jeito que Tony se sente, nesse episódio, tendo Frank Sinatra como um dos seus.[54] Essa dicotomia de reações a *Família Soprano* logo se tornaria parte da trama da série tanto quanto os sonhos de Tony, à medida que os personagens se tornavam substitutos para os manifestantes antidifamação, e a série encarava de frente seus detratores.

Esses episódios da primeira temporada, no entanto, foram feitos no vácuo — todos foram escritos e produzidos meses antes que qualquer um deles fosse ao ar. Mesmo que David Chase não pudesse prever o tamanho do público que iria atrair, ele e Frank Renzulli sabiam como histórias desse tipo costumavam ser recebidas por seus colegas da comunidade ítalo-americana, e este episódio tenta, pelo menos em parte, ir além desse assunto.

---

53 Richard, o personagem que mais se preocupa com a imagem negativa de ítalo-americanos na mídia, é interpretado por Richard Romanus, que fez o papel de um agiota no filme dramático da máfia de Martin Scorsese *Caminhos Perigosos*.

54 Sinatra, que faleceu enquanto a primeira temporada era produzida, está tão presente nessa temporada de estreia que os produtores até poderiam tê-lo listado nos créditos de abertura. Sua foto aparece no episódio piloto, pendurada na parede do Satriale's, quando Chris mata Emil Kolar; um busto do cantor (com lábios imprecisamente grandes) confirma a identidade de Febby no episódio "College"; e este episódio termina ao som da música "Frank Sinatra", da banda Cake, enquanto Chris rouba uma pilha de jornais *Star-Ledger*.

Relatos de acusações federais[55] pendentes para membros da Família DiMeo é o único assunto na boca de todos neste episódio, sejam eles integrantes da máfia ou não. Para os mafiosos experientes, como Tony e Big Pussy, é desesperador, mas também são os ossos do ofício, então eles se concentram no aspecto prático:[56] esconder ou destruir evidências, evitar que o FBI destrua demais a casa ou avisar a dra. Melfi que ele pode perder algumas consultas futuras devido a "férias".

Para os familiares de Melfi, que ficam alarmados ao saberem que ela está atendendo um dos mafiosos que tem aparecido no noticiário, é outra oportunidade de debater a popularidade duradoura das histórias da máfia e o suposto dano que causam à imagem dos ítalo-americanos. A conversa se torna didática, conforme o filho de Melfi, Jason, comenta que todo o conceito de antidifamação ítalo-americana foi iniciado pelo chefe da máfia Joseph Colombo (que, de fato, fundou a Liga Ítalo-Americana de Direitos Civis), enquanto Richard argumenta que o número de criminosos ítalo-americanos na cultura pop é desproporcional ao número de ítalo-americanos realmente envolvidos no crime organizado.

Curiosamente, Richard tem uma visão similar à do "Paciente X" de sua esposa, que responde à invasão do FBI à sua casa dando um sermão em seus filhos sobre todos os grandes ítalo-americanos (como Antonio Meucci) que não tinham nenhuma ligação com o crime organizado. Tony está em negação típica sobre muitas coisas — incluindo a ideia de que o espaguete pode ter sido inventado na China, não na Itália —, mas aqui essa tendência é apresentada como parte do desejo maior (enfatizado também no episódio "Down Neck") de manter os filhos o mais longe possível dos negócios da Família.

Mas enquanto Richard está alarmado com as acusações por reforçarem os estereótipos negativos que lançam sobre os italianos que respeitam as leis, e Tony está preocupado porque isso põe em risco seus negócios e sua liberdade, o personagem-título do episódio está chateado principalmente porque está sendo ignorado. Como Christopher lembra a Adriana, ele adora filmes e parece ter entrado para a Família tanto pelo desejo de imitar seus heróis do cinema quanto

---

[55] A unidade local do FBI de combate ao crime organizado, apresentada brevemente mais cedo, enfim introduz alguns personagens: o agente Harris (Matt Servitto), que faz um esforço para ser educado com Tony (o que, segundo Tony, o torna o pior de todos), e o agente Grasso (Frank Pando), que se irrita quando Tony o insulta em italiano (tornando-se, então, o assunto de mais uma discussão sobre a autoimagem dos ítalo-americanos). O mais interessante sobre os mandados de busca e apreensão do FBI, que são iminentes, é a cumplicidade de Carmela em ajudar Tony a esconder evidências criminais — ela não só sabe qual é a fonte do dinheiro, mas também o ajuda a esconder dinheiro e armas no armário de Livia em Green Grove.

[56] O casamento organizado pelo capitão Larry Boy Barese (Tony Darrow) para sua filha Melissa começa parecendo o tipo de festa luxuosa já vista em outros filmes de máfia, mas termina de uma maneira mais cruel, mais *Família Soprano*, com Pussy pegando de volta o dinheiro que tinha dado de presente, caso precise para viajar; e todos os outros mafiosos e seus familiares saindo mais cedo para fazer uma "limpezinha nos armários".

para ficar mais perto do tio. Ele é tão jovem, arrogante e estúpido que nem percebe que é melhor não ter sido citado nas acusações ou no jornal, a tal ponto de sentir inveja do amigo morto, Brendan, que foi chamado de "soldado" no telejornal da região.

Este é o maior destaque que Christopher recebe até agora, mas é melancólico porque tudo o que ele quer da vida (além da bela Adriana) parece muito distante. Ele quer escrever sua própria versão de Os Bons Companheiros, mas não consegue nem soletrar "gerenciado" e não percebe que escrever roteiros é um trabalho árduo (achava que o computador faria grande parte do trabalho por ele). Jimmy Altieri ri da ideia de que os agentes federais se importariam com o mensageiro glorificado de Tony, que admite para o tio mais tarde: "A rotina monótona dessa vida é demais para mim, sei lá". Se Christopher não tem depressão clínica,[57] então com certeza não está gostando do estilo de vida fora da lei que sonhou quando criança.

Desde o pesadelo inicial com o assassinado Emil Kolar voltando do além para perguntar sobre salsichas — o primeiro sonho em Família Soprano que não é sob o ponto de vista de Tony —, esse episódio é uma excelente vitrine para Imperioli. A cena em que Christopher confessa todos os seus piores medos a Paulie é notável por quão assombrado e derrotado ele parece ainda no início da série, mesmo que ilustre a loucura de tentar moldar sua vida a partir de seus heróis favoritos do cinema.

O episódio "Legend" é também o melhor argumento da série contra a acusação de glamourizar gângsteres da vida real e da ficção. O mais perto que Christopher chega de viver à altura de suas fantasias — quando ele aponta uma arma para um padeiro que não demonstra o nível apropriado de medo — é um momento duplamente metalinguístico: Christopher não está apenas sendo ultrassensível e imprudente como os mafiosos de seus filmes favoritos, ele atira no pé do pobre padeiro, causando a mesma lesão que o personagem Spider, interpretado por Imperioli, sofreu nas mãos do personagem Tommy, de Joe Pesci, em Os Bons Companheiros.

O único contra-argumento que nem Melfi nem a série se importam em apresentar é que Hollywood não é tendenciosa contra os ítalo-americanos, mas, na verdade, é parcial a favor do entusiasmo. Talvez também tenha existido mais gângsteres irlandeses-americanos nos filmes e na TV do que na realidade, mais chefões do tráfico mexicanos e da América Central e do Sul, e assim por diante. Mas é isso o que vende: a imagem do fora da lei ríspido e durão que se apossa do que quer, em

---

57 A conversa de Tony com Christopher no carro ilustra de novo como Tony se sente isolado em relação à terapia. Ele suspeita que Christopher possa ter depressão, mas não pode ser direto e perguntar a ele ou dar a entender que compreende sobre o assunto, pois correria o risco de se expor, e acaba sendo obrigado a achar graça quando Christopher ridiculariza pessoas que cometem suicídio.

contraste à maioria "respeitável" que tem que cumprir a lei e pensar no próximo o tempo todo. Não só o público em geral acha histórias de crime e violência mais interessantes (pelo menos na ficção) do que representações da vida "normal",[58] mas também os membros de alguns dos mesmos grupos étnicos que são estereotipados com frequência podem se sentir empoderados quando o estereótipo é assustador, emocionante ou apenas socialmente inaceitável. Apesar das imagens negativas, é mais divertido ser visto como perigoso do que como enfadonho.

É interessante comparar o horror de Richard com o fato de a imagem de seu povo ser manchada por um Tony Soprano com a maneira com que o terapeuta judeu de Jason, Sam Reis (Sam Coppola, sem parentesco com a famosa família do cinema) se orgulha de ter um parente que era motorista do gângster Louis "Lepke" Buchalter.[59] "Eles eram uns judeus da pesada", diz Reis, melancólico. Se a principal representação de ítalo-americanos na mídia é um mafioso mascando charuto, então o personagem judeu-americano arquetípico é um sujeito submisso de raciocínio rápido, talvez um comediante de stand-up ou alguém interpretado por um. Para Richard, os mafiosos italianos são uma mancha no legado de seus ancestrais; ver um ator ítalo-americano interpretando um profissional instruído de colarinho-branco, como ele, sem dúvida o agradaria muito. Mas a existência de gângsteres judeus encanta Reis porque prova que seu povo não é de todo neurótico e covarde. A grama do vizinho é sempre mais verde.

---

58 Pouco mais de um ano depois da estreia de *Família Soprano*, a CBS lançou *That's Life*, uma série de drama agradável sobre uma família ítalo-americana que vivia na mesma parte de New Jersey que Tony e tio Junior, mas sem nenhuma conexão com a máfia; a série se arrastou por duas temporadas e foi cancelada devido à baixa audiência. Durante uma turnê promocional, meses antes de o seriado estrear, o protagonista Paul Sorvino disse a um dos autores deste livro que ele nunca apareceria em *Família Soprano* porque achava a série difamatória para os ítalo-americanos. Seu trabalho mais consagrado no cinema nos anos 1990 foi como Paul "Paulie" Cicero em *Os Bons Companheiros*, o chefe da máfia que não precisava se curvar para ninguém.

59 Líder da gangue da cidade de Nova York na década de 1930 e chefe do esquadrão da máfia Murder Incorporated [Corporação de assassinatos], um consórcio independente de assassinos de aluguel que cometiam assassinatos para outros mafiosos sem que os mandantes fossem identificados.

"BOCA"

TEMP. 1/EP. 9
ESCRITO POR JASON CAHILL E ROBIN GREEN & MITCHELL BURGESS
DIRIGIDO POR ANDY WOLK
EXIBIDO EM 7 DE MARÇO DE 1999

O diabo que ele conhece

"Eu não machuquei ninguém." — **Tony**

No grande esquema da primeira temporada de *Família Soprano*, a parte mais importante de "Boca" acontece em um campo de golfe de Jersey, onde o tio Junior e Tony falam coisas que não deveriam, e Junior começa a pensar em mandar matar o sobrinho. Seus pensamentos assassinos são instigados por Livia, que reclama com Junior sobre "meu filho, o doente mental", enquanto limpa a sepultura do marido em um cemitério invadido por "cães de cemitério".

Porém a outra grande trama do episódio é mais marcante: as transgressões do treinador de futebol de Meadow, Don Hauser (Kevin O'Rourke), que, em segredo, teve um caso com a colega de time de Meadow, Ally (Cara Jedell). Essa história mostra como Meadow pode ser atenciosa e íntegra moralmente quando alguém que ela ama está em apuros. O episódio também destaca Artie Bucco e trata suas reações conflitantes ao escândalo como um indicador da resposta do público a *Família Soprano*, uma série que serve de alerta a respeito das consequências espirituais do tipo de selvageria que ela mesma nos faz desejar.

O debate de Tony e Artie sobre o crime do treinador — e o que significa sobre a postura muito distinta desses amigos de longa data sobre quebrar a lei — é emocionante e se debruça sobre uma questão mais ampla relativa ao nosso protagonista e a filosofia que ele compartilha com tantos outros personagens. Todos conhecemos histórias sobre dois amigos de infância em que um cresce e se torna um policial ou padre e o outro um vigarista; é um marco dos filmes clássicos de gângster, como *Anjos de Caras Suja* e filmes policiais modernos como *Unidos Pelo Sangue*, e *Família Soprano* poderia facilmente ter feito isso com o personagem de Artie. Mas esse panorama é mais original. Artie vive tão perto do mundo de Tony que quase consegue ter um gostinho dele, mas não faz parte desse mundo, e tem Charmaine para puxá-lo de volta à luz quando ele é tentado a se apoiar no mal conhecido. A tentação contínua de um cara comum é poderosa justamente por ser tão sutil e, no entanto, tão complicada.[60]

60 Ventimiglia interpretou vários policiais e criminosos (às vezes, ao mesmo tempo) antes de *Família Soprano* e, em entrevistas, brincava sobre como ele invejava seus colegas que interpretavam caras durões, enquanto ele estava preso ao papel do fracote do Artie. Mas mesmo que não seja um papel chamativo, é um papel complexo que o fez se destacar mais do que, digamos, se ele tivesse sido escalado como Mikey Palmice. A série tinha muitos mafiosos, mas apenas um Artie Bucco.

Tony já havia feito ofertas a Artie que ele foi sábio em recusar, mas outras também que ele não poderia ser culpado por aceitar. (Se ele tivesse feito o cruzeiro oferecido por Tony, o Vesuvio original ainda estaria aberto.) É difícil conviver com esses mafiosos, sua riqueza e poder excessivo, especialmente se você é uma pessoa que, no fundo, é decente e luta para sobreviver, e John Ventimiglia personifica a luta interior de Artie. O fato de Tony e Artie serem tão claramente diferenciados ajuda a salientar esse conflito. Eles se conhecem desde a infância. Ambos estão casados desde os 20 anos. Eles gostam das mesmas comidas e compartilham muitos dos mesmos valores. Artie fica tão zangado quanto Tony ao ver um homem usando um boné de beisebol dentro de um restaurante chique, mesmo que nunca fosse reagir como Tony a essa falta de educação. Entretanto, por mais que queira punir o treinador Hauser pelo que fez a Ally ou deixar Tony resolver o assunto, no final ele permite que Charmaine o convença a fazer a coisa certa. De novo.

E, no processo, Artie faz algo impressionante: ele convence Tony a fazer a coisa certa também. Isso acontece ainda relativamente cedo na série; mesmo depois de "College", Tony ainda é apresentado de forma mais favorável do que se poderia imaginar. Mas também o conhecemos como um homem inabalável na busca de seus próprios interesses — e, como Charmaine diz a Artie, torturar e matar Hauser faria os pais se sentirem melhor, mas não ajudaria Ally, Meadow ou as outras garotas do time. Contudo, desta vez, Artie e a dra. Melfi são capazes de tirar Tony desse caminho. O fato de ele ficar cambaleando de bêbado como resultado mostra o quão arraigada a violência é para ele e o quanto esses eventos o forçaram a considerar seus valores, mesmo que por pouco tempo, e é comovente quando ele se deita no chão de sua megamansão e diz a Carmela que não machucou ninguém.

Enquanto isso, o enredo do tio Junior ajuda a ilustrar por que Artie faz bem em ficar longe dos negócios da Família. Tony está consultando uma psiquiatra. Seu tio faz sexo oral. Ambas as ações são inaceitáveis no mundo do crime organizado, no qual ser sensível ou generoso é o mesmo que se assumir como pouco viril. Junior avisa sua namorada Bobbi Sanfillipo (Robyn Petersen) para não contar a ninguém na máfia que ele é um parceiro sexual disposto a agradá-la, porque "dizem que quem chupa mulher, chupa qualquer coisa". Bobbi, com razão, aponta como esse pensamento não faz sentido — ele deveria se orgulhar de suas proezas sexuais, não se envergonhar —, mas a máfia nem sempre opera de forma lógica. Bobbi conta o segredo para uma pessoa além da conta, e a notícia acaba chegando aos ouvidos de Tony, levando àquele jogo de golfe hilariante e mesquinho. Mais uma vez, toda a confusão começa porque Junior precisa insultar Tony sobre sua experiência no futebol americano na época da escola — atacando profundamente a autoestima de Tony —, e você pode ver as engrenagens amargas girando na mente de Tony quando ele decide encarnar

Livia e zombar de Junior. Gandolfini e Dominic Chianese são maravilhosos aqui, enquanto Tony se deleita em encontrar maneiras diferentes de fazer referência às atividades do tio, e aos poucos Junior perde a paciência.

Como resultado da revelação desse segredo, Junior (após terminar o relacionamento com Bobbi de forma grosseira)[61] cogita assassinar o próprio sobrinho.

Esta não é uma cultura da qual Arthur Bucco deveria querer fazer parte, é?

TEMP. 1/EP. 10
ESCRITO POR JOE BOSSO E FRANK RENZULLI
DIRIGIDO POR MATTHEW PENN
EXIBIDO EM 14 DE MARÇO DE 1999

Caixa misteriosa

"Mas eu nunca entendi o que ele sentiu — ser usado, sabe, bancar o palhaço pra alguém curtir com a sua cara — até eu jogar golfe com aqueles sujeitos." — **Tony**

Mais ainda do que o episódio "The Legend of Tennessee Moltisanti", "A Hit Is a Hit" lida com a autoimagem dos ítalo-americanos, as conexões entre o crime organizado e a cultura popular e o desejo de pessoas mal-afamadas de fora da comunidade saírem da ilegalidade sem perder as características particulares de sua cultura. O novo problema aqui é a interseção da fantasia de gângsteres ítalo-americanos com os afro-americanos, quando Christopher cruza o caminho de Massive Genius (Bokeem Woodbine),[62] conhecido como Massive G, um magnata do hip-hop do tipo Sean Combs ou Jay-Z, que gosta tanto dos filmes da trilogia *O Poderoso Chefão* que até defende a *Parte III* ("Eu acho que foi mal-interpretado", diz ele a Adriana, sem elaborar sobre a afirmação). Um grupo de gângsteres não confia no outro, ainda que estejam simbioticamente ligados, com o contínuo envolvimento da máfia na indústria da música e o hip-hop sendo influenciado por filmes como *O Poderoso Chefão* e *Scarface*. A disputa deles aqui são os 400 mil dólares que Massive Genius

---

61 A cena em que Junior joga a torta na cara de Bobbi é uma homenagem a um dos momentos mais famosos do filme clássico de gângsteres, *Inimigo Público*, no qual James Cagney demonstra seu desagrado com a namorada esmagando uma toranja no rosto dela.
62 Woodbine, um ator carismático e musculoso, é contratado com frequência para interpretar traficantes de drogas, assassinos, policiais e outros caras durões, como nos filmes *À Mão Armada*, *A Face da Verdade*, *Ambição em Alta Voltagem* e na segunda temporada de *Fargo*. Os temas de anseio e assimilação tratados no episódio são demonstrados no seu personagem, um magnata em formação.

afirma que Hesh deve aos parentes vivos de um "um finado primo distante" que gravou, décadas atrás, para a gravadora de Hesh, a F-Note.

Christopher e Paulie desdenham de formas distintas da legitimidade de Massive Genius como gângster, ainda que o cara se vanglorie de sua própria conexão com Hesh[63] e seja proprietário de uma mansão e de uma coleção de armas de fazer inveja a Tony. Os italianos e seus associados — incluindo Hesh, um judeu rico e suburbano, que é dono de um haras que se assemelha vagamente a uma plantation — estão mais próximos da aceitação geral do que os negros, como Massive Genius, que estão em uma situação diferente nos Estados Unidos, com diferentes obstáculos e regras — um fato que Massive Genius parece ter aceitado e decidido contornar, apesar de ficar óbvio que existe um ressentimento.

Uma das características mais marcantes de "A Hit Is a Hit" é a maneira como o episódio coloca o racismo arraigado contra os negros, um aspecto anteriormente secundário do mundo de Tony, no centro das atenções, e o analisa em relação a outros aspectos da vida estadunidense além do crime. Como "Tennessee Moltisanti", "A Hit Is a Hit" é mais didático do que a tendência geral da série, com os personagens fazendo discursos e trocando acusações para ressaltar a história e os temas tratados. Isso tende a funcionar melhor nas cenas de terapia, em que o objetivo principal é forçar os personagens a discutir os problemas. Mas a determinação do roteiro em investigar sem rodeios as questões a partir de pontos de vista conflitantes ainda é intrigante, porque diferencia este episódio dos nove anteriores. Às vezes, parece até que Spike Lee foi convidado para escrever algumas das cenas — o que não é exatamente ruim, porque mostra que, desde o início, *Família Soprano* está confundindo as expectativas do telespectador.

"Quem tenho de subornar para comer um hambúrguer?", Christopher grita em uma lanchonete lotada que só faz pratos para viagem, depois de levar Adriana para assistir a *Rent* — um musical repleto de várias formas de discriminação, incluindo racismo, homofobia e esnobismo baseado em classe social. "Alô, Central Pixaim!", ele acrescenta alguns momentos depois, então diz na defensiva: "Acham que sou Mark Fuhrman?".[64] Christopher faz comentários racistas repetidas vezes

---

63 Este é um episódio carregado da presença de Hesh. Ele está mais confortável discutindo direitos e contratos com Massive Genius do que Tony e seus parasitas, e menos disposto a ceder do que quando Junior exigiu o pagamento de um tributo retroativo em "Denial, Anger, Acceptance". E, ainda assim, enquanto ele ouve o single pelo qual recebeu um crédito de compositor injusto e olha para fotos de outros músicos de sua antiga gravadora, podemos ver que Massive Genius, pelo menos temporariamente, o forçou a pensar se suas práticas empresariais eram justas — embora ele se recuse a compensar o parente de G.

64 Detetive racista do departamento de polícia de Los Angeles que encontrou a luva ensanguentada de O.J. Simpson no local do crime, mas foi desacreditado como testemunha pela equipe de defesa de Simpson depois que ele mentiu no julgamento sobre não ter usado insultos raciais para descrever negros durante os últimos dez anos. Ele não contestou as acusações de perjúrio, que acabaram sendo expurgadas dos autos, e se tornou um escritor de true crime e apresentador de talk show.

enquanto ele e Adriana fazem um lanche após o espetáculo da Broadway. Nas duas vezes, uma mulher negra em primeiro plano se vira e o encara, horrorizada, depois volta a se concentrar no balcão, mais irritada do que furiosa; está óbvio que não é a primeira vez que ela se depara com tal comportamento. Este é o contexto no qual a vida de Massive Genius se desenrola, seja negociando acordos com outros homens ricos ou pedindo hambúrgueres para levar para seus comparsas. Em todas as cenas de Massive Genius, nós o vemos se esforçando para ser aceito como um empresário honesto (apesar de seu lado um tanto perigoso, como quando diz "Adoro ter uma bela arma na mão" enquanto mira sua pistola como se fosse um laser para o ombro de Christopher).

Sua busca por legitimidade teria uma semelhança maior com a de Tony e a de Hesh se ele não fosse negro e, portanto, incapaz de se aproveitar da ambiguidade racial como conseguem fazer com frequência aqueles que não se enquadram como WASP. O episódio deixa claro essa diferença e a expõe por meio do diálogo, em vez de fingir que Massive Genius está em pé de igualdade com os outros.

Apesar disso, Massive Genius não recua quando Hesh ou os italianos tentam bancar os durões com ele. Vemos isso em sua primeira cena, quando ele confronta Christopher por seu comportamento preconceituoso ("A sua mulher tá constrangida."), encorajando um policial negro a comentar com outro cliente negro, com desdém: "Ele só é folgado porque trabalha com o grupo do Tony Soprano". Esse cliente, o braço direito do Massive Genius, Orange J (Bryan Hicks), convida Christopher e Adriana para visitarem o cafofo do chefe, onde "há um negócio a ser feito".

Acontece que esse "negócio" é sobre dinheiro apenas na superfície; é, na maior parte, sobre impor respeito, estabelecer uma hierarquia étnico-racial e usar o machismo e conhecimento de negócios para pressionar Hesh, acusado de explorar o primo de Genius, a pagar o devido não só pela dívida em si, mas também o equivalente a reparação cultural. Hesh transforma a negociação em uma competição de lamentos étnicos, dizendo a Massive Genius: "Está falando com o homem branco errado, amigo. Meu pessoal já tinha progredido muito quando o seu ainda pintava a cara e caçava zebras". (Hesh é branco até que alguém que não é branco o chame de branco.) Hesh ignora a acusação de Massive Genius de que ele roubou de seu parente, Little Jimmy, insistindo: "Naquele tempo, criávamos e burlávamos as leis do ramo o tempo todo". Mas Orange J retruca: "Rapinavam e pilhavam".

Massive Genius especula que Hesh usou os royalties of Little Jimmy para comprar cavalos, e Silvio diz que Little Jimmy acabou sem um tostão porque gastou tudo em heroína, ou seja, a ruína veio por suas próprias mãos ao usar heroína, mesmo que a droga tenha sido fornecida pela máfia. Todas essas cenas têm um diferencial que camufla a falação deles: é como se os personagens estivessem envolvidos em um contínuo tiroteio de palavras.

"A Hit Is a Hit" também dá o maior destaque até agora ao relacionamento de Christopher e Adriana. As cenas do casal confirmam não só o bom instinto de David Chase, que detectou o potencial de Drea de Matteo no piloto, mas também caracteriza Christopher[65] como mais complicado do que às vezes está disposto a admitir. Quando os outros mafiosos estão comemorando com suas namoradas a bolada recebida pelo roubo e assassinato do homem latino que eles chamam de "Juan Valdez", Christopher só quer voltar para sua casa, para ficar com Adriana, e decide investir sua parte do dinheiro no sonho dela de ser produtora musical. A justificativa de Christopher para os dons de Adriana nessa área — "Com o que você ouve de rádio, vai dar certo." — é tão hilariante em sua ingenuidade quanto a insistência de Adriana de que o ex-namorado dela, Richie, e sua banda, Visiting Day (uma cópia mais melosa de Matchbox 20), têm tudo para fazer sucesso. Mas Adriana ainda sai do episódio como uma personagem mais completa e simpática do que no início. Ela quer ser mais do que a namorada do mafioso — ou a mãe dos futuros filhos de Christopher, passando todo o tempo na academia como Carmela "e suas estrias". Mas, assim como Christopher e sua pretensão de virar roteirista, ela tem apenas a vaga compreensão de um leigo sobre como o mundo da música funciona de verdade. A insistência de Christopher de que Massive Genius está apoiando Adriana apenas porque deseja fazer sexo com ela reforça suas dúvidas sobre a capacidade dela, bem como seu medo de que o restante do mundo também a veja somente como um rostinho bonito.[66]

Ainda que exista um humor sombrio em assistir a Christopher ordenar a Richie, um dependente químico em recuperação, que "tome a droga" e continue gravando o single monótono (logo antes de quebrar um violão nas costas dele), a parte do episódio focada em Tony oferece uma atmosfera mais leve. Os encontros de Tony revelam diferentes aspectos dos temas do episódio — por exemplo, Massive Genius, Cusamano e seus amigos de colarinho-branco adoram os filmes de *O Poderoso Chefão* e estão empolgados para jogar uma partida de golfe com um chefão do crime local —, mas eles não pegam leve com Tony. Essa subtrama também aborda assimilação, mobilidade social e a hierarquia étnico-racial nos Estados Unidos.

---

[65] Embora Tony sempre se refira a Christopher como "meu sobrinho", nesse episódio Christopher reconhece que seu vínculo real com a família vem de ser primo de Carmela. Em uma temporada posterior, é explicado que o título de sobrinho surgiu porque o finado pai de Chris, Dickie, era como um irmão mais velho para Tony, e também porque Tony e a mãe de Christopher, Joanne, têm algum parentesco se a ancestralidade for rastreada até a Itália.

[66] Massive Genius parece mesmo interessado em Adriana. É tão nítido que Visiting Day é sem graça que quando G diz a ela que poderia ver a banda acabando na "seção de diversos", parece que ele está fingindo interesse porque gostaria de transar com Adriana.

Isso se encaixa com a busca de Massive Genius por legitimidade, e também com a nostalgia de Hesh pelos anos em que ele se tornou poderoso.

As cenas entre Tony e os amigos de Cusamano, e entre Tony e Melfi, abordam as diferentes maneiras pelas quais os ítalo-americanos se aproveitaram da construção social de "branquitude" desde meados do século XX até o final do milênio — quando sentem que devem, ou quando é conveniente. Este é um assunto raramente abordado na televisão estadunidense, em relação a qualquer grupo: a disputa interna por supremacia que reflete as humilhações que um grupo sofre nas mãos da maioria. Observamos como os ítalo-americanos praticam sua própria versão intra-étnica de discriminação, classificando alguns membros de sua comunidade como mais "brancos" do que outros e, portanto, mais respeitáveis; e como caras parecidos com Tony — cujos ancestrais vêm do sul da Itália e costumam parecer menos "europeus" (branco) estereotípicos do que aqueles vêm do norte — opõem-se a essa forma mais branda de preconceito dizendo que os caras que lhes atormentam praticam uma italianidade falsa e castrada, como os cafés que irritaram Paulie em "46 Long".

Mas isso também pode se tornar uma armadilha, como Tony admite quando diz a Melfi que Carmela o está pressionando para sair de seu círculo normal e conhecer "gente nova. [...] Fui criado achando os *meddigan* [americanos, no dialeto de Tony] um porre. O branco normal é chato como a discussão de quem ganha, Marciano ou Ali".

"Se eu entendi, você não se considera branco?", pergunta Melfi, acentuando a ideia no cerne de todas as outras cenas deste episódio.

"Eu não quero dizer 'branco' como caucasiano", Tony esclarece e depois continua fazendo os "respeitáveis" italianos soarem tão enfadonhos quanto ele disse que não eram: "Quero dizer homem branco, como nosso amigo Cusamano. Ele é italiano, mas é um *meddigan*. Ele é o que o meu velho chamaria de italiano americanizado, sabe, é muito educado, é muito fresco". Tony diz que tem emoções confusas sobre se associar a esse tipo de ítalo-americano por causa "do pessoal" — membros de sua gangue; homens que, nas palavras de Junior, seriam "enterrados vestidos de jogging".

Seus comparsas não estão errados em suspeitar desse tipo de italiano americanizado. As desventuras de Tony no clube de campo privado o fazem se sentir como um personagem de desenho animado, um idiota, às custas de quem os tipos endinheirados podem se divertir: o equivalente humano de um daqueles charutos ilegais Monte Cristo que Tony dá a Cooz. Tony tenta mesmo aguentar firme para conseguir dicas sobre como investir seu dinheiro, mas eles sempre direcionam a conversa de volta à máfia. Através dos olhos de Tony é possível ver a vida se esvaindo dele cada vez que isso acontece. O fato de Cusamano, talvez o único outro ítalo-americano do grupo, ter claramente mais em comum com os não italianos do que com Tony torna a situação ainda mais humilhantes

Depois de um tempo, Tony, por diversão, decide assumir o estereótipo e conta aos caras do golfe uma história ridícula sobre John Gotti[67] ter comprado um caminhão de sorvete. Sua pegadinha em Cooz — dando a ele uma caixa misteriosa que o deixa obcecado — o ajuda a recuperar a dignidade e resume a essência desse fascinante episódio. Grande parte da desumanização envolve a fixação nas aparências, como superfícies, categorias, rótulos. Cooz só queria uma caixa misteriosa para mostrar aos amigos ricos. Ele nunca se importou com o que poderia estar dentro dela.

"NOBODY KNOWS ANYTHING"

TEMP. 1/EP. 11
ESCRITO POR FRANK RENZULLI
DIRIGIDO POR HENRY J. BRONCHTEIN
EXIBIDO EM 21 DE MARÇO DE 1999

O outro para sempre

"É do nosso amigo que estamos falando." — **Tony**

Depois que "A Hit Is a Hit" coloca a maior parte das histórias da primeira temporada em pausa, "Nobody Knows Anything" retoma o que pode ser considerado uma das maiores retas finais de qualquer temporada de série televisiva. É um episódio repleto de presságio e mau agouro, morte e destruição, e a trágica dissipação dos limites entre família e Família.

Em uma das primeiras cenas, Vin Makazian avisa Tony que Big Pussy se tornou um informante do FBI. É uma cena notável não apenas devido ao total desprezo e rejeição de Tony por Makazian — uma atitude arrogante que pode não ter sido a causa principal para Vin se jogar da ponte Donald Goodkind, mas, sem dúvida, contribuiu para o sentimento maior de desespero que o levou a fazer isso[68] —, mas também às condições meteorológicas e à forma como a cena foi filmada. Um dos aspectos mais subestimados da série é como ela capta bem os extremos do clima do estado de New

---

67 Foi o chefe da Família Gambino, em Nova York, até 1992, quando foi condenado a passar o resto da vida em uma prisão federal por vários crimes típicos da máfia, incluindo cinco assassinatos que ele mesmo cometeu. Gotti morreu atrás das grades de câncer na garganta em 2002.

68 O momento do suicídio de Makazian que é mais poderoso em seu caráter sombrio: ele dá uma carteirada para ultrapassar o engarrafamento — com o desavisado policial uniformizado dizendo a todos que estão ao redor que um policial está passando — para que ele possa se matar com muito mais rapidez. Qualquer pessoa que já passou muito tempo no trânsito das rodovias de Jersey entende bem.

Jersey. O calor do norte de Jersey parece cegar e dar um soco no estômago de quem sai pelas ruas, e a fotografia (por Phil Abraham) demonstra isso muito bem. Aqui, a notícia de que um de seus amigos mais antigos e mais próximos virou um dedo-duro está entre as piores coisas que Tony Soprano poderia ouvir — pelo menos até descobrir o que sua mãe e seu tio andam discutindo em Green Grove — e o tempo ao seu redor, naquela cena, parece apocalíptico com o céu carregado de nuvens escuras e o vento fazendo a camisa de Tony farfalhar com impotência ao redor dele.

A notícia abala todos os membros do grupo de Tony, levando a momentos desconfortavelmente tensos, como quando Paulie exige que Pussy tire a camisa antes de entrarem em uma sauna que não tinha sido programada.[69] Mas não é de se surpreender que o assunto pese mais sobre o próprio Tony; em uma ótima cena de terapia, ele, sem intenção, recorre aos conselhos da dra. Melfi para lidar com a situação. À medida que Melfi explica como alguém pode ter dor nas costas de origem psicossomática, a câmera foca em Tony, e você pode ver no rosto de James Gandolfini que Tony sente em seu âmago a traição do amigo. Ele sabe, ou acha que sabe, mas ainda precisa ter certeza absoluta, verificando três vezes, já que amizades têm importância profunda, mesmo na Família.

Livia, no entanto, tem muito menos dúvida ao induzir Junior a ordenar o assassinato do filho dela. Ficou evidente, no episódio em que Livia dá o conselho sobre Brendan Filone, que ela é inescrupulosa ao arquitetar a morte de outro ser humano. E temos ampla evidência de que ela não gosta de Tony, muito menos o ama. Até então, ela via o tratamento psiquiátrico de Tony mais como uma irritação que lhe dava uma desculpa para fazer o que ela mais gosta, que é reclamar. Mas quando Tony vende a casa dela debaixo do seu nariz — ao que parece para mantê-la presa em Green Grove pelo resto da vida —, ela considera um pecado grande demais, principalmente depois que Carmela a rotulou, sem rodeios, como uma manipuladora muito mais poderosa do que ela quer deixar transparecer. E a cena em que Livia induz Junior a ter a ideia de assassinar Tony, mesmo fingindo tristeza ao discutir o assunto, prova que Carmela estava absolutamente certa.

Há muitas falhas de comunicação aqui, mas também situações em que diversas coisas podem ser verdade ao mesmo tempo. Makazian dever dinheiro a Pussy e a possibilidade de Jimmy Altieri ser um informante são fatos que não exoneram Pussy automaticamente. Tony supõe que talvez o contato de Vin no FBI "confundiu os fatos" sobre a identidade do informante porque Jimmy e Pussy foram presos ao mesmo tempo, mas não há provas que confirmem essa teoria. E embora Tony

---

[69] Paulie é frequentemente usado como um alívio cômico, mas este é um excelente episódio para mostrar o lado sério que Tony Sirico poderia trazer para seu personagem. Além de sua ameaça no vestiário contra Pussy, a cena anterior, em que ele se oferece para aliviar Tony da tarefa de ter que matar diretamente seu amigo, dá mais gravidade ao personagem do que todos os episódios anteriores combinados.

não esteja tecnicamente tramando um golpe contra Junior quando ele se encontra com outros mafiosos em Green Grove, isso é apenas porque ele já fez suas manobras no episódio "Meadowlands" e já está chefiando a Família por baixo dos panos, sem que Junior perceba.

O roteiro e as interpretações mantêm o espectador em um estado de ansiedade e incerteza. O ataque de dor ciática que Pussy sofre no prólogo pode ou não ser legítimo, mas sua agonia é convincente a ponto de nos fazer pensar que Tony e Paulie vão acreditar nele. O longo close-up que a câmera faz em Vin no bordel, enquanto os outros ajudam Pussy a descer as escadas, desperta nossa suspeita, e logo em seguida o FBI invade um clube onde Jimmy e Pussy estão jogando cartas e encontra armas e munição no local. Enquanto "The Highs Are Too High", da banda Pretty & Twisted, toca como trilha sonora, o episódio corta para Pussy, em pé, de mãos cruzadas, e vemos um agente do FBI brincando com uma bola de bilhar na mesa de sinuca, então podemos nos perguntar se Pussy está calmo porque ele já foi preso antes ou porque sabe de algo que o restante do grupo desconhece. Na próxima cena o vemos fugindo do FBI, o que elimina nossas suspeitas por um momento. Mas então, no momento seguinte, nossos sentimentos se invertem mais uma vez quando Pussy é logo pego por um agente simpático que parece estar esperando na esquina, com as algemas prontas.

"Como é que o Pussy ia correr, gente?", indaga Christopher. "Ele fica cansado só de abrir as calças pra correr pro banheiro." Logo depois disso, Vin diz a Tony: "Ele está grampeado". Uma conversa subsequente entre Tony e Pussy restabelece a questão da legitimidade de seus problemas nas costas e evidencia a preocupação de Pussy sobre não ser capaz de continuar a pagar pela faculdade cara do filho. Apenas quando Silvio coloca em dúvida o que foi dito por Vin, visto que ele deve dezenas de milhares de dólares a Pussy, que o espectador começa a questionar se ele é mesmo um dedo-duro.

O suicídio de Vin, após ele ter sido preso no bordel, tragicamente cancela sua dívida, mas também elimina a possibilidade de Tony confirmar a teoria de Silvio.[70] A única coisa que ele tem agora é a palavra de seu amigo Pussy, além de novas suspeitas sobre Jimmy, que aparece em sua casa fazendo perguntas demais.

---

70 Um bônus inesperado e comovente deste episódio é a revelação do caso aparentemente longo entre Vin e Debbie, a dona do bordel (interpretada por Karen Sillas do excelente filme americano independente *Romance Entre Amigos*). O fato ilumina a personalidade de Vin de modo a fazê-lo parecer um sósia secreto de Tony, e isso faz as antigas tentativas fracassadas de Vin de ser amigo de Tony, e não somente um cara que resolve os problemas dele, agora parecerem insuportáveis de tão tristes. Ser preso, Debbie diz a Tony, foi a gota d'água que o levou ao suicídio, mas ele tinha muitos problemas, incluindo a dívida com Pussy. Ele não estava feliz "com quem havia se transformado" e a procurava para terapia e companhia. "Quem não sente desejo pela psiquiatra?", pergunta ela.

"É um homem de sorte, Jimmy", Tony diz a ele no porão da casa com um tom insinuante, na expectativa de trazer à tona motivos ocultos. "Só um cara de sorte como você é preso com uma arma e solto sob fiança por outra coisa, e ainda sai a tempo pra jantar."

A cena final do episódio — além de uma breve olhada em Tony contemplando a escuridão que vem de um céu novamente carregado — nos leva a um lugar onde nunca estivemos antes, a casa de Mikey Palmice, enquanto ele atualiza a esposa, JoJo (Michele Santopietro), sobre o que está por vir para o coitado e desavisado do Tony, e sobre sua própria posição dentro da Família. Mikey é um capanga que se acha mais inteligente do que realmente é, mas é notável vê-lo contar a JoJo o que está para acontecer. Esse nível de confiança ou imprudência não é igual a nada que acontece na casa Soprano. O machismo e a sagacidade de Tony exigem isso, mas o código de silêncio entre casais é uma via de mão dupla. Nós já vimos, especialmente na cena em que escondem evidências sem parar no episódio "The Legend of Tennessee Moltisanti", que Carmela sabe um pouco do que acontece nos negócios do marido — no mínimo, onde o dinheiro e as armas estão guardados — e que ela sabe interpretar bem o suficiente o contexto de situações evitando perguntas que possam incriminar a ambos. Tony nunca permitiu que Carmela tomasse conhecimento das transações da Família ao nível que Mikey faz aqui com JoJo.

Segredos são necessários nesse ramo de trabalho, mas, como Melfi observa, segredos podem impor muitos fardos, tanto físicos como emocionais. Se todos os membros da família (e da Família) de Tony fossem mais sinceros uns com os outros, é muito provável que mais sangue fosse derramado, mas, ao mesmo tempo, não existiria essa incerteza agonizante — para Tony e os espectadores — sobre o que está acontecendo de verdade e o que está por vir.

"ISABELLA"
TEMP. 1/EP. 12
ESCRITO POR ROBIN GREEN & MITCHELL BURGESS
DIRIGIDO POR ALLEN COULTER
EXIBIDO EM 28 DE MARÇO DE 1999

Pequenas lágrimas

"Na verdade, me sinto bem." — **Tony**

Quando os cantos iniciais da música "I Feel Free", da banda Cream, tocam no final do episódio "Isabella" é difícil não sentir uma descarga elétrica. É o arremate perfeito para um dos melhores e mais memoráveis episódios da série, captando não somente a euforia e confiança de Tony depois que o atentado malsucedido o arranca do estupor induzido pela medicação com lítio, mas também nossa alegria de ver a série voar tão alto.

Apesar das várias peças em movimento, sobretudo quando vemos Junior e Mikey tramarem o ataque a Tony enquanto vários obstáculos vão aparecendo, "Isabella" é um episódio simples. Entre seus sentimentos sobre o desaparecimento de Big Pussy (e o que isso indica quanto a possível traição do velho amigo) e o novo coquetel de medicamentos prescritos pela dra. Melfi, Tony virou um zumbi, vagando pela casa de roupão, por vezes mal verbalizando, com os sentimentos anestesiados.[71] A depressão e os ataques de pânico eram horríveis, mas pelo menos Tony conseguia ser funcional e até sentir alegria, ocasionalmente. "Tiny Tears", da banda Tindersticks, se torna a trilha musical do desânimo de Tony em sua nova condição de letargia. A equipe de som consegue nos colocar dentro da cabeça de Tony, fazendo com que o vejamos distraído com o tique-taque de um relógio e o barulho de pingos de água quando ele deveria estar prestando atenção em Christopher que discute a situação de Jimmy Altieri. Girar a câmera noventa graus e deixá-la ali durante a conversa de Tony com a empregada da família é uma jogada de mestre que capta, em uma única imagem, como a depressão muda sua perspectiva sobre a vida de uma maneira debilitante e artificial que, depois, parece normal.

Tony está empacado, mas volta à vida quando os dois assassinos contratados se aproximam dele na banca de jornal. Temos uma visão em câmera lenta por alguns

---

[71] Apesar de Chase ter dito que nenhuma referência consciente foi intencional, há pontos na primeira temporada em que tanto Livia quanto Tony remetem à estranha vida no crime de Vincent "The Chin" Gigante, chefão da Família Genovese, que encomendou o assassinato malsucedido do chefe da Família Gambino, John Gotti, em 1986. Chamado de "The Oddfather" [O estranho chefão] pela imprensa de Nova York, Gigante evitou a prisão por trinta anos ao fingir ter transtornos mentais, o que o levava a andar de chinelo e de roupão pelas ruas do Greenwich Village. Enquanto Tony o evoca visualmente, quando anda pela casa de roupão, a suposta demência de Livia fez alguns telespectadores lembrarem da discussão se The Chin era mesmo inimputável ou apenas um bom ator.

instantes quando ele os vê, fazendo com que a volta da velocidade normal pareça acelerada. A música dos Tindersticks é tocada de novo aqui — o que é sempre um sinal de que a inserção da trilha em *Família Soprano* está fazendo um comentário sobre a ação, e não apenas amplificando a emoção ou criando uma certa atmosfera — e o repentino aumento dos vocais, que falam sobre permitir que as pequenas lágrimas que formam um mar possam enfim brotar, refletem a luta interior de Tony entre botar tudo para fora e aliviar sua saúde mental ou guardar tudo dentro de si, porque é isso o que Gary Cooper (e a maioria dos gângsteres) faria. O refrão coincide com o momento em que Tony se arrasta para fora da cama e vai à banca para comprar suco de laranja e pegar o resultado do turfe; a imagem de transição é cinematográfica, um plano aberto com a câmera baixa, como se fosse um filme de Terrence Malick ou *Twin Peaks*, mostrando o vento que balança a copa de árvores altas e antigas, típicas dos quintais de subúrbio como o de Tony. Mas quando a segunda bala também erra o alvo e a janela do motorista se estilhaça, a música é cortada de forma abrupta e a trilha se transforma em tiros, xingamentos, resmungos e som de pneus cantando. O assassinato de Febby mostrou que Tony não é um homem a ser menosprezado fisicamente, mas sua resistência é ainda mais impressionante considerando que ele está sofrendo uma emboscada e precisa sair rapidamente de uma profunda letargia para sobreviver. É um instinto animal: Tony mostrando as presas e rosnando, usando o carro como uma arma enquanto explora a mira ruim de seus quase assassinos. Momentos depois, ele bate com o SUV, mas logo entendemos, da gargalhada que ele deixa escapar quando o segundo atirador cai, que o carnívoro de dentes ensanguentados está de volta, e o tio Junior — que já aparentava ser muito velho, pequeno e indefeso enquanto se encolhe de medo no banco de trás do carro de Mikey — se encontra em grandes apuros. "Na verdade, me sinto bem", Tony diz a Melfi mais tarde. "Cada partícula do meu ser estava lutando pra viver."

Apesar de Junior ter encomendado o assassinato, foi Livia quem desencadeou a situação, mas parece que ela não percebe que foi o estopim — ou então está fingindo que não compreende as consequências. "Livia, entende o que está acontecendo?", Junior pergunta a ela enquanto assistem à cobertura da tentativa falha de assassinato na TV. E com isso ele quer dizer, *você entende que Tony vai sacar quem mandou assassiná-lo*? "Meu filho foi baleado e escapou!", diz ela de maneira enfática sobre o acontecido, sem assumir qualquer responsabilidade.

"Que diabo faremos, Livia?", continua Junior. Ele quer saber: *Qual é o próximo passo agora que existe a possibilidade de Tony fazer alguma coisa contra nós*?

"Vamos vê-lo!", diz ela, e começa a chorar. "Ele é meu único filho!"

Será que Livia está se perdendo na demência ou está só fingindo? "Quem é aquela?", ela pergunta a Carmela, referindo-se à sua neta Meadow, quando vai visitar Tony em casa depois que ele recebe alta do hospital.

Os fãs de *Família Soprano* que gostavam de romantizar a primeira temporada da série como uma clara saga do submundo do crime passaram as temporadas seguintes se lembrando com saudade de momentos como os de Tony lutando contra os assassinos. Mas o episódio também paira sobre o torpor causado pelos medicamentos, as feridas dolorosas e ainda presentes da infância e os encontros com Isabella,[72] que, na realidade, é uma alucinação motivada pelo remédio.

Há morte e destruição em abundância, mas o episódio é principalmente sobre colocar os espectadores dentro da cabeça de Tony para compreender o quanto ele estava se sentindo mal a respeito de sua vida, sobre Pussy e sua mãe.[73] É a primeira vez que a prova "objetiva" que vemos e ouvimos é desmentida pelo depoimento de outros personagens — a primeira vez que a série nos induz a pensar que estamos vendo uma coisa que, na realidade, não estamos. Enquanto a alucinação é fácil de explicar pelos medicamentos que Tony está tomando, o fio condutor da alucinação é apresentado com uma convicção silenciosa e está ligado de forma tão íntima ao fato de Tony saber, mesmo que seja um conhecimento reprimido, de que sua própria família está tramando para exterminá-lo, que ela parece *real* — e, claro, que do aspecto emocional ela é real para Tony porque se trata do seu subconsciente gritando: *Sua mãe é incapaz de amar de verdade e quer matar você*. "Nem pense nisso", Tony avisa a Melfi, referindo-se ao rancor evidente de Livia, antes mesmo que Melfi tivesse soltado uma palavra sobre o assunto.

Se Tony de fato desconhece a intenção homicida da mãe, e não consegue admitir que ela não deseja seu bem, então, lá no fundo, pelo menos, ele clama pelo tipo de figura maternal e protetora que nunca teve e vai inventar uma do nada se for preciso. Melfi, do seu modo, fornece uma versão desse tipo de apoio; muitas vezes, terapeutas cuidam e escutam, como os pais deveriam fazer, qualquer que seja a idade do paciente. No carro com Melfi, Tony vai da negação da malevolência de sua mãe à uma interpretação da alucinação guiada pela psiquiatra: no início do século XX, Isabella estava amamentando e acariciando um bebê recém-nascido que ela chama de Antonio. "Mesmo se foi o efeito do remédio", diz Melfi, "a fantasia é muito significativa. [...] Por que agora? [...] Por que a fantasia com uma mulher amável, agora? [...] Você sabe que sua mãe sempre fala sobre infanticídio." Tony diz a ela que ele se sente bem, e que vai se sentir ainda melhor quando descobrir quem tentou matá-lo.

Mas talvez, em um certo nível, ele já saiba. Talvez ele sempre soubesse.

---

72 Isabella é interpretada pela atriz italiana Maria Grazia Cucinotta, talvez mais conhecida pelo papel no filme *O Carteiro e o Poeta*. O ano de 1999 foi importante para ela em produções anglófonas pois, além do papel em *Família Soprano*, ela interpretou também uma assassina atrás de James Bond no filme *007: O Mundo não é o Bastante*.

73 Mostrar Tony alucinar sobre Carmela vendo Isabella é uma boa maneira de despistar quem estivesse se perguntando se essa mulher era boa demais para ser verdade. Mais tarde, na sessão clandestina de terapia de Tony com Melfi pouco depois da fracassada tentativa de assassinato, Carmela vê pela primeira vez a misteriosa e atraente terapeuta do marido — e não parece contente.

"I DREAM OF JEANNIE CUSAMANO"
TEMP. 1/EP. 13
ESCRITO POR DAVID CHASE
DIRIGIDO POR JOHN PATTERSON[74]
EXIBIDO EM 4 DE ABRIL DE 1999

Janelas de arranha-céus

"Sexo oral e psiquiatria nos meteram nessa!" — **Tony**

"Eu não morro tão fácil, mãe!", sussurra Tony Soprano para sua mãe enquanto enfermeiros a levam pelos corredores da casa de repouso em uma maca. "Terei uma vida longa! Você, não."

Ele demorou muito para aceitar a verdade. A negação faz isso com as pessoas. Livia suspeitou que seu filho queria que ela morresse antes mesmo que Tony se desse conta disso. Ela acreditava que ele já tinha desvendado a tramoia dela antes mesmo que isso tivesse acontecido — ou talvez Livia não soubesse com certeza, mas decidiu não arriscar mais ao incitar Artie Bucco contra Tony, dizendo a Artie, por meio de sua demência fingida, que Tony ordenou o incêndio que destruiu o Vesuvio, restaurante de Artie. No início, Tony acha que o fato de Artie ter apontado uma arma para ele era mais uma tentativa de Junior de ganhar a guerra contra ele; e chega até a cumprimentar Artie no estacionamento do Satriale's com um "Você recebeu dinheiro deles?". Ele ainda está em estado de negação, mesmo depois de ter ouvido a verdade do FBI e de Melfi.

"Eu não sei o que minha mãe lhe disse, logo a minha mãe", diz Tony depois que Artie revela de onde veio a informação. Em seguida, ele convence Artie a largar o rifle, citando a senilidade de Livia: "Juro por Deus que não incendiei seu restaurante, Artie. Minha mãe está confusa". Esta pode ser a mentira mais deslavada e difícil que Tony Soprano contou até então. Ele vende seu peixe com total sinceridade enquanto tenta dissuadir o amigo choroso de atirar nele, ao mesmo tempo que lida com as implicações de sua descoberta: sua mãe não só quer eliminá-lo, mas tomou providências para matá-lo.

Quando David Chase concebeu essa história como um longa-metragem autocontido, ele finalizava o filme com Tony sufocando a mãe com um travesseiro. Se o episódio "I Dream of Jeannie Cusamano" terminasse com matricídio, isso não

---

[74] Este episódio deu início a uma tradição em *Família Soprano* de John Patterson dirigir o final de cada temporada, que continuou até a quinta temporada. Patterson morreu durante o longo hiato entre as temporadas cinco e seis, e os dois últimos finais de temporada foram dirigidos por Alan Taylor e David Chase. Patterson fornece muitas imagens memoráveis aqui, como os planos detalhe de Junior enquanto um acordo de delação premiada é oferecido a ele; seus óculos nunca pareceram maiores ou mais tristes do que quando ele ouve as provas de sua própria insignificância.

teria diminuído seu poder, ao contrário, talvez tivesse dado ainda mais pano pra manga em relação à série, em 1999. Porém isso teria privado a série de uma fonte fundamental de conflito para Tony, e o público, de uma grande personagem e atuação. E o fato de que essa monstra opressora consegue escapar das consequências mais uma vez confere à temporada tons de futilidade e tristeza profunda. Tony pode neutralizar todos os inimigos em sua vida, exceto a mais perigosa: aquela que o trouxe ao mundo e que deveria amá-lo incondicionalmente.

A essa altura, Livia tinha se tornado quase sobrenatural — para nós e para Tony — que até parece plausível que ela fosse capaz de induzir um derrame leve para evitar ser assassinada, ou pelo menos descobrir como fingir os sintomas, assim como fez com a demência. "Eu posso apostar que essa coisa de Alzheimer é uma grande farsa, assim ela não pode ser culpada", diz Carmela. A expressão de Livia em sua cena final é tão aberta à interpretação quanto a obra de arte no escritório e na sala de espera de Melfi. Tony acusa: "Ela está sorrindo!", enquanto a segurança o afasta. Será que ela está mesmo sorrindo com a angústia de seu filho imprestável, ou é a curvatura da máscara de oxigênio, ou a luz nos olhos dela?

Esse momento fascinante é ainda mais poderoso porque tivemos treze horas de preparação até ele, em vez das duas que Chase teria se tivesse optado por fazer um filme. Pequenas cenas, como a de Tony levando macarons para Livia, ou as muitas tentativas da dra. Melfi para fazer seu paciente reconhecer o perigo que a mãe dele representa, foram se somando na mente do espectador ao longo do tempo. A luta de Tony para controlar sua reação enquanto os agentes do FBI[75] mostram para ele as gravações de Livia e Junior tramando seu assassinato, e seu desabafo desolado e autodepreciativo com Carmela, ganham força devido a todo o tempo que passamos com esses relacionamentos. Entendemos Tony e a performance de Gandolfini tão bem que tudo o que o ator precisa fazer é piscar algumas vezes e mexer levemente a mandíbula para mostrar o quanto tudo isso dói.

A estrutura da relação entre Tony e Livia é, em retrospecto, surpreendentemente complexa. É impulsionada não apenas por um diálogo franco e medidas definitivas, mas também por detalhes psicológicos e literários sutis, incluindo a conversa recorrente sobre infanticídio, os dois sonhos de Tony sobre figuras maternas (o pato e Isabella) e a maneira como a ideia de asfixia é tecida ao decorrer da temporada. Tony se sente sufocado pela mãe; os ataques de pânico resultantes fazem com que ele sinta que está sufocando; ele agora pretende lidar com o problema

---

[75] Um toque maravilhoso nessa cena: o agente Harris parece mortificado enquanto as fitas são reproduzidas, não porque ache que elas não deveriam ser usadas, mas porque ele sente pena genuína de um cara cuja própria mãe faria isso com ele. Além disso, o episódio apresenta o chefe de Harris, Frank Cubitoso, interpretado por Frank Pellegrino, um outro ator que participou de *Os Bons Companheiros* e que, na época, era também coproprietário do famoso restaurante Rao's, de Nova York.

sufocando sua mãe (justiça poética), mas acaba a encontrando deitada em uma maca com uma máscara de plástico no rosto que fornece oxigênio constante para ela. ("Aquela mulher é uma figura estranha", diz Carmela a Tony. "Ela sempre foi.")

Esse episódio é repleto de matança; vemos Jimmy, o dedo-duro, ser morto em um quarto de hotel e Mikey Palmice, na floresta.[76] Junior escapa da ira de Tony por pura sorte: um procurador federal consegue uma condenação contra Junior e manda prendê-lo, junto a outros quinze gângsteres. A condenação é por crimes de colarinho-branco nos quais Tony não estava envolvido, e que não têm nada a ver com a série de assassinatos cometidos na sua jogada contra Junior, um dos quais (Chucky Signore) ele executou em pessoa. Mas ele ainda é uma maçã de uma árvore envenenada. A única razão pela qual não pensamos que ele é tão monstruoso quanto sua mãe é porque Livia é implacavelmente amarga e calculista (com ataques frequentes de uma autocomiseração emocionada), enquanto os roteiristas (e Gandolfini) continuam indicando que há qualidades redentoras em Tony: como o carinho que sente pela esposa e pelos filhos (mesmo que seja inconsistente e imperfeito), a lealdade para com seus comparsas (pelo menos com os que são fiéis), o apego que tem aos patos, seu senso de humor afiado e como ele é vulnerável com Melfi.

É Melfi, claro, quem faz Tony perceber a verdadeira origem das conspirações contra ele. As duas sessões de terapia neste episódio equivalem a uma explosão tóxica e lavagem de alma que vem em seguida. "Você não quer entrar nesse assunto", Tony avisa a Melfi: sua voz e expressão deixam dúvidas sobre de quem ele está falando quando diz que sabe quem contratou os assassinos.

"Talvez *você* não queira entrar", rebate Melfi, adotando a postura que vimos pela primeira vez em "Meadowlands", em que ela parece uma crítica literária em busca de significados mais profundos em sua série favorita. Ela põe todas as cartas na mesa para Tony, algo que os terapeutas só fazem em circunstâncias extraordinárias, como quando a vida de um paciente está em perigo. A reação de Tony quando Melfi o pressiona demais é assustadora para nós e para ela, pois essa personagem confiante, inteligente e forte parece minúscula e fraca diante de um sujeito grandalhão como Tony Soprano pairando sobre ela, usando palavras profanas para expressar sua insatisfação com o diagnóstico dela sobre Livia. Aqui, como sempre acontece, Melfi mantém a compostura. É só quando Tony sai furioso que ela baixa a guarda e bloqueia a porta.

O final da temporada se desenrola como se Chase e sua equipe tivessem passado meses montando um elaborado jogo de dominós e depois começassem

---

[76] Apesar de ter uma atribuição brutal, Mikey é um personagem essencialmente cômico, mas sua cena final nos lembra que ele era um ser humano que tinha uma esposa que o amava. "Ele estava tão feliz", diz ela. "Ele foi correr para experimentar o tênis novo. Ele disse que me amava e que voltaria logo em seguida."

a derrubar cada peça para criar algo bonito na destruição.[77] Até os eventos que não dão certo para Tony — o derrame de Livia ou a prisão que salvou Junior pelo gongo — têm uma reviravolta sombria, como é o caso de Junior aceitando silenciosamente que nunca foi o chefe da Família de fato. E como já discutimos desde o episódio "College", é impressionante como Tony parece muito mais feliz e tranquilo sempre que está prestes a matar alguém. É só ver Tony durante a reunião com os capitães: um cara que acabou de bater papo com dois homens cujos assassinatos ele está planejando, e ele não poderia estar mais feliz com isso. Ou veja como ele está animadinho — até mesmo sua esposa e filhos percebem — na cozinha na manhã em que acha que seus caras estão prestes a acabar com toda a equipe de Junior. Essa é a melhor parte de seu trabalho, talvez de toda sua vida infeliz. O ato de Silvio incendiar o Vesuvio, um acontecimento que poderia ter sido esquecido há muito tempo, volta à cena quando Livia instiga Artie. O episódio leva o enredo de Charmaine até o clímax quando ela conta a Artie que não fez as pazes com Carmela porque não queria que o novo Vesuvio se tornasse "ponto de encontro da máfia" como fora o antigo.

É evidente que o dilema de Artie não tem o peso dramático dos conflitos de Tony. Mas o episódio habilmente usa ele, Carmela, o padre Phil e até a dra. Melfi para ilustrar como é viver à sombra de Tony Soprano. A princípio, Artie cogita contar a verdade à seguradora sobre o incêndio ter sido criminoso, mas acaba escolhendo o caminho que mais o beneficia, deixando a felicidade de Charmaine com o novo restaurante superar seu sentimento de culpa, e então justificando com insinceridade que é uma pessoa que diz "sim" ao invés de "não". O padre Phil fica decepcionado com a explicação de Artie, mas qualquer falso moralismo que ele possa ter sentido é logo desbancado quando Carmela o chama de hipócrita, destacando a alegria que ele sente em agir como um marido substituto para esposas da máfia (ou, no caso de Rosalie Aprile, viúvas da máfia). O fato de Carmela só conseguir dizer isso — ou, talvez, estar disposta a dizer isso — a Phil depois de vê-lo tocar a mão de Rosalie mostra que ela também tem grandes falhas. Ao mesmo tempo, ela sabe muito bem de onde vem seu dinheiro e de que lado deve estar. Quando está confortando Tony a respeito do que aconteceu com Livia, ela ouve o marido discutir abertamente seus planos de acabar com Junior e Mikey em um mesmo patamar de franqueza que vimos entre o casal Mikey e JoJo — e ela não vacila. Por estar casada com Tony, ela está casada também com os negócios dele.

---

77 A cena de Tony tirando uma arma de dentro do peixe para matar Chucky parece muito ser fruto da mente de um mafioso — e um roteirista de TV — que assistiu a muitos filmes de gângster e considerou todos os possíveis esconderijos para uma arma.

A temporada termina com as duas famílias de Tony, a biológica e a profissional, abrigando-se no Vesuvio para aguardar que a tempestade torrencial passe.[78] Tony faz um brinde. Em retrospectiva, parece não apenas para comemorar sua sequência recente de vitórias, mas também para comemorar essa impressionante temporada televisiva que chega ao fim, prevendo a onda de séries focadas em anti-heróis que apareceriam no rastro da primeira temporada de *Família Soprano*. "À minha família. Muito em breve, vocês vão ter suas famílias. Se tiverem sorte, se lembrarão de alguns momentos, como este, que foram bons."

---

[78] Se você achou que a cena em que Tony dirige pela ponte parecia familiar, é porque ela também é usada nos créditos de abertura: é o plano dos olhos no espelho retrovisor.

> "GUY WALKS INTO A
> PSYCHIATRIST'S OFFICE"
>
> TEMP. 2/EP. 1
> ESCRITO POR JASON CAHILL
> DIRIGIDO POR ALLEN COULTER
> EXIBIDO EM 16 DE JANEIRO DE 2000

Um ano muito bom

"Quantas pessoas ainda vão ter que morrer pelo seu crescimento pessoal?" — **Dra. Melfi**

Ao longo da primeira temporada, os críticos escreveram sobre *Família Soprano* em termos que agora parecem um pouco condescendentes. Um artigo particularmente notável foi "Da humilde minissérie vem o magnífico megafilme", escrito pelo principal crítico de cinema do *New York Times*, Vincent Canby, em outubro de 1999, seis meses após a primeira leva de episódios ir ao ar. Canby cita *Berlin Alexanderplatz*, uma série de TV da Alemanha Ocidental dirigida por Rainer Werner Fassbinder; *The Singing Detective*, a série da BBC criada por Dennis Potter e lançada em 1986; e a primeira temporada de *Família Soprano* como "algo mais do que minisséries. Repletas de personagens e eventos de dimensão e cor dickensianas, sua época e lugar observados com uma exatidão satírica, cada uma tem um tipo de arco dramático coeso que define uma obra completa em si mesma. Não importa como sejam rotuladas ou o que se tornem, elas não são séries com uma duração indeterminada ou mesmo minisséries. Elas são megafilmes. Essa abordagem nunca desapareceu por completo, em parte graças aos vestígios de autodesprezo dos roteiristas, produtores e diretores de televisão que ainda tendem a descrever qualquer temporada de TV em que estejam trabalhando como 'um longo filme' e episódios individuais como 'pequenos filmes'".

Em 2017, quando metade deste livro foi escrita, essa mentalidade tinha ressurgido com força total no que dizia respeito a *Twin Peaks: O Retorno*, de David Lynch e Mark Frost, uma série exibida pelo canal Showtime, em dezoito partes de uma hora cada, com créditos de abertura e encerramento e um enredo contínuo e serializado, cuja força principal vinha de duas temporadas ricas em mitologia e de um filme anterior baseado nelas. Muitos críticos de cinema citaram *Twin Peaks: O Retorno* como um dos melhores filmes do ano na pesquisa da revista *Sight and Sound* de 2017 e em listas pessoais. Por quê? Talvez porque foi dirigido por um diretor "de verdade" com raízes em filmes quase experimentais, que preencheu a nova série com escolhas artísticas surpreendentes, horripilantes e muitas vezes misteriosas que ainda tendem a ser consideradas "cinematográficas" em vez de televisivas. A noção de que *Família Soprano* era notável porque era um filme "de fato" persistiu ao longo de toda a série. Ainda em 2007, o historiador de cinema Peter Biskind (autor do livro *Como a Geração Sexo-Drogas-e-Rock'n'Roll Salvou Hollywood*) escreveu um longo artigo sobre *Família Soprano*[1] para a revista *Vanity Fair* citando dois longas-metragens, *O Leopardo*, de Luchino Visconti, e *1900*, de Bernardo Bertolucci, como comparações, além dos romances de Norman Mailer, antes de optar por rotular a história como "televisão 'pessoal' em grande escala".

A mentalidade de que "televisão é ruim, filme é bom" provou ser especialmente duradoura, nascida em uma era anterior à estreia de *Twin Peaks*, em 1990, que removeu qualquer dúvida remanescente de que os seriados de TV feitos nos Estados Unidos poderiam ser tão inovadores e reveladores quanto quase qualquer filme. A rejeição reflexiva de todo o potencial artístico da TV nunca foi justa ou bem-informada — desde os primeiros dias da televisão, todos os formatos e durações de séries eram limitados por regras que os filmes não precisavam obedecer, mas ainda assim conseguiram surpreender de maneiras que os filmes não podiam imaginar.

Zombar da televisão parecia compreensível nos anos 1970, na era pré-TV a cabo e pré-streaming, quando o potencial do cinema estadunidense como forma de expressão pessoal estava florescendo, ou pelo menos alcançando o cinema internacional da década anterior, e a TV era ainda mais um eletrodoméstico do que algum meio artístico. Mas parece estranho que os preconceitos tenham persistido entre alguns cinéfilos, embora mais diluídos, até este século, apesar da existência da própria *Família Soprano*, de seus incontáveis sucessores e de como a TV roteirizada causou um deslocamento em massa e ocupou o lugar dos filmes como o centro da cultura pop estadunidense.[2] Apesar da explosão criativa nas últimas duas décadas, os produtos televisivos ainda não podem fazer sucesso ou fracassar por mérito próprio, dadas as características típicas da televisão; eles ainda são julgados em comparação com o melhor das outras mídias e considerados falhos.

Se Canby tivesse esperado para escrever seu artigo até ter a chance de assistir ao primeiro episódio da segunda temporada de *Família Soprano*, ele poderia ter relaxado um pouco. "Guy Walks Into a Psychiatrist's Office" é envolvente, às vezes sublime, mas, principalmente, desconfortável, e suas virtudes e defeitos derivam de sua obrigação de ser uma série de TV com roteiro em formato episódico, em

---

[1] Biskind, Peter. "An American Family" [Uma família americana]. *Vanity Fair*, Nova York: Condé Nast, 4 abr. 2007. Features, pp. 234-286.

[2] Se isso for vitória, com certeza será passageira. Graças à onipresença de dispositivos eletrônicos e serviços de streaming como Netflix, Hulu, Amazon, Shudder e Filmstruck, filmes e TV estão começando a se misturar em um vasto mar de "conteúdo". E um número cada vez maior de cineastas ambiciosos artisticamente, como Ezra Edelman (*O.J.: Made in America*) e Errol Morris (*Wormwood*) estão navegando nessa realidade, lançando longas nos cinemas e nas plataformas de televisão ao mesmo tempo, o que os permite se qualificar tanto para o Oscar como também para o Emmy, e receber, assim, dois tipos de críticas diferentes.

vez de uma "minissérie" ou um "megafilme". Para fazer um trocadilho com o slogan da HBO que diz "Não é TV, é HBO", *Família Soprano* não é apenas HBO, é TV. Como tal, tem que lidar com o que os roteiristas profissionais de televisão chamam de "arrumação da casa". Mudanças drásticas nos personagens baseadas na trama devem tornar a série diferente, mas preservando os elementos familiares que os espectadores aprenderam a amar; caso contrário, o roteirista terá que descobrir como fazer o personagem retroceder sem parecer que está corrigindo um erro de julgamento.[3] A tentação de tomar decisões grandiosas e radicais costuma ser sedutora demais para resistir, porque as cenas resultantes são emocionantes de escrever, de filmar, atuar, editar e, por fim, compartilhar; depois os roteiristas podem se dar conta que, na realidade, alienaram os fãs mais fiéis ou criaram novos entraves que devem solucionar cortando personagens importantes ou inventando desculpas esfarrapadas para mantê-los na trama.

Os dois últimos episódios da primeira temporada de *Família Soprano* criaram todos esses problemas e ainda outros. Ninguém que estava envolvido com a série ligou muito para isso porque estavam todos ocupados em resolver os desafios diários da produção — além disso, como o próprio David Chase disse mais tarde, ele não esperava que a série fosse durar mais que uma temporada. Muitos dos elementos característicos da série, incluindo seu espírito de comunidade, que é rico em detalhes, e personagens psicologicamente complexos, não teriam sido possíveis em um filme, mesmo que fosse um filme muito longo. Mas à medida que *Família Soprano* entrou na segunda temporada, ficou claro para os roteiristas, e, mais tarde, para o público, que o maior problema era como fazer a história funcionar sendo uma série de TV.

No final da primeira temporada, tio Junior, chefe ostensivo e inimigo mais perigoso de Tony, estava atrás das grades. Livia tinha sido exposta como a arquiteta dos atentados recentes contra o filho, e integrantes da Família, bem como parentes de sangue, estavam fofocando sobre a razão para tamanho rancor entre mãe e filho. Tony foi a Green Grove no episódio final, pronto para matar a própria mãe, apenas para desistir depois de ver que ela sofreu (ou fingiu sofrer) um derrame. Um dedo-duro foi exposto dentro da gangue de Tony e eliminado, mas outro alvo de suspeita, Big Pussy, ainda estava desaparecido. Melfi, a principal fonte de compreensão do protagonista e o mais próximo que temos de um personagem ético na série, foi forçada a se afastar de seu consultório. A terapia de

---

3 Um exemplo notável: *Homicídio*, da NBC (baseada no livro de David Simon), que deu ao seu brilhante e eloquente detetive Frank Pembleton (Andre Braugher) um AVC catastrófico no final da quarta temporada para agitar a série e desafiar o ator. A reabilitação de Frank deveria durar por um longo tempo, mas o público começou a reclamar que não gostava de ver Frank sofrendo e então os roteiristas fizeram com que ele se recuperasse com uma velocidade irreal.

Tony não era mais um segredo e, com o tempo, poderia ser uma coisa que todos saberiam, um cenário que dificultaria a intimidação dos rivais de Tony e a negociação de condições favoráveis. E, claro, a Família tem que continuar encontrando novas maneiras de ganhar dinheiro, embora, como Tony disse no piloto, eles tenham chegado no final da coisa.

Esses enredos apresentam grandes desafios para a equipe de roteiristas. Como sabemos quais são esses desafios, a abertura do episódio "Guy Walks Into a Psychiatrist's Office" parece ter uma pitada de autoconsciência, como se a série estivesse calculando cada obstáculo sob o pretexto de preparar o cenário.

Por sorte, para a série e para nós, essa é a melhor montagem musical apresentada até agora. "It Was a Very Good Year", um clássico de Frank Sinatra, começa a tocar no final da cena de abertura em que um grupo de jovens — incluindo um homem asiático se passando por Christopher Moltisanti — faz a prova de corretor de valores, e continua por toda a duração da música, enquanto o diretor Allen Coulter perambula pelo mundo de *Família Soprano* de uma maneira que lembra o final de *Os Boas-Vidas*, de Federico Fellini.[4] A letra da música conta a história da vida de seu narrador em diferentes idades, por meio de uma série de vinhetas; a letra complementa a natureza elíptica na forma de cinema e televisão contarem histórias, demonstrando também o salto temporal. Passamos por Livia em sua cama de hospital enquanto ela nos encara de modo desafiador, brevemente (e de repente) quebrando a quarta parede. Tony joga cartas no escritório do Bada Bing e então aceita o pagamento em dinheiro do capitão Ray Curto (George Loros), que ele havia considerado como um possível substituto para Jackie Aprile Sr. no início da primeira temporada. Em um macacão laranja, tio Junior caminha em fila única atrás das grades; um gângster outrora poderoso, agora apenas mais um prisioneiro. Um movimento sinuoso da câmera, que começa com foco por trás da cabeça de AJ dá a volta em torno dele para revelar seu rosto, agora visivelmente o rosto de um adolescente, olhando para o espelho: mostrando sua mandíbula já mais definida enquanto, na música, Sinatra canta sobre lembrar de quando tinha 21 anos. Melfi consulta seus pacientes em um quarto de motel. Paulie Walnuts transa de forma mecânica com uma mulher não identificada que (a julgar pelos blocos de vidro no fundo, salto alto e silicone) pode ser uma dançarina do Bada Bing. O FBI (representado apenas por mãos organizando cartões de anotação em um quadro de cortiça) se esforça para discernir a verdadeira organização da Família.[5] Chris,

---

4 Em uma série de planos em que a câmera desliza lateralmente, evocando o movimento de uma locomotiva, o herói do filme deixa sua cidadezinha de trem enquanto imagina seus amigos literalmente vivendo uma vida monótona na mesma cidade.

5 Esse sistema de colocar cartões de notas em um quadro de cortiça é semelhante à forma como os roteiristas de TV "quebram" histórias enquanto planejam temporadas de séries como *Família Soprano*.

o aspirante a roteirista, assiste ao clímax do filme de gângster de 1948, *Paixões em Fúria*,⁶ com o que parece ser fascínio até que a câmera, seguindo sua cabeça, não revela nenhum computador ou bloco de notas, apenas uma carreira de cocaína.⁷ Silvio experimenta um terno e sapatos novos. A breve cena de Tony ensinando Meadow a dirigir é acompanhada por Sinatra cantando sobre andar de limusine com garotas ricas. A passagem dessa cena para a de Irina por cima de Tony (com Frank mencionando os motoristas das garotas) reforça a sordidez que rege a existência de Tony, enquanto leva o espectador a pensar que ele foi direto para o apartamento de sua amante depois de dar aulas de direção a Meadow.

Então, enquanto Sinatra termina mencionando o outono de sua vida, a cena se concentra no casamento de Tony e Carmela. O marido infiel entra de fininho em casa, no meio da noite, se desfaz das roupas usadas com a amante e se deita ao lado da esposa. Carmela olha para Tony, que está fingindo dormir. Ele abre os olhos, sem perceber que Carmela o estava encarando de forma acusatória, e fica surpreso ao vê-la olhando para ele. Carmela se vira para o outro lado — um gesto inconfundível de repreensão. Também é uma lembrança da primeira conversa entre Carmela e Tony no piloto, quando ela faz uma alusão à infidelidade dele com um comentário incisivo. "Saio mais cedo do trabalho", diz ele. "Não estou falando do trabalho", ela responde.

Mas é também nesse episódio que se vê a primeira cena que tem o timing de uma piada rápida e seca sendo preparada: Tony vai buscar o jornal, como fez tantas vezes antes, mas dessa vez encontra Pussy esperando no final da calçada. Tony o leva para o porão, como ele fez enquanto avaliava se Jimmy Altieri era um dedo-duro. O reencontro deles é desconfortável. Pussy insiste que seu problema nas costas é real e critica Tony e seus homens por igualarem enfermidade a traição. Tony puxa Pussy para um abraço, em seguida, estraga o momento caloroso ao apalpar o corpo de Pussy para verificar se ele estava com uma escuta (e, de fato, ele estava).

A confusão subsequente entre Tony, seus capangas e o pródigo Pussy parece um pouco longa para uma subtrama de *Família Soprano*. Mas é característica de um episódio em que a narrativa é mais limpa, mas também mais minimalista do que a da primeira temporada. Aqui, os momentos dos personagens são mais descontraídos e peculiares do que em qualquer episódio da primeira temporada — a reintegração de Pussy à quadrilha é construída em torno das imitações que Silvio

---

6   Grande parte de *Paixões em Fúria* se passa dentro de um hotel, pouco antes e durante um furacão. A primeira temporada de *Família Soprano* termina com uma tempestade que leva muitos de seus personagens principais a buscar abrigo dentro do Vesuvio.
7   O problema de Christopher com drogas parece ter piorado. Fica claro que ele está confuso na maioria de suas cenas, incluindo aquela com Adriana, Sean Gismonte e Matt Bevilaqua, no bar, em que diz para a namorada tomar uma bebida e dá um tapa em Adriana quando ela reclama que ele deixou o gás queimando depois de "preparar sua droga" e o chama de "drogado".

faz de Pacino como Corleone, coroada pela fala insinuante, "Nosso verdadeiro inimigo ainda não se revelou" — e os paralelos entre as subtramas são mais óbvios. As histórias de Livia e Pussy giram em torno de problemas de saúde, possivelmente falsos,[8] e ambos os personagens têm um momento arrepiante em que olham diretamente para a câmera, como se examinassem a atenção do ouvinte (oculto no caso de Livia; para Pussy, o ouvinte é Tony) para avaliar se sua atuação é convincente.

Em uma sequência muito longa, e inexplicada a princípio, Philly Parisi (Dan Grimaldi), o *capo* interino da gangue de Junior, é baleado e morto por um desertor de Junior que logo se tornará soldado de Tony, Gigi Cestone (John Fiore), como vingança por espalhar histórias sobre os problemas da mãe de Tony. Então Tony liga para Melfi e diz que já é seguro voltar ao consultório; mas, apesar dessa conversa e de um encontro subsequente em uma lanchonete, Tony não volta a fazer terapia com Melfi nesse episódio e tem que se contentar em discutir seus problemas com amigos homens e participar de rituais domésticos silenciosos com Carmela (como deixar que ela aqueça um pouco de macarrão para ele).

Como é típico das aberturas de temporada de séries dramáticas, novos personagens importantes são apresentados. Chris se torna o chefe de dois associados de baixo nível da Família Soprano, Sean Gismonte (Chris Tardio) e Matt Bevilaqua (Lillo Brancato Jr.);[9] dois idiotas infelizes que idolatram Tony e agem como corretores da bolsa que fazem de tudo para vender ações que sabem não ter nenhum valor para idosos ingênuos. A irmã de Tony, Barbara (Nicole Burdette), já mencionada, mas não vista, aparece para uma festa no quintal da casa dos Soprano, assim como os pais de Carmela, Hugh e Mary DeAngelis (Tom Aldredge e Suzanne Shepherd), que odeiam Livia e não estariam lá se ela não estivesse incapacitada, indisponível e banida da casa por Tony.

Entre os novos personagens, a mais importante é, sem dúvida, Janice — que, como Barbara, tinha sido apenas mencionada (e vista brevemente como uma criança no episódio da "Down Neck", da primeira temporada). Interpretada por Aida Turturro,[10] ela entra no mundo de *Família Soprano* dominando seu irmão mais novo.

---

8 A síndrome do túnel do carpo de Janice também não é muito convincente, então podemos considerar que existe uma tríade de falsos problemas de saúde.

9 Antes de *Família Soprano*, Brancato Jr. teve destaque devido ao seu papel como a versão adolescente do protagonista de *Desafio no Bronx*, filme de 1993 que marcou a estreia de Robert De Niro como diretor. Após sua participação em *Família Soprano*, Brancato Jr. teve problemas com a justiça, culminando em um incidente no Bronx, em 10 de dezembro de 2005, no qual um policial de folga, Daniel Enchautegui, interrompeu dois homens que estavam causando confusão na casa vazia ao lado da sua e, em uma subsequente troca de tiros, foi baleado e morreu. A polícia prendeu Brancato Jr. e Steven Armento, de 48 anos, o pai da então namorada do ator. Ele foi preso por invasão e cumpriu uma pena de quase cinco anos. Armento foi condenado por homicídio qualificado já que foi ele quem disparou o tiro que matou o policial, ele foi sentenciado à prisão perpétua sem possibilidade de liberdade condicional.

10 Prima dos atores John, Nicholas e Natalie Turturro, ela apareceu anteriormente nos filmes *Michael e Donna: Um Verdadeiro Amor, Nosso Querido Bob?* e *Sleepers: A Vingança Adormecida*.

O roteiro não tem medo de declarar o que está acontecendo aqui de um ponto de vista psicológico. Janice, que havia largado Tony para cuidar sozinho da mãe deles, agora a está substituindo de forma consciente: apropriando-se do carro e da casa de Livia, indo e vindo da casa de Tony onde a própria mãe não podia mais entrar, e ficando do lado da mãe em conversas com Tony e Barbara. Às vezes, até parece que Livia está falando por meio de Janice. "Que 'reunião familiar'...", diz a Barbara no churrasco, "quem pariu todos nem pode entrar aqui."

"Para ela, eu ainda sou um bebê", brada Tony. Talvez, mas ela também é uma criança emotiva e sua presença infantiliza ainda mais Tony. "Parece uma adolescente", diz Tony. "Meu terapeuta diz que tô regredindo", responde Janice sem ironia. A mistura de misticismo riponga (ela se autodenomina Parvati), espiritualidade de segunda mão e maestria indistinta como vigarista coloca Janice no mesmo nível dos personagens já bem estabelecidos, e confere a Turturro — uma rival à altura de Gandolfini tanto física quanto vocalmente — um papel tão irritante e autêntico, uma completa mala sem alça, que, na manhã seguinte à primeira aparição de Janice, o debate girou em torno de quanto os telespectadores conseguiriam aguentá-la, quão rapidamente ela poderia ser morta e por quem, e quão dolorosamente. Engraçado que nenhuma discussão semelhante aconteceu com relação a Tony, um assassino de verdade.

A introdução de Janice dá um choque muito necessário, e que vem na hora certa, em *Família Soprano*. Também corrige um problema da narrativa: a essa altura, Livia está tão longe da ação principal que não pode mais enterrar suas garras em Tony com tanta facilidade.

De forma mais incisiva do que outros episódios, "Guy Walks Into a Psychiatrist's Office" se concentra na renovação geracional. Na festa, Barbara e Janice concordam que Tony faz com que elas se lembrem do pai. Nos negócios, Tony já é o novo Junior, e todos, exceto o FBI, sabem disso. Christopher está assumindo um papel de autoridade, embora rejeite as preocupações de Adriana e se comporte de forma irresponsável. Enquanto isso, Sean e Matt agem como filhos desmiolados. Janice pode se tornar uma versão de Livia com o tempo, mas, apesar de sua entrada marcante, a mãe continua presente nas conversas e discussões familiares — banida, mas não esquecida. Tony fala sobre ela com a mesma frequência que fazia quando ainda tinham uma boa relação. "Ela morreu para mim", diz duas vezes no episódio, como se apenas por desejar isso pudesse se tornar realidade. Tony e Carmela visitam a casa de Livia e encontram o local vandalizado, provavelmente por adolescentes do colégio nos arredores. "Malditos chacais", diz Tony. Chacais se alimentam de mortos e moribundos. Outro desejo.

"DO NOT RESUSCITATE"

TEMP. 2/EP. 2
ESCRITO POR ROBIN GREEN & MITCHELL BURGESS E FRANK RENZULLI
DIRIGIDO POR MARTIN BRUESTLE
EXIBIDO EM 23 DE JANEIRO DE 2000

O sujo falando do mal-lavado

"Não sabe o que se passa pela minha cabeça." — **Livia**

Visto separado de "Guy Walks Into a Psychiatrist's Office", "Do Not Resuscitate" parece insignificante — quase uma enrolação.[11] Mas se for visto logo em seguida à estreia da temporada, parece a segunda metade de um episódio duplo. Aprendemos que o problema nas costas de Pussy é real, e, também, que ele é um informante do FBI que mudou de lado depois de ser pego traficando heroína para pagar a faculdade do filho (seu contato, Skip Lipari,[12] revela que ele está "fazendo isso desde 98"). Tio Junior recebe permissão para sair da prisão por motivos de saúde e esperar pelo julgamento por extorsão em prisão domiciliar. E Livia atrai Janice — uma versão mais jovem do seu arquétipo da sombra — para debaixo de suas asas por meio de uma combinação de negatividade incisiva e conversa quase terapêutica, e então a fisga de vez ao sugerir que seu amado Johnny escondia dinheiro na casa deles.

Os duetos Livia-Janice/Tony-Junior são repletos de humor sombrio e manipulações psicológicas íntimas. Nesse momento, Junior e Tony não se bicavam: o sobrinho diz a Bobby Baccalieri (Steven Schirripa),[13] o ajudante de seu tio, também conhecido como "o último homem de pé", que ele está reduzindo a renda de Junior para "a subsistência dele". Mas Tony ainda tem certo instinto familiar, pois ao ser informado por Junior que o gerente de Green Grove ousou fofocar sobre ele quase ter asfixiado a mãe, mandou dar um sumiço no sujeito e em sua peruca.

Seu tio é um velho traiçoeiro e hipersensível, mas ele também é o único irmão de seu pai, e a imagem de Tony carregando Junior para fora da própria casa como uma criança (após a queda em sua banheira) é uma imagem poderosa.[14] Assim

---

11 Na pré-estreia da segunda temporada no famoso teatro Ziegfeld, em Manhattan, a HBO nem sequer exibiu este episódio, pulando de "Guy Walks..." direto para o terceiro episódio, "Toodle-Fucking-Oo", que introduziu um novo personagem importante.
12 O longo currículo do ator Louis Lombardi, que já participou de diversos filmes e séries de crime e ação, inclui *24 Horas*, *Mob City*, *Os Suspeitos* e *Homem-Aranha 2*.
13 Antigo diretor de entretenimento do hotel Riviera, em Las Vegas, Schirripa quis continuar atuando depois de trabalhar como figurante em *Cassino*. Embora seja mais conhecido por interpretar Bobby, ele conquistou um público diferente ao atuar na série *A Vida Secreta de uma Adolescente Americana*, exibida pela ABC Family, como o pai de Ben.
14 A música que toca durante a cena é "Goodnight, My Love", na versão de 1937 interpretada por Ella Fitzgerald e Benny Goodman, que tocava no rádio quando Junior era jovem.

como o apelo de Junior para que Tony "faça as pazes com sua mãe", um pedido motivado pelo desejo de unir toda a família antes de seu julgamento, mas também por um desejo sincero de dar a Tony e Livia um "reencontro de mãe e filho", como diz a letra da música que Janice canta durante a viagem até Green Grove, enquanto fuma seu baseado.

As cenas de Janice e Livia são fascinantes por sua mistura de mentiras, confissões e vulnerabilidade genuína. Livia idolatra o falecido marido de maneiras que não correspondem ao homem que Tony descreveu para Melfi. Mas há momentos em que Livia parece reconhecer uma realidade mais sombria que a traumatizou, na medida que é possível traumatizar uma manipuladora de sangue-frio com transtorno de personalidade borderline.

Em parte, trata-se de criar três filhos que ela não conseguia amar ou se conectar, mas também por ter sido casada com um gângster volátil. "Acha que foi fácil pra mim?", pergunta Livia a Janice. "Você não sabe como era o seu pai antes. Ninguém sabe. Ninguém sabe o que eu passei." Mas é claro que ela volta a atenção para seus sentimentos de abandono por Tony: "Uma coisa eu posso dizer: ele morreria se me visse agora".

Janice quase comove em suas cenas com Livia. Ela anseia mesmo por um reencontro de mãe e filha, embora, no final do episódio, ela chegue a alucinar um cenário de matricídio ao ver o rosto de Livia despencando da escada na sinalização de incêndio; a alucinação é desencadeada pela menção de Livia ao filme *Beijo da Morte*.[15] Mas, como qualquer outro personagem, ela não pode ver a si mesma ou aos outros com clareza suficiente para entender por que tal cenário não é possível. *Família Soprano* é um desfile ininterrupto de esquisitões egocêntricos que pensam serem os únicos que enxergam o mundo e a si próprios com clareza. "É uma narcisista", Janice reclama sobre a mãe. "É sempre eu, eu, eu, eu." O sujo falando do mal-lavado de novo na cena em que Tony critica Bobby por causa de seu peso.[16] "Gordão...", diz Bobby, depois que Tony já não pode mais ouvi-lo. "Devia se olhar no espelho, seu desgraçado insensível." Livia diz a Carmela que acha que fez "um bom trabalho" criando pelo menos dois dos três filhos (Tony e Barbara). Carmela responde: "Eles todos são infelizes".

O roteiro reforça as ideias de renovação geracional por meio de uma subtrama que trata da construção civil e conecta a Família Soprano mais intimamente com

---

15 Filme de gângster de 1947 (conhecido, no Brasil, pelos títulos *O Beijo da Morte*, ou *Beijo da Morte*, ou *Sacrifício de um Gângster*), cuja cena mais famosa mostra o gângster Tommy Udo (Richard Widmark) amarrando a mãe de um colega em sua cadeira de rodas e a empurrando para sua morte, escada abaixo.
16 A primeira aparição de Bacala é filmada para sugerir que sua barriga sempre entra no cômodo bem antes do restante dele. Na verdade, Schirripa estava vestindo um enchimento embaixo da roupa para parecer mais gordo durante esse período da série, embora depois ele tenha engordado o suficiente para que a produção se sentisse confortável com seu corpo natural.

os sindicatos do norte de New Jersey, apresentando dois ativistas da comunidade afro-americana, os reverendos Herman James Junior (Gregalan Williams)[17] e seu pai (Bill Cobbs).[18] As cenas envolvendo pai e filho também tecem considerações sobre o complicado e instável relacionamento entre ítalo-americanos e afro-americanos. Os mafiosos cujos antepassados vêm da Itália aparecem com frequência reclamando de como a sociedade hegemônica os demoniza enquanto se apropria de sua cultura, usando a linguagem de vítima para ganhar simpatia. Ainda assim, usam termos racistas sem medo de censura; subcontratam criminosos negros para executar delitos, incluindo assassinatos, enquanto questionam sua competência e os culpam de coisas com as quais eles não têm nada a ver. Essa poderia ser considerada uma relação simbiótica se os dois grupos tivessem poder econômico e social comparáveis, mas não é assim. A experiência da imigração europeia é, por muitas razões, diferente da dos descendentes de escravizados, a começar pelo fato inconveniente que ítalo-americanos (assim como judeus associados à máfia, a exemplo de Hesh, e imigrantes recentes de países da antiga União Soviética, como Irina) podem se autodenominar como brancos para ganhar vantagens nos Estados Unidos, e os negros não têm esse privilégio (veja também o episódio "A Hit Is a Hit", que aborda o tema de reparações).

A tensão racial do episódio é entrelaçada com uma história maior sobre pais e filhos e sobre o poder sendo concedido e tirado. A fala do James pai, "Nunca subestime a determinação de um homem de ser livre", é uma referência à Bíblia que tem uma ressonância tanto política quanto social. Tanto a performance insinuante de Cobbs como a reação conflitante, mas respeitosa de Gandolfini tornam a cena marcante o suficiente para ser lembrada próximo ao fim, quando James Junior fala com Tony sobre o recente falecimento do pai e ambos se aproximam a partir da angústia sobre o futuro. Saber que o James jovem é corrupto — jogando dos dois lados, como o agente Lipari diz que Pussy está fazendo — dá à cena um toque de lamento. Como quase todo mundo, esses dois homens são prisioneiros do dinheiro. Se ele e Tony tipificam a nova geração no poder, então o futuro vai ser tão terrível quanto o presente.

---

17 Gregalan interpretou Garner Ellerbee, o policial de praia em *Baywatch: SOS Malibu*, entre outros papéis recorrentes na televisão; também é autor de livros, incluindo *A Gathering of Heroes: Reflections on Rage and Responsibility — A Memoir of the Los Angeles Riots*.
18 Cobbs tem roubado a cena com sua voz gutural e presença marcante há mais de quarenta anos. Em *Família Soprano*, ele causa uma impressão tão forte como o veterano da Segunda Guerra Mundial e ativista por justiça social, que é surpreendente perceber que ele só aparece em duas cenas.

> **"TOODLE-FUCKING-OO"**
>
> TEMP. 2/EP. 3
> ESCRITO POR FRANK RENZULLI
> DIRIGIDO POR LEE TAMAHORI
> EXIBIDO EM 30 DE JANEIRO DE 2000

Velha-guarda

"Precisa haver consequências." — **Carmela**

"Toodle-Fucking-Oo" é o primeiro episódio assustador de verdade da segunda temporada, graças à introdução de Richie Aprile (David Proval),[19] irmão do chefe interino da Família DiMeo, o falecido Jackie Aprile Jr. Já tendo sido *capo*, ele agora é um monstro mimado e está tentando se acertar de novo com sua antiga paixão, Janice,[20] uma "elefante da Índia" (palavras de Tony) que também andou sumida por um tempo. Mas o episódio inteiro, incluindo as cenas sem Richie, tem um toque de temor devido ao sentimento generalizado de que a ordem está frágil e o caos pode tomar conta desse mundo a qualquer momento. "Não vamos exagerar, porque se ela descobrir que estamos impotentes, estamos fritos", Tony aconselha Carmela, lamentando sobre Meadow, que foi responsável pela destruição da casa da avó dela. "Tudo gira em torno disso: ego e controle", Janice diz a Tony e Carmela, abordando a situação de Meadow, mas também resumindo o tema principal do episódio.

Embora não seja um ótimo episódio de *Família Soprano*, é um episódio essencial. "Toodle-Fucking-Oo" traça conexões entre personagens que ancoram três subtramas adjuntas muito diferentes (Meadow, Melfi e Richie) sem reduzi-las a estudos de caso ou transformá-las em um óbvio "episódio temático". Todos os principais personagens aqui querem manter as aparências. Figuras de autoridade, como Tony — e Carmela, no que diz respeito à filha —, não querem ter que exercer seu poder de maneiras que possam parecer antipáticos.

Personagens que são impotentes em comparação, como Richie e Meadow, tentam se agarrar ao máximo de indulgências que podem. Mas o episódio não deixa isso óbvio. Existem pontos de sobreposição e contradição, e momentos em que o roteiro parece ter opiniões diferentes sobre um evento ou personagem. Isso é muito mais interessante do que ligar cada personagem a um espaço psicológico ou filosófico, como se fossem cartões fixados no quadro de cortiça do FBI.

[19] Proval ganhou destaque no filme *Caminhos Perigosos*, de 1973. Ele chegou a fazer teste para o papel de Tony Soprano, interpretou o pai ameaçador Marco Fogagnolo em *Raymond e Companhia* e foi o professor de atuação do personagem de Eddie Murphy em *48 Horas*.
[20] Na série, Janice e Richie são contemporâneos que namoraram no colégio, mas Aida Turturro é 20 anos mais nova que David Proval, e a diferença de idade é visível.

O título do episódio vem de "Toodle-oo" [tchauzinho], a expressão que Melfi deixa escapar depois de encontrar Tony e seus comparsas em um restaurante, e que ela mais tarde descreve para seu próprio terapeuta, o dr. Elliot Kupferberg (Peter Bogdanovich),[21] como característica de "jovens mulheres [que] não respondem por seu comportamento. [...] 'Tchauzinho' foi a ação de uma garotinha levada! E eu regredi pra aquela garotinha pra fugir da responsabilidade por abandonar um paciente". Meadow foge da responsabilidade de sua própria maneira, jogando a culpa na amiga Hunter pela festa desastrosa e tentando ganhar a solidariedade de seus pais, lembrando-os de seu bom desempenho nos estudos e elogiando-os ao descrever como as coisas poderiam ter sido piores se ela não tivesse exercido o autocontrole que lhe ensinaram.[22] "Eu podia ter tomado ecstasy, mas não tomei!", Meadow grita.

É difícil saber exatamente quanto poder Meadow teria de fato para controlar a festa. Ela parece honesta quando insiste que as coisas saíram do controle. Mas depois que seu pai a flagra, ela começa a se comportar como uma típica adolescente, testando os limites, vendo o quão bem ela consegue burlar o sistema, fazendo Tony e Carmela pensarem que a puniram quando, na realidade, isso não aconteceu. (O sorriso no rosto de Meadow quando ela sai da cozinha depois de convencer seus pais a tirar seu cartão Discover lembra um pouco Livia.)

Jamie-Lynn Sigler no papel de Meadow é um dos retratos mais verossímeis e objetivos da adolescência suburbana — uma interpretação que captura a doçura inconsciente da personagem e sua desaprovação irônica (ela tem uma capacidade magnífica de revirar os olhos, e um jeito ainda melhor de arregalar os olhos que parece dizer "ah, fala sério!"). Esta pode ser sua melhor performance até então, especialmente na cena em que ela e Hunter preparam sanduíches de queijo e chocolate quente, cantando "No Scrubs", do TLC, enquanto transformam a cozinha em um desastre. Essa cena torna mais fácil entender por que Meadow falhou em notar a bagunça feita na casa da avó. Entre outras coisas, *Família Soprano* trata de consumo e desperdício, e a falha (ou recusa) em perceber quando você fez um estrago. "Quando é que vão entender que somos quase adultas, responsáveis por nós mesmas?", Meadow choraminga para Hunter, enquanto serve o leite quente e deixa metade dele cair fora da caneca.

Meadow castiga a si mesma limpando a casa da avó — um gesto grandioso, talvez só para ela, já que ela não diz nada a ninguém e Tony só descobre por acaso.

---

21 Embora seja mais conhecido como diretor de filmes dos anos 1970, como *A Última Sessão de Cinema* e *Lua de Papel*, o jovem Bogdanovich estudou teatro com a lendária professora Stella Adler, e, de vez em quando, apareceu na frente das câmeras ao longo da carreira. Chase o usou anteriormente em *No Fim do Mundo*.
22 Não minta. Você também já fez isso. Admita.

O ponto central do gesto de Meadow pode ser a maneira como ela olha para os 20 dólares que Tony lhe dá: *isso é dinheiro sujo*. Meadow fala sobre a punição dos pais, que ela mesma concebeu, e diz que eles são "tão hipócritas, também, quando se sabe como meu pai ganha a vida". Talvez Meadow não aceitasse ser punida pelos pais por causa de sua hipocrisia. O pai é um gângster e a mãe se contenta em gastar o dinheiro dele e fingir que não sabe como ele ganha a vida. A falta de adultos que deem bons exemplos pode ser devastadora para Meadow porque, como Janice observa de forma correta, ela está aceitando seu destino biológico, extravasando e testando os limites — um momento crucial para ela, e terrível para morar com pais que não possuem autoridade moral.

Richie sai da prisão e descobre que o mundo avançou em sua ausência. Ele pegou dez anos por traficar heroína, mas seu velho amigo Peter "Beansie" Gaeta (Paul Herman),[23] que o ajudava a transportar as drogas, escapou da prisão, investiu seus ganhos e agora é dono de três pizzarias. Richie acha que merece receber um pagamento regular semanal como retroativos — restituição emocional e financeira de um ex-cúmplice que nunca o visitou na prisão — e não aceita "não" como resposta. A violência que Richie emprega nesse episódio é repugnante mesmo para os padrões de *Família Soprano*, ressaltando o compromisso da série com o realismo físico e, ao mesmo tempo, com uma intensidade meio hipnotizante e meio aterrorizante; corpos feridos permanecem feridos por um longo tempo.[24] Richie deixa Beansie acamado, com os ossos cheios de pinos. Talvez ele nunca mais consiga andar. Usando a frase de Carmela sobre Meadow, precisa haver consequências.

Infelizmente, muitas vezes, não há. Na série, assim como na vida, nem todo mundo que quebra uma regra ou comete uma péssima decisão sofre penalidades proporcionais; alguns nem sofrem nada. Beansie não denuncia Richie à polícia porque, como dizem Beansie, Richie e Tony em vários momentos do episódio, eles são gângsteres da "velha-guarda". Tony não pune Richie porque Richie é um membro oficial da máfia, um capitão e o irmão de Jackie, alguém que ele amava e admirava. Tony avisa Richie para nunca esquecer quem é o chefe. O olhar ofídio e o sarcasmo de Richie confirmam que ele não tem medo de Tony, apenas se contém por respeito à posição dele.[25] Não há lógica ou sensatez em nada disso. É como se a história estivesse sendo ditada por um Deus sádico.

---

23 Herman já apareceu em muitos filmes policiais estadunidenses de destaque, incluindo *Era uma Vez na América*, *Caminhos Violentos*, *Fogo Contra Fogo* e *Os Donos da Noite*. Ele também interpretou Marvin, o contador de Vince, na série *Entourage: Fama e Amizade*.

24 O diretor deste episódio, o cineasta neozelandês Lee Tamahori, ganhou reconhecimento internacional por *O Amor e a Fúria*, de 1994, um filme sobre vício, violência doméstica e masculinidade tóxica em famílias maori que inclui várias surras tão severas quanto a que Richie inflige a Beansie.

25 "Pensei que tinha dito pra deixar o Beansie em paz", grita Tony depois que Richie atropelou Beansie várias vezes. "E deixei", Richie zomba. "Mas depois parti pra cima."

"COMMENDATORI"

TEMP. 2/EP. 4
ESCRITO POR DAVID CHASE
DIRIGIDO POR TIM VAN PATTEN
EXIBIDO EM 6 DE FEVEREIRO DE 2000

Con te partirò

"Aquele tipo medieval." — **Janice**

Quando foi ao ar, "Commendatori", episódio em que Tony, Christopher e Paulie vão a Nápoles, na Itália, foi considerado o primeiro episódio ruim de *Família Soprano*. Tem bastante massa al dente neste prato, mas o episódio tem suas vantagens, sobretudo em como retrata o casamento dos Bonpensiero e a tensão que a posição de Pussy como informante impõe a ele. E vale a pena perguntar o que os fãs esperavam desse episódio, considerando que tipo de série *Família Soprano* estava revelando e como ela nos prepara, desde a primeira cena, para a viagem à Itália ser frustrante e monótona.

A abertura mostra Tony e seus companheiros em uma sala nos fundos do Bing tentando, sem sucesso, assistir ao novo DVD de *O Poderoso Chefão Parte III* com cenas inéditas e tendo que se contentar com a descrição de Tony de seus trechos favoritos da *Parte II*,[26] aquela cena em que Vito volta à Sicília: "Os grilos. Aquela velha casa". E então Paulie bate no aparelho de DVD com o sapato.

A viagem à Itália é uma grande decepção para todos, menos para Paulie, que está muito feliz de descobrir o que ele acha ser o italiano dentro dele. Ele é apenas um turista estadunidense rico cujo sobrenome termina com uma vogal e que repete a mesma meia dúzia de expressões, mas, no que lhe diz respeito, ele teve uma experiência profunda. Chris, assim que chega, já cheira cocaína e fica drogado o tempo todo, não vai à praia de topless ou visita o vulcão como ele tinha dito que faria, e compra um presente para Adriana no aeroporto de Newark, quando retorna. O único aspecto mostrado como exótico em Nápoles é o fato de ser um lugar que não é New Jersey, com uma vaga significância ancestral para o grupo; é caracterizada apenas como mais uma cidade europeia semi-importante com maravilhosa arquitetura antiga, mas com os problemas de sempre, incluindo corrupção, crime e ruas e praias sujas. "Olha, eu já estive na Itália muitas vezes", diz Janice a Carmela, "e não tá perdendo muita coisa. A quantidade de abuso sexual que aconteceu comigo lá!" O criador da série, David Chase, faz a sua primeira ponta aqui como um cara

---

[26] Na conversa sobre a *Parte II*, Silvio de novo faz sua imitação de Michael Corleone, o que leva o pessoal a gargalhadas quando ele profere o famoso lamento de traição do filme, "Foi você, Fredo", enquanto a câmera corta para o rosto traiçoeiro de Big Pussy.

de cabelo comprido sentado à uma mesa de bar na calçada que reage, com total indiferença, quando Paulie o cumprimenta com um "Commendatori... *Buongiorno!*".

Os três esperavam uma reunião no estilo de *O Poderoso Chefão Parte II*, com Zi Vittorio (Vittorio Duse),[27] um velho *don*, cuja família tem um parentesco distante com a Família Soprano, para concretizar o novo negócio de Tony e Junior de exportação de carros novos roubados,[28] mas se sentem decepcionados e desrespeitados quando o *don* não os encontra no aeroporto; acontece que ele está sofrendo de demência e (como Paulie) só consegue balbuciar poucas palavras em uma língua que não é a sua. Sua filha, Annalisa (Sofia Milos),[29] por um momento parece que tem tudo para se tornar a versão de carne e osso de Isabella, a mulher dos sonhos da primeira temporada, mas o episódio não sabe se vai tratá-la como um personagem tridimensional ou um objeto sexual e misterioso sobre o qual Tony pode projetar suas questões (e sua libido).[30] Apesar de compartilharem alguns pontos óbvios de conexão (ambos estão envolvidos com o cuidado de idosos; a situação de Annalisa mistura elementos do relacionamento de Tony tanto com Livia quanto com Junior), não há uma faísca de química entre eles, ou do que Annalisa poderia representar para Tony, e então, quando ela expressa o desejo de fazer sexo com ele, não há como avaliar se o "não" dele tem algum custo para Tony (apesar de sua resposta de que "ele não caga onde come" soar autêntica).

Em grande parte, a viagem parece útil para Tony como uma oportunidade para sair de sua própria cabeça e tentar pensar no seu negócio de novas maneiras. Sua ideia de contratar os serviços de Furio Giunta (Federico Castelluccio),[31] um capanga de cabelos longos que fala um inglês razoável e sem nenhuma conexão em Jersey, é completamente surpreendente, mas, olhando para trás, faz sentido devido ao outro grande enredo do episódio: o desespero e a traição de Pussy e a ruptura que está causando na comunidade (criminosa) local. Faz sentido que Tony distraia um pouco a cabeça em Nápoles, pondere sobre todo o drama que as pessoas que ele

---

27 Intérprete de Don Tommasino em *O Poderoso Chefão Parte III*; o ator é uma referência nos filmes italiano e estadunidense desde que apareceu em *Obsessão*, estreia do diretor Luchino Visconti.
28 O roubo de carros alimenta o fascínio da série em como a máfia ítalo-americana interage com criminosos afro-americanos. Dois criminosos negros roubam à mão armada o SUV de uma família branca, em Manhattan, e o pai grita um epíteto racial e acrescenta: "De quem seria [a culpa]?". A cena corta para Tony olhando para polaroides de carros que ele ordenou que fossem roubados. Curiosamente, a família está listada nos créditos como "Os Sontag", presume-se que em homenagem a Susan Sontag, autora de vários livros de crítica cultural, incluindo dois ensaios que são particularmente relevantes para *Família Soprano*: *Contra a Interpretação* e *Diante da Dor dos Outros*.
29 Atriz de origem suíça-italiana com papéis em mais de vinte séries de TV, incluindo Yelina Salas em *CSI: Miami*.
30 A imagem do sonho de Tony fazendo sexo com Annalisa, vestido como um centurião romano, é a pior escolha cinematográfica na série até agora.
31 Nascido em Nápoles, mas criado principalmente em New Jersey, Castelluccio tinha alguma experiência com atuação antes de interpretar Furio (incluindo vários episódios de *Another World*), mas era, em primeiro lugar, um outro tipo de artista: um pintor.

conhece há décadas estão causando e decida trazer sangue novo: um estranho sem conexão a nada ou ninguém, exceto ao homem que o contratou. Claro, enquanto ele cria estratégias para proteger a si mesmo e sua parte do negócio, ele não percebe o quanto entristeceu Carmela por não tê-la convidado para ir a Nápoles.

Os melhores momentos acontecem em Jersey. Pussy e sua esposa Angie (Toni Kalem)[32] estão se afastando por conta da vida secreta que Pussy leva como informante do FBI, sobre a qual ela não tem conhecimento. Angie só sabe que ele desapareceu por meses, e, que quando o marido voltou para casa e ela ouviu sua voz novamente, ela sentiu "vontade de vomitar"; a situação é tão tensa que ela pensou em suicídio, e agora quer o divórcio. Enquanto isso, Carmela está sendo pressionada por Janice (em uma cena que faz Janice soar como Livia, mas sem malícia premeditada) para que ela reconheça Tony como uma amostra tóxica da subcultura patriarcal: "Aqueles idiotas, especificamente, com seus capangas e suas prostitutas. Aleijados emocionais! E esperam que as mulheres vivam como umas freiras do Colégio Monte Carmelo! [...] Madonna-prostituta é a equação completa, eu acredito; roupas, aparelhos e casas...".

"Você está falando de mim. Aliás, de nós", diz Carmela.

"Carmela, não", retruca Janice. "Eu não sei. Uma mulher da sua inteligência... contente em pedir tão pouco da vida e de si mesma?"

Então a cena — talvez a mais potente do episódio, formada por nada mais do que duas mulheres conversando em uma cozinha — muda quando Carmela percebe que está recebendo um sermão sobre sua falta de virtude feminista de uma mulher que acaba de retomar o namoro com um membro da máfia. "O casamento é um sacramento sagrado", diz ela, "a família é uma instituição sagrada. [...] E você, tentando acender a chama logo com o tal do Richie Aprile?" Quando Janice insiste que a experiência de Richie na prisão dá a ele "uma sensibilidade ao problema das mulheres", Carmela ri na cara dela.

Apesar de muitos momentos fortes no episódio, "Commendatori" parece uma oportunidade desperdiçada. O roteiro fica ameaçando conectar a decepção no casamento de Carmela e de Angie à decepção com a própria Itália, talvez para fazer um comentário sobre os perigos de ficar preso em um ideal sentimentalizado ou somente para salientar os tipos de experiências que uma mulher como Annalisa tem em Nápoles e que Carmela nunca poderia ter em North Caldwell; mas o

---

32 Uma atriz veterana cuja carreira se estende de *Baretta* e *Starsky & Hutch: Justiça em Dobro* até *Picket Fences: Farda e Coração* e *Família Soprano*, Kalem também escreveu e dirigiu uma adaptação cinematográfica de 1999 do romance de Anne Tyler, *A Slipping-Down Life*. Uma outra atriz, que não foi creditada, interpretou Angie brevemente na primeira temporada, assim como acontece nesse episódio, em que a esposa de Steven Van Zandt, Maureen, começou a interpretar a esposa de Silvio, Gabriella, depois que outra atriz já tinha interpretado o mesmo papel na temporada anterior.

episódio nunca chega lá, apesar do uso estratégico da música "Con te Partitrò",[33] de Andrea Bocelli, várias vezes durante o episódio. O roteiro parece acreditar na inevitabilidade da decepção e na importância do gerenciamento das expectativas ao ponto de parecer até uma apólice de seguro contra as reclamações do telespectador. O subenredo de Nápoles nem precisava ser uma obra de arte da grandeza dos flashbacks na Sicília de *O Poderoso Chefão Parte II*, mas nem consegue ser tão memorável quanto os momentos mais toscos da *Parte III*. Quando você pensa que está dentro, eles te arrastam de volta para fora.

"BIG GIRLS DON'T CRY"
TEMP. 2/EP. 5
ESCRITO POR TERENCE WINTER
DIRIGIDO POR TIM VAN PATTEN
EXIBIDO EM 13 DE FEVEREIRO DE 2000

Controle total

"Estou fazendo algumas mudanças." — **Tony**

"Big Girls Don't Cry" é o primeiro grande episódio da segunda temporada. É a melhor performance, até o momento, de Michael Imperioli no papel de Christopher. É também um excelente episódio para Federico Castelluccio e seu personagem, Furio Giunta, que emana o charme do Velho Mundo em uma festa e a crueldade do Velho Mundo em um ataque brutal a um bordel; e para Tony e Melfi, cuja negação prolongada de que eles precisam retomar as sessões de terapia seria a versão *Família Soprano* de "será que vão ou não vão ficar juntos?". Porém, mais do que tudo, é a prova de que o que Chase e seu time criaram aqui é um mundo à parte, com suas histórias, tradições e regras tão bem estabelecidas que prendem nossa atenção quase independentemente de quem esteja na tela. Como já mencionado em "Guy Walks Into a Psychiatrist's Office", a faxina do drama é a tarefa mais trabalhosa e importante para os roteiristas de seriados. Para ampliar essa metáfora, podemos dizer que eles passaram os primeiros quatro episódios da segunda temporada rearrumando os móveis, jogando coisas fora, introduzindo novos elementos e dando uma geral até que, neste episódio, todo esse trabalho consegue enfim brilhar. E é terrivelmente lindo.

33 O título se traduz como "Partirei com você". Bocelli gravou a música para o álbum *Bocelli*, de 1995, um impressionante sucesso internacional. A música continua tocando nos restaurantes italianos de Roma a Kalamazoo.

A entrada de Furio faz com que Tony reorganize sua quadrilha: ele promove Silvio e Paulie enquanto Furio e Pussy ficam subordinados a eles.[34] Tony está basicamente tentando criar uma barreira entre ele e seus negócios nas ruas. "Se os federais puderem, me prendem por vagabundagem." Essa reorganização tem o último efeito colateral de cessar as conversas com Pussy antes de elas começarem. Tony vem se distanciando desde a indiciação de Junior (lembra a cena fora de Satriale's, no episódio "Toodle-Fucking-Oo", em que Tony praticamente sai correndo quando Richie começa a falar de negócios?), e vemos que ele fica particularmente desconfortável perto de Pussy, que, em teoria, foi inocentado de suspeitas, mas ainda continua despertando desconfiança. Esse ostracismo magoa Pussy na cena em que Johnny Sack janta com Paulie: Paulie diz para Pussy se levantar e sair, mas deixa o novato, Furio (que está no mesmo nível hierárquico de Pussy, além de estar vestido como ajudante de cozinha),[35] se sentar. "Esse 'nosso' negócio", Pussy comenta com Skip, seu contato do FBI, em uma lanchonete. "Que piada. Parece mais esse 'meu' negócio."[36]

As sessões de terapia de Tony com Melfi recomeçam após momentos quase cômicos em que Elliot tenta convencer Melfi que ela sente uma certa atração pelo mundo de Tony, e talvez pelo próprio Tony, enquanto Tony tenta encontrar substitutos para Melfi em sua vida. Naquela semana, o escolhido é Hesh, um homem amigável e culto que até poderia servir como uma espécie de terapeuta improvisado se Tony chegasse a pedir. "Eu preciso que você finja que é meu terapeuta e apenas ouça." Infelizmente, Tony nunca chega a fazer um pedido claro, e Hesh supõe que eles são apenas dois velhos amigos conversando e que não há problema em levantar suas próprias questões. Tony vai ver Hesh após perder o controle com Janice e Richie[37] e de quase matar um russo aleatório que se atreveu a falar com Irina no porto, mas Hesh boceja três vezes na cara dele e recomenda uma boa noite de sono, e, logo em seguida, começa a contar uma história de sua vida na indústria

---

34 A cena sugere que as duas promoções são equivalentes, mas com o tempo veremos Silvio trabalhando como *consigliere* de Tony, enquanto Paulie se torna o capitão do que costumava ser o grupo de Tony.
35 Tony enrola Artie e o convence a contratar Furio como queijeiro no Vesuvio para ajudar na burocracia da imigração; a única visão que temos dele trabalhando mesmo na cozinha o mostra fumando um cigarro enquanto fatia mozzarella. Charmaine sabe na hora que eles foram enganados, mesmo que Tony esteja pagando o salário de Furio.
36 Quanto mais tempo passamos com Skip Lipari, mais claro fica que ele está projetando muito de sua própria bagagem profissional em Pussy e na Família Soprano. Na lanchonete, ele responde ao aborrecimento de Pussy em ser ofuscado por um italiano recém-chegado, reclamando que ele acabou de ser preterido para promoção em favor de "um samoano".
37 Richie e Janice estão reencenando uma velha história, mas a de Livia e Johnny Boy, em vez de seu próprio relacionamento. Está acontecendo até na casa onde Tony, Janice e Barbara cresceram, e há momentos em que Richie fala como um Johnny mais meticuloso. A série nunca toca no assunto, mas talvez essa seja mais uma razão para Tony ficar tão assustado com essa relação, além do óbvio problema de misturar assuntos de família com os negócios.

fonográfica. Mas Hesh também solta uma bomba: o pai de Tony também tinha desmaios. Sem dúvida, uma profissional de saúde mental se faz necessária, e logo uma telefona para lhe oferecer ajuda.

Adriana presenteia Christopher com aulas de "Interpretação para escritores" para fomentar sua aspiração de ser roteirista. Essa breve passagem de Christopher pelo curso de atuação é escrita e interpretada com um equilíbrio tão perfeito entre a empatia e o absurdo, que se todas as cenas fossem reunidas em um curta-metragem, o resultado criaria a imagem perfeita de quem ele é e do impasse em que ele se encontra. O que está implícito nessa cena é que ser um artista significa ser corajoso para desenterrar e usar sua dor emocional mais profunda de forma pública. Christopher não tem problema em infligir e suportar dor física, mas tem pavor de dor emocional e se esconde por trás da postura de cara rude e durão, que nem sempre combina com ele, agredindo Adriana física e verbalmente sempre que ela se aproxima demais da verdade.

Depois de enfrentar dificuldades para interpretar outra pessoa nas primeiras aulas, ele se compromete a realizar a cena mais dolorosa de *Juventude Transviada*. A colaboração de James Dean e Nicholas Ray prova ser um meio inesperadamente perfeito para a catarse, porque seu herói, Jim Stark, é um criançăo ferido que se esconde atrás do machismo e, como Christopher, tem problemas com o pai. O pai de Jim ainda está vivo, mas é apresentado como indiferente e "fraco"; o pai de Chris morreu quando ele era jovem. Quando Jim/Chris se agarra às pernas do pai no palco, o gesto tem um significado diferente daquele do filme: Jim está regredindo à infância e se agarrando ao pai que falhou com ele, enquanto Chris está se apegando a um pai que nunca conheceu para não permitir que ele desapareça. (Como no caso de Tony com Hesh, as aulas de interpretação se tornam um substituto da terapia que Christopher tanto precisa.) A cena subsequente, em que Chris dá um soco no rosto de seu parceiro de cena depois dele ter dito apenas uma única letra (A), afasta a subtrama do aspecto emocional levando-a de volta ao humor vulgar, mas retorna mais uma vez ao comovente com a cena silenciosa na qual Chris joga as folhas de tudo que tinha escrito na lata de lixo.

Esse também é o episódio no qual *Família Soprano*, sem rodeios, diz aos espectadores que a maioria da violência deve ser interpretada como comédia física, exceto quando não é. Tony conta a Paulie sobre sua promoção em Paterson, no memorial de Lou Costello em New Jersey (Lou Costello era um dos comediantes da famosa dupla Abbott e Costello), e a cena termina em um plano aberto com a câmera alta da dupla se abraçando que é dominada pela cabeça em bronze de Costello. Muitas das interações entre Tony e Paulie são do mesmo tipo das de Bud e Lou, porque elas com frequência giram em torno de erros de protocolos sociais e interpretações de inflexão e linguagem ("balas Mallomars", uma marca de biscoitos de chocolate, é um exemplo do que poderia se encaixar perfeitamente em um quadro de Abbott e Costello). No sentido mais amplo, a imagem combina com uma série que muitas vezes apresenta explosões de violência física como se fossem comédias da era em preto e branco, nas quais diretores montavam uma sequência de humor com tensão crescente para Abbott e Costello, O Gordo e O Magro, Os Irmãos Marx ou Os Três Patetas — do tipo que pode começar com dois desmiolados tocando a campainha e acabar com uma casa em chamas desabando.

As tentativas iniciais feitas por Christopher de intimidar as trabalhadoras do bordel seguem o padrão familiar de *Família Soprano* ao destacar adereços que serão usados para fins violentos, por exemplo, o carro em miniatura que Christopher força o cafetão a sentar em cima e o pincel que Chris enfia no nariz dele. Vemos estruturas similares de preparo e resolução em "Commendatori", quando Pussy assassinou o gângster imitador de Elvis em uma casa cheia de relíquias do Rei do Rock; e, na primeira cena de Richie em "Toodle-Fucking-Oo", na qual, de maneira simpática, ele apresenta o bule de café que quebrará na cabeça de Beansie. Essas sequências são chocantes, mas o tom de estranheza alivia a tensão (como quando Tony mata Chucky Signore com uma arma que estava escondida dentro de um peixe).

Mas quando a violência foi pensada apenas para assustar e causar repulsa, a estrutura de pastelão desaparece, dando lugar à brutalidade nua e crua — como quando Furio invade o bordel distribuindo golpes com um taco de beisebol, com os próprios punhos e dando tiros com uma arma. Vemos aqui o lado sádico e valentão que, a princípio, ele escondeu atrás de uma fachada tranquila e até elegante.[38] Não há nada de engraçado nessa cena, da mesma forma que não há nada de engraçado em Richie atropelando Beansie. A questão de quão cômica pode ser uma cena violenta depende do ponto de vista de quem ela parece adotar. Os gângsteres são sádicos brincalhões, portanto, quando estão no controle total da violência, ela tende a ter uma pitada deprimente de comédia. O ataque do Furio ao bordel tem como objetivo aterrorizar as pessoas como um monstro implacável que entra pelas portas quebrando vidros e ossos. O diretor Tim Van Patten filmou a primeira parte do ataque a partir da perspectiva por trás de Furio, como Travis Bickle foi filmado no massacre do bordel no final de *Taxi Driver: Motorista de Táxi*.

A transformação de humor em terror nas cenas violentas evoca a definição de Mel Brooks sobre a diferença entre comédia e tragédia: "Tragédia é quando eu corto meu dedo. Comédia é quando você cai em um esgoto aberto e morre". Na terapia,

---

[38] Na festa de boas-vindas de Tony e Carmela, Furio revela que já tem algum conhecimento sobre a cultura estadunidense explicando que sua série de TV favorita é *NYPD Blue: Nova York Contra o Crime* ou, como ele chama, "The PD Blue" — uma série na qual o protagonista, Andy Sipowicz, é um personagem rude, mas, em última análise, heroico e que ajudou a abrir o caminho para mais descendentes brutais, como Tony.

Tony expressa sua admiração pelo excelente trabalho de Furio, mas também desvela uma ponta de arrependimento: "Queria estar lá dentro".

"Dando ou levando a surra?", pergunta Melfi.

A cena termina antes que ele possa responder.

"THE HAPPY WANDERER"
TEMP. 2/EP. 6
ESCRITO POR FRANK RENZULLI
DIRIGIDO POR JOHN PATTERSON
EXIBIDO EM 20 DE FEVEREIRO DE 2000

Esse jogo não é para você

"Nem sei com quem estou zangado, só estou furioso... só." — **Tony**

"Tem que confiar em mim, isso não é para você. Não quero que se machuque", Tony diz ao seu ex-colega do ensino médio, Davey Scatino (Robert Patrick),[39] que é dono de uma loja de artigos esportivos e um jogador patológico; porém Davey quer participar do jogo executivo, um jogo de pôquer de apostas superaltas que Junior começou a organizar há décadas, mas encara o alerta de Tony como um desafio. Tony e Davey estão na escola de Meadow com suas famílias (e a de Artie Bucco também) para uma feira de universidades, mas até o final deste episódio Tony ensinará uma dura lição a Davey sobre o que acontece quando civis se envolvem com o crime organizado: de um jeito ou de outro, você acaba devendo favores aos mafiosos pelo restante da vida. Depois de se meter em uma baita enrascada na maratona do jogo executivo que conta com a participação de Frank Sinatra Jr. (no papel dele mesmo),[40] Davey acaba arruinando sua empresa e prejudicando seu relacionamento com a esposa e o filho.

---

39 Robert Patrick foi o ciborgue de metal líquido no filme *O Exterminador do Futuro 2: O Julgamento Final* e o substituto de David Duchovny no *Arquivo X* original. Patrick participou de dezenas de filmes e de seriados, muitas vezes obras do gênero de ação, policial, terror e ficção científica. O personagem de Davey Scatino foi bem diferente dos assassinos frios ou figuras de autoridade que ele normalmente interpreta; como John Heard no papel de Vin Makasian, na primeira temporada, Patrick canaliza cada gota de desilusão e desespero de um perdedor nato.

40 Sinatra Jr., cantor, compositor e maestro, era o irmão mais novo da atriz e cantora Nancy Sinatra e o diretor musical do pai durante a última década de sua vida. Ao longo da vida, seu pai foi perseguido por acusações de que era muito próximo de mafiosos, mas se Sinatra Jr. tinha alguma dúvida sobre participar de *Família Soprano*, ele nunca falou nada. Sinatra, o pai, morreu pouco menos de oito meses antes do lançamento da primeira temporada da série.

Essa é a principal diferença entre a primeira e a segunda temporada de *Família Soprano*: enquanto a primeira foca nos acontecimentos internos do mundo dos gângsteres — o que os mafiosos, suas famílias e associados fazem uns aos outros enquanto disputam o poder —, a segunda está mais interessada no mundo além da máfia, em particular nos "civis" que sentem um gostinho de como os gângsteres fazem negócios e isso os arruína. Enquanto a atração de Artie Bucco pela máfia foi parte central de vários episódios da primeira temporada, e, por vezes, tenhamos visto vários cidadãos comuns serem traumatizados por crimes encomendados por mafiosos (como no caso do roubo de carro em "Commendatori"), Davey é o primeiro personagem desse tipo cuja história domina a maior parte do episódio — incluindo a subtrama sobre Meadow e seu parceiro de musical, o filho de Davey, Eric (John Hensley),[41] cuja caminhonete é confiscada pelo pai para quitar parte da dívida com a quadrilha de Tony. Assim sendo, "The Happy Wanderer"[42] é o primeiro episódio de *Família Soprano* que parece servir também como um alerta de utilidade pública.

No entanto, alguns dos personagens não precisam desse alerta. Elliot, por exemplo, que está sempre pressionando Melfi para que ela fique longe de Tony, é um deles. E há outros, mesmo no jogo de pôquer, incluindo Sinatra Jr. e o dr. Fried (Lewis J. Stadlen),[43] que se retiram quando Richie chega, acompanhado de seu ar de violência iminente, cobrando de Davey os 7 mil dólares que lhe deve. Artie também parece ter entendido a mensagem, pelo menos por enquanto: já que, quando Davey pede sua ajuda, ele declina, especialmente quando descobre que o amigo está devendo a Tony Soprano. Na próxima cena vemos Davey roubar de volta o carro do filho.

Esse é um episódio importante porque nos mostra o mundo mafioso como o restante das pessoas (incluindo os ativistas antidifamação) o veem: um buraco negro, financeiro e moral, sugando todos os que chegam perto demais.[44] Isso se mistura com a estratégia da segunda temporada de abordar personagens e situações conhecidas por ângulos diferentes. Mas também serve como uma reprimenda parcial aos telespectadores que, como Melfi, sabem que caras do tipo de Tony são

---

41 John Hensley interpretou Matt McNamara em *Nip/Tuck: Estética* e Gabriel Bowman em *Witchblade: A Guerreira Imortal*, entre outras séries. Apareceu também em diversos filmes de terror, incluindo *Vagina Dentada* e *O Albergue 3*.
42 O título do episódio vem da conhecida canção alemã que, com frequência, é interpretada por corais escolares e coros infantis, e da discussão entre Tony e Melfi sobre a ideia de pessoas — como Davey Scatino, ao que parece — que são capazes de passar pela vida sem a tristeza que sobrecarrega os depressivos como Tony.
43 Stadlen é um ator veterano do cinema e teatro que estreou na Broadway, em 1969, interpretando Groucho Marx no musical *Minnie's Boys*.
44 Tudo é uma tramoia e todos são um alvo para esses sujeitos, como evidenciado por Christopher, que coloca uma caixa de fósforos embaixo da balança na peixaria para economizar nos frutos do mar.

destrutivos e incapazes de reconhecer a responsabilidade do mal que causam, mas, mesmo assim, ficam encantados por suas aventuras criminosas.

Há ainda um sentimento, talvez um vestígio de moralismo religioso, de que, ao se envolver com criminosos mais cruéis, meliantes de baixo nível "merecem" ir à falência, ser aterrorizados e até mortos, porque eles "escolheram" fazer parte do mundo do crime. "The Happy Wanderer" parece indeciso a este respeito. Enquanto é verdade que se Davey não tivesse um problema com o jogo nada disso teria acontecido, o personagem é caracterizado de forma clara como um dependente, diferente de Christopher somente quanto ao objeto da dependência.

Tony ter viabilizado o colapso arrasador de Davey pode ter sido a centelha que causou a repercussão negativa do público, que chegou a ser noticiada no *Star-Ledger* durante a segunda metade dessa temporada. Depois de um ano se deliciando com todas as cenas de mafiosos planejando roubar e matar uns aos outros, os leitores do jornal reclamavam que Tony e a série tinham se tornado muito sombrios e desagradáveis.

Não que Tony estivesse se divertindo muito nesse momento. Apesar de prazeres passageiros, como o de assumir o controle do jogo executivo[45] ou o de se divertir ao ver Silvio perder o controle com Matt Bevilaqua pelo crime imperdoável de estar limpando os farelos de queijo que caíram no chão bem no momento em que ele está numa maré de azar,[46] Tony está aproveitando a vida bem menos que Davey, esse feliz andarilho, e se lamenta com Melfi logo no início do episódio: "O mundo está nas minhas mãos e eu não posso parar de me sentir como um perdedor!".

Parte desse sentimento é devido à dor de cabeça de ser o chefe. Richie continua sendo uma pedra no sapato, particularmente à luz do fato de que Davey já deve dinheiro a ele por um jogo anterior,[47] trazendo à tona mais uma vez o ressentimento de acreditar que Tony está retendo o que é dele. Quando o sogro da irmã mais nova de Tony, Barbara, morre, o funeral não só força Tony a estar no mesmo ambiente que sua odiada mãe (que encena uma choradeira apesar de

---

[45] O relançamento do jogo executivo acontece no motel do judeu chassídico, pelo qual Tony se interessou no episódio "Denial, Anger, Acceptance" da primeira temporada. O *crupiê*, Sunshine, é interpretado pelo diretor Paul Mazursky (*Bob, Carol, Ted e Alice*), que, como Peter Bogdanovich, é um ícone do estilo de fazer cinema nos anos 1970, centrado em personagens, que inspirou os criadores desta série.
[46] Sil enraivecido: "Deixa a droga do queijo aí, tá? Eu adoro queijo no meu pé! Eu boto provolone à noite na minha meia pra ficar cheirando igual ao chulé da sua irmã! Tá? Deixe esse maldito queijo onde está!". O sorrisinho sacana de Tony dá a entender que essa não é a primeira vez que ele irritou Sil desse jeito.
[47] Visto naquele jogo, em sua primeira aparição na série, como um capanga da gangue de Aprile, Vito Spatafore (Joseph Gannascoli, que anteriormente interpretou um cliente da padaria no episódio "The Legend of Tennessee Moltisanti" da primeira temporada). "Ele atuou bem naquele episódio", explica David Chase, "e, logo no começo, estávamos começando a ficar sem atores ítalo-americanos."

mal conhecer o falecido), mas permite a Janice ver o irmão esculachar seu namorado publicamente.[48]

No caminho de volta para a velha casa de Livia, Janice se comporta igual à mãe, instigando o rancor de Richie contra Tony, do mesmo jeito que Livia fez com Junior na primeira temporada, mas com uma intimidade de amantes que consolida a noção de que Janice e Richie estão se tornando Livia e Johnny Boy da nova geração.

O segredo de família, que é revelado acidentalmente por Junior enquanto negociava os direitos do jogo executivo, não ajuda em nada o mau humor de Tony: Junior e Johnny tinham outro irmão, Eckley (apelido de Ercoli), que era "mais forte que um touro, bonitão feito o George Raft", porém tinha deficiência intelectual e foi internado em uma instituição. Tony não sabe o que o incomoda mais: o fato de que ele tinha um tio, a quem os pais nunca mencionaram, ou que a deficiência de Eckley, fosse o que fosse, era outro sinal de que há algo errado com os genes da família Soprano.

Mas, diante desse tópico, até a sensibilidade da dra. Melfi para com seu Paciente X parece estar em queda quando responde aos lamentos dele: "Agora que descobriu que tem um membro retardado na sua família, está se sentindo melhor por vir aqui? É permitido agora? É uma tragédia suficientemente séria pra poder entrar pro grupo dos que reclamam e choram?".

Tony, porém, não é como o resto dos que reclamam e choram. Ele é um predador, não a presa, pronto para enfiar os dentes em um sujeito como Davey assim que tiver a oportunidade. E ele está cercado por pessoas que pensam da mesma maneira. Mais cedo, Meadow fica competitiva sobre sua apresentação na noite de cabaré da escola, acreditando que um solo ficaria mais impressionante no seu currículo escolar que o dueto com Eric Scantino, do qual ela foi encarregada. Quando Eric cai fora no último minuto, em protesto ao dano que o pai dela causou em sua vida, Meadow acaba sendo recompensada exatamente com o que ela queria: cantar sozinha a música "My Heart Will Go On", do filme *Titanic*. Carmela, que sabe o bastante do que aconteceu entre Tony e Davey para conectar os pontos, reage a essa novidade com admiração: "Que sorte!".

---

48 Note como Tony grita para Richie que "[as regras] sempre existiram", que é uma variação do sentimento que faz Richie gritar com Tony no "Toodle-Fucking-Oo": "O que é meu não é seu para você me dar". Como a maioria dos mafiosos da série, esses dois insistem que há uma estrutura preexistente de regras independente de qualquer pessoa, quando, de fato, é tudo arbitrário e qualquer um com influência suficiente naquele momento pode fazer o que quiser.

"D-GIRL"

TEMP. 2/EP. 7
ESCRITO POR TODD A. KESSLER
DIRIGIDO POR ALLEN COULTER
EXIBIDO EM 27 DE FEVEREIRO DE 2000

Deus, o pai

"Mesmo Deus estando morto, ainda vai babar o ovo d'Ele." — **Tony**

Esta é uma história sobre a lealdade entre pais e filhos e a ansiedade que se cria quando se cogita rejeitar seu pai. Do ponto de vista dramático do episódio, Tony, à primeira vista, parece estar na periferia do que é "D-Girl", porém percebemos no final que ele está no centro deste universo o tempo todo, mesmo aparecendo pouco na tela. Ele não chega a ser oficialmente o poderoso chefão da Família DiMeo, mas é, para muitos dos outros personagens, a coisa mais próxima a um temível Deus Pai do Antigo Testamento. A montagem final do episódio se passa na festa de crisma de AJ, com Emma Shapplin no fundo cantando a música título do álbum de ópera *Carmine Meo*, e então corta (quase se dissolvendo) para três homens que amam, têm medo e rancor de Tony: AJ, Big Pussy e Chris. No final, nenhum deles parece capaz de romper com Tony, ou mesmo se opor a ele. Vemos seu filho biológico juntar-se à sua família para uma fotografia em grupo logo após ter sido flagrado pelos pais fumando maconha na garagem, e alguns dias após ter arranhado o carro da mãe em um acidente bobo; Pussy, pressionado pelo agente Lipari a usar uma escuta na festa de crisma, é visto aos prantos no banheiro do segundo andar depois de dizer a AJ que ele tem um pai maravilhoso e, depois, ignorando os pedidos de Tony para que ele participasse da foto de família; e o primo Chris, que é como um filho para Tony, passa a maior parte do episódio circulando pelas beiradas de um set de filmagens de Hollywood, está sentado em frente à casa durante a festa, refletindo sobre o ultimato ameaçador de Tony para escolher entre o cinema ou ele, então Chris enfim se levanta e entra na casa.

AJ flerta com uma nova filosofia e fala à família que Deus está morto então nada importa. Ele está rejeitando uma autoridade abstrata, simbólica e patriarcal porque a autoridade patriarcal que o criou não vai embora tão cedo, e ele ainda corre o risco de apanhar se o desafiar. "Ele diz que não existe um propósito", Tony informa a Melfi. "[Falei que ele] me custou uns 150 mil dólares pra criá-lo até agora. Se não tem um propósito, quero uma devolução." Christopher, o filho substituto de Tony, está inquieto. Ele chega próximo de ingressar na indústria cinematográfica, graças a uma ligação com o ator e diretor Jon Favreau[49] por meio de seu primo Gregory

---

49   Na época, Favreau era mais conhecido como o escritor e estrela de *Swingers: Curtindo a Noite*, um filme sobre jovens atores à procura de relacionamentos e que tornou Favreau (que conseguiu um papel em *Friends*

(Dominic Fumusa),[50] noivo de Amy Safir (Alicia Witt),[51] que trabalha com Favreau como vice-presidente de desenvolvimento. Mas mesmo depois que Chris se gaba de seu status de mafioso para impressionar os turistas hollywoodianos e tem um casinho com Amy, ele acaba se sentindo humilhado; usado tanto por Amy como por seu chefe. Favreau até rouba uma história que Chris pediu especificamente para que ele não contasse para ninguém, e a inclui no roteiro de um filme no qual ele interpretaria "Crazy" Joe Gallo,[52] um gângster da vida real.

Como no caso de "The Happy Wanderer", "D-Girl" quase não tem violência como os fãs de filmes de gângsteres parecem exigir, a não ser que se considere a briga no chão de Pussy com Angie, ou Chris dando um empurrão em Favreau, ou a crueldade (citada, mas não mostrada) na história de Chris sobre uma mulher transgênero que ficou desfigurada depois de ser atacada com ácido por um mafioso homofóbico. A temática de homens lutando contra sua lealdade a figuras paternas amarra as subtramas de maneira efetiva, e há algumas cenas excelentes — a sessão de terapia de Tony com Melfi é particularmente marcante, focando em como o repúdio de Tony por sua mãe pode ter levado à fascinação de AJ pelo esquecimento ("Na sua família? Até a maternidade é posta em dúvida") —, mas o episódio é irregular. As partes sobre o show business[53] são bastante arriscadas, e não apenas porque em 2000 já havia bastante sátiras sobre o mundo do esporte e do entretenimento na HBO e em outros canais (e ainda há). Algumas representações específicas dos tipos encontrados na indústria do entretenimento são perspicazes: a tendência de Amy a comparar tudo na vida à arte é típico de algumas pessoas que trabalham em Hollywood, e a personalidade de Favreau captura o tipo do cineasta

---

como resultado) e Vince Vaughn famosos, e ajudou a consolidar (ou matar, dependendo do seu ponto de vista) a tendência de música swing e a moda Rat Pack no final dos anos 1990. Mais recentemente, Favreau, enquanto diretor, tornou-se popular dirigindo filmes como *Homem de Ferro* e *Mogli: O Menino Lobo*.

50 Depois que *Família Soprano* acabou, Fumusa interpretaria o marido da personagem de Edie Falco em *Nurse Jackie*, do Showtime.

51 Ex-estrela mirim (ela fez sua estreia no cinema aos 7 anos como a aterrorizante Alia em *Duna*, de David Lynch), Witt usou "D-Girl" para fazer a transição para papéis mais adultos depois de passar quatro temporadas como a filha caçula de Cybil Shepherd no sitcom *Cybil*. Depois de *Família Soprano*, ela participou das séries *Friday Night Lights*, *Justified*, *The Walking Dead*, *Twin Peaks: O Retorno* e muitos mais.

52 Gallo, um gângster da Família Colombo, de Nova York, inspirou o romance de 1969 escrito por Jimmy Breslin, um colunista de longa data do *New York Daily News*, que, em 1971, virou um filme estrelado por Jerry Orbach. Os gângsteres de Breslin são talvez os mais próximos aos gângsteres de *Família Soprano* na cultura pop, além dos perdedores retratados no filme *Donnie Brasco* (1996). Eles são limitados, mesquinhos, impulsivos, perdem fortunas em esquemas estúpidos, guardam rancores bestas para sempre e correm riscos, muitas vezes fatais, com base em informações incompletas ou erradas. Comparado a isso, os gângsteres de Scorsese são os Corleone.

53 A diretora do filme teve sucesso em um festival de cinema com uma "comédia pastelão lésbica e romântica", e aqui ela aceitou dirigir um filme de espionagem estrelado por Sandra Bernhard e Janeane Garofalo. Christopher acaba contribuindo com uma linha de diálogo, sugerindo que Bernhard chame Garofalo de *buchiach* quando Garofalo se opõe ao uso de "vadia" no roteiro. *Buchiach*, explica Christopher, é a palavra italiana menos favorita de qualquer mulher.

"gente fina" que finge tão bem ser sensível e respeitoso a ponto de os desavisados não notarem seu egoísmo e manipulação. Mas nunca entendemos bem as motivações de Amy. Sua decisão repentina de seduzir Christopher pode ser um ato de rebeldia contra seu noivo, um advogado sem-sal, ou o resultado da obsessão de uma mulher privilegiada pelo tipo macho alfa criminoso (similar à de Melfi com Tony, ou, pelo menos, como Elliot descreve o relacionamento deles). Porém, no geral, o personagem de Amy parece mais um esboço apesar da boa atuação de Alicia Witt, impassível e imparcial. A melancólica fala de Chris, "Eu gostava de você de verdade", só funciona se considerarmos Amy como uma metáfora para o canto da sereia de Hollywood puxando Chris para longe de Tony e da vida de mafioso.

Mesmo assim há muitas imagens profundas, incluindo a de Pussy angustiado, que abraça forte AJ, causando distorção no áudio da escuta de Lipari; e Pussy no chão do quarto com Angie, sua camiseta manchada de sangue onde ele raspou o peito para colocar o fio do microfone. E o diálogo é excepcional do começo ao fim: para um episódio menos importante, "D-Girl" tem falas que são lembradas até hoje pelos fãs, incluindo a de Carmela: "Que animal fuma maconha na própria crisma?"; e a de Melfi, "Pra mim, tá parecendo que o Anthony já descobriu o existencialismo", ao que Tony responde: "Maldita internet".

"FULL LEATHER JACKET"
TEMP. 2/EP. 8
ESCRITO POR ROBIN GREEN & MITCHELL BURGESS
DIRIGIDO POR ALLEN COULTER
EXIBIDO EM 5 DE MARÇO DE 2000

A última bolacha do pacote

"Jean, você é uma amiga maravilhosa!" — **Carmela**

"Full Leather Jacket" se encerra com um ato de violência tão absurdo e triste que é compreensível que as pessoas se lembrem dele como sendo "o episódio em que Christopher leva um tiro". Mesmo assim, é um episódio marcante e discreto do seu jeito: uma progressão muito bem estruturada sobre rebelião e suas consequências, ancorada em um olhar mais atento à dinâmica do casamento dos Soprano quanto eles estão em sintonia. Marido e mulher espelham seus comportamentos que demonstram o domínio confiante e cheio de nuances que eles têm sobre seus próprios mundos. O ponto alto é a conversa na cozinha entre Tony e Carmela sobre o convidado deles para o jantar, Richie Aprile. "Eu quero cumprimentá-lo pelo seu comportamento lá", ela diz ao marido, enquanto lhe dá uma faca de açougueiro. "Eu quero ele onde eu possa ver", fala Tony. "É o que queremos dizer quando vemos a família", diz Carmela, beijando-o na bochecha antes de ele enterrar a faca na carne assada. Essa, mais do que qualquer cena anterior, ilustra bem o que Steven Van Zandt queria dizer quando descreve *Família Soprano* como a versão gângster de *The Honeymooners*,[54] uma série sobre relacionamentos.

Tony e Carmela despendem muita energia nesse episódio abafando rebeliões. Richie se recusa a construir uma rampa para acesso de cadeira de rodas para Beansie Gaeta, e abertamente demonstra sua lealdade a Junior (e vice-versa; quando Tony manifesta sua dúvida sobre o plano de Richie de vender 10 mil aparelhos de DVDs roubados sem uma autorização do grupo de Nova York, o velho que passou uma temporada e meia reclamando que ninguém mais tem medo dele diz: "Fodam-se"). Mas parece que Richie percebe que a abordagem direta não está funcionando e age com cordialidade, mandando linguiças e tomates para Carmela e dando a Tony uma jaqueta de couro que ele pegou de Rocco DiMeo, o cara mais brabo do condado de Essex.[55] Richie, não tendo assistido os 21 episódios anteriores de *Família Soprano* como nós, não percebe mesmo como Tony é um sacana ingrato no que diz respeito a esse tipo de coisa. Richie é amargo, mesquinho, arrogante, um gângster volátil, mas ele está se esforçando para sinalizar que está em missão de paz, dadas suas limitações pessoais e a afinidade com Junior, e ele acredita nas justificativas para suas transgressões (como quando ele afirma que retirou os pedreiros[56] da casa de Beansie para fazerem um trabalho na casa de Livia, sua futura sogra). Uma fala na cena da jaqueta explica, em parte, sua teimosia com relação à rampa: "Beansie Gaeta ainda estaria vendendo maconha na avenida Jefferson se não fosse o Jackie", ele diz, equiparando a compreensível demonstração de domínio feita por Tony com uma traição ao seu falecido mentor e falecido irmão de Richie.

Como em "D-Girl", Tony é mais um coadjuvante do que protagonista nesse episódio,[57] projetando poder e inspirando medo e desejo por reconhecimento, enquanto personagens secundários vêm para o primeiro plano para ganhar a aprovação dele. Tony é o raio de sol onde todos os gatos querem dormir, incluindo Sean Gismonte e Matt Bevilaqua (agora preferindo ser chamado de Drinkwater, a tradução literal para

---

54 Veja no capítulo "De olho na máfia", na seção "Casado com a máfia".
55 O comentário de Junior quando Richie dá a jaqueta de Rocco a Tony — "Ele morreu de Alzheimer" — ilustra o quão insignificante foi a vitória mesquinha e antiga de Richie. Quando Rocco deu seu último suspiro, ele não lembrava do triunfo de Richie ou de qualquer outra coisa.
56 Vito é quem comanda a operação, já que a construção civil é uma importante fonte de lucro para a gangue de Aprile.
57 Na terapia, Tony magistralmente analisa o próprio comportamento conjecturando que ele deu a Meadow o carro de Eric Scantino para esfregar a cara dela "na porcaria", muito embora ele não consiga entender a observação subsequente de Melfi de que ele estava fazendo sua parte para se separar dela, que vai para a universidade, coisa que os adolescentes fazem com seus pais por meio de seus próprios comportamentos hostis.

o inglês da palavra italiana "bevilaqua", que significa "beba água"), dois idiotas musculosos que transitam no entorno de figuras de autoridade que podem validar seus potenciais inexistentes ou rir deles (como quando Furio aparece no apartamento cobrando grana deles) ou gritar com eles (como faz Tony quando Sean, de forma estúpida, menciona os negócios no banheiro do Bing). Se eles não tivessem atirado em Chris de modo tão impulsivo, Richie, igualmente desejando ser respeitado, poderia ter sido um mentor. A história de Matt e Sean também, de certa forma, coliga as subtramas de Richie e de Christopher e Adriana. A decisão precipitada da dupla de tentar matar Christopher, que tinha acabado de os ajudar a ganhar muito dinheiro arrombando cofres, vem logo em seguida de Richie ter esculhambado Chris na presença deles, em parte porque Chris ousou bater em Adriana sem ter se casado com ela. "Se puderem fazer alguma coisa por mim, me avisem", Richie diz a eles.

Nesse episódio há muitos exemplos de como mulheres que vivem nessa subcultura patriarcal buscam encontrar desculpas ou explicações para a violência doméstica que sofrem dos parceiros. Os homens recorrem à força sempre que o controle sobre suas parceiras é ameaçado, e com frieza descrevem isso como um simples fato da vida, que não é discutível e é governado pelo mesmo protocolo que estabelece a porcentagem de dinheiro que deve ser dada aos seus superiores e as circunstâncias nas quais um mafioso de alta hierarquia pode ser assassinado. A primeira conversa de Richie com Chris, em "Toodle-Fucking-Oo", contém um aviso de não levantar a mão para Adriana até que eles estejam casados. O pedido de casamento desajeitado de Chris é, em parte, uma forma de se desculpar por ter maltratado Adriana, tanto de maneiras óbvias (abuso físico e verbal) quanto secretas (o caso com Amy em "D-Girl"), e, por outro lado, é uma maneira de dar início a uma vida respeitável para ele mesmo.[58] Liz (Patty McCormack), a mãe de Adriana, vê Chris como uma ameaça, desconfia que ele roubou o anel de noivado e avisa a Adriana que ela não vai poder procurar abrigo em sua casa se vier a se casar com ele. Matt e Sean falam com Chris sobre Adriana em termos claramente de cunho sexual, e ele encara isso como um elogio.

Esse é um dos melhores episódios de Carmela, que ilustra como ela se sente em paz (em geral) com as concessões morais necessárias para manter seu nível de conforto. O jeito educado com que ela pressiona qualquer um que ouse lhe dizer "não" é talvez mais arrepiante do que algumas brutalidades físicas da série, porque mostra como a força pode ser exercida por pessoas que nunca levantaram um dedo ou apontaram uma pistola. Carmela enfrenta uma guerra em duas frentes aqui, a

---

58 Em retrospecto, a conversa entre Chris e Adriana, após fazerem sexo, sobre como ele quer mudar de vida, é um dos únicos momentos obviamente típicos de um roteiro televisivo nesse episódio. Com frequência, os personagens de TV colocam seus assuntos em ordem, ou expressam o desejo de fazê-lo, pouco antes do roteiro jogar uma bigorna em cima de suas cabeças.

primeira contra a filha que quer ir para uma universidade do outro lado do país, a outra contra Jean Cusamano e sua irmã gêmea Joan (ambas interpretadas por Saundra Santiago).[59] Ambas se recusam a ser curvar às demandas dela. Meadow quer se mudar para o mais distante possível; e Carmela tenta de tudo para sabotar esse desejo, primeiro ao jogar no lixo uma carta da Universidade de Berkeley alertando que a documentação necessária está incompleta, e, depois, pressionando as gêmeas Cusamano a escreverem uma carta recomendando a filha para a Universidade de Georgetown.

Carmela se comporta de forma abertamente interesseira — sem disparar palavrões, como faria Tony, mas com calma, com alegria e com um sorriso no rosto, ou, pelo menos, em seus olhos. A frase que ela profere, "Eu acho que não entendeu. Eu *quero* que escreva a carta", é tão assustadora quanto qualquer outro momento que a série nos deu, o clímax da cena em que uma mulher aparece no escritório de outra com apenas uma torta de ricota e um envelope pardo. Quando Jean lhe informa que Joan escreveu a recomendação no fim das contas, ela responde: "Ah, que maravilhoso. Tem uma cópia?" — para confirmar que Jean não está mentindo. A melhor expressão corporal na cena pertence à atriz Saundra Santiago: quando Carmela exclama: "Jean, você é [uma amiga] maravilhosa!" e chega perto para a abraçá-la, e Jean recua como se estivesse prestes a ser envolvida por um píton. E, de fato, estava.

"FROM WHERE TO ETERNITY"

TEMP. 2/EP. 9
ESCRITO POR MICHAEL IMPERIOLI
DIRIGIDO POR HENRY J. BRONCHTEIN
EXIBIDO EM 12 DE MARÇO DE 2000

O almirante Piper

"Foi só um sonho. Esqueça isso." — **Tony**

A temática da espiritualidade sempre andou à volta de *Família Soprano*, mas permeia cada momento de "From Where To Eternity", o primeiro episódio escrito por um ator fixo da série, Michael Imperioli. Seu personagem passa o episódio inteiro em um leito de UTI: dormindo, sendo operado e participando de conversas delirantes e, muitas vezes, surreais. Esses delírios giram em torno de um sonho que

---

59 Saundra é uma atriz nascida no Bronx que alcançou a fama ao interpretar a detetive Gina Calabrese em *Miami Vice*.

Christopher tem quando estava clinicamente morto durante sessenta segundos. Ele passa por um túnel de luz branca e acaba no "nosso inferno", um pub irlandês chamado Almirante Piper onde "todo dia é Dia de São Patrício". Ele chega a ver Mikey Palmice e Brendan Filone "jogando dados com os dois soldados romanos e um bando de irlandeses. [...] E os irlandeses estavam ganhando todas"; o pai dele sendo morto do mesmo jeito inúmeras vezes; e um leão de chácara que avisa Chris que ele também vai para o inferno "quando chegar a minha hora". Ah, e Mickey pede para ele dar um recado a Tony e Paulie: "Três horas".

Sem explicação. Que sonho.

O que faz desse episódio ser sorrateiramente marcante é que pode não ter sido um sonho. O episódio nunca confirma ou desmente a interpretação de Chris do que ele viu, fica para o telespectador decidir. Poderíamos deduzir que as ruminações e decisões precipitadas dos personagens são desencadeadas pelo pânico generalizado devido ao acontecimento recente de violência, e entender seus enfrentamentos com o pecado e a dúvida como cenas cômicas. Mas tantas coisas estranhas ocorrem aqui — como, por exemplo, a namorada de Paulie[60] contando a respeito de um evento significativo que ocorreu às três horas; a cena em que o suposto médium charlatão adivinha o nome da primeira pessoa que Paulie matou; e o plano da estátua de Jesus pairando sobre Paulie quando ele sai da igreja após reclamar com o padre por gerir um esquema inútil de proteção espiritual — que podem fazer com que o telespectador se sinta desamparado e talvez convencido de que Chris viu mesmo o outro lado. De qualquer forma, a visão do Almirante Piper se expande dentro do episódio como um milagre bíblico em pequena escala, levando outros personagens a reexaminarem suas vidas, ou, pelo menos, a pensarem no assunto.[61]

Tony permanece na defensiva por grande parte do episódio, reforçando todas as crenças e características que os outros criticam e questionam, bancando o advogado do diabo em qualquer conversa relativa ao preço do pecado e parecendo o próprio diabo na cena em que ele e Pussy aterrorizam Matt Bevilaqua, que já está espancado e quebrado (a fumaça sulfurosa de charuto sai da boca de Tony e forma uma coroa ao redor de sua cabeça), em seguida, enchendo seu peito com balas até que ele afunda em sua cadeira como o Cristo crucificado.[62] Na terapia,

---

60 Interpretada pela futura coprotagonista da série *Scrubs: Médicos e Estagiários*, Judy Reyes.
61 A pessoa estranha aqui pode ser Pussy, a quem Skip Lipari continua pressionando para se comprometer de verdade com sua posição de informante, e quem se preocupa que Tony saiba a verdade sobre ele de alguma forma. "Você é que está diferente; que vê com outros olhos", diz Lipari. No final, Pussy faz o gesto mais grandioso que um cara como ele poderia fazer: ajuda seu chefe a se vingar (e matar) de um cara que ajudou a atirar em seu filho de consideração.
62 *Família Soprano* é comparada o tempo todo a filmes como *O Poderoso Chefão* e a obras de Scorsese sobre a máfia, mas esse episódio tem mais em comum com os filmes policiais católicos dirigidos por Abel Ferrara, como *Vício Frenético* ou *Os Chefões*.

Tony se lança em um de seus mais longos sermões, respondendo à pressão de Melfi para identificar a causa imediata de sua infelicidade (seus crimes/pecados) com racionalizações evasivas, a partir da noção de que "Somos soldados, sabe? Soldados não vão pro inferno" até a posição centenária da máfia ítalo-americana como preservadora da cultura do Velho Mundo e um baluarte contra a exploração pelos WASP. "E os J.P. Morgans da vida eram canalhas e assassinos também!", diz Tony, inclinando-se para a frente na cadeira. "Mas aí entram os negócios, ao estilo americano."

"Isso até pode ser verdade", responde Melfi, furiosa, "mas o que é que os pobres imigrantes italianos têm a ver com você? E o que acontece cada manhã quando você sai da cama?"[63]

Até Melfi, que está à margem do mundo do crime e o entende apenas por meio de notícias e das histórias contadas por Tony, parece estar se afundando. Aprendemos em sua sessão com Elliot que ela está tomando Ativan para depressão e que anda bebendo sozinha, uma consequência psíquica por ter decidido tratar Tony novamente. E, agora, ela está envergonhada de si mesma e se arrepende por alfinetar Tony sobre a moralidade em um momento em que ele tem medo de perder um jovem que é como um filho para ele. Seu trabalho, diz ela, "não [querendo] julgar, mas tratar. Só que agora, eu o julguei. Eu assumi uma posição, que droga, e eu tô com medo".

Pela primeira vez desde "College", e poucos dias depois de intimidar uma mulher para que ela escreva uma carta de recomendação para Georgetown em nome da sua filha, Carmela está temendo por sua alma mortal e pela de Chris. Quando Chris sobrevive à cirurgia, Carmela confia suas orações a um quarto de hospital vazio. Ela admitiu que ela e a família[64] escolheram "esta vida com total conhecimento das consequências de nossos pecados" e pediu a Deus que poupasse Chris e "o afaste da cegueira e conceda a ele a visão e, que através desta visão, ele possa ver o seu amor e ganhar forças para continuar seu trabalho para sua misericórdia".[65] "Precisa pensar nessa experiência como uma oportunidade para se arrepender", ela diz a Chris assim que ele recupera a consciência. Sua crise espiritual é

---

63 Ao longo dos anos, não foi dada atenção suficiente à ideia de que Melfi não está apenas tentando ajudar Tony a se entender melhor ou (como ele acusa) culpar seus ultrajes em uma infância infeliz, mas também está tentando despertar nele o senso latente de moralidade e melhorá-lo. Isso é algo que os terapeutas não deveriam fazer — esse é o trabalho do clero —, mas o fato de Melfi parecer determinada a fazer isso de qualquer maneira, às vezes até de forma semiconsciente, demonstra o impacto profundo de Tony em sua vida e trabalho.

64 Ela pode estar falando sobre sua família biológica ou a extensa Família mafiosa; o roteiro nunca especifica, mas há tanta sobreposição de categorias que isso pode ser uma distinção que não faz diferença.

65 Fala-se muito sobre visão e olhar neste episódio: desde Lipari dizendo a Pussy que ele está vendo com outros olhos agora até Carmela dizendo ao primo que ela pediu a Deus para conceder a ele "a visão, a visão pra que possa ver o caminho de Jesus com clareza", e acrescentando: "E você viu, Christopher. Viu alguma coisa. Alguma coisa que nenhum de nós viu ainda".

impulsionada não apenas pela provação de Chris, mas por Gabriella Dante dando a notícia de que um gângster casado que ambas conhecem teve um filho com sua *goomar*, uma dançarina brasileira. Isso leva Carmela a confrontar Tony sobre sua contínua traição ("E o perfume CK One que senti nas suas camisas?")[66] e exigir que ele faça uma vasectomia. "Mandei-a fazer teste de aids", diz Tony, falando exatamente a coisa errada. Ele reclama mais tarde que sua própria fé decreta que não é natural impedir a natureza de seguir seu curso (todo esperma é sagrado, como Monty Python cantava) e, além disso, ele não está mais traindo a esposa.[67] A ligação tênue de Carmela com a infidelidade de Tony e a pecaminosidade geral da "coisa deles" é simbolizada por seu medo de que o marido gângster crie um filho que nenhum deles deseja, mas com o qual possam ter que conviver pelo restante das vidas: o pecado tornado consciente, consequências com um coração.[68]

Ao longo da trilha sonora do episódio está o sucesso de Otis Redding, "Lover's Prayer". É usado três vezes:[69] durante a abertura, destacando a cirurgia de Chris e na cena final, após Carmela se reconciliar com Tony. O clássico de Redding é uma clara canção sentimental, com o cantor em uma posição defensiva (ajoelhado), pedindo à amante que faça um bom juízo dele, que o perdoe e fique com ele nos momentos bons e ruins, como Carmela faz quando perdoa Tony, e como Tony promete fazer de volta. Mas, nesse contexto, a letra da música assume uma dimensão espiritual também. As duas últimas frases devolvem os significados da música à terra, especificamente ao quarto, e parecem feitas sob medida para a cena de encerramento do episódio: "Minha oração final/Você pegará este anel/e carregará minha semente".

---

66 Esta cena faz referência àquele momento na montagem de abertura do episódio "Guy Walks Into a Psychiatrist's Office", quando Carmela e Tony trocam um olhar incômodo na cama depois que Tony volta do encontro com Irina.
67 Se fosse um episódio de *Arrested Development: Caindo na Real*, o narrador diria: "Ele está traindo, sim".
68 O livro que Carmela lê antes de dormir é *Memórias de uma Gueixa*, o romance de Arthur Golden, publicado em 1997, sobre prostitutas japonesas nas décadas de 1930 e 1940. O livro e a adaptação cinematográfica de 2005 foram criticados por deturpar e exotificar uma subcultura, acusação que também foi dirigida a *Família Soprano*.
69 Dada a importância da Santíssima Trindade no catolicismo, é claro que seriam três.

"BUST OUT"

TEMP. 2/EP. 10
ESCRITO POR FRANK RENZULLI E ROBIN GREEN & MITCHELL BURGESS
DIRIGIDO POR JOHN PATTERSON
EXIBIDO EM 19 DE MARÇO DE 2000

O escorpião

"Eu sabia que tinha esse negócio aqui, Davey." — **Tony**

Durante todo o episódio "Bust Out", um dos melhores da série até esse ponto, Tony é um redemoinho de emoções. Ele está sendo atormentado de formas variadas pelo sentimento de culpa por ter assassinado Matt Bevilaqua (e também está confuso por sentir culpa por esta morte, mas não por todas as outras), tomado pelo pânico de pensar que ele pode passar o resto da vida na prisão porque uma testemunha viu Pussy e ele próximos ao local do crime, e se comporta com uma crueldade arrogante ao destruir de forma ordenada o negócio e a vida de Davey Scatino. "Eu não mereço isso", ele insiste quando conta a Melfi sobre a possível acusação de homicídio, mesmo que a história de Davey, que dá o título ao episódio, mostre que Tony Soprano não só merece isso, como ainda muito mais.

Esse episódio ilustra outra tática comum de como a máfia ganha dinheiro às custas de um devedor fazendo um *bust-out*, o que significa forçar um cara, nesse caso Davey, a estourar o crédito de sua loja, Ramsey Sports and Outdoor, para comprar mercadoria que a quadrilha vai vender, deixando o pobre coitado do Davey para encarar os credores enfurecidos que ele não tem como pagar. Só o fato dessa tática ser tão trivial já a torna deprimente. A falência da loja de Davey é mostrada com um breve plano em que a câmera acompanha um caminhão sendo carregado com mercadoria e finaliza com a cena de homens pendurando um aviso de "Aluga-se" na porta da loja. A sangria da loja e da família Scatino, que transcorre em plena luz do dia e poderia acontecer com qualquer um, é, de certa forma, até mais assustadora que muitos dos assassinatos cometidos pela Família. Christine (Marisa Redanty), a esposa de Davey, acredita que a família vai superar o colapso mais recente do marido porque a loja está registrada no nome dela, enquanto seu irmão, o empreiteiro Vic Musto (Joe Penny),[70] acha que consegue elaborar um plano de pagamento. Mas, como o próprio Davey, eles não fazem a menor ideia do tipo de homem com quem estão lidando e da frieza com que ele é capaz de tirar tudo que eles têm, já que, como diz a conhecida parábola do sapo e do escorpião que Tony cita para Davey, faz parte de sua natureza.

---

70 Aqui, Joe Penny interpreta um personagem mais bruto do que os protagonistas elegantes que fez em séries policiais como *Tempo Quente* e *Jake e McCabe*.

A arrogância, a alienação e a monstruosidade de Tony permeiam quase todas as cenas, exceto pela abertura, que se passa no parque de diversões onde ele escuta Richie reclamar a respeito de sua fatia na empresa de saneamento da Família e sente culpa pelo assassinato de Bevilaqua (tendo um flashback repentino da morte do jovem estúpido após ouvir um menino chamar por sua mãe do mesmo jeito que Matt fez ao ver Tony e Pussy sacarem as armas), e então, para reprimir essas emoções, ele volta a provocar Richie. Tony também força um homem com deficiência (Beansie) a aceitar um presente em dinheiro que ele não quer (talvez para aliviar sua própria culpa por não ter sido capaz de controlar Richie)[71] e nega descaradamente sua responsabilidade (quando fala com Melfi) no assassinato que o vimos cometer e, em seguida, sai mais cedo da terapia, feliz por estar se sentindo livre. Quando a testemunha volta atrás da acusação que fez, Tony tenta conter as lágrimas de alegria no mesmo banheiro onde, sem que ele saiba, a esposa que ele não valoriza beijou o cunhado de Davey Scatino. (Vic, um cara simpático e bonitão que está de luto por ter perdido a esposa, logo se distancia depois de saber que foi Tony quem arruinou Davey.)

Como sempre, descobertas com potencial catártico navegam em torno do subconsciente de Tony sem virem à tona por tempo suficiente para que ele possa as identificar e aprender com elas. É provável que o assassinato de Bevilaqua o incomode porque ele está preocupado com a perspectiva a longo prazo para seu filho biológico AJ, uma piada ambulante, e para seu filho de consideração Chris, que, na semana anterior, quase morreu em uma mesa cirúrgica após ter levado tiros de dois caras que são basicamente como AJ, só que com porte de arma. Ser um pai ruim[72] é uma constante preocupação de Tony, apesar de ele mostrar pouco interesse em melhorar. O máximo que ele consegue fazer para demonstrar alguma simpatia por AJ se resume a uma pizza e seis latinhas de refrigerante. Tony vem implicando com o garoto há semanas, chegando até a dizer que ele foi um erro genético e é indigno de ser seu herdeiro. Quando decide fazer um esforço extra (que, para Tony, significa apenas um esforcinho) e, com espontaneidade, convida o menino para pescar, AJ rejeita o convite — não por maldade, mas porque é um adolescente que já havia combinado de ir ao shopping com os amigos. Tony diz a Carmela que se esqueceu do campeonato de natação do filho porque estava lidando com outras coisas (a falência de Davey, embora não diga), mas pode ser que ele tenha se esquecido do evento de propósito, uma forma mesquinha para

---

71 Janice tem sua própria maneira de tentar controlar Richie, permitindo que ele segure uma pistola contra a cabeça dela durante o sexo enquanto fala que ele deveria ser o chefe — em uma cena de humor sombrio que termina com Livia descendo até a sala de estar em uma cadeira elevatória, exigindo saber: "Você está fumando maconha? Eu quero assistir televisão".

72 Ele é, sem dúvida, fruto de um pai ruim, como o episódio "Down Neck" e as histórias de Livia atestam.

de se vingar da recusa de AJ. Ele quase admite isso para Carmela. "Você tem 6 anos de idade?", ela pergunta.

Sim, ele se comporta como uma criança. Todo mundo é refém da necessidade de Tony de dominar. Observe como seu humor vai de generoso a ameaçador quando Beansie diz: "Dane-se, Tony", e como Tony volta a sorrir quando Beansie aceita o dinheiro. Se Carmela fosse uma dona de casa suburbana, entediada e comum, sua paixão por Vic poderia ter se transformado em um caso de "toma lá, dá cá", sem que seu marido infiel em série descobrisse nada.[73] Mas Tony é conhecido por ser uma pessoa perigosa; e, assim, Carmela tira o avental e se arruma usando a porta do forno como espelho, apenas para se dar conta de que quem veio no lugar de Vic foi seu assistente. Tony segue pela vida deixando um rastro de destruição, uma imagem transformada em realidade na cena final em que o barco de Tony, o *Stugots*, cria ondas que fazem emborcar um pequeno bote depois que Tony passa o timão para AJ. Essas ondas são o legado dos Soprano.

"HOUSE ARREST"
TEMP. 2/EP. 11
ESCRITO POR TERENCE WINTER
DIRIGIDO POR TIM VAN PATTEN
EXIBIDO EM 26 DE MARÇO DE 2000

Alexitimia

"Qualé o problema? Ainda infeliz com seu seguro saúde?" — **Tony**

Quando conhecemos Tony Soprano, ele ainda não era o chefão de New Jersey, mas ele já estava bem alto na hierarquia para que não precisasse sujar as mãos com tanta frequência, ou tão publicamente, como nos habituamos a ver. Um capitão não deveria ter tentado atropelar um caloteiro no estacionamento de um prédio comercial, e o chefe dessa Família sem dúvida não deveria ter assassinado pessoalmente Matt Bevilaqua. Algumas das atitudes "mão na massa" de Tony surgem da realidade de como fazer, na prática, uma série dramática para a TV sobre um chefe da máfia. Um Tony Soprano que delegasse as atividades perigosas seria mais responsável, porém muito menos empolgante. Além disso, Tony ama fazer isso. A oportunidade de causar dor em outros seres humanos, pegar o que ele quiser, sem

---

[73] A música "Con te Partirò" toca de novo neste episódio, sendo o tema oficial das "Ilusões Amorosas de Carmela" na cena em que ela flerta com Vic ao telefone na presença de Meadow. É interessante como Meadow parece saber o que está acontecendo.

o menor escrúpulo, se sentir completamente sem amarras, são as melhores razões que ele tem para levantar da cama.

Assim sendo, após quase ter sido pego pelo assassinato de Matt Bevilaqua, Tony tenta seguir o conselho de seu advogado, Neil Mink (David Margulies):[74] "Afaste-se desses problemas". Ele deixa Silvio gerenciar os negócios da Família enquanto assume seu trabalho de fachada na empresa de saneamento Barone Sanitation pela primeira vez em anos. É a coisa inteligente a se fazer, a coisa mais segura.

E Tony detesta cada segundo em que precisa se comportar desse jeito.[75]

O lixo é a atividade que lhe traz renda, com direito a plano de saúde e rendimento sobre o qual pagar impostos e assim acalmar a Receita Federal, mas não é o trabalho que ele escolheu, e quanto mais tempo Tony tenta se distanciar de todas as mutretas que sua gangue faz sem ele, pior ele se sente. A contínua insubordinação de Richie Aprile (com "seu olhar inocente de Charles Manson") — que ainda está sendo instigado por Janice (ou "Jan", como ela passou a querer ser chamada agora que se veste e se comporta como uma esposa da máfia) — contribui para induzir mais um ataque de pânico em um clube de campo de New Jersey, em uma cena filmada sob o ponto de vista com câmera subjetiva de Tony. A irritação que aparece no braço de Tony é um correlato objetivo do "comichão" que ele não pode coçar. "As coisas que me dão prazer, eu não posso fazer", diz ele a Melfi. Ela compara Tony a um tubarão e comenta que pessoas como ele sofrem de alexitimia,[76] precisam estar sempre em movimento e em atividade, não só para se entreterem, mas também para se distraírem das coisas "odiosas" que fazem. Tony, provando o ponto dela, muda o assunto para Richie, que está literalmente brincando de casinha com Janice.

A dra. Melfi é um dos dois espelhos de Tony nesse episódio. Ela mesma anda fora de controle, graças ao estresse de tratar um chefe da máfia que faz com que a psiquiatra ultrapasse os limites com ele, além de estar bebendo demais. O ataque de pânico de Tony tem equivalência em Melfi, durante um jantar com seu filho Jason (Will McCormack), quando ela faz um escândalo exigindo que uma cliente do restaurante jogue fora o cigarro.[77] Elliot, mais uma vez, pressiona Melfi a encerrar o tratamento de Tony — sobre essa questão, ele é tão implacável quanto

---

[74] Um ator com uma longa carreira de personagens secundários, mais conhecido por interpretar o prefeito de Nova York no filme *Os Caça-Fantasmas*, de 1984.

[75] Tudo bem, ele pode até gostar de fazer sexo com a secretária de Dick Barone para "aliviar o estresse" — uma piada voyeurista em uma cena que, como na fantasia do centurião romano no episódio "Commendatori", demonstra que algumas vezes a série confunde a grosseria do lugar-comum com audácia.

[76] Uma incapacidade subclínica de identificar e descrever as próprias emoções. De acordo com um artigo da *Scientific American*, de 2014, esta condição "inibe a capacidade de uma pessoa de reconhecer a própria experiência ou compreender a complexidade do que os outros sentem e pensam".

[77] O episódio foi ao ar 6 anos antes que dez estados, incluindo New Jersey, finalmente proibissem fumar em todos os bares e restaurantes. Os cassinos de New Jersey ficaram isentos até 2008.

Melfi quando estimula Tony a falar de Livia e de sua criminalidade —, mas Melfi nega a percepção de seu próprio analista com a mesma veemência que Tony nega as verdades básicas sobre ele mesmo. A sugestão de Elliot para que ela tome Luvox (um remédio para transtorno obsessivo-compulsivo) a irrita até que ela se dá conta, com a ajuda de Elliot, que está de fato "obcecada" por Tony. (Tony deduz de forma correta que sua terapeuta está "tomando drogas", mas ela desconversa).

O segundo espelho de Tony nesse episódio é Junior, cuja incapacidade de controlar a própria vida é ilustrada pelos maiores acontecimentos de sua existência: a sentença judicial que o força a ficar em prisão domiciliar; a tornozeleira eletrônica; a solidão que lhe corrói (em retrospecto, ele se arrepende de ter terminado com Bobbi no episódio "Boca"); e, acima de tudo, sua idade, que o torna mais vulnerável do que ele gostaria de admitir. A cena de Junior em pé com o braço preso no ralo da pia durante a noite inteira é tão hilária quanto deprimente. Richie e Janice caçoam da situação, e isso é uma agonia para ele. Ele só consegue encontrar um estado de quase paz quando conta a Catherine Romano (Mary Louise Wilson), a vizinha que tem uma queda por ele, sobre suas limitações decorrentes de "algumas dificuldades legais". Um episódio repleto de impaciência, frustração e tédio progride para um final inesperadamente plácido e meditativo, com as seguintes cenas consecutivas: primeiro, Catherine massageando os pés de Junior adormecido e tirando os óculos dele (para colocar a máscara de CPAP) enquanto o seriado *Diagnosis: Murder* passa na televisão; depois, Tony e seus comparsas interagindo com os agentes do FBI em frente ao Satriale's.

Junior aceita, por ora, a prisão domiciliar. Enquanto isso, Tony recusa sem rodeios sua própria versão de uma prisão domiciliar e retorna ao açougue de suínos para encontrar a turma e falar de negócios. Esse é sem dúvida o momento mais descontraído e feliz para ele durante todo o episódio. Os dois homens fariam bem em seguir o conselho do refrão da música que fecha o episódio: "You Can't Put Your Arms Around a Memory" [Não é possível abraçar uma memória].[78]

---

[78] O título desta música de 1978 é inspirado em um diálogo de um episódio de *The Honeymooners* que influenciou a sensibilidade humorística de *Família Soprano* e também seu protagonista, que tem muito a ver com o personagem Ralph Kramden daquela série.

"THE KNIGHT IN WHITE SATIN ARMOR"

TEMP. 2/EP. 12
ESCRITO POR ROBIN GREEN & MITCHELL BURGESS
DIRIGIDO POR ALLEN COULTER
EXIBIDO EM 2 DE ABRIL DE 2000

Pinheiros

"E qual o papel dela nisso tudo? A minha pequena sobrinha." — **Tio Junior**

O momento mais famoso da segunda temporada de *Família Soprano* acontece bem aqui, e é tão inesperado que leva um tempo para nos darmos conta que os roteiristas passaram quase doze episódios preparando o terreno para isso.

Richie Aprile continua seu jantar com calma após dar um soco no rosto de sua noiva, Janice; a cena corta para Janice com a cara ensanguentada e empunhando a mesma arma que Richie aponta para a cabeça dela quando eles transam. Esqueça o roteiro por um instante; a cinematografia por si só é impressionante. Observe o timing desses dois planos e os outros que os precedem. Vemos Janice sair da cozinha, chocada e traída, mas parece que ela volta muito mais depressa do que em tese levaria para ela pegar a arma de Richie — um truque que impede que o telespectador tenha o tempo necessário para antecipar o tiro. E quando Janice aparece, a cena não é filmada do ponto de vista de Richie, que ainda está prestando atenção ao seu prato: isso é para nosso próprio benefício, para chocar e deleitar o espectador. É até possível duvidar por alguns segundos que a arma esteja carregada ("Achei que você era feminista", diz Carmela em uma ocasião anterior, quando soube sobre o fetiche deles. "Geralmente ele tira o pente", responde Janice. A palavra-chave aqui é "geralmente"). Mas a cena tira essa dúvida de forma rápida. "Ah, dá um fora", diz Richie, apoiando-se no encosto da cadeira, "Eu não estou a fim..."

BAM. Um tiro no peito.

E um segundo tiro enquanto Richie tenta se levantar do chão da cozinha. BAM.

E aquele olhar inocente de Charles Manson se apaga.

A morte de Richie é um dos melhores exemplos televisivos de como reviravoltas que parecem anticlimáticas podem ser muito mais satisfatórias do que fosse lá o que você pudesse esperar. Mas uma análise cuidadosa dos onze episódios precedentes confirma que essa não foi uma reviravolta arbitrária, planejada para enganar aqueles que tentam adivinhar para onde a história se encaminha, mas sim uma reviravolta planejada meticulosamente para levar a um resultado único e inevitável.[79]

---

[79] Isso é verdade não apenas para toda a temporada, mas em especial para este episódio. Observe como a cena de abertura do filho de Richie valsando na nova casa estabelece a base para a defesa de Janice quanto à decisão do menino de abandonar a escola, bem como o pânico de Richie sobre a possibilidade de ter um filho gay. O soco de Richie é uma resposta à pergunta de Janice: "E se ele for gay, que diferença isso faz?".

Os dois primeiros episódios da segunda temporada são dominados pelo retorno de Janice Soprano, também conhecida como Parvati Wasatch, ou como a futura (só que não) sra. Aprile. Ela assume com tamanha facilidade tanto o papel narrativo quanto muitos traços da personalidade de sua mãe, que pode ser considerada, na melhor das hipóteses, como uma personagem comicamente irritante, e, na pior das hipóteses, como uma adversária em potencial. Apesar de ela nunca pedir de forma explícita pela morte do irmão — o que a transformaria oficialmente na nova Livia —, ela passa um grande tempo agindo como a Lady Macbeth do norte de Jersey, provocando o rancor de Richie propositalmente ou sem querer (como na cena de sexo, que é interrompido porque o papo dela faz Richie se lembrar de sua posição de subordinado). Estamos sempre achando que um confronto entre Richie e Tony é iminente, talvez depois que Janice os instigue (ou Junior, que se esquiva de Richie durante toda a temporada até cair em si), e que Richie, não sendo o protagonista da série, vai se tornar uma vítima de Tony.

"Essa coisa com seu irmão tá aumentando desde que eu saí [da prisão]", Richie diz a Janice enquanto está remoendo a história da jaqueta. O primeiro ato de liberdade de Richie ao sair da cadeia foi punir um associado dos Soprano sem autorização, e a partir daquele momento ele se tornou cada vez mais um cara imprevisível, odioso e insubordinado. A maior parte do desentendimento entre Tony e Richie nesse episódio diz respeito ao fatiamento das rotas de lixo e seus lucros: a maior disputa até agora, porque muito dinheiro está em jogo (e porque Jackie Aprile Jr., interpretado por Jason Cerbone, entrou em cena agora e está lembrando Richie o tempo todo do legado de seu irmão e de sua obrigação em honrá-lo). Richie acha que não está recebendo uma parcela justa no negócio de transporte. Ele já estava irritado com a recusa de Tony em lhe conceder o devido respeito, e agora ele está preocupado em pagar por uma nova casa, renová-la e decorá-la ao gosto de Janice. Esse é o episódio em que Junior, que vem brincando com a ideia de uma aliança com Richie durante toda a temporada, pondera a disputa de poder, decide que tem que ficar do lado de Tony[80] e avisa ao sobrinho que ele vai acabar "na rua, numa poça de seu próprio sangue". O episódio tem tanta certeza de que o telespectador está esperando uma morte típica dos filmes de máfia para Richie, que termina a conversa de bar entre ele e o *capo* Albert Barese[81] (Richard Maldone) com o que parece ser o som de uma metralhadora, mas,

---

[80] Bacala, depois de assistir a Junior fazendo os cálculos mentais que o levaram a perceber que ele está melhor com Tony: "Estou maravilhado com você".
[81] Irmão de Larry Boy Barese (seu próprio apelido é Ally Boy), que foi preso como parte do mesmo caso da lei contra o crime organizado que derrubou Junior no final da primeira temporada. Os irmãos Barese aparecem de forma alternada em grande parte da série, dependendo da situação jurídica de Larry Boy.

na realidade, é o áudio de um misturador de tinta da cena seguinte, em que Carmela e Vic estão na loja de tintas.

O episódio poderia ter tido clímaces diferentes: Tony matando Richie; Richie matando acidentalmente Janice durante o sexo; Pussy, agora um aspirante a agente de FBI, matando Richie de modo preventivo para cair de novo nas graças de Tony; ou um casamento seguido por Tony se dando conta de que ele não pode matar Richie porque agora ele é um membro da família, além de fazer parte da Família. Todos esses possíveis finais poderiam ser justificados considerando todas as sementes que os roteiristas haviam plantado. Mas nenhum teria nos surpreendido e agradado tanto quanto o que foi escolhido. O título do episódio vem da frase que Irina usa para fazer Tony se sentir mal por ter terminado com ela, mas, em última análise, descreve Janice, que usa um vestido de noiva de cetim branco durante a cena da prova do vestido e acaba, mesmo sem saber, indo ao resgate do irmão logo após Richie começar a falar abertamente sobre matar Tony.

O tiro que ela dá em Richie também inverte curiosamente o final da primeira temporada, no qual Livia conspira para assassinar seu filho. Embora Nancy Marchand não tenha tido muito tempo de tela na segunda temporada por causa de sua saúde, ainda assim descobrimos informações que complicaram nossa percepção dela como uma pessoa apenas malévola. Mesmo não sendo uma boa pessoa (e ela nunca será), nós a entendemos melhor e às vezes até sentimos pena dela, em especial quando ela fala sobre a infância dos filhos e parece lamentar (o tanto quanto Livia é capaz) por ter falhado com eles, até mesmo acolhendo o reconhecimento de sua inadequação como mãe ao dizer que fez o melhor que pôde. Ela conta a outros personagens, particularmente a Janice, que ela tinha pensamentos sombrios na época, e que seu casamento com Johnny Boy foi estressante e assustador; pelo que vimos e ouvimos sobre esse período (incluindo os relatos de Tony sobre o pai abusando fisicamente dele), é quase certo que Johnny Boy batia em Livia. Aquele momento eletrizante quando Janice atira em Richie representa a autodefesa catártica que Livia não foi capaz de exercer nos anos 1960.

É também uma demonstração (incidental) de seu senso de proteção com Tony, algo de que Livia nunca seria incapaz. "Bebês são como animais, não são diferentes de cachorros", disse Livia a Tony, depois de parecer levitar ao descer pela escada elevatória, na manhã seguinte ao assassinato de Richie. "Alguém tem que ensinar o que é certo e o que é errado!"

É a primeira interação de verdade entre mãe e filho nessa temporada, e embora eles compartilhem brevemente uma cena no episódio final, essa acabou sendo a despedida do telespectador para esse relacionamento, já que Nancy Marchand faleceu dois meses após o episódio ter ido ao ar. É uma cena fascinante, com Tony testemunhando a gama de emoções de Livia enquanto ela culpa Janice por achar que Richie a abandonou, se recusa a aceitar qualquer culpa por como seus filhos se tornaram, tenta fazer Tony se sentir culpado por sua riqueza crescente em oposição ao infortúnio dela; então, ela simula senilidade de novo, fingindo estar magoada por ele não querer beijá-la. Exasperado, Tony sai furioso de casa, apenas para tropeçar e cair no caminho até o carro. Ele acidentalmente recriou o momento que descreveu para a dra. Melfi no segundo episódio da série — a única lembrança feliz da infância que ele tinha de Livia era dos dois rindo de Johnny Boy quando ele sofreu uma queda semelhante —, e embora Livia tente recuperar o controle sobre suas gargalhadas e transformá-las em lágrimas de crocodilo, ela não consegue deixar de mostrar sua verdadeira face ao filho. Essa é quem ela é. Enquanto ele gritava com as enfermeiras levando a mãe, vítima de um derrame, no final da primeira temporada, Livia está sorrindo, e Tony é o único que consegue ver.

Ainda que Tony esteja irritado e exausto depois de se livrar do corpo de Richie[82] — e cheio de sarcasmo ao dizer "com pinheiros em volta" quando Janice implora para que ele minta sobre a última morada de Richie —, ele irradia alívio, e até mesmo gratidão, quando vê o ônibus que vai levar Janice de volta a Seattle virar a esquina. Sua sobrevivência, mesmo que por um breve momento, repara os problemas no casamento dos Soprano, que está em um terreno cada vez mais instável graças à infidelidade compulsiva de Tony, à tentativa de suicídio de Irina[83] e à fixação frustrada de Carmela por Vic (quando Gabriella revela o verdadeiro motivo da hesitação de Vic, isso conecta o enredo de Carmela com o de Pussy: ambos são reféns das circunstâncias). A cena final do episódio é uma reconciliação à força. Tony se senta no sofá ao lado da esposa, diz a ela que Janice voltou para Seattle e que Richie "se foi", e torna explícito o entendimento pouco falado entre eles: "Depois de 18 anos de casados, não me faça torná-la cúmplice depois do fato".

Em dois minutos, eles já estão falando sobre as responsabilidades de Tony durante a viagem que Carmela está planejando para Roma. Então ela o deixa no sofá, sozinho, mas vivo. A música de encerramento é "I Saved the World Today", do Eurythmics. O elefante da Índia pode ter chegado tarde, mas seu timing foi perfeito.

---

82 A cena em que Furio e Chris serram Richie na cozinha do açougue suíno confirma o quão comum esse evento extraordinário parece quando você está metido nessa vida. "Vai levar um tempo até eu comer alguma coisa do Satriale's", diz Chris.

83 "Você está me colocando numa situação onde devo sentir pena de uma vadia que transa com você?", Carmela grita com ele. Bem, com certeza — mas esse é o tipo de coisa que *Família Soprano* faz o tempo todo com seus telespectadores. Não há razão para se importar com quase nenhuma dessas pessoas, exceto pelo fato de que elas também são humanas e, como Meadow diz em "Bust Out": "Somos todos hipócritas".

"FUNHOUSE"

TEMP. 2/EP. 13
ESCRITO POR DAVID CHASE E TODD A. KESSLER
DIRIGIDO POR JOHN PATTERSON
EXIBIDO EM 9 DE ABRIL DE 2000

Templo do conhecimento

"Pussy não é seu amigo?" — **Dra. Melfi**

A influência de *Twin Peaks*, série criada por David Lynch e Mark Frost, em *Família Soprano* é nítida desde o início da série, e à medida que os anos foram passando, David Chase sempre falou sobre a série com carinho. A afinidade nunca foi tão óbvia quanto em "Funhouse". O episódio sabe que a coisa mais ousada sobre *Twin Peaks* não era o modo com que misturava diferentes gêneros, nem a gangorra entre sátira, pastelão, melodrama e terror, nem a imagética surreal e expressionista e o design de som; mas sim o modo como a série tratava sonhos, fantasias, intuição e o sobrenatural como fontes legítimas de informação sobre o mundo cotidiano. O herói da série, o agente especial Dale Cooper, analisava os próprios sonhos para encontrar pistas de como solucionar o assassinato de Laura Palmer, e até tentava descobrir a identidade de uma pessoa identificada como "J" no diário de Laura mandando o xerife jogar pedras em garrafas enfileiradas. A narrativa era mais enraizada nas obras completas de Sigmund Freud e Carl Jung do que em quaisquer métodos estabelecidos para escrever o roteiro de uma série.

Família Soprano chegou a superar a dupla Lynch-Frost ao dedicar a primeira metade do episódio final da segunda temporada à descoberta da identidade de um dedo-duro na Família graças à decodificação feita por Tony de uma série de sonhos que ele tem enquanto sofre uma intoxicação alimentar. A série original de *Twin Peaks* nunca foi tão longe. O telespectador não só é presenteado com vinte minutos de material onírico, interrompido por cenas curtas de Tony acordando apenas por tempo suficiente para arrotar, vomitar, cagar, peidar, xingar e discutir com pessoas ao seu redor; como também não o vemos comentando os sonhos com ninguém, nem mesmo com Melfi, sua guia de sonhos. Isso quer dizer que é o próprio Tony que está fazendo todo o trabalho de interpretação em "Funhouse", o que representa um progresso real, mesmo que não seja necessariamente o tipo de progresso que Melfi deseja (parece confirmar sua acusação que ele continua em terapia somente por querer se tornar um gângster melhor).

"Não está na minha cabeça", diz Tony pouco antes de os sonhos começarem. "É o meu estômago." Leia-se: *Não vou decifrar isto intelectualmente, terei que usar minha intuição*. De fato, ele usará o estômago para lidar, processar e *digerir* a questão do informante. Pussy é uma toxina no funcionamento do corpo da organização mafiosa que causou essa reação alérgica. A saúde da organização só será restaurada uma vez que ele seja vomitado ou cagado para fora dela.

Demora um pouco para Tony descobrir o que o telespectador já sabia desde o episódio "Do Not Resuscitate". Sete seções distintas de dimensões oníricas são representadas na tela — se você considerar a conversa de Tony com Silvio e o momento em que ele se vê matando Paulie através de um binóculo como dois sonhos distintos. E cada vez que o episódio nos mergulha em um dos sonhos, seu conteúdo e significados vão ficando um pouco mais claros. É como se o subconsciente de Tony continuasse explicando as coisas; e se Tony não entendia direito, o subconsciente tentava de novo, usando uma linguagem mais simples, até, por fim, abandonar a ambiguidade e fazer com que o peixe lhe diga diretamente o que ele precisava saber.

1. Vemos Tony encontrando seus comparsas no calçadão (e também Philly Parisi,[84] morto por ser tagarela), esperando que um "alguém" não especificado apareça. Tony diz a eles que foi diagnosticado com câncer em estágio terminal (sua vida está em perigo) por um médico (como Melfi, a psiquiatra, que o ensina a ler a si mesmo, como o "livro aberto" mencionado na música dos Rolling Stones que está tocando no restaurante indiano). Pussy é o único que nunca fala ou faz contato visual com Tony. Em vez de esperar pelo inevitável, Tony decide derramar gasolina sobre si mesmo e acabar logo com isso. Antes de aceitar o isqueiro Zippo de Paulie, Tony pergunta: "Cadê o Pussy?", que, a essa altura, já havia desaparecido do sonho.
2. Vemos Tony caminhando no calçadão de novo, desta vez em frente a uma atração real do Asbury Park chamada "Templo do Conhecimento" (embora o nome do estabelecimento não esteja visível).[85] Silvio surge

---

[84] Para complicar a situação, o episódio também introduz o irmão gêmeo idêntico de Patsy Parisi, agora um membro semi-relutante da velha gangue de Tony. Como o roteirista/produtor Terence Winter lembra, "Quando ele viu como Dan Grimaldi estava bem no primeiro episódio da segunda temporada, David logo se arrependeu de ter matado Philly Parisi. E aí ele disse algo como: 'Bem, a gente só pode usar a jogada do irmão gêmeo uma única vez em uma série e eu vou usá-la agora. Esse cara é bom demais para eu não o trazer de volta'".

[85] Apesar de o mural visto em "Funhouse" ter sido pintado especificamente para a cena, ele é baseado na pintura da parede ao lado da loja de uma vidente chamada Marie Castello, que adivinhava o futuro no calçadão de Asbury Park, em um trabalho que durou 65 anos. Isso pode não fazer muito sentido para quem não está familiarizado com o sul de New Jersey, mas dá para entender o que significa para o episódio ao olhar para a arte, cujo elemento central é um olho que tudo vê. Qualquer pessoa que passou um tempo nessa região do estado entre 1932, quando Marie Castello abriu seu negócio, e 1997, quando ela enfim se aposentou, vai rir de como esse local é bem adequado para aparecer no sonho de um gângster de Jersey. O lugar foi mencionado em duas músicas de Bruce Springsteen: em "Fourth of July, Asbury Park

na cena como se estivesse deslizando em uma esteira rolante, e diz a Tony, que parece andar em uma esteira ergométrica, sem sair do lugar, uma variação da mesma coisa que ele disse na estreia da temporada, parafraseando *O Poderoso Chefão Parte III*: "O verdadeiro inimigo ainda vai se revelar".[86]

3. Em seguida, vem um segmento em que Tony espia através de um binóculo turístico e se vê jogando cartas com Paulie, em uma estação de trem vazia, e então, de repente, ele atira e mata Paulie. A moldura escura do "binóculo", que enquadra a imagem, evoca o tipo de monitoramento que Tony sabe que o FBI está adotando para vigiar sua operação. O tiro machuca como uma traição inesperada, embora seja difícil dizer com certeza se o "Tony" do jogo de cartas na estação de trem é uma metáfora para o traidor Pussy (um aliado valioso que, de repente, se vira contra um colega) ou se é, de fato, Tony, que talvez tenha que matar um membro de seu círculo íntimo. Ou ambos.

4. A próxima vez que entramos em uma dimensão onírica, na terapia de Tony com Melfi, não sabemos que é um sonho até que nos damos conta que Melfi está agindo de forma estranha. Então ouvimos sua voz saindo da boca de Annalisa, de "Commendatori". Ela diz a Tony que ele é a maior ameaça para si próprio, uma força autodestrutiva. Tony pergunta: "Eu vou ter de engolir algo agora?" (isto é, forçar Tony a aceitar alguma coisa que ele não quer: nesse caso, a verdade sobre Pussy), e Annalisa/Melfi responde: "Se continuar com isto".

5. Então vemos Tony no calçadão em um carro pequeno e vermelho (como um carro de palhaço) com Adriana e Christopher; Pussy deveria estar no banco de trás. Furio, o novato, o substitui, como ele talvez substitua Pussy na organização.

6. Tony aparece na sala de espera de Melfi; ele está com os olhos inchados, descabelado, vestindo uma regata suja e com uma ereção. Melfi o convida para entrar e para uma conversa que o leva a admitir que ele "sempre pensa em *pussy*" [o nome do seu amigo, mas também um termo vulgar para vagina]. Eles discutem sobre as duas possíveis maneiras de interpretar aquela palavra, em seguida Tony faz sexo com Melfi. Este é o único sonho no qual Tony *afirma* saber que está sonhando: é um sonho

---

(Sandy)", do álbum de 1973 *Greetings from Asbury Park, New Jersey!* ("Você ouviu que os policiais finalmente prenderam Madame Marie por adivinhar a sorte melhor do que eles?"), e em "Brilliant Disguise", do álbum *Tunnel of Love*, de 1987, que fala sobre seu primeiro casamento que não deu certo, ("A cigana jurou que nosso futuro era brilhante [...] talvez, querida, a cigana tenha mentido"). Castello morreu em 2008.

86 A citação correta de *O Poderoso Chefão Parte III* é: "O nosso verdadeiro inimigo ainda não mostrou sua cara".

lúcido e de alguma forma controlável. Então, quando ele "fode *pussy*", é por opção. Ele também está fazendo o coito, ou a união, com a pessoa que mais contribuiu para ajudá-lo a entender seu subconsciente — Melfi, que poderia ser interpretada como uma substituta desse mesmo subconsciente. Tony e seu subconsciente têm brincado de "será que eles vão ou não vão?" desde o piloto, e aqui eles consumam o relacionamento. Em um plano fechado de Tony sonhando, ele está sorrindo pela primeira vez desde quando deu a Carmela o casaco de pele.

7. Chegamos ao momento assombroso em que Tony se encontra no calçadão sendo confrontado por uma fila de peixes expostos sobre o gelo, e um deles abre a boca e fala com a voz de Pussy. O sonolento Tony talvez saiba o que tudo isso significa mesmo antes da conversa começar, porque o simbolismo da cena está cheio de associações com o meio mafioso: Pussy é um peixe pequeno que está sendo usado pelo FBI para pegar um peixe grande, e agora que foi marcado como um traidor, ele precisa ser congelado e "ir dormir com os peixes". Mas, se por acaso ele *não* entendesse isso, seu subconsciente faz o peixe com a voz de Pussy contar para ele: "Sabe que ando trabalhando para o governo, não?".

Todo o material associado aos sonhos é também carregado de associações. A cadeia de sequência de sonhos começa com Tony em um jantar com Pussy e seu parceiro no esquema dos cartões de telefone, em um restaurante indiano que, mais tarde, ele acha que lhe serviu um vindalho estragado. Ao som das notas iniciais de "Thru and Thru", dos Rolling Stones, a cena começa com um peixe inteiro — tão grande quanto os que vão aparecer sobre o gelo, no sonho — sendo carregado para fora da cozinha, passando por Tony, a caminho da mesa atrás deles. Depois, Tony e Pussy vão ao Vesuvio, para uma segunda refeição que inclui mexilhões. Embora seja compreensível que Artie Bucco desconverse para manter sua reputação, fica claro que Tony e Pussy (que informa estar com uma leve diarreia) tiveram intoxicação alimentar em decorrência dos mexilhões, e não da comida do restaurante indiano.

O que tudo isso significa para a vida de Tony além dos sonhos, é que ele estava convencido de que a origem de seu desconforto vinha de fora de seu círculo, quando, de fato, vinha de dentro dele o tempo todo. Ele percebe que os mexilhões do Vesuvio causaram a intoxicação mesmo antes que Artie estivesse disposto a aceitar essa responsabilidade. Acaba que não foram os indianos (ou seja, os caras de fora) que derrubaram Tony, mas sim um italiano: um dos seus. Quando Tony e Silvio fazem uma visita a Pussy e encontram os equipamentos da escuta eletrônica no quarto dele, Tony já sabe a verdade. A confirmação é uma mera formalidade. Seu subconsciente já vinha o alertando, por um longo tempo, que Pussy era o traidor: ele provavelmente sabia disso desde quando Pussy olhou em seus olhos perto do final do episódio "Guy Walks Into a Psychiatrist's Office". Só levou um pouquinho de tempo para que ele admitisse para si mesmo. E ele não poderia ter chegado a esse entendimento sem a ajuda do intestino irritado, do subconsciente agitado e das ferramentas que aprendeu com Melfi.[87]

A execução de Pussy é a contraparte melancólica da morte chocante de Richie ocorrida no episódio "The Knight in White Satin Armor". Em uma sequência que dura quase a metade do tempo dos sonhos que os trouxeram aqui, os três associados mais próximos de Pussy o levam até o mar e fazem tudo que podem para adiar o momento em que deverão matá-lo. Todos os quatro sabem o que está por vir — o máximo que Pussy pode pedir é para que não atirem no seu rosto, e também que permitam que ele se sente antes que o matem (só o primeiro pedido foi concedido) —, e todos parecem tão enjoados com a situação quanto Tony estava com os mexilhões. Primeiro eles compartilham uma bebida, e Pussy tenta curtir seus momentos finais contando uma história sobre sua façanha sexual com uma acupunturista porto-riquenha que fazia parte de seu disfarce no FBI. Tony, irritado tanto com o longo tempo que a situação está levando quanto com a amplitude da traição de seu velho amigo, não permite nem mesmo que Pussy aproveite este momento, acabando com a alegria dele ao perguntar: "Ela existia mesmo?". Cabe a ele dar o primeiro tiro já que Paulie, Silvio e o próprio Pussy parecem ávidos por prolongar a situação. E aí é para dentro do mar.

Para nós, era razoável supor, com base na maneira em que as séries dramáticas pré-*Família Soprano* e filmes de gângster tratavam dos assuntos, que Richie morreria no final da temporada pelas mãos de Tony, enquanto a situação de Pussy seria resolvida antes, ou então ele ficaria na série até a terceira temporada para continuar causando problemas. No entanto, tivemos uma explosão sensacional no penúltimo episódio, seguida de uma desaceleração surreal no episódio final. Ambas as mortes de Richie e Pussy, indeléveis como elas foram, têm um aspecto de anticlímax estratégico, ou pelo menos um desvio, que diferencia *Família Soprano* de todas as outras séries de drama contemporâneas.

O desfecho descontraído de "Funhouse" cobre a prisão de Livia por estar em posse de bilhetes aéreos que Tony pegou no *bust-out* de Scatino (e que Tony dá para ela num impulso para afastá-la); em uma sessão de terapia com Melfi na qual Pussy nunca é mencionado, nem mesmo de modo indireto; e uma montagem final

---

[87] Como se para oferecer mais provas de que Tony está prestando atenção na terapia, ainda que discuta com Melfi ou abandone a sessão de supetão, o episódio mostra Melfi fazendo basicamente o mesmo comentário sobre a relação entre a raiva e a tristeza de Tony que a Melfi do sonho faz na mente intoxicada de Tony.

que foca na formatura de Meadow[88] ao som da continuação de "Thru and Thru", concluindo com uma série de transições em que várias cenas se dissolvem de Tony fumando um charuto com vista para o oceano onde os restos de Pussy estão sendo comidos pelos peixes menores.

"You know that we do take away" [você sabe que nós preparamos para viagem] canta Keith Richards no primeiro momento que a música aparece em "Funhouse", na cena no restaurante indiano. A música volta no final e continua até os créditos. *Família Soprano* nunca explica por que *essa* música está *nesse* episódio; e se os comentários de Chase sobre as escolhas musicais da série forem um sinal, talvez ele simplesmente gostasse do jeito que ela soava. Mas, no contexto do enredo, ela tem uma ressonância poderosa. O "open book" [livro aberto] mencionado na letra é um catálogo telefônico que pode ser usado para entrar em contato com alguém (listado na seção de serviços) que pode conseguir qualquer coisa que o ouvinte precise, a qualquer momento, de dia ou de noite — alguém que lhe adora e quer o melhor para você não importa o que aconteça; um amante ou protetor cujas motivações são altruístas e puras e que ficará com você "thru and thru" [para sempre]. O subconsciente de Tony desempenhou esse papel em "Funhouse".

É a mãe que ele nunca teve.

---

88 Depois de uma temporada em que a escolha da faculdade de Meadow parecia ser Berkeley (sua preferência) contra Georgetown (a de Carmela), descobrimos que ela vai para Columbia, uma maneira mais conveniente geograficamente de mantê-la na série. Mas como não foi mencionado antes — Meadow já tinha considerado Georgetown como uma opção "muito distante da realidade", e Columbia é ainda mais competitiva —, essa escolha parece ter surgido do nada, especialmente porque foi introduzida em um dos sonhos de Tony.

"MR. RUGGERIO'S NEIGHBORHOOD"

TEMP. 3/EP. 1
ESCRITO POR DAVID CHASE
DIRIGIDO POR ALLEN COULTER
EXIBIDO EM 4 DE MARÇO DE 2001

A fábrica de linguiça

"Já amarrou o cadarço e percebeu a ponta molhada?" — **Paulie**

"Mr Ruggerio's Neighborhood" parece mais um prelúdio independente do que a estreia padrão de uma temporada, que, em geral, cumpre a função de introduzir novos assuntos e personagens. O título, que chama à memória o famoso programa para crianças *Mr. Roger's Neighborhood,* poderia ter sido o título de uma paródia para televisão baseada em *Família Soprano,* caso uma fosse concebida. A principal trilha musical faz algumas partes do episódio parecerem uma comédia musical: como nos momentos em que faz a transição e, às vezes, mescla a famosa música de 1983 "Every Breath You Take", da banda The Police, com o tema de *Peter Gunn*, de Henry Mancini. Essa impressão é ainda mais amplificada pelos movimentos de câmera obsessivos de tão exatos do diretor Allen Coulter — constantemente usando pedestal (que permite subir e descer a câmera ao longo de um eixo vertical), fazendo uma panorâmica (técnica em que a câmera gira sobre o próprio eixo na horizontal) e zoom (aproximando e/ou distanciando) para acompanhar personagens e veículos, com janelas de carro e binóculos servindo como máscaras na câmera para criar enquadramentos dentro de enquadramentos. "Mr. Ruggerio's Neighborhood" é também o primeiro episódio que opera basicamente em um único modo, caricato — apesar de que a depressão e a indignação de Patsy Parisi, cujo irmão gêmeo, Philly, teve a morte encomendada por Tony no episódio "Guy Walks Into a Psychiatrist's Office", proporcionam um aspecto penoso a algumas partes.

A maior parte do episódio é contada sob o ponto de vista dos agentes do FBI, incluindo Lipari, os agentes especiais Harris e Grasso, e o chefe Frank Cubitoso, enquanto eles tentam melhorar a vigilância na casa e nos negócios de Tony. Apesar de tudo ter andado na linha, a maior parte do segmento relacionado ao FBI dá a sensação de ser um comentário sobre fazer ou ver televisão. Para os maiores alvos da vigilância, a equipe designa codinomes que evocam os apelidos que eram dados a personagens e locações nos resumos televisivos da virada do século, como no agora desativado site de resumos televisivos *Television Without Pity*:[1] a casa dos Soprano é chamada de "A fábrica de linguiça", Tony é "Der Bingle", Carmela é

---

[1] Como resultado do ato de Patsy de urinar na piscina neste episódio, a recapitulação do *Television Without Pity* o chamaria de "Patsy Faz-Muito-Xixi".

"Sra. Bing", AJ é "Baby Bing". A cena de abertura, com os agentes reunidos ao redor de uma longa mesa, apresentando relatórios e fazendo comentários, poderia ser um encontro do time de roteiristas para determinar o "tom" correto da série, ou um encontro de atores para uma primeira leitura de um roteiro. Os especialistas da vigilância fazem uma "passagem de som" no porão da casa, quando a família e a empregada estão fora, para determinar se o barulho ambiente do ar-condicionado vai impedir que as gravações sejam de qualidade. Os close-ups de uma luminária de mesa que foi substituída para colocar um grampo e a cena na qual dois agentes discutem se podem empurrar a mesa um metro para a esquerda sem que ninguém note refletem a importância da continuidade de cena para cena. Alguns dos agentes do FBI se aventuram na atuação com diferentes graus de sucesso: a agente que está espionando Meadow no dormitório dela na Universidade Columbia é tão convincente que um estudante até flerta com ela em aprovação, enquanto o agente Harris é "reconhecido" por Tony mesmo usando um chapéu de pescador como disfarce. Diferentes "espectadores" desse "programa" da vida real o estão assistindo por motivos diferentes: alguns estão interessados no dinheiro circulando, outros nas relações entre parceiros criminais ou familiares; um agente fica todo animado ao ver que Tony "tem aquela furadeira, eu tenho uma igual", e outro fica secando Adriana e sua instrutora de tênis que é mão-boba.[2] Os agentes também estão, como nós, a par dos acontecimentos sobre os quais os personagens vigiados não estão cientes, e discutem entre si sobre quando as sementes que foram plantadas darão frutos substanciais. O exemplo mais flagrante aqui é a caldeira com defeito no porão da casa dos Soprano, daqui em diante conhecida como Caldeira Memorial Richie Aprile, porque dá um retorno antes do esperado.

O episódio também estabelece que, assim como a vida, a produção de uma série de TV se constrói em torno de rotinas:[3] você vai aqui, faz isso, fala sobre aquilo, e, de vez em quando, surgem problemas que exigem respostas definitivas para evitar complicações de longo prazo. Patsy é o elemento imprevisível aqui, caindo em uma forte melancolia na ocasião do aniversário de morte de seu irmão e tentando evitar se deixar levar pela raiva e matar Tony. Dan Grimaldi vira o centro da atenção, expressando o desespero da alma entristecida do personagem por meio de lágrimas, olhares distantes e declarações impassíveis, mas que deixam transparecer fúria fervente. Quando Patsy, armado e bêbado, chega à propriedade de Tony como se fosse um observador das gravações de um filme que passa pelo assistente

---

2   Algumas vezes, como acontece com frequência em *Família Soprano*, a vigilância em Adriana faz parecer como se a própria série estivesse excitada, e não apenas o agente.
3   Esse episódio tem uma das mais divertidas cenas de refeição de *Família Soprano*: o almoço no escritório do Bada Bing ancorado ao longo solilóquio de Paulie sobre limpeza de banheiros. Ele se sente enojado em especial pelo banheiro masculino, um show de horrores constante comparado ao feminino, que, segundo ele, é tão limpo que "vocês poderiam até tomar um sorvete no piso do banheiro".

de produção cuja função seria de isolar o set e acaba arruinando a filmagem, proporciona um solavanco momentâneo de dor tão intenso que o episódio não é capaz de suprimi-lo. A ordem repetida e quase hipnótica de Tony para que Patsy deixe o passado para trás é igualmente perturbadora devido à correria cômica que precede e acompanha o momento. Nessa linha de trabalho, não só você tem que aceitar que você ou alguém que você ama pode ser morto a qualquer instante, por qualquer razão, por alguém que você chama de amigo — mas também que você vai ter que olhar o assassino nos olhos e chamá-lo de "chefe".

"PROSHAI, LIVUSHKA"

```
TEMP. 3/EP. 2
ESCRITO POR DAVID CHASE
DIRIGIDO POR TIM VAN PATTEN
EXIBIDO EM 4 DE MARÇO DE 2001
```

Muito a andar

"O que se há de fazer?" — **Tony**

"Proshai, Livushka" dá mais a sensação de ser uma abertura tradicional de temporada do que o episódio que o precedeu,[4] e não só porque lidou com a morte da atriz Nancy Marchand, dando um final apropriado à Livia, que tinha ficado meio deixada de lado na segunda temporada. O episódio traz Janice de volta para causar mais problemas; revela de forma casual que o já idoso capitão Ray Curto (George Loros) é mais um informante do FBI; e introduz coadjuvantes importantes, o namorado de Meadow, Noah Tannenbaum (Patrick Tully), e o quase-capitão Ralphie Cifaretto (Joe Pantoliano).[5] Esse último entra na casa de Tony e dá nele um abraço choroso, como se estivesse na série desde o começo. Ficamos sabendo que ele passou a liderar a gangue de Richie Aprile e realmente se comporta como um novo Richie, até na insistência de querer controlar uma certa rota de lixo, e na insubordinação quando Tony ordena que ele pare de causar problemas.

---

[4] Aliás, a HBO exibiu este episódio na mesma noite de "Mr. Ruggiero's Neighborhood", a única vez que dois episódios de *Família Soprano* estrearam juntos.

[5] Joe é um cara de New Jersey, ator de personagens coadjuvantes — conhecido por amigos e pelos fãs como "Joey Pants" — que seguiu os passos de seu conterrâneo de Hoboken, Frank Sinatra, fazendo o papel de Angelo Maggio em um remake para TV de *A um Passo da Eternidade* antes de fazer sucesso como um cafetão que rouba a casa de Tom Cruise em *Negócio Arriscado*. A participação de Pantoliano em *Família Soprano* veio quando ele estava em outro momento importante de sua carreira graças ao seu trabalho com as Irmãs Wachowski em *Ligadas pelo Desejo* e *Matrix* e com Christopher Nolan em *Amnésia*.

Passamos mais tempo com a empregada russa de Livia, Svetlana Kirilenko (Alla Kliouka Schaffer), que bate de frente com Janice quanto a posse da coleção de vinis antigos de Livia, como também sobre a casa que Janice ainda quer reivindicar (junto ao famoso dinheiro escondido que Livia havia mencionado para ela).

A princípio, não há nenhuma indicação de que o episódio vá ser o último de Livia. As coisas começam com um ato explosivo de terrorismo relacionado ao lixo, depois a cena corta para um plano de Tony deitado no chão, circundado de vidro quebrado e o que supomos ser seu próprio sangue, talvez derramado por quem quer que tenha detonado a bomba; mas é, na realidade, um copo de suco de tomate que Tony deixou cair depois de se entupir de copa e desmaiar pouco após ter despachado o namorado de sua filha, meio afro-americano e meio judeu, para fora de casa com um rompante racista. (Essa é uma outra situação na qual o sabido preconceito de Tony vem à tona, com ele usando várias ofensas raciais em italiano na frente do rapaz, além de chamá-lo de "carvãozinho".) Em um dos segmentos mais descarados de brincadeira solene já vistos na série — logo após o absurdo musical no estilo Guardas Keystone (personagens de uma série de filmes de comédias pastelão do cinema mudo) de "Mr. Ruggiero's Neighborhood" —, o episódio "rebobina" para os eventos que levaram ao colapso de Tony, como se fosse uma velha fita VHS; o som do rebobinar continua na trilha sonora até o instante em que Tony fala com Meadow, que está sentada no sofá da sala onde acaba de assistir a *Inimigo Público*, o filme de gângster de 1931 que fez de James Cagney uma estrela.

A menção ao filme é importante não só por seu lugar sagrado na história do cinema, mas também porque seu pilar emocional é o relacionamento amoroso entre o herói e sua mãe adorável (Beryl Mercer) — um vínculo com o qual Tony só pode sonhar. O episódio corta para o filme *Inimigo Público* por quatro vezes e constrói a cena final ao redor de Tony, enquanto ele assiste ao final horripilante em que Ma Powers prepara o quarto do filho para seu retorno do hospital, sem saber que ele tinha sido sequestrado e morto e que é seu cadáver que está sendo trazido para casa. O que leva Tony às lágrimas não é a tragédia da morte de Tom, mas a simples imagem de uma mãe expressando a alegria pela volta do filho. Não fica claro se Tony está reassistindo ao filme inteiro de modo obsessivo enquanto lida com a morte da mãe ou se só leva um longo tempo para assisti-lo do começo ao fim. Qualquer que seja a realidade, o filme ganha um poder de talismã à medida que o episódio vai se desenvolvendo, até que no final acaba transcendendo sua função no enredo, ilustrando a verdade de como um filme pode nos explicar muito sobre nós mesmos, mesmo quando não estamos procurando por entendimento.

Muito foi escrito sobre a decisão questionável de trazer Livia de volta por meio do que havia de mais moderno na época em computação gráfica, a custos elevados, fazendo Gandolfini e Schaffer atuarem frente a uma substituta e usando uma gravação do "diálogo" de Livia — uma colcha de retalhos à moda Frankenstein de frases pescadas de episódios anteriores. Chase achava muito importante para a série que Livia e Tony se falassem cara a cara, em vez de pelo telefone, ou de ele ser informado sobre a morte da mãe depois do ocorrido e então lidar com a informação relevante naquela cena (Livia talvez tenha testemunhado contra Tony sobre as passagens aéreas roubadas) em qualquer outro contexto (talvez na terapia, onde Tony lida com as implicações legais e emocionais).

O resultado causa distração porque a tecnologia não foi capaz de fazer exatamente o que Chase queria. Ele pegou inspiração no filme *Gladiador*, de Ridley Scott, que também completou as cenas de Oliver Reed desse modo depois que ele faleceu durante as filmagens. Mas Scott tinha um orçamento maior e pôde resguardar sua aposta com iluminação de alto contraste, fumaça, névoa e outros dispositivos de ocultação, o que não foi o caso com a cena aqui entre Tony e Livia, apresentada em uma sala simples e bastante iluminada que evidenciou problemas de continuidade que distraíam, como fontes de luz incompatíveis e estilos de penteado que variavam entre diferentes planos.

Mas esse defeito acabou sendo mínimo, porque a série entende seus personagens muito bem, e as observações feitas no episódio sobre tristeza e luto soam muito verdadeiras.[6]

Desde o momento em que Tony volta à cozinha após ter consertado o irrigador do jardim (as gotículas de água em seu rosto e em sua camisa representando as lágrimas que ele não consegue derramar), "Proshai, Livushka" captura a estranheza de processar publicamente a morte de um parente próximo que você queria que morresse.[7] Tony desabafa tão ferozmente na terapia que chega a usar xingamentos fortes para se referir à própria mãe. "Eu fico feliz por ela estar morta", ele diz à Melfi. "Não só feliz, desejei que ela morresse. *Desejei*."

A maldade de Livia — ou seu defeito, se quiser se compadecer — se espalha mesmo depois de sua morte. Como Carmela diz mais tarde, ela se conhecia bem e não queria velório porque pensou que ninguém compareceria, mas seus filhos "ignoraram o desejo dela". Janice é a principal responsável por tomar essa decisão, encorajada pelo dono da funerária Cozzarelli (Ralph Lucarelli, inspirando-se com força nos filmes de *O Poderoso Chefão*)[8] e por Tony, sentindo-se mal por não se sentir pior e encobrindo sua culpa com dinheiro, como sempre.

---

[6] O episódio tem uma atenção especial aos "não sentimentos" que as pessoas expressam após uma perda, quando não sabem o que dizer, como "Ao menos ela não sofreu" e "O que se há de fazer?".
[7] "Um filho adulto geralmente deseja que os pais idosos morram", Melfi assegura a Tony. "Não é necessário que os pais sejam testemunhas da acusação."
[8] Cozzarelli: "Usarei toda minha influência, minha habilidade". Tony: "Não exagere".

Além disso, sem o velório, o enterro e a recepção, nós teríamos perdido momentos como: Junior alfinetando Tony nos fundos da funerária ("Mas nessa economia tão robusta você ganhou crédito por coisas que não fez"); Svetlana dizendo a Janice, "Ela deu muito trabalho, mas, no final, me derrotou"; Janice tomando de assalto a recepção com o que Tony chama de "besteirada da Califórnia"; Hesh sendo pressionado a dizer algo e soltando "Entre o cérebro e a boca, não havia interlocutor"; os convidados anônimos descendo as escadas ao fundo, atrás de Tony, dando uma olhada e subindo de novo; Chris, totalmente drogado, defendendo a teoria de que todo mundo tem um sósia ("A sra. Soprano pode ter falecido, mas quem pode dizer que não existe uma outra sra. Soprano igual a ela?"); e Janice contando a Tony que ele foi o único filho cujas coisas a mãe deles guardou, uma revelação que ele não sabe como digerir porque contradiz a ideia de que sua mãe era uma megera incapaz de expressar amor, chegando até a atentar contra a vida dele.

Esse é também um outro episódio que, como em "Isabella" e "Funhouse", dá um sinal da presença de forças teológicas e cosmológicas agindo no universo de *Família Soprano*. Há um breve reflexo de Pussy, assassinado em "Funhouse", em um espelho no corredor que ninguém mais no plano poderia ter visto, e uma longa cena na qual AJ tem dificuldade com uma interpretação detalhada de "Stopping by Woods on a Snowy Evening" [Pela floresta numa noite de nevasca], um poema do "imbecil do Robert Frost" que é usado com frequência em discursos fúnebres. Meadow tenta ajudar AJ a entender o significado de "muito a andar antes de dormir", mas sem mastigar tudo para ele. "Me dá logo a resposta pra eu escrever isso!", ele resmunga.

Meadow não só se recusa, mas sua explicação em uma lição improvisada de poesia levanta mais perguntas do que as responde (acontece que tanto branco como preto podem simbolizar a morte). "Ele está falando da própria morte", diz Meadow sobre o narrador do poema, "que ainda não chegou, mas vai chegar."

Isso não ajuda AJ em nada. Os momentos de silêncio depois que sua irmã vai embora dão a *Família Soprano* um breve toque de filme de terror, com o jovem ouvindo tábuas rangendo e chamando "Vovó?". Será que o espírito de Livia o estava visitando, ou era sua imaginação pregando uma peça nele? Em vez de fornecer respostas, a série nos deixa na quietude da floresta, nevada, escura e profunda.

"FORTUNATE SON"

TEMP. 3/EP. 3
ESCRITO POR TODD A. KESSLER
DIRIGIDO POR HENRY J. BRONCHTEIN
EXIBIDO EM 11 DE MARÇO DE 2001

O herdeiro

"É, qual é o problema com ele? Quando ele vai crescer?" — **Tony**

O legado que os pais passam aos filhos, muitas vezes sem os consultar, une um conjunto aparentemente contrastante de enredos. Há quatro personagens em potencial para os quais o título do episódio, "Fortunate Son" (filho afortunado), pode se aplicar: Christopher, AJ, Jackie Aprile Jr. e o próprio Tony, a cuja infância nós retornamos à medida que a dra. Melfi enfim entende o que está causando os ataques de pânico dele.

A solução para esse mistério vem com rapidez extraordinária, em comparação ao tempo que Tony tem sido paciente dela, agora por mais de duas temporadas: sem a presença de Livia, mas ainda com os ataques de pânico, Tony declara que Melfi tem que resolver ou se calar sobre o assunto, e ela quase faz isso de imediato. Dando-se conta de que a carne costuma estar presente[9] quando Tony desmaia, Melfi investiga seu passado até que consegue chegar à lembrança da história de como Johnny Boy tomou o controle do açougue suíno do velho Satriale, um jogador patológico (como Davey Scatino) que teve que pagar as dívidas não só com seu negócio, mas também com o dedo mindinho, que Johnny cortou fora enquanto o pequeno Tony, de 11 anos, via tudo.

Como de costume, Tony está limitado demais pelas racionalizações e repressões necessárias para conseguir atuar como um membro da Família que tenta descartar a importância da história. "Que é? Seu pai nunca cortou fora o dedinho de alguém?", ele brinca com Melfi, mas até ele consegue ver a ligação entre a mutilação do sr. Satriale, Livia, que fica excitada pela carne que Johnny traz para casa, e o que, olhando para trás, foi seu primeiro ataque de pânico. Melfi compara essa ligação com as madeleines do livro *Em Busca do Tempo Perdido*, de Proust — "Isso soa muito gay", Tony reclama —, antes de explicar que saber a origem dos ataques de pânico vai tornar Tony menos suscetível a eles. O diagnóstico é uma grande virada no relacionamento entre Tony e Melfi. Antes, ele ia consultá-la porque operava sob uma ameaça onipresente a sua vida e a seu ganha-pão, que somente ela podia ajudar a resolver; agora, com esse problema em grande parte sob controle, médica e

---

9   Apesar de não sempre — os roteiristas não se decidiram sobre a ideia até a terceira temporada.

paciente têm mais liberdade para explorar seus vários outros problemas — e, como vimos (por exemplo, nos eventos que precedem "Funhouse"), para Tony solicitar ajuda com problemas de trabalho, com os quais ela não deveria querer se envolver.

Tony era o filho de um mafioso que aprendeu a ignorar a maneira terrível como o pai colocava comida na mesa, e vimos o custo psicológico disso. A maior parte de "Fortunate Son" ilustra como o mesmo custo está sendo cobrado da próxima geração.

É impressionante como o jovem Tony (Mark Damiano II) se parece com AJ, e a semelhança se estende para o plano final do episódio, na qual AJ também sofre um ataque de pânico quando seu treinador de futebol americano o coloca como capitão da defesa. Enquanto Tony sempre foi preparado por Johnny para seguir os negócios da Família, ele nunca quis esse tipo de vida para seu filho. Seu homônimo é mimado e está desorientado. Os planos de AJ para o futuro mudam tão depressa que ele nem se lembra de todos eles. Uma visita à Universidade Columbia para ver Meadow o deixa tão intimidado pela ideia de fazer faculdade que ele não quer se candidatar a nenhuma. O futebol americano parece só uma coisa que ele está fazendo para ganhar a aprovação de Tony — quando ele recupera a bola em um *fumble*, a ação diminui de velocidade, e a alegria de Tony o faz parecer mais animal do que homem — mais do que por um triunfo pessoal para AJ. O fato de o treinador promovê-lo não deveria ser tão traumatizante como o incidente do dedo/carne foi para Tony, mas AJ pode se sentir preso em uma situação que ele não quer, mesmo que ele não tenha a menor ideia do que quer mesmo.

Em contraste com AJ, o outro homônimo do episódio, Jackie Jr., sabe muito bem o que quer: seguir os passos do pai. Como AJ, ele tem plena consciência de suas limitações acadêmicas, descartando em privado os desejos de sua mãe, Rosalie[10] (Sharon Angela), de que ele seja médico. Christopher faz um trocadilho para chamá-lo de herdeiro de forma pejorativa, mas ele é só um jovem burro e amedrontado (quando os dois roubam juntos a festa beneficente de uma universidade, ele faz xixi na calça) cujo padrinho, Tony, é categórico em afirmar que ele não fará parte da Família com F maiúsculo.

Os dois filhos de criação de Tony se juntam, apesar de suas posições muito diferentes na organização, porque Christopher está desesperado por dinheiro para pagar a quantia semanal de Paulie. O episódio abre com Chrissie (como Adriana algumas vezes chama Christopher) realizando o sonho de se tornar um homem feito na máfia. A princípio, ele fica preocupado que possa ser assassinado no evento,

---

10 Rosalie, viúva de Jackie há algum tempo, está namorando Ralphie, o que só aumenta a impressão de que ele é o novo Richie. Ele está de olho no comando da gangue de Aprile, está namorando a cunhada de Richie e aconselhando Jackie Jr. Ele é um personagem totalmente novo de muitas maneiras, mas, de outras, chega a parecer que um assistente dos roteiristas pegou todos os roteiros e apenas copiou e colou, trocando "Richie" por "Ralphie".

como aconteceu com Joe Pesci em *Os Bons Companheiros*, e quando Adriana o acalma dizendo que ele assiste a filmes demais, a câmera dá uma piscadela para ela, e para nós, quando corta de imediato para Christopher já todo elegante, de terno, em um estacionamento, uma cena que recria o famoso *push-in* de *Os Bons Companheiros* para introduzir o personagem Henry Hill já adulto. Essa vai ser a última vez no episódio que a vida de Christopher terá alguma semelhança aos tipos de filmes que o fizeram querer entrar para a Família. Na cerimônia em que ele e Eugene Pontecorvo (Robert Funaro)[11] se tornaram integrantes da Família,[12] Chris acha que um passarinho que pousa no peitoril da janela é um mau presságio. Paulie, agora seu supervisor direto, o presenteia com um livro de apostas esportivas, mas insiste que ele tem que pagá-lo 6 mil dólares por semana, independentemente de os negócios irem bem ou mal. Chris tenta mostrar um ar de superioridade quando Jackie Jr. e seu amigo Dino (Andrew Davoli) entram em uma briga no seu restaurante favorito, ele avisa "Não desrespeite a pizzaria!". Depois diz baixinho ao seu novo subordinado, Benny Fazio (Max Casella),[13] que ele não pode mais ser visto em lugares como aquele. Mas ele ainda tem muito que aprender sobre seu novo papel, em especial quando passa por uma maré de azar nas apostas e fica sem pagar Paulie. Todos lhe dizem que a promoção vai melhorar a vida dele, mas, em vez disso, parece sobrecarregá-lo com tantas novas regras e responsabilidades — todas das quais ele não pode se livrar e, como Tony avisa a Chris e a Eugene na cerimônia, "Quando alguém entra nesta Família, não há como sair".

"Ser um membro não está sendo como eu pensei", ele reclama com Paulie.

Chris, como Tony, AJ e Jackie, cresceu nessa vida e sempre esteve exposto a toda sua feiura. Ele já deveria estar acostumado. Mas, como os outros, ele sempre fica surpreso com a profundidade de tudo isso, na qual o fato do cérebro se desligar de tudo e o corpo colapsar parece menos uma aberração mental do que uma reação razoável.

---

11 Um velho amigo de Gandolfini, Funaro foi, num primeiro momento, contratado para o papel de Ralphie. Quando Chase se deu conta que o ator e o papel não combinavam, ele foi escalado para fazer Eugene, um membro da gangue que tinha sido de Aprile.
12 Aparecendo pela primeira vez na festa para celebrar a promoção de Chris e Eugene, Carmine Lupertazzi, a contraparte de Tony em Nova York e superior direto de Johnny Sack, foi interpretado por Tony Lip, mais um ator que participou de *Os Bons Companheiros*.
13 Um dos poucos atores a aparecer tanto em *A Máfia no Divã* como em *Família Soprano*, Casella era antes mais conhecido pelo seu papel como Vinnie Delpino, o melhor amigo do menino prodígio interpretado por Neil Patrick Harris na série *Tal Pai, Tal Filho*.

"EMPLOYEE OF THE MONTH"

TEMP. 3/EP. 4
ESCRITO POR ROBIN GREEN & MITCHELL BURGESS
DIRIGIDO POR JOHN PATTERSON
EXIBIDO EM 18 DE MARÇO DE 2001

Cão de ataque

"Não." — **Dra. Melfi**

O primeiro episódio do tipo tudo ou nada desde "Funhouse", "Employee of the Month" inflige um trauma catastrófico à dra. Jennifer Melfi, a protagonista menos afetada pela atividade criminal da série, e então a oferece a oportunidade de usar os poderes sombrios de Tony para se vingar, dá a ela tempo para pensar a respeito e a leva a se decidir com uma única palavra: "Não". Aquela sílaba solitária, seguida pelo primeiro corte seco para a tela preta da série,[14] é um dos momentos mais poderosos da série até então, porque "não" é a palavra que o homem que estuprou Melfi, no estacionamento de seu escritório, não aceitaria, e que outros homens em sua vida, incluindo seu marido e filho, sempre não respeitam.

O uso do estupro em séries de TV para "aumentar os riscos", ou apenas para sacolejar o público de qualquer complacência, foi criticado com razão graças a tantas séries dramáticas subsequentes como *Game of Thrones, Filhos da Anarquia, Westworld, Mad Men: Inventando Verdades, Downton Abbey* e *True Blood,* onde foi empregado com diversos graus de sensibilidade. Mas a agressão sexual tem sido um pilar do drama televisivo desde, pelo menos, os anos 1970, quando um novo prazer pela brutalidade começou a transbordar das peças teatrais para a tela da TV, tornando-se comum durante os anos 1980, de forma mais notória em novelas diurnas e noturnas, séries criminais, policiais e procedimentais legais. Entre os casos mais notórios foi o de um episódio apresentado em duas partes da série *Tiro Certo,* do canal NBC, no qual a protagonista feminina, a detetive Dee Dee McCall (Stepfanie Kramer), é estuprada por um diplomata. A história termina com o parceiro dela, Hunter (Fred Dreyer), matando o estuprador em seu próprio apartamento.[15] O episódio foi elogiado por representar a brutalidade de um ato como este sem torná-lo empolgante, embora um policial cometendo violência como se fosse um justiceiro tenha deixado um gosto amargo na boca de alguns espectadores. *Família Soprano,*

---

14 Esta é a primeira vez na série que uma cena apenas corta de forma abrupta para a tela preta, como se alguém tivesse apertado o botão de parar. Em todos os outros episódios, as cenas fazem a transição gradual para a tela preta.

15 Este enredo causou tanto rebuliço que os produtores tentaram repeti-lo na quarta temporada, mas Kramer se opôs a ser estuprada duas vezes na mesma série de TV, então o roteiro foi reescrito para que ela lutasse contra o agressor e escapasse antes que ele pudesse consumar o ato.

sempre saindo dos hábitos arraigados da TV tradicional, nos leva a pensar que vai dar uma de *Tiro Certo* aqui, e até mesmo induz com cuidado o telespectador a pensar que uma intervenção de Tony seria desejável e aparentemente inevitável. O cara que atacou Melfi, Jesus Rossi (Mario Polit), é preso logo, mas solto por um detalhe técnico, e a polícia parece indiferente ou incompetente. O filho e o ex-marido de Melfi se enfurecem contra o agressor e expressam o desejo de assassiná-lo pessoalmente, mas fica claro que são incapazes de fazê-lo, como é confirmado no corte de Richard com punhos cerrados (inadequado para o ato que ele gostaria de cometer) passando para um plano de um toco de madeira sendo cortado por um golpe poderoso do machado de Tony (uma demonstração de força precisa e confiante que está mais de acordo com o que "precisa" ser feito). O fato de Rossi estar solto, sua fotografia do arquivo policial está pendurada na parede de uma lanchonete que Melfi frequenta, é tão exasperante que parece validar o desespero do filho de Melfi, Jason: "Você sabe que o mundo inteiro é um esgoto! Não passa de um esgoto nojento!". Como nós, espectadores, vamos ficar satisfeitos? A resposta é: não vamos — não agora, pelo menos; embora o fato de o estuprador ainda estar livre parece prometer algum tipo de resolução tradicional de TV mais à frente.[16]

O horror da terrível situação de Melfi é amplificado pelos homens inúteis ou tóxicos do episódio que precisam se esforçar para prestar atenção às necessidades dela, mas que se distraem com facilidade por seus próprios sentimentos de emasculação (ou, no caso dos mafiosos, um desejo por "respeito"). Melfi tinha acabado de aceitar Richard de volta, mas a reconciliação é frustrada devido ao fato de ele continuar transformando o ataque em mais um referendo sobre a imagem do povo ítalo-americano, e tanto ele quanto Jason parecem furiosos por reconhecerem sua própria impotência do que pelo ataque em si.

E, com isso, Richard volta pelo que acabou sendo um breve período, mas vai embora de novo como resultado da situação após o estupro, enquanto Tony está à beira de ser dispensado por Melfi como paciente — "Richard estava certo", ela desabafa com Elliot. "Eu estou sendo enfeitiçada por um sociopata. Por que eu não o ouvi?" —, mas depois tem uma segunda chance[17] porque, ironicamente, ele a faz se sentir mais segura do que Richard foi capaz de fazer.

16 Chase disse à *Entertainment Weekly*, em 2001: "Se você foi criado com uma dieta constante de filmes de Hollywood e televisão aberta, você começa a pensar: 'é claro que haverá alguma reparação moral aqui'. Mas não é assim que o mundo funciona. Tudo se resume ao porquê de você estar assistindo. Se tudo que você quer é ver o grandalhão Tony Soprano pegar a cabeça daquele cara e bater contra a parede como um melão... A questão é que Melfi, apesar da dor e do sofrimento, fez sua escolha moral e ética, e devemos respeitá-la por isso. Essa é a história".
17 De uma perspectiva além do roteiro, essa história ajuda a justificar a continuação da terapia, mesmo após a morte de Livia e a cura dos ataques de pânico nos dois episódios anteriores, após os quais qualquer uma das partes poderia ter se afastado com facilidade pelo constrangimento da situação ou pela diminuição da urgência.

Enquanto isso, no ambiente dos mafiosos,[18] Ralphie ignora as ordens de Tony de não arrastar Jackie Jr. para uma vida de crime ao levá-lo para coletar uma dívida, e propositalmente agrava a situação de modo que possa dar a Jackie o que ele almeja (a chance de se provar, como no caso do roubo com Christopher no episódio "Fortunate Son") e criar um vínculo mais próximo com o rapaz, agora sem pai. Os insultos de Ralphie ao devedor incluem a ameaça de estuprar sua mulher. Ele garante que Jackie Jr. vai "transar com sua mulher até ela gemer", um termo que pressupõe consensualidade, ou, pelo menos, um cenário em que a mulher decide, no meio do estupro, que no fim das contas ela "curte" — como acontece com a personagem de Susan George em *Sob o Domínio do Medo*, um thriller de 1971 dirigido por Sam Peckinpah.

Nesse meio-tempo, Janice leva uma surra de um gângster russo por ter roubado a perna protética de Svetlana, mas seu irmão não retalia: ele não quer provocar uma guerra, e ele vê a surra como uma justa punição pela ação mesquinha da irmã.[19]

O fato de Tony não ter reagido à surra dada à irmã nos faz pensar: é esse o comportamento de um rottweiler fiel que atacaria pessoas ruins quando ordenado, como a mente de Melfi parece acreditar? É difícil dizer. De qualquer forma, para um chefe da máfia que se orgulha de sua habilidade de intuir violência, Tony parece não perceber a possibilidade de que os ferimentos de Melfi possam ser por outras razões que não um acidente de carro.

É surpreendente perceber quão breve o ataque acontece na tela: leva noventa segundos desde quando Melfi passa pelo cara que vai atacá-la na escada até a cena em que a enfermeira coleta DNA de uma de suas unhas. Mas a encenação é tão feia e assustadora, dedicada por completo a transmitir o terror de Melfi, que, quando está assistindo pela primeira vez, você tem a sensação de que ela não acaba nunca, como na sequência em *Sob o Domínio do Medo*, na qual a personagem de Susan George é espancada, estuprada e sodomizada em uma cena que dura quase oito minutos; ou a cena de estupro em *Irreversível*, filme de Gaspar Noé de 2002, que dura nove minutos, quase um décimo da duração total do filme.

O impacto desta cena é devido a escrita e filmagem criteriosas:[20] o espectador vê suficiente do ato para entender sua atrocidade e não se esquecer dela, enquanto o episódio segue em direção ao final surpreendente, mas não tanto a ponto

---

18 Um adendo aqui, mas ainda relevante dada a posição dele na hierarquia, é o fato de o subchefe de Nova York, Johnny Sack, ter comprado uma mansão a poucos minutos de onde Tony mora.

19 "Eu deveria estar casada a essa altura da minha vida", Janice reclama após o espancamento, quase sem perceber a ironia de que ela continua solteira porque matou o último homem que lhe deu um soco na boca.

20 Robin Green e Mitchell Burgess são casados e formam um time de roteiristas que já tinha trabalhado com Chase em *No Fim do Mundo* e ganhou o Emmy de melhor roteiro de série dramática em 2001 por este episódio. Bracco foi indicada como melhor atriz principal naquele ano, mas perdeu para Edie Falco por um outro episódio, "Second Opinion", da mesma temporada. Green e Burgess viriam a criar *Blue Bloods*, uma série policial de sucesso do canal CBS.

de parecer que *Família Soprano* está esfregando o sofrimento de Melfi no nariz do espectador (uma moderação incomum para uma série que muitas vezes apresenta a violência como uma comédia pastelão excepcionalmente brutal).

O sonho de Melfi, que se desenvolve com a complexidade adequada ao subconsciente de uma terapeuta profissional, chega à mesma conclusão, e é somente a autoanálise, combinada a seu profundo senso de ética, que permite a ela fazer a escolha certa. Em seu sonho, Tony Soprano se apresenta como uma fonte de potência (a advertência de eletricidade na caixa) e um distribuidor ao pé da letra (uma máquina de vender refrigerantes que aceita macarrão ao invés de dinheiro) de violência letal (o rottweiler que, no início, Melfi entende como uma ameaça à segurança dela — lembre-se das vezes que Tony "latiu" e "rosnou" para ela na terapia). Mas o sonho também apresenta Tony como um tipo de protetor não convencional, em oposição a um policial ou segurança (o rottweiler de novo, uma raça que, Melfi diz a Elliot, era "descendente direto dos cães usados no exército romano para guardar o acampamento"; a máfia penetrou nos Estados Unidos, em parte, porque os imigrantes italianos precisavam de segurança e justiça, mas achavam que não poderiam confiar na polícia).

A sessão subsequente de Melfi com Elliot se concentra na responsabilidade ética de não "usar" um paciente para resolver os próprios problemas. Esse cenário já seria bem perturbador se Tony fosse um mero corretor de seguros e Melfi o estivesse pressionando por uma cotação melhor de uma apólice de seguro de vida. Mas cruzaria a linha e cairia em uma obscenidade de proporção bíblica se ela, de forma proposital, "apertasse os botões" de Tony (como ela faz fisicamente no sonho ao apertar os botões da máquina de refrigerante) e transformá-lo em uma manifestação viva do que Elliot chama de "a parte proibida da sua psique: fúria assassina".[21]

Há algo mais acontecendo aqui: uma advertência mais abrangente do subconsciente de Melfi de que se continuar a sondar a psique de Tony, isso pode causar danos adicionais a ela. Ela já tinha sido obrigada a deixar seu consultório no final da primeira temporada, e por vezes temeu por sua própria segurança devido aos ataques de raiva de Tony, mas esse sonho parece conter mais avisos terríveis que ela não reconhece porque ela está pensando apenas em seu trauma atual, por motivos compreensíveis. Aquela advertência ao lado da caixa do transformador

---

[21] Aqui, como em outras cenas de Elliot-Melfi, chama a atenção como ele com frequência está enganado em suas análises. Enquanto ele tem boa intenção e obviamente se importa com ela, ele é do tipo que bate sempre na tecla de pressionar Melfi a se livrar de Tony, chegando a ser mais insistente do que Melfi ao pressionar Tony para confrontar sua deficiência como pai e sua criminalidade. Ele também parece menos sofisticado como um todo. Em geral, ela está pelo menos meio passo à frente dele, e algumas vezes (como nessa sessão, na qual ele do nada conta a história sobre uma máquina de refrigerantes que caiu em cima de um hóspede de um motel em Gainesville, na Flórida), ele parece que está apenas falando para ouvir o som da própria voz, ao invés de se aprofundar ou expandir as contribuições de Melfi.

(!) avisa às pessoas "Alta Voltagem: Ligue para a NJGE (Companhia de Gás e Eletricidade de New Jersey) antes de começar a cavar", e Melfi deduz corretamente que Tony é a pessoa "perigosa" cujo subconsciente ela está "cavando". Há uma advertência similar e redundante no sonho: ela tenta fazer com que uma lata de refrigerante saia da máquina, mas quando isso não acontece, ela enfia o braço para forçar a lata para fora, e o braço fica preso. Esses e outros detalhes fazem parecer que o subconsciente de Melfi a está avisando sobre algo além da ética de usar um mafioso para punir seu estuprador. Elliot é irritante de tão implacável em pressioná-la a se livrar de Tony, mas ele só quer o que acredita ser o melhor para ela — e ele quase consegue, convencendo-a a transferi-lo para terapia comportamental. Mas ela acaba voltando atrás quando vê como Tony fica magoado pela perspectiva de rejeição. Ela poderia se afastar daquela máquina de refrigerante e se salvar, mas só se conseguisse desistir daquela lata de refrigerante.

Apesar de *Família Soprano* ter ajudado a impulsionar a fascinação dos dramas televisivos modernos com a serialização, a série era, com mais frequência, uma coletânea de histórias curtas apresentando os mesmos personagens, e "Employee of the Month", em particular, parece um conto terrível com um início, um meio e um fim definitivo — só que não o que a maioria dos espectadores queria. Jennifer Melfi, uma mulher cujo mundo está em contato com o de Tony, mas que ainda considera sua vida distinta da vida dele, tem uma oportunidade clara de quebrar todos os juramentos profissionais que proferiu de não fazer o mal, de violar todas as regras escritas e tácitas de convivência em uma sociedade moderna, e determinar que a justiça ao estilo da máfia seja feita para Jesus Rossi. Quando Tony percebe seu óbvio estresse emocional e pergunta se tem alguma coisa sobre a qual ela queira falar, tudo o que Melfi tem que fazer é dizer "sim" — escolher, como seu paciente e o restante de sua Família, o que é egoísta e fácil em relação ao que ela sabe que é certo. Apenas diga sim, e Rossi deixará de existir.

Ela diz não.

"ANOTHER TOOTHPICK" TEMP. 3/EP. 5
ESCRITO POR TERENCE WINTER
DIRIGIDO POR JACK BENDER
EXIBIDO EM 25 DE MARÇO DE 2001

Sob proteção

"Estamos tentando chegar aos verdadeiros motivos." — **Dra. Melfi**

Lembrado sobretudo pela cena sanguinolenta do assassino de aluguel — o aposentado e doente em estado terminal Bobby Bacala Sr. (Burt Young), que mata o brutamontes de seu afilhado e uma testemunha inocente enquanto tosse sangue —, "Another Toothpick" é um episódio que mistura diversas coisas: apresenta várias histórias ligadas, como em tantos episódios de *Família Soprano*, pelo medo do declínio físico e da morte, além da ansiedade sobre a assertividade de decisões anteriores. Quase todas as histórias provam estar interconectadas, não apenas pelo tema, mas também pelos efeitos indiretos que seus eventos provocam. No final, parece mais um episódio de "limpeza de casa", mas que é construído em volta de uma história principal (a tarefa do velho Bacala de matar Mustang Sally, interpretado por Brian Tarantina) envolvendo dois personagens completamente novos.

Essa limpeza envolve:

- O crime e castigo de Mustang Sally, castigo que foi ordenado por Gigi Cestone (no seu primeiro teste real de liderança desde quando Tony o promoveu, em vez de Ralphie, para comandar a velha gangue de Aprile) e aprovado por Tony;
- A relação tensa de Bacala Jr. com seu chefe, tio Junior, quem ele acha que só está sendo insensível com o fato de seu pai ter um câncer terminal de pulmão, até descobrir que Junior está mantendo em segredo seu próprio diagnóstico de câncer;
- A contínua insubordinação de Ralphie, que se expressa em "piadas"[22] flagrantemente desrespeitosas sobre Gigi, Tony e Vito, irmão do homem que Sally que deixou em coma;

---

[22] Este é um acontecimento recorrente em *Família Soprano*: crueldade verbal seguida por uma reclamação ambígua ("Eu só estava brincando... você não aguenta uma piada?"). Esses insultos são versões minúsculas e não físicas de espancamentos e tiros — pequenas erupções de impulsos que são tabus sociais e que as pessoas se sentem no direito de expressar até que a pessoa na outra ponta percebe que está sendo dominada publicamente e decide revidar, como Chris fez depois que Artie o insulta repetidamente e faz comentários inadequados sobre Adriana.

- O anúncio de um projeto encabeçado pelo deputado Zellman (Peter Riegert,[23] introduzido como um convidado no velório de Livia no episódio "Proshai, Livushka") para transformar o porto de Newark em um paraíso para privilegiados, de alto padrão à beira d'água, com condomínios e estacionamentos de iate no lugar das docas;
- O patético colapso de Artie Bucco depois que Adriana, por quem ele estava nutrindo uma paixão secreta, deixa sua posição de recepcionista do restaurante Nuovo Vesuvio, e a crise de meia-idade que toma conta dele em consequência disso (ele até começa a usar um brinco) e que leva Charmaine a pedir o divórcio;
- O instável casamento dos Soprano, que leva outro tranco quando eles vão à primeira sessão de terapia juntos e Carmela acusa a dra. Melfi de ficar do lado de Tony;
- O relacionamento de Tony com Meadow, já abalado pelo racismo dele diante do namorado dela, é ainda mais prejudicado por sua atitude de "Eu te avisei" quando um homem negro rouba a bicicleta nova dela;
- Meadow, que leva para seu dormitório em Columbia o abajur no qual o FBI havia colocado uma escuta, e frustrando sem saber o plano de vigilância do FBI em um anticlímax[24] hilário;
- O rancor de Tony com um policial incorruptível chamado Wilmore (Charles S. Dutton)[25] que o para por excesso de velocidade após a terapia de casal com Carmela, e que não aceita sua oferta de suborno, e acaba sendo demitido e punido com corte de suas horas extras depois que Tony dá um telefonema para Zellman, e com isso tem que pegar um segundo trabalho como caixa em uma loja de decorações de jardim.[26]

Essa última subtrama se entrelaça com a cena entre Meadow e Tony: Tony, sem dúvida sentindo um pouco de arrependimento com o fato de Wilmore ter sido prejudicado,

---

23 Ator coadjuvante que ficou famoso como o exuberante Boon em *Clube dos Cafajestes* e foi a estrela de *Momento Inesquecível*, o clássico cult dirigido por Bill Forsyth.
24 Sério, imagine ver qualquer outra série dedicando toda a estreia da temporada ao FBI colocando uma escuta projetada perfeitamente para derrubar Tony Soprano, e daí a filha egoísta dele, quatro episódios depois, apenas leva o abajur embora, antes de ter gravado algo de valor.
25 Dutton é um ex-presidiário que descobriu o amor (e talento) pela atuação enquanto estava atrás das grades. Ele foi uma estrela da Broadway (*The Piano Lesson*), televisão (o sitcom *Roc*, da Fox, nos anos 1990) e cinema (*Rudy*), e tinha um passado com a HBO, tendo aparecido em *Oz* e no filme para TV *A História de Arturo Sandoval*, e dirigido a minissérie de David Simon *The Corner*, que trouxe o futuro cocriador de *A Escuta* para o canal de TV a cabo.
26 O estabelecimento Fountains of Wayne era um lugar real — uma loja familiar na rota 46 que vendia enfeites de gramado, móveis de jardim e decorações peculiares de Natal até seu fechamento em 2009. Mantida e operada pela família Winters (sem relação com o roteirista e produtor de *Família Soprano*, Terence Winter), a loja inspirou o nome da banda de rock homônima e era mais conhecida por seus expositores festivos, elaborados e cuidadosamente selecionados.

tenta, em princípio, lhe dar 400 dólares, mas ele recusa; depois Tony rosna "Ele que se dane" quando Zellman oferece para recontratá-lo. (Uma pessoa de princípios pode ter tudo tirado dela, mas terá sempre a segurança de saber que fez a coisa certa.)

Isso tudo é uma quantidade enorme de informação para ser transmitida em somente uma hora de episódio, e "Another Toothpick" consegue, embora seja à custa da clareza e nitidez de expressão que caracterizam os melhores momentos da série. Dito isto, há muitas cenas impressionantes nesse episódio. O assassinato de Mustang Sally e de seu amigo — seguido por Bacala pai que, tossindo muito, se envolve em um acidente fatal de carro quando está escapando — aumenta ainda mais a violência explícita da temporada. Entre essa sequência e o racismo de Tony sendo trazido ao primeiro plano nas cenas com Noah e Wilmore, o episódio — como os outros da temporada até agora — parece esfregar na nossa cara o comportamento depravado de que passamos a gostar indiretamente.

Menos violento, mas igualmente perturbador, é o momento em que Artie, embriagado, alfineta Chris, seguido por sua confissão chorosa para Tony e o humilhante jantar com Adriana; todas as cenas que capturam o horror e a raiva de Junior diante da perspectiva de seu próprio declínio (a explosão de raiva concretizada pela destruição de seu quarto pode ser a primeira vez que temos um vislumbre contemporâneo daquele capanga que era o parceiro no crime de Johnny Boy); e a comiseração regada a vinho de Tony e Janice. Essa última acaba com Janice perguntando a Tony o que aconteceu com Pussy, ao que ele responde: "Sob proteção". A esse ponto, a expressão soa como um eufemismo para morte, um vazio que acaba engolindo todo mundo.

Mesmo para os padrões dos filmes de gângster, essa é uma série assombrada pela morte, apresentando uma sequência interminável de funerais e velórios (a maioria para personagens que morreram de causa natural); lamentos pelo fim do antigo modo de vida; discussões intensas sobre espiritualidade, inferno, paraíso, pecado e redenção; e observações sobre o quão indiferente as pessoas podem ser diante do sofrimento alheio. Um personagem empático de verdade, como Bobby Jr., se destaca nesse ambiente. O toque mais comovente do episódio é dele: Bobby chega à casa de Junior para lhe dar uma carona até o funeral e admite que está se sentido magoado com a decisão de Junior de ficar em casa, então logo passa para um sentimento de compaixão quando descobre que Junior também está com câncer. "Me desculpe", diz Bobby, se esquecendo de sua justificável decepção com a decisão de Junior. "Não sei nem o que dizer".

"Eu vou rezar pelo seu pai", Junior resmunga, ainda tentando espiar ao redor da figura enorme que é Bobby para assistir a TV — um sacana mesmo em seu momento mais vulnerável.

"Meu pai... agora você", diz Bobby, vendo somente a vulnerabilidade. E então se virando para sair. "O que é que está acontecendo?"

"UNIVERSITY"

TEMP. 3/EP. 6
HISTÓRIA DE DAVID CHASE & TERENCE WINTER & TODD A. KESSLER
E ROBIN GREEN & MITCHELL BURGESS
ROTEIRO POR TERENCE WINTER E SALVATORE J. STABILE
DIRIGIDO POR ALLEN COULTER
EXIBIDO EM 1° DE ABRIL DE 2001

Acidente de trabalho

"Por que o sofrimento das outras pessoas é motivo de diversão?" — **Caitlin**

"University" é um dos episódios mais intrincados e complexos de *Família Soprano*, como também um dos mais difíceis de se assistir. Ele vem na sequência de dois episódios também brutais, "Employee of the Month" e "Another Toothpick", mas supera ambos em violência, crueldade e desolação, encadeando humilhações e atrocidades e tendo como clímax o espancamento até a morte de uma mãe solo e stripper de 21 anos, Tracee (Ariel Kiley),[27] pelas mãos do pai de seu bebê que nunca vai nascer. Esse episódio fez com que críticos de TV e comentaristas culturais, incluindo um dos autores deste livro, se perguntassem se *Família Soprano* não tinha cruzado a linha que separa a franqueza antropológica da obsessão pornográfica, em particular no que diz respeito à violência contra mulheres,[28] e se também não estava aterrorizando o público.

O sentimento de agressão vinha não só das cenas envolvendo mafiosos e dançarinas, mas do contraste delas com a vida do tipo de pessoa que assina a HBO, que manda os filhos para universidades particulares e entende a referência às madeleines feita pela dra. Melfi em "Fortunate Son".[29] Eles são tratados como reflexos nítidos do que está acontecendo por trás das cenas no Bada Bing: hipócritas praticando suas próprias formas de misoginia (e negando isso) mesmo que falem em eufemismos e na linguagem da autoajuda e psicanálise para justificar o tratamento abusivo dispensado a jovens mulheres e a todos os outros. O episódio também apresenta a visão parcial de uma nação, talvez até de uma espécie, que ignora pessoas como Tracee quando não está literalmente e figurativamente tentando fodê-las. Quando o pai de Noah, um poderoso agente de Hollywood, diz a Meadow que um de seus clientes é Dick Wolf, o criador de *Lei & Ordem: Unidade de Vítimas Especiais*, ele está mencionando uma série que faria um episódio com uma trama igual a essa, mas com uma cena final na qual Ralphie seria preso por

---

27 Este foi apenas o segundo crédito de Kiley na tela, depois de um episódio de *Lei & Ordem*, no início daquele ano. Depois de um punhado de outros empregos, ela largou a atuação e agora é instrutora de ioga.
28 Consulte a terceira parte deste livro, no capítulo "Sessões com David Chase".
29 Universidades particulares estas, onde eles podem se formar em comunicação e talvez escrever um artigo sobre *Família Soprano*.

assassinato e o clube seria fechado, mesmo que na vida real, por mais triste que seja, as coisas sejam mais similares a *Família Soprano*, o tipo de série na qual uma stripper pode ser assassinada nos fundos do clube onde ela se apresenta e depois todos apenas voltam ao trabalho.

De modo discreto, o episódio identifica duas contrapartes de Tracee no núcleo universitário: Meadow, que Noah está usando para conseguir sexo e é descartada quando ele se dá conta de que o relacionamento pode impedi-lo de conseguir uma média boa; e Caitlin Rucker (Ari Graynor),[30] a colega de quarto da Meadow.

O assassinato de Tracee é apenas o Everest em uma gama de abuso e negligência que também inclui agressão (Silvio bate em Tracee), degradação sexual fortuita (Tracee participa de um ménage bruto com um policial) e incontáveis humilhações, grandes e pequenas, infligidas em jovens mulheres, muitas delas sobreviventes de abuso sexual que se entorpecem com bebidas e drogas. A história trágica de Tracee se desdobra no Bada Bing, um espetáculo de crueldade no estilo Calígula, com exploração sexual e violência gratuita. Esse é um lugar onde mulheres ganham um salário-base para girarem com indiferença na barra de pole dance e ganham um dinheiro extra na sala VIP, onde realizam danças eróticas e favores sexuais para os ricos e poderosos, e depois ainda têm que dar uma lambuja a Silvio, o proprietário e gerente. O barman George, leão de chácara da sala VIP, ainda explora mais as mulheres, exigindo 50 dólares e um boquete de graça para permitir a entrada delas. No topo da lista dos poderosos: Tony Soprano.

Julgando por essa olhada de perto, o Bing não é muito diferente dos bordéis mostrados em "Nobody Knows Anything" e "Toodle-Fucking-Oo", exceto pelas firulas da apresentação, nada mais é do que um negócio que equivale a escravidão sexual ou, pelo menos, servidão por contrato. Descobrimos que o clube pagou os 3 mil dólares do aparelho ortodôntico de Tracee, que a faz parecer uma criança peituda, e a julgar pelos comentários de Silvio, que a agride do lado de fora do apartamento de Ralphie (enquanto este ri dela por trás da janela), ela está pagando o aparelho à prestação fazendo todas as coisas que são esperadas de uma garota do Bing. "Até me pagar o que me deve, essa coisa entre as pernas pertence a mim", Silvio avisa a ela, usando uma linguagem de cafetão enquanto bate nela por ter perdido três dias de trabalho. Parece provável que o clube pagou também pelos implantes de silicone das dançarinas que não eram, diferente de Tracee, segundo

---

[30] Uma atuação fenomenal de uma atriz que surgiu do nada, sem qualquer introdução prévia, interpretando uma personagem que poderia ter acabado em uma vala como Tracee, se ela não fosse de classe média alta, com pais atenciosos, assistência em saúde mental de alto nível e amigos da família que possuem uma casa de campo em Vermont. Já adulta, Graynor, que tem atuado com regularidade, protagonizou *I'm Dying Up Here*, a série dramática da Showtime sobre comediantes stand-up dos anos 1970.

as próprias palavras de Silvio, "uma potranca"; esses procedimentos custam, no mínimo, 4 mil dólares em valores atuais.[31]

Adequado a um episódio que faz referências tanto a *Gladiador* como a *Spartacus: Sangue e Areia*, "University" transforma o Bing em uma arena carnal, com dançarinas, em vez de lutadores, fornecendo a diversão, e nenhuma possibilidade de uma revolta de escravizados. A única mulher que ousa revidar acaba jogada perto de uma tubulação de esgoto cheia de lixo, com o rosto desfigurado e o crânio esmagado. "Só o que podemos fazer é escolher como morremos", Ralphie, um obcecado pelo filme *Gladiador*, berra, mas a triste e derradeira ironia do episódio "University" é que Tracee não teve essa escolha, e, no fim, ela era só mais um problema a ser eliminado. A cena final mostra outras três dançarinas conversando casualmente sobre o fato de que uma colega foi para os fundos do clube com Ralphie e desapareceu, como se fosse só mais uma fofoca sobre o trabalho. E é isso mesmo.

Dizer que *Família Soprano* tem uma visão darwinista sobre os relacionamentos sociais é dizer o mínimo. Esse é um mundo no qual as pessoas celebram seus sucessos relativos na vida tratando aqueles que estão mais abaixo na escala social como servos sem sentimentos. Meadow, após aparecer em casa sem avisar para ter um momento mãe e filha — supondo corretamente que a insegurança de Carmela quanto a ser deixada de lado vai fazer com que ela dê total atenção à filha —, indica a Carmela, no café da manhã, que quer mais suco de maçã simplesmente levantando o copo vazio, e então dá um suspiro e revira os olhos quando a mãe diz para ela mesma pegar. Paulie insulta Vito e Bobby por parecerem "o antes, e *muito* antes" de uma propaganda de perda de peso. Ralphie insulta Gigi, a quem ele acha inferior apesar da posição mais elevada de Gigi na hierarquia, dando a entender que seu irmão mais novo fez sexo oral em Tony, e então esmaga o olho de George com um cadeado na extremidade de uma corrente fazendo uma imitação à base de cocaína de uma cena de *Gladiador*. Em vez de ir à polícia para fazer um boletim de ocorrência, George vai à emergência e volta ao trabalho usando um tapa-olho, e ainda exige os 50 dólares e boquete grátis para acesso à sala VIP porque todo mundo, até o barman, está acima das dançarinas. Tony provoca Meadow por tratá-lo com menosprezo, praticamente zombando na cara dela como retaliação por ferir seus sentimentos; e como ele é o pai dela, Meadow não pode fazer nada a não ser dar uma resposta atravessada e revirar os olhos. Até mesmo o detestável e sádico Ralphie tem uma história de vida difícil que ninguém está interessado em ouvir: "Eu larguei o colégio, no ginasial, pra ajudar minha mãe. Eu queria ter sido um arquiteto".

---

31 O trio de dançarinas que abre o episódio é organizado na tela de acordo com o tamanho de seus seios, um gráfico evolucionário de um gênero progredindo aos poucos em direção ao ideal de beleza Bada Bing.

Enquanto isso, Meadow e Noah estão mais apavorados e incomodados pelo sofrimento de Caitlin do que motivados a agir, eles a tratam como um problema a ser lidado ou ignorado em vez de um ser humano em crise. Eles saem com ela no aniversário de Caitlin porque estão com medo de que ela tenha um colapso nervoso ou tente cometer suicídio (note Meadow escondendo um estilete na mão), tornando-se, assim, um problema ainda maior. Noah não disfarça seu desinteresse em estar lá, e tenta cair fora com a desculpa de que tem uma aula cedo no dia seguinte. O fato de Caitlin se agarrar a Noah depois que Meadow escapa para New Jersey faz com que ele tire uma nota baixa, levando o pai dele, obcecado com sucesso, a dar entrada em uma medida protetiva para que ela fique longe do filho. "Você não podia ter conversado com ela antes?", Meadow pergunta a ele. "Ela acha que somos seus amigos."

"É preciso impor limites", Noah diz — quase tão arrepiante como a frase inofensiva de Carmela, "Eu acho que não entendeu. Eu *quero* que escreva a carta", no episódio "Full Leather Jacket". Tony disse mais ou menos a mesma coisa quando não aceitou o pão que Tracee queria dar a ele dias antes de ela ser assassinada.

Apesar de Caitlin e Tracee serem diferentes diametralmente, as funções narrativas delas são semelhantes: elas representam problemas humanos que outros preferem evitar do que encarar, um teste para ver até onde vai a empatia deles. Tracee é mais intencional e insistente porque teve uma vida mais difícil. Caitlin é uma garota de mente frágil, mas com conforto financeiro, que veio de Bartlesville, Oklahoma, e se sente sobrecarregada por seu primeiro contato com uma cidade grande, enquanto Tracee é de classe média baixa, uma vítima de abuso que tratou com abuso o próprio filho. Ela depende de mafiosos com idade para serem o pai dela para ter afeto, dinheiro e proteção do que há de pior na vida.

Mas enquanto Tracee procura e algumas vezes ousa exigir simpatia, mesmo que de maneira estridente e ingênua, o maior problema de Caitlin é sentir tudo muito profundamente e não conhecer ninguém que compartilhe de sua raiva pela própria ideia de sofrimento. Isso não é só um transtorno mental; sua agonia parece existencial. Como um Holden Caulfield (personagem principal do livro de J.D. Salinger, *O Apanhador no Campo de Centeio*) moderno, ela tem a habilidade de absorver a injustiça imposta a outros, mesmo que estranhos, como se fosse uma esponja, e sente ela mesma, de maneiras que parecem uma performance melodramática, mas são, no entanto, sinceras. Essa é uma jovem que viveu numa bolha, tão distante do pior que a vida apresenta, que não desenvolveu um filtro emocional entre ela mesma e a vivência. Agora que ela se mudou para a maior cidade dos Estados Unidos, fica tão horrorizada com certos tipos de sofrimento que desmorona emocionalmente só de falar deles. Em primeiro lugar, ela fica horrorizada com a morte do bebê Lindbergh (sequestrado e assassinado em 1932), sobre a qual ela só soube agora, e fica tão determinada a tratar Meadow como sua melhor amiga e principal confidente, que, quando Meadow volta para casa por alguns dias para se distanciar dela e não dá notícias, Caitlin supõe o pior: "Eu fico tendo um sonho com você no hospital com a garganta cortada!". Ela assiste ao filme de terror *Monstros* (Tod Browning, 1932) — que usou artistas reais de shows de aberrações no elenco principal, incluindo pessoas com deficiência, e tem sido popular por décadas como um filme "irônico" para ser assistido tarde da noite por estudantes universitários — e sente repulsa e fica horrorizada não pelo conteúdo do filme, mas pela reação do público, afinal eles deviam ter simpatia pelos monstros. "Tinha um cara também, um cara sem pernas, que se movimentava com as mãos", ela diz. "Por que o sofrimento das outras pessoas é motivo de diversão?"

O fato de suas manifestações de empatia intensa nos parecerem cômicas, até mesmo ridículas, diz mais sobre nossa própria indiferença calejada do que sobre a adequabilidade da reação dela. Somente após assistir ao episódio duas ou três vezes é que conseguimos ver através dos olhos de Caitlin e entender que ela é completamente sincera (apesar de, sem dúvida, angustiada) em cada uma de suas reações, e não uma pirralha mimada como Meadow e Noah acham. Da mesma forma que, de início, entendemos errado a reação horrorizada de Caitlin com *Monstros*, como se ela tivesse nojo das próprias aberrações, quando era uma expressão de simpatia, e seu desprezo pela privacidade de Meadow como insensibilidade, quando, na realidade, era uma projeção de sua fantasia de proximidade fraterna, nós presumimos, mais uma vez de forma equivocada, que a reação dela à mulher sem-teto seminua com folhas de jornal entre as pernas decorre do racismo ou de superioridade de classe, quando é sua raiva de uma sociedade que permite que pessoas caiam tão fundo. "Como pode ser tão *insensível*?", Caitlin pergunta a Meadow e a Noah, praticamente em lágrimas, não só por essa cena deplorável na rua, mas também pela indiferença dos outros em relação a ela.

Apesar de Meadow não tratar Caitlin com tanta frieza como Noah, ela não chega nunca a ser empática, e permanece em grande parte alheia ao sofrimento de sua colega de quarto. Ela alfineta seu próprio pai, dizendo que "o dr. Sensibilidade nunca tem problemas", logo após descrever uma jovem que está tendo um colapso nervoso apenas em termos da inconveniência que isso causa a ela. Meadow mantém uma boa distância de Caitlin pelas mesmas razões que fazem Noah "impor limites" e o pai dela rejeitar Tracee: uma vez que você começa a olhar para uma pessoa difícil ou irritante como um ser humano que não é tão forte e nem está no controle como você, você começa a se sentir culpado por não gostar dela.

"Tem que sair dessa, Caitlin", diz Meadow, repetindo a frase que seu pai fala sempre que alguém começa a chorar na presença dele, e então afirma que ela deveria "conversar com alguém" porque a medicação que ela está tomando "talvez não seja o suficiente". Do mesmo jeito que Tony reclama ao interromper o sexo oral, Meadow está irritada por ser interrompida enquanto tenta fazer sexo.

"University" fragmenta a torcida entre muitos personagens diferentes e os faz alternar entre simpáticos e abomináveis, de modo que nunca ficamos muito acomodados com nosso entendimento de cada um deles. Existem dispositivos mínimos de ligação, principalmente visuais, por exemplo, o match-cut (transição de planos diferentes com semelhanças visuais) da cena de Ralphie penetrando Tracee enquanto ela faz sexo oral no policial, para a cena de Caitlin se erguendo, de fora do enquadramento, de uma posição ajoelhada e ofegante, "Gente... aquilo foi *horrível!*". Mas não há nada tão contundente que reduza e simplifique demais o significado do que estamos vendo.

De certo modo, Caitlin é a imagem espelhada de Tracee, mas Meadow também, em especial nas cenas em que vemos essas mulheres se relacionando com seus namorados. A atitude de Noah em relação tanto a Caitlin quanto a Meadow — ambas uma ameaça às suas boas notas — é bastante similar à atitude de Ralphie em relação a Tracee: ele a usa para sexo quando lhe é conveniente (aparentemente é a primeira vez de Meadow; Noah não demonstra nenhuma intenção de colocar a camisinha até que ela insiste para que ele faça isso) e a descarta assim que ela ameaça atrapalhar sua vida. Ralphie parece querer entrar para a família Aprile, continuar preparando Jackie Jr. como um mafioso e filho postiço e reconquistar o respeito que ele acha ter perdido quando Tony não o promoveu — e quando Tracee interfere com tudo isso, é o fim dela também. Tanto Ralphie como Noah enganam as namoradas fazendo-as pensar que são pessoas com quem se importam, mas, no fim das contas, Noah se importa tanto com Meadow quanto Ralphie com sua *goomar*, descartando o relacionamento com ela como Ralphie descarta Tracee em uma tacada só, como uma potranca indesejada. Noah faz uma viagem não planejada no fim de semana com um velho amigo de escola para não ter que lidar com Caitlin, enquanto Ralphie passa três dias com a namorada grávida — tempo suficiente para dar esperança a ela — e depois ignora as mensagens de Tracee por três dias e a engana sobre casamento. Uma garota é removida por uma ordem judicial, enquanto a outra apenas desaparece: ambas variações daquela frase sinistra de Tony, "sob proteção".

Quase todos os homens heterossexuais desse episódio, se não de toda a série, veem as mulheres que não sejam suas mães, esposas e filhas em uma escala decrescente que vai de condescendência entediada a homicídio. A conveniência comanda todas as decisões que eles tomam. Quando Caitlin anuncia que suspendeu a medicação enquanto está se automedicando com vodca, Noah se manda para ter uma boa noite de sono em vez de ficar para ajudá-la. Tony trata Tracee, nas suas próprias palavras, como "uma empregada", com um toque de exasperação que vem de um sentimento paternal que tem por ela, apesar de ir contra seu bom senso. Graças à sutileza da performance de James Gandolfini, temos a sensação de que Tony está suprimindo de forma deliberada os impulsos decentes quando lida com Tracee. Mais tarde — talvez perturbado pela confissão dela de que foi abusiva com o filho e que ela também sofreu abusos, e pensando na sua própria experiência de receber e distribuir maus-tratos e seu medo de passar adiante os genes dos Soprano —, ele a avisa: "Você precisa tanto de um outro filho quanto de um buraco na testa".

E, no fim, é isso que ela recebe. Quando o cadáver de Tracee é colocado sob a mureta de segurança, Tony é o único do grupo que expressa algo próximo à uma reação humana ao criticar Paulie por resumir todo o acontecido à insubordinação de Ralphie. "Esse filho da mãe passou dos limites", diz Paulie.

"Essa menina tinha 20 anos", diz Tony.

"Uma pena", Paulie acrescenta. Mas, poucos minutos antes, Tony espancou Ralphie enquanto berrava com ele por ter desrespeitado o clube, sem nunca mencionar uma palavra sobre a vida perdida. Quando Melfi pergunta por que ele está tão silencioso na sessão de terapia conjunta com Carmela, Tony muda o gênero e profissão da vítima e diz que "ele morreu trabalhando".

A música do The Kinks, "Living on a Thin Line" [vivendo em uma linha tênue] se entrelaça do começo ao fim como um coro grego. A letra, que fala sobre um império em declínio, evoca a Inglaterra especificamente, mas também Roma, por meio da fixação de Ralphie com *Gladiador*; "Essa Coisa Deles", a máfia, que está em declínio desde o aparecimento do irmão de Tony, RICO; e os Estados Unidos, um país cujo pecado original foi ter sido construído sobre as ossadas resultantes do genocídio dos indígenas, é referenciado através da piada de Ralphie sobre as últimas palavras do general Custer.

A música também evidencia a natureza antiga e cíclica de todos os tipos diferentes de crueldade que temos testemunhado, como também a indiferença individual e grupal a isso. O episódio acaba exatamente onde começou, no palco, onde sereias com seios de silicone se contorcem para uma plateia de homens que mal parecem saber que dia é hoje. Dançarinas diferentes, verso diferente, a mesma música.

"SECOND OPINION"

TEMP. 3/EP. 7
ESCRITO POR LAWRENCE KONNER
DIRIGIDO POR TIM VAN PATTEN
EXIBIDO EM 8 DE ABRIL DE 2001

Dinheiro sujo

"A única coisa que não pode dizer é que não foi avisada." — **Dr. Krakower**

"Second Opinion" aparece no meio da terceira temporada como a base de um arco. Ele vem depois de um trio de episódios tão perturbadores que alguns espectadores se sentiram brutalizados, mas a ênfase da conversa aqui dá uma sensação de avaliação intermediária — uma oportunidade de refletir sobre onde Carmela se encontra nesse ponto, tanto moralmente quanto espiritualmente; onde ela esteve no passado; e o que vimos nas nossas telas ao longo dessas duas temporadas e meia. É uma oportunidade tanto para Carmela como para os espectadores de examinar se querem continuar ou cair fora.

A essência do episódio é uma conversa que Carmela tem com o terapeuta dr. Krakower[32] (Sully Boyar),[33] que desbanca todas as justificativas de Carmela, e também as nossas. Carmela é forçada a reconhecer sua atitude "permissiva" em seu casamento com Tony, a vida que leva às custas do seu "dinheiro sujo", sempre procurando evitar saber os detalhes de como o marido ganha esse dinheiro.

Não por coincidência, esse é também o episódio no qual Tony e Carmela têm que lidar com Angie, a viúva de Pussy, o informante que foi assassinado, que precisa (ou talvez só ache que mereça) mais dinheiro por seu acordo secreto com Tony — dinheiro que Carmela está convencida que deveria ser usado para fazer uma doação a Universidade Columbia, de modo a garantir um tratamento preferencial a Meadow. Carmela encontra Angie no supermercado e a convida para jantar em sua casa, uma negação passivo-agressiva da realidade sobre a qual, de uma certa maneira, ambas estão cientes. Carmela ouve o relato de Angie sobre sua situação

---

32 O sobrenome Krakower é muito similar ao de Siegfried Kracauer, sociólogo, crítico social e teórico de cinema da Alemanha que desenvolveu sistemas para analisar fotografias, filmes, circos, danças, propaganda, arquitetura e turismo, e escreveu sobre como a tecnologia moderna parece estar atacando ou suplantando os mecanismos normais da memória humana em nosso detrimento. Kracauer também escreveu *De Caligari a Hitler: Uma História Psicológica do Cinema Alemão*, um texto seminal para estudantes de cinema, um livro que tratava do cinema alemão pós-Primeira Guerra Mundial como uma premonição cultural que previu a ascensão do nazismo e o analisava da maneira que Melfi e Tony destrincham um dos seus sonhos.

33 Sully Boyar era um ator sutil de inteligência contundente, que atuou em filmes como *O Dia dos Loucos*, *Um Dia de Cão*, *Car Wash: Onde Acontece de Tudo* e *A Honra do Poderoso Prizzi*. Ele morreu no dia 23 de março de 2001, aos 77 anos, enquanto esperava um ônibus no Queens, duas semanas antes desse episódio ir ao ar.

financeira e leva a mensagem a Tony, talvez em decorrência de um sentimento de culpa sobre fosse lá o que de ruim possa ter acontecido a Pussy. Em contraste, Tony vai furioso para a casa de Angie, dá pauladas com um taco de beisebol[34] no Cadillac dela e avisa para ela nunca mais falar de dinheiro com Carmela. Com esse e outros duros fatos que pesam sobre ela, incluindo a evidência inegável do adultério de Tony, Carmela diz a Krakower que ela quer ajudar o marido porque "ele é um bom homem, ele é um bom pai". E Krakower desbanca essa afirmação: "Você me disse que ele é um criminoso depressivo, com crises de raiva e altamente infiel", rebate ele. "É essa a sua definição de bom homem?".

O restante dessa cena dilacerante coloca Carmela como se estivesse correndo sem parar de cara para a parede de tijolos que é o absolutismo de Krakower. Ele insiste que a raiz dos problemas de Carmela está no fato de ela ser casada com um mafioso, e que ela nunca vai ter a oportunidade de "acabar com esse sentimento de culpa e vergonha" e ser feliz de verdade enquanto não sair de casa, levar os filhos ("o que restou deles") consigo e pedir o divórcio. A resposta dele à afirmação dela beira o desprezo, em particular quando Carmela diz que o padre disse para que ela ficasse com Tony e tentasse torná-lo um homem melhor, e então Krakower pergunta: "E como está se saindo?". Quando Krakower diz que não vai aceitar o dinheiro dela, Carmela vai direto nessa afirmação como se fosse uma armadilha, especulando sobre o novo tipo de acordo financeiro que ela teria que fazer com Tony até que ele interrompa os pagamentos: "Você não está me entendendo. Eu não vou cobrar porque não vou aceitar dinheiro sujo. Nem você deve".

Considere as motivações da mulher que mandou Carmela até Krakower; esse é mais do que um simples encaminhamento. Melfi não só quer que Tony entenda a si mesmo; ela quer que ele se entenda e assim possa *melhorar*, e fica mais óbvio para nós, e também para ela, a cada semana (graças às conversas com seu próprio analista), que Melfi não acha que Tony possa melhorar mesmo até que deixe de ser um criminoso. Ela não está julgando Tony ou se sentindo superior a ele quando tenta direcioná-lo a admitir a verdade fundamental sobre si mesmo. Em vez disso, ela trata a criminalidade dele como um problema de saúde — a coisa que está entre ele e uma vida livre não somente de ataques de pânico, mas de assassinatos.

Mais uma vez, Melfi representa tanto o espectador como também a si própria em suas cenas com Tony. Todas as subtramas sobre sua empatia e cumplicidade comprovam como é difícil manter distância de um personagem tão engraçado, carismático e empolgante de uma forma caótica como Tony (e tem também o fator da química; quando Elliot pergunta se ela está atraída sexualmente por ele, sua falta

---

34 Assim como na cena no campo de golfe, na qual Tony e Furio confrontam o dr. Kennedy, essa é uma demonstração de violência muito pública para o chefe de New Jersey. Mas Tony não consegue resistir quando seu temperamento agressivo vem à tona.

de resposta, como seus sonhos, confirmam que ela está, pelo menos um pouquinho). A atração-repulsa da série por violência, intimidação e degradação é o lado oposto das cenas entre Carmela e os dois terapeutas neste episódio.

    Talvez a sessão única de Carmela com Krakower pareça menos uma terapia do que uma intervenção agressiva, porque Melfi a enviou lá na esperança de que Carmela recebesse o ultimato absoluto que a própria Melfi continua evitando — e que mesmo Elliot não consegue emitir porque, como Melfi, ele acredita que terapeutas não devem dizer aos pacientes o que fazer. Observe que a primeira sessão solo de Carmela com Melfi começa da maneira exata que a primeira sessão de Tony teve início: com Carmela na sala de espera contemplando as obras de arte no consultório de Melfi ("Cenas campestres"), incluindo uma réplica daquele famoso plano de Tony enquadrado entre as pernas da estátua de mulher com os braços cruzados sobre a cabeça ("A estátua não é a minha favorita"), e Melfi, de forma bem rápida, levando a paciente a pensar sobre a vida dela em relação à criminalidade. Carmela se pergunta se as "alterações de humor" e silêncio do marido estão relacionados à morte recente da mãe dele e reclama sobre ter que "viver com ele 24 horas por dia, 7 dias por semana". Melfi menciona a angústia de Tony com respeito ao hipotético "rapaz" (na verdade, Tracee) que morreu em um "compactador de lixo", o que leva Carmela a apontar que Melfi inferiu a parte do "compactador". "O que é que *você* acha?", pergunta Melfi, a voz calma e o olhar confirmando que ela sabe que Tony mudou os detalhes sobre aquele "acidente de trabalho". Após comentar que Tony "trabalha em uma boate de strippers", que, como Carmela deve saber, é como uma loja de doces para um gângster com problemas de fidelidade, e que ela talvez saiba que foi o lugar real onde ocorreu o "acidente de trabalho", Carmela diz a Melfi que está preocupada que nada do que ela está fazendo por Tony pode "ajudá-lo". E então começa a chorar.

    A próxima coisa que Melfi faz é indicá-la para Krakower, um terapeuta que diz a Carmela: "Muitos pacientes procuraram jogar a culpa do seu sofrimento atual em fatos que aconteceram na infância. Foi isso que a psiquiatria virou na América". Ele está descrevendo absolvição aqui — uma resposta terapêutica para a confissão, mas sem incenso, paramento e confessionário. Absolvição de pecados passados, mais atos de penitência e uma promessa, que não vai ser cumprida pelo pecador, de tentar ser melhor: Krakower não fornece esse tipo de serviço. Parece inconcebível que Melfi tenha mandado Carmela para ele sem prever como ele iria reagir. De fato, Melfi indica um terapeuta para Carmela que vai dar a ela uma segunda opinião sobre sua vida com Tony que, na realidade, é idêntica à sua, só que muito mais direta.

    Apesar de toda sua crença tradicionalista na "cura pela fala" de Freud, há uma moralista secreta e pouco conhecida em Melfi — alguém que acredita no pacto social e deseja que todos, inclusive ela mesma, sejam melhores do que são, para o bem de todos. Várias de suas sessões com Tony, incluindo a primeira delas, o pressionaram a não somente falar sobre a mãe, mas também reconhecer sua vida na criminalidade como uma origem, talvez *a* origem, de sua depressão. Tony raramente confronta qualquer um desses tópicos de maneira direta porque fazer isso o forçaria a considerar virar a vida de cabeça para baixo e tornar-se uma nova pessoa. Não só essa ideia é aterrorizante para todos, e não só os mafiosos, mas é pedir demais de um homem que é preguiçoso para tudo exceto comer, matar, roubar, identificar e assassinar informantes, e transar.

Além disso, a estrutura social que envolve esses personagens torna a fuga ou mudança quase impossível, exceto se fizer uma delação premiada ou fugir para viver na obscuridade (e talvez na pobreza) enquanto se preocupa que a próxima pessoa que bater à porta pode ser um italiano alto de casaco preto de couro e rabo de cavalo. Tanto no mundo de Tony quanto no mundo mais civilizado que ele explora, existe uma ordem estabelecida — uma cadeia hierárquica que ninguém deve desafiar para que todo o sistema não desmorone. "Second Opinion" ilustra os dilemas que ocorrem quando as pessoas tentam quebrar essa cadeia.

Angie Bonpensiero defende seu lado com Carmela, uma pessoa mais compreensiva, e tem o carro esmagado por Tony como punição. Christopher reclama com Tony sobre todos os trotes e outras humilhações que ele está sofrendo nas mãos de Paulie ("É isso que você chama de pau?"), apenas para ser ameaçado por reclamar com o professor. Tio Junior, por insistência de Tony, obtém uma segunda opinião sobre seu tratamento de câncer, o que leva seu cirurgião, o dr. John Kennedy[35] (Sam McMurray),[36] a dispensar Junior com petulância em vez de lidar com um paciente que não aceita cegamente suas sugestões.

Tony intervém nas histórias de Angie, Christopher e Junior para reafirmar o status quo como ele o vê: todos precisam calar a boca e fazer o que devem, de acordo com as regras estabelecidas pela máfia e modificadas por Tony Soprano. Fica subentendido que qualquer pessoa que não goste de seus veredictos pode acabar levando uma pancada com um taco de golfe ou caindo de costas em um lago.[37] O episódio é ligado por cenas de personagens questionando e, em última análise, aceitando autoridade, seja ela de Tony (forçando Kennedy a dar um

---

35 Junior, para irritação de Tony, reverencia o médico sobretudo porque ele tem o mesmo nome de seu presidente favorito. Ao ser lembrado por Tony que o mandato de Kennedy desferiu os primeiros golpes sérios contra a máfia como uma força nacional, Junior diz: "Foi o irmão dele", Robert F. Kennedy, procurador-geral de John.
36 Ator de cinema, de televisão e de dublagem, talvez McMurray seja mais conhecido por interpretar o praticante de swing, Glen, em *Arizona Nunca Mais*, o dentista, pai de Neal, em *Freaks and Geeks* e o supervisor Patrick O'Boyle em *O Rei do Queens*.
37 Furio, achando uma desculpa para dar um tapa na cabeça do dr. Kennedy: "Tem uma abelha no seu boné!".

atendimento personalizado a Junior) ou de Kennedy (observe a facilidade com que ele se livra de Junior, mandando-o para o dr. Mehta com uma bênção como um padre, ignorando as ordens de Tony ao encontrar uma maneira mais inteligente de dispensá-lo). Carmela escapa do alcance de Tony porque ela é a única personagem na série (além dos chefes de Nova York e o FBI) que tem os recursos para enfrentá-lo, pelo menos às vezes. Ela também — em uma cena notável em que Edie Falco está atuando quase todo o tempo de costas para a câmera — se esquiva de ter que enfrentar o ultimato de Krakower ao forçar Tony a doar toda a quantia de 50 mil dólares solicitada pelos "gângsteres de Morningside Heights" da Universidade Columbia. É uma resposta financeira para um problema espiritual, e um meio de evitar a verdadeira questão.

"HE IS RISEN"
TEMP. 3/EP. 8
ESCRITO POR ROBIN GREEN & MITCHELL BURGESS E TODD A. KESSLER
DIRIGIDO POR ALLEN COULTER
EXIBIDO EM 15 DE ABRIL DE 2001

Aposentadoria precoce

"Regras são regras, porque senão, há anarquia." — **Ralphie**

"He is Risen" dá a sensação de ser um episódio de transição entre o que quer que seja que a terceira temporada tenha sido até aqui e o que está prestes a se tornar. A maior parte do tempo é dedicada à introdução de um novo assunto, com destaque para o envolvimento amoroso de Tony com Gloria Trillo (Annabella Sciorra),[38] uma vendedora de Mercedes-Benz e também paciente da dra. Melfi, e a permitir que assuntos antigos se desenvolvam sem pressa — em particular, o romance crescente entre Meadow e Jackie Jr. bem quando ele está desistindo da universidade e focando no crime, e o relacionamento tenso entre Tony e o arrogante Ralphie

[38] Annabella é uma notável e versátil atriz novaiorquina de descendência italiana; foi coprotagonista em *Michael e Donna: Um Verdadeiro Amor, Um Conquistador em Apuros, Febre da Selva, A Mão que Balança o Berço* e *Amor Além da Vida*. Os fãs que se perguntavam por que sua carreira nunca pareceu cumprir sua promessa inicial tiveram uma resposta em 2017, quando ela disse que o acusado estuprador em série e assediador sexual Harvey Weinstein, cofundador da Miramax Films e da Weinstein Company, invadiu sua casa e a estuprou nos anos 1990 e continuou a assediá-la sexualmente por anos depois do fato, afastando-a da indústria do entretenimento. Aqui fica claro que Sciorra nasceu para brilhar: desde o minuto em que a vemos pela primeira vez na sala de espera de Melfi, trabalhando em uma venda potencial por telefone, e depois brincando que está ali porque é uma "serial killer... assassinei sete relacionamentos", ela tem Tony e o público comendo na palma da sua mão.

depois do assassinato de Tracee no episódio "University". Como Janice em sua nova vida como uma cristã renascida, a temporada está se reinventando em tempo real.

O título é uma fala de Aaron Arkaway (Turk Pipkin), o narcoléptico fundamentalista que Janice traz para o jantar de Ação de Graças,[39] mas, no final, a frase acaba se aplicando ao amplamente desprezado Ralphie. Ele passou toda a temporada obcecado com o fato de ter sido preterido para a posição de capitão da velha gangue de Junior, e, de repente, é elevado à posição apenas porque seu antigo ocupante, Gigi Cestone, morreu de infarto enquanto estava usando o banheiro. "Ralphie como *capo*? Só por cima do meu cadáver!", Tony havia declarado, mas acaba tornando-o capitão por cima do cadáver de Gigi. Tony concede o título com relutância, só porque Ralphie é o candidato mais bem qualificado em uma leva fraca[40] de opções, a despeito das desavenças entre eles.

A morte de Gigi é um outro exemplo da habilidade de *Família Soprano* em usar um anticlímax para um tipo diferente de surpresa. Vínhamos sendo preparados, durante vários episódios, para esperar que a rivalidade Tony-Ralphie chegasse a um confronto violento, talvez com Ralphie tramando a morte de Gigi para que pudesse substituí-lo, ou com Tony ordenando o assassinato de Ralphie. "He Is Risen", no início, nos leva a pensar que a situação será resolvida dentro desse episódio, agravando-se a partir da recusa de Ralphie quando Tony o oferece uma bebida no cassino. Ocorre a intervenção de Johnny Sack (que prometeu não interferir nos negócios de Tony, mas precisa que o projeto Esplanada, um empreendimento de construção civil em Newark que é uma joint venture entre as Famílias de Nova York e de New Jersey, aconteça sem problemas); o melodrama de desconvidar Ralphie e os Aprile do jantar de Ação de Graças (talvez o mais próximo que *Família Soprano* chegou de reconhecer sua semelhança com um sitcom); e duas cenas separadas nas quais Ralphie se aproxima com humildade de Tony, esperando uma reconciliação e desculpas recíprocas (por Tony ter batido nele atrás do Bada Bing), e também algum reconhecimento de que Tony o respeita de verdade, só para, em vez disso, ser insultado. Ralphie é impedido de sentar-se durante seu primeiro pedido de desculpas ("Ele me deixou lá de pé como se eu fosse um mordomo, esperando ele comer", conta Ralphie a Johnny) e é negado a honra de compartilhar uma bebida com Tony no segundo encontro, quando ele descobre que foi promovido. Ralphie, sempre carente, diz a Tony que precisa ouvir dele que a promoção foi devido ao "mérito", embora claramente não fosse. Aqui, também, Tony frustra

---

39 Janice, que em geral reage ao infortúnio mudando sua personalidade, agora está convivendo com cristãos renascidos como Aaron, que ela conheceu em seu grupo de oração.
40 Se este fosse um filme de gângster de Martin Scorsese, Ralphie seria um personagem interpretado por Joe Pesci.

seus desejos. "Se o seu oponente tem um temperamento estourado, irrite-o", Tony diz a Melfi, citando *A Arte da Guerra*, de Sun Tzu.[41]

Ao longo de todo o episódio, a questão de Ralphie é tratada sobretudo como um problema de trabalho, com o ego e a manutenção das aparências sendo mais importantes do que qualquer outra coisa. As conversas usam uma linguagem ainda mais eufemística do que o normal para o gangsterismo. Johnny pressiona Tony para que ele "mantenha os funcionários felizes", enquanto Tony descreve a situação para Melfi como "um problema administrativo" que acontece em torno de "uma situação com um subalterno" que causou a "aposentadoria precoce" de outro funcionário (Tracee).

Mas é essa última coisa que faz a briga interna por uma promoção parecer diferente dos outros "problemas administrativos" de Tony. Em última análise, seu ódio por Ralphie trata-se de sua dor e culpa pela morte de Tracee, uma mulher quase da idade de sua filha que ele manteve à distância e não conseguiu proteger. Como se estivesse tentando remover sua própria aversão pessoal, Tony usa variações da frase "ele desrespeitou o Bing", tornando-a uma mera questão de protocolo[42] — interessante como ele associa aquele espaço físico, um bordel glorificado, com sua autoridade e personalidade —, mas fica claro para todos que ele está tratando este assassinato não autorizado como algo diferente do comum para a máfia. "Se alguma coisa acontecesse com você...", diz Tony a Meadow no Dia de Ação de Graças.

Nós, enquanto espectadores, também podemos nos preocupar com a segurança de Meadow durante "He Is Risen", um episódio que começa com ela em uma festa da faculdade tomando ecstasy fornecido por Jackie e se embebedando de tequila, e continua com uma escalada furtiva, mas nada secreta, do relacionamento deles, até que Meadow rouba o carro de Jackie (e se envolve em um acidente, destruindo o veículo) para não o deixar sair e ir jogar outra partida de sinuca com o amigo. "Uma Soprano e um Aprile", fala carinhosamente Janice,

---

41 Tony afirma que este livro foi recomendado a ele por Melfi, mas ela nunca disse a ele para lê-lo. Em "Big Girls Don't Cry", Melfi o repreende por não levar a terapia a sério o suficiente e diz que se tudo o que ele deseja com a experiência é se tornar um gângster melhor, ele poderia apenas ler *A Arte da Guerra*, um antigo escrito chinês que foi adotado por CEOs, bem como estrategistas militares. Embora outros personagens fictícios o tenham citado, incluindo o predador corporativo Gordon Gekko em *Wall Street: Poder e Cobiça*, a menção repetida por Tony e seus companheiros gângsteres o tornou um fenômeno popular. De acordo com um artigo de 13 de maio de 2001 do *Baltimore Sun*, as editoras que publicaram edições traduzidas do texto de domínio público tiveram um número de vendas dez vezes maior naquele ano e precisaram solicitar reimpressões de emergência para atender à demanda: "Sem dúvida, o aumento da procura é inteiramente devido a *Família Soprano*", disse Sara Leopold, diretora de publicidade da Oxford University Press, em Nova York, na época ao jornal *The Baltimore Sun*.

42 Quando ele enfim consegue fazer com que Ralphie se desculpe por desrespeitar o Bing, ele faz uma pausa longa o suficiente para que seu novo capitão acrescente: "... e a garota", embora Ralphie logo justifique a morte de Tracee pelo uso excessivo de cocaína.

ainda uma romântica mesmo após ter colocado duas balas no peito do tio de Jackie. Meadow escapa de ferimentos graves, mas a possibilidade pesa muito sobre Tony, e sobre nós, porque esta temporada tem sido um inferno para as mulheres. Os enredos deixam claro como essa subcultura pode ser um ambiente repressivo e assustador, com as crenças católicas tradicionais sendo distorcidas pelo machismo gângster e um tribalismo insular. (O mundo exterior também não é moleza: Tony se oferece para levar Melfi, uma sobrevivente recente de estupro, até o carro dela depois de uma sessão noturna, e ela confessa a Elliot que ficou tão grata que quase caiu em seus braços e chorou.) Ralphie chama Tracee de "prostituta" duas vezes durante uma conversa com Johnny e diz: "O bebê que esperava não era meu", confirmando que o único valor que uma mulher como Tracee tem para um cara como Ralphie é como um receptáculo de sêmen ou procriadora. Ralphie usa o termo para negar que a vida de Tracee tivesse valor. Mas Johnny também usa o termo, sem o menor sinal de vergonha ou autoconsciência. Até mesmo o *consigliere* de Tony, Silvio — um personagem de sangue-frio que vemos com afeto porque é engraçado — tenta convencer Tony de que não havia nada de especial ou importante em Tracee, apesar de sua aversão por Ralphie, e que o verdadeiro problema ali, Tony gostando ou não, é que ele agrediu um membro iniciado. Esse é o mesmo Silvio que atua como um cafetão glorificado das dançarinas do Bada Bing e que espancou Tracee, bem à vista de Ralphie, três dias antes que ela fosse assassinada.

Jackie parece ser a versão da nova geração dessa mentalidade, olhando por baixo da blusa de Meadow depois que ela desmaia, reprovando o fato de ela namorar "um negro" e dizendo que quer largar a faculdade e entrar na moda masculina — embora "não naquela parte gay", seja lá o que isso signifique. Embora Meadow sobreviva a esse episódio, sua atração por Jackie deve nos deixar nervosos. Ele é como um Hamlet idiota que não aceita ser rejeitado. Uma imagem neste episódio resume seu personagem: um plano longo de Jackie saindo de um encontro com Meadow e acelerando ao passar por uma placa de "Pare" como se ela nem estivesse lá.

"THE TELLTALE MOOZADELL"

TEMP. 3/EP. 9
ESCRITO POR MICHAEL IMPERIOLI
DIRIGIDO POR DANIEL ATTIAS
EXIBIDO EM 22 DE ABRIL DE 2001

Cada criança é especial

"Eu nunca conheci ninguém como você." — **Tony**

O gorila do zoológico em "The Telltale Moozadell" pode ser o Tony dos primatas. Ele é enorme, peludo, com olhos vermelhos de sangue e prefere ser sedentário, mas depois de apenas alguns segundos olhando para ele, você sente a inteligência em seu rosto e o poder concentrado dentro dele que poderia partir você ao meio. As visitas ao zoológico são ótimas para os cineastas fazerem associações incidentais e metáforas grandiosas. *Família Soprano* faz isso nessa sequência que retrata Tony e sua nova *goomar*, Gloria, em uma tarde juntos. As principais preocupações nesse episódio são animais e espirituais; a religião une levemente os assuntos. Os dois visitantes do zoológico estão vestidos com peles de animais: Tony está usando sua clássica jaqueta de couro preta, enquanto Gloria veste uma jaqueta de couro longa revestida com pele. Ele nota que ela está usando um amuleto de proteção budista, o que dá início a uma conversa. Tony diz que sua irmã "maluca" é budista e provoca gentilmente Gloria quanto a compatibilidade entre ser budista e seu trabalho vendendo carros de 150 mil dólares. "A primeira verdade nobre é que a vida é sofrimento, mas o Buda pregava uma participação feliz nas dificuldades do mundo", Gloria diz a ele, não muito antes de conduzi-lo à casa dos répteis, onde eles fazem sexo em frente a um píton-birmanês que se encontra atrás de uma divisória de vidro — um raro exemplo de *Família Soprano* exagerando um pouco com as alusões bíblicas. Pelo menos, o roteiro reconhece isso quando Tony menciona uma conversa anterior em que Paulie o contou que as cobras "se reproduzem espontaneamente" porque "têm órgãos sexuais masculinos e femininos. É por isso que quando não se confia em alguém, você chama de 'cobra'. Como é que você pode confiar numa mulher que pode literalmente te ferrar?".

"Você não acha que a expressão venha da história de Adão e Eva?", Tony indaga se recusando a acreditar naquilo. "Quando a cobra tentou a Eva a morder a maçã?"

"Ei, as cobras estavam se ferrando muito antes de Adão e Eva aparecerem, Tony", Paulie responde.

Tony não come uma maçã nem perde uma costela nessa cena na casa dos répteis, e Gloria não é nem Eva nem Satã, mas esse episódio, por um lado, se assemelha ligeiramente à história de Gênesis: trata-se de ultrapassar limites e ir longe demais, até que Deus castigue.[43]

Enquanto isso, Chris presenteia sua noiva Adriana com o Lollipop Club, um bar apreendido em pagamento de uma dívida de jogo. Ela o reabre como uma casa de show chamada The Crazy Horse,[44] e tem que lidar com problemas remanescentes do antigo bar, incluindo o traficante de drogas Matush (Nick E. Tarabay), que costumava vender droga no banheiro do local e acha que ainda continua a ter esses privilégios, até que Furio o coloca para fora, reforçando a mensagem com um pontapé no saco. Matush continua testando sua sorte com o incentivo de Jackie Jr., amigo de um amigo que ainda parece querer pular para o topo da organização sem comprovar competência. A primeira cena deles juntos é um comentário hilário e seco sobre os devaneios relacionados ao filme *O Poderoso Chefão*: Jackie ouve a história infeliz de Matush e dá sua bênção para ele traficar drogas enquanto finge autoridade apoiando o rosto na mão da mesma maneira que Vito Corleone no primeiro filme e o jovem Vito no segundo. Quando Jackie vai até Chris para conseguir oficialmente a permissão que ele já concedeu, Chris manda o jovem calar a boca e se ofende por ele ter feito tal pedido, considerando que o tráfico de drogas é um crime federal, bem como estadual e local. Jackie diz então a Matush que ele pode vender drogas nas proximidades do clube, outra mentira para manter as aparências que tem consequências graves e faz com que Matush acabe no hospital. "Eles nem ligaram", ele balbucia para Jackie através de sua mandíbula quebrada e o braço levantado por uma barra de leito. "Eu acho que não gostam de você."

Tony também não gosta dele. Ele admite que Jackie Jr. tem um certo carisma e que ele sente um senso de proteção em relação a ele porque é o filho mais velho de Jackie, mas ele também não pode evitar a irritação com sua arrogância. Tony disse repetidamente que não quer que ele se envolva na vida de gângster porque prometeu ao pai dele que manteria seu filho fora disso. Mas agora ele está duplamente inflexível porque Jackie está namorando Meadow, e Tony foi lembrado há pouco tempo da pior coisa que pode acontecer às jovens namoradas de mafiosos.[45] O assassino de Tracee é a coisa mais próxima a uma figura paterna que Jackie tem

---

43 Em segunda instância, é também — por meio das relações Jackie-Meadow e Tony-Gloria — a respeito de pessoas que mergulham nas profundezas de um novo relacionamento sexual sem antes conhecer seu parceiro.
44 The Crazy Horse não é oficialmente The Stone Pony, o clube de Asbury Park, em New Jersey, onde Bruce Springsteen e a E Street Band aperfeiçoaram sua arte, mas o nome com certeza faz os fãs de Springsteen pensarem nele, especialmente quando um personagem interpretado por Little Steven Van Zandt fala sobre o quão chato os artistas ao vivo podem ser. É também o nome de um clube que pertenceu a Vincent Pastore em New Rochelle, Nova York, e o nome da banda que se apresenta com regularidade ao lado de Neil Young.
45 Na cena no açougue, Tony dá voltas na ideia de que não vai permitir que um gângster namore sua filha, mas nunca diz isso de forma explícita a Jackie. Poderia não ter feito diferença com esse garoto cabeça-dura e mimado, mas Tony costuma ser mais direto ao dar um aviso do que foi ali. Talvez haja uma parte dele que se lembra de que ele próprio foi um gângster que namorou uma garota legal, a mãe de Meadow, e se ele está condenando Jackie com base nisso, de alguma forma está condenando a si próprio.

agora. Esta subtrama culmina com Jackie perguntando a Ralphie se ele pode comprar uma arma "só por precaução", e Ralphie dando a ele seu próprio revólver .38 — tornando-o, assim, a antítese paterna de Tony, que está tão empenhado na sobrevivência e no sucesso do jovem que, quando o pega no cassino, ordena que ele saia imediatamente e "fique esperto".[46]

A história de Jackie neste episódio tem paralelos com os problemas de AJ, que também não consegue parar de se envolver em comportamentos de autossabotagem[47] em grande estilo. Ele tem ainda menos autoconsciência do que Jackie: pressionado a explicar por que foi cúmplice do arrombamento/festa/confusão na piscina da sua escola junto a vários outros alunos,[48] ele olha para os pais com aquela clássica expressão vazia e vagamente constipada, enquanto diz: "Eu não sei". A reunião subsequente com os diretores da escola é um dos ápices de dissimulação da temporada — um referendo em miniatura sobre a hipocrisia da espécie. Assim como a gangue de DiMeo mantém um dependente em cocaína que assassina strippers em sua folha de pagamento porque ele "trabalha bem", o diretor e técnico da Verbum Dei deixam claro que AJ não sofrerá nenhuma penalidade. A reunião começa com um lembrete da "política de tolerância zero em casos de vandalismo" da escola que exige "expulsão imediata" e, em seguida, passa a delegar a disciplina aos pais, para surpresa de Tony e indignação crescente de Carmela.[49] AJ recebe "uma sentença alternativa" como uma recompensa por ter melhorado sua média de notas para C- (a menor nota aceitável na maioria das escolas dos Estados Unidos) e pode continuar praticando esportes (contrariando diretamente a decisão de Tony, que quer tirá-lo do time de futebol americano) devido ao que o treinador chama de "habilidade" e "qualidades como liderança. Nós achamos que não seria o melhor para ele, ou para o time, que cortássemos a sua relação com a equipe".[50]

O relacionamento de Tony e Gloria também está testando os limites. Ele dirige direto para o local de trabalho dela, dá presentes a ela em plena luz do dia próximo a uma estrada principal e a leva para escapadas amorosas. Essa é, até então, sua conexão mais profunda com uma mulher que não seja sua esposa: "Eu nunca conheci ninguém como

---

46 Carmela não tem ideia das profundezas da depravação de Ralphie. Conversando com Rosalie Aprile, ela o chama de "um verdadeiro achado" e a incentiva: "Não deixa ele escapar".
47 Como que para oficializar o paralelo, o episódio corta diretamente de Jackie brincando de poderoso chefão júnior para a reunião dos Soprano na Escola Verbum Dei para discutir o ato de vandalismo de AJ.
48 Observe com atenção a cena da piscina e você verá uma jovem Lady Gaga, na época uma atriz de 15 anos creditada como Stefani Germanotta.
49 A forma com que Edie Falco enuncia "Então não é exatamente tolerância 'zero'" é uma aula magistral de como colocar aspas sarcásticas em torno de uma palavra sem levantar um dedo.
50 Há um momento de possível implicação moral neste episódio também para Melfi: Tony paga a mais porque está de bom humor, então se recusa a deixar sua terapeuta devolver o troco, dizendo a ela que "dê a sua instituição favorita". Momentos depois, Jason liga para saber dela ("Eu odeio todos eles… os meus pacientes", ela admite) e pedir dinheiro extra para comprar dois livros para estudar. A cena termina com Melfi olhando para o dinheiro em sua mão.

você", diz ele no zoológico depois que ela explica o significado de seu colar. "Eu sei por que mente, mas não precisa", Gloria diz a Tony, na cena em que ela pergunta sobre a pistola que ele mantém em um coldre de tornozelo para "negócios em áreas perigosas".

Tony e Gloria sabem que esse relacionamento não é sensato. Nas sessões de terapia, ambos expressam um parecido prazer ébrio, mas fogem do assunto ou mentem sempre que Melfi parece estar prestes a descobrir o caso entre eles. Melfi pergunta sobre a voz que ela ouviu do outro lado da linha quando Gloria ligou para cancelar a consulta no episódio "He Is Risen" e a pressiona para obter a confirmação de que está saindo com alguém, uma linha de investigação que deixa sua paciente desconfortável. "Acho que é antiprofissional da sua parte me confrontar dessa forma", diz Gloria. Melfi responde que está confrontando porque Gloria recorreu à terapia depois de uma tentativa de suicídio quando seu relacionamento chegou ao fim, mas aceita o que ela diz quando fica claro que pressionar mais a deixaria contrariada.

É fascinante assistir a Melfi patinar duas vezes à beira de uma compreensão que ela ainda não consegue ter.[51] Ela viu Tony e Gloria sorrindo um para o outro em sua sala de espera. Ela ouviu a voz de Tony (que conhece bem dada sua presença regular no consultório durante uma hora por semana) enquanto falava ao telefone com Gloria. Ela sabe que Tony está tão feliz a ponto de fazer papel de bobo e está expressando todo tipo de pensamentos no estilo de "siga o fluxo", mas ela não conecta essa linguagem a Gloria — uma budista abertamente devota — mesmo depois de Tony parafrasear uma das falas de Gloria do zoológico.[52] Aqui, como em sua sessão com Gloria, Melfi segue uma linha de pensamento até quase identificar uma mentira, mas, no final, não chega a ligar os pontos.

"Suas ideias têm um toque oriental, sabia?", ela diz a Tony.

"Bem, eu morei em Jersey...", balbucia Tony.

"Eu digo 'oriental' em termos asiáticos, como budistas ou taoísta..."

"Sun Tzu", argumenta Tony, uma mentira tão transparente que nem ele consegue vendê-la. "Já te falei."

Melfi o encara por um momento, até que diz: "Temos que parar agora".

---

51 Tony tem sua própria versão disso: as afirmações repetidas de Jackie de que ele está levando seus estudos a sério quando, na verdade, não está fazendo nada disso. A cena em que Jackie engana Tony é outro grande exemplo da capacidade de James Gandolfini de transmitir gradações sutis de autoconsciência ao fazer apenas determinados movimentos faciais e modulações em sua voz. Sua postura aqui comunica que Tony não é mesmo burro o suficiente para cair nessa; é mais o caso dele querer e precisar acreditar, porque ele não quer entristecer Meadow pondo um fim no relacionamento dos dois, e porque tem tantas outras coisas acontecendo em sua vida agora que ele não tem a capacidade mental para lidar com mais um grande drama. Ele logo se livrará de seu otimismo.

52 Se o zoológico é um lugar onde coisas calorosas e iluminadas acontecem para Tony e Gloria, isso o torna o Sun Zoo [Um trocadilho que significa Zoológico do Sol, mas também remete à pronúncia anglicizada do nome do autor Sun Tzu, que escreveu o livro mencionado repetidamente por Tony, *A Arte da Guerra*]. Obrigado, você tem sido uma plateia maravilhosa.

> "... TO SAVE US ALL FROM SATAN'S POWER"
>
> TEMP. 3/EP. 10
> ESCRITO POR ROBIN GREEN & MITCHELL BURGESS
> DIRIGIDO POR JACK BENDER
> EXIBIDO EM 29 DE ABRIL DE 2001

Ho, ho, ho, cacete!

"O chefe dessa Família decidiu que você vai ser o Papai Noel, e vai ser o Papai Noel. E não quer ouvir nem mais um piu!" — **Paulie**

Um especial de Natal para pessoas que odeiam especiais de Natal, "... To Save Us All From Satan's Power" é um episódio clássico de *Família Soprano*, embora, em comparação, seja leve em violência e pesado em piadas, especialmente sobre homens gordos. Fala-se sobre a mitologia estadunidense do Natal, incluindo a narrativa clássica de Paulie sobre o Papai Noel e os duendes e sobre filmes natalinos como *O Grinch* e *A Felicidade Não se Compra*. Mas, no final, o espírito do Natal morre na praia. Tony assiste a um pedaço de *A Felicidade Não se Compra* na TV do quarto depois de ter espancado o motorista de táxi que bateu em Janice e prendê-lo embaixo de um trenó na vitrine de uma loja. "Ah meu Deus, já chega!", murmura ele, enquanto George Bailey corre pela neve. Naquela que pode ser a única tarde do ano em que, em uma sala cheia de mafiosos, eles conseguem fingir publicamente serem bons sujeitos, dois deles interpretam o Papai Noel no Satriale's: Big Pussy em um flashback de 1995 — provavelmente usando uma escuta eletrônica —, e Bobby nos dias de hoje, o substituto de São Nicolau, que alertou a todos que não tinha a menor aptidão para a atividade, prova que estava certo. "Será que ele vai morrer se disser 'ho-ho-ho'?", pergunta Paulie, observando Bacala mandar nas crianças como se fosse um treinador de academia e gritar com um garoto chamado Gregorio por ter entrado duas vezes na fila de presentes: "Estava no meu colo há cinco minutos... Vai para a lista do Papai Noel e não vai ganhar nada!".

"Vá se danar, Papai Noel!", grita Gregorio. E todo mundo na sala clama: "Ehhhhhhh!".

No final das contas, porém, Tony é o verdadeiro Papai Noel aqui — a versão Paulie Walnuts, dando brinquedos para crianças boas e dando surras nas ruins. Sua lista de afazeres das festas começa a virar uma lista de malcomportados quando ele percebe que Janice ainda está sentindo dores depois que um motorista de táxi russo a agrediu por ter roubado a perna de Svetlana. "RUSSO DA JANICE", ele escreve em seu bloco de notas amassado, na mesma página onde está escrito "TRANSFERIR CANNOLIS", um eufemismo para lavagem de seu dinheiro por meio de diferentes caras russos. Mas ele também é uma resposta cética a George

Bailey, de *A Felicidade Não se Compra*, e Ebenezer Scrooge, de *Um Conto de Natal*, um homem comum que vê os fantasmas do Natal, mas não percebe nada sobre si mesmo, exceto que odeia ver fantasmas. O episódio argumenta que se os dois personagens fossem pessoas reais, eles teriam presumido que os fantasmas eram alucinações resultantes de comer pudim natalino estragado, ou que o pequenino que dizia ser um anjo era um mendigo que não estava bem da cabeça, e continuariam a pecar como de costume.

O episódio começa com um flashback de 1995 mostrando Tony e Jackie, no calçadão de Asbury Park, conversando com Pussy sobre como intermediar um encontro diplomático entre Jackie e Junior, que acabou de sequestrar um dos caminhões do chefe. A essa altura nós entendemos tão bem a série que não ficamos surpresos quando a câmera dá um zoom lento nas ondas quebrando e dá lugar para memórias de Tony sobre o velho amigo Pussy, o peixe falante que acabou no fundo do mar; mas ainda é surpreendente ver Pussy em carne, osso, dor nas costas e glória, Jackie parecendo firme e forte e Tony com mais cabelo.[53] Tony, Paulie e Silvio executaram Pussy em "Funhouse", e esse é o primeiro reaparecimento do personagem por inteiro em um flashback, além da breve visão em um espelho no corredor em "Proshai, Livushka" — um dos muitos indicadores de que *Família Soprano* pode acreditar em um mundo além do material. O turbilhão de lembranças de Pussy, Gigi e Jackie Sr., colegas cujas perdas pesam sobre Tony,[54] funde-se com as pressões comuns da temporada natalina e o leva à beira de outro ataque de pânico,[55] o primeiro em algum tempo. "Aquela sensação de que há refrigerante no meu cérebro", diz ele a Melfi. "Estresse-Noel", responde ela.

Mas isso é mais do que estresse-Noel. É uma possível avaliação moral que vem à tona pelo fato de Tony estar revisitando o local em particular onde sonhou com o peixe-Pussy revelando quem ele era de verdade. Todo mundo está em estado de negação, incluindo Paulie, que insiste que mataria Pussy de novo se pudesse.

[53] Esta é uma das várias cenas do episódio que fazem uma engenharia reversa de certos fatos e associações e dá mais informações sobre o universo de *Família Soprano*. "Funhouse" nunca explicou por que Tony continuava sonhando com o calçadão de Asbury Park, mas este episódio o define como a origem da futura traição de Pussy: foi onde ele concordou em ir para Boca Raton, na Flórida, pouco antes do Natal. A equipe de Tony acredita que talvez tenha sido onde o FBI o prendeu pelo tráfico de heroína sobre o qual Tony o alertou, em 1995, e que o fez cair numa armadilha mais tarde. Também descobrimos que os problemas financeiros e lombares de Pussy datavam de, pelo menos, 1995, quando o pai de Tony adquiriu o Satriale's em uma operação que levou o velho Satriale a cometer suicídio e ele estabeleceu a tradição do Papai Noel que Pussy e Bobby herdaram. A julgar pela perda de cabelo que já afligia Tony em 1995 (e que belo trabalho de peruca aqui!), também pode ter sido quando ele começou a ficar careca a sério.
[54] A cena seguinte ressuscita Jimmy Altieri, cuja traição desviou a atenção da dúvida de Pussy estar usando uma escuta eletrônica na primeira temporada. Além disso, observe que quando os caras encontram a roupa de Papai Noel de Pussy no açougue e começam a desabafar sobre a traição de Pussy, o mais falante e indignado é Ray Curto, revelado como mais um delator em "Proshai, Livushka".
[55] Nenhum tipo de carne está presente neste aqui, sugerindo que até mesmo o brilhantismo de Melfi vai só até um certo ponto.

TERCEIRA TEMPORADA 183

Tony dá uma de Melfi com o amigo, perguntando por que ele foi a um médium no ano passado já que supostamente não "liga pra essas coisas", e porque ele está se sentindo assombrado por Pussy apesar de ter sentido a presença, no consultório do médium, dos fantasmas outros homens que ele matou.

"Aquilo foi diferente", diz Paulie, amuado. "O Chrissie levou um tiro. Foi um fenômeno paranormal."

"Essa é a diferença entre Pussy e os outros... dele, você gostava", responde Tony, pressionando Paulie.

"Só que o mundo não é só amor", Paulie complementa. "Quer saber? Que se dane o Papai Noel."

No lugar da tradicional fábula de Natal sobre o homem cruel (ou apenas autopiedoso) que tem uma revelação e muda seu jeito de ser, nós temos uma história sobre um grupo de gângsteres tentando em conjunto descobrir quando deveriam ter percebido que seu velho amigo era um rato, um informante do FBI, para que eles pudessem matá-lo e se poupar desse trabalho no futuro. Silvio sonha com um ladrão secreto de queijo[56] no Bada Bing e encontra o cadáver de Pussy no camarim das strippers, com o pescoço quebrado em uma ratoeira gigante. "Desde que encontramos aquela roupa, venho sonhando com aquele traidor desgraçado", Silvio diz a Tony, no mesmo porão onde seu chefe interrogou dois homens que mais tarde foram mortos por serem informantes.[57] Silvio e Tony deduzem que Pussy provavelmente resolveu aceitar ser informante no dia em que apareceu atrasado para a reunião que Sil organizou entre Jackie Sr. e Junior. Tony acha que Pussy pode ter usado uma escuta eletrônica pela primeira vez, sob sua roupa de Papai Noel, não muito depois disso. Talvez ele já tenha entrado no Satriale's usando a escuta. Mas quem poderia saber ao certo?

Aqui, como em outros lugares, Tony tem vários momentos potenciais de autorrevelação, mas toda vez que pega um peixe grande, ele o joga de volta. Charmaine Bucco, recém-separada de Artie e aparecendo bela e atraente, para de fingir que não odeia servir gângsteres no seu restaurante e alfineta Tony e seus comparsas, dizendo a eles que alguns agentes do FBI podem estar comendo nas redondezas; Tony não entende os indicadores óbvios nessa cena de que ela o odeia e quer que ele se sinta o mais desconfortável possível. É necessário um retorno ao restaurante, com uma reprimenda mais flagrante, para que Tony se sinta ofendido o bastante para comer em outro lugar. Mesmo assim, ele parece mais irritado com a falta de medo de Charmaine do que pelo fato de ser castigado com a desaprovação dela a respeito de como ele ganha a vida — mas mesmo assim, sendo *Família Soprano*,

---

56 A julgar por essa cena e pela pegadinha que Tony faz com Silvio por meio de Matt Bevilaqua no episódio "The Happy Wanderer", o proprietário-gerente do Bada Bing com frequência tem queijo na cabeça.
57 Se Meadow não tivesse levado o abajur de volta para Columbia, Tony teria se ferrado de verdade aqui.

não podemos descartar que a razão mais verdadeira e profunda pela qual Tony vai embora seja vergonha —, não que ele fosse admitir isso.

No mesmo episódio em que Tony discute abertamente presentes para as *goomars* com Paulie e Silvio, e dá a Carmela um bracelete de 50 mil dólares como compensação implícita pelo fato de ter assumido uma nova amante em segredo,[58] Tony explode de raiva ao ver o namorado da filha recebendo uma *lap dance*, arrasta-o até o banheiro masculino e duas vezes diz a ele: "Você chegou no limite" — como que para forçar o cara a ter o momento de clareza que, até agora, ele mesmo não teve. Aqui, como nas cenas de Jackie Jr. em "The Telltale Moozadell" e em muitas cenas em que ele lidou com um Ralphie insubordinado ou um Richie ofendido, Tony parece menos insultado pela hipocrisia e torpeza moral do outro homem do que furioso com a existência dos mesmos impulsos mesquinhos, perversos ou autodestrutivos em si mesmo, mesmo que mais bem reprimidos. Quando Tony disciplina Jackie, é como se ele estivesse dando uma surra em seu eu mais jovem para transformá-lo de malcomportado em bonzinho. O ataque no banheiro é o mais próximo que o episódio chega de uma reflexão moral tradicional ao estilo Charles Dickens: Tony como o Fantasma do Natal Futuro, com uma jaqueta de couro, dando um chute na bunda do jovem Tony.

Nada disso fica claro porque Tony entende seu subconsciente principalmente enquanto um conjunto de pistas sobre como administrar seu negócio, reforçadas por uma pitada de Sun Tzu. No entanto, o retorno cármico vem na manhã de Natal, quando Meadow lhe dá o presente inesperado de um Big Mouth Billy Bass, um brinquedo de peixe animatrônico que canta "Take Me To the River" (leve-me ao rio), forçando-o a sorrir docemente e agradecer em vez de vomitar ou desmaiar, e concordando em manter o peixe em sua mesa de trabalho, onde possa vê-lo todos os dias de sua vida. Corta para ondas quebrando em Asbury Park. Papai Noel está fodido.

---

58 O fato de Carmela tomar a decisão de interrogar Tony sobre o repentino apelo sexual de Charmaine, acusá-lo de ir atrás dela e dizer a ele que ela sabe que eles transaram na época da escola sugere que ela já descobriu que ele está traindo de novo, mesmo que ela não possa provar e esteja se concentrando no alvo errado.

TEMP. 3/EP. 11
HISTÓRIA DE TIM VAN PATTEN & TERENCE WINTER
ROTEIRO POR TERENCE WINTER
DIRIGIDO POR STEVE BUSCEMI
EXIBIDO EM 6 DE MAIO DE 2001

Rasputin

"Eu perdi meu sapato." — **Paulie**

"Pine Barrens", também conhecido como aquele com o russo, é o episódio que os fãs de *Família Soprano* usam para recrutar novos espectadores. Funciona como um curta autossuficiente sobre um chefe da máfia que perde o controle de seus negócios e de sua vida pessoal enquanto avança subtramas importantes que abrangem a temporada sem resolvê-las e dá uma amostra de reviravoltas futuras sem prometer nada específico. O episódio entrega todas as características que distinguem *Família Soprano* esperadas pelo público de longa data — suspense, violência e camadas de melancolia e mistério — ao mesmo tempo em que pende para o lado da comédia, seja ela mais pastelão-pateta (Paulie e Chris brigando no bosque) ou emocionalmente vulnerável (Gloria acertando Tony na nuca com seu jantar). Talvez seja o melhor episódio que o grande roteirista de TV Terence Winter escreveu para qualquer série. É uma das melhores coisas em que Steve Buscemi, um ainda pouco celebrado diretor de filmes independentes, colocou seu nome. O episódio oferece duas das melhores performances cômicas de Tony Sirico e Michael Imperioli, um entretenimento satisfatório ao estilo decadente que carrega o público consigo do início ao fim, enquanto o deixa com perguntas inesperadas, como "O que aconteceu com o russo?".

Agora não é a hora de resolver a questão do russo — vamos deixar isso para a recapitulação do final da temporada —, mas não é um spoiler dizer que ele foi o assunto principal depois que o episódio foi exibido. Os avisos de Tony para Paulie parecem garantir que eles vão se encontrar de novo: "Se o desgraçado conseguir sair daqui, o problema não é meu. Você fala com Slava,[59] você resolve a parada, você paga o preço". Será que poderia haver guerra entre russos e italianos pela morte (ou ferimento) de Valery (Vitali Baganov), o Rasputin de South Jersey, o ex-soldado bebedor de vodca,[60] o gigante estrondoso que lava o saco com água gelada?

---

[59] O sujeito que faz lavagem de dinheiro, melhor amigo e companheiro de guerra de Valery; ambos introduzidos no episódio "To Save Us All From Satan's Power".

[60] Em uma ligação de celular terrível, Tony diz a Paulie que Valery, sozinho, matou dezesseis rebeldes tchetchenos e trabalhava no Ministério do Interior, o que Paulie traduz para Christopher como: "Você não vai acreditar. Ele matou 16 tchecoslovacos. O cara é um decorador de interiores". (Chris, confuso: "A casa dele era um lixo".)

Basta dizer que, para uma série que coloca tais questões no diálogo, *Família Soprano* pouco se importa com os detalhes do que aconteceu com o russo, em vez disso a série o trata como uma força da natureza solta no bosque, apresentando seu poder assustador e sua ardileza fantasmagórica como um teste à engenhosidade de Paulie e Chris.[61] No final, eles falham por completo e de forma miserável, xingando a si mesmos e aos outros o tempo todo. Eles falham antes mesmo de começar. Procure "falhar" no dicionário e você verá Paulie e Chris na neve: Chris com a cabeça ensanguentada e enrolada no tapete do carro, e Paulie fazendo careta com seu único pé descalço congelando na neve, o cabelo grisalho, normalmente imaculado, todo despenteado como a juba selvagem de uma figura onírica do expressionismo alemão. Se esses dois fossem apenas um pouquinho menos impulsivos, confrontadores e derrotistas, nunca teriam acabado congelando em uma van no bosque à noite, comendo pacotes de condimento meio congelados e se assustando a cada barulho de galho quebrado. O russo é o castigo que eles merecem.

Talvez mais Paulie do que Chris. Foi Paulie quem pegou o controle universal de Valery e o esmagou como o idiota machista que é, em vez de aceitar a reclamação do russo e substituí-lo. Foi Paulie quem estrangulou Valery, ao que parecia, até a morte com aquela luminária de chão, e Paulie que insistiu em enterrar seu "cadáver" nas profundezas do bosque de South Jersey, para que pudessem passar a noite em Atlantic City, nas redondezas dali, em vez de em algum lugar mais perto, e Paulie que mentia o tempo todo para o chefe sobre quem cometeu a maioria dos erros. Claro que foi uma decisão conjunta forçar Valery a cavar sua própria cova com uma pá que ele pudesse usar como um porrete, então isso fica na conta de Chris também. Mas, principalmente, era Paulie, o idiota de cabelo grisalho e descalço.

Por outro lado, se acreditarmos na palavra de Tony de que ele é do tipo "chefão", talvez seja ele quem mereça a maior parte da culpa. Os dois patetas não teriam ficado em apuros se Tony não tivesse ordenado que eles fossem lidar com a situação de Valery. Foi Tony quem mandou Paulie pegar os 5 mil dólares que Valery devia a Silvio, em vez de insistir que Sil resolvesse isso sozinho, e Tony poderia ter interferido pessoalmente a qualquer momento, se quisesse — o que nós teríamos

---

[61] Existem vários detalhes que fazem parecer que Valery tem poderes sobrenaturais, desde o tamanho da nuvem sanguinolenta que irrompe de seu crânio quando Paulie dá seu tiro a esmo, ou a forma como seu rastro de sangue e pegadas simplesmente desaparecem, até a criatura errante em que Chris atira e que acaba sendo um cervo, mas pode muito bem ser um Valery reencarnado. O diretor Buscemi, um cineasta favorito de Chase há muito tempo por causa de seu primeiro longa-metragem, de 1996, *Ponto de Encontro* (filme estrelado por muitos futuros integrantes do elenco de *Família Soprano*), faz uma série de escolhas aqui que dão a entender que o russo é algo mais do que um mero mortal — incluindo um plano com a câmera alta em Paulie e Chris a partir da copa das árvores que, a princípio, parece ser do ponto de vista de Valery, que teria que ter subido na árvore como um esquilo para chegar tão alto. Cada escolha tem uma desculpa plausível, ao mesmo tempo em que é vagamente arrepiante, atingindo aquele ponto certo de *Família Soprano* entre o conhecido e o incognoscível.

achado plausível, já que sabemos como ele gosta de botar a mão na massa. Mas ele decidiu delegar porque estava tão envolvido em seus próprios melodramas, equilibrando uma nova namorada exigente com as necessidades de sua família e o mau agouro deixado por sua *goomar* anterior, Irina.[62]

O segmento de "Pine Barrens" que as pessoas se lembram em mais detalhe é aquele com Paulie, Chris e Valery, e com toda razão: desde o momento em que Paulie abre o porta-malas, revelando um russo vivo, à caótica perseguição a pé, todas as cenas dos idiotas do bosque discutindo e reclamando, até chegar ao *cutaway* (tipo de corte em que a ação principal é interrompida rapidamente pela inserção de outra cena) sinistro em que Paulie olha da janela o bando de pássaros que voa em uma formação em V, essas cenas são o cerne cômico de "Pine Barrens". Mas esse é, em última análise, um episódio sobre Tony, com as desventuras de Paulie e Chris manifestando o caos que ele está causando em sua vida profissional e particular. O fio condutor que liga cada parte do episódio é sua falta de vontade ou incapacidade de resolver problemas complicados que estão bem à sua frente.

O episódio começa com Gloria, recém-chegada do Marrocos,[63] que está visitando o *Stugots* (o barco de Tony) bem quando Irina liga; ela fica com tanta raiva dele que joga na água o presente que ele lhe deu, sem nem abrir. A incapacidade de Tony de admitir o que Gloria já sabe (que não era uma ligação do administrador escolar) agrava a situação. Ao longo de todo o episódio, ele faz o que for necessário para se esquivar da responsabilidade e tornar tudo sobre ele: o gângster-marido-pai que é ausente de uma perspectiva mental, emocional e às vezes física, e que está empurrando a vida com a barriga. Ele sempre chega atrasado para reuniões familiares, compromissos e encontros, os interrompe ao atender telefonemas e, muitas vezes, sai mais cedo com uma desculpa tão esfarrapada que chega a ser um insulto. Ele delega responsabilidades incômodas a pessoas despreparadas para lidar com elas, e se ofende sempre que alguém tem a temeridade de observar que ele não está dando a elas uma fração de sua atenção total.

A história principal desse episódio é Tony perdendo o controle de sua vida ao mesmo tempo em que experimenta a alegria da paixão por sua nova namorada explosiva. A história secundária envolve Jackie Jr. agindo como uma versão mais jovem, mais bonita e muito mais burra[64] de Tony, ao escapar de Meadow porque ela está

---

62 Todos querem saber o que aconteceu com o russo, mas quase ninguém pergunta quem furou os pneus de Gloria. Presumimos que tenha sido Irina, com base na experiência anterior de Tony e no fato de ela ter ligado para o barco dele na primeira cena, mas o assunto nunca é resolvido aqui. Para citar Melfi neste episódio: "Interprete as coisas como quiser".

63 Gloria já é uma presença tão indelével na vida de Tony e na série, apesar de ainda ser relativamente recente, que agora tem música de entrada: apropriadamente, "Gloria", da banda Them — um grupo de *garage rock* da Irlanda do Norte que lançou a carreira de cantor de Van Morrison.

64 Jogando o jogo de palavras-cruzadas Scrabble com Meadow, Jackie presume que "oblíquo" é uma palavra espanhola, enquanto suas próprias palavras incluem "cocô", "bunda" e "o".

doente e não quer fazer sexo ou tomar ecstasy, e depois sendo pego por ser infiel. Cada cena, incluindo as com Valery, suscita a questão de até que ponto as pessoas podem pisar na bola antes de serem forçadas a resolver os problemas ou sofrer as consequências de pessoas que feriram ou incomodaram. Tony está deixando todo mundo na mão aqui, incluindo a namorada que ele diz a Melfi ser a maior responsável por sua felicidade. Se a atenção de Tony fosse uma refeição, seus entes queridos mereciam um banquete; mas eles se viram com um pacote de condimento meio congelado.

Gloria é a primeira a desafiar Tony, exigindo e recebendo um tratamento melhor (brevemente), então sendo deixada de lado de novo, o que a leva a dizer que ele "não tem consideração" e falar: "Se eu quisesse ser tratada como lixo, teria me casado". Ela finalmente explode de raiva depois que ele a deixou esperando três horas, e joga um pedaço de carne grelhada, ainda morna, contra sua nuca enquanto ele sai para buscar Bobby. "Andou comendo carne?", Junior pergunta logo depois de oferecer detalhes de seu sofrimento com a quimioterapia, mas não receber nenhuma empatia. "Vai tomar café, né? Meu pai está com glaucoma", diz Carmela com tristeza, quando fica claro que Tony está tentando sair às pressas do jantar, em vez de se sensibilizar pela saúde do pai dela.

Chris e, principalmente, Paulie sentem a dureza da negligência de Tony nesse episódio. Eles praticamente imploram para que ele venha resgatá-los enquanto o dia vira noite, apenas para receber repetidas ordens para *lidar com isso*. "Ele tem levado uma vida de rei, e agora eu só ouço falar do cretino do Ralphie!", Paulie sibila, batendo queixo de frio. Tony começa a fazer as coisas direito novamente quase no final do episódio, desculpando-se com Bobby e o agradecendo por cuidar de Junior e pedindo a Paulie que decida se vai procurar o russo ou voltar para casa.[65] Mas o alívio e a gratidão de Paulie e Chris são mais uma questão de se sentirem gratos por estarem de volta em um carro aquecido, comendo sanduíches, do que um mal-estar coletivo por estarem com raiva do chefe. Tony age como se o mundo inteiro fosse sua esposa, sua *goomar*, seu servo fiel e desvalorizado.

Onde Tony aprendeu a tratar as pessoas dessa maneira? Já sabemos a resposta, e Melfi faz o possível para levá-lo a confrontá-la durante a cena final da terapia; ainda assim, ele nega o óbvio. Ela o convida a especular sobre o que Irina e Gloria têm em comum: "Uma personalidade depressiva, instável, impossível de agradar. Isso não faz você lembrar de nenhuma outra mulher?".

Tony para por um segundo, depois dá de ombros.[66]

---

65 Este último gesto também tem um quê de autoproteção, mesmo que, por fora, pareça atencioso: se foi Paulie quem tomou a decisão de não ir à procura de Valery, será culpa de Paulie se ele aparecer mais tarde.

66 Duas vezes neste episódio, durante a viagem para casa e nos créditos finais, ouvimos a interpretação de Cecilia Bartoli (do álbum de 1992 *If You Love Me — 'Se tu m'ami': Eighteenth-Century Italian Songs*) de "Sposa son disprezzata", uma ária italiana escrita por Geminiano Giacomelli. Foi usada em *Bajazet*, o pasticho de Vivaldi, mas composta para a ópera *La Merope*, de Giacomelli. A letra se aplica

TEMP. 3/EP. 12
HISTÓRIA DE DAVID CHASE
ROTEIRO POR FRANK RENZULLI
DIRIGIDO POR TIM VAN PATTEN
EXIBIDO EM 13 DE MAIO DE 2001

Um mofo

"Não te conheci agora. Te conheço desde que nasci." — **Tony**

A mesma ária, "Sposa son disprezzata", cantada por Cecilia Bartoli, encerra "Pine Barrens" e abre o próximo episódio, "Amour Fou", fazendo com que este pareça a parte dois de um episódio duplo não oficial, ou talvez um mundo através do espelho.[67] Pelo menos se assemelha ao remate que Melfi estabeleceu em "Pine Barrens": "Parece alguém que você conhece?".

O "alguém" é Livia, mas é também Gloria, que entra em uma espiral de fúria confrontadora quando percebe que Tony nunca vai colocá-la em primeiro lugar e viola limites o bastante (incluindo levar Carmela da concessionária para casa e, em seguida, ligar para ela para tentar fazê-la comprar um carro novo), o que leva Tony a romper com ela. O clímax dessa subtrama acontece com eles lutando na casa de Gloria até que ela o ataca com um saca-rolhas e Tony (muito maior do que ela) quase a estrangula até a morte antes de recobrar o juízo e parar (depois que ela murmura repetidamente "Me mata"). Lembre-se de que Tony quase sufocou a própria mãe no final da primeira temporada, e que seus próprios ataques de pânico parecem uma asfixia. Bem primitivo — o estrangulamento é uma das formas mais antigas de matar alguém, anterior a todos os meios de assassinato, talvez até daqueles com pedras e porretes. E como uma imagem onírica é carregada de significado: o subconsciente muitas vezes busca imagens de asfixia quando as pessoas sonhando estão suprimindo alguma parte importante de si mesmos, suas necessidades não estão sendo atendidas ou sua verdade não está sendo vista e reconhecida. Se Gloria não tivesse exclamado "Coitadinho!" em resposta ao discurso autocomiserativo de Tony, poderíamos ter inferido isso a partir de sua linguagem e comportamento, que nasceram do sentimento de abandono e do desejo de destruir quem a abandonou levando essa pessoa a destruí-la primeiro ("É uma forma de suicídio", de acordo com Melfi na terapia).

especialmente a Carmela, que sabe que o marido é infiel, mas também pode se aplicar a Gloria e Irina, que, da mesma forma, têm rancor de Tony por ele não se comprometer por completo com elas e se afastar delas quando pedem mais; e a Paulie e Chris, subordinados leais que parecem nunca chamar a atenção de seu amado chefe, a não ser quando ele os está repreendendo.
67 "Pine Barrens" e "Amour Fou" têm o mesmo número de sílabas, mas as tônicas são invertidas.

Outro enredo importante aqui também é movido por sentimentos de desrespeito, desprezo e marginalização. Jackie Jr., frustrado por sua incapacidade de ascender depressa na organização, faz uma jogada desesperada que forçará a Família a reconhecê-lo como uma estrela em ascensão: ele vai replicar o lendário roubo orquestrado por Tony e seu pai do jogo de cartas que agora é comandado pelo aspirante a padrasto de Jackie, Ralphie. O plano dá errado quando seus amigos Dino, Carlo (Louis Crugnali) e Matush se juntam a ele. Quando Sunshine, o *crupiê*, tenta retomar o controle da situação citando o poema "Se", de Rudyard Kipling, Carlo atira nele duas vezes, matando-o e desencadeando um tiroteio que deixa Furio ferido e Carlo morto. No final, Jackie Jr. é um fugitivo e — de acordo com Tony, o chefe — sua posição como pupilo não oficial de Ralphie significa que cabe a Ralphie decidir se ele deve ser perdoado ou o condenado.[68] As duas histórias seguem caminhos paralelos, excluindo quase todos os outros personagens principais. Isso nos convida a ver as cenas de Gloria e Jackie como reflexões (ou, pelo menos, comentários) uma da outra. O pico das cenas dos dois acontece quase ao mesmo tempo: a quase morte de Gloria é seguida imediatamente por Jackie estragando o roubo e quase levando um tiro por sua estupidez. A ascensão trôpega e a queda imediata de Jackie, com Ralphie como sua figura paterna permissiva, tem sido o contraponto desta temporada às histórias sobre AJ pisando na bola e revelando uma quase completa falta de ambição, e seus pais lutando para descobrir como lidar com isso.

Há uma terceira história também, originada em acontecimentos do início da temporada, sobre Carmela, que a leva a aceitar, por enquanto, a ideia de que não vai escapar desse casamento tão cedo, então ela pode muito bem tirar o melhor proveito disso. Ela se preocupa se está grávida de novo após ter um sangramento de escape enquanto está no Metropolitan Museum de Nova York, chorar com a pintura de uma criança recém-nascida e, depois, com um anúncio de comida de cachorro (o cachorro sendo o tipo de protetor fiel por instinto que Carmela se imagina). Então descobre que, afinal, não está grávida, mas tem uma reunião com o padre Obosi (Isaach De Bankolè),[69] um sacerdote recomendado pelo padre Phil porque ele está estudando psiquiatria. O encontro de Carmela com Obosi, que passa do confessionário para o escritório dele, continua a rica tradição de *Família*

---

68 A cena em que Tony e Ralphie debatem o destino de Jackie é uma das mais bem escritas da série a respeito de duas pessoas tentando fazer com que a outra aceite a responsabilidade por tomar uma decisão enorme, mas desagradável. Eles ficam empurrando o assunto um para o outro, como uma refeição envenenada que nenhum deles quer provar. Ralphie diz a Tony: "Queria livrar a cara dele. É a minha vontade, mas eu sei que você tem mais com o que se preocupar, você é o chefe... vou fazer com que suas ordens sejam cumpridas, todas elas" — como se já soubesse o que tem que acontecer, mas não quisesse ser o responsável por emitir o veredito. "Deve agir de acordo com seu instinto, Ralph", responde Tony.
69 Ator francófono da Costa do Marfim; os destaques de sua carreira incluem *Uma Noite Sobre a Terra*, *007: Cassino Royale* e *Os Limites do Controle*.

Soprano dos personagens que vão a compromissos que eles esperam e talvez desejem que possam impulsioná-los a fazer escolhas difíceis e definir limites rigorosos, para no fim se darem conta de que a figura de autoridade está lá só para ajudá-los a pegar a saída mais fácil e preservar o status quo.

Obosi a aconselha a tentar viver dentro dos limites das partes boas de sua vida com Tony em vez de deixá-lo e rejeitar o mal que ele representa, o que é exatamente o que um padre católico, mesmo um africano estudante de psiquiatria, diria para uma mulher que corre o risco de acabar com seu casamento, que, por mais falho que seja, ainda é uma união sagrada aos olhos de Deus. "A Igreja mudou tanto", diz Carmela, parecendo aliviada depois de se lembrar do aviso do dr. Krakower em "Second Opinion" de que ela nunca será uma pessoa boa enquanto viver de dinheiro sujo. "É um mundo complexo", responde Obosi de maneira gentil. Essa troca é o desfecho lógico da cena na qual Carmela, Angie e Rosalie discutem a lição de Hillary Clinton (que ficou com o marido mulherengo e fez algo importante da vida). E é mais ou menos a mesma cena de "Fortunate Son" em que AJ não foi punido por destruir a piscina da escola porque o diretor e treinador queriam vencer o campeonato de futebol americano naquele ano.

O enredo mais poderoso, porém, é o de Tony e Gloria, que entra em uma espiral a partir de um pico de excitação carnal e emocional até cair no chão da casa de Gloria com as mãos de Tony na garganta dela. Gloria começa a se comportar como uma personagem em um daqueles filmes do final dos anos 1980 e início dos 1990 sobre agentes do caos. *Instinto Selvagem*, que aparece durante uma cena crucial em "Amour Fou", foi o maior sucesso de bilheteria dessa leva de filmes, mas havia muitos, muitos mais, todos aderindo a um modelo de histórias impulsionadas por personagens infernais.[70] *Instinto Selvagem* aparece na cena em que Jackie e Dino assistem a Catherine Tramell, a personagem acusada de assassinato interpretada por Sharon Stone, sacudir uma sala cheia de detetives ao descruzar as pernas e revelar que ela não está usando calcinha. Por mais misógina que a imagem possa ser, ela fala sobre algo bem *básico* na história de homens e mulheres, uma ideia que está embutida em tudo, desde filmes *noir* até canções de blues: a mulher como uma força sexual hipnotizante que faz com que os homens ajam contra seu bom senso.[71]

O que engrandece a cena de Gloria para além dos estereótipos simplistas é o cuidado em configurá-la como um ser humano completamente dimensional (incluindo o detalhe de que ela estava se consultando com Melfi para lidar com

---

[70] Ver também: *Atração Fatal, Assédio Sexual, Obsessão Fatal, A Mão que Balança o Berço*, o remake de *Cabo do Medo* de Martin Scorsese etc.

[71] Também reforça a ideia de Jackie e Dino como jovens idiotas e cheios de tesão que estavam se precipitando, e teria sido melhor se tivessem ficado em casa assistindo ao restante do filme.

impulsos suicidas e tendências de destruir relacionamentos). A série de súplicas de Gloria para morrer ou ser morta a conectam com Livia e, mais importante, com a Livia que fixou residência no fundo da mente de Tony.

Quando você olha para trás, no arco da terceira temporada e na série até o momento, você vê ciclos de repetição no desenvolvimento do personagem de Tony e sua falta de desenvolvimento. Ele é contido, e até de certa forma aprisionado, por sua incapacidade de confrontar o papel dominante de sua mãe em seu progresso, ou sua deformidade, como pessoa; mas não importa o quanto ele tente evitar o assunto, ele vem à tona e quase o destrói. Também vemos que Gloria, apesar de sua autenticidade de carne e osso como mulher, é ao mesmo tempo uma figura quase mitológica, representando aspectos da psique de Tony que ele se recusa a resolver. A primeira temporada terminou com Tony quase matando Livia. A segunda temporada chegou ao clímax com uma figura semelhante a Livia, Janice, matando Richie, uma figura parecida com Johnny Boy, o que preparou o terreno para os sentimentos confusos de Tony com a morte de Livia no início da terceira temporada, em um episódio que foi literalmente assombrado por fantasmas. E então, a alguns episódios do final da temporada, aí vem Gloria, que aparece na sala de espera de uma psiquiatra, de todos os lugares do mundo, resultado de uma marcação em duplicidade por engano, o que os obriga a dividir o mesmo espaço. Gloria e Tony têm sua primeira conversa sentados no banco onde vimos Tony pela primeira vez, emoldurados entre as pernas da escultura de uma mulher que mais tarde descobrimos ser estranhamente parecida com a jovem Livia. Gloria não entra na história de *Família Soprano*, mas se materializa nela, como se tivesse sido invocada por um encantamento (na segunda temporada, Tony chama Livia de *strega*, "bruxa" em italiano). Enquanto Gloria permanece em um espaço psíquico cuidadosamente delineado — como Isabella antes de Tony começar a falar sobre ela —, o relacionamento deles funciona. Mas uma vez que ela rompe os limites desse espaço e impacta sua família, Tony percebe que ou o relacionamento tem que ser rompido, ou Gloria tem que ser destruída. No final, vemos um filho angustiado e propenso à negação, ajoelhado no chão do bangalô de uma mulher (que poderia ser o covil de uma bruxa) tentando destruir a vida dela a seu pedido — lembra de Livia desejando para que os outros, incluindo o filho dela e Deus, a levassem? — depois que ela desencadeia a raiva dele dizendo: "Coitadinho!".

O temperamento explosivo de Tony é representado com frequência como uma força incontrolável, e aqui ele o leva a agarrar uma mulher pequena pelo pescoço e a levantá-la no ar — raras vezes o imenso porte de Gandolfini foi tão aterrorizante —, mas dessa vez ele é capaz de controlar esse temperamento, e recuar para pensar em uma solução melhor. Nesse caso, significa mandar uma mensagem sob medida para uma mulher que espera que Tony a jogue em um círculo de fogo.

"O meu rosto é o último que você vai ver, não o de Tony", ameaça Patsy Parisi, o membro da quadrilha com a cara menos assustadora. "Estamos entendidos? Não será como nos filmes."[72]

Na terapia, Melfi esclarece para Tony que quando ela compara Gloria e Irina com a mãe dele, ela não está dizendo que ele quer fazer sexo com a mãe, mas sim que o desejo dele de satisfazer essas mulheres carentes e autodestrutivas deriva de sentimentos pendentes e de desejos não satisfeitos que ele não consegue explicar porque tem medo de encará-los. No entanto, ela descreve o relacionamento de Tony e Gloria com a expressão em francês *amour fou*, que significa "amor tolo". Tony pronuncia errado a expressão, como se fosse "mofo", que é a abreviação de um dos xingamentos mais fortes em inglês, "motherfucker" [literalmente, alguém que transa com a própria mãe].

"ARMY OF ONE"
TEMP. 3/EP. 13
ESCRITO POR DAVID CHASE & LAWRENCE KONNER
DIRIGIDO POR JOHN PATTERSON
EXIBIDO EM 20 DE MAIO DE 2001

O negócio do lixo

"Como vamos salvar esse garoto?" — **Tony**

Quase ninguém aparece no velório para se despedir do falecido Jackie Aprile Jr. O velório acontece dois dias antes do Super Bowl entre o New York Giants, o time de casa, e o Baltimore Ravens, e mesmo Rosalie, abatida pela dor, entende que a maioria dos mafiosos está às voltas com o recolhimento das apostas. Mas tanto o número minguado de presentes na funerária quanto o modo como a recepção no Vesuvio vira uma festa na qual Ralphie conta piadas pornográficas e Junior canta

---

72 Embora *Família Soprano* tenha alcançado a reputação de colocar seus maiores desenvolvimentos no penúltimo episódio das temporadas, isso foi em grande parte indevido: ninguém notável morre em "Isabella", na primeira temporada, e a morte de Pussy — algo mais importante para a segunda temporada do que a morte de Richie — acontece no episódio final. Mas como Gloria se tornou tão memorável tão rapidamente, "Amour Fou" se encaixa nessa reputação melhor do que seus antecessores, parecendo um final a ponto de o episódio terminar com o tipo de montagem que muitas séries dramáticas reservam para o final de uma temporada: enquanto toca "Return to Me", de Bob Dylan, vemos Ralphie tentando consolar uma Rosalie aterrorizada, Carmela estudando para obter sua licença de corretora imobiliária como forma de se sentir mais independente, e Patsy ligando para a esposa para contar sobre as compras que ele está trazendo para o jantar. (Sua vida também não é como nos filmes.)

antigas canções italianas[73] sugerem uma verdade dolorosa que Rosalie talvez não queira reconhecer: poucas pessoas na vida dela se importavam com seu filho.

Se tem uma falha na conclusão da terceira temporada, é que Jackie gerou tanto entusiasmo entre os espectadores de *Família Soprano* quanto no pessoal no Vesuvio. Os antagonistas mais envolventes da terceira temporada foram Ralphie e Gloria, mas Gloria é descartada no final de "Amour Fou" e Ralphie sobrevive às desavenças com Tony, mas sofre a punição de ter que ordenar o assassinato do filho de sua namorada. O episódio "Pine Barrens" tinha convencido alguns fãs que a temporada evoluiria para uma guerra entre o grupo de Tony e o de Slava, mas os russos não são nem mencionados aqui; onde quer que Valery esteja, ou não esteja, esse é um mistério que a série não tem intenção de solucionar.

O principal problema de trabalho a ser resolvido antes do final é Jackie. Um garoto burro com um senso de merecimento exacerbado, que serve para fazermos algumas piadas sobre sua falta de habilidade no jogo de palavras cruzadas ou sua incompetência para o crime, mas nunca um vilão de verdade no nível de Junior, Livia, Richie ou Pussy. Portanto, dedicar tanto tempo do episódio "Army of One" ao seu assassinato e à consequência disso deixa uma sensação anticlimática: o velório de um morto que ninguém, a não ser sua mãe, sua irmã e uma ex-namorada, vai sentir saudade.

Mas se o enredo de Jackie não parece ser suficiente para sustentar o arco da história final da temporada, "Army of One" usa com primor seu assassinato para ilustrar como todos dentro e no entorno da Família precisam criar uma casca-grossa de mentiras e autoilusões para conseguir sobreviver a cada dia, e o que acontece quando alguém como Tony ou Meadow tem que pensar de fato sobre quem são e como chegaram onde estão.

Após Vito atirar em Jackie do lado de fora do conjunto habitacional onde ele estava se escondendo com Ray Ray[74] e a filha dele,[75] Tony tenta parecer triste quando fala com a dra. Melfi: "No final, eu falhei com ele. O que há de se fazer?". Mas ela não se comove com a evidente dissimulação, e talvez até suspeite do papel de seu paciente nessa tragédia. Ainda assim, a morte de Jackie, que vem ao mesmo tempo que a escola de AJ enfim o expulsa por colar na prova (e urinar na sala da

---

73 Dominic Chianese é um tenor talentoso, que, um ano antes deste episódio ir ao ar, lançou um álbum chamado *Hits*. Dois anos depois, batizou seu segundo álbum de *Ungrateful Heart*, em homenagem à música italiana que Junior canta aqui.
74 Interpretado por Michael Kenneth Williams, um ator que se tornaria uma presença importante na HBO no papel de Omar Little, em *A Escuta*; o gângster Chalky White, em *Boardwalk Empire: O Império do Contrabando* (do produtor de *Família Soprano*, Terence Winter); e Freddie, o boxeador que virou presidiário, na minissérie *The Night Of* (projeto desenvolvido por James Gandolfini).
75 A vida curta e triste de Jackie Jr. resumida em uma única linha: depois que ele concede a derrota para a menina em um jogo de xadrez, Ray Ray diz a ele: "Você devia ter jogado. É o único modo de aprender".

caldeira),[76] em última análise, o força a ser mais introspectivo do que o habitual sobre sua vida e o impacto que ela tem em seus filhos.

Tony, como todos em seu círculo preconceituoso e com instinto de autopreservação, logo segue a tática de seus capangas de culpar traficantes negros anônimos pelo assassinato, mas ele sabe a verdade: Jackie se condenou ao tentar imitar o comportamento que colocou Tony e Jackie Sr. na Família. Ter aprovado o assassinato do namorado de sua filha (mesmo que ele tenha deixado o encargo da decisão final a Ralphie) não lhe agrada, e quando Melfi lhe pergunta o que ele quer para os próprios filhos, seu primeiro impulso é falar o seguinte sobre Meadow, "O importante é que ela fique longe de mim". Ele logo esclarece que o distanciamento deve ser moral e não geográfico, mas o fato que ele declara isso em termos claros e conscientes parece um avanço — ou, pelo menos, o mais próximo disso que um sociopata como Tony pode chegar.

Os detalhes da morte de Jackie se encaixam bem nos requisitos de autoengano da vida na máfia. Todo mundo na Família sabe exatamente onde ele está se escondendo, mas eles têm que fingir que não sabem para permitir que Ralphie mantenha as aparências enquanto está em um dilema para tomar essa decisão que Tony, com alegria, impôs a ele.

Até a maioria das esposas e dos filhos sabem o que aconteceu de verdade, apesar de todos eles obedientemente reforçarem a mentira do traficante de drogas. Meadow se permite um breve momento de franqueza quando diz a Carmela — uma veterana em inventar bichos-papões para culpar pelas ações de Tony — "Olha as pessoas com quem ele cresceu. Olha quem era o pai dele. Olha as pessoas que nós conhecemos". Mas a sinceridade não dura muito, e nem pode se Meadow quer fazer parte de alguma maneira dessa família, e logo ela se alinha, repreendendo Kelli, a irmã de Jackie, por tentar falar a verdade sobre o que aconteceu, enquanto um primo está na sala.

Mais tarde, Meadow fica chateada na recepção quando vê como Junior e os outros não se importam com Jackie, ela acaba bebendo muito e atirando pão no tio enquanto canta "Oops! … I Did It Again", de Britney Spears, e sai correndo na direção do trânsito depois de dizer para Tony, "Isso é uma falsidade!". Ela sabe o que aconteceu de verdade, sabe que é quase certo que seu pai estava envolvido, mas não pode fazer nada a não ser exatamente o que Tony desejou para ela naquela sessão com Melfi: tentar se afastar o máximo possível dele. Mas nós sabemos, a partir do sermão que dá em Kelli, que mesmo que ela fuja, como sua tia Janice, seu exílio não vai durar. Não pode. Ela é uma Soprano.

76 O diretor faz AJ e seu amigo confessarem, depois de os convencer de que sua equipe investigativa encontrou uma compatibilidade com o DNA no xixi deles, mas considerando como os policiais investigaram o incidente de vandalismo na piscina em "The Telltale Moozadell" como se fosse um homicídio de grande visibilidade, talvez eles não sejam tão estúpidos por cair no ardil. (Ok, eles são.)

Ainda menos possível de se liberar é AJ, que carrega tanto o nome do seu pai como "aquele maldito gene estragado dos Soprano", nas palavras de um Tony choroso para Melfi depois de descobrir que o filho também tem ataques de pânico. Naquela sessão de terapia, no início do episódio, ele tinha rido da ideia de AJ seguir seus passos do mesmo modo que ele tinha seguido os de Johnny Boy — "AJ? No meu negócio? Esqueça! Ele nunca conseguiria" —, mas na maior parte do episódio ele está tentando encontrar um caminho alternativo para o garoto. Tanto AJ quanto Jackie receberam o nome de seus pais, e os dois foram estragados com muitos paparicos. Meadow culpa Rosalie e Jackie Sr. por terem sido permissivos demais, a mesma acusação que Tony faz a Carmela sobre como AJ acha que o mundo deve tudo a ele. Jackie tentou ser exatamente como o pai, e isso o levou a ser morto; Tony trabalha duro para evitar que AJ faça a mesma coisa, mas o resultado até agora só é melhor pelo fato de que AJ ainda está vivo. O colégio militar parecia a última boa opção para Tony endireitar o filho,[77] mas os ataques de pânico acabam com esse plano, deixando Tony e Carmela mais uma vez atrapalhados em busca de um caminho para torná-lo menos panaca. Tony passa grande parte do episódio se deleitando no poder que exerce sobre Ralphie, forçando-o a tomar a decisão sobre Jackie, mas ele se sente impotente quando pergunta a Melfi como salvar o próprio filho.

O final também lida com pedaços dos negócios da Família com F maiúsculo: Junior, livre do câncer, está se preparando para o julgamento; Tony dando um gelo em Christopher por questionar sua liderança na situação de Jackie; Tony favorecendo Ralphie em uma disputa financeira com Paulie[78] porque Ralphie ganha mais dinheiro para o grupo; e Johnny Sack tentando tirar vantagem dessa disputa entre membros do grupo de Tony ao bajular o frustrado Paulie com balelas de que Carmine Lupertazzi anda perguntando por ele. Entretanto, a maioria das histórias — mais a do FBI que manda a agente Deborah Ciccerone[79] disfarçada para fazer amizade com Adriana — está preparando o terreno para a próxima temporada. "Army of One" está mais interessado em tentar resolver os negócios da família com F minúsculo — ou, pelo menos, reconhecendo que quando você é parte da maldita e estragada família Soprano, a única coisa que fica sempre estabelecida é o quanto você tem que mentir para si próprio e para os outros para poder seguir em frente.

77 Tony pode amar o filho, mas também é cruel com ele, não apenas na cena em que dá um tapa em AJ por dizer que "é horrível ser você", mas também nos momentos antes do ataque de pânico, quando ele começa a zombar do garoto por usar o uniforme de cadete da escola que o próprio Tony o está forçando a frequentar!
78 Paulie precisa do dinheiro porque ele está colocando sua mãe, Nucci (Frances Ensemplare), em Green Grove — e ela é *muito* mais grata por isso do que Livia.
79 Quando este episódio foi ao ar pela primeira vez, Ciccerone era interpretada pela atriz Fairuza Balk. Entre as temporadas três e quatro, Balk foi substituída por Lola Glaudini e — em um caso único para uma série que ocasionalmente teve que trocar de atores, mas, fora isso, preservava o trabalho original dos atores — as cenas de Balk foram refilmadas com Glaudini para futuras exibições e versões em DVD.

"FOR ALL DEBTS PUBLIC AND PRIVATE"

TEMP. 4/EP. 1
ESCRITO POR DAVID CHASE
DIRIGIDO POR ALLEN COULTER
EXIBIDO EM 15 DE SETEMBRO DE 2002

O meio-campo de Notre Dame

"Olha, deixa eu dizer uma coisa, aliás, você pode ver isso nos jornais: tudo na vida tem um fim!" — **Carmela**

Bem no começo do primeiro episódio da quarta temporada, Tony sorri ao ouvir um barulho nos arbustos próximos à piscina presumindo que seus amados patos tivessem retornado após uma longa ausência. Porém, é apenas um esquilo.

No episódio "For All Debts Public and Private", *Família Soprano* retornava depois de quase um ano e meio fora do ar, e a série que agora se apresentava já não era mais a mesma. E, aliás, o mundo para o qual tinha retornado também não era mais o mesmo, e isso teria que ser representado daqui para frente.

Nenhum dos personagens da série morreu durante os terríveis eventos de Onze de Setembro de 2001, mas como qualquer pessoa que morava na região de Nova York e New Jersey naquela época poderia relatar, não era preciso ter sido afetado de forma direta pela tragédia para que esse evento desequilibrasse sua visão de mundo. As calçadas foram cobertas por homenagens improvisadas, vários estacionamentos em toda New Jersey estavam cheios de carros cujos donos nunca voltariam para pegá-los, e por um bom tempo as pessoas ou estavam à beira das lágrimas ou compreendiam perfeitamente aquelas que estavam. Foi um lembrete chocante de como a vida poderia ser tirada de repente, mesmo em um momento e em um lugar aparentemente seguros.

Portanto, embora quase um ano tenha se passado para Tony e sua organização criminosa desde o Onze de Setembro,[1] os eventos daquele dia ainda estavam em suas mentes quando a quarta temporada começou. "For All Debts Public and Private" não chega a salientar isso de modo excessivo — as Torres Gêmeas não aparecem mais no espelho retrovisor de Tony nos créditos de abertura,[2] Carmela

---

1 É aqui que a linha do tempo da série começa a ficar confusa. O funeral de Jackie Jr. foi em 28 de janeiro de 2001 (o dia do Super Bowl dos Giants contra os Ravens), enquanto este episódio está ocorrendo no final do verão de 2002, embora Meadow e AJ estejam avançando apenas um ano nos estudos, e apenas meses se passaram tanto na operação secreta do FBI com Adriana quanto no período de estranheza entre Tony e Christopher.

2 Isso foi feito alongando ligeiramente os planos em torno da cena excluída das torres, de modo que o tempo dos créditos de abertura não fosse afetado. A decisão de lidar com o World Trade Center dessa forma se encaixa perfeitamente com um dos temas da série: mesmo quando o contexto histórico em torno do crime organizado muda, a máfia em si não muda muito.

cita o que está no noticiário, e Tony e Bobby Bacala discutem brevemente os ataques terroristas enquanto jantam juntos[3] —, mas há uma sensação, tanto para o sr. quanto para a sra. Soprano em particular, que o fim pode estar chegando a qualquer momento, e é melhor eles se prepararem para isso.

No mundo de *Família Soprano*, tudo gira em torno de dinheiro, até mesmo o respeito (que você demonstra por meio do dinheiro) e, portanto, a preocupação de todos com o futuro (ou a falta dele) é representada por dinheiro vivo. (O título do episódio vem de uma frase impressa no papel-moeda dos Estados Unidos.) Carmela fica surpresa ao ver Angie Bonpensiero trabalhando como promotora de amostras em um supermercado e percebe que ela — como qualquer viúva da máfia (ou, por sinal, qualquer viúva do Onze de Setembro) — poderia ter um destino semelhante se não tentar entender as finanças do marido e ter algum poder decisório sobre sua distribuição atual e futura, caso ela venha a perder Tony. Ela o incentiva a falar com o primo dela, Brian, sobre investimentos que ela poderia ter acesso facilmente caso o pior acontecesse. O julgamento do tio Junior se aproxima, e, com ele, mais despesas legais do que ele se sente à vontade em pagar com a mesada que Tony lhe dá. Tony e Silvio intimidam os capitães[4] — exceto o ausente Paulie, que está na prisão em Youngstown sob acusação de porte ilegal de arma de fogo[5] — em face às finanças instáveis da Família,[6] Bobby consegue uma promoção para comandar o que sobrou da equipe de rua de Junior.

Para Carmela, para Junior e para os capitães, Tony projeta uma autoridade presunçosa. Mas suas ações demonstram que ele está tão ansioso em relação ao futuro quanto os outros. Ele insiste com Carmela que escondeu dinheiro em contas no exterior às quais ela terá acesso se houver necessidade, mas ainda assim o vemos

---

[3] No verdadeiro espírito de *Família Soprano*, até mesmo aquela discussão aberta sobre o Onze de Setembro é rapidamente descarrilada pela confusão que Bacala faz entre Nostradamus e o corcunda de Notre Dame ("Sabe, aquele Quasimodo previu isso tudo.") e também confunde a igreja parisiense com o time de futebol americano da faculdade que leva o mesmo nome ("O Corcunda de Notre Dame... e também tem o *quarterback* e o *running back* do Notre Dame..."). Mesmo quando *Família Soprano* aborda um pesadelo nacional, há sempre espaço para piadas.

[4] Apresentado silenciosamente (e sem ser referido pelo nome por algum tempo): Carlo Gervasi (Arthur Nascarella), que assumiu o comando da quadrilha de Jimmy Altieri, é responsável pelo negócio de contrabando da Família no porto. A cena também oferece uma interpretação espetacular de Steve Van Zandt, quando Silvio menciona os dois negócios à prova de recessão: "Certos aspectos do show business e o nosso ramo".

[5] Os roteiristas tinham grandes planos para Paulie nesta temporada, mas Tony Sirico precisava de uma cirurgia na coluna. Deixar Paulie na prisão por um tempo permitiu-lhes filmar sem Sirico e, então, filmar uma temporada inteira de cenas de Paulie de uma só vez depois que ele se recuperou.

[6] Hipocrisia de *Família Soprano* em ação: Tony não se comove com os apelos de Junior por mais dinheiro para as despesas legais, mas quando chega a hora de repreender os capitães, ele tenta culpá-los com a ideia de que "o chefe desta Família [tecnicamente ainda Junior] pode pegar prisão perpétua". Tony também não tem escrúpulos em comprar um imóvel de Junior por uma fração do preço que, graças ao deputado Zellman, ele sabe que logo valerá muito mais.

simplesmente entocando dinheiro em lugares de fácil acesso, incluindo os sacos de ração de pato que ele guarda para o caso de seus amigos emplumados retornarem.

Esse é um comportamento profundamente paranoico, mas, às vezes, as pessoas estão mesmo atrás de você. A costumeira caminhada de Tony pela calçada para pegar o *Star-Ledger*, ao som da apocalíptica "World Destruction", de Afrika Bambaataa e John Lydon, evoca não apenas o estado frágil do mundo, mas também do império de Tony. O FBI consegue até colocar uma agente secreta dentro da casa dele por breves instantes, quando Adriana dá carona a Christopher acompanhada por Deborah Ciccerone (também conhecida como "Danielle Ciccolella"). A receita está em queda, Ralphie ainda está vivo para irritar Tony[7] e Paulie está reclamando dele para Johnny Sack.[8] Mesmo assim, com todo o estresse — incluindo coisas como a última tentativa de infiltração do FBI, da qual ele não sabe — e movimentos financeiros impulsivos, Tony parece ter um plano para lidar com a conclusão potencial de sua própria história.

"Tem dois fins pra um cara como eu", explica ele a dra. Melfi, em uma de suas discussões mais diretas sobre a natureza dos negócios de Tony: "Morrer ou ser preso, são as únicas chances".

Tony, porém, vê uma terceira via para enfrentar a questão: "Você se apoia só na família". Não importa que Christopher tenha apenas um parentesco distante com Tony — nem que seu "sobrinho" esteja escondendo que anda injetando heroína entre os dedos dos pés —, ele é a mistura mais próxima entre família e Família disponível, e é vulnerável aos jogos mentais que Tony está lhe submetendo desde que Jackie Jr. morreu. É tudo uma longa sedução, começando com Tony tratando Christopher com frieza por meses, deixando-o desesperado pela aprovação de seu mentor, ou mesmo por um olhar não rancoroso. Em vez disso, Tony vai muito mais além, oferecendo a Christopher uma chance de vingança contra o homem que supostamente assassinou seu pai: Barry Haydu (Tom Mason), um policial recém-aposentado. Não temos ideia se isso é verdade ou se Tony apenas escolheu um alvo fácil. Christopher é inteligente o bastante para reconhecer essa possibilidade, mas também pragmático o bastante para perceber que não importa, porque se o chefe da Família quer esse cara morto, então ele tem que morrer.

É uma cena assustadora, em especial pelo contraste entre Christopher, que executa friamente um policial corrupto, e a reprise de um episódio da série *Magnum* aparecendo na televisão de Haydu, na qual Magnum e T.C. fingem ser policiais em

---

[7] Janice está de volta aos velhos hábitos aqui, cheirando cocaína e beijando Ralphie no banheiro de visitas da casa de Tony e Carmela.
[8] No encontro posterior entre Johnny e Carmine, Carmine conta a Tony sobre uma informação perturbadora que ouviu sobre um dos churrascos de Tony e o avisa: "Um chefe não usa bermuda". Este é um reconhecimento muito atrasado das críticas vindas de mafiosos da vida real após verem que Tony vestia bermuda enquanto grelhava carne no episódio piloto.

uma cena muito mais leve. Por se tratar da vingança pela morte de seu pai, este é um grande momento para Christopher — maior do que matar Emil Kolar ou Mikey Palmice ou qualquer outra pessoa até agora —, mas seu comportamento é descontraído, porque ele quer saborear cada momento dessa tão esperada oportunidade.

O dinheiro aparece mais uma vez como um símbolo de respeito quando Christopher pega uma nota de 20 dólares da carteira de Haydu e a pendura na geladeira da mãe como um troféu secreto, enquanto os créditos finais vão aparecendo sobre um plano detalhe do olho direito da imagem de Andrew Jackson na cédula. Tudo ao som de "World Destruction" novamente. Isso parece um triunfo para Christopher, mas na realidade ele simplesmente caiu que nem um patinho na manobra de Tony — um escudo humano protegendo Tony contra um final infeliz.

"For All Debts Public and Private" leva *Família Soprano* à meia-idade. Chase não sabia na época por quanto tempo pretendia que a série durasse, mas o passar dos anos e os lembretes chocantes da vida real de como as coisas podem acabar rapidamente fizeram com que ele e os personagens contemplassem o fim como nunca antes. É difícil ver como as coisas podem melhorar para alguém daqui em diante.

TEMP. 4/EP. 2
ESCRITO POR TERENCE WINTER E DAVID CHASE
DIRIGIDO POR JOHN PATTERSON
EXIBIDO EM 22 DE SETEMBRO DE 2002

O sr. Mafioso

"Nossa, esse é o sr. Mafioso!" — **Meadow**

Bem no comecinho de "No Show", Silvio resolve uma disputa entre Ralphie e o encarcerado Paulie Walnuts, dando à quadrilha de Paulie cinco empregos falsos no canteiro de obras do projeto Esplanada: dois são de não comparecimento, em que o cara nem mesmo precisa se apresentar para receber o pagamento, enquanto três são de não trabalho, em que é preciso estar fisicamente presente, mas não precisa trabalhar, ficando livre para relaxar e fazer o que quiser. Os empregos para os quais não é preciso comparecer são os mais cobiçados, mas os empregos sem trabalho também são muito confortáveis. O episódio mostra a maioria de seus personagens principais optando por um ou outro, incluindo aqueles que nem mesmo trabalham em construção civil: ignorando suas responsabilidades atuais sem deixar de usufruir dos benefícios.

Isso é mais óbvio com Meadow, que tem usado o assassinato de Jackie Jr. como um atestado médico para evitar arrumar um emprego nas férias, para não ter que escolher as disciplinas do novo semestre ou nem mesmo ler o cânone da alta literatura, como ela afirma estar fazendo. No entanto, ela ainda se beneficia da generosidade de Tony e Carmela, incluindo um carro que eles compraram para ela usar como meio de transporte até seu próprio trabalho de não comparecimento. Tudo o que ela precisa fazer para sair de qualquer compromisso é mencionar o nome de Jackie, fazer beicinho e/ou ir embora do cômodo, enfurecida.

Para tentar fazer com que a filha comece a retomar a vida, Tony a envia a uma terapeuta recomendada pela dra. Melfi, mas Wendy Kobler[9] acaba tendo outros planos, que não se encaixam com o que ela foi contratada para fazer. De certa maneira, Kobler é também a trabalhadora que não comparece ao trabalho (ela fica chamando Jackie de "Jack" mesmo após Meadow a corrigir),[10] e Meadow também faz uma espécie de encenação em alguns momentos da consulta, mas é fascinante o quanto essa interação espelha muitas das sessões entre Tony e Melfi: nesse caso é Tony que substitui Livia, como o genitor que tira o brilho de tudo. Porém ele é ameaçador mais abertamente do que Livia, e durante dois momentos deste episódio — a cena em que o som diminui cada vez mais até que Tony explode e desafia Meadow a seguir seu plano de passar um ano na Europa, e depois quando ela o provoca chamando-o de "Sr. Mafioso" — ela tem um vislumbre breve e assustador de como seu pai é no trabalho.

No fim das contas, Meadow abandona seus planos de ir para a Europa e faz a matrícula nas disciplinas, mas enquanto aguardam sua decisão, Carmela garante a Tony que Meadow a culpa por tudo, e não ele. Parte disso decorre de questões comuns de gênero — muitas vezes, as adolescentes se voltam contra as mães e correm em direção aos pais —, mas dado tudo o que está acontecendo com Carmela no momento, é fácil traçar uma conexão entre a paixão por Furio e a crescente frustração com Tony. Praticando uma espécie de não trabalho em tentar melhorar seu casamento,[11] ela prefere muito mais falar com Furio sobre os planos dele

---

9 Linda Lavin é uma atriz de teatro, estrela de cabaré e presença constante na TV. Ela é mais conhecida como a estrela da série *Alice*.

10 Uma das contribuições mais impressionantes de *Família Soprano* para as séries dramáticas é a maneira como o seriado redefiniu de forma mais realista o conceito de terapia, apresentando-o como um processo que não se direciona necessariamente a uma cura abrangente que tornar o paciente "melhor", e também como um trabalho que atrai pessoas boas, más ou apenas ok, que têm opiniões diferentes do que constitui uma boa terapia. A dra. Kobler é muito boa em alguns aspectos e problemática em outros, encaixando-se perfeitamente no amplo espectro de analistas de *Família Soprano* que também inclui a ambiciosa e em busca de perigo Melfi; Elliot Kupferberg, um interlocutor sempre pronto a interromper para repreender de forma passivo-agressiva; e o dr. Krakower que se comporta tanto como um colunista de aconselhamento quanto como um rabino desaprovador.

11 Outra pessoa que está fazendo um não trabalho em seu relacionamento sério: Ralphie, que passa a maior parte do tempo com Janice, embora tecnicamente ainda esteja namorando Rosalie Aprile. Tony fica

de comprar uma casa em Nutley do que interagir com Tony. (E ela congela quando Tony sugere que Meadow pode até conhecer um cara como Furio se ela fizer a viagem para a Europa.)

Sua preocupação com o fato de como se sustentar se Tony desaparecer, juntamente com a implosão emocional de Meadow — iniciada pelo assassinato suspeito do filho do antigo chefe da Família —, parece fazê-la questionar o status quo ainda mais do que o normal. Quando Carmela diz que Meadow a culpa, será que ela não está projetando suas próprias questões sobre por que ainda está casada com Tony?

O tema de oportunismo é mais bem abordado no enredo de Christopher, promovido temporariamente para comandar a quadrilha de Paulie.[12] Patsy, um mafioso experiente, e Silvio, que percebe que Tony está usando o sobrinho para tarefas e confidências quando esse é seu papel como *consigliere*, ficam descontentes com essa decisão. Tudo isso é muita areia para o caminhãozinho de Christopher, que aprova o plano de Patsy de roubar o cabo de fibra óptica do canteiro de obras do Esplanada, e, com isso, coloca em risco o negócio valioso da construção, o que o leva a recorrer à heroína de novo para uma fuga emocional depois que Tony o repreende.[13]

Mas o maior dano que Christopher causa é algo que ele nem mesmo percebe que fez. Ao paquerar "Danielle" na frente de Adriana, ele destrói a falsa amizade que Deborah Ciccerone[14] se esforçou tanto para construir com Adriana, forçando, assim, o FBI a ser mais direto e brutal: eles pegam Adriana na rua e a ameaçam de prisão por seu envolvimento com drogas caso ela não coopere ativamente.

Adriana fica completamente sem chão aqui (pedir um advogado nem passa pela cabeça dela), e sua resposta às ameaças do FBI — em particular a do agente Harris, que aponta as ramificações de ela ter levado uma agente federal à casa de Tony — é um jato de vômito sobre a mesa. Seu relacionamento com Christopher

---

compreensivelmente enojado ao saber do caso — ele sacode a mão depois de tocar um dos sapatos de Ralphie como se tivesse medo de pegar uma doença social —, e até mesmo Janice parece estar arrependida de sua decisão depois que Ralphie corta as unhas dos pés na cama e ri dela quando um pedaço de unha a atinge no rosto.

12 Paulie obtém um dos trabalhos de construção mais cobiçados, no qual não precisa estar presente, permitindo-lhe ganhar dinheiro mesmo estando preso em Youngstown. Enquanto isso, ele está manipulando Johnny Sack (ou sendo manipulado por ele) por meio de informações sobre o que está acontecendo em Jersey, particularmente sobre a piada de mau gosto que Ralph contou sobre Ginny, a esposa de Johnny: "Eu soube que só o sinal que a Ginny Sack tirou da bunda pesava 45 quilos!".

13 A defesa de Silvio em relação a ter dado aprovação a Patsy para fazer um roubo adicional no local da obra — "O problema está nas datas" — é um exemplo clássico da malandragem de Silvio e um expoente excelente do charme excêntrico da atuação de Van Zandt. Silvio se safa de coisas que nenhum outro membro da gangue conseguiria, assim como Van Zandt consegue se safar dizendo coisas que nenhum outro ator do elenco poderia.

14 Nossas breves olhadelas na vida doméstica da agente Ciccerone fornecem um forte contraste com os vários relacionamentos dos mafiosos. Ciccerone e seu marido, seu colega de FBI, o agente Mike Waldrup (interpretado por um jovem Will Arnett), se tratam como iguais e ele tira o bebê deles da sala com prazer sempre que Adriana liga para falar com "Danielle".

há muito tem sido do tipo não trabalho, aproveitando os frutos do trabalho criminoso sem ter que confrontar o que ele faz e quem sofre com isso. Agora, ela não tem escolha a não ser estar presente.

Nada de bom pode vir disso.

TEMP. 4/EP. 3
ESCRITO POR MICHAEL IMPERIOLI E MARIA LAURINO
ROTEIRO POR MICHAEL IMPERIOLI
DIRIGIDO POR TIM VAN PATTEN
EXIBIDO EM 29 DE SETEMBRO DE 2002

Reservas

*"Onde está a nossa autoestima? Isso não vem do Colombo, d'*O Poderoso Chefão *ou do Chef Boyardee."* — **Tony**

Obras-primas podem ter falhas. O disco *White Album*, dos Beatles, tem "Honey Pie". A franquia *O Poderoso Chefão* tem o terceiro filme.

Família Soprano tem o episódio "Christopher".

É o ponto mais baixo do fascínio da série com a representação e autoestima da população ítalo-americana — e, pode-se dizer, da série como um todo.

Por que esse episódio — em que Silvio e o restante da gangue se ofendem com os protestos dos indígenas americanos no Dia de Colombo — se destaca de forma tão flagrante, mesmo quando comparado com os outros episódios sobre antidifamação da série?

Para começar, porque não tem nada a ver com o enredo da temporada, nem com o trabalho da máfia. O episódio "The Legend of Tennessee Moltisanti", da primeira temporada, é eficaz não apenas porque foi a primeira vez que *Família Soprano* abordou a difamação, mas porque os negócios da Família continuaram durante o episódio. Aqui, exceto pela morte da santa esposa de Bacala, Karen (Christine Pedi), em um acidente de trânsito, e Johnny Sack, que toma conhecimento da piada sobre "o sinal de 45 quilos" contada por Ralphie a respeito de sua esposa, Ginny (Denise Borino)[15] — nenhum dos quais tem nada a ver com antidifamação, a não ser pelo

---

15 Borino conseguiu o papel em uma seleção de elenco — com a presença de milhares de aspirantes a atores de *Família Soprano* — a qual ela perdeu parte do velório de sua avó para comparecer. Isso é o show business.

fato de que Karen é vista participando de uma palestra sobre o assunto na igreja —, o episódio inteiro poderia ser excluído sem impactar qualquer enredo futuro.

Em segundo lugar, o episódio não faz nada para aprofundar nossa compreensão dos personagens ou do mundo da série.[16] Nesse quesito, "A Hit Is a Hit" tem menos sucesso em geral do que "Tennessee Moltisanti", mas ainda aprofunda o relacionamento entre Christopher e Adriana, compara as experiências das minorias nos Estados Unidos e tem aquela ótima trama secundária com Tony no clube de golfe. "Christopher" é um episódio focado em Silvio, mas Silvio é um personagem de amplo alívio cômico, mais bem aproveitado na margem das cenas do que como um elemento central. Não aprendemos nada de novo sobre ele, porque toda a trama é desenvolvida como uma piada. Além disso, a defesa estridente de Silvio da cultura italiana surge do nada. Paulie Walnuts, não Silvio, sempre foi o cara que se queixava da apropriação cultural e romantizava a velha pátria. "Christopher" teria sido um episódio melhor se Paulie fosse o personagem central, como planejado originalmente, antes que a cirurgia na coluna de Sirico acabasse forçando essa alteração.

O roteiro de Michael Imperioli até tem alguns floreios divertidos, como o cassino indígena que é administrado por um "cacique" que mal se qualifica como membro de um povo indígena, ou Artie Bucco que mergulha pateticamente na traseira de um carro depois de ser atingido de raspão por um copo de raspadinha durante um confronto em um protesto de ativistas indígenas. E os momentos finais do episódio — Tony rebate o último argumento de Silvio em defesa do orgulho cultural, lembrando-o de que eles têm que ligar para Frankie Valli para pagar o favor que o "cacique" fez para eles, acompanhado pela trilha sonora da banda The Four Seasons, "Dawn (Go Away)" — são um habilidoso toque cômico em um episódio que, de outra forma, está trabalhando duro para bater na mesma tecla que a série já tinha tratado à exaustão.[17]

A subtrama de Bacala é interessante e tem uma evolução lógica a partir da sensibilidade do personagem. Karen havia aparecido apenas uma vez antes (quando trouxe comida para Junior, na estreia da quarta temporada), mas aquele episódio e este, com eficiência, transformam-na em uma santa digna de adoração. A tragédia

---

16 Há até uma discussão entre Hesh e seu velho amigo Reuben (Yul Vazquez) quando Reuben compara Colombo a Hitler, ofendendo Hesh, que é judeu, mas a discussão não tem peso algum já que nunca vimos Reuben antes, e nunca o veremos de novo. Ela está lá apenas para estabelecer o mesmo argumento satírico da cena com o programa de entrevistas de Montel Williams: cada um tem um limite diferente para ofensas, sempre protegendo sua própria cultura sobre a do outro.

17 O episódio até traz de volta nosso velho nêmesis, Dick LaPenna, com o único propósito de vermos sua reação exagerada à cobertura das notícias sobre a violência entre manifestantes indígenas e italianos, sugerindo que tudo isso é tão trágico que "o fundo musical podia ser um adágio de Albinoni".

se expande. Janice[18] percebe que não quer nada com um pervertido narcisista[19] como Ralphie, que largou a pobre Rosalie Aprile porque não aguentava mais seu luto perpétuo. Quando ele chega à casa de Livia, Janice o empurra escada abaixo.

É uma boa história por si só, e funciona bem em paralelo com a indignação de Johnny Sack (que, como Bobby, não trai a esposa) ao ouvir sobre a piada de Ralphie. Mas esse material é um oásis em um deserto de material conhecido sobre desavenças étnicas antigas e piadas pontuais sobre Iron Eyes Cody.[20]

Na cena final do episódio, quando um Tony exasperado fala com Silvio sobre como toda essa autopiedade deveria ser deixada para trás, é difícil não sentir como se ele estivesse falando por todos os telespectadores de *Família Soprano* que aguentaram um episódio inteiro com quebra de estereótipos, retórica vazia, pegadinhas estranhas, e teriam preferido que Silvio tratasse essas reclamações com Frankie Valli, em vez de nos fazer ouvi-las de novo, de novo e *de novo*.

TEMP. 4/EP. 4
ESCRITO POR TERENCE WINTER
DIRIGIDO POR JACK BENDER
EXIBIDO EM 6 DE OUTUBRO DE 2002

Ela toda

"Para mim, ela é linda. Rubenesca. Aquela mulher é a minha vida. Pensar que ela foi ridicularizada..." — **Johnny Sack**

Johnny Sack ama sua esposa.

Isso nem precisa ser dito, como é o caso da maioria dos mafiosos casados. Mas o amor dedicado por esses homens às mulheres é, na melhor das hipóteses, contaminado, já que não garante nem fidelidade nem honestidade. As amantes são

---

18 Um episódio depois que Meadow se consulta com a dra. Wendy Kobler, conhecemos a terapeuta de Janice, que parece aceitar suas mentiras e autojustificativas de uma forma que a dra. Melfi raramente faz com Tony.
19 Seria difícil imaginar que a série conseguisse superar a cena de Richie apontando uma arma para a cabeça de Janice durante o sexo, mas aqui está ela usando um vibrador em Ralphie enquanto finge ser seu cafetão, apenas para que o clima seja interrompido pelo toque do tema musical de *Rocky: Um Lutador* no celular dele.
20 Cody, mais conhecido como o indígena bravo que chora uma única lágrima por causa do lixo na beira da estrada nos anúncios públicos "Keep America Beautiful" nos anos 1970, era, na verdade, ítalo-americano, assim como James Caan (que interpretou Sonny Corleone) é judeu, fato que faz Silvio, obcecado pelo *Poderoso Chefão*, pausar e refletir, toda vez que se lembra disso.

entendidas como parte do negócio; como Gaby observou no velório de Karen Baccalieri, os outros mafiosos zombaram de Bobby por *não* ter uma amante.

O amor inabalável de Bobby pela esposa era visto como uma fraqueza, mesmo que não afetasse seu trabalho. Mas a devoção de Johnny Sack por Ginny se torna um enorme problema para a Família no episódio "The Weight", uma farsa de humor ácido sobre orgulho teimoso, humor impróprio e quanto um homem está disposto a arriscar por devoção à mulher que ama. Não tem a construção prolongada de "Sexo oral e psiquiatria nos meteram nessa!", mas é uma abordagem estranha, eficaz, assustadora e muito engraçada da velha regra de Corleone sobre manter separados os negócios dos assuntos pessoais.

Uma das melhores piadas do episódio envolve pessoas como Junior e Carmine, que não estavam no jantar em questão, sendo perguntados sobre o que é engraçado na frase "sinal de 45 quilos". Mas ainda mais potente é a perplexidade de todos com a recusa de Johnny em desistir de sua vingança. Parte disso é orgulho cabeça-dura — "Estou falando da honra da minha esposa!", ele grita com Carmine, acrescentando: "Da *minha* honra!" —, um sentimento que até Tony pode entender. Mas ninguém parece compreender por que um homem arriscaria negócios por causa de um insulto dirigido à esposa. Johnny leva as coisas longe demais — dando uma surra severa e evitando sua própria morte e a de Ralphie somente após descobrir que Ginny tem se entupido de guloseimas às escondidas devido ao estresse da situação —, mas o impulso de defender a honra da mulher que ele adora é mais nobre do que qualquer coisa que os mafiosos estão acostumados a ver.

A situação está, na verdade, tão fora da zona de conforto de todos, que o episódio faz um breve desvio pelo macabro, quando Christopher e Silvio vão a Rhode Island e contratam três pistoleiros aposentados para acabar com Johnny, porque ninguém na região de Nova York, New Jersey e Connecticut é confiável para lidar com essa tarefa. A casa que esses supostos assassinos compartilham é inquietante, mal iluminada e repleta de iconografia religiosa. Um é cego, o outro usa um cilindro de oxigênio,[21] e há uma promessa de bolo de aniversário que Christopher — drogado e paranoico — não tem o mínimo interesse em ficar para provar. Com frequência, a série exibe transações da máfia para produzir risadas, mas é raro que a cultura pareça tão bizarra como aqui.

No final, os dois assassinatos são cancelados. O vínculo de Johnny e Ginny é de alguma forma fortalecido, apesar das mentiras dela, e de ele manter segredo sobre seu vigilantismo em favor da esposa. É um momento raro de puro amor conjugal

---

21 Um dos assassinos é interpretado por Richard Bright, que fez o papel de Al Neri, um dos principais capangas de Michael Corleone, em todos os três filmes de *O Poderoso Chefão*. (A cena ainda menciona os assassinos terem matado um personagem chamado Tommy Neri, o sobrinho de Al nos livros de *O Poderoso Chefão*.)

em uma série que sugere que até mesmo os casamentos fora da máfia são, na melhor das hipóteses, complicados. Os sentimentos de Johnny por sua esposa complementam efetivamente a dor contínua de Bobby pela perda de Karen.

Mas o contraste mais marcante vem na outra subtrama principal,[22] quando o interesse de Carmela por Furio começa a esquentar no momento em que ele a convida para dançar na sua festa de casa nova. Independentemente de ele estar ou não querendo seduzir a esposa do chefe, a sedução está funcionando em parte graças à indiferença de Tony. Furio é um homem da terra, poético e cativado por cada palavra de Carmela, enquanto Tony se distrai durante a reunião com o primo da esposa, o planejador financeiro Brian (Matthew Del Negro),[23] e depois reclama que a conversa foi entediante. Ele é tão presunçoso quanto a seu casamento com Carmela que nem percebe que a esposa está toda apaixonada e dançando bem na frente dele com um homem mais jovem e mais desejável. Esse é um terreno perigoso para todos os envolvidos. Os sentimentos de Tony por sua esposa nunca serão tão intensos quanto os de Johnny por Ginny, mas se Johnny foi capaz de ir tão longe devido a uma piada de mau gosto, como Tony reagiria ao descobrir que sua esposa está se apaixonando — fortemente — por um membro de sua própria quadrilha?

Na briga sobre o encontro com o primo Brian, Tony acusa Carmela de igualar amor a dinheiro, e ela joga a ideia de volta para ele. No entanto, esta acusação se aplica aos dois. Tony resolve problemas conjugais com presentes luxuosos, e Carmela geralmente aceita o gesto. Quando ele lhe dá um vestido caro da Saks,[24] ela fica quase tão animada com o presente quanto com a concordância dele em seguir o plano financeiro proposto por Brian. Este é Tony fornecendo apoio emocional e material, tudo de uma vez — até ele geralmente entende quando precisa fazer as duas coisas —, e com isso parece extinguir por um tempo as chamas da paixão de Carmela por Furio. Mas então ouvimos a mesma música italiana que toca na festa de casa nova. A princípio, parece que ela está tocando na imaginação de Carmela, mas na verdade é um CD que Furio emprestou a Meadow. E mesmo depois que a música é desligada, ela não vai embora. O corpo de Carmela está com um homem. Seus pensamentos estão com outro.

---

22 Há uma quarta trama, em grande parte não relacionada, que envolve as famílias Soprano e Kupferberg que se misturam sem se dar conta dessa conexão, embora seja, em última instância, sobre Elliot ajudando Melfi a superar seus sentimentos contínuos de impotência em relação ao seu estupro.
23 Matthew interpretou Giovanni Gilberti em *Rizzoli & Isles*, Michael Ambruso em *Scandal: Os Bastidores do Poder* e Rafael McCall em *Teen Wolf: Lobo Adolescente*, entre outros personagens.
24 A escolha da loja não parece coincidência, dado o casamento que tanto domina o episódio. [A pronúncia de "Saks" e "Sack", sobrenome de Johnny, é muito similar.]

"PIE-O-MY"

TEMP. 4/EP. 5
ESCRITO POR ROBIN GREEN & MITCHELL BURGESS
DIRIGIDO POR HENRY R. BRONCHTEIN
EXIBIDO EM 13 DE OUTUBRO DE 2002

Meu rifle, meu pônei e eu

"Como vai a nossa menina?" — **Tony**

Apesar de toda sua simpatia por patos e outros amigos animais, Tony Soprano não tem um bicho de estimação. No início de "Pie-O-My", Tony diz que nunca seguiu Hesh e outros na posse de cavalos porque "é um animal, é um compromisso". Isso pode muito bem ser verdade. Mas a vantagem de ser um mafioso — e, principalmente, de ser o chefe de uma Família — é que você pode aproveitar os benefícios de possuir coisas sem arcar com o compromisso, como aconteceria a qualquer outra pessoa.

Se o amor não floresceu à primeira vista entre Tony e a égua de corrida que dá nome ao episódio, o sentimento, sem dúvida, floresceu à primeira vitória, especialmente porque o conselho estratégico de Tony a ajudou a vencer a corrida. Ralphie é o dono do cavalo e paga todas as despesas, mas Tony logo age como se Pie-O-My pertencesse a ele, recebendo uma parte maior dos ganhos —oferecidos originalmente por amizade a um homem que não tem o mínimo desejo de ser amigo de Ralphie —, tudo sem ter que gastar um centavo com o cavalo. Dada a preferência frequente de Tony pela companhia de animais a de humanos, parece ser o relacionamento ideal para ele. Quando Tony vai aos estábulos no meio da noite para se sentar com o cavalo doente, não parece mais um fardo, mas um privilégio. Tony geralmente consegue o que quer: tudo o que ele precisa fazer é se apropriar. Então, ele se apropria do cavalo de Ralphie.

Essa apropriação astuta de Tony é paralela a uma variedade de subtramas que seguem outros personagens tomando posse de coisas ou se intrometendo em funções que não são exatamente deles. O caso de Carmela é o mais justificado e o de menos sucesso. Ela não quer nada que não seja dela, apenas mais controle e informações sobre as finanças da família, e mais segurança por meio do seguro de gestão patrimonial que ela quer que Tony feche com o primo Brian. Tony se recusa depois que seu contador o avisa que ele perderia o dinheiro em um eventual divórcio. Ele também nega a Carmela o dinheiro que ela deseja para investir em uma ação do setor médico, não permitindo que ela tenha qualquer tipo de independência financeira. Tony a confinou neste estilo de vida, e é exatamente assim que ele prefere que ela permaneça: confinada. Mesmo em circunstâncias melhores, Carmela poderia até ficar irritada por ele escapar para cuidar do cavalo de outro homem, mas e depois das recusas de Tony? É difícil culpá-la por rejeitar as explicações de Tony de como o cavalo agora, essencialmente, pertence a ele. ("Ele te adotou como dono?")

Ainda assim, mesmo que Tony a enfureça, a posição de Carmela é estável em comparação a de sua cunhada, que apostou todas as fichas em uma criatura diferente e bonita de coração: Bobby Bacala, sua última chance para fazer desabrochar a felicidade que ela sabe que está presente em algum lugar dentro dela. É revelado que a casa de Bobby fica bem perto da casa de Livia, de onde Janice pode espiá-la através de binóculos para que possa impedir que outras mulheres tentem se aproximar do solteiro mais cobiçado da Família. Ela finge ter preparado uma lasanha, que na realidade foi feita por Carmela, para dar a Bobby (e empurra o frango com marsala feita por JoJo, a viúva de Mikey Palmice, para o tio Junior), e desse modo começa a se insinuar na vida de Bobby, pressionando-o para que ele se libere um pouco da memória de Karen e fique com ela.

Os resultados são variados: ela não consegue convencer Bobby a comer o último *ziti* que tinha sido preparado por Karen, mas consegue dar uma força para ele sair do sofá a tempo de ameaçar o gerente de uma loja a parar de fazer campanha contra o candidato preferido de Junior em uma próxima eleição do sindicato. É a primeira vez que vemos Bobby se comportando como um gângster em vez de ser somente o mascote querido da Família e, embora seja um mau comportamento no geral — (o gerente denuncia que a máfia tem roubado aposentadorias por 25 anos) —, Bobby precisa fazer isso para permanecer nas boas graças de Junior,[25] e, por extensão, nas de Tony.

Janice não é a única personagem que espiona os mafiosos. O episódio começa com Adriana no Crazy Horse, agora sob o controle of Christopher e seus capangas, da mesma forma que Tony passou a controlar Pie-O-My. A boate sempre esteve destinada a ser uma fachada para as atividades da máfia — o fato de Adriana estar gerenciando e contratando bandas, achando que Christopher acredita em seu talento, é apenas um benefício adicional do clube noturno ser mais um lugar para realizar reuniões, lavar dinheiro, contrabandear mercadorias e espancar pessoas às escondidas —, mas quando Adriana vê Furio surrando Giovanni Cogo, é como se estivesse vendo pela primeira vez com que tipo de negócios e pessoas ela se envolveu.

A vida de Adriana foi dominada duplamente: o FBI continua a pressionando para delatar e assim ficar fora da prisão. O caso dela é transferido para outra agente, já que Deborah Ciccerone é substituída por Robyn Sanseverino (Karen Young), que sem histórico de relacionamento com Adriana, como era o caso com Ciccerone, não oferece pretensão de amizade. Às vezes, Adriana é inteligente o bastante para

---

25 Como acontece com frequência, Junior é distraído por minúcias: neste caso, o que lhe frustra é o desenho pouco lisonjeiro que o artista do tribunal faz dele, o que leva Junior a fuzilá-lo com os olhos na próxima cena no tribunal.

manter em segredo algumas informações sobre crimes, como a surra de Giovanni, mas depois oferece informações sobre as atividades de Patsy Parisi, sem entender que até mesmo essa pequena informação pode ser uma sentença de morte se as pessoas erradas descobrirem o que ela falou. Ela se enterra cada vez mais e é difícil criticá-la quando usa um pouco da heroína de Christopher como uma forma de fuga temporária, uma cena de partir o coração. Por namorar Christopher, Adriana não está menos envolvida do que Carmela, Janice ou as outras esposas e namoradas de mafiosos, mas ela ainda é relativamente inocente, encurralada pois não conhecia nada melhor que isso. (E porque Meadow levou a luminária errada para a escola.)

O momento mais impactante do episódio vem bem no final, em uma cena com a égua, enquanto Tony fuma com prazer um charuto e sussurra palavras de conforto para Pie-O-My e uma chuva cai do lado de fora com uma cabra que vagueia por perto.[26] Ele parece mais em paz aqui do que em qualquer outro momento que envolva amigos e família. Ele agora é responsável pelo cavalo emocionalmente, senão financeiramente, mas seu rosto diz que isso está bom para ele.[27] Este animal é exatamente o que ele queria, e Tony não teve que pagar um centavo por ele.

TEMP. 4/EP. 6
ESCRITO POR MICHAEL IMPERIOLI
DIRIGIDO POR STEVE BUSCEMI
EXIBIDO EM 20 DE OUTUBRO DE 2002

Reflexões

"Quem eu sou? Uma pessoa tóxica ou algo assim?" — **Tony**

Para um homem em terapia há tanto tempo, Tony Soprano tem um talento especial para evitar a introspecção. A dra. Melfi pode continuar cutucando, mas quando Tony é confrontado com um aspecto nada lisonjeiro de si mesmo, ele muda de assunto antes de ter que se enxergar muito a fundo.

26 A cena culmina em uma reprise de "My Rifle, My Pony and Me", que Tony já havia ouvido durante a estreia da quarta temporada quando ele assiste ao clássico filme de faroeste *Onde Começa o Inferno*, que conta com uma cena em que Dean Martin e Ricky Nelson cantam a música. Não era bem Gary Cooper, mas John Wayne interpretou o papel principal.
27 Gandolfini é ótimo em tudo o que é pedido dele no papel de Tony, mas ele sempre é particularmente marcante em cenas como esta, em que Tony está sozinho — ou, pelo menos, sem interagir com outras pessoas — e apenas presente no momento. Esta cena também apresenta um dos melhores planos finais da série, uma imagem iluminada e emoldurada como uma pintura dos Velhos Mestres, aludindo ao Jardim do Éden e a Jesus na manjedoura.

Aqui, ele é forçado a olhar nesse espelho metafórico — no mesmo episódio em que vemos cenas de Artie e Christopher fazendo isso de forma mais literal. Os três, além de AJ, terminam o episódio descontentes com o que veem. O maior foco da trama é o suicídio por enforcamento de Gloria Trillo. Como tantas outras coisas sobre o desfecho da terceira temporada, esse acontecimento é abafado de forma deliberada: Carmela compartilha com Tony uma fofoca meio esquecida sobre uma mulher que ela não tem a menor ideia que ele conhece. Não é a morte sobre a qual Patsy advertiu Gloria, mas também não é como nos filmes, só é triste. Tony busca respostas na Globe Motors e com Melfi, mas não se satisfaz com a ideia de que essas tragédias raramente têm um motivo específico. Ao decidir que a culpa só pode ser dele, Tony não pode ignorar a possibilidade de que ele só consegue infligir sofrimento a quem ama.

Sem dúvida a situação de Christopher e Adriana, que sofrem com suas pressões próprias — ele de ser o protegido de Tony, ela de cooperar com o FBI e ter um noivo como Christopher —, está causando um tremendo estrago em ambos. O consumo de heroína pelos dois passa de eventual para constante. Christopher está drogado e pouco funcional enquanto Tony diz que o está preparando para conduzir a Família ao novo milênio. A outra única visão que se tem de Chris é dele olhando para um espelho (depois que um amigo dependente vomita no banheiro), tão infeliz quanto Tony ao ver a si próprio.

Embora AJ se sinta à vontade com o estilo de vida fabuloso que seu pai lhe proporciona, o pobre garoto é obtuso demais para se exibir. Ele estraga uma ida ao Bing ao confundi-lo com o açougue suíno ("É um clube de strip gay?", pergunta um amigo). Ele não consegue encontrar um local privado para fazer sexo com a nova namorada, Devin Pillsbury (Jessica Dunphy). E seus lamentos sobre o fardo emocional de ser rico saem pela culatra quando Devin o leva para a mansão *dela*, uma residência que faz a casa dos Soprano parecer um casebre.

Tony, por sua vez, lida com o suicídio de Gloria tentando supercompensar com boas ações: ele assina um documento que passa o cuidado dos bens para uma pessoa, no caso Carmela, enquanto o dono desses bens, Tony, ainda está vivo; presenteia o primo Brian com ternos novos e ingressos para o show do Billy Joel; leva Janice para jantar fora e a elogia por escolher Bobby; e empresta dinheiro a Artie para que ele possa financiar um novo empreendimento com a bebida armanhaque. Carmela e Brian não têm nada além de elogios para Tony, mas os outros gestos trazem tristeza para ele. A princípio, Janice vê seus comentários sobre Bobby como um insulto, o que obriga Tony a perceber quanto tempo ele gasta a menosprezando; ela está sempre na defensiva perto dele porque o irmão a condicionou a recuar sempre que ele abre a boca.

O reflexo de Artie no espelho, infelizmente, o encontra tentando bancar o gângster: imitando o personagem Travis Bickle, do filme *Taxi Driver*: *Motorista de Táxi*, ensaiando ameaças contra o possível parceiro Jean-Philippe (Jean-Hugues Anglade), que é irmão da nova recepcionista do Vesuvio, Elodie Colbert (Murielle Arden), cujo flerte com Artie deu início a toda essa bagunça. Dessa vez, Charmaine não é capaz de dissuadi-lo de uma ideia terrível de negócio com a máfia, e então Artie vai até Ralphie, que é esperto o bastante para perceber que não deve fazer agiotagem com o amigo mais antigo do chefe. Com medo de ser uma pessoa tóxica pairando em sua mente, Tony fica emburrado porque Artie não recorreu a ele primeiro. O negócio dá errado, é claro, mas Tony consegue prevenir ao menos um suicídio, quando Artie não tem como pagar o dinheiro que deve.[28] Tony perdoa a dívida em troca de que Artie cancele a enorme dívida dele com o Vesuvio, e consegue uma forma mais eficaz de cobrar a dívida de Jean-Philippe. Mas qualquer alívio que Tony sente ao salvar Artie, coisa que não conseguiu com Gloria, desaparece quando ele sugere que Tony estava agindo por interesse próprio, na esperança de lucrar com seu fracasso.

Conhecemos Tony bem o suficiente para saber que Artie está certo: ele sem dúvida estava ciente, mesmo que de forma inconsciente, de qual seria o desfecho, assim como ele sabia o que aconteceria se deixasse Davey Scatino participar do jogo executivo de pôquer. Mesmo quando Tony pensa que está fazendo a coisa certa, ele ainda está usando as pessoas, e sua sessão com Melfi sugere que ele está farto, mesmo que só por um tempo, de examinar esse lado de si mesmo. Quando sua vida é tão feia quanto a de Tony Soprano, olhar muito de perto para qualquer parte dela pode impossibilitar seu funcionamento.

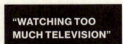

TEMP. 4/EP. 7
ESCRITO POR DAVID CHASE, ROBIN GREEN & MITCHELL BURGESS E TERENCE WINTER
ROTEIRO POR TERENCE WINTER E NICK SANTORA
DIRIGIDO POR JOHN PATTERSON
EXIBIDO EM 27 DE OUTUBRO DE 2002

Tantas garotas em New Jersey

"Você nunca se sente mal sobre isso?" — **Deputado Zellmann**

Quando você nomeia um episódio de sua série de "Watching Too Much Television" [Assistindo muita televisão] e constrói uma subtrama em torno de uma personagem que é tola o suficiente para aceitar aconselhamento jurídico de um seriado

---

28 Jean-Philippe até arranca o brinco que Artie adotou durante sua crise de meia-idade.

dramático, você está se camuflando sob o slogan da época de seu canal: "Não é TV. É HBO". Havia uma lacuna clara em qualidade e ousadia entre *Família Soprano* e o restante do que era feito na televisão. Não dessa vez; grande parte do episódio não funciona, e as falhas estão em áreas que nada têm a ver com a forma que uma série tradicional de TV pode contar uma história.

Este é um raro exemplo da série falhando ao tentar tratar o episódio como um curta-metragem. A ideia de seguir uma única falcatrua (usando laranjas para desviar dinheiro direcionado às reformas de casas em áreas de baixa renda as quais ninguém tem nenhuma intenção de consertar) é até interessante, desde a concepção (o primo Brian conversando com Tony e Ralphie depois de uma noitada no Bing) até a execução (o dinheiro é garantido, deixando os bairros pobres de Newark ainda piores), e aprofunda detalhes dos negócios de Tony que não estamos acostumados a ver. Mas o processo — em específico, o foco no deputado Zellman, que recruta seu velho amigo ativista, Maurice (Vondie Curtis-Hall), como um dos laranjas — se afasta demais do mundo e dos personagens da série. A ideia de fazer uma versão autônoma de uma história sobre "ex-radicais dos anos 1960 tendo que encarar o quanto se venderam na meia-idade" poderia ser interessante, e Peter Riegert e Curtis-Hall têm talento dramático para convencerem no papel, mas o conflito — particularmente o arrependimento de Maurice por prejudicar uma comunidade que ele passou décadas tentando ajudar — fica forçado demais. Alguns momentos parecem ser remendados de um piloto *backdoor*[29] para uma série focada em Zellman-Maurice que nunca foi feita. Embora tenham pouco tempo na tela, a ausência de personagens fixos da série, ou de questões diretamente ligadas a eles, faz as cenas parecerem longas, e nenhuma é tão significativa a ponto de segurar o episódio durante seus interlúdios sem Tony.

Embora a estreia da terceira temporada, "Mr. Ruggerio's Neighborhood", talvez contenha menos cenas com Tony do que qualquer outro episódio da série, ela funciona porque as ações do FBI são todas sobre ele. Este episódio, por outro lado, aborda o dano colateral desencadeado pelos crimes de Tony — e a não ser pelo dependente químico que leva um tiro dos garotos da gangue, é pequeno em comparação. É quase o suficiente para nos fazer concordar com AJ, que pergunta "E quem se importa com Newark?", enquanto rejeita a mesma lição nostálgica sobre seu bisavô que fascinou Meadow no piloto da série.

---

29 Pilotos *backdoor* são episódios de TV que apresentam novos personagens na esperança de construir spin-offs em torno deles. Os personagens de *NCIS: Investigação Naval* estrearam desta forma no *JAG: Ases Invencíveis*, por exemplo, e um dos episódios finais da série de David Chase *Rockford Files: Arquivo Confidencial* foi um piloto *backdoor* malsucedido para uma série dramática sobre mafiosos de Jersey, incluindo um chefe chamado Tony. (Para saber mais sobre isso, veja a entrevista sobre a primeira temporada.)

As partes bem-sucedidas do episódio são as que avançam as subtramas, aprofundando as histórias e explorando nossa familiaridade com personagens estabelecidos. O título do episódio, que vem do enredo focado em Adriana, acerta alguns golpes baixos na TV aberta ao fazer com que ela pressione Christopher a se casar depois de descobrir o privilégio conjugal em um episódio de *Murder One*,[30] apenas para receber conselhos conflitantes de uma amiga que viu algo diferente em *Assassinato por Escrito*.

Mas, piadas à parte, "Watching Too Much Television" amplifica o pesadelo da pobre Adriana, que se arrasta por toda a temporada: primeiro com a resposta enfurecida de Christopher aos problemas de fertilidade dela ("Você sabia que tava toda estragada e nunca me contou?") e, depois, com o chá de panela que Carmela insiste em fazer para ela, em que as esposas da máfia lhe presenteiam com utensílios de cozinha, remetendo-a a um estilo retrógrado de vida doméstica que ela odiava antes mesmo de o FBI aparecer. Adriana é o tipo de garota que gosta de minissaia, salto agulha e sofá de couro preto, alguém que quer poder chegar em casa tropeçando às 3h da manhã e preparar um omelete sem se preocupar se ela vai acordar as pessoas. Ela está sendo bombardeada de, pelo menos, três direções diferentes, e isso está acabando com ela.

Apesar de suas muitas cenas supérfluas, Zellman figura com destaque no ponto alto do episódio, uma cena que o liga diretamente a Tony. No início, o mafioso parece não se incomodar que o político desonesto está namorando sua ex-amante, mas ele logo percebe que *não* está bem com isso. Enquanto dirige à noite, Tony escuta "Oh Girl", de The Chi-Lites — uma música tocada no início do episódio e discutida por Tony e Maurice logo depois de Zellman dar a notícia de que está namorando Irina —, e começa a cantar junto como sempre faz com suas músicas favoritas. Em alguns instantes, porém, a alegria é substituída por uma onda de lamentação, vulnerabilidade e raiva. É sobre Irina, que Tony usou e descartou? A música está transportando Tony de volta a uma época mais jovem e feliz quando ele a ouviu pela primeira vez? Ou ela apenas o faz se sentir fraco e com uma necessidade desesperada de parecer forte? Ou ele está transferindo sua dor e culpa por Gloria para Irina, que "seguiu em frente" de uma maneira diferente? Seja qual for a explicação, Tony invade a casa de Zellman, passa por Irina e bate em Zellman com

---

30 Uma série de drama jurídico do canal ABC criada por Steven Bochco, que foi um precursor dos seriados a cabo intensamente serializados como este, dedicando toda sua primeira temporada a um único caso. As críticas não foram boas, no entanto — em parte porque os espectadores da televisão aberta ainda não estavam condicionados a assistir todos os episódios de uma série —, e a segunda temporada não apenas apresentou histórias mais curtas, mas trocou o ator principal de Daniel Benazali para Anthony LaPaglia, que, se as coisas tivessem sido um pouco diferentes, poderia estar ocupado naquele momento interpretando o papel de Tony em uma versão de *Família Soprano* para a Fox.

um cinto, incorporando Rick, do filme *Casablanca*, enquanto diz com sarcasmo: "Tantas garotas em New Jersey, e tinha que transar com essa?".

A mudança de humor de Tony no carro é um momento de atuação extraordinária de Gandolfini e um dos melhores momentos de todos os tempos de *Família Soprano*. E ainda oferece evidências adicionais de que a maneira mais fácil de *Família Soprano* provar sua superioridade em relação ao restante da televisão não era a depreciando, nem mesmo experimentando com seu formato e foco. Tudo o que a série precisava fazer era apenas ser *Família Soprano*. Como um todo, "Watching Too Much Television" não é o melhor da série, mas seus últimos cinco minutos, com certeza, são.

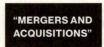

TEMP. 4/EP. 8
ESCRITO POR DAVID CHASE E ROBIN GREEN & MITCHELL BURGESS E TERENCE WINTER
ROTEIRO POR LAWRENCE KONNER
DIRIGIDO POR DANIEL ATTIAS
EXIBIDO EM 3 DE NOVEMBRO DE 2002

A mulher do chefe

"Primeiro, eu já fiquei com o cavalo dele." — **Tony**

"Mergers and Acquisitions" é sobretudo uma sequência ao episódio "Pie-O-My", que revive tanto a rivalidade entre Tony e Ralphie quanto a busca de Carmela por independência financeira. Depois lança o desejo crescente de Furio por Carmela e outra subtrama sobre a mãe de Paulie, Nucci, que mora em Green Grove, evoluindo para um episódio cheio de aquisições — algumas furtivas, algumas amigáveis, outras hostis. Todas as histórias avançam aos poucos (a trama de Nucci é a única confinada em grande parte a este episódio e serve mais para inclusão de momentos cômicos),[31] mas tudo parece algo que já vimos antes.

Esse é, sem dúvida, o objetivo do episódio. Muito dele gira em torno da nova namorada de Ralphie, Valentina La Paz (Leslie Bega),[32] e do dilema de Tony entre sua atração por ela e sua repulsa em dormir com uma mulher que possivelmente

---

31 Em sua tentativa de ajudar Nucci a fazer amigas em Green Grove, Paulie manda seu primo Little Paulie Germani (Carl Capotorto) e Benny espancarem o filho de uma das moradoras mais populares; é assim que, mais uma vez, essa pequena e pacífica comunidade de aposentados inspira a violência da máfia.
32 Leslie interpretou Maria Borges, a aluna apaixonada por teatro de Howard Hesseman no seriado dos anos 1980 *Uma Turma Genial*.

fez sexo com Ralphie Cifaretto. Valentina é o tipo de Tony: tem cabelo preto, é profissional (ela se gaba de trabalhar em uma galeria de arte, mas, na verdade, é uma loja de molduras com delírios de grandeza) e brincalhona (os dois se divertem depois que ele a vê induzir Ralphie a pisar em esterco de cavalo). Ela não é exatamente a nova Gloria Trillo — é mais cafona e com menos traumas emocionais —, mas poderia ser considerada uma Gloria diluída. A cena em que eles brincam um com o outro, depois da primeira vez que transam, evoca dois dos encontros memoráveis de Tony com Gloria: uma ameaça de comida sendo jogada para o alto e Tony usando sua força tremenda para arremessar uma mulher pequena pelo ar — só de brincadeira. Sua atração por Gloria era mais profunda, porém também era a dor de estar com ela. Valentina parece ser mais fácil de lidar, desde que Tony possa superar o problema de Ralphie. Isso acaba sendo simples, uma vez que Valentina, depois Janice, depois a dra. Melfi (especulando um diagnóstico com base no que Tony repassa ter ouvido das outras duas) conta a ele sobre as tendências sexuais de Ralphie, que vislumbramos brevemente com Janice, e é ela quem diz a Tony que Ralphie "faz tudo ao contrário". Uma vez que Tony se sente satisfeito por não ter havido "contato [de Ralphie] com a vulva dela", ele está livre para embarcar no novo caso.

Mas antes que Tony possa começar o affair, uma unha postiça de Valentina acaba grudada em uma de suas camisas e Carmela a encontra. Algumas cenas antes, Carmela havia insistido com Rosalie que tinha feito as pazes com o fato de Tony ter *goomars*, mas aquela garra pintada foi demais e a leva a abrir a ração dos patos e roubar dinheiro para comprar ações em seu próprio nome.[33]

É mais fácil para Carmela se concentrar em questões financeiras e no adultério de Tony, já que Furio está na Itália, do que lidar com a situação de seu pai que está morrendo. Embora ela tenha fantasias com ele enquanto assiste ao programa de culinária de Mario Batali, chef de TV que usa um rabo de cavalo, sua atenção está concentrada em assuntos domésticos. Mas a distância apenas esclarece mais os sentimentos de Furio por Carmela — assim como sua consciência de quão perigosos eles são. Tony pode pegar o que quiser de Ralphie — seu cavalo, sua amante, uma foto dos dois ao lado de Pie-O-My — sem repercussões, pois ele é o chefe. Mas se Furio quer a esposa do chefe, sua única opção é seguir o conselho do tio e matá-lo.

Há potencial para um grande conflito aqui entre Tony e a esposa, seu guarda-costas e o subordinado mais odiado, mas tudo permanece escondido, e é por isso que os temas repetidos de "Pie-O-My" tornam o episódio um pouco chato. Tony tem muito tempo para ficar obcecado com questões do pênis e da vulva porque

---

33 Passar o tempo com o primo Brian está valendo a pena, pois ela já está ciente de que, ao investir um pouco menos de 10 mil dólares em cada corretora, ela pode evitar que a Receita Federal perceba.

seu advogado, mais uma vez, o encorajou a se afastar dos negócios cotidianos da Família, deixando Christopher para lidar com as grandes decisões, a maioria fora da tela. Como vimos na última vez que Tony tentou isso (na segunda temporada, em "House Arrest"), ele não se dá bem ficando ocioso. Algumas vezes isso também não beneficia *Família Soprano* em si.

TEMP. 4/EP. 9
ESCRITO POR ROBIN GREEN & MITCHELL BURGESS
DIRIGIDO POR TIM VAN PATTEN
EXIBIDO EM 10 DE NOVEMBRO DE 2002

Direto como uma flecha

"Ela era uma criatura inocente! O que que ela fez a você?" — **Tony**

Cortem a cabeça dele.

E a peruca também.

Mais de uma temporada de *Família Soprano* (e mais de um ano e meio do nosso tempo) se passou entre Tony ter tentado espancar Ralphie até a morte em "University" e ter conseguido de fato no clássico instantâneo "Whoever Did This". Tanto o atraso quanto a resolução são técnicas clássicas de David Chase: negue ao público o que ele espera e quer muito, privando repetidas vezes o telespectador de uma resolução imediata enquanto aparenta estabilizar o relacionamento entre Tony e Ralphie, só para virar a mesa de repente fazendo os dois chegarem às vias de fato em torno de uma briga que parece não ter relação com o cerne da rivalidade entre eles, durante um período de calmaria no meio da temporada.

Além do mais, "Whoever Did This" passa grande parte de sua primeira metade — além do tempo que passa na subtrama sobre Junior que finge demência na esperança de anular o julgamento, apenas para começar a exibir sintomas reais da doença[34] — tentando humanizar Ralphie, na medida em que tal coisa seja possível.

Começamos com Ralphie, que conhecemos e detestamos, mas que, ocasionalmente, nos faz rir, enquanto ele deduz que foi Paulie quem o dedurou sobre a piada a respeito de Ginny Sack, e passa um trote por telefone em Nucci (fingindo ser um tal de "detetive Mike Hunt da polícia de Beaver Falls, Pensilvânia"), que fica

---

34 Para ajudar a facilitar o que, a princípio, parece um golpe, Tony procura Svetlana, que ainda é confiante e sem filtro de uma forma encantadora, e que descarta Janice como sendo uma "mulher chata" quando seus caminhos se cruzam de novo.

consternada com uma história de que Paulie está sendo preso por atos obscenos. É tudo muito divertido, como sempre, até que o filho de Ralphie, Justin, é ferido enquanto atirava flechas com um amigo, o que constituiu um pouco de trapaça narrativa, já que envolve um personagem que nunca tínhamos conhecido antes.

Desse ponto até seu confronto final com Tony, "Whoever Did This" nos apresenta um Ralphie muito diferente: castigado, introspectivo e arrependido profundamente. Até o formato de seu rosto parece diferente[35] quando Ralphie dá de ombros frente a confissão de Tony de que ele agora está dormindo com Valentina — um ato tão egoísta e cruel, considerando o momento (após a lesão de Justin, quando ele sabe que Ralphie estará muito aflito para que a notícia o deixe zangado), que o sentimento de simpatia da série se transfere brevemente de Tony para Ralphie.

Isso não vai durar, é claro. Sim, Ralphie está chocado com o acidente quase fatal e o longo caminho até a recuperação de Justin. Sim, ele pode buscar os conselhos do padre Phil, apesar de talvez viver a vida mais pecaminosa de qualquer personagem principal. Sim, ele pode enfim se relacionar com a própria dor de Rosalie, que o afastou dela no início da temporada. Mas, em sua essência, ele ainda é o idiota amargo e egoísta abusivo que assassinou Tracee sem pensar duas vezes, e que traiu Rosalie e a deixou de lado quando a tristeza dela o aborreceu. Ele ainda sai rugindo sua misoginia quando a ex-esposa o culpa pelo acidente e quando Rosalie é sensata em recusar seu pedido de casamento, depois que ele pede a mão dela como prova de que mudou.

Ainda assim, este é um Ralphie mais completo e complexo do que o apresentado até agora como a grande pedra no sapato de Tony. Mesmo a decisão que a maior parte do episódio se passe na casa de Ralphie — quando estamos acostumados a vê-lo no clube social da quadrilha de Aprile, ou dormindo com uma namorada — parece deliberada, um meio de ilustrar que Ralphie tinha uma vida além de seus conflitos com Tony e os outros mafiosos.

Anteriormente, Tony tolerou Ralphie porque ele é quem traz mais dinheiro para a Família e porque bater nele pela morte de uma stripper violaria a tradição da máfia. Ele teve que encontrar meios mais sutis de vingança, como roubar sua amante e seu cavalo. Contar a Ralphie sobre Valentina logo após a lesão de Justin não apenas evita uma briga, mas também parece uma vingança de Tony por Ralphie tê-lo feito sentir empatia em primeiro lugar. Tony Soprano nunca quer estar

---

35 Joe Pantoliano ganhou o Emmy de melhor ator coadjuvante em uma série dramática em 2003, o primeiro ator de *Família Soprano*, além de Falco ou Gandolfini, a receber a honraria, que escolheu "Whoever Did This" como um de seus dois episódios a serem avaliados pelos membros votantes. Surpreendentemente, o outro foi "Christopher", embora isso possa ter sido uma tentativa de mostrar a gama de sua atuação. (Ou porque ele achou que os membros votantes iriam rir da cena do vibrador.) Seja qual tenha sido o motivo, "Whoever Did This" impressionou bastante, embora Joey Pants passe metade do episódio como um cadáver.

em uma posição em que tenha que sentir pena de Ralphie Cifaretto. Essa tragédia faz com que isso seja impossível.

E então, acontece o incêndio.

Será que Ralphie foi mesmo o idealizador desse incêndio? O episódio nunca esclarece isso. Ralphie com certeza tem o motivo — ele até reclama com Tony sobre o custo de cuidar de um cavalo em declínio — e a crueldade para tal. Mas ele também é irredutível em suas negações.

Isso realmente não importa, porque Tony acredita que foi ele. A pergunta mais importante talvez seja: a qual "criatura inocente" Tony está se referindo enquanto bate a cabeça de Ralphie contra o azulejo da cozinha e o sufoca — Pie-O-My ou Tracee?

Já vimos antes Tony engolir sua raiva contra pessoas que ele odeia, como tio Junior e Livia. Mas eles eram da família. Ralphie não é. Ralphie é apenas essa *coisa* desagradável e repulsiva que, na melhor das hipóteses, é alguém perpetuamente irritante para Tony, mesmo quando estão ganhando grandes somas de dinheiro juntos. Ralphie espancou uma jovem até a morte — uma pessoa que precisava de ajuda, a quem Tony havia rejeitado várias vezes e que o lembrava de sua própria filha — só porque ele podia. Mas Tony já o odiava muito antes desse acontecimento. Além disso, muitas pessoas inocentes são feridas ou mortas em seu trabalho, e a lembrança de Tracee não vinha à tona há muito tempo, enquanto a afeição de Tony por Pie-O-My era recente, palpável e sem culpa.[36] O cavalo era uma criatura linda e inocente que Tony amava, cuidou quando doente e celebrou quando vitoriosa. Ele sentia mais carinho por Pie-O-My do que pela maioria dos humanos em sua vida.

No início do episódio, Tony alerta um Paulie enfurecido contra a busca de vingança pelo trote praticado por Ralphie, porque seria ruim para os negócios e contra as regras. Mesmo em ramos menos criminosos, muitas vezes há de se trabalhar com pessoas insuportáveis. Mas as regras da sociedade civilizada e da máfia nunca se aplicaram muito a Tony Soprano, especialmente onde suas paixões inflamam seu trabalho. Tendo Ralphie como provável suspeito do incêndio, e com certeza o assassino de Tracee (um crime do qual Tony se sente cúmplice), o famoso temperamento dos Soprano explode — levando a uma das lutas mais feias e intensas de toda a série, apesar da grande diferença de tamanho e força.[37]

E lá estava o corpo sem vida do funcionário mais produtivo de Tony, embora o mais odiado.

---

36 Há algumas conexões entre Tracee e Pie-O-My em "University": Silvio refere-se a Tracee como "potranca", Tony diz a outra garota do Bing "vou mostrar onde o cavalo me mordeu", e Tracee diz a Tony que sua mãe segurou a mão dela sobre o fogão quando ela era criança; ela e o cavalo se queimaram.

37 Em um momento, Tony prende Ralphie contra a parede quase exatamente da mesma maneira que ele faz mais cedo no hospital, depois que Ralphie começa a xingar sua ex-esposa. Em quase todos os momentos em que eles estão juntos, fica evidente o quanto Tony gostaria de colocar as mãos nesse cara e fazer o que é natural para ele.

A briga na cozinha acontece de forma tão abrupta — depois de uma longa conversa sobre Pie-O-My e o ingrediente secreto de Ralphie para fazer ovos mexidos[38] — e com prenúncios tão pouco óbvios que não têm o poder catártico que teria invocado se terminasse em "University", ou aparecesse mais para o fim da terceira temporada. Mas também mostra como Tony, assim como sua mãe, nunca esquece os pecados cometidos contra ele. A vida de Ralphie acabou no estacionamento do Bing, porque era inevitável que ele fizesse outra coisa para atrair a ira do chefe, assim como era inevitável que Tony acabasse sucumbindo ao seu desejo de colocar as mãos no pescoço de Ralphie e o apertasse.

Segue-se, então, uma sequência prolongada de eliminação do cadáver,[39] após a qual Tony e Christopher esperam até escurecer para remover os restos mortais. Tony, atordoado pela luta, coberto de sangue e parcialmente cego após Ralphie ter o atacado com uma borrifada de inseticida, conta a Christopher uma mentira ridícula de tão óbvia sobre ter encontrado Ralphie morto —, mas Chris está tão chapado de heroína e tão envergonhado por Tony vê-lo assim que não o questiona. A sequência de desmembramento é, como a luta que resultou nele, explícita e de revirar o estômago, mas também cômica de um modo sombrio, quando Christopher se assusta com a peruca que cai da cabeça decapitada de Ralphie[40] e os dois percebem que o som de pancada na casa é da bola de boliche que Tony tirou de sua bolsa para que pudesse guardar a cabeça nela. Como o assassinato de Barry Haydu, o desaparecimento de Ralphie Cifaretto é outro evento que aproxima mentor e protegido ainda mais, porque agora eles têm um segredo em comum, (se os membros da Família não entenderam o desejo de Tony de matar Ralphie pela morte de alguém que eles chamavam de prostituta, como eles responderão ao saber que ele fez isso por conta de um cavalo?), mas o temperamento incontrolável de Tony e a dependência em drogas de Christopher não tornam nenhum dos dois particularmente sensível.

Depois de uma viagem ao norte do estado para enterrar os despojos na fazenda do pai de Mikey Palmice — onde Tony prova mais uma vez que é mais capaz do que seus subordinados, dirigindo o trator que eles usam para cavar o solo duro e frio —, é hora de se limpar e tirar uma soneca preciosa no Bing, onde a questão do verdadeiro motivo é respondida.

38 Ovos, mais do que laranjas, são frequentemente um prenúncio de morte em *Família Soprano*.
39 *Breaking Bad: A Química do Mal* — de longe, a melhor das muitas séries dramáticas com anti-heróis que apareceram na sequência desta — notoriamente alongou isso ainda mais, dedicando dois de seus três primeiros episódios à eliminação de cadáveres, e hoje a questão de se livrar de corpos inconvenientes está entre os tropos mais comuns em dramas televisivos.
40 Pantoliano ficou careca ainda jovem, mas passou a maior parte dos primeiros anos de sua carreira usando perucas convincentes em tela. (O truque é que, ao contrário de outros atores que usam perucas em Hollywood, ele só as usava no personagem, não na vida cotidiana.) Como resultado, muitos fãs de *Família Soprano* ficaram tão surpresos quanto Christopher ao perceberem que era uma peruca.

Ou não.

Nos momentos finais do episódio, Tony verifica seus olhos inflamados no espelho do camarim do Bing, que é decorado com fotos das dançarinas do passado e do presente. Na versão com definição padrão, que foi ao ar na HBO em 2002, as imagens não estavam muito nítidas para serem compreendidas. Poderíamos imaginar que a foto de Tracee estava lá, e que esse detalhe era a forma da série explicar melhor a frase "criatura inocente", mas não poderíamos provar que vimos nada a menos que verificássemos com alguém da equipe de *Família Soprano*, o que ninguém fez.

Os episódios agora são todos em alta definição e o rosto de Tracee está de forma muito clara no centro do quadro. (Ela está um pouco à esquerda da mandíbula refletida de Tony.) Os olhos de Tony até focam diretamente na foto antes de ele se virar para sair na luz ofuscante da manhã.

A qualidade na imagem é ótima, mas não essencial. O vislumbre da parede de fotos já bastava para evocar Tracee, junto a todas as outras indicações incidentais e propositais que encontramos ao longo do caminho, desde a quase rima de "horse" [cavalo] com "whore" [prostituta] até o fato de Tony matar Ralphie do mesmo modo que Ralphie matou Tracee.

Mas, apesar de todo o espelhamento, ainda é possível que Tony tenha matado Ralphie por conta de Tracee sem perceber por que estava fazendo isso. Sabemos por sua patologia que ele tem um dom para a repressão. Ele passa por grandes avanços com a dra. Melfi, e depois não lembra mais (ou alega não lembrar) da próxima vez que ela os menciona.

Talvez, na cozinha, seus pensamentos tenham sido inteiramente sobre o cavalo, e só na manhã seguinte, quando ele olha para o espelho, a outra motivação se aproxima de sua mente consciente, como um cavalo que pega um cubo de açúcar. Ou talvez ele tenha engarrafado a memória com tanta força que ela não pode escapar, mesmo com Tracee sorrindo para ele.

Tanto faz. O que importa é que Ralphie está morto e enterrado, e que *Família Soprano* fez isso de uma forma que ninguém poderia ter esperado ao começar a assistir "Whoever Did This", e que ninguém seria capaz de esquecer quando o episódio terminou.

"THE STRONG, SILENT TYPE"

TEMP. 4/EP. 10
HISTÓRIA DE DAVID CHASE
ROTEIRO POR TERENCE WINTER E ROBIN GREEN & MITCHELL BURGESS
DIRIGIDO POR ALAN TAYLOR
EXIBIDO EM 17 DE NOVEMBRO DE 2002

Intervenção

"Eu sou como um turista na minha própria cidade: a vida continuou sem mim." — **Furio**

Há uma intervenção óbvia em "The Strong, Silent Type", bem como outras em que muitos personagens ou são confrontados sobre comportamentos perigosos ou estão tentando contê-los. Mas a intervenção óbvia é extraordinária.

Com as cenas entre Tony e Melfi, *Família Soprano* sempre conseguiu revelar o absurdo que é um homem com a profissão de Tony abrindo sua alma para uma psiquiatra, mas sempre tratando essas conversas com muita seriedade. Melfi está tentando mesmo ajudar Tony, e Tony, por vezes, faz um esforço para ser ajudado. Os assuntos que eles discutem naquela sala são reais e brutos.

Às vezes, porém, a série não pode perder a oportunidade de se divertir com a interseção entre Família e a terapia de família, como vemos na obra-prima de humor ácido que é a intervenção que Adriana e os mafiosos montam para abordar a dependência de Christopher em heroína. As pessoas naquela sala não têm condições emocionais para realizar o que Dominic (Elias Koteas)[41] descreve como "care-frontation" [trocadilho que mistura a palavra "care", "cuidado", com "confrontation", "confronto"]. Paulie ataca Christopher por ser fraco e estar fora de controle. Silvio — na melhor atuação rígida de modo intencional da carreira de Steve Van Zandt — lembra que encontrou Chris chapado no banheiro do Bing ("Seu cabelo estava na água da privada. Nojento."). Até Tony, que tem experiência em uma variação desse tema, fica bravo e distraído ao saber que Christopher asfixiou a cachorrinha de Adriana, Cosette, ao se sentar sem querer em cima dela porque estava chapado. Em poucos instantes, a cena passa de insultos para segredinhos sujos (como o russo) que ameaçam vir à tona para Paulie, Silvio e Benny Fazio, que quase mandam Christopher para o pronto-socorro de tanto socá-lo e chutá-lo.

Surpreendentemente, esta é uma das intervenções mais bem-sucedidas do episódio, porque pelo menos Chris concorda em entrar na reabilitação até que

---

41 Elias é um ator mais conhecido por seus papéis em suspenses artísticos canadenses como *O Corretor*, *Exótica* e *Crash: Estranhos Prazeres* bem como em *Além da Linha Vermelha*, *Ilha do Medo* e *Deixe-me Entrar*. A essa altura, alguém já deveria tê-lo escalado como filho de Robert De Niro.

esteja melhor, embora sob ameaça de morte de Patsy Parisi. Todos os demais, sejam os que conversam com outros para encontrar soluções para seus problemas ou os que procuram soluções por meio da própria introspecção, estão à beira de sucumbir à tentação.

O título do episódio remete ao comentário que Tony fez com a dra. Melfi sobre Gary Cooper, que surge de novo aqui enquanto sua esposa se apaixona cada vez mais por um homem que se parece muito mais com Cooper do que Tony.

Como a dra. Melfi não apareceu no episódio "Whoever Did This", temos aqui uma oportunidade tardia de ver Tony demonstrando seu sofrimento pela perda de Pie-O-My — momentos depois de repreender Furio por chorar pela morte do pai — e cheio de autopiedade. É uma demonstração de emoção bastante intensa, o que poderia parecer um pouco teatral se não tivéssemos visto o quão profundamente Tony se importava com o cavalo, e isso leva Melfi a fazer algo que ela em geral evita: confrontar Tony diretamente, não apenas sobre como ele está mais deprimido por ter perdido animais do que jamais esteve por perder entes queridos humanos, mas também sobre como seus lamentos de "palhaço triste" colidem com tudo o que Carmela disse a ela durante as sessões conjuntas na terceira temporada, e tudo o que a própria Melfi testemunhou até hoje. Muitas vezes, Melfi deixa passar as mentiras descaradas e autojustificativas de Tony, porque colocá-las em evidência ameaçaria a intimidade e a confiança do relacionamento entre os dois. Aqui, porém, Tony está mentindo de forma tão descarada — tanto para si próprio quanto para sua médica — que Melfi não consegue se conter. Quando ele lamenta o estado do mundo, invocando tanto o Onze de Setembro quanto as revoltas em Los Angeles de 1992 ("Me sinto como o reverendo Rodney King Jr., sabe? Por que não podemos nos dar bem?") e ela comenta: "Você já causou muito sofrimento, não é?".

No final das contas, Tony cede a uma estrangeira forte e silenciosa, quando uma visita à casa do tio Junior o leva a ver Svetlana como o tipo de mulher que ele procura (se não levar em conta o cabelo loiro e a perna protética): assertiva, independente e, sim, linda. (Ela descarta esse elogio, especialmente em comparação com sua prima, mas a iluminação da cena naquele momento faz parecer que a estamos vendo pela primeira vez com Tony). Enquanto Carmela ainda está tentando resistir à tentação de ficar com Furio, Tony avança o sinal vermelho com Svetlana, apenas para se dar conta, após fazer sexo, que ela o estava usando e não tem interesse em continuar o relacionamento.

Fica claro pela expressão de Tony que ser rejeitado por uma mulher é uma novidade indesejada para ele, e os momentos finais do episódio mostram um contraste entre Tony e Furio: o homem que Carmela aos poucos passou a odiar, mesmo sendo casada com ele, e o homem por quem Carmela se apaixonou, embora saiba que nunca vai ficar com ele. Tony está aquecendo as sobras de uma refeição feita por Carmela em uma casa que ela decorou; Furio está fazendo sua própria refeição em uma casa que ele comprou e depois consertou com as próprias mãos. Furio se imagina como Tony, ou pelo menos como gostaria de ser;[42] é possível imaginar que Carmela tenha um sentimento tão profundo por Furio, mesmo que eles nunca tenham se beijado?

Tanto Furio quanto Carmela passam grande parte do episódio tentando uma autointervenção para evitar um affair que talvez destruísse ambos ou Tony. Furio tenta esperar no carro e não dá a Carmela o presente que comprou para ela em Nápoles, enquanto Carmela continua trazendo AJ em suas visitas a Furio, sabendo que a presença do filho a impedirá de fazer ou dizer mais do que deveria.

Não é um caso no sentido tradicional, e a sensata Rosalie tenta desqualificá-lo como sendo só uma fantasia. Mas Carmela insiste: "É sério. Nós dois temos diálogo. Ele me olha e me acha bonita. Ele me acha interessante quando eu falo. São poucos os minutos que eu passo com ele, mas eu vivo pra isso atualmente. Eu sinto minha vida escorrendo pelo vão dos dedos, e sinto que nunca vou ser feliz".[43]

Sucumbir à tentação quase mata Christopher; Tony até diz que só o deixa viver por causa da ligação familiar deles. Tony não consegue evitar dormir com Svetlana, assim como não conseguiu evitar matar Ralphie, fato que agora deixa toda a gangue desconfiada e ressentida com ele (mesmo que tente culpar Johnny Sack pela fraude do Departamento de Habitação e Desenvolvimento Urbano). Os impulsos de Tony tendem a sair pela culatra e criar outros problemas.

Pelo menos Christopher está protegido de seus demônios até que o período na reabilitação termine. Os outros têm que continuar intervindo por si mesmos, e isso não é fácil para nenhum deles.

O que aconteceu com Gary Cooper? Ele veio de Nápoles, e muitos problemas o seguiram.

---

42 No início do episódio, Tony manda que a pintura de si mesmo com Pie-O-My seja destruída, porque olhar para ela o deixa muito triste. Paulie, que é um pão-duro, reconhece uma bela obra de arte grátis quando a vê, mas fica tão nervoso com a ideia do Tony na pintura olhando para ele que paga um pintor para fazer retoques de modo que o chefe agora pareça mais com Napoleão. Ele está tentando fazer Tony parecer europeu ao mesmo tempo em que um visitante daquele continente ocupa os pensamentos da sra. Soprano.
43 Para uma mulher que foi caracterizada, no início da primeira temporada, como tendo uma afinidade por romances castos como em *Os Vestígios do Dia*, o caso totalmente não físico de Carmela com Furio é mais do que perfeito, como se ela tivesse entrado em um romance que ela mesma escreveu.

> **"CALLING ALL CARS"**
> TEMP. 4/EP. 11
> ESCRITO POR DAVID CHASE E ROBIN GREEN & MITCHELL BURGESS E TERENCE WINTER
> ROTEIRO POR DAVID CHASE E ROBIN GREEN & MITCHELL BURGESS E DAVID FLEBOTTE
> DIRIGIDO POR TIM VAN PATTEN
> EXIBIDO EM 24 DE NOVEMBRO DE 2002

Versales

"Sinto muito. Eu não quero mais fazer isso." — **Tony**

"Calling All Cars" não chega a ser o episódio mais curto de *Família Soprano* de todos os tempos, mas não está longe disso,[44] e *parece* mais curto, ou, na verdade, menos substancioso, do que quase qualquer outro episódio até então. Embora nele estejam presentes alguns desenvolvimentos significativos nas relações entre Janice e Bobby, entre as Famílias de New Jersey e de Nova York, e especialmente entre Tony e a dra. Melfi, é um episódio quase projetado para frustrar.

Sonhos iniciam e terminam a história, ambos envolvendo Tony sendo assombrado por fantasmas: no primeiro, Ralphie e Gloria andam de carro com ele (e a lagarta na cabeça de Ralphie se transforma em borboleta, enquanto Gloria se transforma em Svetlana); no segundo, Ralphie leva Tony (agora um trabalhador imigrante como seu próprio avô, com um fraco domínio do inglês) para a casa de uma mulher misteriosa envolta em sombras, cujos maneirismos à distância fazem lembrar uma jovem Livia.

O que eles querem dizer? Bem, Melfi descobre o significado do primeiro, mas, a princípio, ela não quer explicar para Tony. "Por que não me diz logo o que essa merda significa?", ele resmunga.[45] "Com certeza, você sabe." Já vimos Tony ter sonhos em períodos de estresse; aqui, ele está de novo sob grande pressão devido à disputa com Nova York sobre a fraude no Departamento de Habitação e Desenvolvimento Urbano, mas os sonhos não fornecem nenhuma compreensão quanto a essa situação. Em vez disso, parecem ser reflexões sobre pessoas que ele perdeu (ou, no caso de Ralphie, do qual se livrou), e de transformação, amplificando seus sentimentos recentes sobre o suicídio de Gloria, o assassinato de Ralphie e a rejeição de Svletlana. (Como os filhos de Tony podem dizer no futuro, ela está dando um *ghosting* nele.) Sua vida pessoal também está escapando de seu controle, ainda que ele não esteja ciente disso. Os sonhos parecem um aviso, mesmo que o quarto

---

44 "Full Leather Jacket", da segunda temporada, é o episódio mais curto, com 43 minutos. "Calling All Cars", em comparação, tem 47 minutos. O final da quarta temporada, "Whitecaps", é o mais longo de todos, com 75 minutos.

45 Essa frase parece bastante com o que AJ diz a Meadow "Proshai, Livushka", na terceira temporada, quando ela tentou ajudá-lo a interpretar o poema de Robert Frost e ele perdeu a paciência com ela.

de hotel em Miami, onde ele acorda no final, pareça mais o ambiente de um pesadelo (com uma iluminação vermelha sinistra no banheiro) do que a casa no pântano que ele visita no segundo sonho.

Tony não é o único irmão Soprano que luta contra fantasmas nesse episódio, já que Janice intensifica seus esforços para ficar com Bacala custe o que custar — o que exige que ela o ajude a superar sua dor pela perda de Karen. É um momento raro de Janice no qual ela não está sendo descontroladamente irracional: deixando seus próprios desejos de lado por um momento para focar na situação de Bobby, cuja incapacidade de abandonar o passado está o prejudicando profissionalmente, e aos filhos, Bobby Jr. e Sophia. Ainda assim, não é possível separar os atos de seu verdadeiro motivo, e ela vai ao extremo ao assustar o filho de Bobby através de mensagens na internet fazendo se passar pelo fantasma da mãe dele e quase enfiando o último *ziti* cozinhado por Karen na garganta de Bobby, deixando claro que não é tanto um ato de altruísmo pela família Baccalieri, mas sim um ato interesseiro, já que ela quer ficar com Bobby a qualquer custo.

Porém essa é uma subtrama de baixo risco, e a tensão Carmela-Furio não é abordada aqui, o que significa que a trama mais importante do episódio é a disputa crescente sobre a fraude do Departamento de Habitação e Desenvolvimento Urbano e a crença de Johnny de que Nova York merece sua fatia do golpe. Mas mesmo esse conflito serve mais como comédia, pois as duas Famílias concentram suas atenções em Vic, o avaliador cujo trabalho é fundamental para a tramoia ("Chamam de 'Vic, o avaliador'", explica Johnny a Carmine, na paródia mais incisiva dos apelidos em histórias criminais já escrita, remetendo a "vic" que é um truncamento de "victim"). Isso leva o pobre Vic a apanhar de capangas de ambos os lados (Nova York e New Jersey), além de estabelecer um novo recorde do número de vezes que a palavra "avaliar" e suas variações foram pronunciadas em um filme, série de TV ou peça de um só ato. Até mesmo a solução de Tony para a briga é tratada como uma piada, já que envolve o fato de ele ter que ir a Miami para falar com o filho de Carmine, Little Carmine (Ray Abruzzo), uma figura ridícula e superficial que fala de maneira excessivamente formal enquanto solta o tempo todo malapropismos e pronúncias erradas ("Versailles" sai de sua boca como "Ver-SALES").

Tony fica desconfortável durante grande parte da viagem — o clássico "Surfin' USA", dos Beach Boys, que é bem diferente de *Família Soprano*, toca na cena final do episódio, na qual Tony parece confuso na varanda do hotel, o que, sem dúvida, contribui para o segundo, e ainda mais estranho, sonho. Mas ele não tem mais a dra. Melfi para ajudá-lo a interpretar o sonho, porque ele abandonou abruptamente a terapia, como visto em uma cena anterior, reconhecendo o que Melfi de alguma forma não consegue: essas sessões não trazem mais nenhum valor de verdade para os dois desde que ela descobriu a origem dos ataques de pânico.

Quando ela sugere que eles poderiam se aprofundar nas fontes de sua dor e verdade, ele zomba: "Dor e verdade? Deixe disso, eu sou um bandido gordo de New Jersey". Essa é uma cena marcante e direta em um episódio que, de outra forma, aborda as situações sob perspectivas incomuns, e serve como um forte contraste com o estado das coisas entre Tony e Carmela. Lá, ele ignorou os sinais de problema, agindo de forma presunçosa de sempre, enquanto ela está ansiando por Furio, mas sem querer consumar o relacionamento. Tony, porém, vê a relação médico-paciente com nitidez cristalina. Ele não quer ser julgado por Melfi, não quer confrontar sua própria dor interior mais do que já fez, e não pode entrar em muitos detalhes sobre temas que o estão incomodando, como Ralphie e Tracee. E, então, ele apenas se levanta e vai embora, deixando Melfi perplexa. Ela manda uma mensagem para Elliot com a frase que dá nome ao episódio (muito comum nos dramas policiais e que sinaliza um momento de emergência).

Em sua primeira sessão do episódio, Melfi tenta alertar Tony sobre os sinais de perigo em seu próprio casamento, sugerindo que deixar a esposa (que está viva) ao volante do carro em seu primeiro sonho é muito mais importante do que a amante e seu parceiro, já mortos, que estão no banco do carona. "O que quer que os outros dois signifiquem", ela sugere, "você quer acertar as coisas com a Carmela." No entanto, ele perdeu a capacidade de ouvi-la, o que explica por que abandona a terapia, mas isso significa que ele não tem ninguém para ajudá-lo e guiá-lo nesse estranho segundo sonho.

Quem está nos degraus? Livia? Gloria? Carmela? Vic, o avaliador, em um vestido que realmente o favorece? Tony terá que decifrar isso sozinho, e nós também.

"ELOISE"

TEMP. 4/EP. 12
ESCRITO POR TERENCE WINTER
DIRIGIDO POR JAMES HAYMAN
EXIBIDO EM 1° DE DEZEMBRO DE 2002

Chega de papo

"Você está perto demais." — **Furio**

Mesmo para os padrões de uma série que transformou em arte o anticlímax, "Eloise" — e a quarta temporada em geral — parece apreciar a frequência com a qual subverte as expectativas. Vários dos enredos da temporada passam o episódio à beira da colisão, apenas para recuar no último instante.

Isso é mais óbvio com o final abrupto do flerte entre Furio e Carmela. Aqui, eles estiveram o mais perto que já chegaram de ter um encontro de verdade quando ela se oferece para ir à loja Color Tile com ele: "Eu adoraria ir com você lá", diz Furio, sua voz ansiando por algo mais do que apenas decoração de casa. Enquanto Furio continua a aguentar Tony, que fala mal de Carmela e a trai, a possibilidade de um conflito ou algo pior entre chefe e guarda-costas parece perigosamente próxima — tão próxima quanto Tony, bêbado, está do rotor do helicóptero enquanto Furio contempla empurrá-lo. É tarde, ninguém mais está olhando e Tony estava visivelmente embriagado no cassino e no aeroporto; um empurrãozinho livraria Furio desse homem e talvez permitiria que ele ficasse com a mulher que ama.

Em vez disso, Furio percebe que é ele quem está perto demais: de Carmela, desse país onde ele não se encaixa, desse chefe cujos apetites e fraquezas o fazem indigno de lealdade e respeito. Então ele foge sem nenhum aviso, nenhuma mensagem (a não ser a que ele deixa na secretária eletrônica do Bing, às 4h30, quando se sente seguro de que ninguém vai atender), nada; ele apenas coloca à venda a casa em Nutley e foge do país sem aviso, deixando Carmela atordoada e devastada de pensar como ela foi tola por se sentir tão perto de um homem que poderia abandoná-la instantaneamente, antes que qualquer coisa acontecesse.

A exasperação de Carmela talvez tenha a intenção de espelhar o que Chase, Winter e companhia esperavam que o público sentisse quando a trama de Furio terminasse dessa maneira; apesar disso, seu método de canalizar a frustração — fazendo uma cena indignada em um jantar com os colegas de quarto e o novo namorado de Meadow, Finn DeTrolio (Will Janowitz),[46] aspirante a estudante de odontologia,

---

46 Enquanto Carmela está falando mal de *Billy Budd, Marinheiro*, Tony conversa de forma genial e charmosa com Finn, Meadow e seus colegas de quarto: um contraste nítido e deliberado do modo como ele se comportou com Noah Tannenbaum na terceira temporada.

quanto a questão de haver subtexto gay em *Billy Budd, Marinheiro* — talvez não seja como a maioria dos fãs de *Família Soprano* estava lidando com o assunto.

Embora Meadow muitas vezes feche os olhos para o que seus pais fazem, tanto na vida pessoal quanto profissional, dessa vez ela é capaz de perceber um pouco do que está acontecendo, enquanto a raiva de Carmela continua durante o almoço tradicional de aniversário no Hotel Plaza, onde estão sentadas sob o quadro de Eloise, que intitula o episódio, e AJ — alienado como sempre[47] — conta a ela sobre as muitas idas de sua mãe à casa de Furio.

Tony não tem muito tempo para pensar no estranho desaparecimento de seu capanga principal, porque as tensões com a Família de Carmine Lupertazzi — e a família — deram uma piorada. Aqui, mais uma vez, vemos as vantagens e os perigos de se aproximar demais de alguém que não é sangue do seu sangue, como visto na situação em que Johnny Sack, que esteve ao lado de Carmine todos esses anos, fica furioso quando Little Carmine se intromete nesse fiasco; Little Carmine também tem raiva do pai, que sugere que ficaria orgulhoso de considerar Tony seu próprio filho; e até o próprio Carmine fica agitado com a sugestão de que Tony comanda uma Família de verdade, em oposição a "uma quadrilha glorificada" que vive do que Carmine permite que eles tenham.

No meio de movimentos e contra-ataques — os caras de Tony destroem o bar de Carmine, Carmine fecha o canteiro de obras do Esplanada —, a aproximação de Johnny Sack e Paulie Walnuts também termina de forma abrupta quando Paulie encontra Carmine em uma festa de casamento e fica horrorizado ao perceber que, ao contrário do que Johnny vinha lhe dizendo, o chefe de Nova York não tem a mínima ideia de quem ele é. Como Carmela (que também tem que fugir para o banheiro enquanto contempla o desaparecimento de Furio), ele arriscou toda sua vida por algo ainda menos real do que o namorico de Carmela, e agora precisa retornar às graças de Tony. Uma oportunidade se apresenta ao saber que a amiga mandona de Nucci, Minn Matrone (Fran Anthony), esconde todas as economias debaixo da cama,[48] mas quando ela o pega roubando seu dinheiro para que possa dar a Tony um envelope mais gordo naquela semana de modo a apaziguá-lo, ele a sufoca com um travesseiro.[49] A morte de uma velha indefesa — da mesma forma

---

47 "E agora? E a droga da torta napolitana?" é, sem dúvida, o melhor momento de AJ, mas sua alegria pura em soltar um peido barulhento no meio de uma conversa com Meadow — "Ah, foi mal! Chega de papo", diz ele — passa incrivelmente perto.

48 Essa revelação vem momentos antes de uma cena genial em que Paulie, Nucci, Minn e Cookie — todos velhos e pães-duros — levam todos os itens gratuitos (pacotes de açúcar, pãezinhos etc.) que estavam na mesa do restaurante onde eles jantaram depois de assistir ao musical *Os Produtores* na Broadway.

49 Apesar de toda a violência extrema apresentada nas primeiras quatro temporadas, o crime de oportunidade de Paulie aqui está entre os atos mais chocantes da série, em parte porque as circunstâncias são tão patéticas (ele está se sentindo profissionalmente sem-teto e desesperado por dinheiro), mas sobretudo porque Minn é uma civil completamente inofensiva. Periodicamente, *Família Soprano* intensifica o nível

que Tony tentou e falhou em matar Livia no final da primeira temporada — é a única do episódio, embora haja a promessa de outra quando Johnny sugere que está disposto a ir onde Furio não iria e convida Tony a acabar com Carmine para ele.

A proposta de Johnny deixa uma ameaça de violência pairando sobre o final do episódio. Mas a maior ameaça parece estar na casa de Tony, de sua esposa profundamente infeliz, que não consegue esquecer Furio, mesmo depois que ele a abandonou de forma tão repentina. Quando Tony comenta sobre a mulher bonita e independente que Meadow se tornou, ele pergunta à esposa: "Não foi com isso que você sonhou?". O olhar no rosto de Carmela é o de alguém que tem sonhado muito com outra coisa — outra pessoa — por completo, e então teve seu sonho arrebatado.

Em um certo nível é frustrante que *Família Soprano* tenha passado uma temporada inteira nesse caso emocional sem consumá-lo fisicamente, ou levar Furio a um confronto mais direto com Tony ou Carmela. Mas o anticlímax premeditado faz parte do conjunto de ferramentas da série desde, pelo menos, a segunda temporada. E qual é a melhor forma de nos colocar no lugar, e no coração, de Carmela Soprano do que nos deixar questionando se, como diz a música: "that's all there is" [isso é tudo que existe]?

TEMP. 4/EP. 13
ESCRITO POR ROBIN GREEN & MITCHELL BURGESS E DAVID CHASE
DIRIGIDO POR JOHN PATTERSON
EXIBIDO EM 8 DE DEZEMBRO DE 2002

Quem tem medo de Virginia Mook?

"Vai embora daqui! Porque eu não aguento mais essa vida!" — **Carmela**

Os anos anteriores de *Família Soprano* criaram a expectativa de que cada temporada chegaria ao clímax com uma morte significativa. Não importa que isso, a não ser na segunda temporada, não tenha sido verdade: Mikey Palmice, no final da primeira temporada, era pouco relevante; e as mortes de Gloria e Ralphie foram postergadas do final da terceira temporada até o meio da quarta. (Jackie Jr. era apenas um pouco mais importante do que Mikey.) A percepção, no entanto, pode de atrocidade dessa maneira — como se para forçar os espectadores a entenderem a magnitude dos monstros humanos que povoam uma série que eles não conseguem parar de assistir, e o que isso diz sobre eles, que racionalizam tais atos com motivos psicológicos ou dramáticos para continuarem vivenciando todos os momentos de prazer.

dar a sensação de realidade, e assim, na conclusão desta temporada, o ano de maior audiência da série, todos supuseram — praticamente exigiram — alguma pancadaria. Mesmo sem Furio, ainda havia a disputa com Nova York, sem mencionar o pedido de Johnny Sack, feito a Tony, para acabar com Carmine. Mas com certeza algumas pessoas iriam morrer até o final da temporada mais contida da série, certo?

"Whitecaps" entrega, mas não do jeito que se poderia esperar. Carmine salva a própria vida quando decide resolver a disputa entre os grupos de Nova York e de New Jersey (apesar das tentativas de Johnny de convencer Tony de cometer o assassinato mesmo assim), e os únicos cadáveres são os dos assassinos de aluguel que Christopher contratou para executar essa tarefa, evidências que precisavam ser eliminadas. Mas algo mais importante e alarmante parece estar morto no final da temporada:

O casamento dos Soprano.

Até então na série, nenhum tiro, nenhuma facada, nenhum garrote, nada cortou tão profundamente ou causou maior dano do que essas duas simples sentenças que Carmela arremessa contra Tony na metade do episódio mais longo e com as melhores atuações até o presente momento.

"Eu não te amo mais."

Isso é ela pensando sobre todas as mulheres com quem ele foi para a cama, fazendo-a de idiota, todos os crimes horríveis que ele cometeu, fazendo-a de cúmplice por meio de presentes e dinheiro e a bela casa da qual ela o manda sair.

"Eu não quero mais você."

Isso é ela pensando sobre o homem que ela *quer*, mas não pode ter, porque o medo que ele tem de seu marido criminoso o mandou de volta ao lugar de onde ele veio antes de preencher a vida dela com esperanças falsas.

Essas não são as primeiras palavras duras que Carmela joga em cima de seu marido em "Whitecaps", e nem serão as últimas, mas são as mais simples e mais diretas. Ela está furiosa e não vai mais aguentar isso, não importa quais serão as consequências.

Apesar de todas as outras falhas da quarta temporada — progredir de forma mais lenta, afastar-se dos personagens mais interessante da série, como no episódio "Christopher" —, ela nunca desviou o olhar do relacionamento decadente no centro da série. Desde o início, Tony e Carmela estavam brigando por dinheiro, e ela estava se arrumando para Furio, e ele estava sendo distraído por um cavalo, uma nova amante, *outra* amante em potencial ainda por cima,[50] e matando e descartando

---

[50] Quando Carmela apresenta a unha quebrada de Valentina como o que ela acha ser uma prova de que ele fez sexo com Svetlana, James Gandolfini dá um show de atuação durante o breve momento em que Tony começa a se defender e então se dá conta de que não há nenhuma versão da história que vá deixá-la menos zangada.

Ralphie, rivalizando com Nova York e muito mais. Outras temporadas brincaram mais com as formas de despistar qual seria o conflito final, mas a quarta temporada esconde seu arco principal à vista de todos, porque o público já foi condicionado a esperar que os negócios da Família tenham prioridade.

Aquela parte da história é um fiasco de propósito. Carmine e Tony não querem uma guerra — só Johnny quer, porque se sente magoado e no seu direito, assim como seu suposto marionete, Paulie Walnuts —, e os roteiristas acabam com ela antes que vá além de vandalismo e salários perdidos. Mas há ainda um risco de incêndio que Tony tem que apagar e que o mantém distraído do inferno que vem crescendo em sua casa durante toda a temporada, e que enfim explode em uma fúria total quando Irina telefona para a casa e conta a Carmela sobre o caso de Tony e Svetlana.[51]

O casamento dos Soprano sempre foi construído em uma base de concessões e mentiras que ambas as partes aceitaram ignorar. Com raras exceções — normalmente quando presentes caros estão envolvidos —, Carmela nunca foi feliz com Tony. Ela contemplou traí-lo com padre Phil, Vic Musto e Furio, mas todos esses homens recuaram antes que ela ultrapasse o limite. Ela já contemplou a ideia de se separar dele, vacilando ao máximo após ouvir uma segunda opinião do dr. Krakower, mas, no fim, sempre decidiu permanecer no casamento porque era mais fácil fazer o que ela sempre fez.

O flerte com Furio, porém, durou mais que qualquer outro e aconteceu em um momento em que Tony estava sendo particularmente prepotente, imprevisível e maldoso. Furio era um meio de escapar dessa vida horrível sem ter que deixar Tony. Não foi um caso físico nem mesmo muito verbal, mas lhe dava forças para aguentar, como ela explica a Tony na briga mais brutal das tantas que eles tiveram durante todo o episódio "Whitecaps": por aqueles poucos minutos todos os dias, Furio fazia Carmela esquecer que ela estava doente em estado terminal, até que Tony entrava na cozinha impondo a realidade a ela.

Ficamos, como Tony, envolvidos por uma falsa sensação de segurança sobre o estado do casamento nos momentos de abertura de "Whitecaps". A tristeza de Carmela se manifesta como uma doença física, mas o presente que Tony dá a ela de surpresa, uma casa na costa de New Jersey chamada de Whitecaps, como o título do episódio, é — como tantos outros presentes extravagantes anteriores — o suficiente para mudar seu humor e sugerir um futuro mais feliz.

51 Esse telefonema crucial, por si só, quase justifica a existência do episódio, em grande parte esquecível, "Watching Too Much Television", já que a surra que Tony dá em Zellman no final, com o consequente término do relacionamento entre Irina e Zellman, foi a gota d'água para Carmela. O episódio "The Weight", por outro lado, foi mais efetivo, mas é ainda mais poderoso quando Tony sugere que Johnny nunca perdoou Carmine por não o ter apoiado em sua vingança contra Ralphie devido à piada do sinal.

Eles caminham pela praia ao pôr do sol, falam sobre Whitecaps como um lugar para manter a família unida, e mesmo não chegando a apagar a mágoa relativa a Furio, ou as traições de Tony, pelo menos lhes dá um momento de paz com as ondas e a areia.

O telefonema de Irina esfacela essa paz e, em seu lugar, ficamos com uma série de brigas que são dramáticas em sua intimidade, em sua feiura, e as poderosas atuações que Edie Falco e James Gandolfini trazem para estes momentos: *Quem tem medo de Virginia Mook?*

Por mais exasperante que tenha sido a saída abrupta de Furio em "Eloise", Carmela fica igualmente desolada quando Irina liga e diz a ela, essencialmente, que qualquer mulher que Carmela já conheceu poderia ser revelada de repente como a mais nova amante de Tony. Ela conheceu Svetlana, bebeu com ela no dia em que Livia morreu e gostou dela, e agora descobre que ela é só a última mulher a fazê-la de boba.

E esse, finalmente, é seu ponto de ruptura.

A salva de abertura, quando Tony chega em casa e encontra Carmela jogando os pertences dele pela janela do quarto, mostra Edie Falco em sua interpretação mais crua e vulnerável. A raiva e o desespero de Carmela enquanto ela ataca o marido e implora para que ele a deixe em paz são quase selvagens, enquanto Gandolfini interpreta um Tony mais confuso e irritado, porque ele ainda não entende o quão séria e permanente essa situação pode ser.

A partir daí, é uma guerra psicológica deplorável, não apenas entre Carmela e Tony — que se recusa a ser expulso da casa pela qual pagou e começa a dormir no anexo da piscina —, mas também entre Tony e Alan Sapinsly (Bruce Altman, um ator coadjuvante do clássico estilo "aquele cara lá"), o advogado presunçoso que é o proprietário da Whitecaps e se recusa a devolver o depósito mesmo depois que conflitos conjugais tenham suspendido a compra da casa. Sapinsly se mostra um oponente fácil para Tony. Quando as ameaças falham, Tony usa uma tática sorrateira: empresta seu barco, o *Stugots*, e o poderoso sistema de alto-falante da casa da piscina a Benny e Little Paulie. Os dois colocam para tocar as músicas do álbum *Live at the Sands* de Dean Martin em volume ensurdecedor e repetidamente, de modo a irritar e tirar a paz de Sapinsly, sua esposa e convidados.

Carmela, no entanto, não recua, e os assuntos dentro e ao redor da casa dos Soprano ficam cada vez mais tóxicos até que todas as injustiças e rancores do passado vêm à tona: o comentário que Carmela faz no episódio piloto sobre Tony ir para o inferno quando ele morrer, o fato de ela ter crescido ao lado de Dickie Moltisanti e outros mafiosos como Tony, e, claro, Furio. Esse último provoca o animal em Tony, que quase arranca a cabeça de Carmela antes de dar um soco na parede. Talvez ainda mais assustadoras sejam as três palavras que saem da boca de Tony momentos após aquele soco: a provocação de Livia, "Coitada de você!". Uma vez, Tony disse que Livia reduziu seu pai a pó, e parece que foi isso que ele fez com Carmela.

Mas os lutadores têm que voltar aos seus cantos para continuar a lidar com outras questões de Família e família. Junior consegue a anulação do julgamento graças a Eugene Pontecorvo, que ameaça um jurado. Paulie ainda está tentando desesperadamente retornar à gangue. Janice e Bacala começam a flertar bastante. Enquanto Christopher sai da clínica de reabilitação, sóbrio e tendo cumprido todos os passos no caminho da recuperação, exceto o passo da reconciliação. (Em um dos momentos mais leves do final, Tony sugere que talvez seja melhor que Chris esqueça essa última parte.)

Mas o episódio sempre retorna para essa guerra nada civilizada entre marido e mulher, entre predador esmagador e presa esmagada. Carmela não pode fazer nada contra Tony financeiramente ou fisicamente, mas esse combate emocional acaba sendo demais para qualquer um sustentar, e até mesmo Tony não é tão cabeça-dura para insistir.

Cada temporada anterior havia terminado com a família reunida para uma ocasião notável: escapando de uma tempestade no Vesuvio, comemorando a formatura do ensino médio de Meadow, comparecendo ao velório de Jackie Jr.[52] Essa tradição, porém, termina aqui, já que no final dessa temporada vemos Alan Sapinsly sentado ao lado da casa que os Soprano não vão mais comprar, aguentando a música de Dean Martin. Porque a família, como a conhecíamos, cessou de existir por ora, deixando um rastro de destroços em seu caminho.

Não é a morte que ninguém esperava ou queria. É terrível, e é fascinante.

---

[52] Dito isso, esta é a quarta vez consecutiva que a reta final de uma temporada de *Família Soprano* gira em torno de um poderoso duelo de vontades entre um homem e uma mulher. Havia Livia e Tony na primeira temporada; Janice e Richie na segunda; Tony e Gloria na terceira; e agora Tony e Carmela, a grande batalha.

TEMP. 5/EP. 1
ESCRITO POR TERENCE WINTER E DAVID CHASE
DIRIGIDO POR TIM VAN PATTEN
EXIBIDO EM 7 DE MARÇO DE 2004

Turma de 2004

"Quanta mudança desde que você foi embora." — **Tio Junior**

"Two Tonys" começa no que parece ser uma versão pós-apocalíptica do seu próprio território. Estamos no jardim atrás da casa dos Soprano, em North Caldwell, só que a casa parece abandonada: o gramado está coberto por folhas, a churrasqueira está descoberta e há uma poça d'água na superfície da lona que cobre a piscina que reflete uma casa vazia e solitária. O *Star-Ledger* ainda está na calçada da garagem, mas ninguém se importa em pegá-lo, e Meadow[1] até passa com o carro em cima do jornal quando vai buscar AJ.

É o mesmo lugar, mas está diferente. A mesma série, mas também diferente. A quinta temporada entra nos negócios da máfia com rapidez, traz a dra. Melfi de volta à história, e até apresenta uma nova subtrama sobre Christopher e Paulie sentindo rancor um do outro. Mas o casamento de Tony e Carmela, por mais imperfeito e falso que seja, era o maior alicerce da série. Sem ele, a vida de Tony parece menos robusta.

Uma vez que a separação familiar foi reestabelecida — junto aos detalhes complementares de que Janice e Bobby agora estão casados (e assumiram a tradição de oferecer os jantares de domingo para a família) —, "Two Tonys" prepara uma série de reuniões da Família com reportagens de TV[2] sobre "a turma de 2004", um grupo de mafiosos encarcerados nos anos 1980 e liberados recentemente. O foco está em quatro deles: Feech LaManna (Robert Loggia),[3] o gângster lendário da velha-guarda que comandava o jogo de cartas que Tony e Jackie Aprile roubaram

---

1 Apenas nesta temporada, Jamie-Lynn Sigler foi creditada com seu nome de casada: Jamie-Lynn DiScala.
2 Um dos comentaristas que fala durante a reportagem é o autor Manny Safier, interpretado por Matthew Weiner, que era um dos novos roteiristas de *Família Soprano*. (A série às vezes colocava os roteiristas para atuar em papéis pequenos, como Terence Winter interpretando um dos pacientes da dra. Melfi). Weiner conseguiu um emprego na série porque Chase ficou impressionado com seu roteiro especulativo sobre uma agência de publicidade no início dos anos 1960. Esse roteiro se tornaria a série *Mad Men: Inventando Verdades*.
3 Loggia estava na reta final de uma carreira que havia se iniciado em séries dramáticas ao vivo da década de 1950, como *Playhouse 90* e *Studio One*. Ele teve seu maior sucesso em meados dos anos 1980, ao interpretar o CEO que dança no piano gigante da loja de brinquedos FAO Schwarz na famosa cena com Tom Hanks em *Quero Ser Grande*.

quando jovens para serem notados; Tony Blundetto (Steve Buscemi),[4] primo de Tony; Angelo Garepe (Joe Santos),[5] subchefe da facção de Nova York; e Phil Leotardo (Frank Vincent),[6] o capitão do grupo de Nova York. Feech já entra em cena marcando presença, desfilando de camiseta pela cozinha do tio Junior (que está de volta à prisão domiciliar após seu julgamento), com Loggia rosnando cada insulto e história antiga a plenos pulmões. Angelo é introduzido de forma mais discreta, explicando, em um almoço no clube de golfe com Tony, Johnny e Carmine, que ele e Tony B eram bons amigos na prisão. Mas a importância da cena aumenta quando Carmine sofre um derrame, o que deixa disponível a liderança de Nova York.

Os dois Tony do título sugerem que estamos prestes a ver os primos se reunirem, mas Blundetto e Leotardo aparecem apenas no noticiário. Em vez disso, o título se refere a uma teoria que Tony propõe à dra. Melfi como parte de sua tentativa equivocada de seduzi-la agora que ele não está em uma relação conjugal com Carmela, e nem em um relacionamento terapêutico com Melfi. "Esqueça o modo como Tony Soprano ganha a vida", ele diz a ela. "Isso é só para alimentar seus filhos. Há dois Tony Soprano. Você nunca viu o outro."

Como muito do que Tony diz, isso é um absurdo que serve aos seus próprios interesses. Tony Soprano pode ter vários lados, mas todos são ele, e Melfi viu a maioria deles. Um vislumbre do filme *O Príncipe das Marés*, com Barbra Streisand e Nick Nolte, no apartamento de Valentina o convence a seguir o sentimento que teve por anos.[7] Não é apenas uma transferência emocional entre médico e paciente — Melfi tem um sonho sexual com Tony depois que ele manda flores para ela e a convida para jantar —, mas Melfi não é nem antiética nem burra, por isso recusa o convite. Qualquer que seja o Tony que afirme estar na frente dela, ele não está acostumado a ser rejeitado, especialmente quando se trata de algo que ele deseja há tanto tempo. E Melfi percebe que só pode penetrar na cabeça dura de seu paciente sendo o mais contundente possível:

4   Buscemi é um ator mais conhecido por interpretar ladrões e assassinos assustadores em filmes como *Cães de Aluguel*, *Fargo* e *Con Air: A Rota de Fuga*, mas também é um diretor aclamado de filmes independentes (*Ponto de Encontro*) e já esteve atrás das câmeras de *Família Soprano*, na direção de "Pine Barrens", da terceira temporada, e de "Everybody Hurts", da quarta temporada. Ele já era da família antes de ser da Família.
5   Chase conhecia bem Santos, pois passou anos escrevendo diálogos para ele como Dennis Becker, o policial honesto que sempre estava fazendo favores para Jim Rockford em *Arquivo Confidencial*.
6   Vincent quase foi escalado para interpretar tio Junior, mas Chase mudou de ideia em parte porque o elenco já apresentava muitos veteranos de *Os Bons Companheiros*. Vincent fez o papel de Billy Batts, o mafioso que vivia dizendo a Tommy para ir para casa e pegar sua caixa de engraxate. Um colaborador frequente de Martin Scorsese (ele também contracenou com Joe Pesci em *Touro Indomável* e *Cassino*), com frequência ele era escalado no papel do mafioso esquentadinho, um fato sobre o qual ele era pragmático: "É melhor fazer um tipo do que não fazer nenhum tipo", disse uma vez a Stephen Whitty, do *Star-Ledger*.
7   O pequeno recipiente de Tide (uma marca de detergente) na cesta de presentes, juntamente com a nota assinada "Your Prince of Tide" [Seu príncipe da maré], representa todo o senso de humor verbal de *Família Soprano* destilado em uma só piada: erudito e ridículo.

"Você não é uma pessoa confiável", ela diz a Tony. "Não tem respeito pelas mulheres. Também não tem respeito pelas pessoas. [...] Tira o que quer delas à força ou com ameaça de força. Eu não poderia viver assim. Eu também não poderia testemunhar a violência."

Seja qual for a natureza da atração de Melfi, essa atração não é nada mais do que um impulso e, ao contrário de quase todos nessa série, ela coloca os valores acima dos impulsos, mesmo quando isso desencadeia uma explosão. Ela joga na cara de Tony quem ele realmente é e descreve com precisão como seria um romance entre os dois de uma forma que corre em paralelo a outra fissura na amizade entre Paulie e Christopher.

Na primeira cena entre os dois na quinta temporada, eles estão no Bing contando a Patsy e a Vito a história de "Pine Barrens" como se fosse uma velha piada, e não o desastre quase fatal que foi.[8] Mas até mesmo esse momento leve se deteriora quando Christopher (com razão) culpa Paulie pelo incidente, e logo os dois voltam a seus ressentimentos habituais: Paulie odeia que Christopher seja o queridinho de Tony, e Chris odeia que Paulie ainda o trate como um homem de posição baixa na hierarquia, que o força a pagar as contas enormes de restaurante sempre que eles saem para jantar com outros mafiosos. Nunca foi um relacionamento saudável — nenhum dos relacionamentos da Família é, porque, em última análise, todos querem ganhar o máximo de dinheiro possível —, mas os dois, em geral, conseguem suprimir a percepção desse fato. Aqui, ela vem à tona de novo quando Chris deixa uma conta para Paulie pagar, e este revida deixando uma ainda maior para Christopher pagar em Atlantic City, o que resulta no assassinato de um garçom que protesta contra a gorjeta minúscula, transformando o incidente no mais novo fiasco para eles rirem e voltarem a ser amigos de novo, pelo menos até o próximo desentendimento. É como se eles estivessem encenando todo o discurso que Melfi fez para Tony, e não se importando, porque sempre podem fingir que gostam um do outro novamente.

Carmela já viu seu relacionamento com Tony pelo que era, e o expulsou de casa como resultado, mas ele ainda fica por perto e, mesmo quando não está lá, ele está lá. Seguindo a cartilha do típico pai separado, ele dá presentes a AJ, incluindo uma bateria barulhenta, na esperança de comprar o amor e a lealdade do menino. Nem precisa: AJ já culpa Carmela pela separação. Em geral, filhos de pais divorciados julgam os pais que ficam com a custódia deles com mais severidade, mesmo quando seus pecados são insignificantes em comparação com os de seus ex.

Para enfatizar o estado atual das coisas em North Caldwell, um grande símbolo peludo na forma de um urso-negro vaga pelo quintal, aterrorizando AJ e só

---

8   Em resposta aos muitos fãs que ainda se perguntavam o que teria acontecido a Valery, Paulie diz quando Patsy se pergunta a mesma coisa: "Que diferença isso faz?".

recuando quando Carmela faz barulho batendo em algumas panelas e frigideiras. Não é apenas que Tony seja o responsável pela chegada do urso-negro, já que os oficiais de controle animal explicam que a grande fera foi atraída pelos sacos de ração para pato. É que Tony é o urso: a ameaça grande e pesada que paira sobre esta família, mas nunca é tão pública a ponto de justificar que alguém atire nele.

O urso é uma má notícia para Carmela, mas uma boa notícia para um Tony[9] paranoico que não só pode usá-lo como desculpa para que Benny e Little Paulie fiquem de guarda na casa, de olho em quem está indo e vindo, mas também porque ele pode brincar de caçador de urso como uma forma de escapar da frustração e autodepreciação que ele sente após a rejeição final da dra. Melfi.

Conforme ele se senta sozinho no quintal à noite, com um charuto aceso em uma mão e um fuzil na outra, sentindo-se mais contente do que esteve durante todo o episódio com a ideia de que o urso pode retornar, somos lembrados de que, se há mesmo dois Tonys, o Tony mais verdadeiro é aquele que sabe infligir dor e tem prazer ao fazer isso.

Carmela pode expulsar aquele Tony de casa, mas nunca poderá se livrar dele por completo.

 TEMP. 5/EP. 2
ESCRITO POR MATTHEW WEINER
DIRIGIDO POR ALAN TAYLOR
EXIBIDO EM 14 DE MARÇO DE 2004

Tony do tio Al

"Se tudo tivesse sido diferente... quem sabe?" — **Tony B**

No meio do episódio "Rat Pack", Tony faz um discurso para seu querido primo, Tony Blundetto, que está de volta ao mundo depois de passar duas décadas atrás das grades. Quando eles eram crianças, explica nosso Tony, os dois eram como irmãos, parecidos em tantos aspectos, até no nome, que os parentes os diferenciavam referindo-se aos nomes de seus pais: Tony Soprano era "Tony do tio Johnny", e Tony Blundetto era "Tony do tio Al".

---

[9] Ele explica que transformou Furio em um fugitivo na Itália, sentenciando-o à morte se algum de seus amigos o encontrarem.

Agora, Tony do tio Johnny é o chefe dos mafiosos de New Jersey, tem dois filhos bem-sucedidos (na realidade, uma filha bem-sucedida e AJ) e controla tudo ao seu redor. Tony do tio Al, em contraste, dirige um caminhão de lavanderia e estuda para se tornar um massagista licenciado enquanto mora no porão da casa da mãe — seu casamento terminou há muito tempo, a filha fugiu de casa, e ele é um homem tão atrasado que usa um terno estilo *Miami Vice* para sua festa de boas-vindas e o toque do seu celular é a música "We Are the Champions". Quando Tony dá uma ordem, Tony B tem que segui-la, e quando Tony do tio Johnny liga no meio da noite para divagar sobre o quão difícil é sua vida aparentemente fantástica, Tony do tio Al tem que escutar.

No entanto, o episódio "Rat Pack" se recusa a retratar o reencontro em termos tão severos. Apesar de suas sortes divergentes, já que em uma certa noite Tony B foi preso e Tony não, nosso Tony está preso ao passado quase tanto quanto seu primo. Tony também está morando na casa de sua mãe, embora sem Livia (que era irmã da mãe de Tony B), que apesar de não estar mais aqui continua a assombrá-lo em espírito. Ele voltou no tempo, e o retorno de Tony B é um lembrete doloroso de quem ele costumava ser, o quanto ele sofreu e, ainda assim, o quão sortudo ele foi em comparação ao seu primo favorito. Vemos Tony assistindo a uma cena de um de seus documentários preferidos sobre a Segunda Guerra Mundial,[10] na qual um veterano choroso explica a tremenda culpa que carrega: "Durante sua vida, deve lembrar do que um cara fez porque pensou que fosse tarefa dele e levou um tiro em seu lugar". Para um narcisista como Tony, seria mais fácil deixar de lado sua própria culpa se Tony B tivesse morrido; de volta à vida de Tony, ele é tanto um lembrete visível de como seus caminhos divergiram, quanto uma decepção por insistir em permanecer honesto e estudar para conseguir a licença de massagista em vez de entrar no esquema dos airbags usados concebido por Tony.

Comparado a alguns novos personagens preeminentes das temporadas passadas (ou mesmo com Feech, no episódio anterior), Tony B é apresentado de forma discreta. Vemos que ele é um gozador incorrigível, incapaz de resistir a tirar sarro de Artie por ter ficado careca, e o sensível Tony não pode deixar de se sentir ridicularizado pela imitação de Tony B do antigo personagem Reginald Van Gleason III, de Jackie Gleason ("Garoto, você engordou!").[11] É apenas quando os dois Tonys

---

10 *Easy Company: Uma História de Coragem*, filme complementar à minissérie da HBO *Band of Brothers: Irmãos de Guerra*, de 2001, sobre os paraquedistas da Companhia Easy. Apesar de *Band of Brothers* ter um elenco enorme e a quantidade normal de atores reaproveitados em outras séries da HBO (veja Edie Falco se mudando de *Oz* para *Família Soprano*), apenas um ator de *Band of Brothers* apareceu no universo de *Família Soprano*: Frank John Hughes, que aparece em alguns dos últimos episódios como o soldado da gangue Soprano, Walden Belfiore.
11 Reginald é um personagem estilo playboy, um dos muitos que Gleason criou para *Cavalcade of Stars*, sua primeira série de variedades, que foi ao ar de 1949 a 1952 na extinta DuMont Network.

estão no estacionamento do Satriale's — Tony do tio Johnny agindo com arrogância por ser o chefe, uma figura de autoridade que Tony do tio Al nunca deveria ridicularizar em público — que o homem perigoso que Tony B já foi aparece momentaneamente, "Você está me pressionando", diz Tony B, em tom ameaçador. Mas apesar da insistência do tio Junior[12] de que todos os graduados da Turma de 2004 são "velhos ratos num navio novo", Blundetto parece determinado a traçar sua própria trajetória, para surpresa de Tony e do telespectador.

O título do episódio se refere às suas muitas subtramas que não têm nada a ver com Tony B, e nelas temos a chance de dar uma olhada mais ampla na operação do FBI desde a estreia da terceira temporada. Em uma sequência no início do episódio, visitamos o escritório de New Jersey, onde Ray Curto se reúne com seu contato; Sanseverino está assistindo às imagens da câmera de vigilância do estacionamento do Crazy Horse; e o agente especial Cubitoso está ouvindo uma gravação de Tony feita pelo chefe da empresa de construção, Jack Massarone (Robert Desiderio), que supervisiona o trabalho no Esplanada. É ao mesmo tempo uma demonstração impressionante de quão longe chegam os tentáculos do FBI, e um lembrete de quão difícil é montar um caso contra a máfia. Ray está claramente embromando os federais enquanto tenta ganhar dinheiro com o acordo.[13] Massarone é exposto como um informante e enfiado no porta-malas de um carro, e enquanto Adriana vacila entre cooperar ou não com o FBI ao longo do episódio, ela está tão distante do centro da ação que suas informações são apenas vagamente úteis.

Massarone se aproxima de Tony por um curto período quando eles percebem que ambos odeiam suas mães, e também por presentear Tony com uma pintura de Frank Sinatra e seus amigos que formavam o grupo Rat Pack (Tony, como sabemos, adora arte que retrata coisas que ele já gosta), mas fica em apuros quando um policial informante da Família diz a Patsy que um carro do FBI estava vigiando a reunião, e se condena de vez com uma bajulação nervosa, perguntando se Tony, que está desconfiado, perdeu peso. Tony já está amargurado com a coisa toda — "Um cara não pode mais ser gentil?", questiona, enquanto pensa na pintura — e também se sentindo inseguro sobre seu peso graças à gozação de Tony B. Tony pode estar se iludindo quanto a muitas coisas, mas ele sabe que não está emagrecendo, e isso basta — depois de algumas deliberações que confundem seus subordinados (Silvio diz a Christopher: "Tony tem um método próprio") — para sentenciar Massarone à morte.

---

12 Indícios de demência de Junior continuam em ritmo acelerado, como quando ele se refere a Tony B como "Tony Ovo" sem perceber o que havia dito.

13 Para sinalizar o quão devagar a justiça federal avança, eles ainda estão conversando com Ray sobre a gravação que ele fez do discurso de Tony para os capitães na estreia da quarta temporada.

Enquanto isso, no caso de Adriana, significa que ela tem que enfrentar as consequências de ser uma informante. Logo no início, ela se encontra com Sanseverino e outro agente em um carro e responde a perguntas sobre um mafioso assassinado. Adriana sente pela primeira vez o impacto tangível do que está fazendo quando uma de suas respostas faz o segundo agente sair correndo do carro; e ela passa o restante do episódio lutando contra a culpa. Sanseverino tenta assegurar a ela que agora ela está trabalhando para os caras do bem, contando que se juntou ao FBI depois que a irmã perdeu os movimentos por causa de uma bala perdida vinda de uma arma ilegal, e, por um momento, a história surte um efeito apaziguador.

Mas as noites de filme com outras esposas da máfia a perturbam,[14] principalmente quando a menção a Angie Bonpensiero ilustra o quão desprezados os informantes e suas esposas se tornam. À beira de confessar seus pecados — "Eu não sou quem vocês acham. Não sei o que fazer!" —, ela foge em lágrimas, sentindo-se mais sozinha do que nunca.

Por mais fácil que seja simpatizar com Adriana, ela não é uma alma pura sendo arruinada apenas por forças externas. Ela sabe o que Christopher faz e fica empolgada sempre que ele traz muambas para casa. E quando ela fica aborrecida que sua melhor amiga Tina (Vanessa Ferlito) parece estar flertando demais com Christopher, e vice-versa, ela usa sua conexão com o FBI para delatar Tina por um esquema que ela e seu pai estão executando no trabalho. Tina não estava sob o radar de ninguém no FBI, e agora ela está na mira só porque Adriana estava se sentindo enciumada e impotente, optando por exercer o único controle que lhe restava.

Esse é um mundo que corrompe quase todos que nele entram. Adriana é mais inocente do que muitos, mas nem ela consegue resistir. Será que é de se admirar que Tony B prefira tentar seguir uma vida honesta, não importa o quanto isso perturbe seu primo poderoso?

---

14 Em um belo toque, Carmela e as demais amigas são obrigadas a assistir ao alerta do FBI sobre pirataria antes que comecem a fazer uma análise profunda do filme *Cidadão Kane*. (Adriana: "Nossa, então era um trenó? Ele devia ter contado pra alguém".)

"WHERE'S JOHNNY?"

TEMP. 5/EP. 3
ESCRITO POR MICHAEL CALEO
DIRIGIDO POR JAMES PATTERSON
EXIBIDO EM 21 DE MARÇO DE 2004

Pequenos derrames

"Será que não me ama?" — **Tony**

O passado pode ser uma coisa maravilhosa de se contemplar. Você era mais jovem, sua pele era lisa, seus filhos eram pequenos e adoráveis, você estava no auge das capacidades físicas e criativas, e tudo mais. Vemos isso o tempo todo em *Família Soprano*, desde o episódio piloto, no qual Tony se lamenta por ter chegado no final de algo que já tinha sido muito melhor e fala com Meadow sobre seu avô, que participou na construção da igreja.

O passado também pode ser uma armadilha. Ficar remoendo épocas passadas pode não apenas atrapalhar que o presente seja aproveitado, mas também pode trazer à tona sentimentos ruins que devem ser deixados de lado. E poucas coisas são tão grandiosas quanto suas memórias lhe dizem que foram; se Johnny Boy tivesse ido a um terapeuta, com certeza teria reclamado por não ter vivido na época de Lucky Luciano.

Poucos personagens de *Família Soprano* estão mais presos ao passado do que o tio Junior, que está sempre falando sobre algum esquema feito por ele e seu irmão, ou como era a beleza de Angie Dickinson, ou como Tony costumava tratá-lo com mais respeito. Até agora, essa foi a escolha consciente de um velho solitário que entendeu que seus dias de glória ficaram para trás. No final da quarta temporada, porém, sua demência falsa acabou sendo tristemente real, e em "Where's Johnny?", um episódio assombroso,[15] a condição dá um salto agressivo que prende sua mente ao passado.

A princípio, isso se manifesta de pequenas maneiras, como no caso em que Junior repete o velho insulto sobre Tony nunca ter tido porte de atleta para entrar no time do colégio, que surge durante uma reunião com Angelo Garepe e a agiota nova-iorquina, Lorraine Calluzzo,[16] sobre a crescente rixa entre facções leais a

---

15 Bem, assombroso em sua maioria. O episódio também apresenta um momento hilário de crossover da HBO, quando Junior se depara com uma reprise de *Segura a Onda* e confunde Larry David e Jeff Garlin com ele e Bobby.
16 Para interpretar Lorraine, a atriz Patti D'Arbanville foi caracterizada para se parecer com Linda Stasi, a crítica de TV do *New York Post* que reclamou em alto e bom som sobre a falta de violência na quarta temporada, e aqui Johnny Sack reclama que a solução de Lorraine para qualquer problema é "Ela passa por cima deste e daquele. Não há limites para Lorraine". É uma provocação metalinguística que vai longe

Johnny Sack ou a Little Carmine, depois de novo em um jantar em família na casa de Bobby e Janice, com a presença de todos os três irmãos Soprano.[17]

O último comentário é suficiente para fazer Tony — sempre sensível a insultos feitos por qualquer pessoa, mas em especial por entes queridos como Junior — lavar as mãos em relação ao tio e se concentrar no trabalho, onde ele não está apenas tentando interceder na guerra de Nova York (ele propõe um acordo de compartilhamento de poder entre Johnny e Little Carmine, com Angelo saindo da aposentadoria para fazer a mediação), mas também faz a arbitragem em uma disputa menor entre um indignado Feech e Paulie sobre os negócios do paisagista Sal Vitro (Louis Mustillo).[18]

A demência de Junior piora exponencialmente após uma série de pequenos derrames, diagnosticados apenas depois que vai passear pelo antigo bairro de Newark e não consegue entender por que todas as pessoas e lugares que ele conhecia tão bem nos anos 1960 se foram. Por mais sofrimento alheio que Junior tenha causado em temporadas anteriores, ainda dá pena vê-lo tão perdido e confuso. Isto é *Família Soprano,* mais uma vez abordando desafios que muitas pessoas entendem muito bem, só que no contexto da máfia. Quanto mais longa é a duração da odisseia de Junior, por exemplo, quando ele percebe que não encontrará Johnny Boy, Dominic Chianese se torna mais infantil e medroso. A certa altura, nós o vemos sentado em um banco com uma sem-teto que lhe oferece sexo no banco de trás do carro que ele não consegue mais encontrar: a memória de onde ele estacionou está tão perdida quanto a da morte de seu irmão.

Tony, ainda zangado com os comentários sobre seu porte de atleta, não se comove com a notícia do desaparecimento do tio. Quando Bobby e Janice contam a ele sobre a demência, isso se transforma em outra discussão entre Tony e sua irmã sobre desilusões e decepções do passado, incluindo Janice observando como é deprimente que Tony esteja de volta à casa de Livia e Tony zombando do histórico sexual de Janice na frente de seu novo marido ("Artistas?!", pergunta um

---

demais, já que uma cena anterior mostra uma Lorraine aterrorizada oferecendo sexo oral a Phil Leotardo e seus capangas para impedi-los de matá-la.

17 Barbara, mais uma vez, desempenha sua função principal na série: parecer confusa sobre o motivo pelo qual todos estão sempre bravos uns com os outros e parecer aliviada por ela e Tom viverem longe de toda essa maluquice.

18 Enquanto muitos civis cujas vidas foram prejudicadas pela máfia tiveram sua parcela de culpa de alguma maneira (como Davey Scatino ou Vic, o avaliador), o pobre Sal tem o azar de estar cortando a grama enquanto Feech está levando Tony B por aí e tem a ideia de declarar o bairro como sendo território do seu sobrinho Gary. Depois de muitas idas e vindas entre Feech e Paulie, Sal acaba com um braço quebrado, só metade de seu território original e a obrigação de pagar Paulie por sua "ajuda", além de cortar os gramados de Tony e Johnny Sack de graça. E seu filho tem que abandonar a faculdade porque Sal não pode mais pagar a mensalidade com sua renda reduzida drasticamente.

Bobby consternado em resposta a uma das histórias), até que os irmãos partem para a violência.[19]

Quando o neurologista — que também tratou Livia após seu derrame falso — diz a Tony quão séria é a condição de Junior e como os insultos recentes foram sem dúvida resultado disso, Tony cede e vai à casa dele em Belleville, onde encontra Junior com a mente em grande parte de volta ao presente. Isso permite que Tony aborde o que ele vê como a pior parte de todo esse infeliz incidente: não é apenas que o cérebro de Junior o está forçando a repetir o passado, mas o está forçando a repetir as partes mais feias dele — nunca aquelas tantas boas lembranças, como quando ele e Tony jogavam bola juntos.

"Por que dizer coisas ruins?", pergunta Tony, tão vulnerável quanto jamais o vimos perto de seu tio. "Por que nunca falar bem de mim? Será que não me ama?"

Esta é uma pergunta injusta, já que Junior não tem controle sobre como sua condição se manifesta. Mas também é verdade que o Junior que testemunhamos por todos esses anos, e aquele de quem tanto ouvimos falar no passado, raras vezes tinha uma palavra gentil para dizer a seu sobrinho. Embora ele e Livia não fossem parentes de sangue, eles compartilhavam uma necessidade congênita de expressar decepção sobre todas as coisas relacionadas a Tony Soprano. Independentemente do ano em que Corrado Soprano pense que está, as chances são de que seja um ano em que ele está dizendo algo cruel para o filho de seu irmão.

O pior é que, mesmo em seu estado mental frágil, ainda não é tarde demais para Junior tentar corrigir tudo o que deu errado no passado. O que ele precisa fazer é responder afirmativamente à pergunta final de Tony. Mas ele não consegue. Seja por vergonha, pela reticência à moda antiga, ou pela demência que temporariamente tirou sua capacidade de falar. Em última análise, não importa.

---

19 Artie, que se mudou para a casa a pedido de Tony, acaba levando uma cotovelada no olho durante a luta. Essa parece ser a principal função dele.

> "ALL HAPPY FAMILIES"
>
> TEMP. 5/EP. 4
> ESCRITO POR TONI KALEM
> DIRIGIDO POR RODRIGO GARCIA
> EXIBIDO EM 28 DE MARÇO DE 2004

Rolo compressor

"Você não sabe o que é ser odiada pelo próprio filho." — **Carmela**

A imitação é a forma mais sincera de televisão, e *Família Soprano* está entre os programas mais imitados de todos os tempos, tanto pelos clássicos (*Breaking Bad: A Química do Mal*), como pelas porcarias absolutas (*Low Winter Sun*), como também pelas séries medianas (*Brotherhood*). A maioria dessas séries apresenta um anti-herói carismático operando fora da lei, e muitas também apresentam uma esposa que o público passa a desprezar, embora ela seja objetivamente muito mais simpática.

Apesar de estabelecer esse modelo no relacionamento entre Tony e Carmela, *Família Soprano* evitou em grande parte a reação misógina que caracterizaria muitas das descendentes espirituais de Carmela. Claro, havia fãs que tinham menos paciência para histórias da família do que as da Família — a turma do "menos falação, mais agressão" —, e Carmela era foco de muitas de suas subtramas menos favoritas. Mas todos, exceto os maiores sofredores de um caso grave de síndrome de Estocolmo, pelo menos reconheceram que ela era, em geral, a parte prejudicada no casamento dos Soprano, alguém capaz de se sentir culpada pela barganha com o diabo que fez de sua vida, de uma maneira que seu marido nunca poderia.

Então, o que poupou Carmela do destino de Skyler White de *Breaking Bad* ou Betty Draper de *Mad Men*? Por que mesmo os fãs que puderam racionalizar os piores crimes de Tony, Christopher ou Paulie Walnuts simpatizam com Carmela?

Tudo começa com a força da atuação de Edie Falco. Excelente como muitos dos atores da série são, apenas Falco poderia se igualar por completo a James Gandolfini no quesito de emoção crua, particularmente em "Whitecaps". Carmela é uma hipócrita e uma aproveitadora e, de muitas maneiras, uma pessoa muito pior do que as esposas de TV que a sucederam, mas quando ela está se sentindo vulnerável ou autoconsciente, seu trabalho é tão forte e tão palpável que parece que ela consegue atravessar para fora da televisão e provocar fortes emoções no telespectador.

Além disso, Carmela nunca se opõe ao que Tony faz para ganhar a vida, só ao fato dele dormir com outras mulheres e ao jeito desinteressado que ele a trata. Ela não sabe a extensão do que Tony é capaz, mas sabe o suficiente.[20] Ela já foi

---

20 Lembre-se com que rapidez Carmela absorveu e logo seguiu em frente em relação à forte implicação de Tony no assassinato de Richie, no episódio "The Knight in White Satin Armor", da segunda temporada.

cúmplice em alguns momentos, de certa forma, ajudando a esconder dinheiro, armas e outros contrabandos, e não se sensibiliza pelas histórias de pessoas que sofreram nas mãos dele (a menos que seja de uma forma que ela sinta que pode acontecer com ela algum dia, como no caso de Angie Bonpensiero[21] trabalhando no supermercado). Isso reflete mal nela como pessoa, mas se você acompanha *Família Soprano* em parte porque gosta de assistir Tony e companhia executarem seus esquemas, nunca precisará se preocupar com Carmela sendo a estraga-prazeres que atrapalha a diversão deles e a sua.

E, por fim, a série deixa claro, desde o início e por muitas vezes, que Tony é um marido horrível e que, por mais que Carmela goste de suas regalias, ninguém merece ser enganado e humilhado. Mesmo no piloto, uma de suas cenas mais memoráveis é aquela em que Tony conta para ela que está em terapia — durante um encontro em um restaurante, onde acabamos de vê-lo levar Irina, que esclarece que Tony não apenas considera sua própria esposa a segunda opção, mas que o restante do mundo sabe disso e é cúmplice em fazê-la de boba. É verdade que Carmela sabe como seu estilo de vida é financiado, mas não faz nada quanto a isso. Mas as traições de Tony parecem menos um castigo pela cumplicidade de Carmela do que outra manifestação de seu egoísmo insensível. E não importa o quanto um espectador possa estar interessado em ver a ação da máfia e o triunfo de Tony Soprano, episódios como "All Happy Families" ilustram o quão bem *Família Soprano* isolou Carmela da maior parte da reação adversa que coube aos cônjuges de anti-heróis dos seriados subsequentes.

Depois de alguns episódios que trataram a separação conjugal com naturalidade, "All Happy Families"[22] traz o novo status quo — e como, de muitas maneiras, *não* promoveu uma melhora na vida da sra. Soprano — para o centro, focando em como Carmela se tornou uma vilã para seu próprio filho.

Carmela já serve como saco de pancadas para os filhos há muito tempo. O comportamento de Tony é sempre muito pior, mas ninguém espera nada diferente dele, enquanto mesmo o menor descuido maternal, verdadeiro ou apenas visto como tal, coloca Meadow e/ou AJ em posição de ataque. AJ ainda culpa Carmela por ter expulsado Tony. Ele está tendo dificuldades na escola, apesar do empenho máximo do orientador, Robert Wegler (David Strathairn),[23] e está sendo totalmente

---

21 Com este episódio, Toni Kalem, que interpretou Angie, tornou-se a única atriz de *Família Soprano*, além de Michael Imperioli, a também ganhar um crédito de roteiro.
22 O título é derivado de uma famosa frase de *Anna Kariênina*: "Todas as famílias felizes são iguais; cada família infeliz é infeliz à sua maneira".
23 Strathairn é um dos atores convidados mais reconhecíveis da série, porém sem bagagem em filmes sobre máfia, tendo ganhado notoriedade pela primeira vez como colaborador recorrente do diretor indie John Sayles (*Fora da Jogada*) antes de assumir papéis memoráveis em filmes mais famosos, como *Uma Equipe Muito Especial*, *Quebra de Sigilo*, *Los Angeles: Cidade Proibida* e *Boa Noite e Boa Sorte*, que lhe rendeu uma indicação ao Oscar por interpretar Edward R. Murrow.

desrespeitoso com a mãe. Tony piora ainda mais as coisas ao dar presentes para o garoto, não importa o quão mal ele a trate: primeiro, a bateria, e agora um carro SUV novinho e totalmente turbinado com a desculpa esfarrapada de servir como uma espécie de motivação acadêmica, sem nem avisar Carmela.

É exasperante para ela, e Falco transmite todo esse peso e desgaste, mesmo que a separação a tenha deixado livre para atacar Tony de forma mais brutal do que no passado. Quando Tony se recusa a pagar para substituir o sistema de som do home theater que ele removeu por despeito em "Rat Pack", ela ressalta que o usa para curtir filmes com suas muitas amigas, enquanto ele só tem lacaios que o bajulam porque têm medo dele.

É um insulto para o qual Tony, na hora, não dá importância, mas que se prova inestimável para ajudá-lo a perceber que é hora de se livrar de Feech La Manna. Feech é mais uma vez nada além de um aborrecimento para Tony, contando sempre as mesmas histórias antigas, além de roubar carros no casamento da filha do dr. Fried, apesar de Fried[24] ser um amigo valioso da Família. No entanto, o que desencadeia a decisão de se livrar de Feech não é nem tanto o roubo dos carros, mas sobretudo porque Tony relembra um momento anterior no episódio, quando ele contou uma piada estúpida no jogo executivo de pôquer[25] e todos riram como hienas, exceto Feech. Uma vez que Tony percebe que, como adverte Carmela, a adulação não é merecida, ele consegue enxergar que a expressão zangada de Feech, mesmo nesse contexto, sugere uma ameaça genuína ao seu reinado, e logo manda Christopher armar uma violação da condicional de Feech. Este é um final abrupto e decepcionante para o arco de um personagem que parecia ter sido projetado para ter uma importância muito maior, mas também ilustra o tipo de evolução de Tony como chefe da máfia, que escapa de sua percepção como marido e pai. O Tony das temporadas anteriores poderia não ter percebido que conseguiria neutralizar o velho bandido esquentado o encurralando com sua ganância, machismo e amor pela ação, especialmente usando um esquema tão direto. E quando, após sua epifania no jogo de pôquer, ele pergunta a Silvio: "Eu não aprendi nada com Richie Aprile?".[26] Na verdade, ele aprendeu, e seu xeque-mate não violento é prova disso.

24 Como Lewis J. Stadlen assumiu o papel de Max Bialystock em *Os Produtores*, na Broadway, na época em que este episódio foi filmado, Fried é interpretado aqui por John Pleshette.
25 Feech assume brevemente o jogo, em uma repetição de como Tony e Jackie Aprile se destacaram roubando um dos jogos de cartas de Feech. Mantendo a tradição, o jogo tem vários jogadores famosos, incluindo Lawrence Taylor, jogador de futebol americano dos Giants, e David Lee Roth, astro do rock dos anos 1980, bem como o empresário de Hollywood Bernie Brillstein, parceiro de Brad Grey, produtor de *Família Soprano*.
26 A sombra de Richie pairou acima de quase todos os antagonistas que o seguiram (como Chase os descreveu, "o babaca da vez"), a ponto de até os atores terem consciência disso. A penúltima temporada introduziu Lenny Venito como o novo comparsa de Christopher, Murmur, mas no primeiro dia de trabalho de Venito, nem ele nem seus colegas de elenco sabiam nada sobre o personagem além de seu nome. Como

Tony também se mantém ocupado hospedando Tony B e seus filhos gêmeos, Jason e Justin (concebidos durante seu longo encarceramento graças a ajuda de Tony para contrabandear seu esperma para fora da prisão), e contemplando a crescente bagunça em Nova York, onde Phil Leotardo e seu irmão, Billy (Chris Caldovino), assassinam Lorraine Calluzzo[27] em nome de Johnny Sack, o que leva o conselheiro de Little Carmine, Rusty Millio (Frankie Valli),[28] a pressionar por uma retaliação.

Essa é outra razão pela qual a separação é muito mais difícil para Carmela do que para Tony: ele tem o trabalho como escape, mesmo quando todos ao seu redor estão sendo difíceis. Ela tem apenas a família, que, no momento, é constituída, basicamente, por um adolescente petulante que a trata com nada além de desprezo. Cansada de bancar a vilã enquanto AJ continua a colocar o pai, infiel e cruel, em um pedestal, ela ignora seu bom senso e lhe dá permissão para ir a um show em Nova York, desde que ele durma no sofá do dormitório de Meadow na universidade. Em vez disso, ele se hospeda em um hotel com amigos, onde ficam chapados e fazem pegadinhas sem graça uns com os outros, por exemplo, raspando as sobrancelhas de AJ enquanto ele está inconsciente, além de colarem o rosto dele no chão. Da mesma forma que Meadow em um primeiro momento não se arrependeu após ser flagrada na festa na casa de Livia, na segunda temporada, AJ não se arrepende quando confrontado sobre o acontecido, até mesmo dizendo "Vá se danar" na cara de sua mãe, e nem parando para ajudá-la quando ela cai e se machuca ao segui-lo. E, também como no caso de Meadow, ele consegue facilmente fazer com que Tony fique do seu lado e veja a situação sob sua perspectiva, mas a diferença é que Carmela não tem mais motivos para ser boazinha. Ambos os Anthony Soprano têm sido tão terríveis com ela por tanto tempo que ela não precisa mais fingir, então, em vez disso, ordena que AJ fique com Tony na casa de Livia, apesar das objeções de pai e filho.

Mesmo isso pode ser visto pelos espectadores pró-Tony como um comportamento irritante, mas a simpatia do episódio está fortemente com Carmela, que admite, no jantar com Wegler, que está com medo que AJ entre para os negócios da Família. Dado o que aconteceu com Jackie Aprile Jr. — tão mimado, arrogante e alheio quanto AJ (mas com um corte de cabelo melhor) —, seu medo é justificável.

o elenco especulava, James Gandolfini se perguntou se Murmur era "o novo Richie Aprile, o cara com quem gritamos por nove meses".

27 Lorraine é assassinada depois de tomar banho, o que significa que ela corre nua pelo apartamento, gritando, em seus últimos segundos de vida. É uma humilhação final para uma das poucas mulheres gângsteres da série, e um exemplo de quando a série parece uma propaganda de misoginia em vez de um estudo alternadamente grotesco e morbidamente engraçado.

28 Valli foi o líder da lendária, e adorada pelos mafiosos, banda The Four Seasons. Ele é mencionado durante o episódio "Christopher", da quarta temporada. Como Rusty, ele é apresentado como conselheiro de Little Carmine (se este fosse um George W. Bush que cospe malaproprismos, Rusty seria seu Dick Cheney), e um aliado de Carmine Sr. empurrando o filho para uma guerra para a qual nenhum dos dois parece estar preparado. "Nós vamos sair e acabar com John", Rusty se gaba, "e eu lhes digo que o pessoal nas ruas do Brooklyn e Queens vai nos receber como heróis."

Mesmo essa vitória temporária sobre Tony e AJ parece vazia. Sim, ela não tem mais que aturar os insultos e insubordinações do filho, e está até livre para se envolver com um homem interessante como o sr. Wegler, cujo mundo não poderia estar mais distante do que ela conhece. Mas ainda assim ela tem que voltar para casa, uma mansão enorme e vazia, construída para uma família numerosa e feliz, que agora é ocupada apenas por Carmela e suas lembranças de tempos melhores. O episódio começa com AJ praticando direção com a caminhonete da família no caminho em frente da garagem de casa; e termina com um flashback dele quando criança, andando em sua bicicleta pelo mesmo caminho com uma Carmela mais jovem e preocupada que chama por ele. Ele já não a escutava naquela época, mas ainda era inocente e doce. Não mais. Agora, ele é apenas mais um homem que trata Carmela Soprano como lixo.

"IRREGULAR AROUND THE MARGINS"

TEMP. 5/EP. 5
ESCRITO POR ROBIN GREEN & MITCHELL BURGESS
DIRIGIDO POR ALLEN COULTER
EXIBIDO EM 4 DE ABRIL DE 2004

Telefone

"Sabe? Deveria ter comido ela também. Obrigado." — **Tony**

Sabemos que Tony não consegue controlar os impulsos. Vimos isso durante os vários momentos que resultaram em Carmela o colocando para fora de casa em "Whitecaps". Não foi uma boa ideia dormir com a amante de Ralphie, bater no deputado Zellman e dormir com Svetlana, mas ele fez tudo isso porque queria e não foi capaz de se conter.

Também sabemos que Tony tem preferência por um certo tipo de mulher e que Adriana La Cerva se enquadra bem nos requisitos: sensual, confiante, ansiosa para demonstrar sua independência e despreocupada com o mundo do crime organizado. Mesmo assim, ele nunca tentou dormir ou nem mesmo flertar com a noiva de seu sobrinho antes dos eventos tragicômicos de "Irregular Around the Margins".

Talvez seja porque os dois nunca passaram tempo juntos sem estar acompanhados por Christopher e/ou Carmela. Quando se encontram sozinhos no escritório do Crazy Horse fazendo imitações do olhar de Christopher que Tony chama de "coruja com cólica", Adriana confessa que tinha medo de Tony quando o conheceu, e fica parecendo que Tony a enxerga pela primeira vez — e as várias qualidades que ela possui e que o atraem. Porém, o fator mais importante aqui é que Tony possui um instinto de sobrevivência. Ele conta para Melfi, que está o tratando de novo em um período de teste, que dormir ou iniciar um relacionamento com Adriana seria um desastre para ambos, estragando o relacionamento de Tony com seu suposto herdeiro, provocando Carmela a buscar um acordo de divórcio mais brutal e fazendo de Adriana uma pária entre as esposas da máfia, até então acolhedoras.

No entanto, nós vimos tudo e sabemos o motivo verdadeiro pelo qual nada aconteceu naquele momento carregado: Phil Leotardo bateu à porta na hora certa, e também uma possível relutância da parte de Adriana, que, depois, jura à agente Sanseverino que nunca trairia Christopher com Tony. Sem a batida na porta, porém, não há dúvida que Tony teria avançado, sem se preocupar com as consequências, pois é sua natureza. Não importa o perigo, esse homem sempre se entrega à tentação.

Porém, como Tony e Christopher observam várias vezes durante a segunda metade do episódio, a percepção tem uma maneira desagradável de se tornar realidade nesse ramo. Após Tony e Adriana baterem com o SUV quando dirigiam para tentar comprar cocaína, não importa que não tenham transado, já que a máfia tem a sua própria versão da brincadeira do telefone sem fio, que distorce os acontecimentos até a especulação se tornar a narrativa, seguida por detalhes humilhantes e inventados. O fato de Adriana ter recebido "uma pancada forte na cabeça" acaba, na versão das fofocas, sendo resultado dela estar fazendo sexo oral em Tony, e assim por diante, até que o tio Junior fica maravilhado: "Parece que ele ejaculou no quebra-sol!".

A fofoca fora de controle coloca Tony e Chris em rota de colisão, até que Tony B intervém com algumas soluções que misturam seu conhecimento da cultura mafiosa com aqueles de assistência médica: primeiro, ele coopta o médico que atendeu Adriana no pronto-socorro a explicar para Christopher que os ferimentos sofridos por ela descartam a possibilidade dela estar fazendo qualquer coisa sexual com Tony no momento do acidente, e depois organiza um jantar público no Vesuvio onde ele, sua mãe, Tony, Christopher, Adriana e Carmela comem juntos cordialmente enquanto Vito e outros capitães olham e brindam. Christopher, então, tem a confirmação de que Adriana foi fiel e consegue salvar a reputação com os colegas.

Infelizmente todos estão cientes de que o jantar é apenas pelas aparências. Carmela não está feliz de estar ali, mesmo que antes ela tenha admitido a Tony que não acredita que ele dormiria com Adriana, e ao chegar em casa escapa para o segundo andar, ao estilo Meadow, para fugir do homem que só traz sofrimento para ela. Adriana defende Christopher na conversa com Sanseverino, mas sua cara (tanto os hematomas quanto a expressão) conta uma história diferente. Christopher está convencido que Tony e Adriana não transaram naquele momento em particular, mas ele não tem certeza de que eles *nunca* fizeram nada. E todos têm razão em desconfiarem e se chatearem com toda a situação, porque Adriana sabe que Christopher seria capaz de estrangulá-la, do mesmo modo que Tony reconhece, em seu íntimo, como ele poderia facilmente ter transado com Adriana se as circunstâncias tivessem sido um pouco diferentes.

No entanto, apesar da escuridão que paira sobre o quarteto, "Irregular Around the Margins" está entre os episódios mais puramente farsescos de *Família Soprano*. A série não costuma tentar focar nos aspectos cômicos em primeiro lugar, embora haja ótimas piadas mesmo nas horas mais sérias (por exemplo, a reação de Christopher à peruca de Ralphie em "Whoever Did This"). O episódio expõe a ideia central da série — "Questões familiares reconhecíveis, mas com riscos dignos da máfia" — ao mundo de fofocas e insinuações, com os capitães agindo como alunos do ensino fundamental, trocando bilhetinhos enquanto colocam em risco Tony, Adriana e Christopher. E como as piadas costumam ser mais fortes quando as pessoas estão bravas umas com as outras, fazer um episódio inteiro em que todos estão chateados abre mais espaço para a comédia, como na cena em que Carmela joga no chão a pizza que Tony trouxe como oferta de paz, seguido por Tony que a pega de volta antes de sair com o rabo entre as pernas, ou como — depois que o raciocínio rápido de Tony B tira Christopher da trilha da guerra —, de repente, a questão mais urgente é o fato de que Chris jogou comida em Vito. (Tony: "Isso tem que ser resolvido".)

Mas a comédia vem do mesmo lugar disfuncional que o drama: Tony Soprano sendo incapaz de se conter de tentar conseguir o que quer, quando quer.

"SENTIMENTAL EDUCATION"
TEMP. 5/EP. 6
ESCRITO POR MATTHEW WEINER
DIRIGIDO POR PETER BOGDANOVICH[29]
EXIBIDO EM 11 DE ABRIL DE 2004

Peixe fora d'água

"Tem que mostrar determinação — uma vontade firme de mudar." — **Padre Phil**

David Chase gosta de argumentar, contrariando o consenso crítico, que *Família Soprano* não é uma série sobre como as pessoas não mudam ou não conseguem mudar. Em sua visão, a transformação pessoal não é impossível — somente rara e muito difícil, sobretudo em uma cultura como a da máfia, que recompensa a inércia e o egoísmo. Na série, as pessoas normalmente não mudam, porém, só algumas vezes, isso se dá por falta de esforço. Para cada mafioso ou esposa da máfia

---

[29] Apesar de Bogdanovich ter sido um aclamado diretor e ator recorrente em *Família Soprano* como Elliot Kupferberg, este é o único episódio que o coloca atrás das câmeras na série.

satisfeitos com si próprios, há sempre outro questionando como chegou a esse ponto e se faz sentido continuar. Eles tentam mudar a si mesmos ou seus contextos, mas, em regra, o mundo ao redor não só está desinteressado em uma transformação, mas conspira contra ela. Onde quer que você tente ir, você ainda está aqui.

Raras vezes essa visão de mundo sombria, mas empática, é mais elegante ou articulada com tristeza na série do que em "Sentimental Education", um episódio em que Carmela e Tony B fazem um esforço enorme para abrir seus horizontes e serem algo mais do que Tony Soprano supõe deles, apenas para serem frustrados por uma combinação de como o mundo os vê e suas tendências de seguirem as regras da subcultura à qual pertencem.

Após anos aturando os adultérios compulsivos de Tony sem fazer o mesmo, enfim Carmela faz sexo com outro homem. O sr. Wegler está usando Carmela, no mínimo, da mesma forma que ela o está usando, tratando o esforço dele em melhorar as chances de AJ entrar em uma faculdade como moeda de troca no relacionamento florescendo entre eles, e ele também é capaz de ser cabeça-dura como Tony: mesmo sabendo que Carmela não gostou de *Madame Bovary*,[30] ele a presenteia com a primeira edição do livro, sugerindo que se ela ler de novo, possa se apaixonar pelo livro como ele. Mesmo não sendo um partidão, ele é diferente o bastante de Tony para fazer Carmela se sentir diferente também. O sr. Wegler é diametralmente oposto ao marido: culto, de fala mansa e generoso de espírito. Ele não só conversa com Carmela após o sexo, mas as discussões sobre literatura são como preliminares intelectuais contínuas. Além disso, ele tenta ver um potencial em AJ que duvidamos que exista. Ela brilha quando está com ele, e quando folheia uma cópia que ele tem no banheiro de *Correspondência de Abelardo e Heloísa*, ela parece tão despreocupada e imune às bobagens de Tony quanto em qualquer momento desde a separação.

Este é um lindo oásis emocional para ela. Pena que está condenado ao fracasso. Mesmo antes que ela dormisse com Wegler, padre Phil tenta dissuadi-la no confessionário. Ele parece mais frio e crítico aqui, insistindo que suas objeções têm a ver com a santidade do casamento de Carmela com Tony e a aversão da Igreja à separação de cônjuges, mas ele não parece neutro no assunto. Os dois quase transaram uns anos antes, quando Tony e ela ainda estavam vivendo sob o mesmo teto, e ele se comporta mais como um quase amante ciumento do que como um sacerdote rigoroso.

Carmela, a católica sincera, sente culpa pelo que fez, mas também reconhece a mudança pela qual está passando quando diz ao padre Phil: "Alguma coisa em mim despertou, padre. E mesmo que não aconteça de novo com esse homem, só de ter esse sentimento de paixão de novo... não sei se isso passa, mas eu preciso".

---

30 A reclamação de Carmela de que a história é lenta e "não acontece nada" ecoa algumas das reclamações feitas sobre a quarta temporada, ou sobre as histórias de Carmela em geral, assim como a defesa de Wegler do livro — "Por fora, nada acontece. Mas, por dentro, tem esses extremos de tédio e imensa satisfação" — também poderia ser a defesa da série quanto aos flertes entre Carmela e Furio.

Ele a repreende e a culpa, falando que ela precisa mostrar a força para mudar, quando isso é exatamente o que ela fez ao entrar no relacionamento com Wegler. Se tomar a confissão de Carmela durante "College" em vez de dormir com ela foi o melhor momento de Phil na série, temos aqui seu pior momento, pois ele fala pelo lado do mundo de Carmela que não tem interesse que ela seja nada além da esposa de Tony Soprano.

E o pior de tudo é que Wegler pensa dessa forma também. Ou, pelo menos, ele enquadra cada ação dela como a de uma esposa implacável de um chefe da máfia que fará o que for preciso para conseguir o que quer.

Wegler não parece tão diferente dos outros homens ao redor de Carmela quando ele concorda, como descreverá de forma alegre mais tarde, em pedir ajuda ao seu colega Tom Fiske[31] para aumentar a nota de AJ, porque ele sabe que isso aumenta a probabilidade de transar mais. Porém, enquanto um gângster seria capaz de desfrutar dos espólios de seu pecado, Wegler, em vez disso, é consumido pela culpa, e a joga em Carmela, acusando-a da forma mais vil de manipulação: "Você me amarrou fortemente usando a única arma que tinha: sua xoxota".

Ele não está errado, com base no que sabemos do jeito incansável de Carmela perseguir seus objetivos, em especial no que diz respeito aos filhos. Ainda assim, ele está sendo injusto, da maneira consciente e deliberada de um homem ferido. Estava claro que Carmela gostava da companhia e da conversa dele, assim como do sexo, e havia momentos em que podíamos imaginar sua realidade alternativa como um casal real. Carmela pode não ter a formação literária de Wegler, mas lê constantemente e consegue se virar em uma conversa sobre livros, muitas vezes fazendo declarações contundentes ou perguntas simples, mas cortantes, que Wegler, o acadêmico, não teria considerado. Qualquer que fosse o objetivo consciente ou inconsciente de Carmela, sua afeição e respeito pareciam sinceros; na pior das hipóteses, suas emoções em relação a Wegler eram "complicadas".

O jeito com que Wegler falou pareceria grosseiro e cruel vindo da boca de um mafioso, mas dói ainda mais vindo do homem gentil e letrado que Carmela via como um caminho para uma vida melhor. Ele dá a entender que não há como negociar, porque muitos homens heterossexuais, independentemente da classe social, descreverão as mulheres dessa maneira se estiverem se sentindo rejeitados ou usados.[32] A mesquinhez de Wegler a leva de volta à fossa emocional. Quando Hugh chega mais tarde para fazer alguns reparos, Carmela se desespera ao perceber que "não importa o que eu diga ou faça, por eu ter sido casada com um homem como Tony, meus motivos sempre serão questionados".

---

31 Fiske está certo não apenas em apontar a injustiça do que Wegler está fazendo para AJ em comparação com o que um estudante esforçado poderia conseguir, mas também ao apelidar AJ de "Fredo Corleone", o que talvez seja um insulto a Fredo, mas próximo o suficiente para nosso entendimento.

32 Se você contrastar Wegler e Tony, estará contrastando as histórias de Meadow e Tracee em "University".

Enquanto Carmela está cercada pelas expectativas de outras pessoas, os problemas de Tony B têm origem tanto do quanto ele sente falta de sua antiga vida quanto ela sente falta dele. Tony B está dolorosamente perto de endireitar sua vida: obter o certificado de massagista, manter um relacionamento com Gwen (Alison Bartlett),[33] ser escolhido por seu chefe, o sr. Kim (Henry Yuk), para ser o testa de ferro de um estúdio de massagem. Tudo o que ele afirma querer está ao seu alcance, e ele tem a ética profissional para alcançar esse objetivo. Não seria uma vida glamorosa como a de seu primo, mas o manteria fora da prisão ou pior, e o deixaria continuar fazendo uma coisa pela qual se apaixonou enquanto estava atrás das grades. Está tudo bem na frente dele...

... até que, em uma reviravolta digna dos contos de O. Henry, um traficante de drogas que está fugindo da polícia joga um saco de dinheiro bem na frente de Tony B, e, de repente, ele tem recurso, livre das consequências, para viver por alguns dias como o cara que ele costumava ser. Ele paga bebidas para todos no Bing, compra um terno novo e sapatos elegantes e passa horas gastando a maior parte do que sobrou no jogo executivo de pôquer.

Em qualquer outro momento, essa poderia ser uma aventura memorável que ele poderia relembrar com saudade sempre que visse o terno pendurado em seu armário. Mas chega bem quando o estúdio de massagem está prestes a abrir e Tony B está sobrecarregado com a responsabilidade de colocar tudo para funcionar, tanto para seu próprio bem quanto para recompensar a boa-fé que Kim depositou nele. Depois de ter um gostinho da vida da máfia, seguir no caminho certo de repente parece *muito* difícil, e o estresse aumenta e aumenta até que ele o libera em uma explosão de violência contra Kim, que deixa seu ex-empregador ensanguentado e uma carpa, do lago que fica no estúdio, se debatendo no chão.[34] Há três peixes fora d'água nesta cena: a carpa, Kim e Tony B. E um quarto no episódio como um todo: Carmela, que teve uma breve, mas feliz, passagem no mundo sofisticado das letras.

Tony Soprano mal aparece no episódio — fisicamente, pelo menos. Ele surge algumas vezes para discutir com AJ e Carmela sobre os estudos do rapaz, mas, na maior parte, paira sobre os dois personagens principais do episódio, representando o passado do qual Carmela não pode escapar, e do qual Tony B percebe não querer escapar. Na cena final, os dois Tonys jantam no Vesuvio, e Tony B, tardiamente, concorda em aplicar o golpe dos airbags usados que Tony organizou para ele. "É difícil negociar com estranhos", diz Tony, todo feliz.

---

33 Bartlett fazia parte do elenco de *Vila Sésamo* interpretando a veterinária Gina, o que pode ter causado certo choque para os espectadores de *Família Soprano* que se sentavam com os filhos para vê-la com Garibaldo e Grover.
34 Essa é uma das piadas visuais mais impressionantes da série: um exemplo de como comentar sobre os personagens e enquadrar todo o episódio sem precisar de uma sílaba de diálogo para estabelecer o argumento.

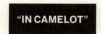

TEMP. 5/EP. 7
ESCRITO POR TERENCE WINTER
DIRIGIDO POR STEVE BUSCEMI
EXIBIDO EM 18 DE ABRIL DE 2004

Feliz aniversário, sr. presidente

"Ela fez meu pai dar o meu cachorro." — **Tony**

Na cena que abre "In Camelot", Tony e Janice fazem as pazes após a briga que tiveram quando Junior desapareceu em "Where's Johnny", e os irmãos relembram o passado, e falam sobre Tippy, o amado cachorro de Tony. Janice fica surpresa ao constatar que um homem de meia-idade como Tony ainda acredita que Tippy foi passar seus últimos anos em uma fazenda depois de ficar com vermes, já que claramente ele foi sacrificado.

O destino de Tippy foi mais complicado, como Tony descobre ao longo do episódio: Livia odiava o cachorro, então Johnny Boy o deu para sua amante, Fran Felstein. Mas o choque de Tony à mera sugestão de que Tippy foi sacrificado, quando tanto Janice e o telespectador conhecem o modo cínico que ele enxerga a vida e a morte,[35] é um dos muitos pontos cegos revelados em "In Camelot". Vemos o jeito que Tony, Christopher e Junior aprenderam a ignorar aspectos fundamentais de suas vidas para conseguir lidar com eles, e quão doloroso pode ser quando esses aspectos são expostos.

Grande parte do episódio gira em torno do encontro de Tony com Fran (Polly Bergen)[36] ao visitar a sepultura de seu pai, depois de ir ao enterro de uma tia. Tony lembra dela como "a moça de Bamberger's, do departamento de peles", e fica claro que o affair dela com Johnny Boy não era mais secreto do que as amantes da época de Tony. Ao contrário de sentir vergonha, Tony, que também já teve várias *goomars*, fica empolgado de passar tempo com uma mulher que conhecia seu pai tão bem, e que ocupava um lugar preeminente em seu imaginário juvenil.

Mas à medida em que Tony vai conhecendo Fran melhor e tenta ser justo com ela — obrigando Hesh e Phil Leotardo[37] a pagarem a parte dos ganhos da pista de

---

35 Pinheiros em volta.
36 Pioneira da televisão, Bergen atuou ao lado de Robert Mitchum na versão original de *Cabo do Medo* e ganhou um Emmy por interpretar o papel principal na produção da *Playhouse 90* do drama musical *Com Lágrimas na Voz*, que conta a história de vida e do trabalho da cantora Helen Morgan. Ela também foi uma aclamada atriz de teatro, apareceu em programas de perguntas e respostas e séries dramáticas, e interpretou Rhoda Henry, esposa de Pug Henry, nas minisséries de sucesso *Sangue, Suor e Lágrimas* e *War and Remembrance*.
37 Depois que Phil — que desdenha de Tony e da Família de New Jersey em geral — se esquiva das primeiras tentativas de Tony de acertar as contas, temos uma raridade para *Família Soprano*: uma perseguição de

corrida que Johnny Boy deixou para ela —, ele também é forçado a encarar algumas verdades sobre seu passado, verdades que ele tem evitado. As perguntas da dra. Melfi sobre Fran continuam a lhe confrontar com realidades que ele preferiria suprimir. Não é só o fato de que Tippy acabou indo morar com Fran pois Livia não queria mais o cachorro, ou que Fran evoca sentimentos confusos quando ela coloca o chapéu de capitão de Tony que pertencia a John F. Kennedy para imitar a performance de Marilyn Monroe de "Happy Birthday".

Todas as camadas de desconforto de Tony parecem confluir na dança de Fran, um exemplo sem igual de uma atriz (Bergen) que comunica a mensagem sem parecer estar ciente dela, e também uma atuação marcante por parte de James Gandolfini. Fica claro que a evocação da era Camelot (como ficou conhecido o tempo de JFK na presidência) dos anos 1960 e um inesperado vestígio da vida amorosa de seu pai o animam, e que o fato de chegar perto de admitir isso o deixa abalado.

Na terapia, ele nega se sentir atraído por Fran, falando que ela tem idade de ser sua mãe, o que arranca uma expressão presunçosa impagável de Melfi. Tony fica morto de vergonha e insiste que nunca quis fazer *aquilo* com a mãe. Como já aconteceu várias vezes, novamente ele não compreende bem o complexo de Édipo, talvez até de propósito, pois se recusar a entender faz com que ele possa continuar evitando confrontar o que isso significa em seu relacionamento com as mulheres. Melfi o ajuda a lembrar como Johnny Boy estava ausente na noite em que Livia[38] sofreu um aborto espontâneo, porque estava passeando com Fran. Por muito tempo, Tony viu Livia como a alfa e a ômega de todo o sofrimento da vida dele, lamentando tudo o que ela fez com Johnny Boy e com ele, sem nunca parar para examinar o efeito que o comportamento do pai teve sobre a mãe e sobre ele. Melfi tenta de tudo para fazer Tony olhar o panorama completo da infância e reconhecer que, mesmo que Livia fosse um monstro, ela não se tornou assim do nada — teve a ajuda do homem abusivo e infiel com quem ela vivia.

Mas ele não pode aceitar isso, porque reconhecer que Johnny Boy foi um marido e pai negligente e destrutivo exigiria que Tony (cujo comportamento é tão semelhante) admitisse que ele também é — e que esse aspecto da história da família Soprano está se repetindo.

---

carro genuína e direta, com Tony fazendo manobras arriscadas atrás de Phil, que está em fuga para não falar sobre as condições de pagamento. Como nas outras perseguições de carro da série (veja Big Pussy tentando seguir Christopher na segunda temporada), essa também termina com um acidente, quando Phil bate o carro e machuca o pescoço.

38 Depois de ter sido interpretada por Laila Robins nos episódios "Down Neck" e "Fortunate Son", aqui a jovem Livia é interpretada por Laurie Williams (Chase lembra que Robins não estava disponível naquela época) que evoca habilmente tanto Robins como Nancy Marchand em seu breve tempo na tela, principalmente no momento em que Livia percebe que, ao mentir para ela sobre o paradeiro de Johnny Boy, seu filho escolheu o pai em oposição a ela, e assim se volta contra ele. A maneira como Livia segura o roupão é como um sinal com décadas de antecedência de que ela, um dia, tentaria matar Tony.

Ele está à beira de aceitar o conselho de Melfi para perdoar Livia e seguir em frente, mas, em segundos, ele volta a culpar a mãe por tudo. Ele não pode admitir que Livia não era a fonte de toda sua dor, assim como não pode reconhecer o quão pequena e miserável a vida de Fran parece, dada a lenda que ele construiu em torno dela em sua mente. O episódio termina com Tony no Bing, deliciando Artie, Silvio e Tony B com histórias exageradas sobre o caso de Fran com JFK: ele tem que fazê-la parecer mais importante do que ela era, para que o caso de Johnny Boy com ela pareça algo a que Johnny Boy não poderia ter resistido: *O que ele ia fazer? Essa era uma mulher tão incrível que o presidente a queria só para ele!*

Christopher nem chega perto de reconhecer o próprio ponto cego, embora seu novo amigo, o roteirista de TV e dependente em recuperação, JT Dolan[39] (Tim Daly),[40] veja de perto as hipocrisias que Christopher comete todos os dias sem perceber. Após se tornarem amigos na reabilitação, Christopher leva a sério o trabalho no Narcóticos Anônimos. Mas ele também não hesita em convidar JT para o jogo executivo de pôquer quando seu padrinho no NA expressa interesse em jogos de azar — até mesmo Tony tentou convencer Davey Scatino a não jogar —, porque, além das respectivas sobriedades deles, JT é como qualquer outro civil para Christopher: um alvo a ser explorado. JT não pode acreditar que seu amigo seria tão implacável com uma dívida de 60 mil dólares e se gaba: "O que é que você poderia fazer comigo que eu já não tenha experimentado?".

"Olha, minha imaginação é muito boa", diz Christopher, pouco antes de ele e Little Paulie derrubarem JT por cima da mesinha da sala e levarem o sujeito a ter uma recaída.

Em seu caminho de volta à reabilitação, JT transfere a propriedade de seu amado conversível para Christopher a fim de quitar parte de sua dívida e fica horrorizado ao ouvir Christopher cuspir clichês sobre recuperação: "Não tem solução química para um problema espiritual". Como um ser humano racional (ainda que insuportável),

---

39 Nos anos anteriores, as ambições de roteirista de Christopher permitiram que a série se divertisse às custas do cinema. A introdução de JT deu licença para os roteiristas de *Família Soprano* se virarem alegremente contra seu próprio meio. JT é apresentado como um picareta que adora mencionar a série em que trabalhou (*Nash Bridges*) e produtores que está para conhecer (Rene Balcer de *Lei & Ordem*), e que não consegue mais de 15 dólares quando tenta penhorar seu Emmy para pagar Christopher. (Palavras do dono da casa de penhores: "Se fosse um Oscar, talvez eu pudesse lhe dar mais. Um prêmio da Academia. Mas TV? O que mais você tem?".) Entre os créditos anteriores de JT está a série dramática familiar ítalo-americana da CBS *That's Life*, que oferece uma oportunidade tardia de contra-atacar uma série cujo elenco e equipe costumavam se gabar de que seus personagens não estavam na máfia, e cuja estrela foi a público falar mal de *Família Soprano* por serem difamatórios e anunciando que ele nunca participaria dela. (Christopher: "O quê? Aquela imitaçãozinha malfeita com Paul Sorvino? Ô produçãozinha mais ou menos, hein!".)

40 Daly estrelou o drama de Chase de curta duração na CBS, *Almost Grown*, embora, nessa época, fosse mais famoso por seu longo período como uma das estrelas do sitcom *De Pernas Pro Ar*. Assim como Frankie Valli, ele é uma adição da quinta temporada ao elenco recorrente de *Família Soprano* que já tinha sido estabelecido como existente no universo da série: na terceira temporada, em "University", o próprio Daly é mencionado como sendo cliente do pai de Noah Tannenbaum.

JT não pode acreditar que Christopher ainda tentaria agir como um amigo; como um homem que trabalha em um negócio pernicioso, Christopher tem que pensar em tudo isso como perfeitamente normal. (Na verdade, ele talvez se imagine muito mais gentil com esse cara do que Paulie ou Patsy seriam.) Quando ele explica quanto de juros JT pagará por sua dívida, ele avisa: "Eu não vou incentivá-lo", sem enxergar que ele fez exatamente isso ao convidar o pobre coitado para jogar.

Onde Tony é capaz de evitar tentativas de fazê-lo examinar esse aspecto do comportamento dele, e Christopher nem sabe que ele existe, é o tio Junior que tem um vislumbre devastador do que ele se tornou — quem, na verdade, ele sempre foi — no final de sua última tentativa de escapar do tédio da prisão domiciliar. Seu tratamento atual tem melhorado a condição de sua memória e o deixado mais animado. Quando o juiz permite que ele saia de casa para ir ao enterro de Concetta, tia de Tony e de Janice, é o momento mais feliz que ele tem em muito tempo — recusando o convite de Tony para visitar o túmulo de Johnny Boy com ele, Junior sugere: "Posso prestar minha homenagem na festa posterior", e começa a vasculhar as páginas do obituário procurando qualquer desculpa para sair de casa e interagir com outras pessoas além de Bobby e Janice.

Isso começa de forma cômica, com Junior e seu advogado tentando exagerar o relacionamento dele com pessoas recém-falecidas para obter a aprovação do juiz. Mas logo se torna mais sombrio quando Junior faz elogios ao prato de frios no funeral do filho de 7 anos da dona da lavanderia, totalmente alheio ao luto das pessoas presentes. E quando o marido de Concetta, Zio, morre duas semanas após a esposa, o discurso fúnebre do padre Phil a respeito de tudo o que Concetta e Zio desfrutaram durante sua vida longa juntos deixa Junior, que está sozinho há tanto tempo, desolado, e ele cai no choro.

O neurologista de Junior se pergunta se ele teve outro derrame, enquanto ele insiste que os novos remédios pararam de funcionar, já que ele começa a perambular como Tony quando tomava lítio no episódio "Isabella". Uma causa médica é plausível dada a condição de Junior, entretanto é mais provável que o discurso do padre Phil o tenha forçado a dar uma olhada severa, mas não imprecisa, em si mesmo.

"Minha vida é só morte", lamenta Junior. "Eu moro num túmulo. Saí da prisão pra quê? Não tenho filhos. Alguém pode me explicar isso?"

Ninguém pode, pois o que se pode dizer? Os funerais proporcionaram uma breve distração de sua existência solitária e deteriorada, mas apenas por algum tempo. Christopher pode se concentrar em destruir JT, e Tony pode ignorar seus problemas enquanto está no Bing, mas os antolhos de Junior, junto de sua dignidade, foram arrancados. Esta é uma vida em que a única maneira de ser funcional é não olhar muito de perto para quem você é e para o que está fazendo. Tony e Chris conseguem em grande parte ter sucesso nisso; Junior não consegue mais, e é por isso que eles terminam o episódio comemorando, enquanto ele termina aos prantos.

"MARCO POLO"

TEMP. 5/EP. 8
ESCRITO POR MICHAEL IMPERIOLI
DIRIGIDO POR JOHN PATTERSON
EXIBIDO EM 25 DE ABRIL DE 2004

Trégua e consequências

"É bom, né?" — **Tony**

No que diz respeito à Família, "Marco Polo" é um dos episódios da série menos focado nas atividades da máfia. A guerra civil de Nova York continua, com Johnny afundando o barco de Little Carmine, e este e Rusty tentando recrutar Tony B para assassinar Joey Peeps (Joe Maruzzo), o protegido de Phil, em retaliação ao assassinato de Lorraine. Mas a história relacionada à máfia mais proeminente do episódio é pequena e mesquinha: Tony encarrega Angie Bonpensiero, que agora gerencia a velha oficina de Pussy, de consertar o carro de Phil, danificado no acidente causado por Tony no episódio "In Camelot", tendo prazer de ver a viúva de seu falecido amigo traíra sendo maltratada pelo (nas palavras de Tony sobre Phil) "Xá do Irã".

Em comparação, este é um dos episódios mais charmosos e memoráveis de todos focados em assuntos familiares de *Família Soprano*: seu ritmo é descontraído e parece inspirado nos trabalhos de Robert Altman. É ambientado majoritariamente na festa de aniversário de 75 anos do pai de Carmela, Hugh, e o episódio é tão íntimo, detalhado e ciente de quão bem conhecemos essas pessoas, que muitas vezes parece que o telespectador também está no quintal da família Soprano, sentindo o cheiro do cloro da piscina e da linguiça na grelha.

Tony B passa grande parte do episódio e da festa com raiva por ter recebido uma fatia tão pequena das riquezas da Família após ter passado tanto tempo atrás das grades, e tendo que se comportar como um empregado na festa de seu primo rico. Quando estava feliz buscando realizar seus sonhos de se tornar fisioterapeuta, era fácil aceitar o pouco que ele tinha, mas agora que regressou à Família, a diferença da qualidade de vida entre ele e Tony, após aquela noite 20 anos atrás, está em grande evidência. Ele cobiça a mansão dos Soprano, vê como a vida de Meadow está indo bem (Meadow, mais empática do que a maioria dos Soprano, percebe de cara que Tony B está pensando em sua filha Kelly, que desapareceu), e não pode negar quão ruim a vida dele é em comparação. Seus filhos gêmeos não sabem nada sobre o passado dele (a história contada para eles na infância é que o pai era um militar alocado no exterior), mas veem a situação deles com tanta clareza quanto o pai. Jason rouba um dos muitos itens valiosos (uma cartela de broches das Olimpíadas de 1996) que está esquecido no fundo do armário de AJ, e quando

Tony B o repreende por isso, Jason protesta: "Eu adoro a casa dele", e diz que não quer mais voltar para a casa de Tony B.

Mais cedo, Tony B havia recusado a oferta de Little Carmine e de Rusty, evitando sabiamente se envolver na guerra em Nova York. Mas depois de um dia como auxiliar de Carmela (ajudando na festa, depois ficando à margem dela) e de Tony (tentando e falhando em fazer Phil aliviar suas demandas com Angie), além dessa declaração do filho, ele não aguenta mais.

Ele mata Joey Peeps e uma prostituta que, por azar, tinha pegado carona com Joey, e sai mancando da cena do crime após o carro ter passado por cima de seu pé.

O ressentimento corrosivo de Tony B é um sentimento desenvolvido antes, durante e depois da festa que se qualifica com uma das melhores evocações presentes em *Família Soprano* de como as comunidades podem envenenar marcos e rituais compartilhados. No início, parece que Hugh pode nem comparecer à festa, pois nosso primeiro vislumbre do personagem é quando ele cai do telhado de Carmela enquanto tenta colocar telhas. Isso acaba sendo outro momento cômico clássico de *Família Soprano* (Hugh cai passando pela janela de AJ; o garoto, alheio, continua tocando bateria), e Hugh escapa do pior, com apenas dores e desconfortos leves, o que deixa em aberto se Tony será convidado para a festa, agora que ele e Carmela estão separados. Carmela tem boas razões para não querer Tony lá, mas, na verdade, é Mary quem se opõe porque teme que Tony a envergonhe na frente do dr. Russ Fegoli (Bruce Kirby), seu amigo sofisticado do norte da Itália.[41] Mas Hugh — que descobre sobre sua festa surpresa antes da hora graças a um tio Junior divertido e petulante — indica que ele não irá à própria festa, a menos que o homem da casa cuide da churrasqueira.

Este é um ponto de inflexão na separação do casal. Tony está solitário[42] e infeliz na casa de Livia, e o lance de Carmela com Wegler a deixou pessimista quanto a possibilidade de encontrar felicidade fora do mundo que ela conhece. Se alguma vez houve um momento para os dois apreciarem melhor a companhia um do outro é agora, durante um longo dia passado na presença da família e amigos, com Tony se comportando e sendo charmoso, que vai desde o momento em que ele gira as linguiças ao redor do pescoço até o presente atencioso que ele dá a Hugh, uma

---

41 Este é o último roteiro de Imperioli para *Família Soprano*, e não coincidentemente o último episódio que passa tempo demais se debruçando sobre questões da autoestima ítalo-americana, como quando Carmela repreende Mary, dizendo a ela: "Tem italianos espalhados no mundo inteiro com preconceito contra eles mesmos. Só não queria acreditar que a minha mãe também é assim".

42 Apesar da liberdade recente que permite a Tony buscar qualquer tipo de sexo que ele queira sem ser hipócrita ou ter que esconder suas atividades, Valentina só apareceu brevemente em dois episódios nesta temporada. Tendo uma namorada diferente, Tony pode ficar eufórico com todo o tempo que pode passar com ela, mas ela é claramente apenas algo provisório para ele. Uma grande parte da atitude blasé de Tony talvez seja porque a separação de Carmela acabou com a emoção do proibido — que tinha um papel maior na experiência do que ele tinha se dado conta.

bela espingarda Beretta. Organizar qualquer tipo de festa sempre causa estresse a Carmela — particularmente quando pessoas como Tony B aparecem para "ajudar" e acabam dando mais trabalho —, mas, mesmo assim, o dia a faz lembrar como era ser casada com Tony em tempos melhores. E olhar para seus pais, que ainda estão casados após tanto tempo, ajuda Carmela a apreciar o sentimento de estabilidade que vem de passar a vida com a mesma pessoa.

Apesar de pequenos contratempos iniciais, esta acaba sendo uma ótima festa que continua até o anoitecer, quando alguns convidados se juntam para jogar Marco Polo na piscina dos Soprano. Carmela tem se esforçado *tanto* para sair desse casamento, para ficar acima do desgaste dos absurdos de Tony, mas continua sendo jogada de volta na piscina, de forma literal aqui, quando Tony e AJ a jogam de roupa e tudo para que ela participe do jogo. (A entonação resignada com a qual Edie Falco fala "Marco..." quando Carmela é pega é um detalhe de beleza cômica minimalista). Mas se por um momento ela fica brava por se molhar contra sua vontade, não demora muito para que fique feliz em perceber que ela e Tony são os últimos na piscina e que ele está dando em cima dela.[43] Por tanto tempo ela quis ser desejada por Tony dessa maneira, e não apenas porque ele está com tesão ou solitário ou se redimindo do seu erro mais recente. Agora, aqui está ele, agindo como o homem que ela já amou tanto, olhando para Carmela como se fosse a única mulher no mundo para ele, e logo eles estão fazendo o que cônjuges felizes fazem juntos.

Enquanto isso, Tony B mete o nariz na guerra civil de Nova York e, mais importante, o sr. e a sra. Soprano cessam as hostilidades.

---

43 Em um episódio cheio de detalhes adoráveis de pano de fundo, talvez o mais engraçado seja Artie, que está dormindo em uma espreguiçadeira com uma toalha enrolada na cabeça, como se fosse Audrey Hepburn com seu turbante de chiffon no filme *Sabrina*.

"UNIDENTIFIED BLACK MALES"

TEMP. 5/EP. 9
ESCRITO POR MATTHEW WEINER E TERENCE WINTER
DIRIGIDO POR TIM VAN PATTEN
EXIBIDO EM 2 DE MAIO DE 2004

Arqui-inimigo

"Foi com isso que conviveu na infância?" — **Finn**

Quase todos os personagens importantes em *Família Soprano* ou são mafiosos ou estão conectados a eles por laços profissionais, familiares ou de amizade. A maior exceção é a dra. Melfi, mas ela só sabe o que Tony conta a ela — uma mistura de verdade, autoengrandecimento e cobertura jurídica. Se ela pudesse ver de fato a totalidade de quem Tony era ou fazia, ela certamente se recusaria a estar na mesma sala com ele de novo e nem pensaria em ser sua terapeuta.

Finn DeTrolio está longe de ser uma das figuras mais carismáticas da série, mas como um civil que cresceu a um continente de distância de tudo isso, ele tem um papel distinto tanto na vida de Meadow quanto na série como um todo. Nada disso é normal para ele. Nada disso é algo a ser desconsiderado apenas por ser como as coisas são. E quanto mais ele conhece melhor todos os homens que Meadow chama de tio, mais motivo ele tem para ficar aterrorizado de permanecer em um relacionamento com a filha do sr. Mafioso.

Quando Finn não consegue um trabalho que, pelo menos, lhe permitiria comprar um ar-condicionado no meio do verão opressivo de Nova York, Tony arranja uma vaga para ele na operação do Esplanada, onde os caras que não trabalham, como Vito e Eugene, se divertem ao vê-lo se esforçar tanto na obra quando poderia ficar fazendo nada como eles. Ele logo entende alguns dos privilégios de ser o namorado da filha do chefe, mas quase nada desse ambiente parece correto para ele, mesmo antes de ele assistir a Eugene dar uma surra brutal em Little Paulie porque se ofendeu com uma piada que insinuava que ele era gay.

Meadow, como sua mãe, já se acostumou a tudo isso. Ela aprendeu a contar a mentira sobre quem matou Jackie Jr. — culpando um dos vários bodes expiatórios negros que dão título ao episódio, "Unidentified Black Males" [Homens negros não identificados] — como se ela acreditasse naquilo, e descarta o relato de Finn sobre o espancamento de Little Paulie só porque ela conhece Eugene como um dos amigos gentis de seu pai.

Mas aquela surra ajuda a compor o próximo incidente perturbador que Finn testemunha — Vito fazendo sexo oral em um vigia no estacionamento do

Esplanada[44] — porque ele sabe como só uma piada sobre homossexualidade pode ser perigosa. Vito está em grande perigo se esse segredo vier à tona, o que significa que Finn está em grande perigo por saber disso, uma situação que se fez clara quando Vito o confronta do lado de fora de um banheiro químico, dizendo de forma debochada: "Finn DeTrolio, meu maior oponente", de um modo que soa muito menos brincalhão do que deveria — e de maneira ameaçadora convida Finn, um torcedor do time de beisebol San Diego Padres, para um jogo dos Yankees contra os Padres no Bronx naquela noite.

Finn, em vez de ir, se esconde no apartamento com Meadow, o que acaba sendo um lugar mais perigoso. Enquanto Vito apenas parece decepcionado e solitário, vestido com o uniforme dos Yankees fora do estádio, Meadow arrasta Finn para uma discussão interminável não só sobre o incidente com Vito (ela está em negação quanto a isso também: "O Vito que eu conheço é um homem muito bem casado, Finn"), mas também do estado de seu relacionamento, dada a decisão de Finn de separar uma mala no caso de ter que fugir. A briga dura apenas alguns minutos ao longo de um par de cenas, mas parece durar *para sempre*, até que Finn, sem poder ser culpado por isso, pede Meadow em casamento apenas para encerrar a briga.

O título do episódio se aplica essencialmente a dois conjuntos de homens negros ficcionais no passado e no presente: o grupo ao qual Tony culpou por ter perdido o sequestro que mandou Tony B para a prisão quando, na verdade, ele estava sofrendo um dos seus primeiros ataques de pânico; e o grupo que Tony B diz ter machucado seu pé, quando, na realidade, o carro passou por cima dele no final do ataque a Joey Peeps. É uma mentira racista fechando um ciclo, tanto que Tony tem seu primeiro ataque de pânico em anos[45] quando se dá conta que seu primo foi o responsável por agravar a guerra civil em Nova York,[46] o que poderia significar a morte de ambos os Tonys.

O assassinato de Peeps e as conexões que Tony faz entre o ataque de pânico que esse assassinato causa, enquanto ele está jogando golfe com Johnny Sack, e os ataques de pânico anteriores que parecem ter sido desencadeados pela menção a primos ajudam Tony a revelar à dra. Melfi a verdade cheia de culpa sobre a noite em que Tony B foi preso. Tudo começou quando Meadow era ainda bebê, não por causa

---

44 Essa, na realidade, foi uma ideia de Joseph Gannascoli inspirada pelo livro de não ficção *Murder Machine*, que faz referência a um matador da Família Gambino que era gay. "E quando ele recebeu o roteiro", Terence Winter, roteirista de *Família Soprano*, se recorda, no começo da temporada seguinte: "ele ligou e disse: 'Eu falei que eu seria gay, eu não falei que seria o cara que ia fazer [o sexo oral]', e eu respondi: 'As coisas não funcionam desse jeito, Joe'".
45 Nenhuma carne está presente nesse momento.
46 O paralelo com Bush/Cheney continua para Little Carmine e Rusty, com esse último discutindo sua recente cirurgia de coração, e o primeiro começando a usar cintos com fivelas no estilo texano e fazendo discursos motivacionais que são apenas abobrinhas, como: "A pergunta é se eu serei tão bom chefe quanto meu pai. E eu serei. Até melhor, mas até lá será difícil provar que serei mais eficiente".

de ciúme ou ressentimento, mas devido ao ciclo de abuso e ansiedade entre Livia e seu filho, que Tony na época não conseguia reconhecer. Uma briga aos gritos desencadeou o que Tony reconheceria décadas mais tarde como sendo um ataque de pânico, que causou um corte em sua cabeça e o fez perder o sequestro: isso arruinou a vida de um Tony e colocou o outro no caminho para assumir o controle da Família.

Enquanto Tony B estava na prisão, ou mesmo quando estava tentando seguir sua carreira como fisioterapeuta, Tony conseguia bloquear as lembranças e o sentimento de culpa. Com Tony B não apenas ativo como mafioso de novo, mas, de repente, empurrando New Jersey para o meio da guerra de Nova York, Tony não consegue mais evitar esses sentimentos, que o estão esmagando a ponto de desencadear outro ataque de pânico, agora no espaço seguro do consultório de Melfi, somente por mencionar aquela noite fatídica. Essa é a primeira vez que ela presencia um evento desses — Gandolfini, como sempre, retrata de forma espetacular Tony em seu estado mais vulnerável, o que torna fácil não prestar atenção na forma hábil com que Lorraine Bracco equilibra o desejo de Melfi de ajudar seu paciente nesse momento de crise e sua fascinação profissional de vivenciar o que ela até então só tinha ouvido Tony relatar em retrospecto; e embora ela consiga fazê-lo superar o ataque, ele não se sente melhor. (Melfi compara sessões como essas com dar à luz, ao que Tony retruca: "Acredite — é como defecar".)

Tony pode, pelo menos, contar com uma profissional para ajudá-lo a navegar esses momentos assustadores. Carmela passa a maior parte do episódio procurando um tipo diferente de aconselhamento, decidindo contratar um advogado especializado em divórcio depois que Tony demora a dar prosseguimento ao encontro no final da festa de aniversário de seu pai. Mas ela descobre[47] que Tony seguiu o conselho de Alan Sapinsly em "Whitecaps" — fazendo reuniões com vários advogados de elite da região de modo que representar Carmela se torne um conflito de interesses —, e os poucos advogados que ele não consultou estão com medo de se envolverem com o chefão de New Jersey. É brutal de se assistir, e de várias maneiras é pior do que quando Carmela se dá conta, em "Sentimental Education", que todos vão sempre presumir o pior sobre ela por causa de Tony. Pelo menos ela ainda tem uma chance, com sua parcela justa no divórcio, de conquistar uma vida por conta própria. Com arrogância, Tony celebra sua vitória quando responde suas queixas com: "Você só tem alguma coisa por causa do meu suor, e você conhece cada passo de toda transação". Ele encurralou a vida de Carmela de modo que ela dependa das migalhas que ele lhe dá para viver, sempre sujeita ao seu mau humor e às suas picuinhas, sabendo que não há saída.

---

47 Ela recebe essa má notícia exatamente quando o urso-negro retorna ao quintal. Não existem coincidências nessa série.

O episódio termina com Carmela vendo Tony nadando na piscina da casa onde ele não mora mais e ouvindo Meadow contar sobre o pedido de casamento de Finn. Carmela chora não pela alegria do noivado de sua filha com um rapaz bacana que não pode ser mais diferente de Tony, mas pelo desespero por tudo que sua escolha conjugal lhe custa — e vai continuar custando pelo resto de sua vida.

As perspectivas de Finn também parecem sombrias. Ao fazer o pedido, ele provou que se encaixa inesperadamente bem nessa Família em particular. Seu pedido de casamento prioriza a gratificação a curto prazo — a de fazer com que Meadow *cale a boca* sobre a porcaria da mala — acima do que é melhor de verdade para ele, que seria escapar de todas as pessoas cujas histórias tristes permeiam o episódio. Essa talvez seja a única característica que Finn tem em comum com Tony, um homem impulsivo e sem visão de longo prazo que desfaz momentaneamente burradas catastróficas em seu casamento gastando pequenas fortunas em presentes para a esposa, alguns dos quais (como a casa que ele acabou não comprando) exigem anos, mesmo décadas, de compromisso. Finn passa a maior parte do episódio temendo o que Vito possa fazer com ele. Juntar-se de modo oficial à família de Tony é uma maneira fácil de ter proteção a curto prazo — observe como Paulie Walnuts trata Finn de forma diferente uma vez que sabe quem ele é —, mas talvez ele precise ter uma longa conversa com sua futura sogra sobre o que se ganha, e o que se arrisca, ao se casar com alguém desse mundo.

TEMP. 5/EP. 10
ESCRITO POR ROBIN GREEN & MITCHELL BURGESS
DIRIGIDO POR MIKE FIGGIS
EXIBIDO EM 9 DE MAIO DE 2004

Na fazenda

"Me fale sobre o temperamento Soprano." — **Dra. Melfi**

Muitas histórias antigas de família são contadas durante o episódio "Cold Cuts", mas talvez nenhuma mais importante do que a que Christopher conta a Adriana enquanto prepara as malas para a viagem que fará à fazenda do tio Pat Blundetto (Frank Albanese), onde os restos de Emil Kolar e outras vítimas da Família estão enterrados há anos.[48] Chris relembra o verão que passou lá quando tinha 11 anos e

---

48 Os restos mortais de Ralphie foram descartados em uma outra fazenda, de propriedade do pai de Mikey Palmice.

os dois Tonys tinham 19: como forma de "iniciação", eles amarraram Christopher a uma árvore e o deixaram lá até as três da manhã.

"Eu adorava aqueles dois — Tony Soprano, principalmente", diz, lamentando o fato de que, quando Tony estava sozinho, ele era tudo que um primo mais jovem poderia desejar, mas quando estava ao lado de outros como Tony B, ele se exibia e cedia aos seus piores impulsos.

A história sugere que, como Tony conta a dra. Melfi na estreia da quinta temporada, existem *dois* Tonys: o bonzinho só aparece quando está sozinho com as pessoas verdadeiramente queridas de sua vida, enquanto o mau é influenciado facilmente por pessoas com as quais não vale a pena se importar tanto.

O restante do episódio prova o oposto da teoria de Christopher, pois mostra com que frequência é *Tony* quem corrompe os outros, e não o contrário. Quanto mais Tony está na vida de alguém, como o episódio "Cold Cuts" evidencia repetidamente, pior a vida daquela pessoa será.

Apesar de todo o rancor de Christopher em relação a Tony B estar tomando seu lugar (pegando emprestado o termo usado por Paulie) como o queridinho do professor, quando os dois estão na fazenda com tio Pat e sua filha Louise (Judy Del Giudice), eles se dão muito bem. Pescam juntos, trabalham lado a lado com eficiência e se aproximam através de velhas vulnerabilidades (as crianças costumavam chamar Tony B de "Ichabod Crane", protagonista da história *A Lenda do Cavaleiro Sem Cabeça*) e fazem piadas sobre o peso de Louise (Tony B: "O corpo humano tem 86% de água. Mas o último exame de sangue dela acusou 65% de *zeppola* [um doce napolitano]".)

Mesmo que Chris e Tony B estejam na fazenda para encobrir assassinatos, as cenas apresentadas são bucólicas e calmas de uma maneira que *Família Soprano* quase nunca é, e é difícil não associar isso ao fato de que Tony não está presente. No momento em que ele aparece na fazenda — desesperado para escapar de Janice, Carmela e todas as outras frustrações em New Jersey —. tudo desmorona para o pobre Chris. Enquanto tio Pat o elogia por estar indo tão bem em sua recuperação da dependência química, Tony faz uma gozação com ele, e quase imediatamente Tony B entra na brincadeira ("Se você recuperar seus testículos, nos avise") e tudo se torna uma reencenação moderna das histórias de Chris sobre como os primos mais velhos costumavam rir do mais novo. Christopher dirigiu até a fazenda com Tony B, compartilhando histórias e se divertindo; mas ele volta para casa sozinho e chorando ao pensar que sempre estará fora do clubinho, mesmo após todos esses anos.[49]

---

[49] Adriana, que tenta animá-lo, sugere que ele volte a escrever roteiros, ou talvez considere ser modelo, o que leva a um dos comentários mais delirantes de toda a série, quando Christopher insiste: "Eu vou voltar

Christopher não é nem quem mais sofre nesse episódio, comparado às outras vítimas de Tony. No Bing, o coitado do Georgie leva a pior surra de Tony até o momento, tudo pelo pequeno pecado de insinuar como é importante viver no presente em meio a um dos discursos de Tony sobre o estado terrível do mundo. Enquanto sua visão acabou se recuperando após ter sido acertado no olho por Ralphie, Paulie sugere que a surra de Tony pode ter deixado o barman com perda auditiva permanente, o que inspira Georgie a sair do Bing e pedir para nunca mais ver Tony.

Como sempre, Georgie nem era o cara com quem Tony estava zangado, mas ele se torna um saco de pancadas conveniente por uma última vez, em um episódio no qual Tony tem amplos motivos para estar enraivecido. Johnny Sack continua a pressioná-lo a respeito do assassinato de Joey Peeps apenas porque ele pode. Carmela[50] esvazia a piscina para que Tony não possa nadar nela sem ser convidado, deixando claro que ela não tem interesse em voltar com ele.

E temos também Janice. A última vez que vimos os irmãos juntos, eles tinham chegado a uma espécie de trégua. Porém nenhum dos dois é bom em controlar os impulsos: Janice se torna violenta contra uma mãe na partida de futebol de Sophia em um incidente que acaba na televisão, trazendo vergonha pública e fúria renovada para Tony, e o força a confrontar as raízes do famoso temperamento agressivo dos Soprano com a dra. Melfi.

"Depressão é raiva voltada pra dentro", sugere Melfi. Os pais de Tony e Janice eram pessoas que tinham raiva, mas a fúria de cada um deles era voltada para direções opostas: a de Johnny para fora, e a de Livia para dentro, pelo menos até que ela a absorvesse tanto que sua raiva pudesse ser expressa nos outros de maneiras menos óbvias. A explosão de Janice contra a mãe da colega de Sophia no jogo de futebol e a de Tony com Georgie são semelhantes e espelham o comportamento de Johnny Boy: deixe a fúria aumentar até explodir em cima de qualquer um por perto, sendo este responsável ou não por ela. O incidente na partida de futebol é constrangedor para ambos, mas acaba sendo verdadeiramente útil para Janice,

a escrever um dia, mas só quando eu estiver bem rico. Agora o lance de modelo, eu provavelmente faria muito sucesso, mas eu não ia querer ficar convivendo com aquela gente".
50 Carmela também encontra o sr. Wegler por acaso, ignora suas desculpas por como ele agiu em seu último encontro e, em vez disso, mente que ela está voltando com Tony e mais tarde admite para Rosalie que ela ficou brava e queria magoá-lo. (Ela não tem os genes Soprano, mas tem sua própria versão do temperamento esquentado dos Soprano.) A cena termina com uma imagem congelada de Carmela envergonhada, uma técnica pouco usada em *Família Soprano*, mas conhecida nos trabalhos do diretor convidado Mike Figgis (*Despedida em Las Vegas*). Logo em seguida, usa uma transição *wipe*, outra técnica pouco usada na série, para a próxima cena com os caras já na fazenda.

que é sentenciada[51] a fazer aulas de controle da raiva que surtem o efeito desejado de torná-la mais calma e tolerante.

É possível que esta seja apenas outra personalidade adotada por Janice, como Parvati — nem mesmo o melhor terapeuta do mundo poderia atravessar tantas camadas de danos emocionais com tanta rapidez —, mas enquanto ela estiver tentando, sua motivação não importa. Ela até consegue convencer Sophia a não beber refrigerante antes do jantar, o que a faria perder o apetite, ao apenas observar o comportamento da criança e olhar para ela até que ela coloque a lata de volta na geladeira. Este é o tipo de abordagem de atenuar conflitos entre pais e filhos que ela e seus irmãos nunca tiveram a chance de ter. "Você é Mahatma Gandhi", comenta Tony, impressionado, mas ao mesmo tempo perturbado.

Se esse novo autocontrole é meramente outra performance de Janice, ao menos é convincente o bastante para causar fúria e rancor em Tony ao se dar conta de sua própria inabilidade de se acalmar, o que o leva a uma impressionante demonstração de raiva, muito mais parecida com a de Livia do que a de Johnny Boy. Enquanto janta com Janice, Bobby e seus filhos, Tony menciona, de forma calculada, Harpo, o filho de Janice que vive em Quebec e que ela não vê há anos, o que causa um crescente desconforto nela, até que ele a insulta abertamente quando diz: "Como se diz... 'Eu cresci sem mãe', no Canadá?". E com esse mero gesto, ele destrói todo progresso conquistado por Janice na terapia, incitando-a a vir atrás dele com um garfo e xingá-lo na frente de Bobby Jr. e Sophia. Após conseguir provocá-la, Tony dá um sorrisinho debochado, assustador de tão parecido com o que víamos no rosto de Livia quando ela conseguia magoá-lo,[52] e sai da casa da irmã para caminhar de volta a de sua mãe, insuportavelmente satisfeito consigo mesmo.

Quem seria capaz de fazer uma coisa dessas? Quem seria capaz de olhar para a irmã que se esforça para superar os seus defeitos — defeitos esses que todos, incluindo Tony, tiveram que suportar por tanto tempo — e destruir tudo só por inveja mesquinha?

Bem, é como diz a música da banda The Kinks que começa a tocar nos créditos finais enquanto ainda vemos Tony andando para casa (uma coisa rara de acontecer em *Família Soprano*): "I'm Not Like Everybody Else" [Eu não sou como todo mundo].

---

51 Evelyn, a mulher mais falante do grupo de controle da raiva, é interpretada por Chandra Wilson, que no futuro seria a estrela de *Grey's Anatomy: A Anatomia de Grey*.
52 Veja o final de "The Knight in White Satin Armor", quando Tony cai depois de sair da casa de Livia e ela não consegue parar de rir.

"THE TEST DREAM"

TEMP. 5/EP. 11
ESCRITO POR DAVID CHASE E MATTHEW WEINER
DIRIGIDO POR ALLEN COULTER
EXIBIDO EM 16 DE MAIO DE 2004

Três vezes uma mulher

"Nosso amigo... Ele tem que ir." — **Deus**

"The Test Dream" foi um dos episódios mais controversos de *Família Soprano* quando foi exibido pela primeira vez, sendo descrito como tendo a sequência de sonho mais longa de toda a série. Só parece assim porque o sonho de Tony dura um pouco mais de vinte minutos e não é interrompido por nenhuma cena passada na vida real, como foi no caso da sequência de sonho que é igualmente longa, porém fragmentada, do episódio "Funhouse", na segunda temporada.

Esta é, porém, muito mais do que uma recauchutagem glorificada por três motivos:

1. Não aborda apenas um problema ou tema, mas sim Tony como um todo. O sonho mostra quantas coisas aconteceram a Tony desde a segunda temporada, e como tais eventos e outros, que antecedem os eventos da série, continuam a afetá-lo, tornando-se um referendo sobre sua identidade por completo; em "Funhouse", por comparação, os sonhos focam apenas no fato de que Pussy era um informante do FBI. Muito do que está abalando Tony no momento está presente neste sonho, incluindo a possibilidade de uma reconciliação com Carmela e memórias de todas as pessoas próximas dele que morreram (ou que foram assassinadas, talvez pelo próprio Tony).
2. Demonstra o quanto Tony tem aprendido sobre si próprio e como interpretar seus sonhos. Se, como sugerimos, "Funhouse" representa o primeiro momento em que Tony consegue interpretar e entender como seu subconsciente trabalha, então "The Test Dream" é o sonho de uma mente mais sofisticada, capaz de se autoanalisar e que tem uma ideia mais clara de quem e o que importa mais para ele. Melfi era Melfi nos sonhos de "Funhouse", porém servia mais como uma substituta abrangente para as profundezas psíquicas amplamente desconhecidas de Tony Soprano, a parte de si mesmo que ele só aprendeu a ouvir e a conversar recentemente. Tony termina o sonho ciente que Tony B assassinou Joey Peeps, que já era algo de que suspeitava, mas no qual ainda não queria acreditar; ele tem a confirmação quando Chris visita sua suíte no Hotel Plaza para dizer a ele que Tony B matou o irmão mais novo de Phil Leotardo, Billy,

arrastando oficialmente a gangue de New Jersey para a guerra civil de Nova York e talvez selando sua destruição. Essa parte do sonho pode parecer uma premonição, mas também pode ser coincidência, já que acontece no mesmo dia em que ele visitou Tony B na casa de sua mãe e teve certeza de que havia algo errado.
3. Este é o primeiro sonho no qual os eventos que ocorrem no mundo real refletem o que está acontecendo na cabeça de Tony de modo quase simultâneo. Enquanto Tony B matava Billy, Tony sonhava com Tony B matando Phil — um equivalente simbólico aproximado. Todos os sonhos até agora foram a respeito do que está acontecendo na vida dos personagens naquele momento e, às vezes, como o passado explica o presente; mas os sonhos de ninguém previram corretamente algo que poderia acontecer ou estava acontecendo enquanto eles estavam sonhando.

O episódio ainda examina a forma sofisticada com que *Família Soprano* tem características oníricas mesmo nos momentos despertos. "The Test Dream" começa com dois acontecimentos que parecem surreais ou, de alguma maneira, misteriosamente "estranhos". O primeiro é a cena em que Valentina fica desfigurada após se queimar com gordura na cozinha. O outro é o de Tony fazendo check-in no Hotel Plaza, que inclui uma sequência de transições em que a imagem se dissolve até se fundir com a seguinte mostrando Tony enquanto passa um tempo vestido com seu roupão de banho, parecendo o primo careca de New Jersey de Dave Bowman, o astronauta que sobrevive até o final de *2001: Uma Odisseia no Espaço*.

Logo em seguida, o episódio se torna oficialmente um sonho. Começa com Tony acordando não ao lado da trabalhadora do sexo que havia contratado, mas sim de Carmine Lupertazzi Sr., o falecido chefe da Família de Nova York, que está batalhando para dar sentido a si mesmo em um vácuo de poder.[53] Pouco antes de adormecer, Tony ouve de Silvio que Angelo Garepe foi assassinado, talvez por Phil Leotardo. Ele liga para Paulie para contar que Tony B, melhor amigo de Angelo na prisão, estava "esquisitão" mais cedo e que poderia tentar se vingar. "Não se preocupe", responde Paulie. "Ele não é tão burro."

Tony pode até acreditar nisso, mas o subconsciente dele tem suas dúvidas. Momentos depois que ele sai da cama com Carmine, o telefone toca. Carmine teme que seja "o cara lá em cima", tentando trazê-lo de volta à sua recompensa final. A voz do outro lado é, de fato, um poder superior: David Chase, o criador e deus do universo de *Família Soprano*. Sua palavra é lei, e sua palavra é: "Nosso amigo [Tony B], ele tem que ir".

53 Pouco antes de Carmine sofrer o derrame que o matou, ele disse que sentiu cheiro de cabelo queimado. Pouco antes do sonho começar, Tony reclama com Tony B que não consegue se livrar do cheiro de cabelo queimado do acidente na cozinha de Valentina.

A âncora do sonho que se segue é seu fim, uma conversa que parece ser recorrente com Molinaro, seu professor de educação física do ensino médio (Charlie Scalies),[54] que Carmela diz ser sobre se sentir despreparado.[55] O sonho é seguido pela aparição de um personagem secundário ao enredo do episódio (Chris), como se tivesse sido convocado pela angústia psíquica do herói. O episódio termina com Tony e Carmela conversando sobre os conteúdos de seu sonho. Essa cena termina visualmente (com um corte seco para a tela preta) enquanto o áudio da conversa continua por mais duas frases de diálogo, sugerindo como é adormecer durante uma conversa.

Ao longo de "The Test Dream", o fluxo entre cenas, imagens, locações e ideias é tão sofisticado quanto qualquer coisa que tenha sido produzida para o cinema ou para a televisão estadunidense. Olhando para trás, é difícil lembrar o que era real e o que era um sonho e, como sugere a resolução deste, talvez a distinção sempre tenha sido mais porosa do que pensávamos.

A parte do sonho que mais fortemente afeta Tony é aquela na qual ele imagina Tony B atirando em Phil, primeiro com uma pistola e em seguida com seu dedo (talvez uma indicação de que a mente de Tony de alguma forma *sabia* que não tinha sido Phil quem levou um tiro na vida real, ou um aviso de que Phil estaria "ferido" emocionalmente pelo que aconteceu naquela noite — não "finalizado" por Tony B —, mas logo estaria de volta para se vingar). Tony S é perseguido nas ruas por aldeões, uma referência explícita a *Frankenstein*, mas também uma expressão do medo generalizado da máfia/de retaliação da máfia, representada pela multidão, pois a máfia o culpará pelas ações de Tony B. A conclusão de Tony aqui é que seu primo está fora de controle e, em algum momento, ele terá que consertar a situação, e não com uma conversinha séria.

No entanto, há muito mais acontecendo, coisas relacionadas à vida atual de Tony e sua psique. A expressão "de associação livre" é amplamente utilizada para descrever narrativas cinematográficas não tradicionais, mas aqui ela se encaixa bem. Há muitas piadas visuais e verbais em "The Test Dream", imagens e situações que conectam vários personagens, enredos ou metáforas; e várias maneiras plausíveis de interpretar o mesmo momento — não cancelando um ao outro, mas coexistindo.

Olhe só como o episódio lida com um aspecto pequeno, a presença de Charmaine Bucco: a mulher por quem Tony tem uma espécie de queda, um afeto que nunca será recíproco dado à desaprovação declarada dela ao gangsterismo dele.

54 O fato de Molinaro ocupar um lugar tão proeminente no inconsciente de Tony explica por que ele fica tão chateado toda vez que tio Junior lhe diz que ele não tinha o porte de um atleta para fazer parte do time principal do colégio.
55 Toda a sequência segue o clássico sonho de teste causado pela ansiedade, geralmente um pesadelo de ter que fazer um exame para o qual não se estudou. Perder dentes é outro evento comum nesses sonhos, e Tony perde vários ao longo de sua jornada, antes que as balas caiam de sua arma, como dentes, enquanto ele se prepara para matar o treinador Molinaro.

Artie está conectado a Charmaine, no sonho e na vida, por diversos motivos. Está ali pois é o marido de Charmaine (separado, como Tony de Carmela, mas ainda não divorciado). Mas está ali também porque, como Tony B, que saiu da prisão, ele representa a capacidade para mudança e melhora. Episódios anteriores sugeriram que Artie tocava o terror nos tempos em que ele e Tony corriam pelos corredores da escola e pelas ruas de Newark, um ponto reiterado aqui, com Artie substituindo alguém em um carro cheio de indivíduos que, de outra forma, morreram violentamente, guiando Tony ao banheiro masculino, resgatando-o da multidão raivosa e (uma doce ilusão por parte de Tony) treinando-o (!!!) através do sexo com Charmaine: "Ela gosta que esfregue o nariz dela".

Vamos focar nessa fala do "nariz". Ela se conecta aos cavalos perto do Hotel Plaza (que Tony vê e comenta), mas também a Pie-O-My e Tracee, a "potranca". Ralphie, outro personagem do sonho, sem dúvida matou uma delas, talvez as duas. A frase também se conecta com uma quase rima verbal que se fez entender, através da repetição contínua na terceira temporada, por todos os gângsteres que não achavam que valia a pena ficar chateado com a morte de Tracee: eles a descartaram como uma "piranha" — uma "whore" [prostituta], cuja pronúncia é semelhante a "horse" [cavalo]. E eis que o sonho corta para Tony, na sala de estar de sua antiga casa, no alto de seu cavalo olhando para Carmela no sofá, animal e cavaleiro dominando o espaço (o equivalente ao "elefante na sala" — a presença óbvia que é tabu para se discutir). Carmela avisa Tony que, se voltar a viver com ela, "Não pode ficar com esse cavalo aqui".[56]

Ela pronuncia a palavra "horse" [cavalo] como "whore" [prostituta]. "Eu limpo tudo", Tony promete. "Você sempre diz isso", Carmela retruca.[57]

Isso acontece algumas vezes em sonhos: uma cascata de significados possíveis que tentamos agarrar, mas que vazam pelos nossos dedos e assumem uma outra forma quando caem no chão: uma sequência de pingos ou uma grande mancha. Um desses vazamentos acontece na cena de terapia na qual Melfi é substituída por Gloria (que, algumas vezes, fala com a voz de Melfi — Melfi estava certa em dizer que Tony sente algo especial por mulheres obstinadas de cabelo escuro). A conversa entre terapeuta e paciente se torna uma admissão de violência contra mulheres por parte de Tony ("E depois, você me estrangulou!", berra Gloria).

Um outro vazamento acontece na longa sequência na qual Tony e Carmela se preparam para conhecer os pais de Finn em um jantar no Vesuvio. Ele "acorda" em sua casa e vai ao andar de baixo, onde encontra Carmela na cozinha, pronta para o jantar, e ele diz que não pode ir porque não tem nada para vestir. Ele vê que

---

[56] Talvez incluindo Charmaine, que, se tivesse tido um caso com Tony, Carmela veria como outra de suas "piranhas".

[57] É uma surpresa agradável ver Gandolfini tão seguro sobre o cavalo, já que ele não é um ator que se espera ver em uma sela.

o filme *Chinatown* está passando na TV que fica na estante da cozinha, ao lado de livros de receitas da Coleção Better Homes and Gardens (a corrupção aninhada com todo o conforto ao lado dos adornos do subúrbio). Carmela critica Tony por ficar ligado no filme em vez de prestar atenção a ela e diz que "Você só pensa nisso".
"É que isso é muito mais interessante... do que a vida", explica ele.

"Isto é a sua vida", ela responde, indicando o filme — um reconhecimento que, de certa forma, a vida de Tony é como os filmes que ele ama tanto; mas também, talvez, essa história em particular, *Chinatown*, combine com Tony mais do que ele admitiria. (Talvez ele ache que é um Jake Gittes, porém é mais como Noah Cross, tirando o incesto: um homem que pode mandar matar outros homens.) O filme então muda para a versão de 1951 de *Contos de Natal*, no qual um velho rico e avarento tem uma mudança de comportamento após receber a visita de espíritos (assim como Tony é visitado no decorrer desse sonho).

Aparelhos de TV e cenas de filmes são presenças recorrentes, conectando o sonho com filmes, televisão, a vida de Tony e a noção de estar sendo vigiado. O atendente do banheiro masculino (nunca antes visto) nesse "Vesuvio dos Sonhos" olha um close-up dos pés de Tony e de Vin Makazian, que entram na área do lado de fora das privadas. Ele poderia ser um agente do FBI disfarçado de atendente, ou alguém de uma equipe de cinema que está checando o enquadramento de um plano no monitor. *Matar ou Morrer*, estrelado por Gary Cooper, a quem Tony admira, como o xerife que é abandonado pelos habitantes da cidade para encarar sozinho os assassinos, está passando na TV quando Carmela entra no restaurante. É um comentário sobre o estado mental de um homem que espera causar uma boa impressão nos possíveis futuros sogros de sua filha enquanto se dá conta que ele está prestes a perder sua garotinha para a vida adulta. Mas *Matar ou Morrer* também enfatiza a verdade de que, independentemente do que aconteça com a máfia de Nova York e New Jersey, Tony vai ter que encará-la sozinho, sem aliados.

Está tudo vazando aqui: significados e interpretações múltiplos, a realidade do cinema e do sonho se confundem. Vin Makazian é ele mesmo, mas também o pai de Finn (talvez porque Vin rime com Finn), cantando "Three Times a Lady" para sua esposa irritada, Annette Bening, que coestrelou *Bugsy* (cujo título ela menciona após ver Tony B atirar em Phil).[58] Vin e Tony são ambos Michael Corleone, pedindo licença para ir ao banheiro e pegar uma arma escondida no estilo *O Poderoso Chefão* (Bening se preocupa que seu marido volte com "o pênis na mão" em vez de uma arma, parafraseando uma fala famosa do filme). Nos mictórios, Tony entrega a Vin uma cópia de *Os Segredos da Cosa Nostra*, um livro de não ficção sobre um mafioso,

---

58 A citação de *Bugsy* é provocada por uma pergunta de Gloria, interpretando uma jornalista de TV, que chama Bening pelo nome enquanto está noticiando o incidente entre Tony B e Phil. Seria o momento mais estranho do sonho, exceto por todos os outros.

que foi lançado em 1968 e adaptado para o cinema em 1972 com Charles Bronson no papel principal, mas que foi um desastre de bilheteria já que foi lançado no mesmo ano do muito mais popular *O Poderoso Chefão*. Talvez a frase mais memorável do filme seja o assassino de Bronson admitindo: "Não posso trazer os mortos de volta. Eu só posso matar os vivos" — um sentimento que ressoa com este sonho em particular e com *Família Soprano* como um todo. "Bom, a arma não estava atrás do vaso", diz Vin. "Mas isso é a vida real", responde Tony. "Não é, não", retruca Vin, então há uma tremenda explosão lá fora, e o sonho muda para Tony B atirando em Phil, e Tony Soprano se transformando em um monstro perseguido pela multidão/máfia.[59]

Se nos lembrarmos de que tudo o que está acontecendo aqui é produto do imaginário de Tony, e compararmos aos seus sonhos anteriores, vemos como Tony se tornou um sonhador muito mais sofisticado — talvez como resultado de suas conversas com Melfi, que (de várias maneiras) representa o próprio subconsciente de Tony sempre que ele sonha. Ele está ciente de que está sonhando, como visto nas muitas conversas que discutem filmes em oposição à vida e as telas espalhadas por toda parte, servindo como transições e ligando filmes e realidade. "Ouça, cretino", diz ele a Mikey, "eu sei que estou sonhando."

Mas o que ele vai fazer com esse sonho?

"LONG TERM PARKING"
TEMP. 5/EP. 12
ESCRITO POR TERENCE WINTER
DIRIGIDO POR TIM VAN PATTEN
EXIBIDO EM 23 DE MAIO DE 2004

Dirigir para longe

"Como é que você pôde fazer isso com a gente?!" — **Christopher**

Ela estava morta no momento que entrou no carro.

Não no carro que Silvio usa para levar Adriana até os bosques desolados onde ele a assassina por delatar ao FBI, no final de um dos episódios mais devastadores de toda a série. Não, ela estava morta no momento em que entrou no carro do FBI, no episódio "No Show" da quarta temporada, quando Deborah Ciccerone se revelou como uma agente e convidou seu alvo a ir com ela até a sede da agência.

---

[59] E sendo alvejado por Lee Harvey Oswald, porque JFK (e talvez Fran Felstein) ainda esteja na cabeça de Tony também.

Uma vez que Adriana entrou no carro, falou com os agentes federais e não pediu um advogado, tudo estava acabado para ela. Se ela tivesse recusado, poderia ter servido um ano ou dois de prisão pela cocaína encontrada em sua boate; talvez fosse rejeitada por Christopher e pelo restante da Família, o que a forçaria a recomeçar sua vida do zero, mas ela ainda estaria viva. Mesmo o pecado mortal de ter trazido uma agente federal disfarçada para a casa de Tony não deveria ser uma sentença de morte, porque Tony gostava muito de Adriana, como foi visto no episódio "Irregular Around The Margins" — e o que Ciccerone poderia ter de fato visto durante apenas os dois minutos que esteve no átrio?

Mas, no momento em que ela entrou naquele carro sem protestar, tudo mudou. Ela não estava ciente disso pois era muito ingênua para fazer ou pensar diferente. Talvez Ciccerone e Harris até tenham se convencido de que não terminaria assim. Mas, pelas duas temporadas em que Adriana foi uma colaboradora relutante do FBI, aquela cena terrível no bosque — Adriana rastejando sobre as folhas caídas no chão, soluçando enquanto Silvio (que tinha acabado de tentar arrancá-la para fora do carro enquanto a chamava de "vagabunda") caminha com determinação atrás dela e saca sua arma —, infelizmente, era só uma questão de tempo.

A tragédia em câmera lenta de Adriana foi incomum até para uma série tão sombria. Ela não era totalmente inocente. Sabia o que Christopher fazia e até ajudou em certos crimes por medo, como quando encobriu o assassinato na boate que incita Sanseverino a ordenar que ela entregue Christopher ou vá para a cadeia por 25 anos em vez dos 2 propostos originalmente. De certa forma, ela estava completamente além de sua capacidade, sem poder confiar em ninguém, presa em um ciclo de vergonha, abuso e dependência com Christopher, com seu contato a pressionando a fazer coisas que poderiam destruir a vida dela. Como ela não tinha discernimento em nenhum momento — em particular, naquela tarde fatídica quando estava passeando com Cosette —, ela continuou fazendo as mesmas coisas.

E isso causou sua morte.

No contexto mais amplo da série, a morte de Adriana não é tão importante quanto vários outros desdobramentos de "Long Term Parking", entre eles a ressurreição do casamento dos Soprano. Carmela cede, não porque quer, mas porque está exausta de não conseguir encontrar outro caminho na vida além daquele que envolve o homem-urso com quem se casou. O caso com Wegler deu a entender que ela nunca seria aceita como nada mais do que a mulher de um chefe da máfia, e Tony impossibilitou que ela recebesse o dinheiro do divórcio que ela precisava para recomeçar. "Marco Polo" mostrou que ela ainda gosta de Tony, mas não tem ilusões. Tony nem se dá ao trabalho de fingir que vai parar de traí-la, prometendo apenas que seus casos não vão mais envergonhá-la publicamente. Este é um acordo de negócios: Tony pode voltar para casa e Carmela recebe a pequena fortuna necessária para que ela e seu pai possam construir uma casa nova com base na especulação de que a venderão facilmente com lucro. Embora os dois se comportem de forma meio romântica uma vez que Tony volta para casa, a natureza resignada de todo o arranjo é transmitida em dois planos: o beijo superficial que ele dá nela no Vesuvio assim que eles finalizam o acordo, e a maneira como Tim Van Patten e Alik Sakharov, o diretor de fotografia, filmam Tony de muito longe quando ele retorna à casa como residente. Ele parece pequeno e insignificante, mesmo tendo conseguido o que queria, porque até ele sabe o quão vazio é aquele relacionamento.

Enquanto Tony se reconecta com uma velha parceira, um outro parceiro se afasta mais. O assassinato de Billy Leotardo deixa Phil sedento por vingança — transmitida em uma atuação impressionante de Frank Vincent, em que vemos Phil sentado no bar relembrando a morte de seu irmão, com o olhar repleto de raiva e arrependimento —, e Little Carmine procura um jeito de não deixar que esse atoleiro venha causar sua morte. Por isso ele passa a liderança para Johnny Sack, que assume a posição como se tivesse nascido para isso, logo dizendo a Tony, de maneira imperativa, que as reuniões entre eles no costumeiro ponto de encontro perto do rio estão suspensas, porque "é indigno".

A guerra civil chegou ao fim, mas o assunto Tony B continua pendente. Ele está escondido na fazenda do tio Pat, que apareceu no episódio "Cold Cuts", mas continua telefonando para Tony por culpa, medo ou ambos — e desliga a ligação pelas mesmas razões. Ele enfim permanece na linha por tempo suficiente para Tony confessar a verdade sobre o ataque de pânico que teve naquela noite em que Tony B foi preso. Como em muitas das confissões de Tony (veja também quando ele informa Ralphie sobre Valentina enquanto Justin está na UTI, no episódio "Whoever Did This"), o momento escolhido serve ao seu próprio interesse: nesse caso, Tony B está longe demais e cheio de problemas para tomar uma atitude, e Tony está fazendo isso para acertar as contas entre eles, assim ele vai se sentir menos culpado por rastrear a chamada e potencialmente entregar Tony B a Johnny e Phil.

Em vez disso, e apesar do risco de Phil se vingar por meio de Christopher[60] no lugar do primo Soprano que ele quer assassinar, Tony resiste em entregar a localização a Johnny, e se recusa a fazer isso porque está muito ofendido com Johnny, que o tratou mal quando ascendeu ao trono. Ainda que mais tarde ele ajude a planejar o

---

60 *Família Soprano* não fazia referência a Springsteen com frequência, mesmo com seu guitarrista ao lado de Tony por tantos anos, mas Michael Imperioli cita uma das letras de Bruce mais famosas de todas (de "Born to Run") quando Chris explica que estava atrasado para uma reunião porque a "A estrada tava cheia de heróis vencidos numa corrida de poderes de última hora". (Para mérito da série, essa cena não é seguida por um close-up de Steve Van Zandt dando uma piscadela; ele é filmado de longe, a expressão impassível.)

assassinato do amor da vida de Christopher, quando é da responsabilidade de Tony facilitar a morte de alguém com quem ele se importa profundamente, ele hesita.

Essa é uma boa notícia para Adriana nesse trágico caos, porque a defesa que Tony faz de Tony B, às possíveis custas de Christopher, deixando-o desiludido com Tony, alguém que, segundo Chris, vai "para o inferno por causa dele" e, portanto, mais aberto à ideia de ir para o programa de proteção às testemunhas quando Adriana faz a proposta a ele.

Essa, porém, não é sua primeira reação quando ouve a notícia. Em vez disso — em uma cena que talvez por si só tenha garantido a Michael Imperioli e Drea de Matteo seus respectivos Emmy[61] —, a informação logo de cara parece quebrar alguma coisa dentro dele. Christopher se torna cada vez mais nervoso durante a história dela, com a câmera invadindo o rosto dele, até a menção do assassinato na boate (e o que isso significa para ambos) quando isso se torna demais para Christopher, transformando-o em um verdadeiro animal: ele começa a dar socos no rosto dela e a enforcá-la (como tinha feito só de pensar na possibilidade de sua infidelidade no episódio "Irregular Around The Margins") gritando em uma voz gutural "Meu Deus! O que é que a gente vai fazer agora?!". E como muitas vítimas de violência doméstica acabam fazendo, Adriana pede desculpas por colocar Christopher naquela situação, então os dois se abraçam e choram juntos.

É uma cena impressionante de tão crua — quase tão intensa quanto as brigas entre Tony e Carmela em "Whitecaps" —, e nas horas de conversa que se seguem e que não são vistas em cena, parece que a catarse foi suficiente para Christopher perceber o quão ruim aquilo era, e como sua única salvação é aceitar o acordo do FBI e se esconder.

Mas, como todos nesse mundo, incluindo sua prima Carmela, a perspectiva de se tornar alguém diferente é mais do que ele pode aguentar. Enquanto sai para pensar antes de concordar em aceitar a oferta do FBI,[62] ele para um momento para colocar gasolina no seu Hummer ridículo e fica abalado ao ver uma família mais pobre viajando em um Chevy Citation ferrado: a vida (com mullet e tudo) que poderia ser sua se ele traísse a Família. Fica claro que isto é mais do que Christopher seria capaz de suportar, então ele não só dedura Adriana para Tony e Silvio, como ajuda a encobrir seu assassinato, jogando uma mala cheia com as roupas dela no

---

61 O roteiro de Terence Winter também venceu um Emmy, o que com certeza contribuiu para a série vencer o seu primeiro Emmy na categoria de melhor série dramática.

62 Na maior parte das vezes, é difícil culpar os agentes do FBI pelos vários assassinatos que parecem acontecer bem debaixo de seus narizes. Se há um ponto fraco no episódio "Long Term Parking", porém, é que parece muito duvidoso que Sansiverino permitisse que Adriana ficasse sozinha sem monitoramento por tanto tempo, dado o risco de… bem, de exatamente o que aconteceu. Mesmo que Adriana não usasse uma escuta, que mal teria em colocar uma viatura perto do apartamento para ficar de olho em quem passa por lá?

mesmo lugar sob a rodovia onde Tony quase o executou em "Irregular Around the Margins", e depois abandonando seu carro no estacionamento do aeroporto de Newark. Certa vezes, ele estava disposto a morrer do que viver em um mundo onde sua noiva tivesse dormido com seu mentor; agora, ele escolhe Tony em vez de Adriana, e mesmo que ele esteja tão arrasado pela escolha que fez que tenha um recaída nas drogas, ele ainda fez uma escolha terrível. (Como uma mulher que conhecemos bem disse uma vez: coitadinho.)

De volta ao carro de Silvio. Nunca vemos Adriana entrar nele, e o episódio brevemente a mostra dirigindo em direção ao sul, bem longe das pessoas que não se importam de verdade com ela e com a segurança dela, enquanto o rádio toca "Leaving California", de Shawn Smith, cuja letra recomenda dirigir para longe o mais rápido possível —, mas a frase ironicamente só toca ao nos depararmos com o fato de que esta cena é apenas um devaneio. Também não chegamos a ver o momento em que Christopher a delata para Tony e os outros, e nem a morte de fato de Adriana. Essa última escolha fez com que os fãs tentassem imaginar uma versão da história em que Adriana não estivesse morta, assim como a agente Sanseverino preferiu acreditar. Até mesmo a cena final do episódio, com Tony e Carmela no terreno baldio onde ela pretende construir a casa para vender, abre com um plano das árvores projetadas para evocar aquelas que vimos quando a câmera fez uma panorâmica para o alto no momento do assassinato de Adriana, nos provocando com a possibilidade de que voltaríamos àquele primeiro conjunto de árvores para testemunhar Adriana se levantar, ensanguentada, mas ainda bem viva.

Nenhuma dessas enganações são realmente convincentes, embora quiséssemos que fossem. E todos estes elementos se somam para sugerir que David Chase, Terence Winter e todos os outros envolvidos sentiram o mesmo. Assim como nós, eles não queriam que Adriana morresse e criaram um episódio que sugeria que ela poderia até sobreviver.

Mas essa história, na verdade, sempre teve só um final.

"ALL DUE RESPECT"

TEMP. 5/EP. 13
ESCRITO POR DAVID CHASE E ROBIN GREEN & MITCHELL BURGESS
DIRIGIDO POR JOHN PATTERSON
EXIBIDO EM 6 DE JUNHO DE 2004

Boas-novas

"É problema meu, fiz escolhas erradas." — **Tony**

"Two Tonys", o primeiro episódio da quinta temporada, termina com Tony Soprano sentado em uma espreguiçadeira à noite, esperando o retorno do urso-negro, com o rifle carregado em mãos. Ele era o caçador, e o urso era sua presa.

"All Due Respect", o último episódio da quinta temporada, parece resolver o problema de existirem dois Tonys, já que Tony assassina Tony B na esperança de resolver a rixa com a máfia de Nova York. Mas será que resolve mesmo? Não só Tony acaba sendo tanto o caçador quanto o urso em diferentes estágios do episódio — atirando em Tony B com uma espingarda antes mesmo que o primo se desse conta que ele estava lá e, mais tarde, emergindo das árvores atrás de sua casa como se fosse mesmo um urso —, mas o episódio e a temporada continuam dando voltas ao redor da ideia de que os dois Tonys, na verdade, são o mesmo Tony, que se manifesta em diferentes contextos.

Nos disseram em "Rat Pack" que os dois primos — que pareciam mais irmãos — eram indistinguíveis enquanto cresciam, até no primeiro nome, e a temporada tornou isso claro. Poderiam ter tido a vida um do outro se não fosse pelas circunstâncias. A maior fraqueza de Tony é sua impulsividade, e como seu temperamento irritável com frequência passa à frente de seu lado racional. Tony B é apresentado como uma versão mais extrema disso, e como sua morte pelas mãos do primo resulta de três explosões desnecessárias: espancar o sr. Kim às vésperas de começar uma vida honesta; concordar em matar Joey Peeps depois de ferver de inveja do primo; e perpetrar um atentado contra os irmãos Leotardo por não conseguir deixar pra lá o assassinato de seu amigo Angelo. Todos esses descontroles levaram Tony B a ser encontrado morto na varanda de seu tio Pat.

A questão de eles terem o mesmo nome também se torna impossível de ser ignorada. Nosso protagonista acaba sendo apenas Tony, enquanto esse outro homem — completamente novo, mas tratado como uma peça crucial da história de origem de Tony, com quem todos os outros na série têm um relacionamento preexistente — tem que ser chamado de Tony B. A versão do plano B de Tony, o Tony que nosso Tony quase foi, o não exatamente gêmeo caótico que traz à tona os piores impulsos do Tony "real" (como Christopher contou para Adriana em "Cold Cuts").

Pode parecer que Tony o criou em sua imaginação para saber como a versão mais sombria de sua vida teria sido, assim como ele sonhou com Tony B indo atrás dos Leotardo enquanto estava acontecendo, como se ele tivesse invocado o atentado do sonho para a realidade.[63]

Tony B não é um sonho, e nem um alter ego ao estilo Tyler Durden de *Clube da Luta*, nem qualquer outro artifício narrativo. Todo mundo o vê, todo mundo o conhece, e episódios como "Sentimental Education" e "Marco Polo" expõem a qualidade reduzida e confusa de sua vida de uma maneira que parece antitética à lógica do sonho. Mas há algo a respeito dele — ou a respeito de qualquer personagem introduzido tão tardiamente em uma série e que tem tanta história em comum com personagens estabelecidos há mais tempo — que tem um quê de... *errado*. Tony B existe, mas é quase como se não fosse para ser assim, e sua presença constante na narrativa continua causando problemas para todos a sua volta.[64]

"All Due Respect" — título inspirado na maravilhosa frase (muito difundida entre os mafiosos) usada para dar início a um diálogo delicado permitindo que o falante não seja responsabilizado por qualquer insulto que venha a seguir — gira em torno de Tony tendo que aceitar que seu primo não deve mais ficar vivo, e é dele a responsabilidade de eliminá-lo.

Não se trata de um processo fácil nem para ele e nem para seus associados. Ele sai às pressas de um jantar em homenagem a Ray Curto porque sabe que todos os capitães e seus capangas estão incomodados com sua relutância de dar a Phil e à máfia de Nova York o que eles querem. Sua popularidade na Família está tão em baixa que após Benny Fazio sofrer uma fratura craniana, cortesia de Phil e seus capangas, Vito sugere abertamente que talvez seja a hora deles acabarem com seu próprio chefão. Até mesmo Silvio está inclinado a insinuar que essa confusão atual está acontecendo porque o orgulho de Tony ficou ferido quando Johnny começou a tratá-lo como seu subordinado.

"Você não faz a mínima ideia do que é ser o número um", responde Tony, tão alheio à insatisfação da quadrilha Soprano quanto Johnny está da insatisfação de Tony com ele. "Toda decisão que toma afeta cada coisinha em toda parte. É difícil lidar com 'quase'. E, no fim, você tá completamente sozinho. E sozinho em *tudo*."

---

63 Tony B e Gloria Trillo teriam muito o que conversar. Ambos são indivíduos reais e completos que também existem em algum lugar à beira da metáfora e parecem ter se materializado na ficção da série como manifestações dos problemas psicológicos de Tony Soprano. Gloria é uma personificação do desejo de Tony S de agradar e destruir a mãe, enquanto Tony B reflete o ego facilmente ferido de Tony, sua tendência a permanecer charmoso mesmo quando intimida pessoas mais fracas, sua fome insaciável por mais, sua incapacidade de andar na linha e os problemas de autocontrole que impactam todos em sua vida.

64 Esses problemas se estenderam aos próprios roteiristas de *Família Soprano*, que pretendiam que Tony B continuasse pelo restante da série, apenas para perceber que eles se meteram em um beco sem saída e que Tony B tinha que morrer depois de assassinar Billy.

É um membro da sua própria gangue, há algum tempo ignorado, quem lhe dá o empurrão final rumo à decisão: a pintura de Pie-O-My se tornando um dispositivo narrativo improvável. Tony faz uma visita surpresa à casa de Paulie; Paulie, notando que Tony aparecia cada vez menos na casa dele, achou que era seguro colocar a pintura em sua parede. Tony não só fica ofendido por Paulie ter desobedecido à ordem de destruir o quadro, mas também devido ao retoque que o fez parecer com "um jóquei de grama".

"Não é um jóquei de grama", insiste Paulie. "Ele é um general."

Como Tony é fascinado por história militar (nesse episódio, ele está assistindo a mais um documentário sobre o lendário oficial alemão Erwin Rommel enquanto Carmela fala com ele sobre a casa que estão construindo para vender), ao olhar para a pintura mais uma vez[65] ele pensa no que significaria para ele tomar decisões que sacrificassem homens que ele ama pelo bem maior da campanha militar.

Já tínhamos escutado a música "Glad Tidings", de Van Morrison, quando Christopher encontra Silvio se escondendo de Phil. A música reaparece na trilha sonora assim que Tony entende o que ele tem que fazer. Tony B retorna à fazenda com uma sacola de compras e escutamos a letra: "And we'll send you glad tidings from New York" [E nós vamos lhe enviar boas-novas de Nova York] quando o vemos sair do celeiro com suas sacolas. E então vem a frase: "Hope that you will come right on time" [Espero que chegue na hora certa], logo antes de Tony aparecer do outro lado da varanda e atirar no primo favorito antes que ele possa se defender ou mesmo reconhecer que está prestes a morrer. Este não é o tipo de assassinato cheio de raiva que vimos Tony cometer, como Ralphie, Pussy ou Matt Bevilaqua; este é o Tony caçador perseguindo e matando sua presa. É uma morte limpa e fria. Até Febby Petrulio teve a chance de falar algumas últimas palavras e de implorar por sua vida.

Embora Tony B não existisse para o telespectador antes desta temporada, a performance de James Gandolfini deixa claro o quanto sua presença era importante para Tony, e porque ele preferiu arriscar ser morto pelo primo a permitir que o assassinato de Tony B ficasse a cargo de Phil. Por um tempo, Tony B foi tudo para Tony e, de repente, ele se foi, e voltou como um fantasma de seu passado para assombrá-lo por todos os erros, arrependimentos, golpes de sorte de toda sua vida. "Já paguei bastante, John. Paguei até demais", Tony diz a Johnny Sack quando colocam um ponto final nas hostilidades, e a dor está tão clara no rosto e na voz de Gandolfini que nos faz sentir como se tivéssemos conhecido Tony B por toda nossa vida.

---

65 E pisa em ovos podres, porque os ovos, muitas vezes, sinalizam a morte nesta série.

A quadrilha também valoriza seu sacrifício, mas o episódio final da temporada mostra principalmente que as coisa estão bem melhores para Tony em casa, onde ele e Carmela ainda estão usufruindo dos bons sentimentos pós-reconciliação — mesmo que ela se vista de modo mais sensual quando se debruça sobre a planta da casa que está construindo[66] do que para o marido — e onde AJ e seu amigo Patrick (Paul Dano)[67] fazem tanto sucesso dando uma festa com seu próprio dinheiro que AJ fica animado com a ideia de se tornar um planejador de eventos. (Nenhum dos pais entende a ideia, mas ambos a aceitam como uma alternativa que podem tolerar para o filho problemático.)

Até nos momentos finais do encerramento da temporada vemos Tony escapando dos negócios da máfia para retornar à família a qualquer custo. Momentos após ele e Johnny negociarem uma trégua, agentes armados do FBI fazem uma incursão na casa do novo chefe de Nova York para prendê-lo, forçando Tony a escapar correndo pelo bosque: uma presa fugindo em seu terno mais caro. Isso acaba se mostrando desnecessário quando o advogado de Tony explica para ele, por celular, enquanto ele está escapando, que um dos capitães de Johnny virou informante, mas somente sobre outros mafiosos do Brooklyn. Tony não corre risco de ser preso, mas já que ele está tão mais próximo de sua casa do que da de Johnny, ele continua andando.

Antes tinha sido Tony B a se esconder na natureza. Aqui, foi Tony S — ou talvez devêssemos chamá-lo de Tony B agora, como o urso que ele é ("bear", significa "urso" em inglês), já que o final mostra Tony emergindo do bosque no fundo de sua casa como o urso fez no episódio de estreia da temporada (com a música "Glad Tidings" tocando pela terceira vez). Tony sempre foi tanto o urso quanto o caçador, mas esta última cena deixa claro que ele é Tony Bear: como o urso intruso em "Two Tonys", uma ameaça a esta casa mais na teoria do que na realidade. Enquanto em outra ocasião durante a temporada ele apareceu em casa sem avisar e enfureceu Carmela, aqui ela o recebe com simpatia e preocupação: "O que é que houve? Tá com os sapatos encharcados".

Tony conseguiu colocar a vida de volta aos eixos, no trabalho e em casa, mas pagou por isso — até demais. Agora, há apenas um Tony de novo, embora ele contenha múltiplas facetas.

---

66 O velho amigo de Hugh, Ignatz, que projetou a casa, é interpretado por Bob Shaw, o designer de produção de longa data da série.
67 Outra das inúmeras participações de futuras estrelas no seriado: Dano se tornaria uma sensação indie em filmes como *Sangue Negro*, *O Atalho* e *The Beach Boys: Um História de Sucesso*.

"MEMBERS ONLY"

TEMP. 6/EP. 1
ESCRITO POR TERENCE WINTER
DIRIGIDO POR TIM VAN PATTEN
EXIBIDO EM 12 DE MARÇO DE 2006

A forca

*"Ainda que haja intimidade, amigos sempre nos decepcionam.
A família... só nela você pode confiar."* — **Tony**

Isso é que é começar com um estrondo.

"Members Only" rompe com a tradicional construção lenta que introduz uma nova temporada de *Família Soprano*, ao abarrotar duas horas de enredo em sessenta minutos e encerrar o episódio com um de seus atos violentos mais surpreendentes: o tio Junior, senil, desdentado e preso em casa, dá um tiro à queima-roupa no peito de Tony. É clássico de *Família Soprano*; esperado, mas, ao mesmo tempo, surpreendente, doentio e patético, em vez de empolgante de modo superficial. Sempre imaginamos que Tony pudesse levar um outro tiro, mas não *assim*. É bem humilhante, especialmente com a escolha do diretor Tim Van Patten de filmar a cena de um ângulo alto, mostrando Tony, gordo e ensanguentado, caído no chão da cozinha, tentando erguer seus 127 quilos para alcançar o telefone e chamar uma ambulância.

Entrando no que foi anunciada como a temporada final (mas que, posteriormente, seria dividida em duas partes exibidas ao longo de 2 anos mesmo que a HBO insistisse em se referir a ambas como "temporada seis" por razões contratuais), a modernidade trazida pela série ao ofício clássico da filmagem está aqui em seu nível mais alto de todos os tempos. Cada movimento da câmera, plano, corte e diálogo é carregado com um sentido de propósito. Van Patten e Winter tecem imagens e diálogos simbólicos na narrativa — elementos que confirmam a preocupação da temporada com acerto de contas, responsabilidade moral, a necessidade de confrontar a própria mortalidade e a percepção de que ingressar na máfia é um compromisso vitalício com o mal — sem ser óbvio demais.

"Começou a temporada de pesca de *bonefish*", Tony diz a Carmela enquanto desfrutam do hábito de jantar em restaurantes elegantes para os fortalecer como casal. A montagem musical de abertura da temporada — ao som de um remix de William S. Burroughs lendo fragmentos de seu poema "Seven Souls", que descreve um "cineasta" que "dirige o filme de sua vida desde a concepção até a morte" — mostra uma parte de um sonho de Carmela em que ela aparece no esqueleto da casa que está construindo com o dinheiro de Tony e fuma um cigarro com o fantasma de Adriana. É significativo que Tony e Carmela externalizem a ideia de um novo começo para seu casamento disfuncional construindo uma casa nova. Também é significativo que esta casa fosse contaminada, no sonho de Carmela, pelo aparecimento de uma mulher que foi "desaparecida" por ousar ir contra a Família; e que Carmela enfrentaria dificuldades com um fiscal de obra porque seu pai, supervisor da construção, reduziu custos usando material de qualidade inferior e presumiu (incorretamente) que a obra seria aprovada de qualquer maneira, dadas as conexões de Tony com o governo.

Não é sem razão que a imagem de uma forca permeia o episódio. Chase e os demais roteiristas parecem estar apertando a corda ao redor do pescoço de cada personagem, forçando-os a considerar como suas aventuras pessoais patrocinadas pelo crime podem terminar. Eugene Pontecorvo tenta deixar a vida de mafioso e começar do zero na Flórida com a esposa e os filhos; depois de ser informado que seu pacto de sangue nunca permitirá que isso aconteça, ele se enforca na garagem. A câmera de Van Patten se demora em um plano aberto do corpo de Eugene enquanto ele balança como o fio do telefone que Tony não consegue alcançar no fim do episódio. Como em *Macbeth*, no final de *Deadwood* e no filme *Munique*, de Steven Spielberg, o sangue dos assassinatos sangrentos deixa uma mancha moral e física. (A visão de Eugene, que tenta limpar uma gota de sangue de sua bochecha depois de um assassinato, pode ser comparada à frase "Sai, mancha maldita!" de *Macbeth* — o resultado do tipo de ato que o prende à organização para sempre.)

É possível olhar para o tiro que Tony levou como uma experiência de quase morte, mas também uma oportunidade de renascer. Pessoas que conseguem sobreviver a um trauma como esse muitas vezes também conseguem refazer suas vidas. A câmera alta que mostra Tony no chão da cozinha de Junior é evocativa não só de um nascimento (ou renascimento), mas também do enforcado representado nas cartas de tarô: uma figura de aparência serena pendurada de cabeça para baixo na árvore do Mundo Vivo. "Esta é a carta da rendição final", explica um guia de tarô, "que representa alguém suspenso no tempo: a carta de martírio e sacrifício para o bem maior. Este é o arquétipo sobre o qual meditar para ajudar a quebrar velhos padrões de comportamento e maus hábitos que nos limitam." Mas para onde Tony pode escapar? Suas responsabilidades o deixam com ainda menos espaço de manobra do que no caso de Eugene.

Como Tony uma vez contou à dra. Melfi, há apenas duas saídas para caras como ele: "morrer ou ser preso". Por enquanto, todos se concentram na bala que o atingiu, mas a possibilidade de cadeia também paira sobre ele. A julgar pela morte repentina do delator Ray Curto[1] e a revelação de que Eugene também era uma informante, existem quase tantos delatores na Família quanto gângsteres de verdade.

---

1 O episódio arranca várias risadas sombrias sobre a melancolia crescente da agente Sanseverino. Primeiro, ela era o contato de Adriana, e até ela já deve saber que Ade está comendo capim pela raiz. Em seguida, ela é encarregada de Ray Curto, que morre na frente dela (logo quando ele estava começando a fornecer

O fato de que o episódio de estreia dedica tanto tempo à vida e à morte de Eugene, cujo estilo de roupa antiquado fornece seu título, só aumenta a desorientação que começa a partir de "Seven Souls" e do sonho com Adriana.[2]

Se o telespectador sequer conhecia Eugene era porque ele era o cara alto e magro sempre visto com Vito, com o qual formava uma dupla que era uma piada visual fácil e contínua,[3] ou talvez porque ele foi confundido com o primo Brian duas ou três vezes. Agora, de repente, ele está no centro dos acontecimentos, tentando desesperadamente conseguir que tanto Tony quanto o FBI o deixem se mudar para a Flórida com a família em uma tentativa de tirar o filho da dependência das drogas; e nós deveríamos nos importar com seus desejos e sonhos durante o espaço de um episódio?

Por incrível que pareça, essa trama funciona porque a história não é *realmente* sobre Eugene. Sim, todos os detalhes são específicos da sua vida até então não vista, incluindo a notícia miraculosa de uma herança, e o ator Robert Funaro passa com eficiência a imagem do desespero de Eugene por se encontrar encurralado. Mas essa história poderia ter sido sobre qualquer um, desde um personagem regular a um ator convidado. A história se trata do quão difícil é para qualquer um nesse tipo de vida conseguir sair vivo, uma lição clara não apenas para Eugene, balançando na corda por um tempo interminável, mas também pelo gancho agonizante que deixa Tony à beira da morte, em parte porque ele se esqueceu de carregar o celular.

O passado alcança Tony durante todo o episódio. A demência de Junior faz com que ele se convença que Little Pussy Malanga — o homem responsável pela hostilidade entre Tony e Junior no episódio piloto, quando Tony conspirou para evitar que Junior matasse Malanga no Vesuvio — está de volta para se vingar. Quando, na cena final, Junior pensa que Tony é Malanga, é como se o Alzheimer estivesse dando a Junior a oportunidade de reescrever a história, acabando com Malanga e seu sobrinho com uma única bala.

Antes do disparo, Junior era um candidato perfeito para Green Grove, mas Tony ainda está tão traumatizado pelo que aconteceu quando ele colocou Livia lá que acaba mudando completamente de ideia. Longe de insistir que é "uma comunidade

---

informações úteis, depois de anos embromando agentes anteriores). Quando ela é apresentada a Eugene, ela poderia muito bem estar vestindo uma túnica preta e carregando uma foice. Esta é a cena final da personagem, então temos que imaginar sua resposta ao saber do suicídio de Eugene, mas talvez envolva um suspiro exasperado e um sentimento do tipo "É, isso não me surpreende".

2   Ainda mais desorientador: o detalhe metalinguístico de fazer o novo parceiro do agente Harris, Ron Goddard (Michael Kelly), parafrasear H.L. Mencken ("Ninguém faliu subestimando o bom gosto do público americano") seguido por Harris se sentindo mal (por ter contraído um parasita intestinal em uma missão no exterior) e se lançando do carro para vomitar na calçada. É como se a série estivesse admitindo que está à beira de se enjoar de si própria.

3   E mesmo essa piada visual perde o impacto, com Vito consideravelmente mais magro após o ator Joseph Gannascoli ter perdido muito peso no intervalo entre as temporadas.

de aposentados", agora ele está dizendo o contrário a Melfi e se opondo às tentativas de sua irmã de mandar Junior para lá. Por se recusar a fazer a coisa que o levou a tomar um tiro na primeira temporada, ele desencadeia os eventos que o levam a tomar outro tiro. Isso é ironia de uma forma tão pura que até AJ é capaz de reconhecer.

A centralidade de Tony para o enredo e para os temas da série o envolve em uma espécie de armadura narrativa, o que tira um pouco do impacto do desfecho dramático, apesar da encenação habilidosa de Van Patten e Winter. Mas o fato de que a temporada atinge um momento de violência enorme já tão no início é um sinal ameaçador do quão próximo se está do fim.

Como Carmela expressa em seu sonho, "Estou preocupada, Adriana".

O fantasma de Adriana garante a ela: "Tá todo mundo preocupado".

"Não", Carmela explica melhor, "eu me preocupo *todo o tempo*."

E com toda a razão.

TEMP. 6/EP. 2
ESCRITO POR DAVID CHASE
DIRIGIDO POR DAVID NUTTER
EXIBIDO EM 19 DE MARÇO DE 2006

Sistemas de aquecimento

"Quem sou eu? Pra onde vou?" — **Tony**

Mais uma vez conduzindo o espectador em uma direção oposta a que ele espera, David Chase dá continuidade ao disparo macabro de Tony com... outro Tony? Esse não é o chefe da máfia de New Jersey, mas um vendedor de ótica de precisão que fala do jeito que Gandolfini fala na vida real. Ele tem uma esposa que não é Carmela (ou, pelo menos, a voz que ouvimos no telefone não é de Edie Falco) e dois filhos jovens. E quando, durante uma viagem de negócios a Costa Mesa, na Califórnia, ele tem a oportunidade de transar com uma vendedora, ele perde a coragem, indicando que: "Eu poderia ser outro homem hoje e me dar bem. Mas não, eu vou embora".

Mais uma vez, estamos de certa forma em um mundo de dois Tonys. Na verdade, de três: nosso protagonista, mostrado quase à beira da morte na UTI; o vendedor de ótica que compartilha seu nome; e Kevin Finnerty, um vendedor de aquecedores que aparentemente se assemelha a ambos os Tonys e que sem querer troca de maleta e identidade com o Tony do mundo alternativo.

O Tony que conhecemos aparece no décimo primeiro minuto do episódio, puxando o tubo de respiração e repetindo as palavras do Tony vendedor, que se pergunta quem ele é e para onde vai.[4] Onze minutos são uma eternidade para uma narrativa televisiva, em especial na sequência de um gancho tão caótico, e é fácil imaginar o contingente "menos falação, mais agressão" resmungando: "Que momento para fazer outra sequência de sonho...".

Mas é isso mesmo o que está sendo mostrado? As cenas de Costa Mesa são carregadas de simbolismo, mas são apresentadas de forma muito mais coerente do que qualquer coisa em "Funhouse" ou "The Test Dream".

E se isso não for um sonho? E se for o purgatório?

Aqui, Tony está preso em Orange County[5] sem poder escapar (purgatório). Em um lado da cidade é possível ver um farol brilhando (paraíso) e, do outro, uma floresta em chamas (inferno). Várias vezes, ele faz uma pausa para avaliar o valor de sua vida; depois, tendo perdido carteira, identidade e cartões de crédito necessários para comprovar quem ele é, acaba roubando a identidade (pecado) de Kevin Finnerty — o vendedor de aquecedores que vive em um dos estados mais quentes dos Estados Unidos, o Arizona —, faz check-in em outro hotel, cai de uma escada vermelha, altura em que ele descobre que tem Alzheimer (condenação eterna). Enquanto, na vida real, Carmela continua dizendo que ele não irá para o inferno, Tony está no purgatório, se perguntando se deve contar a esposa que esse é exatamente o destino que ele merece.

Admitimos que pode não importar discutir se essa é uma visão do purgatório ou apenas um sonho. Cenários e sonhos religiosos empregam uma linguagem visual semelhante; ambos nos trazem de volta à escolha moral e nos levam a fazer grandes perguntas (muitas vezes retóricas). Quando a televisão de Costa Mesa pergunta: "O pecado, a doença e a morte são reais?", ela dá uma resposta implícita, o lampejo de um crucifixo amarelo. (Quer dizer que são, portanto, cuidado.)

Essa não é uma nova abordagem para *Família Soprano*. Em "Funhouse", Tony, ao sofrer uma intoxicação alimentar, entendeu a verdade tóxica sobre Pussy, mas não conseguiu digeri-la. Da mesma forma, não parece um acidente que Tony tenha sofrido lesões no pâncreas, que neutraliza o ácido, e na vesícula biliar, que cria a bile (ele sempre teve problemas para controlar a raiva). Nem parece acidental que

---

4   Essa frase — na verdade, toda a aventura em Costa Mesa — foi inspirada em algo que John Patterson, diretor de longa data de *Família Soprano*, disse misteriosamente enquanto estava hospitalizado e morrendo de câncer entre a produção das temporadas cinco e seis.

5   O adjetivo "orange" [laranja] é carregado de associações para os telespectadores de *Família Soprano*. Em uma tabela de preparação para emergências, o laranja está um nível abaixo do vermelho, a cor que normalmente indica as piores condições, e essa também é a cor do fogo e da maioria das representações modernas de Satanás (quando ele não está escuro como breu). Além disso, a trilogia *O Poderoso Chefão* tem toda uma mitologia construída em torno de laranjas, que geralmente anunciam uma morte iminente ou comentam sobre ganância e arrogância.

o risco de sepse seja descrito como "uma infecção no sangue", já que muitas outras coisas estão "no sangue" de uma família, incluindo Alzheimer e uma propensão à depressão ou violência ("aquele maldito gene estragado dos Soprano"). Também digno de nota: um freguês de bar, batendo papo com o vendedor Tony, menciona o nome de um tipo específico de carro, o Infinity [sem fim]; o barman brinca: "Aqui? É morto!" e pronuncia "Finnerty" para soar como "finity" [finito ou limitado]. De todos os personagens para repreender Finnerty, Chase escolhe homens de Deus — monges! —, que ficam furiosos com a instalação de um sistema de aquecimento defeituoso. Tony tem duas opções de trabalho: sistemas de aquecimento (inferno) ou ótica de precisão (clareza de visão).

Mas onde o subconsciente de Tony jogaria estes símbolos em uma narrativa absurda e dinâmica (agora Big Pussy é um peixe, agora Gloria Trillo é uma repórter de televisão entrevistando Annette Bening, que é ao mesmo tempo ela mesma e a mãe de Finn), em Costa Mesa vemos tudo de modo mais direto e mais ameaçador. Parece que Tony está sendo julgado por suas escolhas terríveis e é conduzido a ponderar a perda de identidade que o colocou em um leito de UTI.

Primeiro ele é transformado em uma versão mais inofensiva e dócil de si mesmo, e então forçado a se tornar Finnerty de modo a conseguir comida e abrigo, e depois ele é informado por um médico de Costa Mesa que em breve vai se perder por completo para o Alzheimer.

Quando o médico pergunta seu nome, Tony/Finnerty se lamenta: "E faz diferença? Logo não vou saber quem sou".

Essa não é apenas uma crise médica, mas também moral e espiritual. Podemos atribuir essas visões ao trauma (ou talvez à medicação). Mas parece mais sábio supor que a série, que periodicamente insinua a possibilidade de outros planos de existência (lembram-se de Pussy no espelho no funeral de Livia?), está reconhecendo ou quase afirmando que acredita em coisas que os sentidos não podem provar.

Como contrapeso paralelo e estilístico para as cenas de Costa Mesa, tudo o que acontece na realidade que conhecemos bem está um pouco fora do normal — e significativamente sem filtro — em comparação à aparência e sensação comum da série. Carmela não usa nenhuma maquiagem. Temporariamente na chefia, Silvio conduz os negócios de uma sala de espera do hospital (lidando tanto com as consequências do suicídio de Eugene Pontecorvo[6] quanto com as tentativas dos capitães de preencher o vácuo de poder). AJ se refere ao seu pai pelo nome e fala sobre assassinar Junior,[7] Meadow se mostra mais confiante do que nunca ao con-

---

6 Vito projetando suas próprias inseguranças sobre a motivação do amigo para se matar: "Talvez ele fosse gay e não tivesse com quem conversar. Isso acontece".
7 AJ também solta um "Coitadinha!", perfeitamente ao estilo de Livia, no meio de uma discussão com Meadow sobre carros híbridos.

frontar o cirurgião arrogante de Tony, o dr. Plepler (Ron Leibman), e os dois irmãos têm uma conversa franca sobre como acham essa situação, e a família deles em geral, constrangedora. Isto é *Família Soprano* sem artifícios: cada personagem é uma ferida aberta, assim como o buraco que os cirurgiões deixaram na barriga de Tony para ajudá-lo a se curar.

Isso leva a dois momentos de atuação espetaculares de Edie Falco. No primeiro, Carmela considera o último relatório dos médicos e começa a chorar desesperadamente no corredor do hospital, em uma interpretação até mais intensa do que a vimos em "Whitecaps".[8] No segundo, ela coloca "American Girl" de Tom Petty para tocar, lembrando quando a música tocava muito durante uma viagem que os dois fizeram no início do relacionamento, com a esperança de que essa música familiar consiga ajudá-la a se comunicar com o marido inconsciente. Ao longo de três minutos e meio — em um monólogo projetado lindamente para acompanhar os movimentos da música com Petty and the Heartbreakers —, seus pensamentos vagueiam desde aquela viagem e seus primeiros dias despreocupados juntos, passando pela atração que costumavam sentir um pelo outro, até chegar ao arrependimento que sente por ter falado que Tony ia para o inferno no episódio piloto.

"Foi horrível dizer aquilo", confessa. "É um pecado, e vou ser julgada por isso. Você é um bom pai, se preocupa com seus amigos. Tem sido difícil entre a gente. Ah, ficamos tão ríspidos um com o outro e eu não sei nem por quê. Mas você não vai pro inferno. Você vai voltar pra cá. Eu te amo."

Em nosso último vislumbre de Tony, ou Finnerty, ou quem quer que seja agora, o encontramos sentado em seu quarto de hotel, olhando para o farol e debatendo se deve ligar para a esposa e lhe dar a notícia sobre sua condição. "When It's Cold I'd Like to Die", de Moby, toca na trilha sonora. Como Carmela e todos seus entes queridos no mundo real, Tony quer muito atravessar o tempo, o espaço e a barreira entre aqui e ali para se comunicar com eles mais uma vez. Mas ele não consegue e desliga o telefone. Este mundo ainda não o liberou.

---

[8] Parabéns para Michael Imperioli, que demonstra muito bem o estado de devastação quando Christopher envolve Carmela em seus braços para mostrar seu apoio e encontrar conforto sobre o que ele acha que é a perda iminente de seu tio e mentor.

TEMP. 6/EP. 3
ESCRITO POR MATTEW WEINER
DIRIGIDO POR JACK BENDER
EXIBIDO EM 26 DE MARÇO DE 2006

Cumplicidade

"Por favor, deixe-me ficar com ela. Parece muito pesada." — **Tony B**

"Mayham" é, como sugerido pelo título que usa um malapropismo flexionado (quando grafada corretamente, "mayhem" significa "caos", já "mayham" é uma mistura com "ham", que quer dizer "presunto"), um episódio no qual muitas coisas atrozes acontecem, incluindo um roubo sangrento organizado por Paulie Walnuts, o asmático Silvio desmoronando sob a pressão de ser o número um, Vito planejando um golpe de estado[9] e a continuação das aventuras de Tony/Finnerty em Costa Mesa. Ainda assim, a cena mais importante do episódio talvez seja a mais corriqueira e familiar: Carmela visitando a dra. Melfi para conversar sobre seus sentimentos em relação à condição de Tony e o estado do casamento deles. Ao desabafar sobre seus sentimentos conflitantes com Tony, Carmela admite que desde o início do relacionamento deles ela sabia que ele era um criminoso, mas escolheu não pensar no assunto. "Eu ainda não sei se amei ele apesar disso, ou por causa disso", ela afirma.

Por toda a longa existência da série, de tempos em tempos, os fãs eram forçados a se questionar sobre isso, mas não por muito tempo. Esses primeiros episódios da sexta temporada parecem diferentes, e não apenas por focar em personagens previamente secundários, como Vito e Eugene, e pelo longo interlúdio em Costa Mesa. Há uma sensação de que tanto os personagens quanto a própria série estão considerando a moralidade de suas ações, incluindo Carmela.

Ela diz a Melfi que, por décadas, confessou seus medos dessa vida enredada para amigos e conselheiros. E ela admite que o tiro levado por Tony, um evento que atraiu a atenção da mídia, forçou seus filhos, agora já adultos, a "enfrentarem todos esses anos de enganação". Então ela faz uma meia-volta típica e sugere que o gangsterismo de Tony é apenas uma gota no mar de corrupção do mundo. Sua admissão de culpa, ela diz a Melfi, é "tudo bobagem, porque tem bandidos bem piores que meu marido". Melfi fica em silêncio durante a maior parte do desabafo de Carmela, mas consegue interpor o que pode ser a palavra de cinco sílabas mais condenatória da história da série: "Cumplicidade".

---

[9] Descobrimos que Vito e Phil Leotardo têm um parentesco através da esposa de Vito, Marie (interpretada por Elizabeth Bracco, irmã de Lorraine Bracco), uma conexão familiar que, sem dúvida, encoraja Vito a falar sobre insurreição.

Mas cumplicidade exatamente em quê? Não só na vida de crime de Tony, mas também na tendência generalizada (como David Chase sugere, uma característica bem estadunidense) de colocar o interesse próprio à frente de tudo e de todos: preocupando-se apenas consigo mesmo. Exceto por Melfi, cujo escrutínio talmúdico das racionalizações de seus pacientes a torna a verdadeira representante dramática das crenças de Chase, todos os personagens principais de *Família Soprano* são extremamente egoístas, mesmo quando se apresentam como compassivos.

Silvio que, com relutância, tem que ocupar a posição de chefão, avisa à esposa para não ficar fazendo perguntas interesseiras sobre o futuro; mas ela insiste, e ele escuta. Bobby Bacala continua pressionando Silvio para decidir como distribuir os rendimentos que antes eram de Junior, e então chega à casa de Silvio, na manhã seguinte, reclamando: "Sil, não ligou pra mim!", enquanto ele está sendo colocado dentro de uma ambulância por ter sofrido insuficiência respiratória. Vito, que emagreceu recentemente, enche o ouvido de Larry Boy Barese sobre ele ser o sucessor óbvio de Tony, de maneira nada discreta, e colabora com Paulie Walnuts, seu parceiro em um assalto a traficantes colombianos, para evitar dar a Carmela a porcentagem que seria dela de acordo com as regras estipuladas pela Família. Quando Tony acorda do coma de repente, eles juntam um saco de dinheiro e o entregam a Carmela, fazendo um grande alarde da generosidade deles.

Aliás, a saída de Tony de Costa Mesa é estimulada em parte pelo som da tagarelice egocêntrica de Paulie, enquanto o capitão grisalho fala sobre si mesmo até que Tony sofre uma parada cardíaca. Depois disso, quando o chefão acorda, porém ainda catatônico, Chris aparece para dizer a Tony que espera que ele invista no seu primeiro empreendimento como produtor de cinema, um filme de terror digital sobre um mafioso eviscerado que se recompõe e mata seus assassinos com um cutelo.[10] Invocando de modo grotesco a memória de Adriana — que o próprio Christopher entregou como informante —, ele diz: "Você me deve isso".

As traquinagens de Silvio e companhia, ao maior estilo Guardas Keystone, durante a ausência de Tony — que incluem Paulie levando um chute no saco; Vito, paranoico, mastigando palitinhos de cenoura com ansiedade; e Silvio sendo forçado a conduzir os negócios enquanto está tentando ir ao banheiro e ler o *Star-Ledger* — ilustram como esses caras precisam de Tony desesperadamente. Mas também servem como um alívio bem-vindo da estranheza das cenas de Costa Mesa, e, às vezes, vazam nelas como no momento surreal no qual o vendedor Tony ouve a voz de Paulie resmungando do outro lado da parede.

---

10 Os planos de Christopher oferecem uma oportunidade para a série trazer de volta o coitado do JT Dolan, que é pressionado a escrever o roteiro de *Cleaver* [Cutelo] em troca de que suas dívidas sejam quitadas.

Quanto mais tempo Tony permanece em Costa Mesa, mais real sua identidade de Kevin Finnerty se parece. Os monges do episódio "Join The Club" o processam pelo trabalho malfeito no sistema de aquecimento deles, em uma reviravolta que lembra tanto o filme *Intriga Internacional* que podemos nos perguntar se existe mesmo um Kevin Finnerty — ou, como Tony pergunta ao barman do hotel, "É possível que eu *seja* Kevin Finnerty?". Se estamos pensando em Finnerty como o sósia malvado do vendedor Tony — quando Tony pergunta se ele realmente se parece tanto com Finnerty, um dos monges diz: "De certa forma, todos os brancos são parecidos" — então talvez esta versão mansa e honesta de Tony esteja começando a compreender que a versão real dele é um homem que fez muito pior do que Finnerty fez com os monges.

Um convite a uma reunião da família Finnerty, que ele encontra na maleta trocada, oferece a oportunidade de poder confrontar sua contraparte, porém o homem que o recebe na frente da Pousada dos Carvalhos tem um rosto diferente, ainda que bem familiar: é Tony B, ou pelo menos um homem interpretado por Steve Buscemi, sorridente e educado, enquanto empurra Tony em direção ao seu destino.

"Sua família está lá dentro", insiste Tony B. "Eles vieram lhe dar as boas-vindas. Você vai para casa."

Tony quase entra. Parece tão fácil, tão acolhedor, só seguir em frente e abandonar todas as preocupações da vida de Tony Soprano. Mas ele não entra. Mais cedo, a voz de Paulie reclamando no mundo real quase o matou; aqui, a voz de Meadow aparece sob o som da voz da filha muito mais nova do vendedor Tony, ambas as meninas implorando para o pai voltar para casa.

Os sons da voz de Carmela e "American Girl" não foram suficientes, mas a voz de Meadow (que, como Carmela diz a Melfi, não escolheu esta vida como ela) e a clara ameaça representada pelo portal de entrada da pousada (mostrando de novo outra silhueta de mulher que, como no pesadelo de "Calling All Cars", evoca Livia) dão um choque em Tony — nosso Tony, que tem um sotaque forte, uma longa fila de amantes e uma fila ainda maior de bandidos e assassinos que trabalham para ele — de volta à vida.

Teoricamente, os mortos sabem apenas uma coisa: que é melhor estar vivo. Mas a cena final do episódio sugere o contrário. Enquanto Carmela cuida do marido, atordoado e pouco comunicativo, ele não parece um homem feliz por estar aqui.

"THE FLESHY PART OF THE THIGH"

TEMP. 6/EP. 4
ESCRITO POR DIANE FROLOV & ANDREW SCHNEIDER
DIRIGIDO POR ALAN TAYLOR
EXIBIDO EM 2 DE ABRIL DE 2006

Kung Fu

"Eu devia tá morto, mas tô vivo. Sou o cara mais sortudo do mundo. Depois dessa... daqui pra frente, cada dia é um presente." — **Tony**

Ao sair do hospital, Tony ouve sinos de igreja e pássaros cantando, percebe crianças voltando da escola para casa e sente o sol em seu rosto. Ele segura o braço de Janice e insiste que ele é um novo homem e que nunca mais deixará de dar valor a esta vida. Janice, aliviada de ver seu irmãozinho sobreviver a este momento difícil, permite que Tony saboreie o momento por meio segundo, depois vai buscar o carro dela, tratando essa epifania como um obstáculo na estrada para Tony voltar a ser Tony de novo. Dado o que sabemos sobre esta família, ela está errada?

Janice é a plateia ideal para essa sabedoria recém-descoberta de Tony. A vida dela tem sido uma interminável pantomima de metamorfose: ela já foi Parvati, a hippie amante de ioga; uma noiva imperiosa da máfia; uma cantora folk cristã renascida; a amante aventureira na cama de Ralphie; e a esposa amorosa de Bobby. Ela muda o nome, a roupa e até o jeito de falar, porém nunca deixa de ser uma narcisista insuportável. E ela se conhece muito melhor do que admitiria a Tony ou a qualquer outra pessoa. Por isso que ela não dá muita bola para essa versão melhorada do irmão, apesar de ele aparentar estar sendo sincero.

Qual Soprano está certo?

Primeiro, vamos refletir sobre a visão cínica de Janice: Tony acha que quer mudar, mas já é muito mais ele mesmo do que reconhece. Ele está se recuperando com lentidão de um incidente que deveria tê-lo matado. Ele tem lábia, conversando com evangélicos que visitam o hospital e com o cientista amigável da mesma ala, contando para uma enfermeira que ele não se sente mais como era antes. E, no entanto, ele se esgueira do hospital para fumar charutos, fica irritado com Phil Leotardo e basicamente destrói a vida da família Barone para que ele possa proteger os próprios interesses, mantendo seu emprego fantasma depois que um dos caras de Phil compra a empresa. Quando ele perdoa o paramédico por roubar dinheiro de sua carteira (supondo que o cara fez isso mesmo), parece mais com uma fachada que ele está experimentando.

Parece que todo mundo tem interesses egoístas. Tony é amigável com Aaron — o ex-namorado narcoléptico de Janice em quem ele chegou a jogar comida uma vez durante o jantar de Ação de Graças — apenas para ganhar pontos e poder ficar fora do purgatório. O empresário da estrela de rap Da Lux (Lord Jamar) fica feliz que seu cliente tenha levado um tiro porque vai ajudar na venda de discos (e aumentar seu percentual). A filha de Hesh gosta dos cristãos renascidos porque eles apoiam Israel. A representante do plano de saúde de Tony brinca e flerta com ele, mas quer tirá-lo do hospital.

E Paulie Walnuts, que recebe o tipo de informação que deveria alterar de forma fundamental seu senso de identidade — a freira moribunda que ele pensava ser sua tia é, na verdade, sua mãe biológica, e Nucci, a tia que o acolheu para proteger a reputação de sua irmã —, responde a isso com a mesma atitude "ai de mim" que demonstra na melhor das hipóteses. Ele culpa a mãe adotiva pelo crime de criá-lo sem contar a verdade, e Jason Barone (Chris Diamantopoulos) pelo pecado maior de ter uma mãe biológica que o ama mais do que ama a própria vida. (A quantia mensal que ele exige de Jason, no valor de 4 mil dólares, é equivalente ao custo de manter Nucci em Green Grove.)

A única pessoa que não aparenta estar preocupada somente consigo mesma de uma forma tão descarada é John Schwinn (Hal Holbrook),[11] o aposentado do Bell Labs, então é claro que ele sofre um destino pior que a morte: um homem que adora falar (e consegue se comunicar de forma inteligente) é roubado desta capacidade.

E agora, reunimos as evidências da visão otimista de que Tony e as pessoas a seu redor são capazes de sofrer mudanças reais e duradouras:

1. A invocação repetida do ditado ojíbua, afixado misteriosamente no mural do quarto de hospital de Tony: "Às vezes, eu reclamo pra mim mesmo e, de repente, passa um vento forte e me leva pro céu". Isso sugere que Tony, como a maioria das pessoas, está tão focado em suas próprias preocupações egoístas que não consegue ter uma visão mais ampla da vida, para se ver como um átomo, no que David Milch, criador de *Deadwood*, uma vez chamou de "o organismo humano maior". A parte da "grande pena" zomba gentilmente da fixação de Tony (e nossa) com a parte visível da vida — o aspecto de primeira pessoa que vivenciamos como indivíduos —, enquanto insiste que há forças maiores em jogo, como o destino, Deus, ou algum outro substantivo místico.
2. O segundo, o terceiro e o quarto episódios desta temporada contêm mais alusões à moralidade, espiritualidade e recompensas eternas do que quaisquer três episódios consecutivos anteriores de *Família Soprano*. Além do pedido de desculpas de Carmela, na cama do hospital, e das aventuras de Tony no "Mundo do Coma", vimos inúmeras aparições de

---

[11] O lendário Hal Holbrook foi outro ator convidado de *Família Soprano* conhecido por seu trabalho no cinema dos anos 1970, e mais famoso por interpretar Garganta Profunda em *Todos os Homens do Presidente*.

personagens que representam uma versão de um homem santo expressando uma visão de vida que vai além do interesse próprio. As divagações de Tony no "Mundo do Coma" o colocam cara a cara com monges cujas vidas ele tornou mais infernais por meio de um sistema de aquecimento defeituoso. Entre outros embaixadores teológicos, "The Fleshy Part of the Thigh" apresenta o amigo evangelizador de Aaron, pastor Bob (Rob Devaney), que já foi viciado em cocaína e strippers; a mãe biológica de Paulie ("Como pode ter sido má?", Paulie clama. "É uma freira!"); uma participação especial de padre Phil, bem barbeado; e um vislumbre televisionado de David Carradine no papel de Caine, o herói de *Kung Fu*, sem dúvida a única série de TV de ação que se apresentava como uma jornada espiritual (Caine era um monge).[12]

3. Logo após o encontro de Tony com a eternidade, o pastor Bob vende a Tony a ideia do cristianismo evangélico como uma forma de se relacionar diretamente com Cristo, sem a intercessão da liturgia. O pastor Bob é sincero e o episódio trata sua mensagem com respeito. Mas observe que sua escolha de palavras apela para o lado prático de Tony; Bob é um vendedor teológico que oferece a um cliente em potencial uma proposta melhor, uma chance de receber orientação da fonte.

4. Até John Schwinn parece ser mais um homem santo. Em uma cena memorável no quarto de hospital com Da Lux e sua turma,[13] Schwinn presenteia Tony com monólogos zen. Entre outras coisas, ele diz que dois boxeadores lutando na TV não são realmente oponentes e não são entidades separadas de verdade — que todos nós fazemos parte do mesmo continuum. A percepção de individualidade, de distinção e de separação é uma ilusão, ele diz: "As formas que vemos só existem em nossa consciência".

5. Dinossauros, dinossauros, dinossauros. Carmela[14] presenteia Tony com um livro sobre dinossauros. O pastor Bob diz a Tony (em uma cena que enfraquece sua habilidade de vendedor mostrada antes) que os cientistas estão errados, que os dinossauros andavam entre os humanos. Talvez Tony,

---

12 Se Costa Mesa foi apenas fruto do subconsciente de Tony, seu amor de infância pela série *Kung Fu* pode explicar a presença dos monges carecas como os adversários de Kevin Finnerty.

13 A subtrama que dá título ao episódio envolve Bacala oferecendo aumentar as perspectivas de carreira de Marvin, amigo de Da Lux interpretado pelo vocalista do Naughty By Nature, Anthony "Treach" Criss, atirando na perna dele para aumentar sua credibilidade nas ruas. Isso é feito para gerar grandes risadas, já que a excelente pontaria habitual de Bacala dá errado e ele acerta Marvin na nádega.

14 O comportamento de Carmela no episódio também mostra que as pessoas podem mudar, pois ela faz algo muito fora do personagem ao avisar Tony sobre Vito, quando em geral ela se contenta em ficar o mais longe possível dos negócios do marido enquanto desfruta dos resultados. Talvez confessar à dra. Melfi, em "Mayham", que ela não tinha ilusões a respeito da carreira de Tony — e que estava atraída por essa parte dele em primeiro lugar — a tenha encorajado a parar de se comportar como Kay Corleone e aspirar por um momento mais Lady Macbeth?

o gângster do século XX, seja meio como um dinossauro, uma espécie condenada à extinção por predadores (outros criminosos, o FBI) e por não evoluir e se adaptar. Mas, de acordo com a evidência científica mais recente disponível até o momento em que este livro foi escrito, os dinossauros não morreram inteiramente; os sobreviventes do evento de extinção evoluíram para pássaros.[15] Será possível que Tony possa evoluir para outro tipo de pessoa: um Tony reconhecível, apesar de arrependido e que segue a lei, assim como os pássaros mantiveram certas características de seus ancestrais dinossauros?

6. O Tony pós-coma parece mais inclinado a perdoar e negociar do que guardar rancor e lutar por cada migalha. Depois de exigir 2 mil dólares em dinheiro do paramédico que ele acusou de roubá-lo durante uma "biópsia da carteira", ele recusa o dinheiro com um aceno de mão. Mais tarde, ele aceita os termos desfavoráveis para a continuação do emprego na gestão de resíduos com um suspiro e um aperto de mão em Phil Leotardo. Como Janice prevê, essa situação pode ser temporária, mas ainda é surpreendente de testemunhar. Ele parece mais consciente do mundo além de sua mente febril. A combinação da experiência de quase morte e do aconselhamento espiritual ininterrupto (se não solicitado) parece tê-lo tornado consciente de modo subliminar do continuum descrito por Schwinn. Tanto o diálogo quanto a filmagem sustentam essa leitura. Saindo do hospital, Tony se deleita com o som natural que antes ele teria ignorado como ruído de fundo. Então, no desfecho magnífico, Tony se senta no quintal, ouvindo o vento nas folhas, e a câmera segue da esquerda para a direita sobre a linha das árvores, ecoando um movimento de câmera na sequência no "Mundo do Coma" que encerra "Mayham". O movimento da câmera descendo no pedestal revela que a linha das árvores não é no quintal de Tony, mas no rio Passaic, onde Paulie Walnuts está prestes a espancar Jason Barone e impor os termos do emprego de Tony. A edição e o trabalho de câmera colapsam os mundos de Tony e Paulie, confirmando que eles não são entidades separadas. A panorâmica da esquerda para a direita na linha das árvores é repetida, deslocando-se sobre as árvores no quintal de Tony. Em seguida, o movimento é repetido uma terceira vez, com uma panorâmica acima da linha das árvores sobre Paulie enquanto ele sai de quadro no plano final do episódio.

7. Coloque esse ditado ojíbua na língua dos Soprano. O que ele diz? "Coitadinho".

---

15 No primeiro episódio de *Família Soprano*, o casamento de Tony e Carmela é apresentado por meio de uma cena dos dois na cozinha, Carmela o pressionando para se comprometer a terminar o trabalho mais cedo e insinuando que é melhor não ficar com a amante enquanto a cabeça de Tony está enterrada em um livro. É um livro sobre pássaros. Carmela chama sua atenção ao se referir a ele como "homem-pássaro".

"MR. & MRS. JOHN SACRIMONI REQUEST..."

TEMP. 6/EP. 5
ESCRITO POR TERENCE WINTER
DIRIGIDO POR STEVE BUSCEMI
EXIBIDO EM 9 DE ABRIL DE 2006

Chacais

"Se podem fazê-lo chorar e se ele é fraco assim, o que poderiam forçar ele a fazer?" — **Phil**

Normalmente, quando tantos personagens se arrumam em *Família Soprano*, como é o caso do episódio "Mr. & Mrs. John Sacrimoni Request...", é para ir a um enterro. Desta vez, em teoria, é para o casamento de Allegra (Caitlin Van Zandt), a filha de Johnny Sack. Mas, no final do episódio, parece até um funeral para um chefão, um lembrete de como outro chefão chegou à beira da morte recentemente e o momento em que um aspirante a chefão é marcado para morrer. John fica desmoralizado diante de seus associados quando chora ao ser algemado pelos agentes federais na frente de todos seus convidados; Tony, ainda se recuperando, teme parecer fraco demais após desmaiar na fila para entrar no casamento; e Vito é flagrado por outros mafiosos em uma boate gay onde foi para liberar o que sente após um dia em que ele foi a fundo no seu disfarce de hétero.

Vito tem que interpretar o homem de família heterossexual com mais intensidade do que o normal em meio a uma celebração implacavelmente heteronormativa de romance. Ele considera o significado da aliança no dedo de sua mulher enquanto Allegra e seu novo marido trocam os votos, e não consegue evitar fazer outro elogio a Finn ("E olha pra esse jovem dentista, todo bonito com um terno de grife"); e se sente tão infeliz a respeito da mentira que está vivendo que insiste em ir embora do casamento mais cedo, de modo que possa dar uma escapadinha de casa para libertar sua verdadeira identidade.[16] A cena no bar, infelizmente, acaba evocando o filme *Parceiros da Noite*, o thriller de 1980 estrelado por Al Pacino e marcado pela homofobia caricata, com Vito vestindo roupas de couro projetadas para fazê-lo parecer ridículo, quando o restante desta temporada o transformou com eficiência em um personagem complexo e sombrio.

Mas o episódio compensa isso com o uso inquietante da música "The Three Bells", do grupo The Browns, quando Vito estaciona na entrada do motel onde se esconde para ver onde a notícia de seu "crime" vai se espalhar — a mesma música

---

16 Embora, às vezes, Joseph Gannascoli pareça ter dificuldade com os aspectos físicos da homossexualidade de Vito, o desconforto combina com esse momento da vida do personagem, e algo autêntico e surpreendentemente doce é transmitido em sua interpretação — junto ao tormento.

que foi usada brevemente na cena do episódio anterior quando Jason Barone recebeu uma lição sobre que tipo de negócio exatamente seu pai estava envolvido. A letra da música conta a história da vida de Jimmy Brown (sem relação com The Browns) em três versos que cobrem três grandes momentos de sua vida: nascimento, casamento e morte. A descrição de "um vale escondido" ressoa com a memória de Tony vagando no "Mundo do Coma", bem como com o desejo de fuga expressado nas histórias de Eugene Pontecorvo e do pobre Vito. O arranjo clássico da era Eisenhower, com sua harmonização melosa, é uma máquina do tempo musical, envolve os ouvintes não nos Estados Unidos dos anos 1950, mas na autoimagem sentimental da classe média branca do país daquele tempo e lugar. É um mergulho no espelho d'água que o país fez para si mesmo. Os ciclos da vida de um homem se desenrolam como um recital imparcial de fatos, cada um acompanhado por um sino tocando[17] e as orações de uma congregação a um Deus que pode ou não estar ouvindo, mas parece um sujeito decente. Esta é a vida idílica estadunidense que Jason Barone provavelmente viveu enquanto estava protegido da realidade que está prestes a lhe dar uma surra no cais. E é a vida que Vito finge viver, mas nunca será capaz de apreciar de verdade. Sua fachada começa a desmoronar aqui porque o casamento o lembrou de que ele ainda precisa encontrar um vale que possa chamar de seu.

O episódio faz várias referências à famosa sequência de casamento em *O Poderoso Chefão*, mais notavelmente ao repetir a ideia de que um *don* tem que conceder favores no dia do casamento de sua filha,[18] mas as falsas demonstrações de força apresentadas aqui são imitações baratas de Vito Corleone.[19] O estressado Johnny tem que passar por obstáculos legais e gastar uma fortuna (incluindo reembolsar a União pelos custos de sua licença de um dia) não apenas para dar a Allegra seu dia especial, mas para ter o que poderia ser sua última noite fora com sua família e sua Família. E embora Johnny seja mais poderoso e sofisticado do que seu colega de New Jersey, ele compartilha o temperamento de Tony e a incapacidade de deixar de lado ressentimentos mesquinhos, então Rusty Millio se tornou para ele o que Ralphie já foi para Tony: um aborrecimento que ele quer eliminar. Não é uma jogada particularmente inteligente; como chefe interino, e facilmente ofendido por comportamentos como o choro de Johnny, Phil é uma ameaça maior, e fará com que ele fique em débito com Tony, ao mesmo tempo em que despertará a suspeita de que ele está quebrando sua promessa para com os agentes federais de não discutir negócios. Sem aquelas conversas nada sutis com Tony, talvez os agentes não

---

17 Quando Tony sai do hospital, ele ouve os sinos da igreja tocando.
18 Uma referência indireta a *O Poderoso Chefão*, talvez: a música de finalização do episódio é "Every Day of the Week", de The Students, que percorre os nomes dos dias na ordem correta, em vez da forma como Apollonia recita: "Segunda, terça, quinta, quarta, sexta, domingo, sábado".
19 Quando Carmela pega o *Star-Ledger* na calçada da garagem (poupando Tony de ter que fazer a longa caminhada em sua condição), ela vê uma manchete sobre Junior: "Don Squirrel-Leone em prisão psiquiátrica".

o teriam levado algemado na frente dos convidados. Em vez disso, Johnny fica humilhado e, depois de ter enfatizado para Ginny e as filhas[20] a importância de permanecerem fortes na frente de amigos e da Família, ele desaba e começa a chorar, Allegra e Ginny o acompanham: isso faz com que Phil e os mafiosos de ambas as Famílias questionem a masculinidade e a viabilidade dele como chefe.

A posição instantaneamente rebaixada de Johnny não passa despercebida a Tony, que já estava preocupado que seus próprios capangas pensem que ele está frágil. Ele desmaia por um breve momento após ter ficado sob o sol quente enquanto esperava na fila para passar pela segurança na entrada do casamento e combina os dois incidentes ao explicar para Melfi:[21] "As pessoas se enganam, acham que você tá fraco, veem uma oportunidade. Muitos deles são meus amigos, mas também são uns chacais". Melfi, em um raro momento de intervenção (talvez porque está se sentindo mais protetora do Paciente X após o ferimento grave dele), oferece a Tony um conselho direto em como ser um chefão melhor, dizendo que ele deve "agir como se" fosse mais confiante e fisicamente capaz do que ele é. Para fazer isso, ele tenta o velho truque do pátio da prisão de encontrar um oponente fisicamente maciço — no caso, seu motorista musculoso, Perry Annunziata (Louis Gross), que tinha sido o "segundo colocado no Mr. Força Adolescente" — para encher de sopapos na frente de testemunhas, no escritório do Satriale's. Perry é um alvo fácil não só porque é uma criança grande com bíceps sem a sabedoria das ruas, mas porque é o único cara de cabeça quente o bastante para revidar brevemente, fazendo com que a vitória de Tony pareça mais impressionante. Tony dá uma surra nele por uma razão inventada, e depois mantém a compostura por um tempo antes de ir ao banheiro, onde paga o preço de sobrecarregar o corpo ferido, vomitando no vaso sanitário.

Gângsteres que se esforçam para se manter na sociedade vivem em medo constante de que sua aparência de respeitabilidade seja arrancada e eles sejam expostos como parasitas. Algumas vezes, eles estão condenados a ser expostos. Não importa quão circunspectos os gângsteres e suas famílias sejam, haverá dias em que a sociedade mais estendida (representada por policiais e promotores) se sente encorajada de chamar um gângster de gângster; e quando isso acontece em público, machuca, não importa quão importante o chefão seja. *Família Soprano* já tinha reconhecido essa ansiedade específica, mas nunca de forma tão franca como faz aqui. Exceto pelo procurador que foi contra o passe de um dia, o governo foi generoso com Johnny, mas, de alguma forma, o dia se tornou uma grande vergonha

---

20 A outra filha de Johnny, Catherine, é interpretada por Cristin Milioti, que em breve seria uma estrela da Broadway (*Once*) e da televisão (ela seria a personagem-título da série *How I Met Your Mother*).

21 Tony retorna aos cuidados da dra. Melfi e a faz rir muito outra vez quando começa a primeira sessão do episódio perguntando: "Vou logo perguntando. Você faria amor comigo, por compaixão?".

pública — em roupas sociais. O roteiro de Terence Winter lança esses elementos sem alvoroço, e o diretor Steve Buscemi os aprofunda com planos em câmera alta que diminuem fisicamente os gângsteres em momentos cruciais (os convidados do casamento subindo a escada em espiral; Vito se acomodando no motel; Tony vomitando sangue no banheiro).

Aquela cena no banheiro masculino é um lembrete dos sacrifícios que Tony faz para manter o status quo. Essa vida é destrutiva de todos os modos: moralmente, espiritualmente e, agora, fisicamente. Ele fez sua escolha, e agora está pagando com sangue. Depois que vomita, ele se olha no espelho com uma expressão arrogante e assustadora que diz "Eu estou de volta". E então uma sombra de dúvida cruza seu rosto. Ele cai de quatro e vomita outra vez. Esse é um tipo diferente de análise custo-benefício, conduzida pelo corpo, não pela mente.

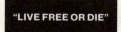

"LIVE FREE OR DIE"
TEMP. 6/EP. 6
ESCRITO POR DAVID CHASE E TERENCE WINTER
E ROBIN GREEN & MITCHELL BURGESS
DIRIGIDO POR TIM VAN PATTEN
EXIBIDO EM 16 DE ABRIL DE 2006

No fundo do vale

"Esse cara que foi pego em flagrante... os rapazes que trabalham comigo tão querendo... tão querendo a cabeça dele. Fazer o quê?" — **Tony**

Você ouviu aquela piada sobre um mafioso de New Jersey que entrou em uma pintura da Nova Inglaterra feita por Norman Rockwell? Nem eu, porque normalmente não se escuta uma coisa assim.

"Live Free or Die" termina no estado cujo lema fornece o título do episódio, viva livre ou morra, mas começa na terra natal, com um plano aberto que mostra Tony de roupão ainda em processo de recuperação cambaleando pelo quintal e tendo sua leitura interrompida pelo barulho estridente de uma unidade de ventilação defeituosa. Ele caminha até o aparelho, mexe nele, arranca a tampa e a atira longe com repulsa, e então volta a ler.[22] Instantes depois, o barulho estridente recomeça, mas em vez de tentar resolver o problema de novo, Tony o ignora.

---

22 Kevin Finnerty foi acusado de vender unidades de aquecimento com defeito, como ficamos sabendo.

A cena final mostra Vito no vilarejo ficcional de Dartford, no estado de New Hampshire,[23] que parece ser cheio de homens burgueses gays. Ele caminha pela rua principal e se esconde em um antiquário. Quando pergunta ao vendedor sobre um vaso em particular, o funcionário elogia o gosto de Vito: "Você tem um bom olho". À medida que o vendedor se distancia, a câmera de Van Patten avança lentamente até Vito, que continua analisando o vaso. O que torna esse plano tão poderoso é a falta de autoconsciência de Vito. Pela primeira vez em sua história na série, ele aparenta estar completamente à vontade.[24]

Essas são imagens de entrada que nos convidam a refletir sobre tudo o que vimos nesta temporada. De uma certa forma, as histórias de Tony e de Vito são a mesma. Elas são sobre homens que querem mudar a vida que tem, ou escapar dela, e se tornar pessoas diferentes, ou os homens que eles sempre deveriam ter sido.[25]

A combinação da virada pela qual esse personagem passa e o local onde isso acontece induz a um sentimento mágico de suspensão. É como se Vito, assim como Tony, tivesse morrido brevemente e ido para um outro lugar.

Para onde Tony foi? Ou Tony vai esmorecer? Difícil dizer. A experiência de quase morte o sacolejou e fez com que ele adotasse uma abordagem "viva e deixe viver" no que tange ao gerenciamento da máfia. Aqui, Tony se encontra em conflito com seus capangas quando recebe a notícia sobre a orientação sexual de Vito com indiferença. "Eu tive outra chance", ele diz sobre Vito. "Por que ele não teria?" E dá uma resposta ainda mais contundente a seus capangas: "Você vai cuidar dos filhos dele quando ele morrer?". A despeito da surra que deu em Perry, em público, Tony parece mais dócil e reflexivo. Quando está deitado na cama com Carmela, sua cicatriz vertical parece um corte de cesariana; será que estamos testemunhando o nascimento gradual de um novo Tony?

O defeito na unidade de ventilação ilumina o problema atual de Tony e a trajetória de sua história. A exposição de Vito é como se um pedaço de metal fosse jogado no maquinário dos gângsteres e Tony não pode ignorar o barulho estridente. Seus golpes desajeitados no pensamento esclarecido ("Estamos em 2006. Tem boiola até

---

23 As cenas de Dartford foram filmadas em Boonton, New Jersey, uma comunidade tranquila com uma rua principal pitoresca localizada em uma colina. No universo de *Família Soprano*, Jackie Jr. estava escondido nos complexos residenciais de baixa renda (totalmente ficcionais) de Boonton quando levou um tiro de Vito.

24 Este plano final relembra muitas imagens da série que parecem comentários sobre a mistura de alta e baixa cultura na série, a começar com a cena de abertura do piloto, na sala de espera de Melfi. Vito, um gângster cafona que rouba e mata, tem um olhar instintivo e sofisticado para arte.

25 Com quatro dos melhores roteiristas da série recebendo crédito pelo roteiro, sabíamos que o episódio ia trazer o toque cômico, e eles conseguiram. Entre os momentos de risada: Christopher e Tony que separadamente comentam que sempre souberam do segredo de Vito; Tony em pânico ao pensar se Melfi acreditou que ele fez sexo com outros homens na cadeia; a reação enojada de Paulie quando soube da história de Vito ("Não aguento mais tanta traição!"); e Christopher racionalizando que não tem como seus clientes árabes serem terroristas porque um deles tem um cachorro da raça springer spaniel inglês.

nas Forças Especiais!") não funcionam com esse grupo, que vê a homossexualidade como um pecado mais grave do que atirar em um cara e esmagá-lo. Mais cedo ou mais tarde, Tony terá que dar a ordem para matar Vito e ver, impotente, enquanto alguém se oferece para executar a ação, ou tomar uma posição e pagar o preço.

Mais significativo, porém, essa abertura nos lembra do fracasso de Tony em reconhecer a origem de seu sofrimento psíquico: ele é um criminoso assassino. Nem mesmo a terapia atacou o cerne da questão. A terapia de Melfi não está fazendo de Tony um homem melhor, mas um gângster melhor. Sua mãe morta não é o problema; ele é.

Vito, enquanto isso, está desfrutando de sua própria versão da vida rústica que foi negada a Eugene Pontecorvo, forçando-o a escapar de suas ligações com a máfia por meio de uma corda. Conforme Vito passeia por Dartford, ele parece mais relaxado — mais ele mesmo — do que nunca. A sequência magistral que se desenvolve aos poucos descrevendo sua fuga inclui cenas arrepiantes de Vito caminhando pela chuva torrencial depois que seu carro quebra (abandonando o veículo que o vimos dirigir durante suas várias tarefas da máfia). Mal protegido por um poncho fino, o bandido encharcado renasce em uma pousada, cortesia de uma gerente que se recusa a receber um punhado de dinheiro em agradecimento. Pelo que ela sabe, ele é apenas um viajante tentando escapar da chuva. Vito acorda na manhã seguinte em uma elegante cama de dossel, enquadrada em um plano master com a câmera baixa que mais uma vez nos lembra a passagem evolutiva do astronauta Dave Bowman no quarto branco no final do filme *2001: Uma Odisseia no Espaço*, cujo tema principal é a evolução tanto como um evento físico quanto como uma metáfora: o que foi ganho e o que foi perdido.[26] Um gângster com corpo de bebê renasce aqui. O que ele vai se tornar? O que vai acontecer com ele?

Sem dúvida, não é nem um acidente que a parada de Vito na terra de Norman Rockwell ecoe a estadia de Tony no "Mundo do Coma", incluindo até sua chegada apoteótica à uma casa acolhedora. (Vito, ao contrário de Tony, ousa entrar.) Também não parece um acidente vermos Carmela repreendendo o pai por saquear e desmantelar a casa que construíram para vender. (Hugh responde que a casa era uma causa perdida porque ela deveria ter conseguido as devidas licenças governamentais para construir com material inferior, e não o fez; em outras palavras, ela negligenciou um problema que ameaçou um sonho de longa data e agora tem que aceitar as consequências. É a conversa sobre a unidade de aquecimento defeituosa de Costa Mesa transposta para a terra.) Esta temporada é toda a respeito de novos começos (ou reconstruções) e como eles são frustrados por azar, decisões erradas, condicionamento e genética. Faz sentido que Vito se sinta seguro em um

---

26 Lembra-se de toda a conversa sobre dinossauros e aves no episódio "The Fleshy Part of the Thigh" desta temporada?

lugar mergulhado em sua própria autenticidade. A incapacidade de revelar sua verdade oculta foi o que o forçou a ir embora do Condado de Essex. Dartford parece o paraíso, e Vito está tão feliz lá que parece melhor do que qualquer um que deixou em New Jersey. Pena que a felicidade tem data de validade. Quanto tempo a de Vito vai durar? O cadáver de Eugene balança na mente como o pêndulo de um relógio, contando os segundos. Os novatos do crime organizado recebem a promessa de uma vida glamorosa na qual eles não têm que estar presos às regras. O que ninguém diz a eles é que estarão trocando um conjunto de regras por outras.[27]

Quando Phil dá a má notícia à esposa de Vito — tendo ouvido o relato de Finn[28] sobre Vito e o segurança —, ele soa como um promotor: "A testemunha não tem por que mentir". As reações enojadas dos mafiosos de New Jersey sugerem que Vito pode não voltar nunca mais. O episódio diz "viva livre ou morra", mas na terra de *Família Soprano* não se trata de uma escolha, mas de uma sequência: viva livre *e* morra.

TEMP. 6/EP. 7
ESCRITO POR MATTHEW WEINER
DIRIGIDO POR DANNY LEINER
EXIBIDO EM 23 DE ABRIL DE 2006

Os que têm e os que não têm

"A vida não é justa, tá bom, eu sei. Mas acreditei nas besteiras do meu pai sobre trabalho honesto. Ele dizia: 'Você vai ver. No final, vale a pena'. Que piada!" — **Artie**

Uma das diversas pragas que atacam o Vesuvio durante "Luxury Lounge" é a abertura do Da Giovanni, um restaurante rival em um bairro próximo. Quando vemos o lugar pela primeira vez, Tony está parecendo um marido traidor, pois deve comparecer à celebração da crisma do neto de Phil que acontecerá lá. O buffet é tão espetacular quanto prometido: um prato incrível atrás do outro, com ingredientes para analisar e sabores para apreciar.

27 Em paralelo, vemos Meadow trabalhando pro bono no caso de uma família afegã que está encarando uma situação similar por ter escapado das regras de uma sociedade para outra que não é tão livre como diz ser.
28 Não apenas Finn é forçado a testemunhar no açougue, mas ele e Meadow parecem totalmente infelizes juntos. O noivado tinha sido em parte motivado para proteger Finn de Vito; agora que Vito é persona non grata em toda a região de New Jersey, Nova York e Connecticut, o vínculo mais forte que esses dois jovens tinham se dissolveu.

Os primeiros seis episódios da sexta temporada foram tão ricos e repletos de surpresas, que também pareceram um verdadeiro buffet. A ideia de ter na sequência um episódio focado em Artie — mesmo que ele divida o tempo com outra desventura de Christopher no mundo do show business — e revisitando temas já explorados (veja o episódio "Everybody Hurts": Artie se apaixona pela recepcionista e descobre suas limitações como um cara durão) soa tão apetitosa quanto a comida sem graça do Vesuvio a essa altura. Porém, "Luxury Lounge" acaba oferecendo algo que se parece mais com o prato de coelho que Artie improvisa perto do final do episódio: pode não ser o que o cliente pediu, mas é simples e eficaz.

"Luxury Lounge" amarra a história de Artie, que entra em conflito com Benny Fazio em New Jersey, e Christopher e Little Carmine, que não conseguem impressionar Ben Kingsley em Beverly Hills, com fios emocionais unificadores de inveja e ressentimento. Ou, como Christopher resume sem querer enquanto elogia Lauren Bacall em seu papel mais famoso, errando o título do filme: "Você estava ótima em *The Haves and Have-Nots*" [o título correto em inglês é *To Have and Have Not* (Ter e não ter, em tradução livre. O título que Christopher fala, significa "Os que têm e os que não têm"); em português, o filme se chama *Uma Aventura na Martinica*].

Artie sempre teve dificuldades financeiras fazendo as coisas de forma honesta, enquanto os principais frequentadores de seu restaurante se dão bem quebrando as regras. Tony e Artie são amigos de infância, e até dividiram uma casa por um tempo até Charmaine o aceitar de volta,[29] mas Artie é essencialmente um ajudante contratado da Família. Na maior parte do tempo, ele pode engolir isso, mas quando os mafiosos ficam muito invasivos — o que Benny faz duas vezes durante o episódio: primeiro, seduzindo Martina (Manuela Feris), a última recepcionista por quem Artie está apaixonado; depois, usando-a para roubar os números de cartão de crédito dos clientes do Vesuvio, atrapalhando os negócios de Artie —, o chef com os antebraços proeminentes já aguentou o que pode, e não aguenta mais! Ele vai até a casa de Benny e dá uma surra impressionante no pequeno tenente de Christopher. Este é um triunfo raro para Artie — que ele celebra dando socos no ar ao estilo Muhammad Ali com um pouco de exagero — e um que ele é capaz de escapar dado à antiga amizade com o chefão. (Tony diz a Benny: "Não se cospe no prato em que se come, muito menos no prato em que *eu* como".) Mas a mesma boca que não consegue parar de conversar com clientes desinteressados também não consegue parar de dominar a situação sobre Benny quando ele traz sua esposa e pais ao Vesuvio para um jantar de aniversário, o que leva um Benny enfurecido a enfiar o braço de Artie em uma panela de molho borbulhante.

---

[29] Espelhando vagamente o casamento dos Soprano, os dois se reconciliaram entre as temporadas cinco e seis.

Essa violência está acontecendo a um continente de distância da tentativa de Christopher e Little Carmine de fazer Ben Kingsley interpretar o chefe da máfia em *Cleaver*.[30] É claro que a estrela de *Gandhi*, vencedor do Oscar, não está nada impressionado com a proposta, enquanto Christopher acaba abismado e invejoso demais, tendo um vislumbre do saguão da luxúria que dá nome ao episódio, onde as celebridades recebem brindes incríveis em troca de posar para a divulgar as marcas: *Ben Kingsley foi visto usando um relógio Oris enquanto estava à beira da piscina do Hotel Viceroy!*

Entre as vantagens favoritas de Christopher no trabalho estão todas as coisas grátis que ele recebe, mas o saco de lixo cheio de sapatos de grife que certa vez ele trouxe para casa para dar a Adriana parece patético em comparação com esses itens luxuosos que mal impressionam Kingsley. Se Artie é um homem que pode ser agredido e mutilado em seu local de trabalho por Benny sem medo de sofrer retaliação, então Christopher quase não é digno da atenção de Ben Kingsley.

Ele não é nada para este homem que representa tanto o que ele sempre sonhou em ser, e reconhecer isso faz com que ele entre em parafuso: primeiro, em uma recaída que requer a intercessão de seu padrinho do NA e capanga, Murmur (Lenny Venito),[31] e depois em um assalto a Bacall,[32] para roubar uma cesta de presentes no valor de 30 mil dólares. Mesmo esta pequena vitória dura pouco, já que ele acaba em um voo com Kingsley e tem que ver como o ator de *Sexy Beast* está irritado por ter que respirar o mesmo ar que ele de novo.[33]

Christopher sai de "Luxury Lounge" com a cesta de presentes e nada mais. Artie se sai um pouco melhor. Ele tem que, mais uma vez, lidar com o fato de ser o panaca honesto no mundo dos mafiosos, mas ele pode fazer isso porque tem uma coisa que ele ama, e ele é bom nisso quando não está chateando os clientes com listas de ingredientes ou dando em cima de mulheres desinteressadas.

---

30 Outros nomes cogitados para este papel, de acordo com Meredith Tucker, assistente de elenco de *Família Soprano*: Michael Douglas, Christopher Walken, Alec Baldwin e Michael Gambon.
31 Lenny interpretou Duffy, amigo de Kevin Gable, em *Kevin Pode Esperar*; ele é um daqueles atores com cara de durão, sorriso arrogante, e jeitão de Costa Leste perfeito para interpretar uma grande variedade de papéis e tem um currículo que remonta à série *O Justiceiro*, de 1985.
32 A série considerou várias atrizes para o papel da senhora famosa a ser esmurrada por Christopher, e teve até um ponto que o roteiro tinha Little Carmine elogiando o trabalho de Maggie Smith em *Harry Potter e a Câmara Secreta*. A escalação de Bacall funciona perfeitamente, porém, porque ela representa um tipo muito específico de glamour e tenacidade de Hollywood que seria atraente em particular para Christopher. Além disso, ela teve espírito esportivo para suportar tal mortificação na tela aos 80 anos.
33 Os dois assassinos de Nápoles que Tony traz para matar Rusty Millio também fazem muitas viagens de avião. Na viagem de volta à Itália — sentados em frente ao homem de Nápoles que David Chase interpretou em "Commendatori", na segunda temporada —, os dois se maravilham com o quão barato eles conseguiram comprar presentes para casa, como uma caneta Mont Blanc, graças ao dólar fraco. Para eles, as coisas que fazem Christopher suar e se desesperar são bugigangas baratas.

("Você me olha como se eu fosse comida!", reclama Martina). John Ventimiglia está primorosamente desesperado ao longo do episódio, lembrando uma espécie de Willy Loman (personagem de *A Morte de um Caixeiro-Viajante*, de Arthur Miller) em uma obra como *A Grande Noite* — um filme referenciado na montagem em que Artie prepara uma receita antiga ao som de uma música que lembra o velho país de seus ancestrais.

Desta vez, comparado com seus respectivos Bens (Kingsley e Fazio), Christopher e Artie são definitivamente os que não têm. Mas apenas um deles foi capaz de aceitar seja lá o que tem.

"JOHNNY CAKES"
TEMP. 6/EP. 8
ESCRITO POR DIANE FROLOV & ANDREW SCHNEIDER
DIRIGIDO POR TIM VAN PATTEN
EXIBIDO EM 30 DE ABRIL DE 2006

Imitações da vida

"Às vezes, mentimos tanto tempo que não sabemos parar. E nem quando é seguro." — **Vito**

"Johnny Cakes" é o maior desvio da sexta temporada e, talvez, da série. Os episódios "Join the Club" e "Mayham" podem ter apresentado uma realidade alternativa, ou uma visão da vida após a morte, mas os interlúdios voltados à história de Kevin Finnerty ainda se enquadram no estilo de muitas das sequências de sonho da série. Outros episódios viajaram muito mais longe de New Hampshire, mas ainda incorporam neles a atmosfera da série. Você até pode tirar Paulie Walnuts de New Jersey, mas não consegue tirar New Jersey de Paulie Walnuts, mesmo quando ele está na Itália.

Em "Johnny Cakes", porém, não é só o fato de que Vito não está mais sendo Vito, apresentando-se agora como "Vince", um jornalista esportivo que está escrevendo um livro sobre Rocky Marciano ou Rocky Graziano, dependendo da mentira que ele decide contar no dia, e se apaixona por Jim (John Costelloe), o cozinheiro de uma lanchonete cuja especialidade para o café da manhã dá ao episódio seu título; é também que o affair em sua totalidade se desdobra de modo estilisticamente diferente de qualquer coisa já vista na série. A aparência e o tom ficam entre um episódio de *Além da Imaginação* ambientado em uma daquelas cidadezinhas clássicas da imaginação de Rod Serling e o primo barbado e briguento de um filme de

Douglas Sirk[34] sobre caras que não poderiam ser mais diferentes da imagem de gays de classe média alta com educação superior, apresentados com tanta frequência na TV estadunidense naquela época, apesar de exceções ocasionais como *Queer as Folk: Os Assumidos* e *A Sete Palmos*. A abertura mostra alternadamente Tony se readaptando à vida "normal" (para um gângster) e Vito, em Dartford, tendo uma aventura de autoconhecimento que mais parece um sonho, mas que ainda dá a impressão de estar ocorrendo no universo de *Família Soprano*. A partir do momento em que Johnny, um homem gay bonitão que parece ter saído de uma HQ de Tom of Finland, aparece em sua Harley Davidson em uma casa em chamas e emerge momentos depois de salvar uma adorável criança, é fácil imaginar que essa é a fantasia de Vito para uma vida que ele nunca poderia ter em New Jersey. O restante dessa subtrama é repleto de significantes (na semiótica, significante é o elemento tangível do signo — por exemplo, uma imagem, palavra ou música) explícitos e diálogos melodramáticos: o estilo clássico das lanchonetes dos anos 1950 como essa, que poderia ser onde o ator Rock Hudson iria para curar uma ressaca, ou os tipos de vestidos com casacos de tweed vagando no salão da pousada, até frases como a citação de Vito na abertura do capítulo que combinam com um pôster anunciando um melodrama pré-anos 1960 sobre almas americanas atormentadas. Alguns dos detalhes não são convincentes, e as atuações parecem um pouco forçadas, mesmo considerando o enredo, mas há muitos momentos inesperadamente acertados, como a briga no estilo John Wayne do lado de fora do bar, desencadeada pelo desconforto de Vito com sua sexualidade ao rejeitar o beijo de Joe com um soco, e a maneira como ele faz as pazes com um gesto — colocando a mão sobre a de Joe — talvez essa seja a coisa mais corajosa que ele fez na vida.

As cenas de Vito também fornecem um paralelo interessante com a situação de Tony e AJ: cada um às voltas com seu próprio medo de estar fingindo ou lutando contra sua verdadeira natureza. Mas sempre somos lembrados que a situação de Vito é a pior de todas, porque seus colegas mafiosos são tão homofóbicos que consideram sua existência uma ameaça à própria masculinidade deles. A edição intercalada oferece o que aparenta ser três subtramas principais dialogando entre si. Vemos Vito andando pela calçada em Dartford, sua verdadeira natureza mantida em segredo, depois a cena corta para Christopher olhando abertamente para as mulheres na calçada em frente ao Satriale's; vemos então Tony, que se levanta para sair da loja do açougue suíno logo antes de Vito entrar na lanchonete; AJ recebe uma massagem nas costas de uma garota interesseira enquanto a amiga pratica sexo oral no amigo de AJ e, em seguida, vemos Vito roubando o celular de um

---

34 O clássico *Imitação da Vida*, de Sirk, de 1959, sobre uma mulher branca aspirante a atriz que faz amizade com uma viúva afro-americana cuja filha tenta se passar por branca na adolescência, passa na TV da família Spatafore após o casamento de Sacrimoni.

hóspede do hotel para que possa ligar para a esposa e o filho, que não têm a menor ideia de onde ele está, muito menos em quem ele está se transformando.

Enquanto isso, o bairro de Newark, onde Tony cresceu, está passando por sua própria transformação e, seja lá qual for, Tony decide não lutar contra isso. O dinheiro oferecido a Tony para vender o prédio que abriga a Loja de Frango Caputo supera seu apreço de ser o Don Fanucci de North Ward, e a corretora Julianna Skiff (Julianna Margulies)[35] representa uma nova tentação sexual para Tony, instinto que Carmela (e até ele) acreditava ter sido superado. Quando Julianna se oferece para comprar o prédio, Tony resiste, em parte por interesse nela. Embora seja de cultura judaica e não italiana, ela preenche todos seus requisitos habituais — bonita, inteligente, profissional, de cabelo preto, danificada (sua linguagem sugere estar em algum tipo de recuperação) — e ele quer uma desculpa para continuar a vê-la. Ele também gosta genuinamente da ideia de que um negócio como o Caputo continue a existir naquele bairro: se encaixa com o seu espírito nostálgico.

Como de costume, porém, Tony coloca o dinheiro acima de tudo e espera assinar os papéis no apartamento de luxo de Julianna, situado em uma velha fábrica de luvas que foi convertida em prédio residencial. (Até mesmo seu espaço de vida representa tudo o que Tony afirma odiar.) Mas apesar de ficar "com ele duro o dia inteiro agora" à medida que seu corpo se recupera do tiro, ele não consegue ir em frente, deixando Julianna frustrada e confusa quando ele cai fora. A razão para essa decisão é transmitida não verbalmente, através de uma cena anterior na qual Tony olha para as mãos de Carmela abotoando sua camisa sobre a barriga cicatrizada, cujas entranhas ela encarou com coragem, enquanto olha para ele com adoração, combinada com as imagens na cena em que vemos Julianna tentando desabotoar aquela mesma camisa: um gesto que desencadeia em Tony a necessidade de recuar com um sentimento de culpa. É o primeiro sinal de mudança emocional genuína para ele após o trauma do tiro, e um sobre o qual ele não está particularmente feliz, como evidenciado pela cena final em que ele grita com Carmela por ela não ter abastecido a geladeira com peito de peru defumado — talvez uma tentativa de dar a si mesmo de forma retroativa alguma justificativa, por mais absurda que seja, por quase tê-la traído de novo.

Enquanto Vito está se transformando com angústia, mas com grandes esperanças, e Tony está bravo consigo por fazer o mesmo, AJ está desesperado para se tornar outra pessoa e falha miseravelmente. Enquanto Meadow é a filha Soprano

---

35 Mesmo alguns anos depois que ela deixou seu papel como a heroica enfermeira Carol Hathaway em *ER: Plantão Médico*, Margulies ainda estava entre as atrizes mais famosas da televisão quando *Família Soprano* a escalou. Julianna Skiff não é exatamente um papel muito diferente para ela (Carol também tinha seus problemas), mas o mundo de Tony era tão mais sujo e malvado do que os corredores bem-intencionados do Hospital Geral do Condado, que foi surpreendente vê-la aparecer nele.

que sabe o que quer da vida e como conseguir, AJ vagou de plano em plano, de identidade em identidade, nunca se encaixando em nada. Aqui, ele tenta dois planos — baladeiro e assassino —, e nenhum deles funciona. O primeiro o leva a andar com Hernan (Vincent Piazza)[36] e seu grupo, sentindo-se importante e valorizado, mas ele está apenas sendo usado para pagar as bebidas do grupo, entretê-los com histórias da máfia e talvez transmitir os problemas deles a seu pai.[37] Seus sentimentos de inadequação, seu tédio com a vida como balconista da Blockbuster e suas intensas lembranças de assistir *O Poderoso Chefão* com o pai o inspiram a tentar se vingar do tio Junior, mas tudo é arruinado antes mesmo de começar.

Tony consegue livrar AJ da prisão com a ajuda do deputado Zellman, e a cena deles no estacionamento da delegacia é um exemplo raro em que o temperamento explosivo de Anthony pai em relação a mais um erro de Antony Junior se transmuta em um sentimento delicado de preocupação com o perigo em que seu filho acabou de se colocar, bem como o medo de que AJ possa seguir seus passos. "Não é da sua natureza", ele insiste, e quando um desafiador AJ afirma que o pai não o conhece, Tony insiste: "Você é um bom rapaz e isso é bom. Pelo amor de Deus!".

Nunca vimos AJ demonstrar interesse pelos negócios da Família; aqui, parece que ele se sente puxado pela ideia de seguir os passos do pai porque nada do que ele tenta — nem universidade, nem perambular por boates — parece combinar com ele. Antes da tentativa de assassinato, Tony passa muitas sessões de terapia pedindo à dra. Melfi[38] conselhos do que fazer com o garoto, mas ela não tem a menor ideia do que sugerir além de insistir que Tony e Carmela formem uma frente unificante para lidar com AJ no que quer que eles peçam a ele.

Imediatamente após Tony romper com Julianna, vemos AJ de volta à boate, sofrendo um outro ataque de pânico enquanto observa seu reflexo no espelho do banheiro. Enquanto o gatilho dos ataques de Tony tende a ser carne, para AJ parece ser tentar uma nova identidade: estrela do futebol americano, cadete da escola militar, e agora festeiro. Ele não sabe o que quer da vida, mas cada mudança desencadeia alguma coisa dolorosa no seu maldito gene estragado dos Soprano.

Todas essas histórias demonstram o quanto é difícil escapar de tradição e condicionamento, bem como a impossibilidade de resistir a forças que você sabe que, no fundo, o subjugam, sejam elas orientação sexual (Vito), uma aversão à fidelidade

---

[36] Piazza, mais tarde, interpretaria o lendário gângster Lucky Luciano em *Boardwalk Empire: O Império do Contrabando*, série criada por Terence Winter, roteirista de *Família Soprano*.
[37] Como Fredo nos dois primeiros filmes de *O Poderoso Chefão*, um homem que os outros consideram inútil, exceto por suas conexões com o poder.
[38] Temos aqui uma das cenas mais longas e divertidas de Melfi-Kupferberg, quando ela o repreende por sempre tentar mudar de assunto para o Paciente X, não importa no que ela esteja interessada. ("Eu tô falando do meu pai, Elliot", ela insiste quando ele menciona Tony de novo. "Pensei que tivesse acabado", ele dá de ombros.) Elliot se preocupa com ela como paciente e como amiga, mas ele é um voyeur ainda mais empolgado com o drama da máfia do que Melfi era quando a série começou.

(Tony), uma inabilidade natural de ser perigoso (AJ) ou a onda crescente da expansão corporativa (North Ward).

Amarrando tudo isso em um estilo diferente do normal para *Família Soprano* estão as cenas com Patsy Parisi e Burt Gervasi (Artie Pasquale), que tentam coletar dinheiro de proteção em um bairro cada vez mais ocupado por negócios de empresas grandes que não se abalam com a pressão das ruas. O gerente de uma loja que pertence a uma franquia de confeitarias diz aos gângsteres que na planilha de gastos não existe uma coluna para o dinheiro de proteção e que se alguém jogasse um tijolo na vitrine, a matriz nem notaria. Patsy está certo: acabou para os peixes pequenos.

TEMP. 6/EP. 9
ESCRITO POR TERENCE WINTER
DIRIGIDO POR ALAN TAYLOR
EXIBIDO EM 7 DE MAIO DE 2006

Um par de meias

"Acho que ele perdeu um pouco... não sei... do frescor." — **Tony**

São Elzeário era um nobre francês que morreu aos 38 anos e que escolheu honrar o voto de castidade vitalício de sua esposa. O que significa que Tony, Paulie, Chris e companhia passam grande parte de "The Ride" prestando homenagem a um homem cuja escolha de vida eles fariam qualquer coisa para evitar.

Não que a vida deles seja muito melhor. Como Tony e Melfi discutem durante uma sessão de terapia, as pessoas gostam de andar em atrações apavorantes no parque de diversão porque se sentem entediadas, e o estilo de vida de um gângster é essencialmente um longo passeio nesse parque. Você espera na fila por uma hora, grita como um doido por noventa segundos e logo depois entra em outra fila.

Por que Tony e Chris resolvem sequestrar um sequestro de cargas de vinho? Porque é alguma coisa para fazer e cortar o tédio e as chatices de uma vida que é muito menos glamorosa do que eles imaginavam. Os dois se embebedam com o vinho da carga roubada e se deliciam em relembrar a história ("Somos do Vipers!") por um tempo, mas à medida que o tempo passa, tanto a birita quanto as memórias vão perdendo um pouco de seu, digamos, frescor. E logo em seguida retornam a outro jogo de cartas no Satriale's, outra cobrança problemática, mais um dia à espera da próxima aventura.

SEXTA TEMPORADA 317

Como Tony diz, ao descrever sua atitude pós-coma para Melfi, "Todo dia é um presente. Só que... precisa ser um par de meias?".

Pelo menos o antigo Tony podia contar com alguma empolgação com suas amantes até o momento em que esses relacionamentos dessem errado. Esse novo Tony nem tem essa possibilidade; enquanto está indefeso em terra firme, ele vê Julianna, sua conquista fracassada, se divertindo tanto em um passeio de carrossel que nem ao menos o nota.

Durante toda a exibição da série, seus detratores reclamaram que ela glamorizava a máfia, mesmo que Chase, Winter e todos outros roteiristas fizessem todo o possível para mostrar o quão horríveis e vazias as vidas desses personagens eram — vidas patéticas e egoístas por baixo de todas as bravatas. Este episódio deixa isso bem claro.

Paulie Walnuts não é um homem a ser admirado. Ele é um cara pão-duro, resmungão e que se acha o tal. Até os outros mafiosos não o aguentam, e quando sua avareza nos gastos dos brinquedos do festival colocam em risco a vida de crianças, isso dá a desculpa perfeita para que os outros o rejeitem. Merecidamente tratado como um pária e encarando sua própria mortalidade devido a uma suspeita de câncer de próstata, a única pessoa a quem ele pode recorrer é sua amável mãe adotiva, fã de Lawrence Welk, a quem ele havia xingado e abandonado.

E ainda temos Christopher. A não ser por um dom em atrair mulheres bonitas com baixa autoestima, ele não tem nada a seu favor. Seus sonhos hollywoodianos nunca o levarão a lugar nenhum, sua posição na Família foi assegurada por nepotismo, e mesmo sem pessoas como Tony o instigando, ele nunca terá disciplina para ficar sóbrio por muito tempo. E por entregar Adriana — fato que por fim vemos por meio de um flashback de uma cena deletada do episódio "Long Term Parking", da quinta temporada —, ele não apenas assassinou a mulher de seus sonhos, mas se tornou tão obcecado por ela que as lembranças de sua vida e morte parecem destinadas a destruí-lo, seja se autossabotando, seja pela crescente suspeita de Carmela sobre o destino de Adriana.

Muitos eventos importantes acontecem neste episódio: Christopher se casa com a namorada Kelli (Cara Buono),[39] que está grávida, e sofre outra recaída; Tony e Phil cortam Johnny do que parece ser o primeiro de muitos negócios futuros secretos (deixando Johnny como Junior, chefe apenas em nome); Liz La Cerva (Patty McCormack) diz a Carmela o que ela acredita que realmente aconteceu com a filha

---

[39] Dos poucos atores de *Família Soprano* que Matthew Weiner levou para *Mad Men*, Buono acabou tendo o papel mais importante, como a eloquente e refinada psicóloga dra. Faye Miller, que confessa a Don Draper que seu pai era "um gângster sem vergonha". Em termos de tom e temas, Tony Soprano foi o pai de todos nessa série, bem como em *Boardwalk Empire*, de Terence Winter, *Damages*, de Todd Kessler, *Nurse Jackie*, estrelado por Edie Falco, e inúmeras outras séries sobre anti-heróis carismáticos.

— mas esses eventos são apresentados de forma casual, como se essas pessoas já estivessem tão entediadas com o ramo que escolheram que nem conseguem reconhecer a importância de acontecimentos que estão bem na frente deles. Conhecemos Kelli apenas momentos antes de ela se casar[40] com Christopher. Mesmo que a série às vezes apresente personagens novos de forma um pouco atrapalhada, não precisamos mesmo saber muito sobre Kelli, apenas que ela é a substituta de Adriana, menos exagerada nas unhas e na maquiagem, mais flexível e submissa ao marido e às suas mudanças de humor. Ela parece Adriana no que diz respeito à sua decência, mas sem o carisma que fez de Adriana uma personagem tão especial, única e adorável: a Adriana que Chris não sabia que ele não queria.

É como se todos esses personagens estivessem em uma esteira de bagagens, não em uma montanha-russa cheia de subidas e descidas bruscas e empolgantes. Eles continuam andando em círculos, vendo os mesmos rostos desapontados enquanto passam, esperando que alguém, ou algo, os leve a algum lugar interessante. Algum dia esse passeio vai cair como aquelas xícaras de chá do brinquedo na festa de São Elzeário e, quando isso acontecer, o dano será muito pior do que uma criança com a boca sangrando.

"MOE N' JOE"
TEMP. 6/EP. 10
ESCRITO POR MATTHEW WEINER
DIRIGIDO POR STEVE SHILL
EXIBIDO EM 14 DE MAIO DE 2006

A totalidade de Vito

"Eu aceito." — **Johnny**

E agora o fim está próximo. Vito viveu livre tempo suficiente, e agora ele quer morrer. Ele está dirigindo de volta para o lugar onde seus velhos amigos querem matá-lo, bebendo gin e escutando "My Way" sem parar. Isso é o que poderia ser chamado de missão suicida, uma versão mais longa e elaborada que a de Eugene Pontecorvo com sua corda amarrada em uma trave no porão — uma história independente contada em um único episódio que, em retrospecto, prefigurava quase todos os momentos importantes da temporada, mas, em especial, a tragédia de Vito. E se

---

40 Quando a turma dá a Christopher uma despedida de solteiro pós-nupcial no Vesuvio, Artie só fala sobre a comida, e os caras parecem interessados de verdade nos especiais. Talvez o conselho de Tony em "Luxury Lounge" para ele se concentrar na culinária tenha sido aceito.

você está se perguntando por que Vito se daria ao trabalho de matar aquele teimoso da Nova Inglaterra para escapar da polícia, é simples: ele está pronto para morrer, mas ele quer fazer do seu jeito.

Vito não é o único que se prepara para encarar o fim. No espaço de um episódio bastante movimentado, Johnny Sack se declara culpado, Tony esmaga os sonhos de independência de Carmela, Paulie revela que está lutando contra o câncer, Meadow se aproxima de terminar com Finn e Tony enfim faz as pazes com o papel de Janice em sua vida.

David Chase e companhia têm usado o número cada vez menor de episódios da série para dar a cada um de seus personagens mais alguns momentos no centro do palco antes de a cortina se fechar. Três episódios atrás, Artie ganhou outro episódio focado nele; o seguinte foi focado em AJ. Em "Moe N' Joe", essa cortina começa a cair com força sobre Johnny, que está se desintegrando diante de nossos olhos.

Chase apostou muito em talentos sem experiência, e Vince Curatola foi o que mais brilhou. Personagem secundário durante as duas primeiras temporadas, ele se tornaria parte essencial da série e é doloroso vê-lo expressar o quanto o FBI conseguiu quebrar Johnny. É um retrato magistral de como um homem que foi muito poderoso teve tudo tirado dele, exceto sua raiva e seu senso de merecimento; agora, até mesmo essa chama está se apagando. Johnny é inteligente, esquentado e tem uma família que o ama, assim como Tony, mas é também o que Tony aspira a ser. Ele é o arquétipo do gângster, controlando Nova York e não New Jersey, sempre bem-vestido e fumando um cigarro, calculador e implacável em maneiras que Tony só consegue ser às vezes. Há apenas alguns episódios, Johnny teria se enfurecido se alguém tentasse mudar os termos de um acordo como Tony fica fazendo nesse episódio. Agora, ele apenas dá de ombros.

Parafraseando Phil Leotardo: se os agentes federais podem fazer Johnny Sack cometer o pecado capital de admitir sob juízo a existência de La Cosa Nostra, o que eles podem obrigar Tony a fazer?

Mas a raiva, seguida da resignação, é a moda do momento. Johnny lutou e lutou, apenas para perceber que não tem escolha a não ser fazer o que o FBI exige. Carmela mereceu cada centavo que Tony lhe deu para a casa que venderam (e como mereceu), mas quando ele falta ao encontro com o fiscal que pode manter a obra avançando — só pela irritação mesquinha de ter sido forçado a ter uma conversa constrangedora e irritante com Meadow (que se opõe à insinuação de Tony de que ela e Finn estão "vivendo em pecado") porque Carmela não está em casa —, ela não tem escolha a não ser engolir a raiva, mesmo enquanto continua a observar com inveja a independência que Angie Bonpensiero alcançou gerenciando a oficina.

Tony está mais irritado do que nunca, não só por ter brigado com Meadow, mas também devido a um problema familiar muito mais antigo: sua irmã mais velha, que sempre o diminuiu, que fugiu de casa deixando a mãe aos seus cuidados, que depois voltou para tentar se apossar da casa e do carro da mãe, e que ainda tem uma posição dominante na família biológica. Embora Janice tenha mudado superficialmente desde sua chegada, todos seus comportamentos voláteis ainda contribuem para a mesma postura carente que, de forma persistente, faz com que seu irmão questione suas intenções. "Janice só tem atos de Janice", insiste Tony. No final de uma sessão de terapia intensiva, ele rosna: "Ela caiu fora. Ela ria daquilo tudo. Agora a viagem acabou, ela voltou, é uma de nós e quer a parte dela. Mas quer saber? Ela não vai ter nada! Eu trago cicatrizes! Então é tudo meu!".

No entanto, os mesmos sentimentos de obrigação familiar acabam levando Tony a fazer um "ato de Janice", concordando em negociar um acordo em nome de Johnny[41] em troca de que ele venda sua mansão para Bobby e Janice por um preço absurdamente reduzido. É um gesto fraterno tão grandioso e inesperado que atravessa todas as defesas que Janice costuma ter e sua personalidade vigarista. "Ninguém sabe o que se passa na minha cabeça", ela chora. (Carmela, perplexa com o desabafo, pergunta qual é o problema. "Ela tá feliz — pela casa", explica Tony, resignado, entendendo melhor o humor de sua irmã do que sua esposa jamais poderia.)

O depoimento de Johnny o torna persona non grata dentro da máfia, e o acordo acaba com a maior parte da fortuna que ele passou a vida construindo para Ginny e as filhas. Mas, para ele, parece a única escolha, da mesma forma que Vito decide abandonar o "Paraíso Gay" de Dartford para ir em sua corrida suicida alimentada por álcool e Sinatra de volta ao Condado de Essex.

A relação com Jim ainda é, pela maior parte, idílica, às vezes até de modo absurdo: quando Jim desliza atrás de Vito na cama, a cena corta para um dos trens em miniatura de Bacala passando por um túnel, como a famosa última cena de *Intriga Internacional*. No fim das contas, Jim e as outras pessoas de Dartford não aceitam a totalidade de Vito, não mais do que os mafiosos de Jersey. Eles aceitam o homem gay com um bom olho para antiguidades e um gosto pelas panquecas de Johnny. Mas o cara com o DNA da máfia ainda está lá também. Os impulsos de beber, jogar e fazer coisas erradas são grandes demais, e Dartford não é apenas uma comunidade tranquila demais para seus apetites, mas é uma comunidade em que se espera que esse ex-funcionário fantasma passe o dia fazendo trabalho honesto.

O monólogo na mente de Vito enquanto ele está trabalhando de faz-tudo — agonizando sobre a passagem lenta do tempo mesmo quando ele tenta não olhar para o relógio — é, como a maioria do interlúdio em Dartford, um afastamento estilístico para a série, mas também um modo bem eficiente de transmitir o quanto

---

[41] Os cunhados que negociam com Tony, de certa forma, espelham sua relação com Bacala: neste caso, o cara que se casou com a cunhada (mais nova) do outro é o que tem coragem.

seu temperamento é inadequado para a vida que deveria levar se escolhesse ficar lá. Por mais que ele goste de Jim e aprecie poder viver como um homem abertamente gay, ele sabe que morreria também (uma morte diferente) se ficasse. E assim como Johnny, Tony, Carmela, ele cede ao inevitável, direcionando seu carro para Jersey e para seja lá qual destino o espere.

TEMP. 6/EP. 11
ESCRITO POR DIANE FROLOV & ANDREW SCHNEIDER E DAVID CHASE
DIRIGIDO POR TIM VAN PATTEN
EXIBIDO EM 21 DE MAIO DE 2006

Cidade luz

"Ele saiu do coma e perguntou quem era e aonde estava indo. Eu não entendi na hora, mas, aqui, sinto a mesma coisa." — **Carmela**

Grande parte do episódio "Cold Stones" se passa contrastando as férias parisienses de Carmela e Rosalie com a tensão crescente entre Nova York e New Jersey. É uma história de duas cidades, contada por meio da edição: Carmela olha para a escultura de uma linda mulher, e a cena corta para alguém raspando cocô de pombo da placa do Bing; ela olha para uma estátua da Virgem Maria, e vemos Tony recebendo um final feliz de uma stripper;[42] ela fotografa a placa néon de um restaurante cuja especialidade é porco e, de repente, vemos Murmur contando uma piada suja sobre porcos.

Carmela está impressionada com a beleza de Paris e com quanta história há por lá em comparação com North Caldwell. "Esta cidade é tão antiga", diz ela a Rosalie durante um passeio turístico. "Imagine as pessoas que viveram aqui, geração após geração, centenas e centenas de anos. Todas essas vidas. É muito triste. Não é triste, mas faz você pensar... e se ver de outra forma."

A história está no centro de todo esse episódio, que traz mais lembranças de eventos ocorridos em episódios anteriores do que qualquer outro na série: corpos que são cortados no Satriale's, a fase niilista de AJ, a viagem abortada de Carmela e Rosalie à Itália, o livro de Wegler sobre Abelardo e Heloísa, o filho gay de Richie Aprile, o coma de Tony e as mortes de Jackie, Jackie Jr. e as pobres Cosette e Adriana, que aparecem para Carmela em um sonho.

42 Embora Tony não tenha sido capaz de trair com Julianna Skiff, Carmela essencialmente lhe dá permissão para pular a cerca enquanto está fora do país — o que se encaixa com o acordo que eles fizeram quando ela o aceitou de volta no final da quinta temporada —, e ele aceita.

Como Tony em "Funhouse" e "The Test Dream", foi necessário que Carmela viajasse para aceitar uma verdade que há muito a está encarando. Como o policial francês diz no sonho enquanto acena em direção a Adriana: "Sua amiga? Alguém tem que avisar que ela está morta". E como Tony (Kevin Finnerty) em Costa Mesa, ela olha do quarto de seu hotel e vê um farol, neste caso o da Torre Eiffel em vez da casa onde Tony B queria que nosso Tony entrasse.

A viagem é tanto um sonho quanto um pesadelo para Carmela. Ela se sente insignificante naquele lugar lindo e antigo. E quando Rosalie se lamenta após Carmela mencionar as mortes de seu marido e seu filho durante um jantar,[43] notamos que ela é incapaz de não trazer New Jersey à Cidade Luz. Ela está cada vez mais próxima de aceitar a verdade sobre Adriana, como também sua própria cumplicidade no mal para ter conforto. As lindas paisagens não são capazes de curar a grande tristeza que Carmela carrega dentro de si.

Os cortes bruscos da edição entre a majestosa Paris e a sujeira do Condado de Essex, em New Jersey, são mais do que simplesmente humor ácido. Eles mostram as raízes do desconforto de Carmela. A violência de Jersey está entre as mais pesadas da série, em particular a horrível sequência em que Phil e seus capangas assassinam Vito, torturando-o até a morte enquanto ele está amarrado e amordaçado[44] e deixando um taco de sinuca enfiado em seu ânus para sanar qualquer dúvida sobre o motivo pelo qual ele foi morto. O assassinato é uma produção especialmente teatral de Phil, não apenas com o taco de sinuca, mas também porque Phil literalmente sai de um armário para mostrar para Vito o quanto ele está ferrado.[45] Mas o destino de Vito é deixado a cargo da imaginação perturbada do telespectador, enquanto o assassinato em represália ao mafioso Fat Dom Gamiello (Tony Cucci) por Carlo e Silvio é mostrado em todos os detalhes. Os dois principais capangas de Tony assassinam Fat Dom com utensílios do açougue após o cara exagerar nas piadas sobre o assunto da morte de Vito[46] e insinuar que o homofóbico Carlo compartilha da orientação sexual que o condenou.

---

43 Apesar das enormes tragédias que a vida lhe proporcionou, Rosalie é talvez a personagem mais equilibrada e forte emocionalmente da série. A vida tem que continuar, e ela sempre aprende a seguir com ela. Enquanto Carmela fica deprimida durante grande parte da viagem, Rosalie flerta com um homem muito mais jovem ("Tem uma Belleville na França!"), e quando Carmela tem seu próprio momento niilista ao estilo AJ, Rosalie a acalma cantarolando um pouco de Édith Piaf. A atriz Sharon Angela está sempre encantadora no papel de Rosalie.
44 Mais cedo, a esposa insistente e devota de Phil o lembra sobre como os pecadores podem se arrepender em seus leitos de morte e ainda entrar no céu, então Phil coloca fita adesiva na boca de Vito para impedi-lo de fazer isso.
45 Ou será essa a maneira de Phil contar a Vito um segredo sobre sua própria sexualidade — e como a cultura mafiosa, uma educação católica e uma esposa controladora o forçaram a suprimi-la (além de, talvez, quando ele estava na prisão — porque, como Tony disse a Melfi, isso não conta) — da única maneira que ele pode?
46 A cena deve mais do que uma pequena dívida ao famoso momento em *Os Bons Companheiros* no qual Tommy mata Billy Batts — interpretado, é claro, por Frank Vincent — depois que Billy diz a ele mais uma vez para ir para casa e pegar sua caixa de engraxate.

Como a maioria dos assassinatos por impulso e não premeditados da série, esse é caótico, beirando a palhaçada — Silvio bate na cabeça de Fat Dom com um aspirador portátil e depois pula em suas costas — enquanto também ilustra a confusão em que toda a Família de Tony está agora. Phil é poderoso o suficiente para assassinar descaradamente um capitão da máfia de New Jersey — um pária fugitivo, mas ainda assim um membro da máfia — e transformar seu cadáver em uma lição prática, sem temer retaliação. Silvio e Carlo são capazes de assassinar Fat Dom, de forma impulsiva (e Dom até consegue se defender melhor do que esperado), mas New Jersey está tão em dívida com Nova York que o corpo tem que desaparecer imediatamente, e por isso é cortado ao estilo Richie.

Tony não sabe bem o que os dois fizeram, mas *pode imaginar*. Mais importante, ele entende exatamente a situação difícil em que se encontra agora. Qual é a primeira coisa que ele faz depois dos cálculos mentais sobre a razão pela qual Silvio não o deixou entrar no Satriale's e o que isso significa? Ele liga para um contato na construção civil para conseguir um emprego para AJ, porque teme que não tenha muito tempo para endireitar seu filho imprudente e insubordinado.[47]

Os pecados do passado estão alcançando a todos, e o futuro é, na melhor das hipóteses, nebuloso. Carmela viaja para Paris porque, com a mudança de Meadow[48] e seu empreendimento imobiliário em ruínas, ela sente que não há nada para fazer em casa. Melfi pergunta a Tony como ele quer viver a vida e ele muda de assunto porque não consegue imaginar o que pode querer — ou se sobreviverá o suficiente para conseguir. Sabemos que a série está terminando, e de repente parece que os personagens sabem disso também.

Percebendo o quão importante ela se sente em Jersey e quão pequena se sente em Paris, Carmela tem uma epifania que compartilha com Rosalie: "A gente se preocupa tanto. Parece até que só vive pra isso. Mas, no fim, tudo cai no esquecimento. Tudo passa e... cai no esquecimento". Quando ela vai para casa, uma das primeiras coisas que a vemos fazer é levar um monte de roupas para lavar na máquina no porão, no local exato onde Christopher delatou Adriana para Tony. No final, tudo cai no esquecimento, desde a sujeira na roupa aos homens e mulheres assassinados de modo inominável. Isso, tudo isso, caíra no esquecimento um dia.

---

47 Filmada com a técnica de câmera nervosa, a cena na garagem, na qual o desejo de Tony em ajudar AJ luta contra seu impulso de esmagar o rosto dele no para-brisa, é um dos melhores momentos de James Gandolfini.

48 Meadow, como sua mãe, prova ter uma tremenda capacidade de abnegação voluntária. Quando ela traz à tona o plano de ir a Califórnia para ficar com Finn e sua família, Carmela questiona: "Vocês não estavam com problemas?". "Eu nunca disse isso", responde Meadow — que, na verdade, disse exatamente isso a Tony no episódio anterior.

"KAISHA"
TEMP. 6/EP. 12
ESCRITO POR TERENCE WINTER E DAVID CHASE E MATTHEW WEINER
DIRIGIDO POR ALAN TAYLOR
EXIBIDO EM 4 DE JUNHO DE 2006

Pelo menos ela é católica

"Eu tenho um cara." — **Tony**

"E eu tenho um emprego." — **AJ**

Em alguns momentos, "Kaisha" funciona exatamente como o episódio final de uma temporada de *Família Soprano*.[49] Abre com uma homenagem ao falecido John Patterson, que dirigiu os cinco finais de temporada anteriores, e termina, como a maioria dos episódios finais anteriores, em uma cena do clã Soprano celebrando em família. É acompanhando por uma música dos Rolling Stones ("Moonlight Mile") que toca na abertura e no encerramento, assim como "Funhouse", da segunda temporada, usou "Thru and Thru" dos Rolling Stones como um tema recorrente, e como "All Due Respect", da quinta temporada, usou "Glad Tidings" de Van Morrison.

No geral, porém, "Kaisha" parece mais um daqueles episódios que a série às vezes tira do forno antes da hora no meio da temporada. Além de arquivar a tensão crescente com Nova York[50] — e, de uma maneira deliberadamente anticlimática, no estilo *Família Soprano*, ao evocar os finais das temporadas três e quatro, com Phil recuando depois de mal sobreviver a um ataque cardíaco —, o episódio não está particularmente interessado em resolver vários arcos, e, em grande parte, revisita eixos temáticos e personagens conhecidos. Como o personagem-título do episódio — uma namorada negra que Christopher inventa para não ter que confessar que ele e Julianna Skiff estão tendo um caso pelas costas de Tony —, parece existir mais como uma ideia promissora do que um feito elaborado por completo.

Em nenhum momento isso é mais óbvio do que quando se observa Christopher e Julianna inexoravelmente arrastando um ao outro de volta às drogas. Enquanto episódios anteriores sobre a dependência química de Christopher conseguiram estabelecer a seriedade do problema sem se afundar nele, essa recaída dá a sensação de que o espectador está sóbrio e preso na sala com os dois, observando enquanto

---

49 Houve um longo hiato de produção depois que "Kaisha" terminou, e tanto David Chase quanto os autores deste livro consideram que são duas temporadas separadas.

50 Introduzido neste episódio: Butchie DeConcini, mafioso de Nova York interpretado por Greg Antonacci, que participou de dois episódios de *Arquivo Confidencial* escritos por Chase sobre dois bandidos de baixo nível de New Jersey. O segundo episódio, "Just a Coupla Guys", era um piloto *backdoor* para um spin-off desses personagens, e até apresentou um chefe da máfia de Jersey chamado Anthony com um filho indolente.

eles se drogam e ficam incoerentes, em tempo real. Que Christopher esteja fazendo isso com uma pretensa conquista de Tony — por vingança, intencional ou não, pelo que ele acredita que aconteceu entre Tony e Adriana em "Irregular Around the Margins" — agita um pouco as coisas pela luz que lança sobre o relacionamento desgastado entre o mentor e seu protegido, mas ainda assim parece uma repetição, e não uma que se sustente como outros loops narrativos de *Família Soprano*.

Em um certo momento, os dois dependentes vão assistir ao filme *Um Corpo Que Cai*, e somos presenteados com uma dupla exposição hitchcockiana dos dois no cinema e usando drogas no apartamento de Julianna. *Um Corpo Que Cai* é sobre um homem que tenta transformar uma mulher em outra, na tentativa desesperada de refazer um evento trágico com um final feliz, para definir os termos de um fenômeno que ninguém pode controlar: a mortalidade. Kelli não é Adriana, nem Julianna, mesmo que seus nomes rimem.

A inclusão de *Um Corpo Que Cai* em um episódio com Julianna também nos lembra de como impulsos repetitivos subconscientes ditaram grande parte da vida sexual de Tony desde que o conhecemos. Se Julianna é uma recriação de mulheres que a série apresentou no passado, são daquelas com quem Tony foi para a cama (ou tentou ir). Tony até reconhece essa tendência quando ele desabafa com Melfi sobre Christopher ter tido sucesso com Julianna (ou assim ele pensa) onde ele falhou. "Sabe o que eu venho notando? Essas mulheres são todas iguais", ele admite, colocando Melfi, Gloria e Julianna sob o mesmo guarda-chuva de "pele escura, espertas e sentem cheiro de dinheiro".

Melfi vê a resposta de Tony ao caso — resignada em vez de vingativa — como um sinal de seu progresso, além de sua relutância em dormir com Julianna, em primeiro lugar. Mas o fato de não ter dormido com Julianna era tanto uma questão de biologia quanto de psicologia. E Tony não se impressiona com a ideia de que está melhorando, sugerindo que essa atração persistente por sua médica é o único ponto positivo da relação deles nessa altura. "Bom, deve ser por isso que eu ainda venho aqui", ele dá de ombros. "Pra sair com você. Porque nada muda de fato com a terapia."

Essa sensação de só encontrar maneiras de preencher o tempo paira sobre quase todo o episódio "Kaisha". A guerra com Nova York é evitada apenas pelo ataque cardíaco de Phil e pela tentativa de Tony de transmitir as lições de sua própria hospitalização a seu colega irritado do Brooklyn. E o projeto da casa para ser vendida volta à vida apenas para que Tony possa distrair Carmela de investigar o desaparecimento de Adriana. (Tony diz para Silvio: "Vai hoje, pelo amor de Deus! Minha mulher tem que se ocupar".)

O único a quebrar o ciclo é — quem diria — AJ. Pressionado por Tony para aceitar o trabalho na obra associada à máfia, ele leva o trabalho mais a sério do que

Finn quando teve sua oportunidade, e com isso chama a atenção da recepcionista do local, Blanca (Dania Ramirez), uma bonita mãe solo. A afeição de Blanca parece instigar a maturidade de AJ mais do que qualquer tentativa anterior de Tony e Carmela como pais durões. E se ele é privilegiado demais para entender o tipo de vida que Blanca leva, ele enfim está tentando fazer a coisa certa, como vemos quando ele suborna um grupo de valentões da vizinhança com sua bicicleta cara para que eles saiam dali, parem de fazer barulho e não acordem o filhinho de Blanca, Hector.

Esta versão recém-responsável do filho prova ser uma faca de dois gumes para Tony e especialmente para Carmela, que queria que AJ começasse a levar a vida a sério, mas não aprova o motivo de sua mudança, e reclama com Tony na festa de Natal que encerra a temporada: "Ela é uns dez anos mais velha que ele e é porto-riquenha?".

"Dominicana, talvez", Tony dá de ombros. "Pelo menos ela é católica."

Dessa forma, a situação de AJ não é tão diferente da do filho não oficial de Tony, Christopher, que também está lutando para melhorar enquanto é desprezado por tentar se manter sóbrio. Todos os mafiosos zombam de Christopher, que está tentando seguir os doze passos do Narcóticos Anônimos, o que o deixa mais isolado e mais propenso a buscar conforto em alguém como Julianna.[51] Enquanto isso, quanto mais Tony e Carmela menosprezam Blanca e Hector, mais provável é que AJ comece a preferir a companhia deles do que a de seus pais.

No verão de 2006, quando os fãs sabiam que não veriam mais episódios até o ano seguinte, "Kaisha" pareceu exasperante. Como parte do ritual moderno de maratonar uma série, esse episódio ainda parece um tapa-buraco, mas pelo menos agora o telespectador pode passar logo para a melhor leva de episódios que qualquer série de TV já teve.

---

51 O melhor momento de toda a trama pode ser o vislumbre de Julianna contando a sua madrinha no NA sobre os sinais de alerta de Christopher: que ele é casado, que está na máfia e que Julianna quase dormiu com seu chefe infame, Tony Soprano. "Me desculpe, Jules", confessa a madrinha, "nem sei por onde começar."

"SOPRANO HOME MOVIES"

TEMP. 7/EP. 1
ESCRITO POR DIANE FROLOV & ANDREW SCHNEIDER
E DAVID CHASE E MATTHEW WEINER
DIRIGIDO POR TIM VAN PATTEN
EXIBIDO EM 8 DE ABRIL DE 2007

Hotel no calçadão

"Vocês, Soprano, vão longe demais!" — **Bobby**

"É o que eu estou achando?", Carmela pergunta a Tony no início de "Soprano Home Movies" depois de acordar com o som de policiais batendo na porta da frente.

Não, não é bem o que ela está "achando" — se o que Carmela está "achando" é que enfim chegou a hora em que Tony terá que pagar por suas contravenções. Ele tem dinheiro suficiente para contratar um bom advogado, e a acusação que o leva à sua prisão mais recente é velha e infundada (porte de uma arma de fogo e munição, consequências do final da quinta temporada, no qual Tony fugiu do local onde Johnny Sack estava sendo preso pelos agentes do FBI e jogou sua pistola na neve, que depois foi descoberta por um adolescente bobo do subúrbio). Mas, por outro lado, sim, é isso — a última sequência de episódios de *Família Soprano*. Para responder à pergunta de Carmela com uma outra fala da personagem, dita na estreia da quarta temporada, "Deixa eu dizer uma coisa: tudo na vida tem um fim".

A sequência de abertura deste episódio — na verdade, um prólogo fora de ordem com uma narrativa alternativa àquela cena de perseguição de "All Due Respect", que se abre como um link de hipertexto — também ecoa com a letra da música tema da série: "Acorde essa manhã/ Pegue uma arma". Mas desta vez é uma arma que Tony não tinha mais — e com certeza não queria. A acusação, embora não resolvida por completo, parece que não vai dar em nada, o que conta como tendo escapado por um triz — uma das muitas vezes que isso aconteceu com Tony ao longo de seis temporadas, sendo a mais drástica de todas o tiro que levou do tio Junior.

"Soprano Home Movies" é, em grande parte, uma demonstração da incapacidade de Tony de escapar de ser Tony, mesmo quando escapar é a coisa mais importante. Ele e Carmela tentam fugir do estresse da acusação de porte de arma e da irritação que sentem com a nova situação[1] de AJ indo para a casa no lago de Bobby e Janice para celebrar o aniversário de 47 anos de Tony.

---

[1] No final da sexta temporada, há um grande enfoque no fato de que Tony fica mais rígido com AJ e o força a aceitar o trabalho na construção, e daí ficamos com a implicação de que AJ enfim está perto de ter uma ética de trabalho. Mas então, é claro, quando a série retorna do hiato, ele deixou o trabalho na construção e agora trabalha na pizzaria de Beansie. Parece que a maturidade de AJ e as broncas de Tony foram pelo ralo.

É um lugar espetacular para se visitar, e grande parte do episódio mostra os quatro adultos apenas desfrutando das paisagens e sons serenos do lago, com cenas que se dissolvem delicadamente nas seguintes. Mas não importa se um Soprano vai a Nápoles, Paris, Miami ou a uma realidade alternativa, eles continuam sendo os Soprano, e coisas ruins os acompanham.

Enquanto Tony e Bobby estão sentados em um barco no meio do lago, por exemplo, a conversa inevitavelmente passa a ser sobre negócios. Os dois homens especulam sobre o que acontece quando alguém leva um tiro. "Provavelmente nem sabemos quando acontece", Bobby se pergunta. A conversa muda para como Bobby nunca matou alguém no trabalho ("Meu pai nunca quis isso para mim"). E Tony sugere que Bobby pode ser um número dois mais confiável do que o dependente cheio de culpa em que Christopher se transformou. (Chris aparece por apenas alguns segundos neste episódio — quando tenta desejar a Tony um feliz aniversário pelo telefone antes que o chefe desligue —, tempo suficiente para estabelecer que Tony ainda não o perdoou por Julianna Skiff e várias outras ofensas.)

A parte mais importante do episódio acontece dentro de casa, quando passamos uma longa noite com os irmãos Soprano e seus cônjuges, bêbados, primeiro cantando no karaokê (Carmela raramente parece menos cautelosa do que quando ela está cantando "Love Hurts" [o amor machuca]), depois com um jogo épico de Banco Imobiliário que resulta em mágoas pelo uso da regra não oficial de estacionamento livre (quando Bobby insiste que os irmãos Parker, da empresa Parker Brothers, pensaram muito em como o jogo deve ser jogado, sua própria esposa bufa: "Os irmãos Parker que se danem!"), então Janice conta uma história constrangedora (para Tony), mas engraçada (para todos os outros) sobre Johnny Boy atirando no penteado de colmeia de Livia, e particularmente com a incapacidade de Tony de parar de fazer piadas sobre os velhos hábitos de Janice. A cena é a coisa mais puramente teatral que a série apresentou desde "Whitecaps", uma versão mafiosa do filme *Satã Janta Conosco*. Isso aumenta a tensão e o desconforto, até que Tony está cantando uma paródia de "Under the Boardwalk", cuja letra é sobre os atos sexuais que Janice poderia ter praticado lá.

Isso é demais para Bobby, que já tinha dito que, sendo Tony um hóspede em sua casa, não deveria insultar a esposa dele, e aí dá um soco no próprio chefe, o que desencadeia uma briga feia e desajeitada entre eles; essa briga parece uma imagem espelhada triste e cômica da morte de Ralphie. Tony sempre teve a vantagem física em qualquer luta em que o vimos entrar, mas Bobby é mais jovem e mais saudável (ele, pelo menos, não foi baleado no ano anterior), e está fortalecido por uma fúria mais justa do que a indignação que Tony demonstra com a ideia de que um seus subordinados se atreva a atacá-lo. Em uma virada chocante semelhante a Buster Douglas nocauteando Mike Tyson, é Tony quem acaba na lona no final dessa luta,[2] embora seja Bobby quem então tenta fugir, ciente das consequências potencialmente fatais pelo que ele acabou de fazer.

"Tony, por sorte, não é um homem vingativo", Carmela tenta tranquilizar Janice na manhã seguinte. Sabemos que não é bem assim, e os eventos que se seguem provam que, infelizmente, ela está enganada — embora não da maneira que ela ou nós poderíamos esperar. Tony nunca soube perder e ele reflete sobre as várias razões pelas quais Bobby teve uma vantagem injusta, mas ele nunca pensa a sério em matar o cunhado. Isso seria uma jogada de Johnny Boy, e como "Cold Cuts", da quinta temporada, nos lembrou, foi Janice quem herdou esse temperamento Soprano (como testemunhou Richie), enquanto Tony é mais parecido com a mãe do que gostaria de admitir. Janice matar Richie por socá-la na boca (fato apresentado em uma história alternativa triste e engraçada para Carmela) foi uma reação mais do tipo Johnny Boy do que de Livia. Livia não teria atirado em Richie. Ela o teria torturado psicologicamente até a morte, ou encontrado algo que ele amava e tirado dele. O que Tony faz com Bacala é exatamente o tipo de coisa que Livia faria, enquanto Johnny Boy e Janice teriam ido direto para o sangue.

Um cunhado é morto, mas é o cunhado de uma outra pessoa: enquanto negocia um acordo com uma quadrilha canadense, Tony se oferece para mandar matar o problemático ex-cunhado de um dos canadenses, e insiste que Bobby será o executor. Isso vai contra os desejos do pai de Bobby, e contra a própria natureza gentil dele, mas Bobby está em uma posição vulnerável em que não pode negar a ordem do chefe. O assassinato ocorre mais ou menos como planejado, mas a vítima estende a mão e rasga a camisa de Bobby quando a segunda bala é disparada, como se expusesse seu coração partido para todos nós vermos.

No mundo da máfia, Bobby acaba de melhorar sua posição com o ato. De qualquer outra perspectiva, ele se condenou, e ele sabe disso, a julgar pela expressão em seu rosto quando volta ao lago para ver Janice, a bebê Nica e alguns amigos rindo e brincando como se estivessem em um comercial de margarina.[3] Esta é a vida que ele escolheu, aquela que ele vai ao extremo para proteger, mas a casa do lago ficará para sempre maculada, porque ele sempre vai se lembrar da briga que aconteceu lá e de suas consequências.

Em *Família Soprano*, quando um personagem elogia outro por tentar melhorar, ou apenas mudar, geralmente é uma piada de mau gosto. "O mérito é seu", Janice

---

2   Esta série é sempre perfeita nos pequenos detalhes: depois da briga, Carmela percebe que uma peça do jogo Banco Imobiliário, um hotel, ficou preso na bochecha ensanguentada de Tony e a empurra para o chão.
3   Tony desencadeia a briga quando canta uma versão suja de uma música dos Drifters, e essa cena final é acompanhada por outra música do grupo, "This Magic Moment", que combina com as imagens, mas não com os sentimentos de Bobby.

diz ao irmão, notando o quão suave ele se tornou. "Você mudou muito."[4] É claro que nem Tony nem Janice realmente mudaram — eles apenas se tornaram mais poderosos e repugnantes ao longo dos anos, e mais trágicos por causa dos lampejos de autoconsciência que continuam sendo expurgados. A sensação de que Tony teve a chance de mudar de verdade, mas perdeu seu momento, é sinalizada sutilmente, quando Carmela vê um peixe que pula fora d'água (talvez o animal mais importante dessa série; ainda mais importante do que os patos do sonho de Tony na primeira temporada) e Tony olha tarde demais para vê-lo.

"Você é jovem", Bobby diz a Tony. "Nós somos. O mundo tá a nossos pés." Mas a mensagem real do episódio pode ser encontrada em outra frase de Bobby, quando ele conta a Tony que está feliz por nunca ter tido que matar alguém porque as evidências de DNA tornam difícil escapar do crime nos dias de hoje. Você não pode escapar de sua identidade.

TEMP. 7/EP. 2
ESCRITO POR TERENCE WINTER
DIRIGIDO POR ALAN TAYLOR
EXIBIDO EM 15 DE ABRIL DE 2007

Rodas Giratórias

"Como serei lembrado?" — **Johnny Sack**

"É possível que isso seja apenas uma interpretação sua?", pergunta a dra. Melfi a Tony Soprano, após ele dizer que suspeita que seu primo Christopher, que agora transita pelo mundo do cinema, baseou nele o personagem de seu filme, *Cleaver*, um chefão esquentado que trai a esposa.

"Eu venho aqui há anos", responde Tony desanimado. "Já sei bastante sobre o subconsciente."

E com isso vamos mergulhar em "Stage 5", talvez o episódio mais autorreflexivo de uma série que já vinha oferecendo bastante reflexão.

O episódio é extraordinário pelos seus eventos com riqueza de detalhes, incluindo: a estreia do filme de Christopher, *Cleaver*, um verdadeiro festival de carnificina; o confronto de Carmela com Tony depois de assistir ao filme de Christopher

---

4   Essa cena depois se transforma em uma releitura da cena "Você é muito engraçado" de *Os Bons Companheiros*, quando Tony, irritado, começa a perguntar a Janice: "Estou diferente como?".

que sugere que ele teve um caso com Adriana; Silvio, que sobrevive a um atentado da máfia aparentemente encomendo por Doc Santoro (Dan Conte), subchefe de Nova York, que acaba matando Gerry "The Hairdo" Torciano[5] (John Bianco); a admissão de Tony, na terapia, de que ele teme que Chris tenha esquecido seu amor fraternal por ele e o queira morto; e, claro, o súbito declínio e morte por um câncer de Johnny Sack, que encara seus últimos dias com medo nos olhos.[6] Ele continua fumando cigarros até o final de maneira tão teimosa que até sua esposa, Ginny, que ficava furiosa com sua decisão de não parar de fumar, puxa um maço de cigarro após ouvi-lo chamar por sua mãe. É como se ela achasse que a promessa de mais uma baforada de cigarro bastaria para inspirá-lo a desistir de seguir a luz.

Além disso, há uma aura de futilidade persistente, às vezes, sufocante — uma sensação de que ataques individuais, esquemas, acertos de contas e jogadas de poder não significam muito quando você aceita que, como Carmela disse uma vez, "Tudo na vida tem um fim". "Stage 5" é o episódio mais fúnebre da série, de forma literal e figurada, que vai de melancólico a deprimente e cujo próprio título é sinônimo de morte — uma referência a um estágio inexistente de câncer além do estágio quatro.

Os personagens, sobretudo Tony, passam grande parte do episódio com pena de si próprios. Johnny morre de câncer. Phil Leotardo fala sobre seu ataque cardíaco, nutre um antigo rancor familiar contra as classes dominantes da América do Norte (seu sobrenome mudou de "Leonardo" para "Leotardo" na ilha Ellis) e se preocupa em voz alta por ter feito muitos sacrifícios durante a vida. Surpreendentemente, ele até expressa dúvidas sobre a sabedoria de ficar em silêncio enquanto cumpre pena e sobre não ter se vingado pessoalmente da morte de seu irmão, Billy, pelas mãos de Tony B.

O próprio Tony parece magoado, abatido, exausto. Seja meditando sobre o destino de Johnny ou se preocupando com a ofensa cinematográfica de Christopher ("E todas essas lembranças para quê? Para ele, não passo de um cretino valentão"). Dá para entender que sua mente está em outro lugar — talvez considerando sua própria mortalidade e questionando se vai deixar para trás algo além de dinheiro, tristeza e piadas de mau gosto. (Quando o grupo de Tony, reunido no Bada Bing,

---

[5] O assassinato de Torciano é apresentado de uma maneira que evoca a teoria de Bacala que diz que "Provavelmente nem sabemos quando acontece", em "Soprano Home Movies". Silvio está jantando com o "Hairdo" e duas mulheres quando o som abaixa e é substituído por um gemido agudo, seguido de sangue espirrando por todo o rosto de Silvio. Leva mais um momento para que ele consiga ouvir o som do tiro e perceber que Gerry foi morto bem na frente dele. Mesmo uma testemunha como Silvio não sabe exatamente quando acontece.

[6] É uma bela despedida para Vincent Curatola, que foi de empreiteiro de marcenaria a um dos mais indeléveis membros do elenco. Uma cena magnífica em particular é a primeira visita de sua família, do momento em que ele dá a notícia com delicadeza, "Eu tô muito doente", e depois quando encara de maneira ameaçadora o guarda da prisão que fica dizendo para eles pararem de se tocar (em outros tempos, Johnny teria matado toda a família daquele cara), e, por fim, o olhar de expectativa, quando, depois que Ginny vai embora, ele fuma seu primeiro cigarro em muito tempo — que mal pode fazer agora?

recebe a notícia da morte de Johnny, a câmera se aproxima devagar do rosto de Tony, isolando-o de perfil; é como se um pensamento sombrio tivesse acabado de se aproximar dele.) O brinde de Paulie Walnuts ao falecido consiste em se gabar que ele venceu o câncer e então cita erroneamente a música "Spinning Wheels", do Blood, Sweat and Tears, que, considerando os eventos recentes, parece um presságio. O cutelo acaba pegando todo mundo.

Em um discurso que acaba sendo mais importante para toda a série do que aparenta, dado o homem que o profere, Little Carmine encontra Tony para almoçar, e eles discutem a sucessão em uma era de guerra entre quadrilhas e aumento do assédio federal (o FBI chega a prender Larry Boy Barese na festa de estreia de *Cleaver*). Tony — que quer que alguém venha à frente para liderar a Família de Nova York apenas para acabar com o derramamento de sangue e suas dores de cabeça — pergunta a Little Carmine o que aconteceu com sua ambição. Little Carmine responde essa pergunta descrevendo um sonho que teve uma vez. Nele, seu pai fazia 100 anos e Little Carmine o presenteava com uma caixa melíflua, que o velho Carmine olhava com "um olhar de absoluta decepção", porque estava vazia. Seu pai então falou para ele: "Vá encher... volte quando eu tiver 200". A partir desse sonho, e do alerta de sua mulher de que ela não queria se tornar a viúva mais rica de Long Island, Carmine decidiu procurar a felicidade fora dos negócios da Família. O sonho "não era sobre ser chefe", explica Little Carmine para Tony. "Era sobre ser feliz".[7] É também sobre a tolice de buscar riqueza, poder e a aprovação dos mais velhos (ou superiores) em vez de realmente viver a vida e aproveitar cada dia como se fosse um presente — mesmo que, às vezes, esse presente acabe sendo um par de meias.

Como se isso não bastasse, "Stage 5" traz o foco de sua obsessão pela mortalidade à própria série, inserindo tantas imagens e frases de diálogo chamando a atenção para *Família Soprano* como uma série de TV, que o episódio não parece estar perguntando "Alguém vai se lembrar de nós com carinho depois que estivermos mortos?", mas sim, "Alguém vai se lembrar de *Família Soprano* como algo mais do que uma série sangrenta sobre gângsteres?".

Há avisos sobre os perigos da superinterpretação que parecem réplicas intencionais à observação de Tony a Melfi, e aos críticos como os que escreveram este livro. Christopher se esquiva das acusações de que baseou o chefe da máfia e vilão do filme (interpretado por Daniel Baldwin)[8] em Tony, fazendo JT Dolan atribuí-lo

---

[7] Sabedoria semelhante vem do novo padrinho de Christopher nos doze passos dos NA, Eddie, interpretado por Christopher McDonald, um bom ator que é indiscutivelmente reconhecível demais (*Um Maluco no Golfe* e muitos outros filmes) para interpretar um personagem aleatório e nunca antes visto em um episódio cheio de pessoas menos famosas interpretando a si mesmas.

[8] O próprio Cleaver, enquanto isso, é interpretado por Jonathan LaPaglia, cujo irmão mais velho, Anthony, já tinha sido candidato a interpretar Tony Soprano quando a série estava em desenvolvimento na Fox. Chase insiste que isso é apenas uma coincidência.

ao personagem de Broderick Crawford (que também usava roupão) em *Nascida Ontem*. Se Chris pretendia ou não a comparação, ele com certeza fez isso de propósito, mas nega a responsabilidade, insistindo que a criatividade é uma coisa misteriosa. "Foi uma ideia, sei lá, criatividade... quem é que sabe de onde vem a trepada? Isaac Newton inventou a gravidade porque alguém atirou uma maçã nele!", ele fala a JT antes de bater na cabeça dele com um troféu de roteirista.

Depois, há um momento em que a televisão de um espectador invisível mostra o jornalista Geraldo Rivera entrevistando especialistas sobre a máfia[9] a respeito do atual conflito na máfia de Nova York. O painel aposta em possíveis substitutos para Johnny, com um tom jocoso (parecido com as conversas entre os fãs de *Família Soprano* durante a exibição original) a respeito de quem seria o próximo a ser morto, o que, por sua vez, ecoa um comentário sobre *Cleaver*: "O público adora ver sangue!". A piada final da cena é que quem está assistindo à televisão é ninguém menos que Elliot Kupferberg, que se tornou fascinado pelo mundo da máfia ao longo dos anos ("Essa história de Santoro, eu previ há um ano!"). Carmine elogia a espertez de seu filme, citando em particular o close-up em um crucifixo e um boneco vaudeville pendurados em um espelho retrovisor. ("O sagrado e o propano [sic]", diz Carmine de modo equivocado.) E não esqueçamos também da interpretação que Gerry "The Hairdo" faz dos problemas cardíacos de Phil como "uma metáfora. Ele perdeu a coragem, é isso". (Se for assim, então é uma metáfora para uma metáfora.)

Será isso evidência de que os roteiristas às vezes se preocupam que os detratores da série podem estar corretos? *Família Soprano* é mesmo uma novela de gângsteres enfeitada com pretensão acadêmica? Cenas como aquela do almoço com Little Carmine e Tony — no qual Carmine, o gângster, que agora é do meio de Hollywood, mostrando-se sofisticado, pede atum ahi grelhado, mix de verduras e um chá gelado, enquanto Tony pede um sanduíche de filé com queijo — isso nos faz pensar.

O aspecto autorreflexivo de "Stage 5" aparece até mesmo na história sobre o câncer de Johnny Sack — particularmente quando Johnny obtém uma segunda opinião de seu enfermeiro, Warren Feldman (Sydney Pollack,[10] em uma participação única brilhante como ator convidado). Feldman é um oncologista que está preso por ter sido condenado de matar a esposa traidora, a tia dela, que por acaso estava lá, e um carteiro que estava no lugar errado e na hora errada. ("Àquela

---

9 Incluindo o retorno de Manny Safier, interpretado por Matthew Weiner.
10 Pollack, o diretor de *A Noite dos Desesperados*, *Mais Forte Que A Vingança*, *Nosso Amor de Ontem*, *Tootsie* e *Entre Dois Amores*, começou sua carreira como ator nos primeiros dramas de TV ao vivo e continuou atuando em seus próprios filmes e outros. Ele morreria um pouco mais de um ano depois que "Stage 5" foi ao ar — como Johnny Sack, de câncer.

altura, eu precisava ir até o fim.") Ainda assim, tanto Johnny quanto o episódio parecem claros em sua convicção de que só porque o oncologista é um assassino não significa que ele não tenha conhecimento médico que valha a pena ser ouvido. Como observa o cunhado de Johnny, Anthony Infante (Lou Martini Jr.), o sangue nas mãos de O.J. Simpson não apaga a qualidade dele como um ótimo jogador de futebol americano.

Essa é uma observação de autojustificação usada por gângsteres e aqueles que escrevem séries de TV sobre eles, mas há um forte indício de autoconsciência nela, menos um pedido de desculpas do que uma espécie de autocrítica codificada. (Apesar de toda a conversa sobre a sabedoria de Feldman, ele acaba estando errado; Johnny realmente morre mais rápido do que qualquer um tinha previsto.) Toda essa subtrama é paralela à preocupação de Tony que Chris só o veja como um valentão que faz sexo com a noiva dos outros, e Phil, que se preocupa que tenha errado nas escolhas mais importantes de sua vida. Será que *Família Soprano* está se julgando tão duramente quanto os críticos mais severos a julgaram?

Pode ser, mas pode não ser. De qualquer forma, tanto os Soprano quanto a *Família Soprano* terminam com uma visão positiva. "Independente do que acontecer, você fez um filme, Christopher", diz Tony, em um raro e terno momento entre eles.[11] "Ninguém tira isso de você. Daqui a 100 anos, longe daqui, vai ter gente vendo esse filme."

---

11 Mais tarde, Tony comparece ao batismo da filha de Christopher, assumindo o papel de padrinho mais por obrigação familiar (e Familiar) do que por vontade. A música que toca é "Evidently Chickentown", do poeta punk John Cooper Clarke, uma das seleções musicais mais estranhas e sinistras da série. Reza a lenda que David Chase ouviu a música apenas uma vez antes, enquanto limpava sua garagem em 1983, e fez uma anotação mental para um dia usá-la em uma série.

"REMEMBER WHEN"

TEMP. 7/EP. 3
ESCRITO POR TERENCE WINTER
DIRIGIDO POR PHIL ABRAHAM[12]
EXIBIDO EM 22 DE ABRIL DE 2007

Estradas do interior, levem-me para casa

"Falar do passado é o pior tipo de conversa." — **Tony**

"A vida tem de ser assim, na nossa idade?", pergunta Carmela Soprano, enquanto Tony se prepara para fugir de New Jersey e o FBI escava o local de seu primeiro assassinato.

"Meus tomates estão amadurecendo", responde Tony, um pouco melancólico.

É uma coisa estranha para Tony dizer, mas parece fazer sentido. Os tomates em seu quintal são apenas um item na longa lista de coisas que ele nunca apreciou direito e talvez nunca aprecie. O mal-estar que paira sobre Tony, como a nuvem de sujeira ao redor do Chiqueirinho de *Peanuts*, não é sobre a preocupação com a pergunta persistente sem resposta, se ele acabará morto ou na cadeia. Parece uma coisa mais inconsciente — uma aflição incidental, enraizada na maldição de viver em um estado perpétuo de desarmonia com sua própria vida. Durante os oito anos de terapia de Tony com a dra. Melfi, ele aprendeu o suficiente sobre si mesmo para admitir que sua vida estava fodida desde o início, e que ele piorou tudo ainda mais a cada ano que passava; no entanto, ele nunca demonstrou o discernimento necessário para absorver esse conhecimento e arrombá-lo, muito menos para mudar suas circunstâncias. Uma bala no corpo transmitiu a mensagem, mas não demorou e ele voltou a ser o Tony violento e luxurioso, só que agora mais robótico, um *bad boy* que retorna à sua natureza sem se divertir com isso.

Quando Tony e Paulie vão para o sul e se encontram com Beansie, em Miami, Tony se empolga com a ideia de visitar um motel e uma casa de massagem que eles gostavam de frequentar para comer carnes, apenas para descobrir que o local foi substituído por um hotel lamentavelmente respeitável, que, após as onze, só oferece sanduíches. É uma decepção em menor escala comparada à narrativa paralela do tio Junior em um manicômio judiciário, onde ele deixa de ser um ditador de araque que comanda jogos de pôquer clandestinos e passa a ser uma pessoa que, sob

---

12 Abraham e Alik Sakharov se alternaram no cargo de diretor de fotografia na maioria dos episódios da série. "Remember When" foi a primeira vez que Abraham dirigiu um episódio televisivo, mas desde então ele tem dirigido muitos episódios de séries dramáticas de prestígio, incluindo *Mad Men*, *Breaking Bad* e *Orange Is the New Black*.

forte medicação, tem que seguir as regras institucionais (chegando até a acompanhar a cantoria de "Take Me Home, Country Road", acreditem!); é uma rendição forçada a um mundo novo e sem graça. Em Miami, Tony reclama com Paulie sobre a atitude de Johnny Sack em relação à fidelidade conjugal, e leva uma jovem loira para o quarto dele, mas, depois de transar, ele se vira para ela e começa a bater papo, criando uma dúvida: é uma atitude para satisfazer o desejo de um macho alfa no cio ou ele apenas sente falta de conversar com Carmela?

Tony pronuncia as palavras que dão o título ao episódio (e à epígrafe deste capítulo) quando fica irritado com Paulie, que reconta sem parar sobre os dias de glória, durante o jantar com Beansie e suas amigas, e sai da mesa de mau humor. Engraçado, porém, que, no terceiro episódio dessa última temporada, parece que a reta final de *Família Soprano* seja a respeito de não lembrar o passado e não compreender plenamente as escolhas passadas, tendo então que enfrentar as consequências. Se a sexta temporada foi sobre a dificuldade, ou melhor, a incapacidade de mudar a própria vida (muito menos a própria natureza, como se não fossem a mesma coisa), então a sétima temporada trata do passado que alcança esses personagens, causando inconveniências e, às vezes, danos graves; como nenhum dos dois teria sido uma ameaça tão séria se eles não tivessem feito a escolha errada; e (um corolário) como as consequências de uma escolha ruim do passado não seriam tão problemáticas se alcançassem uma pessoa que tivesse mudado.

Enfrentar o passado quer dizer encarar a natureza essencial de uma pessoa e se perguntar o quanto ela cresceu e mudou, ou mudará, e até que ponto isso é possível. Ninguém gosta de se olhar no espelho, exceto talvez um narcisista sociopata como Paulie, que parece pensar que tudo o que aconteceu com ele é uma história mágica. O flerte de Tony com a ideia de assassinar Paulie de forma preventiva alimenta uma sequência de suspense em um barco alugado — um retorno psíquico à execução de Big Pussy, sem a ajuda de um flashback —, mas é plausível? Paulie é um bandido mesquinho, não um novato imbecil; mesmo se ele tivesse sido caracterizado como um imbecil que falasse demais e deixasse escapar declarações incriminatórias constantemente, ele sem dúvida teria sido assassinado por sua própria quadrilha há muito tempo, talvez por Tony, que teria notado essa tendência antes. Ou talvez, como o estado de seu próprio físico, ele esteja apenas piorando na velhice.

Mas, como Paulie, nós divagamos. A questão é que as contas que Tony achou que tinha se livrado de pagar continuam vencendo. Quando os policiais o prenderam pela arma que ele deixou cair enquanto fugia da casa de Johnny Sack,[13] na

---

13 A morte de Johnny Sack não tem efeito calmante nos negócios de Nova York, onde Doc Santoro recebe um "Moe Greene Special", sendo atingido no olho por capangas de Phil, que retoma a seu posto como chefe da Família.

estreia da temporada, o olhar de espanto em seu rosto deixou claro que ele mal havia pensado duas vezes naquela pistola. Em "Remember When", ele foge de seu primeiro assassinato, ocorrido em 1982, quando matou Willie Overall, um coletor de apostas ilegais de Newark.

Paulie lhe assegura que não pode ter sobrado muito da vítima, mas como Tony observa, com razão, ossos e dentes bastam. É verdade que Tony parece ter escapado da acusação da arma, e ele também escapa da responsabilidade pelo assassinato de 1982, graças ao encarcerado Larry Boy Barese que declara que o assassino foi Jackie Aprile.

Ou ele é o chefe da máfia mais sortudo que já existiu ou apenas mais um personagem de televisão em uma história de crime, sangue e tripas que por acaso é estruturada como uma comédia: *Todo Mundo Tem Medo do Tony*.

Nenhuma acusação de assassinato ou porte de armas por enquanto. Em vez disso, parece que Tony e todos os outros estão destinados a sofrerem um destino pior do que a prisão ou mesmo a morte: serem forçados a confrontar quem são de verdade.

Em "Soprano Home Movies", foi Bacala quem teve que abandonar a pretensão de pertencer a uma organização como a máfia sem sujar as mãos de sangue. Em "Stage 5", Tony viu o quanto Christopher se ressente dele, enquanto Phil e Johnny Sack questionaram como eles viveram suas vidas. Aqui, Junior e Paulie — o tio biológico de Tony e seu tio não oficial — aceitam suas transformações em velhos patéticos.

Ao longo da temporada, personagens relembram histórias antigas que muitas vezes falam sobre o ressentimento que cresce entre pais e filhos, ou entre mentores e protegidos. Aqui, Junior se lembra do dia em que seu pai (avô de Tony) o obrigou a caminhar dezoito quilômetros para casa por recusar uma gorjeta de 25 centavos de uma mulher rica. Carter Chong (Ken Leung),[14] sua versão de Bacala atrás das grades, se enfurece ao contar a vez em que ele tirou 96 em um teste de ortografia na terceira série e seu pai o criticou por não ter tirado 100. Paulie observa que Johnny Boy encarregou Tony do assassinato de Willie Overall quando ele tinha 24 anos, mas Tony o corrige enfaticamente, dizendo que tinha 22 anos.

São esses os detalhes que eles não esquecem. No início dessa conversa, Tony sugere que Johnny Boy nunca acreditou nele. Paulie responde que Johnny, afinal, confiou nele com o assassinato, mas Tony claramente se ressente que Johnny não acreditava que ele pudesse se tornar algo além de um bandido, condenando-o a esta vida.

---

14 Damon Lindelof, o cocriador de *Lost*, lembra de ter assistido a "Remember When" e pensado: "Preciso colocar esse cara em *Lost*". Leung passaria a segunda metade da série dramática de sucesso da ABC interpretando o médium deprimido, Miles Straume. Ele tem trabalhado constantemente na TV e no cinema desde então, incluindo um pequeno papel em *Star Wars: O Despertar da Força*.

Tony sempre foi do tipo que gosta de analisar o passado, mas passar tanto tempo com o tagarela do Paulie acaba tirando seu gosto por isso. Ainda assim, ele ao menos tem o presente em que se agarrar, enquanto Junior e, em menor grau, Paulie, não têm.

Junior tenta recriar o passado no hospital, recrutando Carter para ajudá-lo a organizar uma versão ao estilo casa de espelhos do jogo executivo de pôquer, com os pacientes jogando por botões e refrigerantes não dietéticos. Mas ele não tem o poder que uma vez tinha e, diante da ameaça de ser transferido para uma instalação menos confortável, ele autoriza um novo esquema medicamentoso que o torna uma versão confusa e sonolenta de si mesmo.

Carter, amargurado com a traição de quem ele vê como uma outra figura paterna — e talvez por ter lido *Um Estranho no Ninho* muitas vezes —, dá uma surra em Junior, deixando o chefe oficial de New Jersey sentado em uma cadeira de rodas, com o braço engessado e um olhar vago e deprimido no rosto, tendo um gato como único companheiro de terapia.[15]

No meio de suas férias fugitivas, Tony e Paulie veem uma foto em preto e branco de Paulie no auge dos anos 1960, flexionando os bíceps para a câmera. O que percebemos de cara é que Paulie está tentando preservar essa imagem tantas décadas depois. Ele ainda se exercita com halteres, embora a pele caia em torno de seus músculos. Ele ainda usa o mesmo penteado, embora o cabelo seja grisalho e ralo. Ele mora sozinho, não tem amigos de verdade, é o capitão menos produtivo e menos respeitado da Família e não consegue parar de falar! A única diferença real é a quantidade de TV que ele assiste; nos anos 1960, ele não sabia quem era Barney Fife, enquanto hoje ele dá gargalhadas ao assistir a reprise de *Um é Pouco, Dois é Bom e Três é Demais*.

Paulie sabe que Tony está insatisfeito com ele. Ele tem um flashback do assassinato oceânico de Pussy enquanto ele e Tony saem no barco de pesca, ficando aterrorizado durante a viagem, e mais tarde tem um sonho (muito literal para os padrões *Família Soprano*) em que confronta Pussy, o dedo-duro, para perguntar: "Quando minha hora chegar, me diz: vou cair de pé?".

Paulie ainda não teve que fazer essa escolha. Nenhum dos personagens principais sobreviventes precisou. Neste momento, a punição de Paulie é apenas ter que ser Paulie Walnuts, assim como a punição de Tony é ser o chefe de um império decadente e ter que trabalhar com caras como Paulie.

A única característica que une todos os personagens é a vontade de falar a linguagem do autoconhecimento sem se desvencilhar de si mesmos e ficarem longe

---

15 Dominic Chianese compartilha o dom de James Gandolfini para evocar grandes momentos de interpretação com bem pouco, aqui deixando seus olhos falarem, enquanto seu parceiro de cena é um gato.

o suficiente de seus próprios egos para ganhar perspectiva. Ninguém na série parece ter uma concepção de vida fora de sua própria cabeça, ou um senso de história que vai além da autojustificação ou de uma anedota de autopiedade: Chris proclamando que Lauren Bacall estrelou *The Haves and Have-Nots*; Tony choramingando repetidamente: "O que teria acontecido a Gary Cooper?"; o atendente do hotel que responde às perguntas de Tony sobre o que aconteceu com o antigo, desprezível e divertido lugar, repetindo, sem expressão: "Eu não sei".[16] O telespectador raramente tem a sensação de que os personagens de Chase entendem que o mundo já existia antes de eles nascerem e continuará existindo depois que eles estejam mortos e enterrados (talvez em um porão de Newark). Quando *Família Soprano* está retratando a vida da máfia ou a vida nos subúrbios ou os detalhes da psicanálise, é uma comédia sombria envolvente, mas quando está nos mostrando a distância entre a autoimagem de um personagem e a realidade que os outros veem, é um documentário.

TEMP. 7/EP. 4
ESCRITO POR MATTHEW WEINER
DIRIGIDO POR TIM VAN PATTEN
EXIBIDO EM 29 DE ABRIL DE 2007

Um seixo no lago

"Me escuta, tá? Esse é o molho." — **Tony**

"O que está buscando?" Essa é a pergunta que a dra. Melfi faz a Tony Soprano, cuja compulsão por jogos está destruindo sua vida. "Dinheiro, ou o prazer de vencer?" O título do episódio, "Chasing It" [Correndo atrás], parece prometer uma resposta, mas acaba por ser outra evasão. Tony intencionalmente não responde a Melfi em sua sessão, mas parece responder mais tarde, quando pede desculpas a Carmela por menosprezar sua aventura no mercado imobiliário. Ela observa a falta de lógica de Tony apostar quantias cada vez maiores de dinheiro na esperança de sair da dívida, e ele responde: "Você começa a correr atrás e, toda vez que vai colocar a mão nele, toma um tombo ainda maior".

---

16 No final, as coisas dariam certo para o atendente do hotel — ou, pelo menos, para o ator que o interpretava: o futuro titã dos musicais, Lin-Manuel Miranda.

É isso que Tony Soprano quer dizer quando ele fala de felicidade. Não a felicidade de um andarilho feliz, mas uma satisfação mais profunda, que perdura mesmo em tempos sombrios. Mais de seis temporadas de *Família Soprano*, e Tony nunca parece sentir felicidade profunda por mais de alguns momentos — talvez quando ele está se orgulhando das realizações de entes queridos ou desfrutando da companhia de velhos amigos em quem ele pode confiar (no momento). Mas, mesmo assim, a interpretação melancólica de Gandolfini sugere que há algo atormentando Tony, um desconforto mais profundo do que o medo físico de acabar morto ou na prisão.

Desde quando levou o tiro, o desconforto de Tony se tornou palpável. Ele irradia infelicidade e instabilidade em sua vida cotidiana e não parece mais capaz (ou disposto) de esconder isso. Ele diz o que quer que esteja passando por sua cabeça — propondo por impulso uma tática politicamente impossível, admitindo abertamente suas dívidas de jogo na frente de subordinados e inspirando furtivamente os olhares de "O que está acontecendo com Tony?" por onde passa. Ele está agindo como um homem que não está feliz sendo um chefe da máfia, ou um mafioso, e quer sair. Por saber que não pode sair, ele expressa esse desejo de forma inconsciente, fazendo e dizendo coisas que desestabilizam a vida que ele sempre conheceu.[17]

É por isso que a dependência em jogos de azar de Tony, que agora o consome (e nunca antes mencionada), funciona sobretudo como algo além de uma improvisação da crise da semana em uma série tradicional da TV aberta. Quando um personagem é concebido de forma convincente, os detalhes de sua compulsão autodestrutiva não importam; o importante é que faça sentido, dado o que sabemos sobre o personagem, e que chegue em um momento crítico do enredo. Ambos os critérios foram satisfeitos aqui — e se não fosse a jogatina, seria alguma outra coisa. Tony tem muitos nichos diferentes — seu casamento, sua identidade como pai, seu relacionamento com a quadrilha, seus associados (incluindo Hesh Rabkin, o principal credor de Tony) e seus colegas chefes (com destaque para Phil Leotardo, que assume oficialmente o trono de Nova York em uma festa onde é homenageado por ninguém menos que Nancy Sinatra) —, e ele parece determinado a estragar cada um deles.

No final do episódio, há um corte seco significativo entre duas cenas — um dos confrontos mais feios (e, em última instância, mais patéticos) de Tony com

---

[17] Carlo, que está queimado com Tony por seu fracasso em conduzir o negócio de construção da Família de modo tão lucrativo quanto Vito, menciona um episódio antigo de *Além da Imaginação* com um bandido chamado Valentine. Tony o interrompe, mas Carlo deve estar se referindo a "A Nice Place to Visit", um episódio sobre Rocky Valentine, que morre durante um assalto e acorda em uma vida após a morte onde todos os seus desejos são atendidos. Todas as mulheres o querem, todo mundo pensa que ele é maravilhoso e toda aposta que ele faz é vencedora. Rocky fica tão cansado do que ele supõe ser o paraíso que pede para ir para "o outro lugar", apenas para ouvir: "Este *é* o outro lugar". A existência de Tony não é bem a de Rocky Valentine, mas está perto o suficiente para ele sabotá-la, apenas para fazer algo diferente acontecer.

Carmela, e um momento crucial no enredo secundário do episódio, no qual Vito Spatafore Jr. (Brandon Hannan), o garoto gótico profundamente perturbado e filho de um mafioso gay que foi assassinado, reage ao bullying que sofre no vestiário masculino da escola defecando no chuveiro. A cena Tony-Carmela se baseia em um confronto anterior e mais moderado, no qual Carmela comemora a venda bem-sucedida de sua primeira casa — mais ou menos bem-sucedida, de qualquer maneira, pois ela acaba a descarregando no primo Brian e sua esposa grávida — e Tony sugere apostar a maior parte do lucro em um jogo dos Jets que ele insiste ser um "ganho certo". Na segunda rodada vemos Tony, vestido de roupão de banho, acusando Carmela de crueldade e hipocrisia, coisa que ela já ouviu muitas vezes e claramente decidiu não pensar a respeito (assim como Tony havia decidido, até pouco tempo, de não ficar obcecado com os vários pecados que cometeu para acumular a fortuna dos Soprano). "O fato é que você é uma negociante ruim, que fez uma casa ruim, que vai cair e matar aquele bebê que nem nasceu!", Tony grita. "E agora, você não consegue dormir!" Carmela joga um vaso nele e sobe para o segundo andar; em um plano aberto, Tony se arrasta para o fundo da cena, deixando os cacos do vaso intocados no chão da sala.

Em seguida, a cena corta para Vito Jr. sendo provocado com insultos homofóbicos nos chuveiros da escola. Sua mistura de indiferença tipo "foda-se", afetação gótica e delicadeza maleável é vista como sensível demais para o ambiente machista do ensino médio. Com sua alienação natural inflamada pelo fato de o pai ter sido morto não pelo que fez, mas por quem era, e a contínua difamação da memória dele pelos mesmos bandidos que torceram por sua morte, Vito Jr. reage encarando seus algozes, defecando e espalhando as fezes com o pé descalço. É terrorismo social — um ataque visual e olfativo que esvazia o banheiro. Só poderia ter sido cometido por um ser humano que não consegue entender, muito menos articular, a fonte de sua infelicidade, mas que decidiu que, se ele não pode dominar ou destruir seu ambiente, ele o desfigurará.

É o ato de um jovem que odeia tanto a si mesmo e a todos os outros que ele só quer sair, e não se importa particularmente em como fazer isso. É claro que o garoto não esperava ser arrancado da cama no meio da noite por capangas do acampamento para jovens em Idaho — uma cena que se classifica como uma das mais perturbadoras de toda a série, apesar de não haver derramamento de sangue, mas porque se sincroniza com o relato do episódio anterior de como o pai de Tony, Johnny Boy, ordenou que Tony realizasse seu primeiro assassinato em 1982. Em ambos os casos — Johnny Boy forçando o filho a um estilo de vida corrupto e violento que ele poderia ter transcendido se deixado sozinho, e Vito Jr. sendo levado (por ordem de sua mãe e sugestão de Tony) para um campo de lavagem cerebral projetado para forçá-lo a ser o tipo de pessoa que todos ao seu redor prefeririam

— estamos vendo uma alma potencialmente livre e única sendo brutalizada pela vida e então reprogramada para adotar, e potencialmente exemplificar, a mentalidade de seus algozes. (Marie Spatafore sugeriu um curso de ação semelhante alguns episódios atrás, aconselhando seu marido gay a considerar a terapia de conversão.)

Após a indignação no chuveiro, vemos Tony reagir às notícias da ação de Vito Jr. com a decisão de pagar à mãe do rapaz a quantia de 100 mil dólares para despesa de relocação pela qual ela havia implorado na cena de abertura do episódio — quantia que ele não consegue convencer o chefe recém-instalado da máfia de Nova York, Phil Leotardo, a pagar, com o argumento de que ele é parente de Marie e responsável pelo assassinato do marido dela. Tony de alguma forma junta o dinheiro, depois perde no jogo — um ato que desestabiliza sua vida doméstica e profissional. Nas histórias tanto de Vito Jr. como de Tony, os homens liquidam bens, por assim dizer, para se rebelarem contra uma vida que os sufoca, uma vida que os obriga a encarnar mentiras. Tony é mais autoconsciente, inteligente e empático do que quase todos ao seu redor, incluindo sua esposa e filhos, mas favorece seu lado sádico e violento para sobreviver. Vito Jr. está se rebelando, com seu jeito vacilante e inepto, contra a mentalidade machista e heterossexual que contribuiu para o "desaparecimento" de seu pai, e contra as várias instituições, do crime organizado às escolas, que continuam seu trabalho como se nada fosse.

Como em muitos episódios das temporadas seis e sete, "Chasing It" segue narrativas paralelas de um ponto de vista temático e, ocasionalmente, deixa seus enredos convergirem, até colidirem, para que as histórias pareçam se enfrentar e se examinar. O exemplo mais óbvio é a cena em que Tony, que tem uma longa história como pai substituto, vai à casa de Marie e confronta Vito Jr. apenas um pouco menos brutalmente do que Phil tinha feito. Quando o homem e o menino se sentam um em frente ao outro, é como se fosse o horário de visita em uma prisão, só que não sabemos qual dos dois é o prisioneiro. Quando Tony pede a Vito Jr. que seja o homem da casa porque ninguém mais o fará, ele poderia estar se dirigindo a si mesmo quando menino — talvez até parafraseando Livia, a forma sombria que permanece no fundo de sua mente, dizendo a ele o que fazer e dizer mesmo quando pensa que ele não está ouvindo. Observe que, quando Tony repreende os outros, ele parece estar falando de si mesmo em código. Seu ataque a Carmela a acusa de evadir os fatos de sua própria corrupção — sua vontade de se comprometer por conveniência e lucro, expressa na construção de uma casa de qualidade baixa que poderia matar seus habitantes. Carmela responde depois com uma imagem semelhante, Tony como um personagem de desenho animado vagando tranquilamente pela vida, alheio ao piano pendurado em uma corda acima de sua cabeça. Há uma diferença, porém: Tony está acusando Carmela, de modo não articulado, de cumplicidade na corrupção — uma corrupção que ele encarna. Carmela, por outro lado, parece avisá-lo da punição física em vez de moral, uma declaração de valor neutro nos moldes de: "Saiu na chuva, é pra se molhar".

Contra o que Tony está se rebelando quando ele macula seu ninho doméstico? Talvez contra nenhuma das coisas positivas em sua vida: um casamento forte, embora volátil, com uma mulher que realmente o ama e que lhe deu dois filhos que admiram o pai mesmo quando veem quem ele é de verdade; a segurança de saber que ele subiu mais alto em sua profissão (crime organizado) do que qualquer um poderia ter previsto, e que ele acumulou uma fortuna que lhe permite pagar 3,2 milhões de dólares por um iate (de acordo com Hesh) e subornar um inspetor de obra para que a casa de sua mulher, que é uma possível armadilha mortal, possa lançá-la no mercado imobiliário. Entretanto, mais do que nunca, ele parece pouco à vontade perto de pessoas que costumavam fazê-lo se sentir confortável. Quando está em grupos, ele ainda parece sozinho e, quando fala, mesmo que esteja em uma conversa direta, é como se estivesse falando sozinho. Até mesmo o movimento de câmera mais livre, de forma incomum, ainda que deliberada, enfatiza esse senso de volatilidade. Tony parece um primo espiritual de Eugene e Vito — caras que queriam sair e foram eliminados; caras que desenterraram suas verdadeiras essências tarde demais, desequilibrando seu mundo e garantindo sua morte. *Família Soprano* parece estar se desintegrando, como a mente de Junior, na frente de nossos olhos.

Há muito mais para se discutir aqui: a isca antissemita de Tony contra Hesh (mais mácula ao ninho); a insistência da dra. Melfi para que Tony compareça às sessões com regularidade, terminando a cena levantando-se (ela é a única personagem, além de Carmela, que parece não ter medo de enfrentá-lo); a morte abrupta da namorada de Hesh, Renata, durante o sono e a resposta surpreendentemente fria de Tony (que deixa um saco cheio de dinheiro para pagar sua dívida e sai o mais rápido possível); o uso astuto, quando AJ propõe casamento a Blanca, do tema principal de *O Franco Atirador*, de 1978, um filme sobre como os homens expressam emoção sem expressá-la, referenciado na cena em que um homem desafia o estereótipo de gênero e fala com o coração. O coração de AJ é machucado depois quando Blanca rompe abruptamente o noivado com uma explicação mínima ("Já não sei direito o que eu sinto"), mas isso é outra história.

Será que os próprios personagens se sentem mais livres para não se preocuparem com as consequências porque sabem que a série está terminando em breve? Estão todos, como Tony e o pobre Vito Jr., tão fartos do estado de suas vidas que farão qualquer coisa para quebrar a monotonia? Ou estão todos, como sempre, apenas não pensando em como suas ações se refletem para muito além do momento em que ocorrem?

É, como Christopher observa a certa altura, "como um seixo no lago — até os peixes sentem".

"WALK LIKE A MAN"
TEMP. 7/EP. 5
ESCRITO E DIRIGIDO POR TERENCE WINTER
EXIBIDO EM 6 DE MAIO DE 2007

Heróis do inferno

"Chris, você é da máfia!" — JT

No início de "Walk Like a Man", Tony dá conselhos a Christopher sobre como grelhar carne no churrasco organizado por Chris e Kelli no quintal da casa deles, observando que é possível tirar certos cortes da chama e eles continuarão cozinhando, graças ao calor dos sucos por dentro da fatia.

Mais tarde, quando Tony manda que AJ, profundamente deprimido, aceite o convite para uma festa dos "Jasons" (os filhos[18] de Patsy Parisi e Carlo Gervasi, ambos estudantes da Rutgers e associados de baixo escalão da Família), está passando *Heróis do Inferno* na TV da sala, um filme de 1968 no qual John Wayne interpreta um bombeiro especializado em apagar incêndios em plataformas de petróleo — que podem queimar para sempre, dependendo do tamanho do depósito abaixo — com uma técnica de perfuração profunda da terra para extinguir o incêndio com uma carga explosiva.

Na cena do churrasco, Christopher continua cozinhando um velho rancor: um ressentimento cada vez maior em relação a Tony, Paulie e todos os outros mentores que o puxaram para uma vida que não oferece nada além de sofrimento. *Heróis do Inferno*, no entanto, apresenta uma metáfora machista para o trabalho mais sensível e delicado feito pela dra. Melfi e seus colegas, que cavam as histórias e personalidades do coração dos pacientes para erradicar as fontes de traumas ao longo da vida — ou, pelo menos, é assim que as sessões de Melfi com Tony deveriam ser. Infelizmente, Tony tem razão em dizer que Melfi passou grande parte das últimas seis temporadas tratando os sintomas em vez de investigar as causas — embora, para ser justo, ela poderia ter cavado mais fundo se Tony fosse mais aberto à ideia. Mas Tony se recusa a trabalhar para apagar seu próprio fogo, nem quer que AJ apague o dele, optando por lançá-lo para fora da frigideira de sua própria depressão em direção à chama baixa representada pela associação com os dois Jasons.

18 Michael Drayer interpreta Jason Parisi, e Joseph Perrino interpreta Jason Gervasi, que se juntam à lista crescente de Jasons da série, incluindo o filho da dra. Melfi, Jason Barone, um dos gêmeos de Tony Blundetto, o ajudante de Little Paulie, Jason Molinaro, e o parceiro/amante de Lorraine Calluzzo, Jason Evanina. É como a versão do século XXI da piada de *Os Bons Companheiros* sobre como todas as crianças ítalo-americanas de uma certa idade se chamam Peter ou Paul.

Ninguém melhora porque ninguém está disposto a fazer o trabalho perigoso necessário para que isso aconteça.

"Walk Like a Man" é outra narrativa paralela de *Família Soprano*, seguindo o filho biológico e o emocional de Tony para mostrar o custo psicológico de estar relacionado, por sangue ou por vínculo, à Família em geral e a Tony, em particular. AJ e Chris herdaram traços infelizes de seus pais: a depressão de Tony e a dependência química de Dickie. (Naturalmente, Tony fica com pena do primeiro e não tem interesse em ouvir sobre o último.) Ambos lidam com seus problemas à sua maneira — AJ se fecha em posição fetal, sofrendo sempre que pensa em Blanca, e Chris evita ir ao Bing[19] —, mas Tony não tem paciência para mecanismos de enfrentamento que não fazem jus ao título do episódio. Chris até pode ter controlado seu problema, mas não adotou a abordagem de Gary Cooper, e Tony desgosta dele por isso.

(Como aconteceu quando a terapia de controle de raiva de Janice estava surtindo algum efeito, agora Tony também está com inveja de ver alguém melhorando enquanto ele nunca progride. Veja sua frustração quando Chris liga para ele reclamando que Paulie destruiu seu gramado e verbalmente fecha qualquer possibilidade de Tony dar uma bronca nele.)

Tony pode até estar certo sobre a importância da natureza cara a cara de seu negócio, mas também foi ele quem instigou Chris a beber um pouco do vinho do Vipers em "The Ride". E, sem dúvida, existem métodos melhores de AJ superar o término do relacionamento com Blanca do que assistir a filmes ruins de James Franco; mas o que Tony pode esperar, considerando que AJ foi mimado a vida inteira? Ele e Carmela (que está feliz em segredo com o rompimento por causa da "diferença cultural" entre o filho e a ex-noiva dele) não estão preparados para atender às necessidades de AJ — e, pior ainda, não entendem isso completamente.

Chris tem seus problemas com ortografia e gramática, mas ele não é estúpido. Ele pode ver que Bacala tomou seu lugar no círculo íntimo (no churrasco, Tony e Bobby discutem negócios — tomando duas cervejas geladas, enquanto Chris toma uma cerveja sem álcool e Tony zomba dele por isso), e ele sabe que seus problemas com Paulie (que começa a roubar da loja de ferragens do novo sogro de Christopher) não seriam tão ruins se os dois pudessem sair para comer um bife e tomar uma dose.

Então ele tem outra recaída e consegue ver os outros mafiosos como eles são de verdade: um bando de animais cacarejantes que se divertem com o sofrimento alheio. Tendo falhado em encontrar conforto com seu clã, ele se volta para outro, e vai visitar seu padrinho do Narcóticos Anônimos e frequente saco de pancadas, JT, buscando a absolvição de seus muitos pecados, sobre os quais o roteirista

---

[19] Quem não está evitando o Bing é Georgie, que aparentemente voltou a trabalhar lá, apesar de jurar que nunca voltaria àquele lugar depois da surra que Tony lhe deu em "Cold Cuts", na quinta temporada. Mesmo alguém tão periférico à vida na máfia quanto Georgie não pode escapar por completo.

vencedor do Emmy não tem interesse em ouvir. JT não apenas nega a Christopher a empatia que ele procura, ele o rejeita, supostamente porque ele precisa entregar um roteiro, mas, na verdade, porque ele não quer dar muito papo para um cara determinado a compartilhar informações incriminatórias.

Christopher busca uma conexão autêntica: a garantia de que ele pode enfim dizer a verdade sobre quem ele é e o que fez sem ser manipulado, punido ou vendido, apenas para que JT lhe diga, de forma direta, porém brutal: "Você é da máfia!" — significando que não há como ficar sóbrio, ou se sentir melhor, por causa do trabalho que escolheu. Isso é o que Melfi continua tentando ajudar Tony a ver. É o que o dr. Krakower disse a Carmela. É a coisa mais honesta que alguém já disse a Christopher, que então mata JT com um tiro.

Este mundo que está destruindo seu filho de criação é o mesmo para onde Tony empurra seu filho biológico com prazer, sabendo muito bem que os Jasons estão metidos no negócio da Família. AJ precisa de ajuda duradoura e de verdade, mas Tony só quer que as crises de choro acabem neste instante, então ele manda o garoto sair com criminosos que mantêm um frasco de ácido à mão, caso encontrem um devedor que precise ser torturado. (Se Jackie Jr. fosse um pouquinho mais inteligente, ele seria um desses dois.)

Do ponto de vista cinematográfico, "Walk Like a Man" — a estreia como diretor do roteirista de longa data de *Família Soprano*, Terence Winter[20] — é maravilhoso, não apenas pela quantidade de informações que contém, mas também pela forma como brinca com as expectativas do telespectador. Tantos "finais" em potencial para a série são revelados e então desarrumados ou complicados, que às vezes parece até que David Chase mandou que algum estagiário fizesse uma lista de todos os artigos que especulavam o final da série e a distribuísse aos roteiristas, para que estes soubessem o que não fazer. Será que uma briga entre Christopher e Paulie — que inclui Chris empurrando Little Paulie da janela e Paulie, vingativo, estragando o gramado de Christopher e Kelli com seu carro — poderia vir a derrubar a Família? Talvez, mas a cena em que os dois fazem as pazes no Bing parece colocar um ponto final nisso. Será que Tony ou Christopher podem entrar em uma enrascada e cooperar com o FBI? Ainda pode acontecer, mas enquanto Tony continua apostando de modo compulsivo, e a estupidez de Christopher o deixa com um assassinato suspeito para negar, os únicos bandidos que são denunciados são Ahmed e Muhammed, dois frequentadores regulares do Bing de ascendência do Oriente Médio cujos nomes Tony dá ao agente Harris e seus colegas do contraterrorismo. Tanto a briga entre Christopher e Paulie quanto às repetidas tentativas

---

20 De maneira surpreendente, este continua sendo o único crédito de Winter como diretor. Ele é também o único roteirista de *Família Soprano*, além de David Chase, a ocupar a cadeira de diretor.

de Christopher de aliviar sua culpa ao confessar seu papel na morte de Adriana — observe como cada vez que ele alude ao evento, ele usa uma linguagem mais específica e incriminadora — parecem uma tentativa dos roteiristas de se perguntarem "Como forçamos esses personagens a reconhecer as realidades morais e psicológicas de suas vidas?", e não "Como vamos terminar essa história?".

Mais do que alguns episódios, "Walk Like a Man" muitas vezes indica que o interesse real de *Família Soprano* não é o gangsterismo, mas a psicoterapia e a determinação da psicologia em descompactar, definir e consertar as raízes da infelicidade humana, independentemente da evidência de que não é possível fazer isso porque as pessoas são muito complicadas e os métodos de terapia são muito redutivos (apesar de sua insistência em respeitar os mistérios da personalidade). Há pelo menos cinco sequências no episódio que retratam terapia ou algo parecido. Nenhuma é reconfortante. Há a confissão de Christopher na terapia em grupo; há o subsequente e codificado cara a cara na escada onde ele reconta o assassinato de sua noiva como tendo sido o resultado de uma disputa com uma empregada problemática com quem ele estava tendo um caso; e, claro, tem a visita final de Chris a JT. Depois, temos a cena de Tony com Melfi e o interlúdio de AJ com seu próprio terapeuta; ambas as sessões provam ser inúteis no curto prazo, mas poderiam dar algum resultado se os terapeutas e pacientes se comprometessem a cavar um pouco mais fundo.

Igualmente intrigante é o exame que Terence Winter faz do efeito destrutivo da cultura machista que passa de geração em geração (observe os dois Jasons) por meio da combinação das características naturais da pessoa com a maneira como são criadas. Aproveitando o uso incrível do tema de *Franco Atirador* no episódio anterior, Winter caçoa do "Culto do Macho" não somente por meio de imagens paralisantes de violência e conquista sexual, mas também por detalhes incidentais que persistem devido às suas adequações metafóricas. Os velhos códigos definidos em "Chasing It", quando os pais substitutos Tony e Phil repreendem Vito Jr., são igualados repetidamente a trotes. A cena dos Jasons torturando seu cliente no bosque tem a conotação de um rito de iniciação (para AJ). O próprio Tony invoca uma fraternidade quando se justifica com Carmela por mandar AJ a uma festa na qual ele pode beber e se divertir com prostitutas mesmo que ainda seja ainda um adolescente. O aspecto mais baixo do trote é representado nas cenas da festa com os Jasons: todo o privilégio masculino com arrogância simiesca. Episódios anteriores exploraram as profundezas diabólicas do trote: Tony, que é trazido para a vida através de seu primeiro assassinato, depois pune Bobby o forçando a cometer o primeiro assassinato dele.

Há também o assunto relacionado a pais e filhos. Tony expressa em voz alta sua obsessão com a ideia de que tanto a criminalidade como a depressão são genéticas, mesmo quando ele rejeita (para Christopher) a noção de que alcoolismo é uma doença hereditária como o Alzheimer. (Se o pai de Christopher e herói de Tony, Dickie Moltisanti, "não passava de um pobre coitado de um viciado" — como Chris diz no churrasco —, então o que isso faz de Tony? Nada mais do que uma fraude que come demais, bebe demais, cheira cocaína e transa com strippers?) Tony tenta salvar seu próprio filho, que teme que vá segui-lo na vida de mafioso, ordenando que ele vá a uma festa no Bing, um poço carnal gerenciado por gângsteres, onde, como observa Christopher, bebidas e sexo estão por todo lado e metade das strippers são dependentes de cocaína. Tony demonstra uma atitude similar de morde e assopra em relação a Christopher. Como pontua Chris, Tony é o tipo de cara que serve um drinque a um alcoolista em recuperação e depois o repreende por aceitá-lo.

Esses códigos estão entrelaçados com a identidade do macho heterossexual. Até os homens que nunca estiveram nem perto de uma briga ou de um bordel sentiram impulsos como os que são a moeda de troca dos gângsteres de *Família Soprano*. Mas esses impulsos — e as indústrias criadas para saciá-los — coexistem com rituais banais de vida doméstica, escravidão assalariada e reflexo consumista. A penúltima cena do episódio retrata Tony e AJ — ambos de ressaca e tentando não parecer tão culpados — se juntando às mulheres da casa, Carmela e Meadow, para um jantar em família à mesa da cozinha.

Andar como um homem nesse mundo parece significar se queimar tão lentamente que você nem nota — até que sua alma tenha se tornado totalmente sombria.

TEMP. 7/EP. 6
ESCRITO POR MATTHEW WEINER E DAVID CHASE
DIRIGIDO POR ALLAN TAYLOR
EXIBIDO EM 13 DE MAIO DE 2007

Com a finalidade do conforto

"Não consegui dizer isso pra ninguém, mas eu tô mais aliviado." — **Tony**

A cena mais significativa de *Família Soprano* até o presente momento ocorre no episódio "Kennedy and Heidi". Não se trata do acidente de carro sangrento ou suas consequências perturbadoras. Não é a viagem de Tony a Las Vegas (em qualquer sentido da palavra "viagem"). Não são as duas cenas de terapia de Tony, ou qualquer uma das cenas de luto (ou não luto). Não é nem uma cena, na verdade. É um *cutaway* de cinco segundos para os dois personagens-título — as adolescentes no carro que fez Christopher desviar.

SÉTIMA TEMPORADA 351

"É melhor você voltar, Heidi!", diz Kennedy.

A resposta de Heidi: "Kennedy, tá escuro e a minha habilitação é provisória!".

Todos sabemos que a visão de David Chase sobre a natureza humana é sombria. *Família Soprano* se passa em um universo onde o bem e o mal foram rebatizados como princípio e instinto. Os animais não são conhecidos por sua inclinação a agir por princípio. Quase todas as cenas significativas representam a mesma luta básica, que coloca o instinto de autopreservação contra a influência do que Abraham Lincoln chamou de "os melhores anjos da nossa natureza". Esses anjos têm mandíbulas de vidro.

Esse *cutaway* para as garotas no carro torna o ponto central e recorrente de Chase mais incisivo do que sete temporadas de espancamentos, estrangulamentos e tiros, porque as garotas parecem tão "comuns" — apenas duas estudantes dirigindo na estrada tarde da noite, talvez pensando que, quando voltarem para casa, poderão tomar umas taças de vinho e assistir a um pouco de televisão. A diferença entre Heidi e Kennedy e Tony e Christopher é de grau, não de tipo. As meninas têm a chance de fazer a coisa certa, mas não fazem. O motivo exato para a decisão delas de não ajudar — dirigindo de volta ao local ou chamando a polícia — não importa no final. O que é importante, para os propósitos de Chase, é que elas são colocadas diante de um teste moral e elas não só falham, como nem percebem que era um teste. Tony Soprano e Christopher Moltisanti falharam em testes morais demais, tantos que já perdemos a conta.

Além de espelharem Tony e Chris em vários estágios de suas vidas, Kennedy e Heidi também representam as duas identidades dentro de tantos personagens de *Família Soprano* — especialmente Tony, cujo "eu" decente, submerso em um nível tão profundo (o cara que adora seus filhos, brinca com a esposa e tem consideração por mães jovens e animais inocentes), raramente emerge da fossa tóxica que é sua personalidade. Sempre existiram dois Tonys. Kennedy é a voz na cabeça de Tony que diz: "Faça a coisa certa". Ao que Heidi responde: "Foda-se".

O assassinato de Christopher por Tony não se trata do assassinato propriamente dito, mas sim do impulso humano na direção da autopreservação fria, ilustrada com a crueldade do tipo *Macbeth* tanto no *cutaway* para Heidi, que se recusa a voltar, quanto no ato de Tony, que silencia seu filho de criação, dependente e danificado. (Tony começa a discar para a emergência, mas para e aperta os três dígitos somente depois de ter certeza de que Chris está morto.) Todo mundo é uma ameaça para ele agora: lixo a ser descartado, assim como o amianto que um dos caras de Tony passa a maior parte do episódio tentando descarregar. O amianto, é claro, é difícil de ser eliminado por completo, e a presença de Chris na vida de Tony parece destinada a perdurar, mesmo como evidência de quão pouca humanidade resta em Tony.

Pouco antes do acidente, durante aquele longo, lindo e triste momento em que Tony olha para Christopher — talvez percebendo que ele está chapado, ou talvez temendo que ele possa virar um dedo-duro —, o som do carro de Chris está tocando "Comfortably Numb", do Pink Floyd. Essa é a segunda vez em dois episódios que os roteiristas invocam essa música (Tony cantarolou a letra no início de "Walk Like a Man", enquanto descia a escada para encontrar seu filho deprimido esparramado diante da televisão). A palavra mais importante no título não é "Numb" [dormente], mas "Comfortably" [confortavelmente].

A dormência é o meio para se chegar ao fim almejado, o conforto. Se você está insensível à moralidade, à empatia, pode fazer o que quiser e sentir pouca ou nenhuma culpa. A dormência confortável permeia o episódio "Kennedy and Heidi". Está lá na cena do hospital na qual Tony é informado de que Chris está morto, mas não consegue reunir energia para fingir choque ou raiva. É tentador racionalizar a não resposta de Tony como uma reação ao seu trauma físico, mas é bom lembrar que ele está lúcido após o acidente — lúcido o bastante para abortar sua primeira ligação para o 911 e assassinar Christopher[21] — e, mais tarde, ele menciona (incrédulo, e talvez com um toque de culpa profunda) que escapou do acidente sem ferimentos graves. À medida que o episódio se desenrola, Tony não consegue demonstrar nem um mínimo de choque e tristeza autênticos; o melhor que ele consegue fazer é apresentar uma suscetibilidade paranoica sobre o fato de que ele não está morto, e contar detalhes não solicitados do acidente. No velório de Chris, ele conta ao diretor de *Cleaver* que viu um galho de árvore entrar pela janela do carro e atingir o assento da filha de Chris. Seu jeito de contar os detalhes é tão afável que chega a ser inapropriado; isso associado às suas respostas em piloto automático ao longo do episódio, ironicamente, podem ser interpretados como o comportamento de um homem em estado de choque. A expressão de Tony enquanto mata Chris é terrível porque é o rosto de um predador agindo por instinto: parece uma máscara inescrutável e confortavelmente dormente. (Houve um close-up semelhante de AJ em "Walk Like a Man", enquanto assistia aos Jasons torturarem o cliente devedor. Apresentava um AJ animado como não se via há algum tempo — e mais desconectado de suas próprias emoções.)[22]

---

21 Tony finalmente asfixia alguém até a morte e, ao contrário de sua tentativa com Livia, ele nem precisa de travesseiro.
22 Neste episódio, AJ volta ao seu estado deprimido após uma breve melhora, em parte devido à notícia da morte de seu primo e à reação de todos a isso. "Sabe, as pessoas andam por aí como se fossem o máximo", ele diz ao seu psiquiatra. "Elas ficam rindo, ninguém para um segundo pra saber o que tá acontecendo." (Momentos depois, considerando toda a violência sem sentido do mundo, ele cita Rodney King ao falar "Por que a gente não pode se dar bem com todo mundo?", como se fosse o pensamento mais profundo que ele já teve. Para ser justo, provavelmente foi.)

O mundo de *Família Soprano* está confortavelmente dormente. Só uma pessoa de um universo como esse poderia começar um telefonema de condolências ao sobrevivente de um acidente de carro como faz Paulie, isto é, observando que o falecido dirigia com o pé na tábua. Carmela[23] trai sua dormência confortável ao desviar da raiva de Paulie pelo fato de que ela e Tony chegaram atrasados ao funeral de sua mãe/tia. Nessa mesma cena, Tony trai sua dormência de modo singelo, cortando a indignação legítima de Paulie sobre o não comparecimento de outros membros da Família ("Isso é uma grande falta de respeito. Eu jamais vou esquecer disso, tá ouvindo?"), lembrando que ele, Tony, é o chefe e um homem muito ocupado, e, portanto, Paulie deveria estar grato por ele ter comparecido. A dormência confortável permite que os homens matem repetidas vezes para proteger dinheiro, propriedade e reputação. A dormência confortável permite que mulheres como Carmela vivam com profundo conhecimento da maldade de seus maridos, enquanto tranquilizam a si mesmas que o desinteresse pelos detalhes equivale à falta de cumplicidade. Carmela sabe que Adriana não apenas "desapareceu", mas prefere não pensar nisso porque lhe causaria desconforto.

Surpreendentemente, para um episódio que passa metade do tempo com Tony hospedado em um hotel e tomando alucinógenos, a única sequência de sonho real aparece logo no início, quando Tony imagina confessar seus assassinatos passados à dra. Melfi. (O sonho acaba sendo um ensaio útil, pois mais tarde ele recria a maior parte de seu diálogo de uma maneira menos autoincriminatória.) Mas todo o episódio tem o ar de um sonho, ou da viagem de Tony a Costa Mesa.

Só que desta vez a imagética não é do purgatório, mas do lugar mais quente. Tony pensa que está indo a Las Vegas para resolver negócios inacabados de Christopher — e se divertir longe de todas as pessoas que esperam que ele fique aflito —, mas ele acaba no inferno. Ele e a namorada stripper de Chris, Sonya (Sarah Shahi),[24] fazem sexo, tomam peiote,[25] depois descem para o cassino, onde ele fica vidrado na imagem da cabeça de um demônio cartunesco em uma máquina caça-níqueis. (É um diabo sorridente, é claro, porque agora Tony está curtindo sua decaída.) Depois de romper sua longa série de derrotas na roleta, Tony leva Sonya para uma viagem ao deserto, onde o sol nascente lança um brilho carmesim em tudo. Quando o sol

---

23 Existe uma atriz que interprete o luto melhor do que Edie Falco? A reação de Carmela à morte de Chris é quase tão devastadora quanto sua crise de choro no primeiro episódio de Costa Mesa. Quase tão brilhante, de uma maneira diferente, é seu comentário sobre Julianna — que tem pinta de amante para Carmela — ser uma mulher bonita.

24 Na época, Shahi era mais conhecida por seu trabalho na série dramática sobre relacionamentos lésbicos do Showtime *The L Word*. Desde então, ela se tornou uma presença familiar na televisão, com papéis regulares em seriados como *Life*, *Pessoa de Interesse*, *Reverie* e *Chicago Fire: Heróis contra o Fogo*.

25 Por alguns dias, Tony chega a se tornar Christopher, usando drogas e dormindo com uma de suas amantes, quando nunca conseguiu fazer o mesmo com Adriana ou Julianna, por um motivo ou outro, enquanto Chris estava vivo.

vermelho brilha em Tony por um segundo, lembra o farol branco de Costa Mesa, que parecia significar o paraíso.

Enquanto assiste ao nascer do sol no deserto de Las Vegas, Tony fica alegre como nunca o vimos.

"Eu saquei!", ele grita. "EU SAQUEI!"

Mas ele não sacou. Qualquer correção da escala moral desse universo será incidental. Tony tem vivido uma vida conveniente por muito tempo. Se fosse mudar, já teria feito isso. Ele está seguindo esse caminho desde sempre, escapando por pouco em demasiados momentos. A cada vez, ele ouve alguma versão de Heidi e Kennedy em sua cabeça, Kennedy está dizendo: "Vamos voltar", e Heidi diz: "Não".

Heidi está dirigindo.

"THE SECOND COMING"
TEMP. 7/EP. 7
ESCRITO POR TERENCE WINTER
DIRIGIDO POR TIM VAN PATTEN
EXIBIDO EM 20 DE MAIO DE 2007

Elas são as condutoras

"Onde foi que perdi esse menino? O que fiz de errado?" — **Tony**

"The Second Coming" oferece uma interpretação do grito de Tony ao final de "Kennedy and Heidi" — "EU SAQUEI!" —, em uma de suas sessões com Melfi:

Tony: Eu só posso dizer que eu vi, com certeza, que isso, tudo o que a gente vê e sente, não é a realidade.

Melfi: E o que é, então?

Tony: É algo mais.

[*Melfi olha fixamente, pressionando não verbalmente para ele elaborar.*]

Tony: Mas eu só vou até aqui. Não sei ao certo.

Melfi: Universos alternativos?

Tony: Vai me sacanear agora?

Melfi: Não vou, não.

[*Tony faz uma pausa, acena com a cabeça.*]

Tony: Talvez... isso seja um tanto idiota, mas eu vi, no momento, que nossas mães são... as condutoras, motoristas mesmo, do veículo que nos leva. Elas soltam a gente e seguem seu caminho. Elas continuam sua jornada e o

SÉTIMA TEMPORADA 355

problema é que a gente fica tentando voltar pro veículo. Em vez de aceitar a distância.
Melfi: Essa ótica é interessante.
Tony: Ah, não fique assim tão surpresa.
[*Longa pausa.*]
Tony: Sabe, temos alguns pensamentos que são quase palpáveis... aí puf.

Isso é Tony em suma — sempre pressionando na direção de um entendimento maior do que seus parentes, colegas e amigos podem alcançar, mas invariavelmente ficando aquém nos resultados. No romance *The Moviegoer*, de Walker Percy, o narrador abordou essa dinâmica. Quando ele estava no campo de batalha na Coreia, em 1951, pressionado no chão e olhando para um escaravelho rastejando nas folhas, ele também percebeu que havia algo mais lá fora, algo além do que podemos ver. E então ele se esqueceu disso. Periodicamente, ele se lembra de que teve aquela epifania — na verdade, a cada poucas páginas do primeiro capítulo do romance, e muitas vezes depois disso —, mas, em seguida, é arrastado para o que chama de "cotidiano" da vida, as rotinas familiares, reconfortantes e entorpecentes, e ele se esquece de novo. Ao contrário de Tony, ele tem um vocabulário psicológico bem desenvolvido que o ajuda a expressar suas emoções com mais precisão — e até a ser um pouco presunçoso por conta disso; sua narração dominando os empresários e trabalhadores que carecem de sua sofisticação, sua sensação de que Existe Algo Mais Lá Fora. Mas, no fim, ele e Tony estão na mesma situação difícil, a situação em que todos estamos, queiramos ou não. Mudar a natureza essencial de alguém — a visão de alguém sobre o mundo — não é fácil, mesmo quando, como Tony, você sofreu (e infligiu) traumas em uma escala inimaginável e tem razões imediatas de vida ou morte para fazer uma grande mudança.

Tony diz a Melfi que ele sabia que teve um momento áureo depois que Junior atirou nele, e que ele deixou escapar; a implicação é que sua viagem a Las Vegas foi uma tentativa de criar uma chance de epifania. Mas isso é possível, para Tony ou qualquer outra pessoa? Especialmente quando é tão fácil remoer velhos rancores e rixas — continuar fervendo os sucos, como no bife que Christopher estava assando em "Walk Like a Man", muito tempo depois que a chama havia se apagado?

Phil ainda está atrás de Tony por causa do antigo assassinato de seu irmão, Billy; ele faz uma referência não tão velada a isso quando fala da viúva de Chris, dizendo que o luto leva mais tempo, dependendo da sua proximidade do morto. AJ fracassa em uma tentativa de suicídio e tenta justificá-la com histórias tristes de temporadas passadas. Carmela enfim descarrega sua raiva em Tony, não só por ter passado "a Maldição dos Soprano" para o filho, mas também porque ela está cansada de ouvir falar da depressão dele: "Tem ideia do que é, todos os dias, conviver com uma pessoa que todo o tempo reclama de tudo?".

Quando a conversa sobre o mergulho quase fatal de AJ na piscina da família Soprano leva alguns dos outros capitães da Família a reconhecerem a saúde mental instável de seus próprios filhos, Paulie sugere que a culpa é de todas as toxinas a que essas crianças foram expostas por toda a vida (em um episódio em que os caras de Tony ainda estão despejando amianto em Meadowlands,[26] um ecossistema de terras alagadas no nordeste do estado de New Jersey). Nesse ambiente, não importa quando foi a exposição inicial ou a tragédia; ela fica com você por anos, talvez por toda sua vida.

AJ tenta se matar — na piscina onde os amados patos de Tony representavam seu desejo de uma família feliz — depois de muito tempo estudando o poema de W.B. Yeats que dá título ao episódio. A visão sombria de Yeats sobre o futuro da civilização — "As coisas vão abaixo; o centro não pode segurar" — aplica-se a toda esta temporada. O centro do mundo de Tony, os homens que ele mais amava e confiava, está se desfazendo. Bacala. Junior. Paulie. Hesh. Chris. Cada um deles ou humilhado, marginalizado ou morto pelas mãos de Tony. No episódio depois de matar seu filho de criação, Tony mal chega em casa a tempo de salvar a vida de seu verdadeiro filho, em uma das sequências mais angustiantes que a série já apresentou.

E então há Phil. Se você trancasse Phil e Paulie em um quarto juntos, quem seria capaz de encher mais o ambiente com seu ar de superioridade e drama, até sufocar o outro primeiro? Enquanto Paulie é muito ignorante e relativamente de baixo escalão para causar muita dor e sofrimento com seu vitimismo (exceto para civis como Minn Matrone ou Jason Barone), Phil é inteligente e poderoso demais para ser descartado. Seu assistente, Coco (Armen Garo), nunca se sentiria confiante o suficiente para assediar sexualmente Meadow, a filha de um chefe — mesmo que de Jersey —, a menos que soubesse que Phil o apoiaria. No episódio "Stage 5", Phil disse a Butchie que ele estava farto de compromissos, e aqui ele explica a Tony — que nunca cumpriu uma pena significativa na prisão — que, em cana, "compromisso" significava, na melhor das hipóteses, obter uma imitação muito distante do que você queria: queijo quente preparado em um aquecedor no lugar de macarrão *manicotti*, masturbação em um lenço de papel em vez de sexo com uma mulher. Phil não vai abrir mão do acordo do amianto porque está ansioso por uma guerra com Tony — uma guerra que ele está disposto a travar apenas por causa de sua enorme vantagem em número de soldados (veja como ele se esconde de Tony e Little Carmine na pequena torre de seu castelo suburbano; no fim das contas, ele é um covarde).

Mas a reação de Tony ao malsucedido suicídio de AJ simula a dinâmica de suas reações pós-tiro e pós-Vegas. Ele faz o que é certo mergulhando na piscina para

---

26 Em uma cena mais cedo com a gangue, vemos Silvio que lê um livro intitulado *Como limpar praticamente qualquer coisa* — um texto tanto incrivelmente útil para o ramo de trabalho deles como também um lembrete de quantos destroços deixam em seu rastro.

salvar o filho. Depois, ele volta a se comportar de forma machista, repreendendo AJ por sua estupidez e fraqueza e talvez por se ressentir da vulnerabilidade que o acontecimento o fez sentir. Em seguida, ele volta a ser empático e para de julgar o filho. Ele o abraça e os dois choram juntos (talvez o momento mais comovente de toda a série, muito bem interpretado por James Gandolfini e Robert Iler). Mas então ele reverte de novo, com Melfi (onde admite que despreza a sensibilidade e a fraqueza de AJ) e com Carmela (os dois têm uma briga que gira em torno de quem é geneticamente responsável pela depressão de AJ; culpa que ele, mais tarde, diz a Melfi ser de Carmela por paparicar AJ demais). Aqui, Tony admite sua depressão e a presença da doença em sua família de forma mais franca do que em qualquer outro ponto da série. Mas, no fim das contas, ele recua, estanca seus sentimentos e tenta seguir em frente, como a versão gângster de Gary Cooper.

O próprio terapeuta de Melfi, o presunçoso dr. Kupferberg, conta a ela sobre um estudo sugerindo não apenas que os sociopatas não podem ser ajudados pela "terapia verbal" tradicional, mas que isso pode torná-los piores, ajudando-os a aprimorar suas habilidades de mentir e justificar seus piores traços. Como telespectadores oniscientes da série, sabemos que Kupferberg tem razão, que Tony geralmente mente demais para obter algo valioso de Melfi e que ele com frequência a usa para traçar estratégias. Na maioria das vezes, ele a está enganando, e é por isso que ele consegue identificar as desculpas esfarrapadas de AJ naquela interminável sessão de terapia familiar com o dr. Vogel (Michael Countryman).

Mas Tony — que nem se dá ao trabalho de esconder seu novo jeito de se comportar como Livia falando "Coitadinho!" para todos — tem um momento ocasional de clareza, como aconteceu com sua metáfora de que mães são veículos. Apenas alguém que tem Livia como mãe veria a maternidade dessa maneira, mas a Família também funciona como um veículo, do qual todos ou têm medo ou não conseguem ficar de fora por muito tempo.

Meadow revela que está namorando outro filho de mafioso (Patrick Parisi, que "às vezes é um tremendo babaca", como o próprio pai, Patsy, reconhece anteriormente) e agora desistiu da faculdade de medicina para se tornar advogada — duas opções que com certeza vão mantê-la envolvida no estilo de vida do pai de alguma forma. (Meadow sendo Meadow, deixando o homem em sua vida convencê-la a fazer isso.)

Meadow teve sua chance de sair do veículo para sempre, mas em vez disso ela está perto de conseguir um passe vitalício. Carmela teve duas chances — primeiro quando, à procura de uma segunda opinião, o dr. Krakower lhe diz para deixar Tony, depois quando ela realmente o expulsou — e, nas duas vezes, ela não conseguiu. Vito voltou para casa e para sua própria morte, tão grande era a atração por sua antiga vida. Adriana não pôde deixar Christopher e morreu por causa dele. Christopher, por sua vez, não poderia deixar Tony, e agora está no inferno por ele.

Voltando a Yeats, uma das frases que fascina AJ é a noção de que "os melhores carecem de toda convicção, enquanto os piores estão cheios de forte paixão". Na série, "melhor" é um termo relativo, mas não faltam candidatos para "pior". E todos eles estão cheios de sua própria forte paixão destrutiva, mesmo que o que o que desencadeou a paixão tenha acontecido há tanto tempo que — como no conflito israelense-palestino que tanto atormenta AJ — eles não consigam se lembrar como o fogo começou. Mas enquanto os sucos continuarem fluindo, eles continuarão cozinhando.

A depressão de AJ foi, em todos os sentidos, um alerta. Sua "perda de inocência" ao descobrir a verdadeira natureza de seu pai e de seus negócios, que demorou bastante tempo para acontecer, mas se encaixa com sua consciência repentina e avassaladora de todo o mal e estupidez do mundo — milhares de anos de rixas religiosas e étnicas, como o lucro supera a ética e resulta em toxinas sendo pulverizadas nos alimentos. "Parece deprimido de novo", o dr. Vogel aponta. "Como é que alguém pode não ficar? Tem que ser muito louco pra não ficar deprimido", é a resposta de AJ.

Sua profunda angústia é espelhada pela própria sensação de Tony de que todo seu universo está em decadência sem possibilidade de reparo, que ele está indefeso diante de realidades que apenas começou a reconhecer. Melhor recuar, recostar-se no banco do passageiro, deixar Heidi dirigir. Você acredita, até espera, que alguma revelação esteja próxima; então você se lembra do rosto de Tony enquanto ele apertava o nariz de Christopher: um olhar vazio e impiedoso. Contrariando Yates, quem sabe, talvez o centro *possa* segurar.

"THE BLUE COMET"
TEMP. 7/EP. 8
ESCRITO POR DAVID CHASE E MATTHEW WEINER
DIRIGIDO POR ALAN TAYLOR
EXIBIDO EM 3 DE JUNHO DE 2007

Leadbelly

"Fim dos tempos, hein? Preparado pro arrebatamento?" — **Agente Harris**

Adeus aos momentos de anticlímax.

Depois de dar sinais de — ou ameaçar? — uma guerra com Nova York desde o desentendimento ocorrido durante o esquema do Departamento de Habitação e Desenvolvimento Urbano na quarta temporada, *Família Soprano* por fim apresenta a guerra em grande estilo com o supremo, assustador e emocionante episódio "The Blue Comet".

Não é de se surpreender que a vantagem seja de Nova York, pois Phil e sua gangue conseguem assassinar Bobby e colocar Silvio em um coma que parece permanente, enquanto Tony e companhia são apenas capazes de matar Burt Gervasi, mafioso vira-casaca de Nova York, e a amante de Phil e seu pai (que é confundido com Phil dada a semelhança dos dois). É uma orgia de maldades mafiosas mais bem descrita por uma frase da narração de Ray Liotta em *Os Bons Companheiros*: coisa suja da porra.

Tony também perde sua conselheira mais próxima em um momento sem sangue, mas doloroso: dra. Melfi, tendo levado a sério o conselho de Elliot (e o estudo sobre terapia verbal e sociopatas), o dispensa como paciente.

Seu círculo íntimo foi dizimado, os homens de Phil ainda estão procurando por ele, e Tony termina o episódio se escondendo com seu exército minguado, agarrado ao rifle de assalto que Bobby lhe deu de presente de aniversário, a postos para a batalha. É o pior lugar em que o vimos, no pior momento possível, com apenas um capítulo de sua história pela frente.

Mais cedo, depois que Silvio é ferido gravemente no estacionamento do Bing, enquanto Patsy foge para o bosque, os capangas de Phil causam um acidente envolvendo um motociclista, dando início ao segundo de dois planos de reação, mostrando a multidão boquiaberta, parecendo gritar "Fujam! Fujam!", que presumíamos ter corrido para dentro do Bing para se proteger. Essa é uma piada boa e maldosa — no espírito daquele *cutaway* para as garotas escapando no carro que causou o acidente em "Kennedy and Heidi", mas com um tom crítico ao público. O pessoal do lado de fora do Bing corre como os figurantes de Tóquio fugindo de Godzilla, mas então volta para olhar, em um impulso de curiosidade exposto com clareza quando um ataque entre gangues e o consequente acidente de carro acontecem.

A morte de Bobby Bacala acompanha essa piada do Bing. Ele é baleado em uma loja especializada em vender trens em miniatura enquanto cogita a compra de um modelo muito especial de vagão de trem há anos fora de operação e que dá título ao episódio.

O cobiçado brinquedo serve como uma metáfora interessante. No sentido óbvio, representa qualquer impulso nostálgico que os gângsteres já tenham demonstrado; a exaltação dos bons e velhos tempos, quando o gangsterismo supostamente tinha regras; Tony critica cada vez mais o contínuo acovardamento do homem branco estadunidense e pergunta: "O que teria acontecido a Gary Cooper?". (Apesar de todos seus delírios, Paulie vê o passado com mais clareza, comentando em um tom gravemente angustiado que sobreviveu a guerra de gangues de Nova York dos anos 1970 "a duras penas".)

Além disso, a execução de Bobby é intercalada com um trem em miniatura mergulhando de uma ponte suspensa, cena que parece obviamente inspirada em

O Poderoso Chefão (um assassinato intercalado com algo mundano), até que você se lembra da declaração desdenhosa anterior de Phil, que diz que os Soprano nem são uma família real, mas uma "coisa pigmeia" que precisa ser exterminada. É como se eles fossem gângsteres em miniatura, e Phil pretende esmagá-los como faria com um trem de brinquedo. Enquanto ele os esmaga, é difícil sentir compaixão pelos derrotados porque Chase expôs o egoísmo deles, sem piedade. Graças ao comportamento cada vez mais trágico exibido nesta temporada, muitas vezes vindos de personagens com os quais poderíamos nos identificar (como Bobby ficando mais sombrio após seu primeiro assassinato), é difícil ficar emocionado com a destruição (e autodestruição) de Tony ou dos membros de sua família e Família. A série sublinhou, colocou em itálico e em negrito o fato de que todos eles são assassinos ou facilitadores tácitos de assassinos. Ao vê-los cair, poderíamos estar assistindo ao descarrilamento de um trem de brinquedo.

Por último, Orson Welles certa vez chamou *Cidadão Kane* de "o maior conjunto de trem elétrico de brinquedo que qualquer menino já teve". A cena na loja de trens é uma admissão jocosa de que os cineastas são crianças crescidas brincando de Deus com brinquedos em tamanho real. À medida que a série avança em direção ao seu destino, Chase está encenando uma colisão atrás da outra. Nós estremecemos e depois tentamos adivinhar o que ele vai esmagar em seguida. A morte de Bacala (um chefe em potencial caído em uma pilha de trens em miniatura) se relaciona com a visão do pessoal que observa os eventos fora do Bing e recua de horror, mas logo voltando para mais, sem fazer distinção aparente entre um atentado de gângsteres e um acidente de carro. Eles são atraídos pela dor como moscas são atraídas por estrume. É como se Chase estivesse tanto celebrando quanto condenando sua capacidade de fascinar por meio do sofrimento.

Particularmente impressionantes são os paralelos entre Phil e Kupferberg, dois homens que dizem coisas certas pelas razões erradas. Quando Phil expõe sua frustração com a forma como a máfia de Jersey conduz seus negócios, pode-se dizer que ele está errado? Em especial depois de vermos o quanto eles se atrapalham ao tentar assassiná-lo?[27] Sabemos que Phil está realmente orquestrando essa guerra porque está com raiva pelo assassinato de seu irmão e ressentido por Tony nunca ter cumprido uma pena significativa na prisão, mas será que ele está tão errado ao caracterizar Jersey como um bando de estabanados?

---

27 Tony, Silvio e Bobby estão tão confiantes em sua capacidade de eliminar Phil que brincam de boxe no ar depois que Tony faz a ligação, em um momento apresentado em câmera lenta e musicado por "Cavalleria Rusticana", de Mascagni — notoriamente usada em *Touro Indomável*, que por acaso é o filme em que Frank Vincent ganhou destaque pela primeira vez.

Kupferberg, enquanto isso, está absolutamente certo sobre Tony usar terapia para se tornar um criminoso melhor em vez de um ser humano melhor. Mas ele atormenta Melfi da maneira mais desagradável e pouco profissional possível para dispensar Tony — transformando um jantar em uma intervenção e revelando a identidade de Tony para os outros convidados como uma pergunta em um jogo de perguntas e respostas ("A resposta é uma cantora de ópera *e* um mafioso") —, não porque esteja preocupado com o bem-estar ético dela, ou com o que Tony possa estar fazendo com outras pessoas graças à sua terapia. Kupferberg é só um esnobe — e, como Phil, um valentão — que não tolera a ideia de uma colega abastada interagindo regularmente com um criminoso. Ele pode apreciar a saga mafiosa como uma abstração — como sua série de TV favorita, como era para grande parte do público —, mas nunca o agradou que Melfi estivesse se associando a um bandido. E quanto mais violenta e empolgante essa novela se tornou para Elliot, mais desdenhosa ele acha a ideia do envolvimento direto de Melfi.

Ao longo dessas duas temporadas finais, a série ficou progressivamente mais sombria, e Chase dificultou para o espectador ficar triste com o destino de seus personagens principais por qualquer outro motivo além do potencial humano que eles nunca alcançaram. Os comentários do episódio — sobre violência como entretenimento, sofrimento como espetáculo, e sobre a moralidade de quem assiste — ganham contexto na cena em que Melfi decide que está farta da intransigência carismática de Tony e o expulsa, usando seu roubo de uma página de revista de sua sala de espera como pretexto. Este é o equivalente a Al Capone sendo preso por sonegação de imposto de renda, em vez de por seus crimes mais graves, mas funciona para Melfi, uma pessoa principalmente ética que cedeu à sua vontade de ajudar um monstro por muito tempo porque pensou que estava lhe fazendo bem, mas também porque — como Elliot — sentiu certa emoção ao participar daquele mundo de modo indireto.

A cena final entre Melfi e Tony — que termina com ela fechando a porta para ele como se ela fosse o Poderoso Chefão e ele, a pobre Kay Corleone — pode ser o reconhecimento mais explícito do cinismo de Tony desde que ele matou Christopher. Enquanto ele fala com Melfi sobre o suicídio fracassado do filho e o tratamento subsequente, e a decisão de sua filha de desistir da medicina para estudar direito, ele não está dizendo nada de novo; se não nos comovemos, pelo menos somos solidários. Mas, como estamos vendo Tony pelos olhos de Melfi, parecem lágrimas de crocodilo. Melfi se pergunta, como nós deveríamos fazer, se esse assassino corpulento com um fraco por animais de estimação e crianças sente alguma coisa, ou se seu estado emotivo é uma compensação excessiva, um meio de mentir para si mesmo e para o mundo sobre sua alma cauterizada. (Quando AJ desaba e começa a chorar depois de saber da morte de Bobby, Tony o arrasta para fora da cama e atira roupas sobre ele.) Melfi ocasionalmente falou sem rodeios com Tony, mas nunca com tanto desdém: "Você falta às sessões porque você não tá nem aí... nem pro compromisso, nem pro que eu faço, nem pro trabalho realizado por profissionais que fizeram com que essa ciência crescesse. Prossiga, diga de novo que eu pareço a sua esposa". É apenas a ponta do iceberg do que Melfi agora entende por completo de sua cumplicidade, mas é tudo com o que ela pode confrontá-lo diretamente, e a raiva em sua voz é suficiente para demonstrar a seriedade da sua decisão para nós, se não para o Paciente X.

Se Tony é o substituto de Chase, Melfi é (ou deveria ser) a nossa. Ela está dizendo que se sente enganada e manipulada, que já se cansou, que esse relacionamento realmente não vai a lugar nenhum e, para defender sua saúde mental e honra pessoal, ela tem que acabar com ele.

E acaba... com Tony desfalcado de armas, de homens, de possibilidade de manobras e, agora, sem as pessoas de cujos conselhos ele mais dependia, incluindo Jennifer Melfi.

"MADE IN AMERICA"
TEMP. 7/EP. 9
ESCRITO E DIRIGIDO POR DAVID CHASE
EXIBIDO EM 10 DE JUNHO DE 2007

Sem bis

"Cara, é incrível essa letra.
Antiga e tão atual." — **Rhiannon**

Olhando retrospecto, talvez pudéssemos ter antecipado.

Mesmo para uma série infame pelos seus anticlímax, "Made in America" desafia a noção de finais explosivos com orgulho. Muito antes que a porta da sorveteria se abra, Tony olhe para cima e... *alguma* coisa aconteça — ou absolutamente nada —, o final da série prepara o telespectador, e Tony, para a ideia de decepção e confusão.

Toda vez que o episódio "Made in America" parece estar evoluindo para algo grandioso, ou até mesmo para um desfecho emocional básico, ele despenca. A guerra com Nova York acaba rapidamente, uma vez que Butchie se dá conta de que a vingança de Phil já foi longe demais e permite a Tony acabar com ele. O SUV de AJ pega fogo enquanto ele está dentro do carro com sua namorada e jovem modelo Rhiannon (Emily Wickersham),[28] mas ambos escapam bem antes que o carro exploda de modo ridículo sobre uma pilha de folhas em chamas. Tony faz uma visita final a Silvio e a Junior, mas a mente de ambos essencialmente já se foi: a de Silvio, em coma, pelos ferimentos à bala, e a de Junior, infantilizada e paranoica, pela demência.

Mesmo a trama que toma mais tempo de tela do que a guerra da máfia não termina, apenas é interrompida, quando Tony e Carmela conseguem convencer AJ a não seguir seu plano de se alistar nas Forças Armadas. Em vez disso, eles arrumam um emprego para ele como executivo de desenvolvimento na produtora de Little Carmine[29] — uma solução com a qual ninguém parece particularmente entusiasmado, mesmo que seja melhor do que a outra opção.

Tony vence a guerra, mas, na melhor das hipóteses, é uma vitória que causa enorme devastação ao vitorioso. Todos seus melhores soldados se foram. Paulie concorda com relutância em comandar a equipe de Cifaretto — o grupo mais lucrativo da Família, mas também o mais amaldiçoado, desde os tempos de Richie Aprile — porque não há mais ninguém para comandar, e o único soldado confiável que parece ter sobrado é Walden Belfiore (Frank John Hughes), que mata Phil apenas alguns episódios após sua estreia na série. Tony consegue voltar à sua vida, mas sua irmã agora é viúva,[30] sua filha está para se casar com Patrick Parisi e AJ ainda é AJ. E a condição lastimável do tio Junior — um farrapo de si mesmo, mal sobrevivendo em um hospital psiquiátrico sombrio administrado pelo Estado — reflete uma triste alternativa à afirmação que Tony fez há muito tempo de que um chefe como ele provavelmente acabará morto ou preso.

Quando Tony, Carmela e os filhos estão a caminho do Holsten's para a última ceia que compartilharemos com eles, parece que a série está retornando à uma versão anterior de si mesma, mas de uma forma deliberadamente mais opaca do que estamos acostumados a ver nos finais das temporadas de *Família Soprano*.

As cenas de final de temporada da série sempre reafirmam certos valores centrais, como comunidade e família, mas com um toque de mistério ou inquietação, ou um tom irônico amargo. A primeira temporada termina de modo muito parecido com o final da sétima temporada, com os Soprano se abrigando de uma tempestade (literalmente em "I Dream of Jeannie Cusamano" e figurativamente em

---

28 Rhiannon (apresentada na sexta temporada como namorada de Hernan) foi o primeiro papel significativo de Wickersham na tela. Desde então, ela apareceu em mais de cem episódios da série *NCIS: Investigação Naval* como a investigadora Ellie Bishop.

29 Sua primeira tarefa: *Antivirus*, um roteiro que Daniel Baldwin deu a Tony, e que envolve um detetive particular que "é sugado pra dentro da internet através da porta de dados" e tem que "investigar assassinatos de prostitutas virtuais". Pena que JT Dolan não esteja disponível para dar uma melhorada no roteiro.

30 Dá pena de pensar nas pobres crianças Baccalieri. Pelo menos Bobby Jr. e Sophia se lembrarão de seus pais biológicos, enquanto Nica crescerá conhecendo apenas a narcisista Janice.

"Made in America") em um restaurante (Vesuvio na primeira temporada, Holsten's na atual). Tony termina a primeira temporada quase matando a mãe e, em seguida, sendo incapaz de discutir isso com a figura maternal em sua vida, a dra. Melfi, depois de assustá-la e até forçá-la a se esconder como se estivesse em um programa de proteção às testemunhas. A segunda temporada termina com uma festa na casa dos Soprano para comemorar a formatura de Meadow no ensino médio, intercalada com imagens de atividades de saneamento e outros negócios da máfia sendo conduzidos; os planos finais mostram o rosto de Tony enquanto ele acende um charuto e exala, depois uma imagem do oceano, onde os restos mortais de Pussy estão sendo devorados por peixes. A terceira temporada termina com o tio Junior cantando, no Vesuvio, para grande parte do elenco principal da série; Meadow, perturbada com a morte de Jackie Jr., atravessa a avenida Bloomfield e, por um momento, parece correr perigo de ser atropelada. A quarta temporada termina com uma cena do barco *Stugots* ancorado na costa de New Jersey, enquanto uma música de Dean Martin toca a todo volume para intimidar Alan Sapinsly a devolver o dinheiro do depósito que Tony fez em uma casa que a esposa de Tony não quer mais porque está se divorciando dele. A quinta temporada termina com Tony emergindo do bosque coberto de neve e andando por seu próprio quintal — o andarilho feliz, retornando a um casamento restaurado que, por um breve período, parecia acabado. A sexta temporada termina com a extensa família Soprano reunida em sua casa, no Natal. Todos esses finais parecem consistentes, estabelecidos, mesmo quando provocam reflexão. Diante desse padrão, a conclusão da sétima temporada não parece um final apropriado. Parece o que uma série poderia nos dar se não pudesse se decidir sobre um final. Ou um que se afasta da ideia de finais. Uma negação de finais. Um ataque aos finais. Uma disrupção. Um interruptor invertido.

Não é isso o que queríamos. Confunde e enfurece. É como esperar uma conversa e receber um soco ou um dar de ombros. Não é o que esperávamos. É outra coisa. Não é algo que você apenas vê. É algo com o qual você luta, aceita, resiste, aceita de novo, resiste mais uma vez e depois resolve enfim aceitar.

Mas é absolutamente apropriado à personalidade da série.

Desde a segunda temporada, pelo menos, e talvez antes disso, *Família Soprano* foi brilhante em subverter nossas expectativas. Por vezes, nos deu o que não sabíamos que queríamos. Outras vezes, nos deu o que definitivamente não queríamos e, com o tempo, passamos a gostar, racionalizamos nossa maneira de acreditar que era outra coisa ou fingimos que nunca aconteceu. A série nos fez rir da sua audácia, da sua invenção, de seu cuidado atencioso às expectativas para um resultado que nunca teve a intenção de nos dar. Outras vezes, parecia estar nos encarando com um desinteresse frio e prosseguindo com o que faria de qualquer forma, como o italiano interpretado por David Chase, que esnoba Paulie em "Commendatori" depois que Paulie o cumprimenta usando a palavra que dá o título ao episódio. Nunca houve qualquer dúvida sobre quem estava no comando dessa experiência. Se *Família Soprano* fosse uma banda, seria do tipo que privilegiaria o material novo, agradando ou não ao público, tocaria seus maiores sucessos apenas quando tivesse vontade e seria liderada por um cantor que viraria as costas à plateia. A apresentação final de uma banda como essa poderia terminar com os músicos saindo do palco no meio do que você sabe que é sua última música; o guitarrista e o baixista esquecendo intencionalmente de desconectar seus instrumentos na saída. Retorno. Faíscas. Blecaute.

Sem bis.

E aqui está a questão: se você olhar para trás e observar todos os eventos que levaram à cena no Holsten's, é impossível afirmar que não fomos avisados que a série terminaria assim. É como o caso de Richie Aprile sendo preparado para um confronto com Tony apenas para levar um tiro de Janice à mesa de jantar. Como a traição de Pussy sendo descoberta não por um trabalho investigativo cuidadoso, mas por meio de sonhos provocados por uma intoxicação alimentar. É como o russo que pode ou não ter conseguido escapar do bosque. É como o funcionário do mês. É como Gigi Cestone tendo um ataque cardíaco no banheiro, Ray Curto tramando no banco da frente do carro da agente Sanseverino, Tony Blundetto sendo emboscado na varanda. É como Ralphie sobrevivendo em "University", no final da terceira temporada, e conseguindo chegar à metade da quarta antes de enfim ser morto por um crime que não tinha nada a ver com a morte de Tracee, e que nunca saberemos se ele realmente cometeu.

Assim como tudo aconteceu em *Família Soprano*, também aconteceu em "Made in America". Embora seja estruturado como a maioria dos finais anteriores, desde Tony destruindo um último inimigo até a reunião de família para uma refeição comemorativa, nada fica bem finalizado. O casamento de Meadow é discutido, mas apenas de forma abstrata. Ficamos sabendo que Carlo se tornou delator para proteger o filho Jason, mas nunca vimos isso acontecer, nem sabemos se a evidência que ele apresenta pode ser comprometedora o suficiente para derrubar a Família. Ficamos sabendo também que intimações estão sendo entregues, mas apesar das reações deprimidas de Tony, nunca conseguimos saber se elas levarão a alguma consequência. Há indicações de que a acusação de porte de arma pode enfim derrubar Tony, mas também não há conclusão sobre isso. Tony visita Silvio no hospital, mas nunca fica claro se ele morrerá em breve ou permanecerá nesse estado vegetativo por anos. Ouvimos dizer que Meadow teve que ir ao médico para trocar o anticoncepcional. Será que ela teve uma suspeita de gravidez? Será que ela trocou de remédio para ter certeza de que não vai perpetuar o legado da família/Família com o filho de um gângster conhecido? Pouco provável, já que ela diz ao pai que entrou para a advocacia depois de ver como ele foi tratado pelos policiais e agentes do FBI —, mas não sabemos.

O advogado de Tony, Mink, fica batendo na garrafa de ketchup várias vezes até que Tony a pega de suas mãos e tenta fazer ele mesmo, e o ketchup ainda não sai.

Mas se nada funciona como nós, ou Tony, queremos, isso parece parte do objetivo do episódio e da série. Acompanhamos *Família Soprano* reclamando para nós mesmos e, de repente, passou um vento forte e nos carregou para o céu. Todos nós chegamos no final, e não podemos nos livrar do sentimento de que o mundo (e nossa arte o refletindo) deveria fazer mais sentido do que faz.

O episódio piloto começou com Tony dizendo à dra. Melfi que ele temia que o melhor de seus negócios (e, portanto, dos Estados Unidos) tivesse acabado. A sensação arrepiante de dormência e desespero; a sensação de que o melhor (seja lá o que isso significasse) havia passado; a sensação concomitante de que nenhuma experiência que pareça importante para nós é tão importante para a história, ou nem mesmo para nossos amigos e parentes, como gostaríamos que fosse; que quando nós nos formos provavelmente seremos esquecidos, como 99,99999% dos seres humanos. Isso está codificado em cada segundo de "Made in America" e foi profetizado ao longo da série, de forma mais notável no monólogo de Carmela em Paris sobre infortúnios individuais sendo obliterados no curso da história, e na erosão gradual da memória de Junior, que aqui chega à sua conclusão penetrante.

Junior não se lembra de nada de sua vida longa, movimentada e desagradável, incluindo o fato de que atirou no próprio sobrinho; ele nem reconhece aquele sobrinho quando Tony concorda em visitá-lo. Do jeito que vai Junior, assim também vai o mundo. A viúva Janice se refugia em uma casa que pertenceu a Johnny Sacrimoni. É cercada por mansões; Tony informa a ela que quando Johnny construiu a casa, a área era toda de milharais — não há indicação de que eles tenham existido. Entendemos que a chave para encontrar Phil é localizar um posto de gasolina com um orelhão na frente; um atendente explica que poucos postos de gasolina ainda têm orelhões. É como se os orelhões nunca tivessem existido. Uma das cenas em Little Italy começa com um plano de um ônibus turístico de dois andares que passa pelo bairro, e ouvimos um guia dizendo aos turistas que Little Italy costumava ser um bairro enorme e próspero, mas agora foi reduzido a um punhado de restaurantes e lojas. A cena termina com Butchie percebendo que ele vagou até o centro de Chinatown sem nem perceber. Para onde foi Little Italy? Estava bem ali.

"Claro que eu estou chateado!", Phil exclama num dado momento.

Entre pro clube, para citar o título de outro episódio.

Quase ninguém dá a mínima para sua vida além de você, e, de acordo com Chase, há uma boa chance de que nem você se importa tanto quanto pensa. Se fosse assim, já teria feito o trabalho pesado necessário para mudar a si mesmo e corresponder à sua imagem idealizada. A maioria das pessoas não é capaz disso. É muito difícil, somos muito preguiçosos como espécie, e a vida é muito longa e cheia de problemas que precisam de solução imediata. E então, em algum momento, você não está mais no centro, e é tudo irrelevante, pelo menos para você.

No Holsten's, Tony ergue os olhos ao ouvir o som da porta se abrindo. Corte seco para tela preta. Pausa longa, então rolam os créditos. A história continua. Você, o público, não está por perto para acompanhá-la.

"Quando a gente pensa num lugar que nunca foi, parece que as pessoas são imaginárias", disse Carmela a Rosalie em "Cold Stones". "E quando a gente está no lugar, e vê as pessoas, percebe que elas não existiam. E a gente não existia pra elas."

Os encontros finais de Tony com a irmã, o melhor amigo e o tio são todos apropriadamente solenes, mesmo que nenhum forneça exatamente o que Tony está procurando. A cena com Junior, em particular — de muitas maneiras, a última cena adequada de *Família Soprano*, antes do que quer que ocorra na sorveteria — é triste e bonita de um jeito assombroso, como a conversa entre Tony e Junior no final do episódio "Where's Johnny", na qual Tony pergunta ao tio: "Será que não me ama?", só que ainda mais melancólica. Junior está morto para Tony desde que atirou nele, mas o Junior que Tony conhecia desapareceu na floresta nevada. Quando Janice vem lhe contar sobre a morte de Bobby, ele se lembra o suficiente de sua vida para supor que ela é Livia, Nica é a bebê Janice e o Bobby assassinado é Robert F. Kennedy. Quando Tony enfim se digna a visitar o tio (na esperança de salvaguardar a fortuna de Junior para os filhos de Bobby), até mesmo aquela partícula de memória parece ter desaparecido para sempre, Tony acaba sentindo pena do tio, que tentou assassiná-lo duas vezes, dizendo a ele: "Você e meu pai, vocês mandavam em New Jersey".

O que quer que esteja no controle da embarcação que era Corrado Soprano Jr. pondera isso por um momento e diz: "É bom saber". Seu corpo ainda não está morto, mas a mente já se foi.

Por sorte, Tony Soprano não parece estar indo por esse caminho. Apesar de todas suas muitas falhas, ele tem uma esposa que o ama e dois filhos que, de qualquer forma, ficarão bem. Ele pode morrer naquela sorveteria. Se não o fizer, ele pode ir para a prisão em breve como resultado da denúncia de Carlo, ou pela acusação de porte de arma, ou por alguma evidência obtida da fraude na loja de Scatino. Se este é o fim de sua história, ele até foi abençoado com muito mais do que merecia. Se não for, pelo menos os tentáculos de sua vida se estendem o suficiente para que ele pareça seguro, deixando de lado as chances de Alzheimer, evitando compartilhar o destino esmagadoramente solitário de seu tio.

Mas "Made in America" também é uma história de decepção familiar para Tony.

Ele nunca teve escolha sobre entrar ou não para a máfia, graças a Johnny Boy, mas ele nunca quis isso para os filhos: ele achava que Meadow poderia ser melhor, e merecia ser melhor, enquanto AJ era muito preguiçoso e estúpido para sobreviver no seu ramo. No entanto, a maior parte do final é sobre Tony aceitando a decisão de Meadow de se casar com alguém da Família e seguir uma carreira de advogada inspirada pela forma como a lei trata o pai; e sobre Tony e Carmela chegando à conclusão de que permitir que AJ trabalhe para Little Carmine é a melhor entre um monte de soluções ruins para os becos sem saída da vida do filho. Tony tentou mudar a si mesmo e sua família trabalhando — talvez não trabalhando pesado, exatamente, mas trabalhando um pouco, quando tinha tempo, pois todos sabem o quanto ele é ocupado. E aqui está ele, anos depois, basicamente no mesmo lugar. E a família dele também.

Chase, que voltou à cadeira de diretor pela primeira vez desde o piloto, traça os estágios finais da guerra contra Nova York com um pincel apocalíptico para se adequar à referência do fim dos tempos feita pelo agente Harris[31] em "The Blue Comet". Os esconderijos na costa de New Jersey, a reunião de Tony no aeroporto com Harris e o encontro interestadual em um depósito de caminhões parecem ocorrer em um inverno projetado para fazer os humanos acabarem como os dinossauros mencionados no episódio "The Fleshy Part of the Thigh". AJ e Rhiannon escutam "It's Alright, Ma (I'm Only Bleeding)", de Bob Dylan, como se fossem as primeiras pessoas a descobrir e entender sua mensagem sinistra; a música serve como uma última facada apropriada no flanco dos *baby boomers* que Chase e companhia vêm atacando há sete temporadas. A música também fornece uma trilha sonora perfeita para a destruição violenta do carro ridículo que Tony comprou para AJ porque pensou especificamente que o manteria seguro, sendo pesado o bastante para passar por cima de outros carros sem que o motorista derrame seu Red Bull. (Gasolina é feita de

---

31 A última risada de *Família Soprano*: Harris, já tendo cruzado várias linhas éticas ao fornecer informações a Tony, fica muito animado ao ter notícias do assassinato de Phil, aplaudindo: "Boa! Vamos vencer essa parada!". Agora que não está mais trabalhando diretamente contra Tony, ele se tornou um fã dos Soprano, assim como todo mundo.

combustíveis fósseis refinados, então você pode considerar a destruição desse "monstro bebedor de gasolina" como a vingança dos dinossauros.) O assassinato de Phil é uma última piada pastelão mortal, bem no estilo de *Família Soprano*, quando Walden o mata enquanto ele e sua esposa estão em um posto de gasolina, seus netos recém-nascidos alheios e seguros no banco de trás, o carro que avança para esmagar o crânio de Phil como uma indignidade final à linhagem Leotardo, os bisbilhoteiros no posto são, mais uma vez, substitutos para o telespectador de *Família Soprano* — ao mesmo tempo, horrorizado e fascinado. Como sempre foi.

E então chegamos ao momento do jantar. A última ceia para a família Soprano, ou talvez só para nós.

Quando Tony Soprano entra no Holsten's para encontrar a família para jantar, a guerra da máfia retrocedeu e a vida começou a voltar a algo semelhante ao "normal" — o que quer que isso signifique para esse grupo. Tony se senta em uma mesa e olha a seleção no jukebox tentando escolher uma música (uma ótima piada autorreferencial para uma série que sempre se orgulhou de escolher exatamente a música certa para cada cena). Ele escolhe "Don't Stop Believin'" [não pare de acreditar], do Journey (o refrão "não pare" expressando o sentimento dos fãs de *Família Soprano* que não queriam que a série acabasse); quando o pequeno sino na entrada do restaurante toca no momento em que Carmela entra, Steve Perry canta sobre uma garota de cidade pequena enquanto ela se senta com Tony. Eles conversam.

"O que está bom hoje?", pergunta Carmela.

"Não sei", responde Tony. Quando ela pergunta se ele falou com o advogado de novo, ele diz a ela: "É o Carlo. Ele vai testemunhar".

A expressão séria de Carmela indica que isso pode significar problemas graves no futuro.

O sino toca mais uma vez, Tony olha para cima e vê um homem branco de meia-idade que usa um casaco da marca Members Only (assim listado nos créditos finais, e outra boa piada intertextual)[32] que entra no restaurante e sai do quadro, com AJ logo atrás dele. AJ se senta com eles e o bate-papo continua; o cara do casaco Members Only, que agora está sentado no balcão, olha para a mesa deles, tamborilando com as mãos. Ele olha de novo depois que observamos Meadow fazer várias tentativas de estacionar o carro.

---

[32] "Members Only" é o título do episódio de estreia da sexta temporada, no qual Eugene Pontecorvo — que usava um casaco Members Only e tinha uma leve semelhança com o cliente de Holsten's — se enforca porque não consegue escapar da vida na máfia.

AJ discute seu novo trabalho, e lembra a Tony o que ele falou no fim da primeira temporada: "Você não me disse isso uma vez? 'Pensar nos bons tempos'?", enquanto Meadow continua tentando desesperadamente estacionar. O cara do casaco se levanta do banquinho; Tony olha para ele enquanto passa pela família em direção ao banheiro. Será que ele é um assassino, enviado para matar Tony e talvez sua família também, ou é apenas alguém que reconheceu Tony das notícias nos jornais? Será que ele está dando uma de Michael Corleone? Existe uma arma colada na parte de trás de um vaso sanitário? Nós não sabemos. Momentos depois, dois jovens afro-americanos ("homens negros não identificados": ver temporada 1, episódio 12) entram no restaurante. Tony quase foi morto por dois jovens negros na primeira temporada; são eles assassinos, ou apenas dois amigos que saíram para jantar? Nós não sabemos.

Meadow é a última Soprano a se aproximar do restaurante. É a cena final do episódio final de *Família Soprano*, e David Chase dedica um minuto inteiro à falta de habilidade de baliza de Meadow. E, no entanto, a tensão é insuportável. Muitas vezes em *Família Soprano*, quando um personagem ou personagens passam muito tempo na tela batendo papo ou focados em algum elemento mundano, o não drama é seguido por uma surra ou uma bala no cérebro; a atenção do espectador começa a vagar, e então BAM.

Esperamos a mesma dinâmica dessa vez.

Mas não: Meadow estaciona o carro com sucesso.

Ela corre pela rua.

Nós nos preocupamos que ela possa ser atropelada.

Ela não é atropelada.

A cena corta para o interior do restaurante.

Tony olha para cima, ao som da campainha tocando.

Corte seco para a tela preta.

O som também corta.

Após cerca de dez segundos de tela totalmente escura, os créditos rolam.

Não há música.

O final de *Família Soprano* é tão ousado em sua estrutura e frustrante em sua essência, que, na época, grande parte do público se rebelou abertamente contra ele e continua desde então discutindo seu significado e suas intenções. Ele foi ao ar no verão de 2007, após três temporadas exibidas de *Lost*, da ABC, uma série que ensinava aos espectadores a procurar padrões e pistas para entender ou prever elementos da história que os roteiristas deliberadamente não divulgavam. Com isso, a discussão na internet ganhou intensidade com teorias sobre o corte seco para a tela preta, explicando-o, diagramando-o, anotando-o e arquivando-o com segurança. Como manda o figurino, grande parte do público se concentrou na questão de saber se Tony havia sido baleado, como se isso fosse tudo, e tentou "resolver" a cena final como se fosse um quebra-cabeças para depois exclamar: "Já sei!". Não importa que para cada evidência citada para apoiar essa ideia, como a afirmação de Bobby de que você nunca sabe quando a hora chega ou aquela primeira bala silenciosa que atinge Gerry "The Hairdo", havia outros momentos que poderiam complicar tal leitura que teriam que ser cuidadosamente ignorados, como a descrição de Carmela de, em essência, um programa televisivo da vida que continua depois que o espectador (nós, não Tony) para de assistir, ou a própria música do Journey, que alerta para uma história que nunca termina, mas "continua e continua e continua".

E, para ser justo, *Família Soprano* era tão densa em suas referências, motivos e "mitologia" que era impossível não querer analisá-la dessa maneira. A série estava recheada de elementos que podiam significar tudo ou nada. Vejamos a questão dos ovos, que, como observamos aqui, parecem a versão de Chase e demais roteiristas das laranjas (representantes das mortes) dos filmes da trilogia *O Poderoso Chefão*: Richie faz ovos na casa de Livia, na mesma casa onde mais tarde morre; Ralphie está fazendo ovos quando Tony chega e o mata; Tony pisa em ovos podres logo antes de tomar a decisão de matar Tony B; um Junior senil chama Tony B de "Tony Egg" enquanto Bobby está fazendo ovos, e, momentos depois, recebe a ligação dizendo que Carmine morreu; Carmine sofre o derrame fatal enquanto come salada de ovo; Adriana se oferece para preparar ovos para Chris logo antes que ele saia e decida traí-la, entregando-a a Tony; Valentina fica horrivelmente queimada ao preparar um tipo de ovos mexidos industrializados chamado Egg Beaters; Janice faz uma fritada antes que Tony instrua Bobby a cometer seu primeiro assassinato; e assim por diante.

O número sete aparece com a mesma frequência que os ovos. Há, segundo Chase, sete temporadas da série, uma das quais abre com a música "Seven Souls"; os nomes Anthony e Carmela têm sete letras, assim como Vesuvio, assim como Soprano; sete fragmentos de sonhos expõem a traição de Pussy em "Funhouse"; Gloria conta a Tony que assassinou sete relacionamentos, enquanto, em "D-Girl", Amy começa a contar a Chris sobre a hierarquia das sete necessidades humanas, e o rapper Da Lux leva sete tiros. Há sete episódios que tratam de *Cleaver*, filme sobre um mafioso assassinado que se torna uma imagem da Morte, e o sétimo episódio de cada temporada lida com o passado de Tony e a possibilidade de ele ser amaldiçoado por seus genes. E quando o dr. Krakower descreve um destino para Tony (nada menos que em um sétimo episódio), é ser condenado a uma cela de prisão e obrigado a ler *Crime e Castigo* todos os dias por sete anos. Você poderia fazer planilhas com essas coisas e usá-las para provar todo tipo de teoria. Sem dúvida, muitas pessoas já fizeram isso. Mas nada disso explica o

Made in America

O que aconteceu no final
de *Família Soprano*?

Não pare de acreditar: você sabe exatamente o que aconteceu no fim de *Família Soprano*

Após várias tentativas frustradas de reconciliar as nossas diversas emoções e teorias contraditórias sobre a cena final de Família Soprano, decidimos debater.

ALAN: Tony Soprano está morto.
MATT: Espere, o quê?
A: Ele está morto, Matt, é óbvio.
M: Bem, não pensei que seria assim. Nas palavras de Tony: "a tribuna é sua, senador".
A: O episódio "Made in America" abre com Tony dormindo no esconderijo. Seus olhos estão fechados, ele não está respirando de forma perceptível, e o ângulo da câmera faz parecer que ele está sendo velado na funerária, esperando que seus amigos, familiares e espectadores aqui na terra da TV prestem suas condolências. Ele acorda repentinamente, mas começamos a nossa hora derradeira na companhia de Tony com esta imagem que sugere que ele já está morto, e que ele — assim como Silvio ao presenciar o atentado a Gerry Torciano — só precisa de algum tempo para se dar conta da irrevogabilidade da situação.

Aquela imagem que parece um caixão não é a primeira maior alusão à morte da temporada final e nem a última do episódio "Made in America". Na estreia da temporada, Bacala trouxe à tona o que acontece quando uma pessoa morre, especulando: "Provavelmente nem sabemos quando acontece, não é?" — uma frase, sem dúvida, tão importante para o final da série que a conversa é repetida no desfecho do penúltimo episódio, depois que o coitado do Bobby recebeu a resposta a essa pergunta. Imagens de morte — ou um inferno congelado pela superlotação ou descuido por parte da chefia — são abundantes ao longo do final da série, conforme o fascínio costumeiro do programa com os extremos climáticos do "estado jardim" (como New Jersey é conhecido) é amplificado a um nível quase sobrenatural. Quando Tony encontra o agente Harris no aeroporto, ou quando Butchie está vagando pelo último trecho restante de Little Italy enquanto fala com Phil ao telefone, ou quando Tony, Butchie e Little Carmine se sentam para negociar a paz naquele cavernoso depósito de caminhões, o frio, o vento e a neve são tão palpáveis que a única frase realmente aplicável é: "Você vai congelar até a morte".

E isso tudo antes de chegarmos ao Holsten's, em uma cena filmada e editada como nada antes visto nesta série.

M: Sim, mas por que um predomínio de imagens relacionadas a morte e decadência significa que Tony tinha que ser morto com um tiro naquele restaurante, naquele exato momento? É nisso que continuo pensando. Eu não acredito que seja necessário definir isso para discutir o final da série, nem acho que a evidência automaticamente aponte para essa perspectiva.

Sempre que o final de *Família Soprano* é discutido e alguém parte do pressuposto de que Tony está morto, eu faço a mesma pergunta: "Por que você precisa que Tony esteja morto?". Porque você tem que *precisar* que ele esteja morto para insistir não apenas que ele levou um tiro lá no restaurante, mas que o fato de ele estar morto é, na verdade, o ponto principal da cena e que nenhuma outra interpretação é admissível. Porque nada naquela cena diz "Alguém acabou de matá-lo e isso é o que o corte seco para a tela preta significa". A única declaração objetivamente verdadeira que pode ser feita sobre aquele final é que é ambíguo. Passar horas tentando provar que Tony levou um tiro no restaurante se torna um substituto para um envolvimento significativo com os temas da série, que são perturbadores não somente pelas suas implicações, mas porque Chase e os demais roteiristas os apresentam em um final aberto, misterioso ou deliberadamente opaco, como se fosse um lembrete brutal de que não podemos ter certeza *absoluta* de certas coisas, e é delirante insistir que podemos.

O close-up final no rosto de Gandolfini não contém nenhuma conotação de medo ou apreensão. Ele está só olhando para cima quando o sino da porta toca, e se a clássica edição de continuidade for o nosso guia aqui, a pessoa entrando é Meadow, que foi vista pela última vez na antepenúltima tomada da cena andando na direção do restaurante. Eu suponho que você poderia argumentar que alguém veio furtivamente pelo lado, fora do enquadramento, e atirou em Tony. Mas isso também me parece um pouco forçado, especialmente porque o homem usando uma jaqueta Members Only ainda não saiu do banheiro. E, como eu disse, é decorrente da *necessidade* da pessoa em ter Tony morto naquele momento e não tem base em qualquer evidência na própria cena.

A: Eu entendo o que você está dizendo. Mas o simples fato de Chase dedicar tanto tempo ao que parece ser nada faz com que a cena inteira seja ainda mais enervante. Para parafrasear uma das Quatro Perguntas do ritual Sêder de Pessach, em todas as outras noites nós não vemos Meadow tentar fazer baliza nenhuma vez; por que, nessa noite, a vemos tentando estacionar repetidamente? Por que essa noite é diferente de todas as outras?

Chase persiste no assunto do estacionamento para refletir sobre que coisa horrível vai acontecer, já que ela está demorando tanto. Chase dá olhadelas em vários outros fregueses — um grupo de escoteiros, dois homens negros desconhecidos próximos ao jukebox, um homem que veste uma jaqueta Members Only, como Eugene Pontecorvo, sentado ao balcão do bar — porque ele quer que imaginemos se um deles está lá para acabar com Tony. (Bem, talvez não os escoteiros.) Chase faz com que a tensão cresça e cresça e cresça, em especial quando o homem usando a jaqueta Members Only passa por Tony no caminho até o banheiro, e assim somos preparados para que alguma coisa terrível aconteça enquanto Meadow atravessa correndo a rua Broad e chega ao restaurante. Chase repetiu a frase de Bacala sobre a morte e dispôs tanta iconografia relacionada à morte ao longo da temporada e deste episódio que, assim, nós vamos entender que quando a cena corta abruptamente para a tela preta é porque Tony acaba de morrer: ou por uma bala do sujeito de jaqueta Members Only ou por causa de um ataque cardíaco depois de ter comido muitos anéis de cebola.

Morte é o que acontece, fim da história, certo? Agora podemos ir todos para casa. Sinceramente, eu nem entendo por que ainda estamos discutindo isso.

M: Tá, vou recapitular um segundo e dizer que em nenhum momento nos meus, agora mais, de dez anos discutindo o significado dessa cena eu falei que a afirmação "Tony morreu" é uma interpretação inconcebível ou inaceitável. Não está errada. De fato, é a leitura mais óbvia, considerando que Tony sacaneou muitas pessoas ao longo dos anos, e que, na maioria esmagadora das histórias de gângsteres, o chefão morre no final. Além disso, há o fato de que essa reta final de 21 episódios tem uma frieza constante, tanto em termos de visual quanto de enredo — uma sucessão de mortes e declínios com muita cor desbotada. Portanto, a série está nos colocando em um estado de espírito para esperar a morte. Mas eu não acho que ele *precise* estar morto para pensarmos sobre todas as coisas relacionadas, e eu não acho que essa seja a única interpretação possível. Ele poderia ter tido um infarto ou um outro ataque de pânico. Ou poderia ter sido, como escrevi na minha análise, horas após o episódio ter ido ao ar, que o personagem que morreu ali fomos nós, os espectadores. Nós não vamos mais assistir à série. O telespectador foi assassinado. Ou talvez nada tenha acontecido naquela cena, e Tony continuou a ser Tony e talvez morreu de um ataque cardíaco ou de Alzheimer, que, levando em consideração tudo por que ele passou, seria um desfecho mais triste.

Eu acho que, na última cena, deveríamos estar pensando sobre a morte, ou na finitude da vida, mas não necessariamente que Tony morreu lá mesmo, naquele exato momento, e esse é o fim da história. Apesar de você está certo em ressaltar como Chase e os demais nos colocaram de propósito em um estado mental obcecado pela morte durante essa parte final, nas temporadas anteriores, ele nos mostrou várias vezes que não estava interessado em fazer o óbvio. E a coisa mais óbvia a ser feita em um filme de gângster é matar o personagem principal — como um reflexo, ou porque os roteiristas querem afirmar que o crime não compensa.

Vale lembrar também que Tony é o Homer Simpson dos chefes do crime, evitando a morte ou a prisão de forma milagrosa, mesmo quando elas levam outros personagens. Pense na aleatoriedade do fato de ele ver os agentes do FBI chegando e conseguindo escapar enquanto eles prendem Johnny. Ou ele ter sobrevivido a três acidentes de carro, um dos quais feriu fatalmente Christopher. Esse cara tem uma sorte sobrenatural. Que nem o AJ, que, por sorte, fracassa em sua tentativa de suicídio — com Tony chegando em casa naquele exato momento, um golpe de sorte do mesmo nível do de Tony — e, nesse mesmo episódio, o garoto sobrevive à explosão do seu carro. O que é mais a cara de *Família Soprano*: matar um personagem absurdamente sortudo na cena final, ou se recusar a fazer isso?

A: Eu não sei a resposta para essa hipótese, porque ambas as opções parecem o tipo de coisa que *Família Soprano* faria.

M: O fato é que *Família Soprano* resistiu a todos os reflexos comuns de filmes de gângster por sete temporadas. Eu não acredito que sucumbiriam a isso nos momentos finais, não importa o quão grande fosse a tentação — e, como nossas conversas com Chase confirmaram, a tentação existiu. Aí tem, ou a cena não terminaria como terminou: com uma falta de "refinamento" calculada.

Eu detesto quando você pergunta "O que aconteceu no fim de *Família Soprano*?" e as pessoas apenas dão de ombros e respondem "Bem, ele morreu!". Uma pergunta melhor é "O que aquele final significou?".

A: É, eu diria que a prova circunstancial de morte naquela cena é esmagadora. Mas é suficiente para condenar Chase de assassinar seu personagem principal? Quero dizer, se você dá um passo para trás e pensa a respeito, matar Tony dessa forma misteriosa vai contra o modus operandi de *Família Soprano* de várias maneiras.

M: Ahhh! Tenho minhas dúvidas.

A: A não ser, talvez, pela revelação de que Big Pussy cooperava com o FBI — uma trama concebida nos estágios embrionários da série, quando Chase não esperava que alguém fosse se importar que ele desse um jeito nisso —, *Família Soprano* tendia a manter as cartas do enredo viradas para cima. Você sabia praticamente tudo de importante que estava acontecendo, não só com Tony, mas também com todos os seus inimigos e aliados. Naquele momento em "Made in America", ninguém conhecido quer que Tony morra. Phil se foi, Butchie fez as pazes com New Jersey, e qualquer personagem que poderia desejar um fim violento para Tony está fora da jogada.

Um homem no ramo de atuação de Tony sempre terá inimigos — provavelmente, Eric Scatino ainda sente uma raiva imensa dele —, portanto, não é irracional dentro da lógica do enredo que algum personagem aleatório e há muito esquecido possa ter contratado o cara com a jaqueta Members Only para acabar com ele. (Aliás, o cara com a jaqueta Members Only poderia ser um parente querido de uma das vítimas de Tony Soprano). Mas seria um salto enorme da forma como a série contou as histórias em cada cena, em cada episódio, até esse.

M: Sim, e eu diria que, se a coisa mais importante que se pode concluir dessa cena é "Ah, atiraram nele", então ou a série falhou e decidiu, de repente, entregar os pontos e ser uma história típica de gângster nos seus quatro minutos finais, ou nesse mato tem cachorro.

Eu acredito que tem alguma outra coisa acontecendo. E se isso ajuda a levar a discussão para além da pergunta se ele está vivo ou morto, eu digo "Tudo bem, ele está morto". E agora? O que nos sobra se o corte seco para a tela preta significa que alguém, em algum lugar, atirou em Tony? O que este final está *dizendo*? Ou, se não podemos perceber, no que o final está tentando nos fazer pensar?

A: Talvez devêssemos perguntar ao gato.

A série com certeza explorou o sobrenatural ao longo de sua história: desde Paulie, que foi assombrado por Mikey Palmice, a Tony sonhando com algo que Tony B estava fazendo de verdade, até o que Kevin Finnerty estava fazendo e onde ele estava. Existe um motivo pelo qual *Além da Imaginação* continua vindo à tona, seja em uma conversa, ou na TV do esconderijo, no episódio final. O gato aparece no esconderijo e é levado de volta ao Satriale's, para o horror de Paulie — "Não pode colocá-los nem perto de um bebê. Esses animais matam na hora!" —, sobretudo quando o gato começa a encarar uma foto de Christopher nas gravações do filme *Cleaver*. Um Paulie supersticioso se pergunta: será que esse é apenas um gato ou o seu saudoso colega que voltou à vida? Algumas vezes, um gato é apenas um gato, mas é difícil não considerar este em particular, dentro do contexto do que acontece, ou não, nas cenas seguintes no Holsten's.

O físico austríaco Erwin Schrödinger é famoso por ter teorizado que se você coloca um gato dentro de uma caixa com material perigoso, o gato pode sobreviver ou morrer, mas até que você abra a caixa para checar, o gato está morto e vivo ao mesmo tempo.

Talvez o mafioso que virou um gato — o gato de Schrödinger, para ser preciso — não seja Christopher, mas sim Tony?

M: O que você quer dizer com isso?

A: O que eu quero dizer é que, talvez, aquele gato fosse Christopher reencarnado, ou somente um gato que não para de aparecer no Satriale's e de olhar para a foto de Christopher. Nós não sabemos e nem nunca vamos saber. E, portanto, aquele gato é Christopher e, ao mesmo tempo, *não* é Christopher.

M: Como na cena no Holsten's. E o russo. E o fato de que Ralphie foi responsável pelo incêndio. Ao dizermos às pessoas o que pensamos que aconteceu, estamos nos revelando. Estamos admitindo quem somos.

A: Sim, a cena no Holsten's é sobre morte — em específico sobre a ideia de que todos nós estamos com os dias contados, e que as nossas vidas podem ser arrancadas de nós a qualquer momento, sem aviso, explicação ou o menor senso de justiça.

M: "A morte demonstra o absurdo final da vida", a maldita internet de AJ Soprano.

A: Não tem jeito de contornar isso, e mesmo David Chase diz isso na sexta entrevista, mais à frente neste livro. E é verdade que, conforme a cena no Holsten's e a tentativa de estacionar se prolongam mais — e mais e mais e mais —, fica mais difícil de ignorar a sensação de que Tony, ou Meadow, ou talvez todo mundo esteja prestes a ser aniquilado.

Mas a cena pode ser a respeito da *ideia* da morte iminente de Tony sem realmente mostrá-la — e, se formos pedantes de forma inflexível, a cena *não* mostra. Meadow corre para a porta, o sininho da porta toca, Tony olha para cima, e... nada. Você pode interpretar o corte seco para a tela preta *do jeito que quiser* (parafraseando a outra música do Journey disponível no jukebox logo abaixo de "Don't Stop Believin'"), mas talvez Tony seja o gato: morto e vivo ao mesmo tempo, porque não podemos olhar dentro da caixa para termos certeza.

M: Bem, esse foi o meu argumento central nesse debate desde o começo e estou feliz que você o abordou dessa forma, porque dá um bom fechamento ao debate "Tony Soprano está vivo ou morto?", que sempre acreditei ser uma tentativa de trocar o ponto de interrogação por um ponto final na frase. Acho que "Tony morreu naquele momento" é uma interpretação válida. Mas também penso que seja justo dizer que ele viveu além daquele momento, chegando até mesmo a uma idade avançada, porque, no final das contas, essa cena está nos levando a fazer as seguintes perguntas "O que nós aprendemos?", ou "Onde estivemos?" e "Onde está Tony, agora, como pessoa?". Essas são questões de acerto de contas, e elas podem ocorrer em diferentes fases da vida de uma pessoa.

Claro que essas perguntas ocorreram a Tony após ele ter levado um tiro de Junior, e claro que a resposta dele foi assimilar lições bastante superficiais — tais como fazer escolhas melhores no momento e tentar ser um ouvinte melhor — enquanto ignora as mais importantes, como "Talvez você esteja sempre deprimido porque é um gângster". Melfi o conduz rumo a essa constatação durante toda a série, até mesmo no episódio piloto. Mas ele sempre consegue evitar prosseguir nessa direção. Eu acho que o final é mais triste e mais poderoso se você pensa em todas as pessoas que ele matou, todas as pessoas que ele amava e que morreram, tudo que ele sofreu na vida pessoal, incluindo levar um tiro e ficar em coma — nada disso fez a menor diferença na cabeça dura desse cara.

A: Tá, mas então por que o corte seco para a tela preta? Para que essa ambiguidade?

Se a cena é sobre a fragilidade da vida e o espectro onipresente da morte que nos deixa atordoados para encontrar um sentido nesse mundo frio e cruel, por que deixar até mesmo um traço de ambiguidade? Por que o corte seco para a tela preta naquela tomada do rosto monótono de Tony, em oposição a um vislumbre do homem com a jaqueta Members Only levantando a pistola, ou mesmo Tony olhando desesperado enquanto seu corpo sofre com os efeitos de um tiro, ou um infarto ou um AVC (como o que matou Livia), ou qualquer outra forma de morte súbita?

Talvez Chase goste de ambiguidade e confusão. *Blow-Up: Depois Daquele Beijo* é um dos seus filmes preferidos e tem um famoso final em aberto que convida o espectador a imaginar seu próprio significado. Ele nunca teve interesse no russo, no estuprador, no incêndio no estábulo, ou em qualquer outro personagem ou trama que deixou em suspenso ao longo da série, a não ser como forças que testam os personagens principais e revelam a essência deles.

Ou poderia ter sido como a decisão em "Long Term Parking" de não só mostrar um vislumbre do devaneio de Adriana, no qual ela simplesmente entra no carro e dirige para o sul pela estrada I-95, mas também de intencionalmente montar a cena da sua morte de modo que Adriana esteja fora de enquadramento quando Silvio dispara o tiro fatal. Talvez, depois de uma década contando histórias sobre esse homem — e após ter passado uma vida inteira tendo pensamentos como os de Tony, especialmente no que diz respeito às suas mães —, Chase simplesmente não tenha conseguido se colocar na posição de dirigir uma cena em que mata Tony de maneira explícita, ou mesmo uma na qual ele pedisse que a expressão facial de James Gandolfini nos apontasse mais descaradamente naquela direção.

M: Bem, isso é interessante porque adiciona o próprio Chase à discussão, e eu acho que nós dois deveríamos admitir que nossa interpretação sobre o final foi afetada pelas conversas que tivemos com ele enquanto estávamos escrevendo este livro.

E isso não significa que ele nos deu a resposta, porque *Família Soprano* nunca foi o tipo de série que nos faz procurar respostas dessa maneira. Eu só quero dizer que o gato de Schrödinger é um conceito útil se você o aplica a uma história que poderia terminar em um desfecho radical como um filme de arte, ou de um modo tradicional, mas com uma conclusão extravagante.

A: É difícil nos fazermos de desentendidos sobre o que discutimos com Chase, mas a melhor coisa, ou a coisa mais enlouquecedora, dependendo do seu ponto de vista, é que mesmo com tudo o que ele enfim nos disse, ainda não existe uma resposta definitiva para a questão morto/vivo.

Nós sabemos o que a cena *significa*, mas não sabemos o que *aconteceu*.

M: Uma distinção importante.

É, eu estava pensando nisso também — apesar das horas que passamos com Chase falando sobre o final, eu não acho que ele tenha necessariamente "explicado" de forma significativa, em relação ao que aconteceu em seguida, e eu tenho a impressão de que Chase também não pode explicar. Não é um insulto dizer que ele não sabe de verdade por que ele fez o que fez, já que, durante todas as nossas entrevistas, nós tentamos fazer com que ele explicasse o raciocínio por trás de algumas escolhas, somente para descobrir que não existia, e que ele, os demais roteiristas e diretores só estavam fazendo o que achavam correto.

Aquela cena final é algo que ele sentiu que era certo, e veio do desejo de subverter ou corrigir os costumes dos filmes de gângster, enquanto talvez tenha aceitava o fato de que seria incapaz de escapar deles. É uma série muito interessada na linguagem do sonho, psicanálise e nas forças misteriosas e contraditórias que nos fazem ser quem somos, e é inevitável que este seriado, talvez mais do que outras obras, se tornasse um teste de Rorschach.

A: No momento em que entra no Holsten's, a situação de Tony é complexa sob qualquer ponto de vista. Profissionalmente, ele acabou de sobreviver a uma guerra com Nova York — aliás, tem tanto poder que conseguiu matar um chefão rival com a aprovação tácita do sucessor de Phil, mas sua organização está em ruínas. Paulie, de longe o pior capitão na folha de pagamento, é o único grande aliado que sobrou.

Pessoalmente, ele tem um relacionamento bom suficiente com seus filhos e esposa, que todos se encontram com prazer para comer anéis de cebola e outras coisas na sorveteria preferida da família. A não ser por umas briguinhas, ele está convivendo bem melhor com Carmela desde que ela o aceitou de volta do que durante as primeiras seis temporadas. Mas Meadow vai se casar com um membro da Família, ela está noiva de Patrick Parisi e será advogada — duas coisas que Tony nunca quis para ela — e AJ sobreviveu recentemente a uma tentativa de suicídio e está tão sem rumo que esse trabalho com Little Carmine, mesmo sendo inferior, parece uma salvação.

Portanto, quando ele entra no restaurante, a sentença já foi proferida ou talvez suspensa. Ele é um enorme sucesso ou um fracasso lastimável.

M: Ou ele pode ser ambos.

A: O gato.

M: Isso.

A: Então me deixe perguntar uma coisa: se durante uma de nossas muitas conversas com David Chase, ele tivesse chegado bem pertinho de nós e sussurrado "Caras, Tony está morto", como isso mudaria os seus sentimentos em relação ao final da série?

E, ao contrário, como seria se ele sussurrasse "Caras, Tony está vivo"?

M: Se ele tivesse dito "Sim, eu o matei", eu ficaria muito decepcionado com Chase. Porque significaria que ele fez a coisa mais óbvia e depois tentou esconder, fazendo parecer que ele estava criando um final ambíguo ou artístico.

E acho que eu ficaria igualmente decepcionado se ele tivesse dito "Tony está vivo". E isso acontece porque eu *gosto* de não saber, e, para mim, tudo a respeito desse final diz "Você não tem que saber, você deve viver não sabendo". Muitos personagens também vivem lá, na terra do não saber, e precisaram aceitar isso

— parentes que perderam seus entes queridos para o "programa de proteção a testemunha" ou que "fugiram", quando, na verdade, suspeitam que eles foram assassinados, mas não conseguem provar, mesmo que nós, os espectadores, tenhamos visto tudo acontecer. Esse final nos coloca no lugar deles. Inventamos histórias para nos tranquilizar de que temos controle sobre as nossas vidas, quando realmente não temos.

Eu me lembro do momento em "D-Girl" quando dra. Melfi resume o existencialismo para Tony. "Quando algumas pessoas começam a perceber que são totalmente responsáveis por suas decisões, ações e crenças, e que a morte está no fim de cada estrada, elas podem ser dominadas por um intenso temor. Uma raiva dolorosa e constante, que os leva a concluir que a única verdade absoluta é a morte." Eu acho que a insistência em "provar" que Tony morreu é um meio de reafirmar o controle sobre a série e sobre a vida da pessoa que está comprovando. A morte é a única verdade absoluta para todos, e se você entende esse final apenas como "ele morreu", você pode lavar as mãos ir embora, sem ter mais que pensar sobre nada que possa estar naquela cena.

Esta é uma série sobre aceitar que você não tem controle sobre nada, ou tomar uma decisão consciente de negar isso. A ideia de apresentar o final como algo que pode ser dominado e explicado é filosoficamente o oposto de tudo o que nos trouxe até aquele momento.

Eu sei que esta é uma posição impopular, mas eu gosto de ficar perplexo, ser desafiado ou ficar frustrado com a arte. Eu gosto de ter que defender uma leitura específica ou só chutar o balde. É divertido para mim. O que eu não gosto é de qualquer conversa que pareça enviesada para "Ele está morto, e não se fala mais nisso". Porque esse *não* deveria ser o fim do papo quando você está falando de uma série como *Família Soprano*, uma série sobre psicologia, desenvolvimento, moralidade e todos esses outros assuntos profundos e confusos.

A maneira com que o final brinca com o público, ao parecer muito conclusivo enquanto nos nega respostas e um desfecho, se torna o momento derradeiro de *Família Soprano*. E deixa em grande evidência todas as outras coisas que temos discutido, aqui e ao longo do livro, porque descarta a questão da morte de Tony.

A: Eu passei muitos anos após o grande final como um membro de carteirinha do Time Tony Vive. Eu apresentei argumentos como o citado acima, sobre como um assassino oculto representando um inimigo do qual nunca tínhamos ouvido falar antes iria bater de frente com todas as regras de narrativa que a série sempre seguiu. Há pouco tempo, eu me vi um vira-casaca do Time Tony Morre, não somente pela iconografia de morte durante toda a temporada — incluindo o modo como tantos episódios abrem, assim como esse, com Tony acordando de um sono profundo —, mas também porque algumas das minhas impressões iniciais bem definidas sobre a cena não se sustentaram quando submetidas a uma análise mais detalhada.

Eu tinha pensado, por exemplo, que a sensação de paranoia incutida no espectador pelo estilo frenético de edição que Chase usa na cena era compartilhada pelo próprio Tony — que, talvez, o objetivo central fosse enfim nos colocar dentro da mente do protagonista, para que nos déssemos conta de que "Ser Tony Soprano é ser infeliz *assim*: é passar todos os minutos do dia se preocupando se a próxima pessoa a entrar pela porta pode te matar".

Mas tudo isso existe fora do texto, não nele. Na interpretação de Gandolfini, é como se Tony estivesse curtindo uma noite tranquila com Carmela e os filhos até aquela última expressão no seu rosto, que acontece entre o momento em que a porta é aberta e a tela fica preta.

M: É, ele está verificando tudo lá como forma de autoproteção, mas ele faz isso em todo lugar que vai.

A: Então, por um momento, parecia mais fácil seguir com a ideia de que ele morre — aquele corte para a tela preta arremata a fala de Bacala no episódio "Soprano Home Movies", a reação de Silvio à morte do Gerry "The Hairdo" Torciano em "Stage 5", e toda aquela iconografia de morte. Eu pensei sobre a entrada de Tony no Holsten's dentro do contexto de cenas anteriores, nas quais ele visita Janice e depois Junior. Em ambas, Chase usa um estilo de edição incomum, fazendo um corte abrupto da tomada de Tony olhando para o local onde ele acaba de entrar e inserindo uma perspectiva diferente, na qual ele já cruzou a maior parte da distância até o parente que veio ver.

M: Isso! E a música continua tocando sem parar. Fragmentos de tempo transcorrem em função dos movimentos físicos de Tony naquele espaço, mas não é indicado pela música, que nunca para. Essa é mais uma das razões para a cena parecer tão onírica, junto a todos os personagens fortuitos, como o cara da jaqueta Members Only e os escoteiros uniformizados, que parecem pessoas que você encontraria em um videoclipe dos anos 1980.

Acho que você pode dar uma força para a teoria de que Tony morre se presume que ele está morto antes mesmo da cena começar.

A: A distância que ele percorre é cada vez mais curta. E quando ele chega ao Holsten's, a gente vê o Tony olhando para o restaurante, depois tem um corte e já o vemos sentado à mesa de um modo que indica que ele está vendo a si próprio — sério, que ele está vendo toda a cena se desenrolar, como se já tivesse deixado seu corpo e estivesse apenas vislumbrando o que pode acontecer em seguida no plano mortal.

Portanto, pareceu melhor seguir com a opção "Tony morre". Era uma resposta em letras garrafais, de um jeito que "Tony vive" nunca foi por completo para mim, e quando Chase escreveu aquele artigo sobre a cena para a revista *DGA Quarterly* e falou sobre a fragilidade da nossa existência mortal,[1] eu pude sorrir e dizer: "Aha! É isso aí! Agora eu sei e eu não preciso mais me preocupar com isso".

Por outro lado, quanto mais conversamos sobre isso, entre nós e com Chase, menos considerável a ideia me pareceu; até que, ao chegar ao final, eu não tinha certeza nem mesmo se o próprio Chase sabe se o cara está morto ou vivo.

E isso importa?

M: Você quer dizer se importa se Chase sabe o que aconteceu? Não. À medida que reassistimos toda a série, com mais de dez anos de perspectiva sobre o final e quase vinte anos de convivência com a série de uma maneira ou de outra, se tornou cada vez mais claro para mim que Chase é um escritor intuitivo, alguém que não está tentando mandar mensagens ou criar enigmas para o público resolver, mas está apenas tentando fazer as pessoas sentirem, pensarem e questionarem a si próprias.

Também é fácil perceber que Chase está indeciso naquela cena final. O que talvez tenha sido algo que ele transmitiu ao trazer aquele gato.

Esse é um artista inspecionando impulsos contraditórios na intenção de cativar a plateia de modo profundo. Não há nenhuma recompensa ao descobrir as coisas.

A: Tudo bem, uma pergunta hipotética: tanto faz qual seja seu lado, "Tony morre" ou "Tony vive", o que acontece depois daquele corte seco para a tela preta?

Se Meadow entra e a família aproveita o restante dos anéis de cebola, faz uma boa refeição e toma um pouco de sorvete, então o que acontece depois com Tony Soprano? Será que ele sua a camisa para reconstruir a Família após os danos causados por Phil? Será que o FBI aparece na semana seguinte para prendê-lo, considerando que Carlo finalmente tenha entregado a peça que faltava para acusá-lo com base na lei de combate ao crime organizado? Será que o roteiro estrelado por Daniel Baldwin virou um grande sucesso no começo da carreira inesperada de AJ como um formador de opiniões em Hollywood?

E se Tony morre após a campainha da porta soar, seja por uma bala ou (como o coitado do Gigi Cestone) por sofrimento interno, então é óbvio que nos momentos seguintes Carmela, Meadow e AJ estariam chocados e desolados, mas o que acontece depois? Será que a morte de Tony altera os planos profissionais dos filhos? Será que ele deixou mesmo dinheiro suficiente em contas no exterior para suprir as necessidades de Carmela após sua morte, ou ela em breve ocupará o

---

1 Greenberg, James. "This Magic Moment" [Esse momento mágico]. *Director Guild of America Quarterly Magazine*, Los Angeles. primavera 2015, Shots to remember. Chase: "Eu pensei que a possibilidade de que ele foi morto passaria pela mente de muitas pessoas ou talvez de todo mundo. Ele poderia ter levado um tiro três anos atrás, naquela situação. Mas não aconteceu. Se esse aqui é o fim, ou não, ele vai chegar para nós em algum momento. Tomara que não levemos um tiro de uma gangue rival nem nada parecido. Eu não estou dizendo que isso aconteceu. Mas é óbvio que ele tinha mais chance de ser baleado por uma gangue rival do que você e eu, porque ele se colocou naquela situação. Tudo o que eu sei é que o fim está chegando para todos nós".

antigo trabalho de Angie Bonpensiero, distribuindo amostras no supermercado? Será que o merda do Paulie Walnuts de alguma forma se torna o chefão da Família, ou será que Butchie chuta o pau da barraca e decide colocar um dos seus caras no comando da gangue ruim de mira?

Pergunto essas coisas não para estragar os detalhes das muitas fanfics de *Família Soprano* que tenho salvas na nuvem, mas para considerar a questão mais importante: qual final é mais interessante? Independentemente de vermos o que vem depois ou não, qual é a conclusão mais divertida, emocionante e/ou adequada ao tema para a história de *Família Soprano*: a morte abrupta de Tony ou sua continuidade?

M: Eu acho que é mais interessante se ele vive. Iria combinar com os ciclos de experiência apresentados na série. Esse cara tem muito mais autoconsciência e sensibilidade do que qualquer um na sua profissão, mas é ainda um prisioneiro do seu condicionamento e talvez da genética, e sempre parece ficar muito aquém do esclarecimento. E se, parafraseando *Mad Men* — o melhor indicador do que alguém vai fazer é seu comportamento passado —, no fundo, Tony sempre será Tony, o gângster farfalhão que se prioriza.

Eu acho que também é interessante se ele morre. Apesar de ser um final menos inquietante na minha opinião, porque é o padrão para uma narrativa de gângster, e não importa como você o interpreta, devido à história desse gênero, tudo se resume a uma lição de moral "Não cometam crimes, crianças".

A: Naquela época, eu achava que a morte seria uma sentença mais branda para Tony, porque tanto de sua vida — graças à genética, à saúde mental e ao trabalho monstruoso que ele escolheu — lhe trazia muito sofrimento. Reassistindo a série e escrevendo este livro, está claro que entre as maiores qualidades de Tony Soprano está sua capacidade de ser espontâneo, não dar atenção ao sofrimento e a paranoia generalizados de sua vida e colher os vários frutos decorrentes de ser o chefe de New Jersey.

M: "Se tiverem sorte, se lembrarão de alguns momentos, como este, que foram bons." O final da primeira temporada.

A: Correto. Então, quer dizer que talvez ele tivesse uma experiência relativamente boa ao evoluir para a velhice.

No dia em que James Gandolfini faleceu — de um modo tão repentino e chocante que tristemente suscitou os temas que Chase estava tentando transmitir com essa cena —, escrevi: "Por mais horrível que Tony fosse como ser humano, me dá um pouquinho de consolo, neste dia surpreendente e terrível, imaginar que Tony ainda está vivo, cambaleando para fora do carro e entrando no açougue suíno ou telefonando para a dra. Melfi para dar mais uma chance à terapia".

Agora? Agora, eu sou o crítico de Schrödinger: igualmente intrigado pelas ideias de Tony vivendo e de Tony morrendo. Eu entendo sobre o que era a cena — e, mais importante, eu sei o sentimento que me trouxe na primeira vez que a assisti, toda vez desde então e no decorrer de todas essas conversas que tive com você e com os outros amantes de *Família Soprano* durante a última década. Eu senti medo por Tony Soprano, na época e agora, e me vi ciente de uma forma dolorosa tanto sobre sua mortalidade quanto a minha, de modo intenso do que qualquer outra obra de arte me fez sentir. Isso, em última análise, importa muito mais para mim do que qualquer resposta definitiva.

M: Houve um tempo, alguns anos atrás, quando uma jornalista[2] noticiou que Chase tinha contado a ela que Tony viveu, e ele ficou furioso — tão furioso quanto ficou com todas as pessoas que continuavam dizendo que Tony tinha morrido. Mas o que ele disse, especificamente — e ele estava direcionando a todos —, foi: "Não interessa se Tony Soprano está vivo ou morto. Continuar procurando por essa resposta é inútil. A cena final de *Família Soprano* levanta uma questão espiritual para a qual não há resposta certa ou errada".

Eu acho que as duas palavras mais importantes nessa sentença são "questão espiritual". E se nos concentramos em qualquer outra coisa além disso, então entendemos errado. Quando as pessoas me perguntam se acho que Tony morreu, algumas vezes respondo "Claro". E aí dou uma pausa e continuo: "Mais cedo ou mais tarde, todo mundo morre", o que eu admito ser uma coisa bem sacana de dizer, mas você me entende? Aquela campainha, para mim, é um sino fúnebre clamando "Tragam seus mortos". Toca cada vez que alguém entra por aquela porta. Eu não estou dizendo que o Holsten's é o paraíso ou nada assim. Quer dizer que é uma deixa para pensarmos sobre a morte e a vida, e sobre o que fizemos com nossas vidas.

Talvez o final seja moralista, mas não no sentido que algumas pessoas, aquelas que precisam que Tony esteja morto, poderiam conceber. Talvez o final esteja dizendo: "Esse cara nunca entendeu nada. Você vai ser como ele?".

A: Isso é muito importante, vamos ver o que acontece com a conversa agora que a expressão "cena da morte" está por aí. Nós só temos essa única vida e um pequeno e precioso controle sobre o quanto ela dura. Como escolhemos vivê-la? Tony Soprano, sem dúvida, fez muitas escolhas ruins, assim como também o fizeram as demais pessoas sentadas à mesa com ele, e quase todos os personagens com os quais passamos essas mais de 86 horas de tela.

Eu acho que você e eu estamos de acordo quanto ao aspecto principal da cena, certo, Matt?

M: E qual aspecto é esse?

A: Obviamente, ele está vivo.

M: ALAN!

---

[2] Nochimson, Martha P. "Did Tony Die at the End of The Sopranos?" [Tony morreu no final de *Família Soprano*?]. *Vox*, 27 ago. 2014. "Quando [Chase] respondeu à pergunta 'Tony está morto?', ele foi lacônico. 'Não', só o fato e nenhuma interpretação. Ele balançou a cabeça. 'Não'. E simplesmente disse 'Não, ele não está'".

As sessões com David Chase

Estas conversas foram realizadas entre os autores e David Chase, criador de *Família Soprano*, em vários restaurantes franceses e italianos (e no bar de um hotel) no Upper East Side, Manhattan, entre setembro e dezembro de 2017.

SESSÃO 1

"Por que eu iria querer fazer isso?"

Sobre as origens da carreira de Chase e de *Família Soprano*, como James Gandolfini e Edie Falco foram descobertos, "College" e muito mais.

ALAN: Conta pra gente sobre a sua mãe.

DAVID: Eu falei muito, no passado, sobre depressão e sobre minha mãe, esse tipo de coisa, e de certa maneira meio que enalteci isso. Falei tanto sobre ela e sobre a pressão porque eu sabia que a série ia tratar disso, e eu queria que houvesse uma conexão para que as pessoas pudessem dizer "Nossa! Caramba, isso parece interessante". Nos últimos oito, dez anos, eu realmente cheguei à conclusão de que, sob vários aspectos, eu tive uma infância bem feliz. Minha mãe era doidinha e é óbvio que ela não teve uma infância feliz. Algo me diz que ela pode ter sido abusada. E meu pai era um tipo de cara completamente diferente, embora ele fosse também esquentado. Mas a minha mãe? Minha mãe era muito engraçada.

A: Qual era a distância da casa onde você cresceu, em Caldwell, até a casa de *Família Soprano*?

D: Em uma linha reta, 1,6 km. Para chegar lá? Uns dez ou doze minutos.

MATT: O mundo dos mafiosos se cruzou muito com o seu?

D: Um pouco. Meu pai tinha uma loja de ferragens em Verona, New Jersey, e ele conhecia esses dois caras que tinham uma alfaiataria em Verona. Eles tinham conexões. Eu acho que a maioria deles morava em Hanover. Quando eu estava para me mudar de New Jersey e da Costa Leste, alguém explodiu a garagem dele em North Caldwell e o cara de Roseland foi assassinado com um tiro de espingarda.

Eu me interessava pela máfia muito provavelmente porque era italiano. Meu pai e eu costumávamos assistir *Os Intocáveis* toda quinta à noite. Acho que foi por isso que a máfia me conquistou de verdade. Quando eu estava assistindo àquela série, eu estava vendo o meu pai. Ele sabia o nome de todos aqueles gângsteres, Frankie Yale e todo aquele pessoal. Eu estava interessado em saber sobre a juventude do meu pai, de onde ele veio, o que ele fazia e como era a vida naquela época.

Um exemplo ainda melhor daquilo foi *Inimigo Público*, de William Wellman. A mãe dele lá [a de Cagney] parecia minha avó. Tudo começou com *Inimigo Público*, mesmo antes de *Os Intocáveis*.

Então, ele assistia *Os Intocáveis* toda semana. Mas ele e minha mãe odiavam em particular a máfia italiana, os gângsteres. Tinham vergonha deles, achavam que eram pessoas terríveis. Inspirados em *Os Intocáveis*, um amigo e eu tivemos a ideia de passar a mão na grana do almoço do presidente de classe da oitava série, e ele foi e contou para o diretor! *(risos)* Eu arrumei um problemão por aquilo.

Meu pai disse: "Você está imitando o pior tipo de pessoa do planeta, as mais horríveis!". Ele não falou desse jeito, mas ficou furioso. Foi só mais uma confirmação de que eu era um vagabundo, um moleque e tudo mais.

Mesmo assim, ele continuou assistindo *Os Intocáveis*. Muitas pessoas eram desse jeito.

A: Isso me fez pensar em Richard La Penna. Seu pai discordava da noção de que havia muitas representações de italianos como mafiosos?

D: Naquela época havia menos. Quer dizer, isso foi antes de *O Poderoso Chefão*, que deu o pontapé inicial nisso tudo; e *O Poderoso Chefão* era *muito* italiano. Antes disso, se me lembro bem, em *Scarface: A Vergonha de uma Nação*, o filme original, você tinha o Tony Camonte, mas também não haviam atores italianos interpretando os papéis. Tudo aconteceu com o surgimento de *O Poderoso Chefão*.

A: O que você se lembra da primeira vez que viu o filme?

D: Fiquei um pouco decepcionado porque eu tinha lido o livro. O livro tinha a história inteira lá, valia por dois filmes. E Marlon Brando não era italiano. Eu gostei, não estou dizendo que *não* gostei; mas lembro que o livro me deixou maravilhado; e o filme, ao ser comparado com o livro, como eu fiz, não era a mesma coisa. Desde então, eu assisti à *Parte I* de novo e gostei bem mais, apesar de até hoje preferir a *Parte II* do que a *Parte I*.

A: Como e quando você decidiu que queria escrever para a TV e o cinema?

D: Quando eu estava na faculdade. Eu fui para a faculdade de cinema porque queria ser diretor, e foi lá que aprendi que os filmes precisam de um roteiro. Escrever um roteiro era mais barato em comparação a fazer um filme. Ir para a faculdade, fazer uma pós-graduação — fazer filmes custa caro, mesmo os de baixo orçamento. Mas tudo o que você precisa para escrever um filme é papel e caneta, então eu comecei a maturar essa ideia. Eu tinha vinte e um ou vinte e dois anos, por aí.

Tinha escrito roteiros de curtas que eu fiz, mas não consigo me lembrar o nome do primeiro que escrevi. Naquele momento, eu fui influenciado por Jean-Luc Godard e coisas do gênero, sem saber sobre o que eu estava falando — ou sobre o que Godard estava falando *(risos)*. A Stanford Film School tinha um departamento de documentário, e eu estava lá porque tinha conseguido entrar e porque ganhei uma bolsa, e daí fui para lá porque aquele espaço estava disponível para mim. E então, em um período de dois anos, você podia ou escrever uma tese sobre... Eu não sei, como é aquela coisa famosa em que eles mostram um rosto inexpressivo e depois um bebê chorando?

M: O Efeito Kuleshov.[1]

D: Isso. Efeito Kuleshov. Você podia escrever algo assim ou você podia fazer um filme. Eu decidi fazer um filme. Se chamava *The Rise and Fall of Bug Manousos* [A ascensão e a queda de Bug Manousos]. Era sobre um estudante de pós-graduação que imagina um universo alternativo no qual ele é um gângster. Não era muito bom *(risos)*. Embora eu tenha recebido 600 dólares de uma distribuidora de filmes estudantis! Meu pai tinha me emprestado o dinheiro, cerca de mil dólares, e quando eu recebi os 600 [dólares], ele não me deixou pagar de volta!

A: Qual foi o primeiro trabalho, em um nível mais adulto e legítimo, que você vendeu?

D: Um episódio para uma série de TV chamada *The Bold Ones: The Lawyers*. O produtor era um cara chamado Roy Huggins.[2] Nosso professor tinha mandado para ele um roteiro nosso... ele leu e quis nos contratar. Mas, no fim, ele me contratou sozinho porque o cara com quem eu tinha escrito o roteiro tinha decidido largar tudo e voltar para Chicago. Então eu escrevi o episódio e essa foi a primeira coisa que eu fiz.

A: Depois, Huggins criou *The Rockford Files: Arquivo Confidencial*. Foi assim que você foi parar nessa série?

D: Não, o caminho foi mais tortuoso do que isso. Eu tinha um contrato com a Universal por quase todo aquele tempo.

A: Então você tinha ido para a faculdade de cinema, queria ser diretor, gostava de Godard e agora estava escrevendo episódios procedimentais de seriados para a Universal. Como você se sentiu naquela época?

D: Eu tava empolgado. Eu estava dentro, de fato, de um dos maiores estúdios. Ia lá todos os dias, tinha uma vaga de estacionamento e estava trabalhando com gente muito talentosa. E aí fiquei com medo de dirigir, e não queria mais fazer isso porque vi como os diretores eram tratados. "Ei, desgraçado, olha o que você fez!" Portanto, pensei: "Eu nunca poderia fazer aquilo". Eu tinha trabalhado [com TV] antes de *Arquivo Confidencial*, mas não foi tão instigante para mim. *Arquivo Confidencial* me dava a sensação de realidade, de lugar e tempo verdadeiros, e eu sentia que os eventos vislumbrados nos episódios realmente estavam acontecendo em algum lugar de Los Angeles além do que se via na transmissão.

A: Você escreveu alguns episódios mais para o final de *Arquivo Confidencial*, ambos com Greg Antonacci — um no qual os dois caras de New Jersey vêm para Los Angeles,

---

1   Em 1918, o cineasta soviético, Lev Kuleshov, demonstrou como a edição podia criar significado através da justaposição de close-ups idênticos e com o mínimo de informação visual do rosto do ator Ivan Mozzhukhin com tomadas de uma criança dentro de um caixão, uma mulher em um sofá e um prato de sopa fervendo, e então mostrando o resultado para os observadores que concluíram que o ator estava triste, com tesão ou com fome, dependendo da imagem vista.

2   Criador da série de TV *O Fugitivo*. O último episódio desta série se tornou o episódio mais bem avaliado de todos os tempos até aquele momento, e deu início a uma obsessão cultural com episódios finais de seriados que persiste até hoje.

e outro no qual Jim vai para Jersey com um chefe da máfia chamado Tony que tem um filho chamado Anthony Junior!

D: O filho era baterista, ele fazia aula de bateria.

A: E no episódio anterior, tem uma referência a alguém chamada Carmela.

D: Isso mesmo. "Dê um oi para a prima Carmela".

A: Esse segundo episódio da máfia foi concebido como um episódio piloto *backdoor*?

D: Sim. Foi o [presidente da NBC] Fred Silverman em ação. Ele estava à frente do seu tempo. Aliás, como eles poderiam fazer uma série de TV como essa naquela época? Eu não esperava que fosse escolhida para virar uma série.

A: Quando você acha que mudou daquela empolgação que sentia antes, de quando ia para a Universal todos os dias para trabalhar animado em *Arquivo Confidencial*, para mais tarde se sentir saturado da televisão e querer sair para fazer filmes?

D: Bem, eu sempre quis fazer filmes. Quando a emoção de fazer TV passou? Não sei. Acho que depois de muitas reuniões com a emissora. Eu não aguento falar com aquelas pessoas. Eu não suporto o que eles querem fazer. Que escassez de entretenimento.

M: Que tipo de sugestões eles te davam?

D: Apenas... as *piores*. Eu tinha trabalhado em uma série antes que eu gostava bastante, se chamava *Kolchak e os Demônios da Noite*. Estava muito empolgado com o meio televisivo naquele momento. Mas aquela série era, tipo, ridícula. Se houvesse qualquer coisa em um episódio que talvez pudesse incomodar alguém, você era orientado a cortar a cena. E acho que tenha sido uma boa coisa pois ensinava a procurar outra maneira de fazer o que você queria fazer.

Grande parte do que eu não gostava sobre o trabalho eram as normas e práticas de transmissão, não tanto as pessoas da programação, mas o que você podia dizer ou não e quanto tempo você podia segurar uma tomada.

A: Há muito tempo você me disse que *Família Soprano*, como uma ideia, começou com você contando histórias da sua mãe para seus amigos, e eles falando que você deveria fazer uma série sobre isso.

D: Foi minha esposa quem me disse isso. Ela não falou que tipo de série deveria ser, mas disse: "Você deveria fazer uma série sobre a sua mãe. Ela é muito engraçada". Concordei, mas não sabia como fazer isso. E levando em conta o que estamos falando agora, que emissora naquela época faria um programa sobre a mãe do David?

A: *Família Soprano* estreou em janeiro de 1999, portanto vinha sendo desenvolvida há muito tempo. Mas você lembra de quando começou a levar a sério a ideia de que deveria ser sobre um chefe da máfia?

D: Eu troquei de agente, me associei à UTA (United Talent Agency). Quando eu fui a uma reunião, eles perguntaram "Que tipo de ideias você tem?". Eu contei sobre a ideia que era *Família Soprano*, e meu agente falou: "Esqueça. Isso nunca vai acontecer. Não funciona". Mas, na ocasião, propus o projeto como um filme, e ele disse que filmes de máfia estavam fora de moda, principalmente as comédias de máfia. Aí pensei, pode ser... qual é o filme com Alec Baldwin?

A e M: *(simultaneamente) De Caso com a Máfia.*

D: Eu acho que o filme não teve muito sucesso. Por isso, ele disse que um longa sobre a máfia não funcionaria. Eu ia contratar De Niro como o personagem que se tornou Tony, e Anne Bancroft como Livia. Acho que poderia ter sido muito interessante, mas ele me disse para esquecer da ideia como um longa. Então, quando eu fui na Brillstein-Grey para um acordo de desenvolvimento, eles sugeriram transformar *O Poderoso Chefão* em uma série de TV. E eu disse: "Por que eu faria isso? Já foi feito".

Aí eu estava dirigindo para casa naquela noite, e comecei a pensar que o cara tinha uma esposa, um filho e uma filha, e o psiquiatra poderia ser uma mulher; e que as séries de drama da TV aberta eram muito voltadas para o público feminino, então considerei: "Talvez aquela ideia de longa poderia funcionar como uma série". Tinha vida doméstica... pontos de vista das mulheres, crianças, tudo isso.

A: Você se lembra qual foi a primeira emissora para a qual apresentou *Família Soprano*?

D: A Fox.

A: Eles queriam que Anthony LaPaglia fosse Tony?

D: Isso veio mais tarde. Antes, não tinham ninguém em mente. Eles receberam os roteiros e depois de um ou dois meses... eu não tive notícias deles, e então recebi uma ligação de uma mulher que ainda está nesse trabalho. Ela falou: "Olha, estamos chegando ao momento de escolher os projetos que vão ser desenvolvidos e quero entrar em contato com você para te dizer, antes que você fale com outra pessoa, que eu gostei muito do seu roteiro. É muito, muito bom". E eu disse: "Ótimo, quando podemos começar?". E ela respondeu: "Me deixa pensar um pouco sobre isso, porque eu não tenho certeza se isso é algo que a gente ainda quer fazer. Eu não sei se vamos fazer isso com toda a certeza. Mas eu quero te dizer, de um ser humano para outro, que eu gostei muito do seu trabalho". Foi aí que soube que o projeto estava morto *(risos)*.

M: Você chegou a ter noção do motivo para eles não terem dado o sinal verde?

D: Qualquer coisa que pudesse ofender alguém não era bem-vinda na televisão aberta.

A: Naquela altura, o roteiro foi para a CBS, ou outros lugares antes?

D: Eu acho que foi para a CBS e depois para as já esperadas.

A: E uma vez você me disse que a CBS queria cortar todo o tópico da psiquiatria.

D: Isso.

A: Eles explicaram o motivo?

D: Eles não precisavam explicar. Eu sabia o porquê — "Psiquiatria? Credo! O protagonista faz terapia? Isso o enfraquece!".

Foi então que eu falei para o pessoal da Brillstein-Grey: "Por que não apresentamos o projeto à HBO?". Meu contrato com a Brillstein-Grey estava para acabar, já havia passado dois anos... Brad Grey telefonou para meu agente e disse: "O contrato do David está no final, ele fez o que disse que ia fazer. Escreveu dois pilotos muito bons, e nós não conseguimos vendê-los. Mas eu queria permissão para estender o acordo e levar o roteiro para a HBO para ver se eles têm interesse, porque eu acho que eles poderiam ter". Eu me encontrei com [o presidente da HBO] Chris [Albrecht], e foi bom.

M: E aí você recebeu sinal verde para fazer o piloto de *Família Soprano* na HBO. Como você escolheu o elenco? Qual foi o processo? Você tinha em mente algum ator em particular?

D: Eu nunca escrevo pensando em um ator. Nós contratamos a diretora de elenco Georgianne Walken e sua sócia, Sheila Jaffe. O que aconteceu foi que eu vi Steve Buscemi em *Ponto de Encontro* e pensei: "Quem escalou esse cara? Foi uma escolha fantástica". Eu descobri quem tinha sido, liguei e elas disseram que queriam trabalhar em *Família Soprano*. Durante todas as reuniões, elas me perguntavam: "Você já ouviu falar de fulano? Você sabe quem é ciclana?".

Foi um processo de escolha de elenco feito por duas pessoas, e foram elas que me apresentaram a James Gandolfini.

A: Você fala o tempo todo sobre Steve Van Zandt ter sido um dos candidatos para interpretar Tony. Essa possibilidade foi considerada com que nível de seriedade?

D: Na minha cabeça, havia uma grande possibilidade. Era uma série completamente diferente. Tudo mudou, eu a via como um live-action de *Os Simpsons*, e eu estava bem comprometido com isso. Quando Gandolfini apareceu, ficou bem evidente que seu rosto e suas palavras ajudaram a me orientar em direção ao que a série deveria ser.

M: Esse é um baita elogio a ele.

D: Ah, sim, com certeza. Sem dúvida. Depois eu o reconheci de *O Nome do Jogo*, mas naquele filme ele tinha interpretado o bonzinho, o que segurou o bebê.

M: Podemos voltar atrás um pouquinho e falar sobre a audição ou a leitura fria de James Gandolfini? Será que você consegue voltar àquele momento, naquela sala, e descrever o que estava vendo e sentindo?

D: Ele chegou e começou a leitura e era muito bom. De repente, ele parou e disse: "Eu tenho que parar. Eu não consigo... Eu não consigo focar. Tem alguma coisa aqui. Eu vou voltar na sexta-feira". E então eu falei "tudo certo", e ele voltou na sexta e não conseguia entrar. E eu juro que foi isso que nos disseram: que a mãe dele tinha morrido. Acontece que a mãe dele tinha morrido há *anos*!

A e M: *(risos)*

D: Com isso, ele não voltou mais, só que ele tinha se saído tão bem, e [o pessoal encarregado da escolha do elenco] também estava torcendo por ele. Por fim, ele me visitou em Los Angeles e nós fomos para o meu escritório lá mesmo, e o filmamos sua audição. Ele conseguiu e foi maravilhoso. Depois disso, eu tive que levar os três na HBO para que lessem para os papéis de Chris e Carolyn e não me lembro para quem mais. Ah, e Cathy Moriarty como Carmela. Eu me lembro de Jim lendo com Cathy. Foi ótimo.

A: Ele fez o teste com Lorraine Bracco no papel de Carmela, ou naquela altura ela já tinha dito que não queria o papel?

D: Lorraine nunca disse que não queria o papel de Carmela. Talvez tenha falado para o agente dela, mas ela nunca disse isso para mim. Eu falei: "Acho que ela é muito boa... mas eu já a vi nesse papel. Talvez eu queira vê-la como dra Melfi". Lorraine também poderia ter sido fantástica como Carmela, mas você teria aquela impressão de "Eu já vi isso aqui antes".

A: Uma das cenas mais importantes do piloto, na sua perspectiva, é a de Tony agarrando Christopher. Como ela foi escrita, e o que Jim fez de diferente, e como você reagiu?

D: Estava escrito que Christopher dizia alguma coisa do tipo: "Ei, do quê que você está falando?". Então Jim responderia [*apontando o dedo*] — la la la — como um tapinha carinhoso. Eu não chamaria aquilo de tapinha carinhoso, mas sim: "Acorda!".

Só que, quando filmamos, Jim o agarrou pelo colarinho, o arrancou da cadeira, e eu me lembro que Christopher estava com uma garrafa de cerveja na mão e ela caiu sem querer. Enquanto Tony estava falando com ele, dava para ouvir a garrafa deslizando no concreto, e foi maravilhoso! Foi a garrafa que me convenceu.

Pensei comigo mesmo: "É, esse é o Tony de verdade. Ele não é de dar um tapinha carinhoso em ninguém. Esse é o cara real".

M: Acho que logo antes da temporada quatro ou cinco, quando todos estavam renegociando os contratos para voltar, eu perguntei [a Gandolfini] se ele queria voltar, e ele respondeu: "Eu quero voltar porque é o melhor papel que já interpretei, mas, ao mesmo tempo, não quero voltar porque não importa quanto tempo passe debaixo do chuveiro, eu não consigo me livrar do mau cheiro desse cara". Quanto desse mau cheiro veio do personagem, como foi escrito, e quanto veio da escuridão que ele desenterrou para si mesmo ao interpretar o Tony?

D: Eu tinha minhas próprias dúvidas sobre Jim Gandolfini. Sempre me perguntava, ele é um cara tão *grande*, e ainda assim era bonzinho. Mas ele podia ser bem grosseiro e desagradável se precisasse. Eu sempre me perguntei: o Jim é um cara bonzinho porque existe nele uma tendência e a capacidade de ser um valentão por ser um cara tão grande? Será que ele supercompensa para ser esse cara legal que todo mundo ama, assim não parece um valentão? Eu nunca tive uma resposta.

M: Ele era um cara *grande*.

D: Enorme.

M: E ele parecia ainda maior. Tinha alguma coisa na fisicalidade dele que era quase esmagadora. Ele me fazia me lembrar de Zampanò, o personagem de Anthony Quinn em *A Estrada da Vida*, ou do King Kong.

A: E a não ser quando ele estava incapacitado por outra razão, não há uma única luta durante toda a série que Tony não tenha vencido.

D: Bem, isso deve ser verdade. Ele não perdeu nenhuma briga?

A: Ele pode ter levado uns socos uma ou duas vezes.[3] Mas, fisicamente, ele era invencível, e isso era parte do aspecto lendário do personagem conforme ele progredia.

D: Me parecia realista. O cara era enorme. Mesmo quando ele estava na escola. Que tipo de esporte você acha que ele praticava?

A: Futebol americano?

D: Basquete.

A: Sério? *(risos)*

D: Todo mundo responde futebol americano. Ele era magro e alto.

A: O que você lembra da chegada de Edie [Falco]? Você tinha visto a atuação dela em *Oz*, ou foram as diretoras de elenco que a apresentaram para você?

D: Eu não vi Edie em *Oz* até que ela fez o teste. Ela veio à sede da HBO, aqui em Nova York, de patins *(risos)* e isso foi tudo. Eu me senti muito sortudo durante toda a duração da série, por todos aqueles anos. Eu me senti sortudo com aquele elenco. Posso dizer isso sem achar que estou sendo sentimental ou algo parecido. Não havia nada que eles não pudessem fazer.

A: Como foi escrever para Edie e ver o trabalho dela ao longo dos anos?

D: Pode ver Edie trabalhando foi fantástico. Você podia ficar o dia inteiro no set, só olhando o que ela fazia. Nunca perdia *uma* fala. Nem uma. Eu não sei como alguém consegue fazer isso. Ela não se escondia ou fazia nada disso. Ela estava lá, ela chegava, fazia o trabalho e ia para casa, e era sempre impecável.

A: Carmela não aparece muito nos primeiros episódios. Você tinha planejado que o papel fosse tão importante quanto se tornou?

D: Sim. Foi o que eu disse desde o começo; o motivo pelo qual achei que isso tudo poderia funcionar como uma série de família. Esse tipo de programa familiar era uma mídia feminina, e aquela era uma série de família. Eu pensei que poderia ter sucesso, ou pelo menos sobreviver, porque atrairia, diferente da maioria dos filmes de máfia, uma audiência feminina por ter um elemento familiar.

A: Você consegue lembrar do momento em que se deu conta de tudo que ela era capaz?

---

3 No episódio "Soprano Home Movies", Tony culpa tanto um soco inesperado quanto sua condição física após o tiro por ter perdido a briga com Bacala. Você decide se as duas desculpas são válidas.

D: O que me vem à cabeça é a audição. Ela foi tão bem! Quer dizer, não poderia ter sido outra pessoa. No teste, ela transitou sem dificuldade entre a comédia e o drama, ou na mistura dos dois.

A: Você conhecia Nancy [Marchand] antes disso?

D: Eu a conhecia como Margaret Pynchon [a editora na série *Lou Grant*], então, quando a vi chegar, pensei: "Que porra é essa?" *(risos).* Aí ela começou e foi perfeito. Foi especial porque aquele personagem era minha mãe, e foi como se eu estivesse olhando para ela de novo. E depois, Nancy disse para minha esposa: "Querida, creio que esta entidade que eu estou interpretando já tenha falecido, não?". Eu tô te dizendo que ela canalizou perfeitamente. Não dá para explicar.

A: Em qual momento Nancy contou que estava doente?

D: Ela estava tossindo quando veio para a leitura inicial. Quando subiu as escadas. Nós estávamos no segundo ou terceiro andar desse edifício pequeno na rua 79, e ela estava tossindo naquela época. Nancy foi muito direta. Ela não disse: "Só tenho um ou dois anos de vida", mas ficamos sabendo que ela estava doente.

A: Isso fez você hesitar?

D: Não, porque naquela época eu não acreditava que iria além do piloto.

A: Sabendo o que você sabe agora, você teria considerado outra pessoa para o papel?

D: Não tinha mais ninguém. Eu acho que 200 mulheres vieram para o teste e todas fizeram esse estereotipo da *mamma* italiana maluca. Quando Nancy chegou, ela fez exatamente o que você vê... ela acertou as inflexões da minha mãe, ela acertou tudo.

A: Eu assisti à primeira temporada tantas vezes, mas ainda não tenho certeza de quanto da malícia dela em manipular Tony e Junior é consciente e quanto é apenas instintiva. Há momentos em que eu nem sei se *ela* percebe o que está fazendo, e eu me pergunto o quanto disso está no roteiro e quanto é devido à maneira como ela interpreta as falas.

D: Não faço ideia, mas sei que se eu penso na minha mãe, ela não manipulava ninguém de maneira consciente. Ela era incapaz de ter um plano. Mas eu diria que acontece mais dessa forma do que por ela ser uma manipuladora intencional ou uma pessoa ruim.

A: No terceiro episódio, no qual Brendan morre, tem uma cena em que ela está falando com Junior, e Junior está basicamente perguntando a ela de forma implícita se é ok matar Christopher e Brendan, e ela diz que gosta de Christopher porque "ele botou as grades nas janelas pra mim", mas ela dá sua aprovação tácita para Brendan. E Junior vai e mata ele. Será que ela está consciente do que ela está fazendo naquele momento?

D: Eu acredito que isso é o tipo de coisa que sairia da boca da minha mãe. "Ele botou as grades nas janelas pra mim." Ela estava sempre colocando os primos para fazerem as coisas para ela, tipo virem ajustar a antena da televisão... A sua relação com Junior...

M: Parece que havia uma certa conexão entre eles mesmo quando Johnny ainda estava vivo. Tem alguma coisa no jeito que ele olha para ela, no jeito que ele fala com ela. E então, quando já estão mais velhos e Johnny já saiu de cena, ele está sempre indo visitá-la. As pessoas comentam, e é uma situação meio escandalosa. De certa forma, o irmão está dando em cima da mulher de Johnny!
D: Isso, isso.
M: E ainda assim é uma relação completamente platônica?
D: Completamente. Ele também está pedindo o conselho dela.
A: Ela se torna *consigliere*, com certeza mais do que Mike é.
D: Bem, eu acho que ele viu alguma coisa nela, que ela tinha uma habilidade para... esta é uma pergunta interessante. As pessoas agem com intenção ou não? Quer dizer, será que John Gotti era um cara inteligente mesmo que analisa tudo com cuidado, ou ele só agia a partir de algo inerente a ele?
A: Você sempre quis dirigir, e você pôde dirigir esse piloto — o que você tinha em mente em termos de como queria que ele parecesse, soasse e provocasse?
D: Eu queria desdobrá-lo. Queria que fosse expansivo, amplo. Eu não queria que parecesse algo confinado e com cara de uma coisa típica da TV. Tudo o que me lembro de querer fazer era o seguinte: sempre fui completamente fascinado pela região de Meadowlands, e eu queria que o piloto transmitisse esse sentimento. Foi até onde eu o levei.
A: Uma coisa que me marcou foi que, quando eles estão ao ar livre, o clima é um elemento muito presente. A luz do sol do lado de fora do açougue é tão forte; quando Tony está próximo da água, o vento é tão forte que parece que a camisa dele está quase voando. O clima na série é sempre muito severo, mesmo quando o dia está bonito.
M: Há uma atenção às condições climáticas que é incomum.
D: Parte disso foi só o desejo de fazer algo diferente do típico filme de gângster de Nova York — levar para o ambiente externo, com as árvores, o vento e todas essas coisas, em New Jersey. Eu acho que a maioria das pessoas nos Estados Unidos não pensaria em New Jersey como um lugar de gângster. E parte disso era por querer trazer um tipo de senso espiritual do bosque, porque eu me lembro que era assim quando eu morava lá. Quando crianças, a gente sempre brincava nos bosques. Havia muitos sons de animais por lá.

A cidade de Clifton, em New Jersey, onde eu cresci, é bem urbana. Depois nós nos mudamos para North Caldwell, que tinha muitos bosques, e eu passava um tempão lá, brincando. Então esse sentimento passou para a série antes mesmo de ela ser escrita. Quando eu estava na faculdade, fiz um curso de um ano de literatura estadunidense: Hawthorne, Poe, muitas obras de James Fenimore Cooper, coisas de bosque. Eu amo isso. Eu ficava pensando em New Jersey como um paraíso perdido.

M: Quero fazer um desvio para falar um pouco mais sobre aquela experiência com a natureza na sua infância, porque isso é importante para a série.

D: Na realidade, eu cresci em um conjunto de apartamentos em Clifton e não havia muitos bosques por lá, mas meu pai e o sócio dele costumavam nos levar, eu e o filho dele, para um chalé que ficava em um bosque em algum lugar de New Jersey. Acho que o chalé era do Boys Club of Newark, ou algo parecido. Meu tio, que era um dirigente do clube, também levava os meninos lá para terem contato com a natureza. Eu fui muitas vezes. Não tinha água, não tinha nada, mas era um chalé. Eu realmente amava aquele lugar. Eu amava acampar e amava tudo aquilo.

Quando eu me mudei para North Caldwell, em New Jersey, como você já sabe, era mais arborizado. O bosque ficava do outro lado da rua, em frente à minha casa, e eu sempre me enfiava lá. Eu coloquei armadilhas para ratos-almiscarados e tinha um rifle calibre .22.

M: Você sabia atirar?

D: Não. Minha mãe fez meu pai tirar o percussor do rifle porque tinha medo de que eu fosse matá-lo.

M: Sem querer ou de propósito?

D: De propósito! Ela me contou no velório dele.

M: Uau. Ainda bem que você nunca deu de cara com nenhum urso enquanto carregava aquele rifle!

D: É! Eu fui para várias colônias de férias, acampamentos de escoteiros e coisas assim em New Jersey. O bosque é muito misterioso para mim, ao mesmo tempo, assustador e lindo. Eles me inspiram muito.

M: A primeira vez que você assistiu *Twin Peaks*, deve ter pensado: "Meu Deus, alguém me entende". Tem tanto bosque naquela série.

D: É, algo assim. Sempre tive a impressão de que existe algo de especial sobre David Lynch — nós nascemos com uma diferença de, sei lá, seis meses — que me fazia pensar "Alguém me entende" ou "Eu entendo isso". Eu conheço o sentimento que ele está tentando expressar.

A: Então você terminou de fazer o piloto. Àquela altura você não queria que a HBO o escolhesse, certo? Você só queria conseguir investimento e concluir como um filme?

D: Sim.

A: Como teria sido a segunda parte do filme? Tem mais doze horas de trama que acabou se desenrolando na TV.

D: Teriam acontecido mais alguns incidentes violentos. Talvez não houvesse tanta história de família — nem sobre as crianças, nem sobre Carmela.

M: Ainda teria incluído Tony colocando o travesseiro no rosto da mãe dele?

D: Não. Eu ainda não tinha chegado tão longe quando estava pensando sobre o filme. Na história original, na versão Anne Bancroft/De Niro, ele iria se aproximar e sufocá-la com um travesseiro. Mas [Nancy] deu tão certo. E ela me disse no final da temporada: "David, me mantenha na ativa". Ela já estava bem doente naquela época, mas ela era tão boa que eu não podia matar Livia, e por isso nós tivemos que inventar toda uma história na qual ela é deixada com vida, e aí a fala "Olhem pra cara dela! Ela está com um sorriso na cara!" teve que entrar. Então ela não foi tão relevante na segunda parte da segunda temporada.

A: Um ano inteiro se passou entre o momento quando eles escolheram o piloto e quando você começou a fazer o segundo episódio. Robert Iler está mais alto, tem um novo açougue, um novo padre Phil...

D: Agora Silvio é parte da gangue! No piloto, ele não era!

A: Naquele intervalo de um ano, o que você viu, olhando para o piloto, que lhe fez pensar "Nós deveríamos fazer mais disso aqui" e "Aquelas coisas precisam ser aprimoradas"?

D: Nós tínhamos que decidir quais seriam os sets perenes, como fazê-los do ponto de vista econômico, quem tinha se saído bem no piloto. Quase todos foram muito bem no piloto.

M: Qual era sua abertura à possibilidade dos atores adicionarem ou mudarem falas?

D: Nenhuma abertura.

M: Você nunca deixava uma coisinha passar?

D: Deixei algumas vezes, principalmente um pouquinho mais para o final. Mas eu achava que se os atores começassem a mudar as falas, não íamos conseguir continuar desse jeito. Aqueles caras estavam tão ávidos por terem seus rostos na frente das câmeras, dizendo uns aos outros o que fazer — especialmente todos os caras da gangue de Tony. Tony Sirico era um diretor assistente o tempo todo. "Fica, fica, fica lá! Vem até aqui comigo!" *(risos)*

A: Os sonhos foram uma grande parte de *Família Soprano*, mesmo que algumas pessoas preferissem que não. Logo que você começou a fazer cenas de sonho, havia certas regras estilísticas ou ideias que almejava?

D: Sim, havia, e eu estou certo de que falamos disso antes: nada de câmera em movimento. Há pouco tempo eu li que havia duas regras, mas esqueci quais eram.

M: Por que sem câmeras em movimento?

D: Porque se você faz um close em alguém, isso indica que aquilo é importante, sobretudo na televisão.

Por isso que não havia nenhum fundo musical no consultório da psiquiatra, porque em uma série típica de TV aberta, quando os pacientes começam a revelar por que estão tão felizes ou qual é mesmo a verdade, eles fazem um close lento e você começa a ouvir um sintetizador, sabe?

Eu detestava aquilo. E eu não queria evidenciar o que era importante na cena e o que não era.

M: Você teve uma relação que serviu de modelo para Tony-Melfi?

D: Sim, uma psiquiatra que eu tinha em Los Angeles.

M: Como era seu relacionamento com essa terapeuta?

D: Era maternalístico. Ela provavelmente já faleceu, e eu não liguei para ela. É, foi principalmente um tipo de rematernalização. Ela era muito boa em fazer eu me sentir melhor sobre mim mesmo.

M: Melfi faz um pouco disso com Tony, mas grande parte do relacionamento deles envolve ela chamando a atenção para o comportamento dele em diversos níveis. Às vezes ela dá voltas, em outras ela bate de frente.

D: Algumas coisas que Tony fez a ofenderam de verdade.

A: Como você conseguiu entender, ao longo do tempo, quais eram esses limites, e quando ela estava mais propensa a dizer "O que você está fazendo é errado"?

D: Sabe o que é estranho? Até certo ponto, e isso é só uma pequena parte, mas está lá... na minha cabeça, com algumas questões, era difícil ver a diferença entre Lorraine Bracco e Melfi. Se eu pensasse "Lorraine provavelmente vai detestar isso", um pouquinho disso se infiltraria na Melfi. Eu tentava evitar, mas nem sempre conseguia.

M: Será que era porque você conhece Lorraine como pessoa e conhece o sistema de valores dela?

D: Sim.

A: Vamos falar sobre "College". Quando você percebeu que Tony ainda não tinha matado ninguém?

D: Quando estávamos tentando escrever o quinto episódio. Eu tinha me esquivado disso quando escrevi o piloto da primeira vez, quando o entreguei à Fox. Eu pensei: "A televisão aberta não vai deixar você fazer esse tipo de coisa, então não coloque nenhum assassinato ou bombardeio ou algo assim. Só se atenha aos clichês de gângsteres". Então, quando a Fox o recusou, eu pensei: "Seu cuzão idiota, *essa* é razão pela qual as pessoas assistem a essas coisas".

M: "Menos falação, mais agressão."

D: Correto! Então, quando a HBO comprou a série, eu sabia que tinha que chegar a isso mais cedo ou mais tarde. Mas ao mesmo tempo eu não queria ficar dependente desse tipo de coisa. Eu já disse um milhão de vezes: *Família Soprano* teve, em uma temporada, mais gângsteres em New Jersey e agressões do que existiu em vinte anos! E quando chegou a hora de fazer "College", eu estava começando a ficar entediado [com os assassinatos]. Eu estava entediado de estar em New Jersey o tempo todo. Eu falei: "Vamos levá-los para fora da cidade, de férias", o que acabou dando certo.

A: Um dos motivos pelo qual esse episódio nos afeta tanto é porque Febby não é uma ameaça para Tony, ele é só um cara que está vivendo a vida dele.

D: Isso foi intencional. A emissora não começou a reclamar sobre esse episódio até depois de termos filmado, e foi porque aquele assassinato foi muito bom. Eu não acho que muitos atores de TV teriam feito aquilo, ou se entregado tanto, como Jim fez. Tinha cuspe saindo da boca dele.

Quando a HBO leu o roteiro, eles não viram nada daquilo. Quando eles assistiram ao episódio e o viram suando e tudo mais, foi aí que Chris Albrecht ligou. Ele falou: "Nós temos que fazer alguma coisa a respeito disso". E eu respondi: "Se ele não matar aquele cara, então ele é traste. O cara é um traidor e um informante. Ele tem que ser morto".

Então eu tive essa ideia estúpida de que o cara estava vendendo drogas às crianças da escola, o que foi, para mim, uma péssima saída.

A: Nos últimos anos da série, Junior é um conselheiro preso em casa e está cada vez mais senil, mas ele é muito proativo, primeiro aqui como um capitão, e depois como o chefe só no papel. Você sentiu falta disso nos anos finais, quando não podia mais usá-lo — porque se ele estivesse ativo, Tony o teria matado?

D: Não. Eu sempre fiquei muito contente com as histórias sobre Junior, o que Junior se tornou e como tudo começou. Ele era o personagem para quem os roteiristas mais gostavam de escrever.

A: É mesmo? Por quê?

D: Eu não sei. Bem, primeiro era Livia. Imagino que fosse porque eles eram muito francos. Eles são idosos, então dizem qualquer coisa que venha à mente. Eles nunca seguram nada, são sempre muito diretos e escandalosos.

Christopher era outro personagem pelo qual tínhamos um carinho especial, mesmo que ele fosse estúpido em um nível monumental. Os personagens mais divertidos de escrever eram aqueles que se levavam a sério demais.

A fala que sempre recitam para mim é uma da Livia: "Psiquiatra? Isso não passa de um negócio inventado pelos judeus!". *(risos)*

A: Falando sobre psiquiatria: a ideia de fazer esse longo trecho [em "Isabella"] no qual Tony está alucinando e nós não sabemos, e que acaba sendo uma parte importante do enredo, de onde veio isso?

D: Eu não sei. Eu apenas sonhei com isso, acho.

M: É a primeira vez que Tony tem um sonho ou uma fantasia que o leva a uma conclusão sobre sua vida desperta — com a ajuda de Melfi, é claro. Há uma cadeia de descobertas que o leva a compreender que sua mãe nunca o amou e quer que ele morra. Eu acho que os episódios "Isabella" e "I Dream of Jeannie Cusamano" são duas metades de uma dupla. Existe uma erupção psíquica na primeira que é analisada e resolvida na segunda.

D: É. Você poderia dizer que *Repulsa ao Sexo*, de Roman Polanski, foi uma espécie de precursor, embora eu acredite que outras pessoas já tenham feito cenas com surto psicótico e esgotamento mental no cinema e na TV em que você não sabia se era real ou não. Acho que foi só sui generis.

A: Houve algum momento em que você pensou em deixar a questão se Isabella era real sem resposta?

D: Não.

M: Tudo bem, porque depois você deixa coisas sem resposta.

D: Eu peguei essa mania *(risos)*. Eu ainda não era uma criança mimada naquela época!

M: Tony tem uma longa tradição de estar em situações nas quais ele tem que decidir se vai ou não matar alguém, e a resposta em geral é "Eu vou matar o cara".

D: E ele mata pessoas que não deveria matar em pessoa.

M: A tentativa fracassada de assassinar Tony em "Isabella" é outra ocasião na qual, em referência a "College", ele parece mais animado, mais conectado emocionalmente com o mundo, mais feliz, quando ele está matando alguém ou lutando pela própria vida.

D: Eu acredito completamente nisso. Eu acho que isso aconteceria com qualquer um de nós. Em um certo nível nos sentiríamos eufóricos. Ou talvez não — talvez ficaríamos abismados pelo fato de que conseguimos escapar de uma experiência quase letal. Mas nesse caso, em um nível bioquímico, eu acredito que, quaisquer que sejam essas drogas naturais, elas entrariam em ação naquele acontecimento.

M: Você mencionou as drogas. E muitas drogas são usadas na série, muitas pessoas têm problemas com elas, ou estão em recuperação ou deveriam estar, ou começaram a usá-las, pararam...

D: E aí vão de volta para elas.

M: A violência é uma droga para Tony?

D: Eu acho que vou responder que sim.

A: O suco de laranja... isso tem a intenção de ser algum tipo de homenagem a *O Poderoso Chefão*?

D: Não que eu soubesse!

A: Isso me faz pensar em todas aquelas teorias sobre o significado dos ovos em *Família Soprano*, e em como os ovos representam a morte, e Valentina prepara ovos mexidos, então ela só fica queimada, não morre! Você tinha noção dessa questão dos ovos?

D: Com certeza! *(risos)*

M: Então os ovos em *Família Soprano* são o que as laranjas são para *O Poderoso Chefão*!

D: *(sarcasticamente)* Exatamente!

A: A primeira temporada estava toda pronta quando a série estreou, ou parte dela ainda estava sendo criada?

D: Estava toda pronta.

A: Eu pergunto por que tem dois episódios, "The Legend of Tennessee Moltisanti" e "A Hit Is a Hit", que dão a sensação de que foram escritos em resposta às reclamações que você recebeu dos grupos antidifamação.

D: Eu sabia que esse tipo de coisa ia acontecer. Quando eu estava trabalhando em *The Rockford Files: Arquivo Confidencial*, nós recebíamos críticas o tempo todo. Naquela época, a gente não tinha permissão de dar nomes italianos aos personagens — qualquer um que fosse um gângster tinha que se chamar "sr. Anderson" ou uma merda assim. Esse era um problema constante. Foi na época em que Joe Colombo foi assassinado, acho. Quando eu estava trabalhando em *No Fim do Mundo*, após John Falsey ter deixado a série, nós fizemos um episódio com cinco famílias na Sicília, não famílias mafiosas, mas eram "As Cinco Famílias" e elas tinham umas convenções, coisa desse tipo, reuniões e toda aquela merda. Cara, aquilo causou um alvoroço enorme.

Portanto, eu sabia que aquilo ia acontecer. Logo que começamos eu disse para a HBO: "Será que eu deveria voltar a usar o sobrenome do meu pai?" e eles disseram: "Não, não faça isso. Você é conhecido como David Chase, deixa assim". Eu achei que seria melhor se as pessoas vissem que eu era italiano e que era meu direito fazer o que eu quisesse com a minha ascendência.

A: A primeira temporada termina com a chuva torrencial. Todo mundo acaba no Vesuvio. Quase todas as temporadas depois disso terminaram com a família em algum tipo de encontro para jantar, até a última cena da série. Quando fez aquela primeira cena, você olhou e pensou: "Este seria um jeito bonito de amarrar as coisas", ou foi só como as coisas foram acontecendo?

D: Foi como foi acontecendo. Era parte da minha crença — e eu acho que é certo, na verdade — de que a comida é tão importante como uma subcultura para os italianos.

Minha família tinha cozinheiras de mão cheia. A mãe do meu pai era muito, muito boa. Minha própria mãe era mais ou menos. Ela fazia algumas coisas boas. Meu pai cozinhava bem. Eu tinha algumas tias, assim, acho que eu tinha umas quinze tias entre a família da minha mãe e do meu pai. Três ou quatro delas que eram realmente muito boas. Aquelas mulheres fofocavam umas sobre as outras. Minha tia Edie, por alguma razão, colocava açúcar no molho dominical, e minha mãe e suas irmãs riam dela pelas costas por causa disso — e não era nenhuma brincadeirinha boba. Era negócio sério. "Dá para imaginar colocar açúcar no molho?"

A: Você sabia desde o início, já que não é revelado até a terceira temporada, que a carne era um dos grandes gatilhos para os ataques de pânico de Tony?

D: Eu não fazia a menor ideia.

A: O Jimmy Altieri também era um dedo-duro ou Vin Makazian apenas confundiu os dois gordos de cabelo escuro?

D: Ele era um dedo-duro.

M: Você sabia que Pussy era um dedo-duro enquanto estava fazendo a primeira temporada?

D: Não. Eu nunca pensei que a gente voltaria para a segunda temporada, então eu não estava preparado de jeito nenhum para aquilo.

M: Quer dizer que isso foi um caso de "Ah, nós tínhamos um dedo-duro e o matamos, então agora temos que arrumar outro dedo-duro"?

D: Eu acho que não. Nós sabíamos há um tempo que aqueles caras estavam traindo uns aos outros sem parar.

O que aconteceu foi que Pussy desaparece no episódio onze, e aí a temporada acabou no episódio treze. Eu saí de férias, voltei e sabia que tinham gostado muito da série, mas não sabia se eles iam ou não renovar a série. Eu não sabia nadica de nada. Eu voltei e só sabia que todo mundo estava se perguntando do paradeiro do Pussy, e eu pensei "E agora?". A gente precisava ter uma trama, e eles seguiam com "Onde está Pussy?". Em seguida, tivemos que descobrir onde ele estava e aí ficamos interessados na síndrome de Estocolmo, e Pussy se torna um aspirante a agente do FBI, muito cheio de si. Foi assim que aconteceu, porque a gente tinha que fazer alguma coisa, então foi isso mais a história do Richie.

A: Artie Bucco ocupa um espaço moral único dentro da série. Ele não é parte da máfia; algumas vezes, ele se sente tentado a fazer parte dela, mas resiste ou por conta própria ou porque Charmaine o convence a desistir da ideia. Mas ele cresceu com esses caras, e os filhos dele, os de Tony e de Silvio estudam na mesma escola. Quão importante para a série foi ter um cara como ele sendo uma parte significativa da história?

D: Não era importante. Nós só gostávamos dele.

M: Do personagem ou do ator?

D: Ambos. Mas nós gostávamos muito do personagem. Johnny [Ventimiglia] era ótimo. Quando ele ficava emocionado, superempolgado, com olhos marejados e tudo mais, ele era fantástico. Mas o personagem não era nenhum pouco necessário. A série poderia ser feita sem ele. Mas não poderia ter sido feita sem Livia, por exemplo.

A: Quantos personagens estavam na série mais porque você gostava deles ou do ator do que por serem essenciais?

D: Muitos. Como atores, eles eram todos tão bons. Todos os roteiristas se sentiam do mesmo jeito: eles adoravam escrever para esses personagens.

SESSÃO 2

"Eu nunca sabia se iriam renovar ou não."

Sobre Janice, Richie, Furio, Itália, renovação e se meter em enrascadas.

ALAN: Você teve algum receio a respeito de fazer uma segunda temporada? Ou, uma vez que a série estava no ar, você queria que fosse renovada?

DAVID: Ninguém gosta de soar com pena de si mesmo, parece ridículo. Mas é um trabalho muito difícil. Com essa série, quando soube que tinha sido comprada, eu fiquei quase destruído. Eu disse para o meu agente: "Ai, meu Deus, eles compraram a série". Portanto, toda vez que era renovada — e você pode falar com qualquer um que seja criador de séries e todos vão dizer a mesma coisa —, você sente um misto de emoções.

A: Então, você tinha toda essa ideia do arco narrativo de Tony e Livia por anos. Agora você está voltando e tem que começar do zero. Foi muito aterrorizante? Ou não?

D: Eu me lembro que mergulhei de cabeça e arregacei as mangas. Eu não acho que estava aterrorizado. Isso vinha dos anos fazendo séries procedimentais: o trabalho é esse, então você vai lá e faz.

MATT: Você foi de não saber se fariam um piloto a não saber se iam escolher a série e deixar você fazer uma temporada inteira, a não saber como o público a receberia e os espectadores reagiriam a ter a série mais popular da TV. Essa foi uma grande virada de sorte.

A: O *New York Times* disse: "Essa talvez seja a maior obra da cultura popular nacional do último quarto de século".[4]

D: Exato, correto. Isso é uma loucura.

M: Jack Newfield, colunista do *New York Post*, fez uma entrevista com você.[5] Eu me lembro de pensar na época, "Ah, é oficial, David Chase é o cara". Foi como ter lido uma entrevista de Francis Ford Coppola para a revista *Esquire* lá em 1979.

D: Eu me lembro daquela entrevista com Jack Newfield. É, foi muito divertido e eu comecei a simpatizar com a ideia de fazer televisão séria. E aí cheguei ao ponto em

---

4 Holden, Steven. "Sympathetic Brutes in a Pop Masterpiece" [Brutamontes simpáticos em uma obra-prima pop]. *The New York Times*, Nova York, 6 jun. 1999. Section 2, p. 23.
5 Newfield, Jack. "Even Wiseguys Get the Blues; Runaway hit series 'The Sopranos' and its mobster on Prozac were created by a Jersey boy inspired by guys back in the old neighborhood — and his mom" [Até os mafiosos ficam deprimidos; A grande série de sucesso 'The Sopranos' e seu mafioso que toma Prozac foram criados por um garoto de Jersey inspirado pelos caras da sua antiga vizinhaça — e pela mãe dele]. *New York Post*, Nova York, 4 abr. 1999.

que queria que tudo acabasse, então quando chegamos na última temporada, aquilo bastou.

A: Todo ano, quando uma temporada era finalizada, havia especulação externa: "Quando será a última temporada?" e "Quando David quer acabar a série?". Você não sabia ao certo de quando queria concluir a série ou você tinha alguma ideia?

D: Foi assim: eu entrei numa mentalidade que a não ser que a série fosse feita do jeito que eu queria, e isso inclui o dinheiro [para fazer a série] e o meu dinheiro também, não teria problema se ela fosse cancelada.

A: Então, se a série tivesse acabado na quarta temporada, com Tony e Carmela separados, você estaria satisfeito com a última cena sendo aquele momento de Little Paulie no píer ouvindo Dean Martin no último volume para azucrinar o advogado?

D: Sim. Na verdade, é um ótimo final.

A: Além de Big Pussy ser um traidor, Janie e Riche são a outra grande ideia naquela temporada. De onde vieram esses personagens e em quem mais você pensou, além de Aida e David, para interpretá-los?

D: A única que eu me lembro foi Annabella [Sciorra], que eu considerei para o papel de Janice. No caso de Richie, havia vários caras.

A: O que chamou sua atenção em Aida Turturro que te fez pensar "Esta é a Janice"?

D: Ela é uma atriz milagrosa, é mesmo. Ela vai fundo no papel. Por exemplo, se tem uma coisa triste, ela consegue acessar as lágrimas e isso não é um problema. É tão convincente porque ela está chorando mesmo!

M: Fora de cena, Aida se parece com Janice de alguma forma?

D: Ela não é má como a Janice, de jeito nenhum. Na verdade, ela é muito efusiva e ri bastante.

Se bem que, você sabe o que foi? Conversando com ela e vendo Aida fazer o teste e tudo mais, eu enxerguei minhas tias italianas. Eu vi as irmãs do meu pai, que não eram bem assim, mas eram parecidas o suficiente.

A: Janice tinha sido mencionada umas ou duas vezes na primeira temporada. Nós a tínhamos visto nos flashbacks dos anos 1960 como a irmã mais velha de Tony. Por que você resolveu trazer essa personagem para o presente e incluí-la ao elenco fixo?

D: Eu não sei. Talvez ela estivesse lá porque não sabíamos o quanto podíamos abusar da sorte com Livia e precisávamos de outra pedra no sapato da família. Acho que foi assim que aconteceu.

Com cada um desses novos atores, não restavam dúvidas depois que fazíamos a leitura fria com eles. David Proval não é um cara grande. Ele é baixinho e é óbvio que não representa nenhum perigo a Jim Gandolfini. Mas, em cena, havia algo tão ameaçador naquele cara, enquanto não tem nada disso na vida real.

A: Algumas pessoas olham para a segunda temporada e pensam: "Essa é a temporada de Richie Aprile, ele aparece e é o antagonista". Mas ele morre no penúltimo episódio e ele nem é morto pelo Tony; ao passo que Pussy é reintroduzido logo depois da montagem de Sinatra, o final é todo sobre ele. Você via Pussy como a ameaça mais importante a Tony naquela temporada?

D: Eu diria que ele era um tipo diferente de ameaça. Eu provavelmente o via, de certa maneira, como a história mais importante, independentemente de ser a maior ameaça ou não. Ter um dos seus melhores amigos passando por aquela mudança era mesmo um prato cheio, e nós aproveitamos bastante. Quer dizer, aquela história era muito, muito importante — ainda mais porque Vinnie é um ator muito bom. Eu adorava trabalhar com ele e deixar que ele fizesse o que sabe.

A: A cena em que Janice atira em Richie é um momento famoso de *Família Soprano* por ser tão inesperado em termos de quando ocorreu, quem atirou e como aconteceu. De onde veio essa ideia?

D: Um dia nós estávamos sentados na sala de roteiristas e eu disse: "Que tal se a Janice o matasse no episódio doze?". Eu estava pensando no relacionamento deles e na coisa toda. Isso me faz parecer cheio de artimanhas do tipo "Ah, eles nunca vão adivinhar isso". Não foi bem assim, foi mais "Ei, isso seria ótimo. Se Aida fizesse isso, seria incrível".

M: O que teria acontecido com Richie se Janice não tivesse atirado nele?

D: Eu acho que ele teria continuado por mais uma temporada ou algo assim. Eu não sei o que ele teria feito na temporada. Eu não pensava sobre isso desse jeito.

M: Talvez esse seja o momento para esclarecer uma coisa que eu tenho escutado por quase vinte anos, que é a seguinte: Richie Aprile e Ralphie Cifaretto são o mesmo cara, e se Richie tivesse continuado, ele teria virado o Ralphie. Tem alguma verdade nisso ou é só uma coisa que os fãs inventaram?

D: Foram os fãs que inventaram isso. Se é assim que parece, eu tenho que me declarar culpado.

M: Quer dizer então que você nunca considerou seriamente manter Richie até, sei lá, a terceira ou quarta temporada?

D: Eu nunca pensei nas coisas desse jeito. Eu pensava: "Agora estamos fazendo esta temporada". Em parte por causa da maneira que a HBO se comportava, eu nunca sabia se iriam renovar ou não.

M: É interessante ouvir você falar isso, porque existe essa percepção de que *Família Soprano*, após a primeira temporada, não só se tornou uma série que redefiniu a emissora, mas uma série que redefiniu todo o meio televisivo, e uma série que a HBO estava disposta a pagar seu peso em ouro para manter.

D: É, isso me surpreendeu, e pode ser que eu esteja errado — talvez eu seja esquentado e precise ficar irritado com alguém, quem sabe seja isso —, mas sempre parecia que eles levavam uma eternidade para dar o sinal verde. As pessoas me perguntavam se a série ia retornar, e eu dizia "Não sei".

A: Você contou que não ficou satisfeito com o resultado do episódio na Itália. Por que não?

D: Eu não estava contente com o elenco. Só não parecia real. Annalisa não se parecia com uma dona de casa da máfia, ou uma esposa de mafioso, e, no fim, ela era sensual demais, jovem demais.

M: Parecia mais uma fantasia?

D: É, mais uma dessas. Foi mais ou menos isso que aconteceu.

A: Eu lembro que quando soube que eles iam para a Itália, pensei: "Nossa, isso vai ser épico, a série de máfia vai para a Itália", e o episódio foi, de propósito, nada disso.

D: Sim. Na vida real, esses caras não viajam. Eles mal saem de seus bairros. Talvez visitem a Flórida ou Vegas. Eu queria explorar mais a viagem deles à Itália. Talvez seja porque nos divertimos muito fazendo o episódio, esse pode ter sido outro motivo.

Eu devia assistir de novo, talvez não seja o que eu estou pensando.

(pausa) Nem, eu não quero ver de novo.

A: O que fez você querer incluir Furio à gangue de Tony?

D: Eu acredito que isso tenha acontecido porque nós o vimos naquele episódio e queríamos trazer outro cara ao grupo, alguém que fosse durão, e nos lembramos dele.

A: Mas Federico nem era ator, era artista.

D: Incrível, é. Quer dizer, eu acreditava em tudo o que ele fazia em cena. Tive muita sorte com pessoas que não eram atores. Fico maravilhado que tivemos atores amadores tão bons na série.

A: Você também aproveitou bastante Peter Bogdanovich, acredito que ele já tivesse atuado antes.

D: Ele estudou com Stella Adler. Nós o havíamos usado em *No Fim do Mundo*, e é por isso que eu me lembrei dele. E Joe Gannascoli, não importa o que pensem, ele era realmente impressionante no papel de Vito. Gostaria de saber o que é. Talvez os italianos sejam atores natos.

A: Na segunda temporada, as ambições de Christopher como roteirista começaram a te dar um pretexto para fazer episódios como "D-Girl", em que ele interage com pessoas de Hollywood interpretando a si mesmas, além da personagem de Alicia Witt e Tim Daly no papel do roteirista que se tornou parceiro dele. Foi divertido ter a oportunidade de tirar um sarro da indústria?

D: Ai meu Deus, foi maravilhoso! Minha parte favorita foi quando Tim Daly tentou penhorar seu Emmy em troca de dinheiro! E o cara respondeu, tipo, "Eu disse 15 dólares. Se fosse um Oscar, talvez eu lhe desse mais". *(risos)*

A: [O esquema de *pump* e *dump* ligado a Webistics] nos apresenta a Matt e Sean, as únicas pessoas em níveis mais baixos na hierarquia do que Chris naquele momento, e talvez as únicas pessoas mais burras do que ele. Sean tem que ir ao banheiro toda vez que eles estão em um assalto! *(risos)*

D: Esse é um fenômeno que acontece! Você sabia? Tem caras que entram para fazer um assalto e sentem vontade de cagar!
M: Alguma teoria sobre por que isso acontece?
D: Além de apenas nervosismo, ou ter que deixar para trás um talismã? Já ouvi essas duas teorias. Mas é uma coisa que acontece.
A: "From Where to Eternity" é o primeiro roteiro de *Família Soprano* escrito por Michael Imperioli. Como ele acabou se tornando um colaborador ocasional da série?
D: A gente sempre estava à procura de novos roteiristas, e eu vi *O Verão de Sam*, que ele coescreveu, então pensei: "Bem, vamos dar uma chance a ele". Ele é um cara inteligente. Todos nós gostávamos dele.
A: Esse é um episódio marcante porque é uma das primeiras vezes em que os mafiosos são confrontados de verdade com questões sobre o inferno, o mal e o que eles fazem, e Melfi pressiona Tony sobre isso também.
D: Você sabe, esse enredo foi baseado em um caso verídico da minha cidade natal. Foi a segunda vez que usei em uma série. Usei a história básica em *Arquivo Confidencial* para o episódio "Jersey Bounce".

Tinha um cara chamado Michael na minha cidade natal, em Caldwell, ele era um pintor de casas no estilo do Johnny Boy de *Caminhos Perigosos*, só que pior — era um tremendo filho da puta. Ele se metia em brigas. Tipo, em um restaurante bacana, um restaurante cheio, ele olhava para alguém do outro lado do salão e dizia: "Que porra você está olhando?". E o cara só estava comendo. Se o cara respondesse, ele iria até lá e começaria a confusão. Mesmo que o cara desviasse o olhar, a mesma coisa aconteceria. Ele era apenas um cara mau, mau pra caralho. Em um show na Universidade Estadual de Montclair, ele subiu no palco no meio da apresentação e ficou fazendo brincadeira, chegou a pegar o instrumento de alguém.

Ele tinha uma namorada e batia nela, e a namorada era irmã de um mafioso de baixo nível. Havia outro garoto na cidade que o conhecia — dois outros caras o conheciam, e eles queriam chamar a atenção da máfia e se tornarem mafiosos. Então, eles chamaram Michael para fazer um orçamento da pintura da garagem enquanto os pais estavam fora. Eles iriam matá-lo para cair nas graças desse mafioso de baixo nível.

Daí ele foi até a garagem. E os caras atiraram na nuca dele, o colocaram no porta-malas do carro e o levaram para o aeroporto de Newark.

Eles começaram a se preocupar com o fato de que o corpo poderia ser descoberto, então *voltaram* para o aeroporto de Newark para pegar o cadáver e levar até a reserva florestal de Eagle Rock, onde iam enterrá-lo. Mas eles voltaram para o aeroporto cerca de um mês depois, entraram no carro e estavam dirigindo quando foram pegos com os equipamentos para fazer o enterro. E foi daí que surgiu a ideia de "Long Term Parking".

A: Você acabou usando cada parte da história! Na segunda temporada, Carmela flerta com um pintor de casas!

M: Falando em Vic: Carmela acaba transando com um homem que não é Tony, mas ela demora até a quinta temporada. Você chegou a discutir se isso deveria acontecer antes?

D: Nós tivemos essas conversas, mas... como posso explicar? Sempre houve algum tipo de problema pessoal relacionado a Carmela e ao que ela faria ou não. Eu entrei em conflito com Robin [Green] muitas vezes sobre Carmela e o que ela estava fazendo ou o que ela seria capaz de fazer, o que ela deveria ser, ao ponto de me frustrar tanto com o assunto que cheguei a mandar um "Foda-se, não quero mais discutir isso".

Depois de cinco temporadas comecei a me preocupar com esse aspecto da vida de Carmela. Do mesmo jeito que me preocupei com o fato de ter levado tanto tempo para que Tony matasse Christopher; eu me senti assim quanto a Carmela arrumar um amante. Pensei: "Isso já deveria ter acontecido há muito tempo, ela não é uma mosca morta", ou algo assim.

M: Havia uma ideia se seria realista para uma esposa da máfia trair o marido?

D: Nós cogitamos isso o tempo todo e perguntamos a todos que pudemos o que achavam. A maioria disse "não", mas eu acho difícil acreditar que seja o caso.

A: Ela nunca dorme com outro homem até o sr. Wegler, e isso acontece durante a separação, então àquela altura não chega a ser uma traição, exceto na opinião do padre Phil. Mas na quarta temporada, por exemplo, houve um momento em que você considerou que Carmela e Furio iriam consumar o que sentiam um pelo outro?

D: Houve sim, nós contemplamos essa possibilidade. Mas não fizemos, e agora que penso nisso, sinto muito por não termos feito. Mas quem sabe? O que aconteceu, aconteceu, e se tivéssemos seguido esse caminho, não teríamos "Whitecaps".

M: Meu palpite é que isso não aconteceu antes porque ela sente uma culpa muito forte relacionada à traição, e ela não quer ser como o marido.

D: É, e ela tem medo de ir para o inferno quando morrer.

A: Vic Musto teria dormido com ela se não tivesse percebido como o marido dela era perigoso.

D: Achamos que qualquer pessoa que soubesse quem era o marido dela reagiria assim. Wegler estava fora daquele mundo.

A: Nós conversamos antes sobre o episódio "Isabella" ter ajudado Tony a ter uma epifania relacionada a Livia. Uma boa parte de "Funhouse" envolve Tony tendo sonhos enquanto sofre de forte diarreia, e os sonhos o forçam a enfim admitir para si mesmo que Pussy é um dedo-duro e que precisa morrer. Qual era seu nível de confiança, naquela altura da série, de que poderia desenvolver um momento tão grande assim a partir do inconsciente de Tony?

D: Confiante da medida. Pensei em como faríamos Tony descobrir que era Pussy. E eu disse a mim mesmo: "Eu só não quero fazer um procedimental, ou seja, ele indo de um lugar para outro, fazendo perguntas com papel e lápis na mão". E então eu disse a mim mesmo: "É totalmente plausível que ele, de algum modo, já saiba disso", e aí pensei que, se as coisas tivessem um toque de realidade, isso nunca seria questionado. E eu acredito na psicologia da situação, e acredito que se a questão tivesse surgido em uma sessão com Melfi, ela talvez tivesse esclarecido o assunto para ele. Se as coisas fossem baseadas em dinâmicas reais, eu nunca duvidei. E eu sempre senti que estávamos seguros. Não conseguia pensar em mais nada. Em alguns momentos as coisas eram tão absurdas que você pensava: "Isso é real?".
A: Não teria como Pussy sobreviver, uma vez que Tony descobrisse, não é?
D: Não, a menos que ele tivesse sido preso por algum motivo.
A: A temporada sempre esteve caminhando na direção da morte dele, independentemente de qualquer coisa?
D: Sim. Nosso consultor técnico, Dan Castleman, nos contou que a síndrome de Estocolmo desempenhava um papel importante na relação entre a máfia e a polícia. Os mafiosos, uma vez que se transformam em delatores, viram verdadeiros aspirantes a agentes federais, e foi isso que amamos.
M: Como no relacionamento de Pussy com Skip Lipari.
D: É. Pussy estava sempre indo um pouco longe demais.

SESSÃO 3

"Eu grito coisas para eles na intimidade da minha casa."

Tchau, Livia e Tracee. Olá, Ralphie e Gloria.

ALAN: Você teve que reconfigurar toda a série como resultado da morte de Nancy Marchand. Quando você descobriu, será que lembra, além do luto pela perda de Nancy, o que você estava pensando em termos de o que fazer com a série a partir daquele momento?
DAVID: Claro, eu pensei nisso.[6]
A: No episódio do funeral de Livia, vemos a imagem dela gerada por CGI, e acredito que o cabelo dela está diferente em cada cena em que ela aparece, porque você teve que pegar partes e fragmentos de vários lugares. Por que você decidiu que queria fazer isso e, em retrospecto, é algo que você teria feito, sabendo qual seria o resultado?
(Chase abaixa a cabeça e esfrega a sobrancelha)
D: Eu não teria feito de novo. Hoje eu tentaria de novo, mas agora as coisas são diferentes. Eu me convenci de que ia ficar tudo bem, mesmo depois de ver. E, ouso dizer, foi um erro.
A: A última interação significativa entre Tony e Livia é no final da segunda temporada, quando ele dispara para fora de casa, tropeça nos degraus e cai, e ela ri dele. Em retrospectiva, essa é uma interação final muito boa entre os dois.
D: Isso apenas não passou pela minha cabeça. Eu pensei: "Ai meu Deus, eu preciso criar uma despedida para ela".
A: O quanto você acha que a série mudou devido ao fato de Livia não integrá-la mais fisicamente?
D: Eu não acho que o tom mudou. Nenhuma das relações foi impactada. Tony foi afetado por um curto período. Ela era um trunfo, então perdemos esse trunfo, mas não acho que isso tenha mudado a direção da série de forma alguma.

---

[6] Winter, Terence: "Minha lembrança é que tínhamos acabado de começar a escrever a terceira temporada quando Nancy morreu, e estávamos apenas no processo de mapear como Tony voltaria a cair nas graças dela. Também me lembro que, no início, David não estava decidido a ele mesmo escrever 'Proshai, Livushka', já que ele havia acabado de escrever a abertura da temporada. Então eu, Todd Kessler, Robin e Mitch, fizemos pressão e dissemos que ele era o único que poderia escrever esse episódio, e é claro que ele escreveu. Acho que nada mais que estávamos planejando mudou de forma significativa como resultado da morte de Nancy".

A: No final do relacionamento com Gloria, Tony percebe que ela é o fantasma de sua mãe que veio para assombrá-lo. Essa personagem teria existido em uma temporada que contasse com a presença de Livia, ou ela foi alguém que você criou depois?
D: Depois.[7]
A: Você acha que Livia teria sido uma personagem que duraria a série inteira se ela tivesse aguentado, ou você acha que em um certo momento a personagem seria descartada de qualquer maneira?
D: Acho que a personagem teria sido descartada de qualquer maneira, porque você não quer que o cara seja muito próximo da mãe e seja acusado de ser obcecado por ela, ou da série ser muito parecida com *Fúria Sanguinária*.
A: Na terceira temporada, você tem histórias sobre Ralphie, Gloria e Jackie como diferentes contrapontos para Tony, em momentos diferentes. Quem você acha que é o mais importante dos três para essa temporada em particular?
D: É difícil de afirmar. Quer dizer, Jackie com certeza não era. De jeito nenhum. Eles tinham funções diferentes. Acho que teria que dizer Ralphie, embora Gloria fosse muito importante.
A: Qual teria sido a história da terceira temporada com Livia?
D: "Tony tem que ser legal com a mãe".
A: No episódio do funeral de Livia, há duas partes sobre as quais as pessoas gostam de falar.[8] Uma parte é alguém abrindo o armário que tem um espelho e você vê o reflexo de Big Pussy por um momento. Seu fantasma apareceu algumas outras vezes ao longo da série, mas esse é um momento muito breve, do tipo que se piscar, você perde. Por que você sentiu que Pussy poderia fazer uma aparição lá?
D: Não sei. Talvez ele estivesse lá para cumprimentar os mortos? Algo parecido. Ninguém realmente percebe, certo?
A: Ninguém percebe.
MATT: Essa é uma visita espectral muito interessante. Não é do ponto de vista de um dos personagens. Ninguém naquela cena está posicionado de forma que possa ver. Mas esse é um episódio muito assombrado pela morte, em geral.
D: É sim.
M: Também tem AJ ouvindo barulhos na casa.
D: Sim. "A floresta é linda, obscura e profunda".

---

7 Winter, Terence: "Lembro que David veio com essa ideia de que Tony começaria a ter um caso com uma mulher que conheceu no consultório de Melfi, e ela naturalmente teria os mesmos traços de Livia de algum jeito, mas tenho quase certeza de que a ideia de Gloria e do caso antecedem a morte de Nancy. A personagem não foi criada de forma alguma para substituir Livia, mas passamos a contar com ela desse modo a nível do seu relacionamento com Tony".

8 O outro é o homem que, enquanto Janice está forçando as pessoas a dizerem coisas boas sobre Livia, aparece brevemente no vestíbulo, depois volta a subir as escadas. Para Chase, ele não é um fantasma, apenas um convidado "que não queria se envolver com aquilo!".

M: Meadow conversa com AJ sobre o trabalho de poesia dele, ela está tentando o ajudar a descobrir suas próprias respostas, mas ele fica dizendo: "Me dá logo a resposta". Na época, não tínhamos ideia do que estava por vir na série, mas reassistindo a esse episódio, pensei: "Ah, parece que David Chase e os roteiristas já estão ficando frustrados com o público".
D: *(rindo)* Isso, isso.
M: Você estava ficando frustrado mesmo naquele momento?
D: Sim.
M: Com o quê?
D: Quando as pessoas interpretam erroneamente alguma coisa... Veja, está lá para ser interpretado, e você, o artista, pode nem saber o que está fazendo, mas outra pessoa pode ver aquilo porque está vindo do seu inconsciente, ou do subconsciente. O que é irritante é quando eles reclamam, ou agem com arrogância, como se eles, de alguma forma, soubessem mais do que você — embora eu tenha acabado de dizer que talvez eles saibam.

Com a internet, ou talvez antes disso, as pessoas se comportam com um senso de propriedade sobre as séries de TV. Como se estivessem na sala de roteiristas. Elas realmente parecem, às vezes, fantasiar que estão *mesmo* na sala de roteiristas.
A: Se os espectadores atribuem a você uma intenção que não era realmente sua, isso te incomoda?
D: Estamos falando sobre a última cena da série?
A: Sim. Sobre as pessoas dizendo: "A última cena deve significar *isso*", mas não é o que você pretendia.
D: É uma coisa difícil, porque acho bom que as pessoas interpretem. Se elas interpretam errado, elas não são burras — a menos que seja muita burrice! *(risos)* E você pensa: "Por que me dei ao trabalho de escrever essa cena se é isso que você entende dela? É tão distante do que eu quis dizer". Ou: "Você nunca assistiu à série antes?". Essa é outra coisa que você pode dizer para si mesmo.

Mas em teoria, na maioria das vezes, eu gosto quando as pessoas debatem a série.

Você sabe o que eu acho que é? Quando as pessoas estão discutindo entre si, eu fico com raiva porque elas não estão discutindo comigo, elas estão discutindo entre si! Mas, quando elas discutem, eu fico na defensiva. Então fico confuso nesse sentido.
M: Você quer se meter e ser Marshall McLuhan naquela cena de *Noivo Neurótico, Noiva Nervosa*?[9]
D: Não.

---

[9] Ao ouvir um professor barulhento e arrogante na fila do cinema descaracterizar o trabalho de McLuhan, o personagem de Woody Allen materializa o autor Marshall McLuhan, que diz ao homem: "Você não sabe nada da minha obra. Diz que minha falácia é errônea. É incrível como consegue dar aula de alguma coisa!".

M: Você nunca nem tentou?

D: Bem, eu grito coisas para eles na intimidade da minha casa. *(risos)* Eu uso palavrões!

M: Existe alguma parte de você que se sente desconfortável com a interpretação em geral, ou com a ideia de "O que o artista quis dizer? O que ele está tentando dizer?"?

D: Não. Eu tenho um diploma de letras, então fui criado pensando que a questão era mesmo essa, e tive que aprender que às vezes, ou muitas vezes, a arte simplesmente *é*. Não está tentando nada. Não está dando respostas. Mas eu tive que amadurecer um pouco antes de chegar a esse entendimento.

M: Correndo o risco de implicar eu e Alan nisso, quando você lê os tipos de artigos que nós, como críticos de TV, escrevemos sobre uma série como essa, é mais provável que você se veja dizendo "Ah, isso é interessante" ou "Caras, vocês não entenderam o ponto disso"?

D: A pergunta que você deveria estar me fazendo é: "Qual você gosta mais? As críticas negativas ou as positivas? Qual você olha primeiro?".

M: Tudo bem, David. Retiro minha pergunta e substituo pela sua: Qual você olha primeiro?

D: A negativa.

M: Por quê?

D: Porque me estimula! Por que você gosta de provocar brigas? Por que você tem uma discussão com sua esposa? Não sou apenas eu, mas são meus amigos no mercado e pessoas que você conhece! Investigamos cada pedaço desses artigos em busca de críticas negativas para ficarmos irritados!

A: Mas quando você encontra alguém que está tentando entender, porém está completamente equivocado, isso não te incomoda tanto?

D: Não.

A: Bem, esta temporada apresenta dois dos enredos "em aberto" mais famosos da série: o estuprador e o russo. Você não pretendia que nenhum dos dois tivesse qualquer tipo de continuidade?

D: Não.

A: Então quando você começou a ouvir as pessoas se perguntando quando Melfi vai contar a Tony sobre o estupro ou quando o russo vai voltar, qual foi a sua resposta?

D: "Pessoal, não estamos todos tentando escapar da televisão aberta? O que vocês querem de mim?" Sabe, "É isso que vocês querem mesmo?".

A: Existe alguma coisa que você poderia ter feito no episódio "Employee of the Month" para deixar mais claro: "É isso aqui mesmo, não esperem mais nada"?

D: Não. E isso chega ao ponto do que você disse antes, de que é preciso aprender a assistir a uma série. Como roteirista, você pensa: "Meu Deus, será que você não pode contribuir mais? Você não consegue entender que esse 'não' significava 'não' naquele caso?". Ou: "Não sabemos ao certo, é claro, mas você não vê que isso *provavelmente* significa 'não'?" Um "não?" definitivo. Pela maneira como foi interpretado, o timing, tudo? Você pensa com seus botões: "Será que você, telespectador, não consegue acrescentar nada à discussão? Por que tudo tem que ser mastigado para você?".

M: Se saber se o estuprador será pego não é a questão mais importante da história, então o que é? Qual é o seu interesse naquele enredo, se não é sobre crime e punição?

D: Algumas pessoas que não fazem pactos com o diabo. Temos alguns personagens assim. Quase todo mundo na série fez um pacto com o diabo.

Claro, Melfi tinha feito um pacto ainda maior com o diabo.

M: Você diz ao continuar tratando Tony?

D: Sim. "Tecnicamente", isso é o que ela diz a ele no primeiro episódio. Perguntei a um psiquiatra do meu bairro: "O que você faria se tivesse um chefe da máfia no seu consultório e ele estivesse lhe contando coisas e violência estivesse envolvida? Você o trataria?". Ele disse: "É, eu o trataria, mas se eu soubesse que houve agressões físicas, iria à polícia". O olhar em seu rosto era muito cauteloso, e pensei que era uma perspectiva interessante, ou uma forma interessante de pensar, que pessoas poderiam ser feridas e você, um médico, é mais leal às suas justificativas ou preocupações narcisísticas. Eu pensei que era uma coisa interessante para Melfi.

M: Ao conversar com profissionais de saúde mental para escrever a série, você já mencionou essa ideia do profissional de saúde mental como alguém que espera corrigir ou resolver o comportamento do paciente para evitar que esse tipo de coisa aconteça no futuro? E isso já foi usado como justificativa para tratar um provável criminoso como Tony?

D: Uma vez fomos receber um prêmio em uma cerimônia no Waldorf-Astoria. Cerca de oito psiquiatras falaram no palco sobre o assunto, e alguns se expressaram sobre aquele tipo de abordagem. Eles disseram que, em teoria, é claro, existe esperança de que a terapia torne Tony uma pessoa melhor, ou o deixe mais satisfeito consigo mesmo ou qualquer coisa assim. Mas não muito.

A: Em algum momento da terceira temporada, você chegou a se perguntar se Melfi ainda aceitaria Tony como paciente àquela altura?

D: Sim. Se você tivesse que se esconder em um motel por um tempo para exercer sua profissão, por que voltaria para esse cenário?

A: Alguma vez, antes do penúltimo episódio, você chegou perto de encerrar essa relação para sempre?

D: Sim, mas não sei dizer quando. Eu sei que chegamos a falar disso algumas vezes. Nós conversamos sobre como, sendo uma mulher inteligente, ela está se colocando em grande risco, comprometendo seus princípios morais, sua segurança, tudo, só para continuar tratando esse cara.

Era semelhante ao que eu sentia em relação a Carmela: por quanto tempo essa mulher seria feita de boba? Essa foi a razão para enfim terminar o relacionamento.

M: Em vários momentos da série, eu pensava: "Ah, vai ser nessa temporada em que Melfi se desliga dele" ou "Vai ser nessa temporada em que Carmela se divorcia dele". Mas você nunca fez nenhuma dessas coisas — até o fim, com Melfi.
D: Bem, houve uma temporada em que ele quase não viu Melfi, então acho que pensei que fizemos isso, *sim*, no caso dela. Com Carmela, eu não queria separá-los. Só emocionalmente, eu não queria ver isso acontecer. E eu senti que, considerando que ela é uma garota ítalo-americana e tudo o mais, e é esposa de um mafioso, seria muito difícil para ela fazer isso. Então evitamos isso por um bom tempo.
A: Edie, Jim e Lorraine, sendo três de seus atores de maior destaque, demonstraram resistência a alguma ideia de história?
D: Edie, não. Lorraine, algumas vezes. Jim, o tempo todo.
A: Ao que, em particular, ele tendia a se opor?
D: À brutalidade, eu acho.
A: Ele falou por quê?
D: Porque destoava muito dos seus próprios valores. Eu poderia dizer: "Bem, Jim era um cara grande, um cara raivoso, e ele se preocupava com isso. Ele não queria ser visto como um valentão ou um brutamontes, mesmo antes da série". Era pelos motivos óbvios: ele não gostava do que os personagens estavam fazendo e não queria retratar isso.
A: E o que você dizia para ele?
D: Nós ficávamos andando em círculos, eu dizia isso e ele dizia aquilo. Dependia do caso. No final, ele sempre acabava aceitando.
M: Eu assisti um documentário sobre Jim, que incluiu uma parte sobre ele apenas atuando: trabalhando no set, trabalhando com as falas, a blocagem e assim por diante. Havia trechos de cenas dos bastidores o mostrando frustrado, como se ele sentisse que uma cena não estava funcionando para ele, ou que ele não poderia interpretá-la, ou só que a cena não estava certa. Dá para ver que ele se descontrola e diz "Caramba! Isso não funciona!".
D: Ele fazia muito isso.
A: O confronto entre Tony e Gloria, quando eles estão na casa dela e ele a suspende...
D: Essa foi uma cena à qual Jim se opôs. Levou o dia todo para o convencer.
M: Por que ele não queria fazer?
D: Ele só não queria fazer. E a gente não sabe como é ter que pegar uma mulher e a jogar. Quer dizer, espero que você não saiba. Ele não queria ser visto dessa maneira, que pensassem nele dessa maneira — ele talvez não quisesse passar por essa experiência, porque ele precisava ir lá e fazer aquilo. Tem que ser convincente, e ele tinha que fazer aquilo de fato. Ele não queria ser visto como uma fera, sabe?
A: Uma das raridades desta temporada é que Robert Funaro é creditado como parte do elenco fixo em todos os episódios em que está, o que não aconteceu em temporadas

posteriores, embora ele tivesse mais destaque nas temporadas seguintes do que nessa. Houve algum enredo planejado para Eugene Pontecorvo, mas que foi cortado?
D: Eugene ia manipular Ralphie.
A: Sério?
D: Sim, essa foi a sugestão de Jim. Ele havia trabalhado com Funaro quando era um jovem ator, então tentamos, mas começamos a perceber que não ia funcionar, aí, antes do início das filmagens, nós o substituímos.
A: Joey Pants foi testado para algum papel antes?
D: Não, não foi. Eu conhecia Joey Pants socialmente, e ele veio fazer uma leitura fria para outros projetos. Também estávamos exaurindo nossa lista de atores italianos! Minha opinião sobre Joey Pants sempre foi de que ele era um ator de cinema, então ele não estaria interessado em fazer aquilo. Eu nunca o vi fazer — ele fez um ou dois filmes para TV, eu acho.
A: Nós conversamos sobre Richie contra Ralphie. Richie recebe uma introdução de destaque. Ralphie só entra na cozinha de Tony, no meio do episódio do funeral de Livia, como se ele sempre estivesse lá, e depois disso ele acaba tendo um grande destaque. Você acha que isso aconteceu em parte porque você pensou: "As pessoas vão reconhecer Joey Pants, não temos que fazer muito trabalho aqui"?
D: Agora eu estou trabalhando em um roteiro em que penso a mesma coisa: você não precisa tocar o hino nacional toda vez que apresenta um personagem novo. Basta mostrar que aqui está outra pessoa nesse universo.
A: No geral, essa é uma temporada com mais violência explícita do que as duas anteriores, principalmente no trio de episódios "Employee of the Month", "Another Toothpick" e "University". Ao mesmo tempo, os mafiosos estão mais abertamente racistas do que antes. Não é apenas sobre dar um jeito em Noah Tannenbaum, mas também tem o policial interpretado por Charles Dutton. Há um aumento na quantidade de epítetos e comentários de cunho racial. E tem o momento em que Carmela faz uma sessão com o dr. Krakower e ele é mais direto do que Melfi nunca foi ao dizer a ela para se afastar dessa vida. Você falou antes sobre as inúmeras vezes ao longo dos anos em que tentou gritar para o público: "Essas pessoas são ruins, essa é uma série sobre o mal". Você sentiu que estava tentando isso de forma um pouco mais consciente ou inconsciente naquela temporada?
D: Eu falei que era uma série sobre o mal?
A: Não necessariamente — você falou sobre o mal. Eu não sei se você usou essas palavras exatas, mas você falou sobre esses personagens como se eles fizessem pactos com o diabo.
M: Você usou essa frase, e não estou falando sobre usá-la a despeito de outras, mas sem dúvida um dos tópicos da série é o mal.
D: Sim, e um pacto com o diabo, com certeza. Acordos baratos.

Quando penso na situação com Krakower, isso pode ter estado lá de forma inconsciente. Mas eu não queria ser didático. Eu havia entrado, intencional ou voluntariamente ou não, em um diálogo com o público. Eu dizia alguma coisa, e eles diziam algo de volta, mas sempre tentei me distanciar disso o máximo possível para que não estivesse preocupado com o que eles pensavam. Acho que, de modo geral, tive bastante sucesso.

A: Qual você diria que acabou sendo a história mais importante como um todo da terceira temporada?

D: A história de Ralphie. [Quando Ralphie matou Tracee], estávamos no ponto crítico com uma parte do público. As pessoas estavam dizendo: "Como eles puderam matar aquela garota?", e eu respondi publicamente: "É engraçado, ninguém reclama quando matam um cara". E eu via as coisas dessa forma mesmo. Muitas feministas criticaram e reclamaram do fato de terem matado essa garota. Mas elas assistiam ao programa toda semana quando homens estavam sendo mortos. Isso simplesmente não fez sentido para mim. Preciso dizer que todos eles são seres humanos?

M: Eu lembro que houve muitas reclamações durante a terceira temporada, porque eu as ouvi, sobre violência contra as mulheres. Essa foi a temporada na qual não apenas Tracee morre no episódio "University", mas com o estupro da dra. Melfi em "Employee of the Month". E também com imagens relacionadas, como as de Silvio agredindo Tracee no carro, em "University".

A: E Ralphie rindo enquanto ele está fazendo isso.

M: Acho que nunca tínhamos visto Silvio ser violento antes. Havia essa sensação de que os personagens foram...

D: Soltos da jaula.

M: É. Se comportavam como animais com as mulheres, eram brutais. Foi um grande choque ao sistema, assim como quando ouvimos o racismo desenfreado na segunda metade da primeira temporada.

D: Só estou dizendo que a única coisa que li sobre isso naquela época foram as críticas feministas sobre a morte de Tracee. Eu nunca ouvi nada sobre Silvio ou qualquer coisa desse tipo. É interessante, no entanto, que tudo isso tenha sido amontoado naquela temporada. O estupro de Melfi foi na mesma temporada?

A: Ela é estuprada no quarto episódio, Tracee morre no sexto. E, no meio disso, Burt Young tosse até a morte. Foi uma parte feliz da série. *(risos)*

M: Foi. Lembro de conversar com pessoas no *Star-Ledger* sobre o nível de violência na série.

D: Sério?

M: Sim, e sobre a humilhação e violência sexual bruscas, a situação com Tracee, o estupro. Um escritor que Alan e eu conhecíamos disse: "Não consigo mais assistir a série, virou pornografia". O limite de cada um é diferente em relação a isso.

D: Mas eis o que eu não entendo: se o estupro de Melfi não tivesse acontecido em paralelo aos eventos relacionados a Tracee... como poderia ter sido considerado bizarro fazer um enredo sobre estupro? É porque foi muito explícito?

A: Acho que, até certo ponto, as pessoas queriam proteger a dra. Melfi. Tipo, ela é essa "mulher forte" no contexto da série, e aqui, ela foi terrivelmente abatida.

D: Ah, entendi.

M: Era aqui que eu estava tentando chegar com essas perguntas sobre violência: houve alguma frustração da sua parte, ou da parte dos outros roteiristas, pelo fato do público amar tanto esses gângsteres?

D: Sim.

M: Algum elemento nessas coisas que estamos falando — violência contra as mulheres, racismo, a escalada no nível de brutalidade, o sadismo de personagens como Ralphie — foi em resposta a esses espectadores? Tipo: "Vocês não podem gostar desses caras! Caramba, qual é o problema de vocês?".

D: Sim.

M: Então você estava tentando responder à pergunta: "O que temos que fazer para que vocês não gostem desses caras?"?

D: Sim — para fazer com entendessem do que essa série se trata de verdade. É sobre pessoas que fizeram um pacto com o diabo, a começar pelo chefe. É sobre o mal. Fiquei surpreso com o quão difícil era fazer as pessoas compreenderem isso.

Quer dizer, você só tem a mim em quem confiar quanto a isso, mas posso lhe dizer que havia um limite de até onde iríamos para garantir que as pessoas entendessem isso.

M: Em "University", a série faz um paralelo entre a tragédia da morte de Tracee nas mãos de Ralphie com Meadow e Noah. Qual foi o raciocínio por trás do entrelace dessas duas histórias?

D: Acho que foi só para comparar a criação de Meadow com a de Tracee, como, por exemplo, a mãe de Tracee queimando a mão dela no fogão. Remete a um filme para TV que eu fiz chamado *Difícil Regresso*,[10] era sobre prostitutas adolescentes de Mineápolis. Eu lembro que quando fui lá, comecei a perceber como muito daquilo era relacionado à classe social. Eu queria comparar a criação cheia de privilégio de Meadow com a de Tracee. Meadow achava que sua vida era cheia de drama, mas a

---

[10] 1980; escrito por Chase, dirigido por Lamont Johnson (*O Importante é Vencer*), e estrelado por Michael Learned, Mare Winningham e Hal Holbrook, que trabalharia com Chase novamente no episódio "The Fleshy Part of the Thigh" de *Família Soprano*, vinte e seis anos depois.

de Tracee era cheia de drama *de verdade*. Acho que incluí Noah porque ele era um cara bom, um homem decente.

M: Eu me pergunto se uma das principais fontes de culpa de Tony com relação a Tracee era que ele não queria ouvir os problemas dela.

D: Tony nunca queria ouvir os problemas de ninguém, e esse foi um grande problema. Eu acho que ele estava ciente, em algum nível, que ele tinha um tipo de filha, enquanto havia muitas outras filhas à solta pelo país — strippers, prostitutas, e as mulheres de quem ele se aproveita.

A: Depois que Tracee morre, Tony ataca Ralphie, que grita: "Como se atreve a encostar a mão em mim? Sou um membro iniciado!". Já vimos Tony fazer isso antes com outros caras que eram membros iniciados. Ele atacou Mikey com um grampeador, ele fez várias coisas. Você tinha noção de quais eram as regras e quais não eram para alguém como Tony?

D: É tudo baboseira. *(risos)* Ralphie estava citando besteira, e ele sabia disso.

É tudo sobre dinheiro. Não falamos que havia problemas financeiros porque eles se desentenderam? É por isso que Tony tem que se dar bem com ele. Outro pacto com o diabo.

A: Rosalie, apesar de ser uma esposa da máfia, é um dos melhores seres humanos da série.

D: Ela é, sim. Ela era boa.

M: E Ralphie realmente é o diabo.

D: Fizemos toda aquela cena [episódio "Whoever Did This" na quarta temporada] com "Sympathy for the Devil", em que citamos a letra no hospital e na cena com o padre. Foi muito divertido.

A: Quando chegamos ao "Employee of the Month", Melfi está tentando transferir Tony para outro terapeuta. Havia alguma preocupação em sua mente do tipo: "Por que ele continuaria indo vê-la se ela resolver os ataques de pânico dele? Como manteremos essa relação ao longo da vida da série?".

D: Não. Eu pensei que àquela altura ele não conseguia mais viver sem. Ele era dependente da terapia, como tantas pessoas.

M: Que tipo de progresso você acha que Tony acreditava que estava fazendo?

D: "Comprei um belo chapéu de pele para minha esposa, não estou gritando tanto, sou um ouvinte melhor." Tenho certeza que ele pensou tudo isso. *(risos)*

M: Mas não nas coisas mais profundas que Melfi queria que ele pensasse.

D: Não. Essas coisas dizem respeito às questões mais profundas, mas se você é um ouvinte melhor, logo é uma pessoa melhor.

M: Você tem muitos personagens nesta série que fazem terapia, ou pelo menos fazem visitas ocasionais a terapeutas ou que falam a linguagem da autoajuda. Às vezes até Paulie!

D: Essas coisas estão por toda parte, é por isso. Está em todo lugar. E Christopher com seu discurso de "Eu tenho que ser mais amigo de mim mesmo". *(risos)* Mas está sempre se autojustificando.

A: Às vezes, Melfi acaba sendo uma melhor *consigliere* para Tony do que Silvio. Ela lhe dá conselhos sem perceber o contexto, como quando ela diz para ele ler *A Arte da Guerra*. Qual você acha que era mesmo o nível de conivência dela?

D: Inconivente. Ou, pelo menos, não conscientemente conivente.

A: Você falou antes sobre como ela fez um pacto com o diabo para continuar tratando dele.

D: Essa é a questão: "Esse é o meu paciente". Onde você já ouviu falar de um terapeuta que grita com um paciente e diz "O que você está fazendo? Isso é terrível! Você não deveria fazer isso!". Quando você já ouviu um terapeuta ir tão longe? Eu acho que, para os terapeutas, os pais são automaticamente culpados — e eles são! Tudo resulta dos erros dos pais. Mas eles não podem ajudar, na maior parte do tempo.

M: Muitas vezes os pais estão apenas repetindo os erros que foram cometidos com eles.

D: Eu suponho que seja isso. Você sabe por que o mundo ainda é um lugar fodido? É geração após geração após geração após geração.

SESSÃO 4

"Estávamos tendo problemas."

O casamento dos Soprano vai por água abaixo, Ralphie tem que vazar e Silvio tem algumas opiniões sobre o Dia de Colombo.

ALAN: A série voltou depois do Onze de Setembro. Como o atentado impactou *Família Soprano*?

DAVID: Acho que, de certa forma, nós não sabemos com certeza. Sabe, nós íamos trabalhar todos os dias no Silvercup Studios, e nossas janelas davam para o rio East. Sentávamos juntos todos os dias olhando para o horizonte de Manhattan, e o World Trade Center não estava mais lá. Havia muita tensão. As pessoas chegavam e diziam: "Você viu o jornal hoje?". Era muito parecido com o que fazemos agora com Trump: "Você ouviu o que ele disse hoje?". Me impactou muito.

Li que as pessoas diziam que a série ficou cada vez mais sombria, e que Tony ficou cada vez pior depois disso. Eu não concordo, mas posso ter um ponto cego nesse quesito. Mas, se aconteceu, acho que o Onze de Setembro teve muito a ver com isso. Acho que o rumo do país estava ficando cada vez mais sombrio.

MATT: De quem foi a ideia de terminar esta temporada essencialmente com uma versão de *Quem Tem Medo de Virginia Woolf*? No final, parecia uma peça com duplo protagonismo.

D: O ímpeto [para "Whitecaps"] foi que Carmela tinha aguentado muito do mau comportamento de Tony, e isso já tinha durado por tempo demais para que eu sentisse que ainda era convincente. Pelo menos para alguém tão inteligente. Não pareceria autêntico se eles se separassem apenas por uma noite ou por um final de semana. E eu senti que essa trama teria um tremendo impacto.

A: Ao longo de toda a temporada, você vê o casamento se desintegrando aos poucos, e Tony nem percebe. Como você decidiu os elementos que usaria para a fazer perceber que tinha que deixar Tony?

D: Não me lembro se resolvi que a temporada deveria ser sobre a separação deles. Eu acho que sim. Tentei dar um tema a cada temporada. Primeira temporada, Tony como filho, esse foi o tema. Depois Tony como pai, então Tony como marido. Foi assim.

A: E a quarta temporada é o casamento como um todo?

D: Sim, você está certo.

A: Quando voltei e reassisti "Watching Too Much Television", que termina com Tony espancando Zellman, eu me lembrei da cena em que ele ouviu a música e o espancou, mas havia esquecido que essa é a razão para Irina fazer o telefonema, porque ele humilha Zellman, Zellman termina com Irina, Irina liga para Carmela como vingança, e aí, tchau, Tony. É como o funcionamento elaborado de uma máquina mirabolante de Rube Goldberg.

D: Aqueles dois foram incríveis. Na última cena, em que ele soca a parede, eles filmaram às quatro horas da manhã. Foi ótimo mesmo.

A: Você falou sobre como Jim não gostava de acessar essa parte de si mesmo. Este é um daqueles momentos em que Carmela está no palco de batalha, sendo alvo da raiva de Tony. Qual foi a postura de Edie ao longo das filmagens dessa cena?

D: Ela não tinha nenhuma postura! *(risos)* Não, ela era apenas ela mesma! Não me lembro de ela ter tido qualquer problema. Edie nunca deixou transparecer nada sobre como ela se sentia em relação ao que estava fazendo.

E Jim, apesar de estar furioso como Tony, não me lembro de ter resistido tanto porque envolvia Carmela, ou envolvia Edie, então ele não ia estragar a cena para ela, você entende o que quero dizer? Ele estava sendo um ator profissional e muito generoso. Ele sabia que Edie tinha vindo preparada, e ela estava pronta para fazer aquilo, e, portanto, acho que ele sentiu que não tinha opção.

A: De onde veio a ideia de usar Furio como motivo para um dos atritos no casamento?

D: Quando Federico entrou na série, ele trouxe um certo clima com ele. Ele é um cara atraente, e estava indo lá todos os dias para servir de motorista de Tony, então parecia realista.

A: Nesta temporada, houve um momento em que o relacionamento entre ela e Furio iria ser consumado, ou sempre seria essa coisa frustrante e não correspondida?

D: Eu achava que ia ser consumado, mas parecia inconsistente com quem eles eram, pelo menos naquele momento de suas vidas. Em regra, uma coisa que colocamos em prática era o fato de que se você trai um cara como Tony, vai acontecer o que seria esperado nesse tipo de relacionamento, e acho que talvez ela estivesse com medo disso.

A: Por ela, por Furio, ou por ambos?

D: Boa pergunta. Uma pergunta muito boa mesmo.

M: Você acha que Tony a machucaria se ela o tivesse traído e ele descobrisse?

D: Dependendo do dia, sim, acho que ele teria dado uns tapas nela.

M: Você acha que Tony é capaz de cometer violência contra a esposa?

D: Acho que sim.

A: A partida abrupta de Furio depois que ele decide não empurrar Tony no rotor do helicóptero é muitas vezes considerada um dos momentos mais anticlimáticos da série. Alguma vez, vocês pensaram que pudesse ocorrer um conflito direto?

D: Nunca foi interessante para mim. Eu nunca achei particularmente interessante devido à [possibilidade de uma] cena de luta. Parecia tão previsível, deixar aqueles dois caras saírem no braço.

M: Se pensarmos no clichê do que o público de uma série de televisão gostaria, então seria assim: "Carmela dorme com Furio, depois uma briga entre Tony e Furio, talvez terminando com a morte de Furio", e você não fez nada disso.

D: Porque você já sabe que vai acabar com Furio morto! Então qual é o sentido de passar por tudo aquilo?

M: Há muita coisa acontecendo com os relacionamentos e casamentos nesta temporada. Além dessa trama com Furio e Carmela, rachaduras nítidas começam a surgir no casamento logo nos primeiros episódios e, no fim, tudo se acumula até desaguar em "Whitecaps". Só que tem mais tensão entre Artie Bucco e Charmaine, e você tem Bobby perdendo a esposa, que eu tinha esquecido completamente.

R: E isso acontece em "Christopher", de todos os episódios!

M: E isso vem do nada. Nem em um milhão de anos eu teria pensado que algo assim aconteceria em uma série como essa.

D: Por quê?

M: Eu aprendi a assistir à série agora, mas na época eu tinha sido mentalmente treinado por outros formatos de TV a não esperar uma coisa dessas, ainda mais do jeito que acontece, com ele descobrindo em um telefonema. A maior parte do que se sabe sobre o casamento deles vem por meio de Janice nos episódios seguintes, o que também não é esperado. E com Ralphie, há muita coisa acontecendo com ele e Rosalie, e depois com Janice. As duas basicamente decidem que ele é um lixo humano e não querem nada com ele, e Janice fisicamente o chuta escada abaixo, o que é bem engraçado.

A: E também Christopher e Adriana. Esta é uma grande temporada para os dois.

M: É tipo "a temporada de casamento", de várias maneiras.

D: Era para ser sobre o casamento de Tony e Carmela, mas até você mencionar isso agora, eu nunca tinha feito um levantamento do fato de que tantos outros casamentos e relacionamentos foram o centro das atenções na quarta temporada.

M: Isso também esclarece para mim quanto desse processo é instintivo. Estou olhando para a série como se fosse o vitral de uma igreja, tipo, "Ah, veja como isso se encaixa bem com aquilo", e acaba que você e muitos outros roteiristas perseguiram seus próprios fios condutores da trama de forma independente, mas de algum jeito tudo se conecta no final.

D: Que outros roteiristas?

M: Bem, tem outras pessoas na sala além de você, é o que quero dizer.

D: É, é. Mas eu devo dizer que eles não perseguiram os fios da trama por conta própria. O rumo da série cabia a mim. Eles executaram muito bem, mas não era responsabilidade deles tomar decisões como: "Isso deveria ser sobre o casal?" ou "Qual deveria ser o resultado dessa cena neste episódio?". Não foi assim que aconteceu. Geralmente, não é. O *showrunner* decide a arquitetura da trama.

M: Podemos falar sobre esse processo? Isso é algo que eu acho que seria esclarecedor para os leitores. Quando você assiste a um episódio de *Família Soprano*, você vê "Escrito por David Chase e Terence Winter" ou "Robin Green e Mitchell Burgess". O que esses créditos significam de verdade? Eles escreveram o roteiro inteiro? Um pedaço? É uma situação em que todos trabalham juntos e você diz: "Tudo bem, vou colocar seu nome no quinto episódio"?

D: A gente se encontra na sala de roteiristas e quebra a história, ou seja, nós traçamos um esquema detalhado, passo a passo, do que acontece em cada cena do episódio. Isso é o que chamamos de "quebrar a história". [Minha esposa] Denise e eu íamos para nossa casa na França, e eu pensava sobre o assunto por alguns meses e, em seguida, discutia com ela para clarear as ideias. Ela me oferecia sugestões, ou eu via o que a fazia rir ou não. Então eu voltava com toda a temporada planejada e fazia um grande gráfico de um a treze. Se o gráfico estivesse aqui, diria: "Tony". Eu não me lembro qual era a trama da máfia, então eu a resolveria primeiro. Eu escreveria, ou traçaria, a história daquele tópico por treze episódios. Começou com a primeira temporada sendo "Tony contra sua mãe". Havia apenas três movimentos naquela peça orquestral. Conforme as coisas foram acontecendo, ficou cada vez mais complicado, então não seria apenas uma história de Tony, tinham três histórias de Tony, uma história de Chris, duas histórias de Carmela.

M: Você está falando de traçar um enredo a longo prazo, não apenas dentro de um único episódio.

D: Sim. Eu explicava tudo, anotava no quadro e falava sobre. Então eu dizia: "Tudo bem, isso é o que eu tenho. Agora temos que descobrir o que são os episódios um e dois". Nós abordávamos alguns dos elementos desse formato longo, mas não consigo lembrar sobre o que os episódios eram... na real, eles eram sobre outra coisa.

Por exemplo, a história de Tracee. Não acho que ela fazia parte do plano a longo prazo. Isso aconteceu quando chegamos ao sexto episódio da terceira temporada, e eu disse: "Tá, sobre o que isso vai ser?". Tínhamos a animosidade entre Tony e Ralphie, Meadow com seu jeito sarcástico de sempre, tínhamos todos esses elementos. E daí veio a história de Tracee. Não surgiu até chegarmos nela e termos que escrevê-la de fato.

Então, todas as coisas a longo prazo, quase tudo geralmente se desenvolvia, mas não nos detalhes como eu achava que aconteceria, porque acabávamos inventando outra coisa ou algo acontecia.

Um exemplo mais fácil de entender é: lembra aquele episódio em que Feech assume o negócio de jardinagem? Isso foi coisa de Terry Winter. Terry conhecia alguém que morava no Brooklyn com ele — seu primo, eu acho — que foi forçado a sair de seu negócio de jardinagem por um mafioso local, então eu disse: "Vamos usar isso". Então essa situação se apresentou e nós a usamos, mas isso não estava no arco da história a longo prazo.

Assim sendo, uma vez que decidimos fazer essa história — e eu esqueci o que mais aconteceu com isso —, tínhamos histórias A, B e C: uma história ou duas de Tony, uma história de Carmela, uma história de Christopher. Seria, tipo, a história A tem dezessete narremas — que são os menores momentos que impulsionam a narrativa — a história B tem onze narremas... algo assim. A gente cortava os pedaços de papel e juntava, assim cada narrema era uma tira de papel, então a gente as reorganizava e as colava. Era muito primitivo. Então, quando nós tínhamos tudo isso, selecionávamos e colocávamos tudo junto para que houvesse um esboço de quatro páginas. Faz sentido para vocês?

M: Sim, é muito esclarecedor. Por favor continue. Tô aprendendo muito.

D: Tudo bem, então nesse ponto tínhamos o esboço, e aí eu dizia: "Terry, você escreve este", ou perguntava: "Você quer pegar aquele?". No geral, as pessoas só se levantavam e faziam seu trabalho para que o roteiro fosse escrito. Às vezes acho que a gente separava, como quando as coisas estavam ficando difíceis no final da temporada, mas não com frequência.

M: Você quer dizer dividir um episódio?

D: É, "Você pega a primeira parte, eu pego a segunda parte". Como em "Whitecaps", Robin e Mitch começaram a escrever, e eu não consegui começar até eles terem quase terminado, por causa de uns problemas na pós-produção. Eu escrevi minha parte, e então reescrevi muito da primeira parte que eles tinham feito. Portanto, nesse caso, tinha todos nossos nomes nos créditos.

A: Isso é algo que notei na quarta temporada: há muito mais roteiros assinados por cinco ou seis pessoas, sobretudo na segunda metade da temporada. Você estava passando por uma fase difícil em termos de planejamento naquele ano mais do que nos outros?

D: Não. Eu tentei fazer uma coisa em que todo mundo recebesse crédito, mas não deu muito certo, porque existem as regras do Writers' Guild of America, o sindicato dos roteiristas, onde tem que haver um foro toda vez que o crédito é compartilhado, e os membros do sindicato leem o roteiro e dizem quem merece crédito por isso e aquilo.

M: O que eles tentam determinar? Que porcentagem foi escrita por qual pessoa?

D: É, isso é importante por causa do pagamento dos direitos conexos. Se o seu nome não estiver no roteiro, você não recebe nada. Vira um problema real, e não é nada agradável.

M: Existiam pessoas na sala de roteiristas que eram conhecidas por serem melhores com um tipo de material do que com outros? Por exemplo, "Ah, isso é coisa pesada da máfia, então vai para fulano" ou "Isso é coisa de família/criança, então vai para beltrano"?

D: Só que todas as coisas pesadas da máfia e violência iam para Terry. Ele era muito bom. Ele tinha um dom de verdade para aquilo. E ele era ótimo com as histórias de Christopher e Paulie.

M: E muito pastelão, como em "Pine Barrens"?

D: Exatamente.

A: Você já tinha feito três temporadas da série e esteve fora por um tempo. Naquele momento, o fim da série estava mais na sua cabeça?

D: Não. Eu não comecei a pensar nisso até que, na quinta temporada, Chris Albrecht me disse: "Você tem que começar a pensar em como quer finalizar isso". Não se esqueça, eu sou de uma era da TV em que não havia final para séries dramáticas. Elas só eram canceladas e acabavam. Então, eu não estava mesmo pensando nisso. Uma vez que ele me falou isso, eu mergulhei de cabeça naquilo.

M: Estou sempre procurando por prenúncios, e há muitas coisas que parecem prenúncios, mas que podem não ser.

D: Eu sempre me surpreendi com a quantidade de coisas que podem ser consideradas prenúncios! Se estamos falando de algo no episódio dois, ou algo no episódio cinco que teve seu prenúncio no episódio dois, sempre fiquei admirado com o quanto desse tipo de coisa havia com essa série em particular! Quando você chega à quinta temporada, tudo pode parecer um prenúncio, ou um pós-núncio, da segunda temporada!

M: Quando estava revendo a série para escrever este livro, eu notei, já na terceira temporada — acho que pode ter até sido em "University" — a primeira de várias referências a Ralphie "perder a cabeça".

D: Você sabe, parece meio bobo, mas quando coisas assim aconteciam, eu pensava: "Essa série estava escrita nas estrelas". Eu pensava: "Eu não estou estruturando isso; outra pessoa — ou um poder superior, uma musa — está estruturando tudo. Como isso pode cair do céu assim?".

A: Vocês pensaram em deixar Ralphie manter a cabeça até a quinta ou sexta temporada?

D: Não. Acho que ele durou o que tinha que durar. Eu lembro que Joey fez um ótimo trabalho na cena em que ele vai falar com o padre... não me refiro apenas àquela cena, com a música dos Rolling Stones,[11] mas também quando o filho dele foi atingido pela flecha. Era como se ele fosse um cara diferente. Era um ator diferente. Havia uma

---

[11] "Você estava lá quando Jesus Cristo teve seu momento de dúvida e dor?", com Padre Phil parafraseando sem saber "Sympathy for the Devil" para Ralphie no episódio nove da quarta temporada, "Whoever Did This".

quantidade enorme de talento mostrado ali. E eu meio que senti que aquele era o ápice desse personagem. Você se lembra disso?

A: É. Você sente uma enorme simpatia, e Tony é colocado nessa posição em que ele tem que ser legal com a pessoa que ele mais odeia no mundo, e tem raiva dele por isso — e então Pie-O-My morre e tudo vai ladeira abaixo.

Voltando a essa ideia de que as coisas estavam escritas nas estrelas: quando Tony está espancando Ralphie até a morte, ele diz: "Ela era uma criatura linda", e, depois, em uma das cenas finais do episódio, quando Tony olha no espelho, há uma foto de Tracee colada lá. Quão clara era a conexão que você queria que o público estabelecesse entre "University" e este episódio, e quanto você queria que eles pensassem "Isto é sobre Tracee" contra "Isto é sobre o cavalo"?

D: Não sei, mas eu queria estabelecer uma conexão, e se as pessoas não tivessem percebido, eu sentiria que falhei. E talvez muitas pessoas não vissem a conexão. Se eu quisesse mesmo, teria feito Tony dizer que Tracee era uma criatura linda, mas eu não fiz isso, porque não acho que Tony sabia o que ele estava fazendo naquele momento.

A: Ralphie incendiou o estábulo?

D: Não.

M: Uau. Eu nunca sequer considerei a possibilidade de que ele não tivesse colocado fogo no estábulo.

D: O que eu disse a Joey, mesmo? *Espera*... Retiro o que eu disse! Acho que ele queimou, sim. Era essa a intenção.

A: Que ele queimou o estábulo? Tá.

D: A cabra estava lá, né?

A: A cabra escapou. Quando Tony olha para o cadáver de Pie-O-My, dá para ver a cabra vagando.

D: Porque é Joey e Satanás, e Joey na cena com o padre quando ele está citando letras satânicas, e depois a cabra — então, sim, Ralphie com certeza queimou o estábulo.

M: Uau, este episódio é como um festival do diabo!

D: Você nunca conectou a coisa do diabo com a cabra?

M: Eu nunca notei isso, não!

D: O simbolismo da cabra sem dúvida estava lá neste episódio, e Ralphie como Satanás.

M: Você é uma pessoa religiosa? Você acha que existe um Deus, um Céu, um Inferno e tudo isso, nos valores tradicionais católicos que esses personagens viveriam aquilo?

D: Não, eu não acho que exista um céu e um inferno. Tenho esperança de que haja algo além, mas não me sinto confortável falando sobre isso. No entanto, posso dizer que me interesso muito por religião. Me interesso nas histórias, no comportamento humano conforme descrito na Bíblia, nas formas de entrar e sair das situações humanas. Me interesso pela ideia de que quando as pessoas chegam ao fundo do poço, é aí que elas procuram Deus. É a ideia fundamentalista disso: você virá a Ele quando estiver sem perspectiva.

A: A série apresenta vários personagens clericais ao longo dos anos: o padre Phil, o padre imigrante que diz a Carmela para "viver na parte boa" do que Tony ganha, os judeus chassídicos no segundo episódio e quando Christopher leva um tiro na segunda temporada, e tem uma visão do inferno.

M: Estudantes de teologia acham a série interessante, eu ouvi dizer.

D: Eu não sabia disso! Por quê?

M: Porque eles veem fortes dimensões religiosas e espirituais.

D: Bem, antes mesmo de começar a escrever, quando a HBO disse que queria fazer a série e eu estava refletindo sobre isso, pensei comigo mesmo: "Talvez Tony se torne budista". E eu achei um absurdo, então deixei isso de lado. Mas acho que o assunto continuou avançando por si só. O ditado ojíbua "Às vezes, eu reclamo pra mim mesmo e, de repente, passa um vento forte e me leva pro céu" vem de um livro que eu li, *O Leopardo-das-Neves*,[12] que causou uma grande impressão em mim para aquela temporada, qualquer que tenha sido. É de Peter Matthiessen, que faz uma viagem ao Nepal com um amigo dele para procurar o leopardo-da-neve, e é realmente tudo sobre o zen-budismo. A citação ojíbua e as outras citações que eu acho que usamos vêm daí.

A: E então Kevin Finnerty leva um tapa de um monge!

D: Li em algum livro sobre o budismo que um monge deu um tapa em um discípulo dizendo: "Acorde. Esteja aqui agora". Isso é o que realmente significou aquele momento.

Estou em busca de algo. Isso é o que está acontecendo de verdade aqui. Isso é tudo o que posso dizer.

A: Esse episódio, "Whoever Did This", é pioneiro de outra forma: você passa quase metade dele desmembrando e desovando Ralphie, o que agora se tornou comum na TV. Para você, o que era interessante em mostrar o rescaldo do assassinato dele com tantos detalhes neste caso em particular?

D: Eu só pensei que seria uma aventura interessante estar com aqueles dois caras à noite. Sabe, tivemos que ir até a Pensilvânia para encontrar a pedreira. Tendo crescido em New Jersey, eu me lembro de nadar em pedreiras, e não havia nenhuma, mas eu só pensei... olha, eu só amava Christopher. Amei todas as cenas dele com Paulie, com Tony, e como isso foi uma boa aventura entre Tony e Christopher, eu fiquei encantado com isso.

A: Você disse que adorava escrever para Christopher. Esta temporada tem muito dele, e de Adriana também.

---

12 Livro de 1978 de Peter Matthiessen, que conta sobre sua busca durante dois meses pelo leopardo-das--neves no Himalaia com o naturalista George Schiller.

D: Eu adorava escrever para ela, também.

A: Esse foi um daqueles pequenos papéis sobre o qual falamos: ela era apenas uma figurante no piloto, então ela voltou e você fez o personagem se tornar a namorada de Christopher. Mas eu nunca previ que Drea fosse capaz de fazer todas as coisas que ela fez ao longo das temporadas quatro e cinco. Ela vai de um personagem pequeno que é um rostinho bonito para Christopher a uma das personagens mais trágicas da série.

D: E uma das mais queridas.

A: Como você descobriu que ela poderia ter mais destaque na série?

D: Acredito que precisávamos de alguém para atuar uma fala de exposição, e pensamos: "Como vamos conseguir alguém para dizer esse texto? Certo, bem, Adriana está aqui, dê a fala para ela. Não pode ser esse cara, porque ele está em Cleveland — dê para Adriana". Cada pequena coisa que ela fazia, fazia muito bem. E, assim, o escopo do trabalho dela, por assim dizer, cresceu.

Ela era extraordinária. Drea era muito boa. Muito profissional. Sabia realmente ser dirigida e modular uma performance. Formidável. Na primeira temporada, "A Hit Is a Hit" foi o primeiro episódio em que ela apareceu mais, e eu disse a ela: "Você vai ser uma estrela", e ela se tornou uma.

A: A ideia de o FBI colocar Adriana em apuros... Você se lembra como isso surgiu de início?

D: Veio de nossa pesquisa, soubemos que agentes abordavam esposas e namoradas e as convenciam de que estariam fazendo uma boa ação se dedurassem o namorado, então elas sempre faziam isso pelo cara.

A: Vamos falar sobre o FBI na série. Eles não são muito competentes ao longo da história. A maioria dos informantes morre ou não dá nenhuma informação útil. Isso foi apenas uma questão de conveniência do enredo — já que se o FBI fosse bom mesmo no que faz, dificultaria contar as histórias? Ou você só teve a sensação de que era assim mesmo que seria para um cara como Tony?

D: Bem, você sabe que nós tínhamos caras do FBI como consultores da série. Recebemos tudo isso deles, e eles não tinham reservas em falar sobre as falhas da agência.

Meu sentimento é que é uma batalha sem fim contra o crime e a corrupção, e eu estava chamando a atenção para isso. Assim, os dois lados continuavam participando desse jogo estranho juntos. E aí, quando o terrorismo chegou, isso foi ótimo para a máfia, porque então Tony parecia a melhor coisa do mundo comparado àqueles caras!

M: O grande número de informantes em *Família Soprano* reflete como as coisas são de verdade no crime organizado?

D: Foi o que nos disseram, que eram todos informantes. Quer dizer, é óbvio que é um exagero falar que *todos* são informantes, mas uma grande porcentagem deles são. Eles estão repassando informações para não serem presos, para não irem para a cadeia.

A: Vamos falar sobre Paulie nesta temporada. Havia um arco em que ele estava trabalhando ativamente com Johnny Sack contra Tony, mas Tony Sirico teve que operar a coluna e você não conseguiu seguir com essa história. Você se lembra alguma coisa de como a temporada teria sido se Sirico estivesse mais disponível?

D: Nós não tínhamos ido tão longe. Ele teve que ir fazer a cirurgia bem no início. Eu tinha escrito todo o diagrama daquela história e lembro que foi terrível quando ouvi sobre a cirurgia, porque primeiro Nancy se foi e, em pouco tempo, Tony ficou doente e não pôde fazer o que estávamos esperando. Então foi muito difícil.

A: A temporada se desenvolve enquanto Johnny tenta fazer com que Tony se junte a ele para enfrentar Carmine porque ele está bravo que Carmine Jr. voltou e o está usurpando, mas nada acontece. Tony fala que é muito trabalhoso, então não vai fazer isso. Ele praticamente aparece e diz: "Estamos atingindo o anticlímax". Por quê?

D: Falha de imaginação. *(risos)* Nós também estávamos passando por algumas dificuldades. Eu estava fora, lidando com alguns problemas, quando Robin e Mitch estavam escrevendo "Whitecaps", e isso estava exigindo muita atenção e muito do meu processo de raciocínio enquanto entrávamos naquele episódio... Quando chegamos a "Calling All Cars", estávamos um pouco encrencados. Acho que estávamos cansados, tínhamos escrito todos os outros episódios, e não tínhamos nada de bom para aquele. Talvez tivesse sido um dos episódios em que Paulie deveria ter destaque, mas não deu. Acho que foi arriscado fazer tantos sonhos, incluir muitas cenas de sonho. Acho que estávamos meio esgotados, e as pessoas estavam cansadas, e acho que eu já estava ansioso para chegar a "Whitecaps", porque era um roteiro que eu deveria escrever sozinho, e não estava tão focado nos outros, embora eu tenha escrito muito do que foi "Calling All Cars".

A: Naquele episódio, o título vem do fato de Tony largar a terapia e Melfi ligar o alerta vermelho para Elliot. Como foi fazer pelo menos meia temporada da série sem esse relacionamento?

D: Eu não acho que a série tenha sofrido nem um pouco. Acho que foi interessante sem ele. Acho que a razão pela qual paramos é porque esse tropo estava ficando um pouco cansativo: até quando esse gângster vai continuar indo à psiquiatra?

A: Você chegou a pensar que ela não voltaria?

D: Sim.

A: O que fez você perceber que não queria perder essa personagem?

D: Um emaranhado de sentimentos pessoais e as necessidades da série.

M: Quais eram essas necessidades? As pessoas simplesmente gostavam dela e teriam reclamado se ela fosse cortada? Ou outra coisa?

D: Talvez Tony estivesse mudando. Talvez seja isso. E eu precisava ter alguém para nos guiar através disso. Olha, eu digo que Tony estava mudando, e concordo com isso. Mas eu não concordo quando as pessoas falam: "Tony ficou cada vez mais sombrio". O que vocês acham? Vocês acham que Tony ficou cada vez mais sombrio?

A: Acho que algumas atitudes dele pioram no final. Ele faz coisas que não teria feito no início. Em "Irregular Around the Margins", acho que ele teria transado com Adriana se Phil Leotardo não tivesse batido na porta, por exemplo, o que não é algo que ele teria feito no início da série. Na sexta temporada, vemos um comportamento diferente com Hesh em "Chasing It" — há uma cena na primeira temporada em que ele faz de tudo para pagar o que deve a Hesh e faz isso com gosto, mas no final da série ele cogita assassinar Hesh só para não ter que pagar.

M: E isso é importante para mim: você acha que o Tony da primeira temporada teria assassinado Christopher por acaso? Quero dizer, eu sei que obviamente há circunstâncias na trama contribuindo para isso, mas, para mim, isso foi tipo... eu pensei que não poderia ficar mais chocado, mas isso me chocou, porque ele estava aproveitando uma oportunidade.

D: Mas não foi apenas uma oportunidade; era algo que ele sentia que tinha que ser feito. É verdade que o Tony da primeira temporada não teria assassinado Christopher. Mas o Christopher da sexta temporada era o mesmo da primeira? Ele é um dependente químico incorrigível, com todas as suas besteiras e sensibilidades, que sabe muito mais sobre os negócios da Família do que na primeira temporada. Àquela altura, Tony tinha muito mais a perder.

M: Como *você* acha que Tony mudou ao longo da série?

D: Ele ficou mais esperto, mais inteligente, mais experiente. Ele se tornou um chefe melhor para a gangue. Acho que criar os filhos dificultou as coisas. Acho que ele aprendeu muito ao criá-los. Acredito que Tony passou a ter uma visão diferente da natureza humana.

E eu odeio dizer isso, mas talvez ele tenha ficado menos bem-humorado, o que acontece com o passar da vida em geral. Pelo que me lembro, Tony parecia se divertir menos. Jim trouxe muita diversão para o personagem, muita diversão provocativa e castradora. Aquele sorriso perverso. Tony ficou mais sério, eu acho, com o passar do tempo.

A: Isso foi você tornando as coisas mais sérias, ou foi Jim?

D: Talvez ambos.

A: Fisicamente, Jim ficou maior. Você assiste ao Tony nos créditos em comparação ao Tony que tropeça para fora do bosque como o urso...

D: Tony, no piloto, é uma criança. Ele era muito jovem! Você não questionou isso na época, eu acho, porque estava tudo bem. Mas ele era um homem muito mais velho perto do final.

A: Uma das coisas que notei que é muito mais clara no desenho de som das temporadas posteriores: ouvimos muito Tony respirando!

D: Isso não foi intencional. Era apenas ele respirando.

A: Uma pergunta sobre escolha de elenco: no final da terceira temporada, conhecemos a agente Deborah Cicerone e ela é interpretada por Fairuza Balk. A série volta e a personagem é interpretada por Lola Glaudini. Você não apenas trocou a atriz, mas optou por algo que, acho, não fez com qualquer outra situação de troca de elenco: você voltou e refilmou a cena com ela na terceira temporada, então, quem assiste à série agora só vê Lola. Por que essa circunstância foi diferente de outras, como quando Paul Schulze substituiu Michael Santoro como padre Phil após o piloto?

D: Porque a esta altura poderíamos nos dar ao luxo de fazer isso. Eu poderia fazer a HBO arcar com esse custo.

A: Em algum momento você se sentiu tentado a pegar mais dinheiro da HBO para dar uma de George Lucas e dizer: "Vamos voltar e regravar tudo que eu não gostei, como a Livia em CGI"?

D: Eu gostaria que tivéssemos feito isso! Nós nunca fizemos, no entanto.

A: A outra coisa que precisamos falar na quarta temporada é "Christopher". Como você se sente sobre o episódio?

D: Não é nosso melhor, mas tenho muitos sentimentos pessoais ligados a ele. Sabe, dos meus dias em *Arquivo Confidencial*, eu fiquei mexido por coisas assim. Tivemos que chamar os gângsteres de "Sr. Anderson", entende? E "Joey Olsen". Eu estava muito, muito cansado da hipocrisia de todas aquelas acusações anti-italianas e antidifamação, e eu estava cansado da nossa gente não ter permissão para marchar nos desfiles do Dia de Colombo[13] ou se envolver em várias instituições de caridade, que eu pensei que era o pior mesmo. Então, independentemente de como "Christopher" foi recebido, eu senti que deixei meu ponto de vista bem claro.

Se eu acho que é um bom episódio? Tem coisas engraçadas nele, coisas boas.

A: A última cena com Tony e Silvio no carro discutindo sobre Frankie Valli é ótima. No entanto, eu me pergunto como teria sido, porque Terry me disse algo que eu já tinha imaginado ser o caso, isto é, que era para ser um episódio de Paulie, porque ele sempre foi o personagem ligado ao orgulho cultural, mas Tony Sirico estava fora para fazer a cirurgia, e então virou um episódio do Silvio.

D: Sim, e não é mesmo um problema do Silvio.

---

13 Durante a produção, o elenco e a equipe de *Família Soprano* enfrentaram oposição de grupos antidifamação quando eram convidados para participar de eventos beneficentes, desfiles, inaugurações e afins. O incidente de maior repercussão ocorreu em 2002, quando o então prefeito da cidade de Nova York, Michael Bloomberg, convidou Lorraine Bracco e Dominic Chianese para marchar no desfile do Dia de Colombo, e a Columbus Citizens Foundation, que organiza o evento, tendo ficado indignada com o episódio "Christopher", conseguiu uma liminar judicial para manter os atores de fora do desfile. Bloomberg não participou do desfile em protesto, e foi almoçar em um restaurante italiano no Bronx com Bracco e Chianese.

M: Não parece algo pelo qual ele ficaria obcecado.

D: Não, e quando se mistura com o que você sabe sobre Stevie Van Zandt, que esteve envolvido na África do Sul e tudo o mais,[14] isso acaba te influenciando.

M: Se eu disser "quarta temporada de *Família Soprano*" para você, qual é a primeira coisa que vem à sua mente?

D: O que diabo é isso? *(risos)*

---

[14] Van Zandt escreveu a música de protesto de 1985 "Sun City" para destacar a política de apartheid da África do Sul e persuadir outros músicos a não tocarem no resort homônimo, localizado em Bantustão de Boputatsuana, onde a população indígena negra havia sido realocada pelo governo da minoria branca. Mais de quarenta músicos preeminentes e outras celebridades participaram da gravação da música.

SESSÃO 5

"Não existia um plano B."

Adriana vai para dentro do bosque, a Turma de 2004
cria confusão e Tony tem um longo sonho.

(Chase se senta e imediatamente quer falar sobre o final da entrevista anterior)

DAVID: Houve uma coisa importante que aconteceu [no final da quarta temporada], que é o fato de eu achar que tinha mais para oferecer a *Família Soprano*. Eu não estava pronto para desistir. Estava me sentindo muito bem e queria continuar fazendo isso.

ALAN: Foi antes, durante ou depois da quinta temporada que Chris Albrecht disse para começar a pensar em encerrar as coisas? E essa instrução influenciou a trama da quinta temporada?

D: É, acho que sim. Faríamos mais duas temporadas. No final da quarta, senti que era capaz de fazer mais duas temporadas.[15]

A: Como foi escrever a série e contar essas histórias com a redução da presença de Carmela e Melfi na vida de Tony? A série parecia diferente para você?

D: Não; não parecia. Claro que foi diferente com Tony não morando em casa, mas o trabalho na série não foi diferente.

A: Alguma vez você chegou a considerar uma versão em que Carmela não o aceitasse de volta?

D: Acho que não. Eles eram muito bons juntos, e esse relacionamento realmente me interessava. Eu queria ver mais daquilo. Queria ver mais de como seria *depois* da separação. Acabou que não foi muito diferente!

A: Uma das coisas que tem sido um fator comum em muitas das séries que vieram depois de *Família Soprano* é essa ideia de que há um anti-herói masculino no meio de tudo, e há a esposa cujas ações não são tão ruins de uma forma inaceitável quanto as de seu marido, mas a esposa se transforma no saco de pancada do público e é odiada por enfrentar o marido. Minha lembrança é que Edie e Carmela não receberam nem de perto tanta reação negativa como as outras.

D: Não, elas não receberam.

A: O que deixou Carmela imune?

---

15 Chase está usando a designação oficial da temporada aqui, contando os dezoito episódios finais como uma temporada, porque era assim que a HBO queria que a sexta temporada fosse descrita oficialmente. Mas, como discutimos em outras partes deste livro, Chase as considera temporadas distintas, o que significa que, para ele, *Família Soprano* tem sete temporadas no total.

D: Carmela era forte, ela era durona. Ela parecia extremamente inteligente. Algo também me diz que tinha a ver com o fato de Edie ser uma atriz magnífica. Então foram... todos esses pequenos detalhes.

A: Por que você fez o sr. Wegler ser o primeiro parceiro sexual de Carmela depois de Tony?

D: Bem, acho que ela tinha esse desejo de ser intelectual. Ela tinha o clube do livro, o cineclube e tal. E o sr. Wegler era tão diferente de Tony, que tinha lido Sun Tzu, ou alegava ter lido.

A: Carmela acha que vai ter um caso com esse cara, mas, em dado momento, ele começa a julgá-la como a esposa da máfia que o está usando, e então ela percebe: "Não importa onde eu vá, as pessoas sempre vão achar isso de mim", e isso a coloca no caminho de volta a Tony.

D: Esse é um enredo deprimente. Que Carmela não seria aceita como ela mesma ou como uma pessoa normal, ela sempre seria identificada com essa coisa da máfia, o que tem muito a ver com o fato de que enfim Carmela fica em paz com essa sua realidade em que não há outra opção.

MATT: Wegler acusa Carmela de fazer greve de sexo para que ele intervenha academicamente em nome de AJ. Você acha que há alguma verdade nessa acusação?

D: Sim.

M: Você acha que a manipulação é intencional da parte dela?

D: Eu acho que ela está tão cercada por esse tipo de comportamento, em que tudo é uma transação, que é natural para ela. E isso levanta muitas perguntas: por que ela é casada com Tony? O que ela viu nele? Deve ter sido coisas do tipo.

M: De vez em quando, ao longo da série, parece que os roteiristas estão falando diretamente com o público. Um [momento] que eu sinalizei é quando Carmela está conversando com o sr. Wegler sobre *Madame Bovary* e ela diz: "Sinceramente, a história é muito monótona. Não acontece nada. Ele deveria dizer o que tem a dizer com menos palavras".

A: E então Wegler responde: "Por fora, nada acontece. Mas, por dentro, tem esses extremos de tédio e imensa satisfação".

M: Isso é você dizendo para o contingente "menos falação, mais agressão" no público: "Qual é o problema de vocês?"?

D: Sim! Eu e Matt [Weiner], quer dizer. Matt escreveu esse episódio.

M: O que Matthew Weiner trouxe para a série que não existia antes? O que ele amplificou?

D: Humanidade. Havia humor em lugares que você não teria esperado, expresso de certas maneiras que você não teria esperado.

A: Este também é o episódio em que Tony B desiste de ser massoterapeuta e volta à máfia. O que você acha que a série tem a dizer sobre a possibilidade dos seres humanos mudarem tanto a si mesmos quanto as suas circunstâncias?

D: Eu sei que muitas pessoas falaram que a série era sobre como as pessoas não mudam, mas essa nunca foi a intenção. Para mim, as pessoas mudam, mas é um processo longo. O povo sempre pensa: "Bem, as pessoas sofrem um trauma e depois mudam". Mas não sei se isso é verdade.

A: Há algum personagem que você poderia apontar ao longo da série que mudou de forma significativa entre quando o conhecemos e quando a série terminou ou quando ele saiu da história?

D: O arco de Paulie é um caso curioso. Paulie não era uma pessoa religiosa. Na verdade, ele teve seus problemas com Deus. E, no entanto, foi Paulie quem viu a Virgem Maria no Bada Bing e fez as pazes com a mãe a partir de sentimentos de cunho religioso. Tony e ele discutiram religião no episódio final. E não sei se isso mudou o comportamento de Paulie, mas ele também estava envelhecendo. Acho que Paulie se tornou um personagem mais brando do que no começo. Ele tinha um pouco mais de sentimentos, eu acho.

M: Qual é o nível de lealdade que você acha que Paulie realmente tem a Tony? Ele é leal a Tony ou à organização?

D: Eu não acredito que esses caras sejam leais a nada, na verdade. Deve haver algumas pessoas que são, mas não acho que esse sentimento seja um sucesso entre neles. Quer dizer, todo o sistema RICO é baseado em mafiosos dedurando alguém para evitar que sejam punidos.

Não acho que Paulie seja muito leal a Tony. Eu acho que ele é leal à *ideia* de que ele é leal. Ele gosta dessa *ideia*. E como acontece com qualquer pessoa, depende do dia em que você fala com ele. Eu estava pensando em "Remember When" e achei péssimo o que aconteceu no restaurante. Quando [Tony] disse: "Falar do passado é o pior tipo de conversa", foi mais cruel do que o que aconteceu no barco! E isso foi depois que Paulie mandou pintar um retrato dele. E sabe, no final da sexta temporada, no último episódio, Paulie considera a promoção que estava recebendo um fardo, não como uma coisa boa. Ele disse a Tony que não queria isso. Então eu acho que a cabeça de Paulie estava, de certa forma, mudando.

A: De onde veio a ideia do urso?

D: Dos jornais. Naquela época, havia muitos ursos em Jersey. Eles estavam se enfiando nos armários das pessoas, arrombando geladeiras e coisas assim! Eu falei: "Nós temos que usar isso!". *(risos)*

Como eu disse, *Família Soprano* e eu temos uma longa história com a natureza. Tendo crescido em North Caldwell, era meio angustiante ver o que tinha acontecido com o lugar. Quando eu morava lá, não havia tantas construções. Há uma cordilheira que atravessa essa parte do estado, e North Caldwell fica de um lado e Cedar Grove do outro. A maior parte daquela montanha era arborizada. Voltamos lá para filmar no ano 2000, mais ou menos, e, nos anos desde que eu saí de lá, as casas se aproximaram mais e mais da montanha, e não havia mais bosques. Achei isso muito triste. Há muitas imagens de natureza na série, como árvores, e o impulso para usar o urso veio disso, e também de ouvir que os ursos estavam retornando à região.

Para mim, o urso era relacionado à natureza. Era sobre os Estados Unidos, sobre a comercialização e monetização dos Estados Unidos.

A: Você leu um artigo do *Star-Ledger* que inspirou a ideia da "Turma de 2004", certo?

D: É. Falava sobre vários caras que estavam saindo da prisão, um bando de mafiosos cascas-grossas de volta às ruas.

A: Um dos novos personagens ex-detentos foi o lendário Feech LaManna. Por que você escalou Robert Loggia para dar vida ao personagem?

D: Do que me lembro, foi o filme com Jack Nicholson, *A Honra do Poderoso Prizzi*. Nicholson, em tudo o que faz, é ótimo, mas Loggia foi o único que parecia mesmo italiano naquele filme, e foi disso que me lembrei.

Também me lembro de ver Loggia em uma série chamada *T.H.E. Cat* quando eu era criança, no qual ele interpretava um ladrão que também solucionava crimes! *(risos)* E, aos onze anos ou por aí, eu achava que ele era ótimo. E ainda era ótimo quando trabalhei com ele.

M: Por que você mandou Feech de volta à cadeia em vez de o matar?

D: Eu só pensei que a gente deveria fazer algo diferente para variar.

M: Tudo aquilo relacionado à batalha de Feech e Paulie por território com as empresas de paisagismo me lembrou como quase todas as cenas de extrema violência na série têm um elemento de pastelão.

D: Com certeza! Eu ia dizer isso agora.

M: Você tem uma estética específica quando se trata de violência?

D: Para esta série, sim.

M: Você pode falar disso com mais detalhes? Eu acho que é importante, porque houve acusações de que a violência te dava prazer, que a série era sádica e cruel. Mas você está dizendo que, no fundo, é mais Os Três Patetas ou O Gordo e o Magro?

D: É curioso você dizer isso, porque eu sou um grande fã de O Gordo e O Magro. Fizeram um evento de *Família Soprano* no Museu de Arte Moderna de Nova York, onde fui entrevistado por Larry Kardish[16] e ele me perguntou sobre minhas influências. Respondi O Gordo e O Magro, e acho que ainda é verdade! Terry Winter é um grande fã de Os Três Patetas, e Terry é um dos melhores em retratar violência.

---

16 Laurence Kardish, curador sênior do departamento de cinema do Museu de Arte Moderna de Nova York. Aposentado em 2012.

M: Mesmo a violência com forte carga emocional, que não deveria ser engraçada, tem elementos de pastelão, como a briga entre Tony e Ralphie que resultou na morte de Ralphie. Eles usam uma frigideira e uma lata de inseticida, como se fossem personagens de desenho animado.

D: Ilene [Landress] costumava me dizer o tempo todo que eu devia fazer um filme de comédia pastelão. Mas eu não acho que eles ainda funcionam.

M: Não posso negar que muita violência chega a ser engraçado.

D: O que você achou de Lorraine Calluzzo sendo escorraçada da sua sala a base de toalhadas?

M: Isso foi demais para mim. É difícil descrever o motivo de ter sido demais para mim.

D: É por isso que eu perguntei a você.

M: Talvez porque não tenha achado engraçado ver Lorraine sendo humilhada, mas eu senti que você queria que eu achasse engraçado. Ao passo que a cena em que Richie Aprile atropela Beansie não é engraçada, e pareceu que você não queria que eu pensasse que era.

A: Quanto a Lorraine Calluzzo, ela foi elaborada de forma muito particular, e há uma cena do lado de fora do estacionamento do estádio Shea em que Johnny reclama com Tony: "Tudo o que ela quer é matar, mate esse, mate aquele", e na época, houve alguma especulação de que ela foi baseada especificamente em Linda Stasi, a crítica de TV do *New York Post* que tinha escrito uma crítica no final da quarta temporada sobre como a série não era mais violenta o suficiente para ela.[17]

D: Eu me lembro de ter ficado muito irritado com isso. Achei um comentário idiota.

O que aconteceu antes disso foi que Stasi fez teste para um papel. Eu nunca deveria ter concordado com isso. Ela fez o teste, não conseguiu o papel e depois se tornou negativa.[18]

A: Encontrei em algum material de acervo do *Star-Ledger* uma citação que você me deu no início da quinta temporada: "Havia uma escritora naquela época que estava dizendo: 'Mate alguém! Mate alguém, pelo amor de Deus!'. Então, nessa temporada, resolvemos matar alguém parecida com ela".

D: Verdade! Que bom que eu disse isso!

---

[17] "Se isso não fosse estúpido o suficiente, esperamos uma temporada inteira para ver a gorducha da Janice finalmente conquista o gordinho Bobby? Quem se importa? Se eles tivessem dedicado mais um episódio ao *ziti* congelado, eu teria ido até lá e matado os dois com o prato, descongelado e comido as provas." E: "No final do dia (ou da noite, neste caso), eles deveriam ter matado alguém importante e acabado com nosso sofrimento. Ou talvez David Chase estivesse certo quando ouvimos que ele queria acabar com tudo — a série, quer dizer — uma temporada atrás". (Stasi, Linda. "Hit's Finale Misses — 'Sopranos' Ends Weak Season On A Low Note" [Série de sucesso erra o alvo final — 'Família Soprano' encerra uma temporada fraca de forma decepcionante]. *New York Post*, Nova York, p. 3. 9 dez. 2002)

[18] De acordo com Meredith Tucker, assistente de elenco de *Família Soprano*, Stasi fez o teste para o personagem Roma Maffia no episódio "Christopher", a mulher que discursa na igreja e ofende todas as esposas da máfia.

M: Eu quero voltar para essa coisa de pastelão. Certos tipos de violência na tela são aceitáveis, mas outros não. Alguns tipos são controversos e problemáticos, enquanto outros não são. Por quê?
D: Não tenho certeza. Tudo o que sei é que nenhum de nós quer ver violência contra um animal. Um cachorro, um gato, qualquer coisa. É bizarro.
M: Por quê?
D: Porque eles são inocentes de verdade, eu acho. Igual a um bebê ou uma criança.

E... eu acho que talvez o motivo pelo qual grande parte da violência na série pareça algo engraçado é por causa da noção de que todos nós fizemos coisas ruins, somos todos babacas de uma forma ou de outra, mas aqui você vê alguém colhendo o que plantou. Claro que só posso falar sobre isso em *Família Soprano*. Por exemplo, Beansie, de uma certa forma, merecia aquilo.

Não estou falando só com a máfia. Por exemplo, se colocássemos o sr. Wegler caindo de uma escada e quebrando a clavícula, todos nós estaríamos celebrando isso agora.
M: Por ele ser uma pessoa um pouco pretensiosa?
D: Ele era.
M: Essa é uma ideia interessante — de que, para citar Clint Eastwood em *Os Imperdoáveis*: "É a sina de todos nós".
D: É, isso. Eu não me refiro somente ao universo da máfia.
M: Você acha que é a sina de todos nós? Em que sentido você quer dizer? Cosmicamente?
D: Sabe o que é? Todos nós temos essa imagem que queremos representar, de que estamos no controle. O controle é um grande problema na vida humana. Fracassar, ou ter um ato de violência direcionado contra você, representa uma falta de controle sobre o que você quer transparecer, sobre sua imagem — tudo isso vai por água abaixo, tudo o que você está tentando idealizar como sendo você.
A: Mas alguns personagens não sofrem diante da câmera. Sem dúvida, a violência mais marcante da quinta temporada acontece fora das câmeras: Adriana rasteja para longe de Silvio, ele levanta a arma e você não vê a morte dela. Por que não conseguimos ver isso, enquanto você nos mostrou com gosto outras coisas em detalhes?
D: Parte disso foi que eu gostei de toda aquela imagem dela rastejando entre as folhas, e o som decorrente disso, e como o outono é tão aconchegante, e você não vê a morte dela: são razões estéticas que têm a ver com a arquitetura das tomadas. E mais tarde, quando Carmela e Tony estão sentados juntos no bosque, é um retorno a isso.

Mas eu me pergunto mesmo por que não mostrei Adriana sendo punida. Eu pensei muito a respeito do fato de você não a ver levando um tiro. Acho que é porque parecia errado. Talvez fosse algo que eu não queria ver. Eu gostava demais da personagem. Ela sofreu o suficiente, e não era presunçosa, nem uma intelectual fajuta. Ela só era simplória, propensa a soluçar enquanto chorava. Ela era inocente.

M: Ela sempre queria acreditar no melhor das pessoas.

D: Sim, é verdade, e ela caiu nessa armadilha do FBI que não era mesmo coisa dela, e ela nem entendia aquilo.

A: Você deu início à história Adriana-FBI no final da terceira temporada, e nós a acompanhamos por toda a quarta temporada e pela maior parte da quinta também. Essa história foi concebida desde o início para terminar com a morte dela?

D: Não.

A: Quando você percebeu que a personagem tinha que morrer?

D: Bem, no início da temporada, nós começamos a conversar sobre o que aconteceria com ela e Christopher. Essa relação tinha altos e baixos. "Nós vamos nos casar/ não vamos nos casar". E acho que, àquela altura, eu já tinha conversado com Chris [Albrecht], talvez, e começamos a pensar: "Como vamos lidar com todas essas várias pessoas?". Não sei quando eu realmente me dei conta de que ela tinha que morrer, eu só sabia que seria um ótimo episódio. Haveria muita emoção nele, e o público seria realmente tocado por tudo isso. Eu sabia que a partida dela ia ser difícil.

A: Em geral, como era a atmosfera no set quando alguém ia morrer e aquela seria sua última cena?

D: Eu não sei que nome você daria para isso. Não era nervosismo. Esses atores gostavam de ficar se sacaneando. Às vezes, Jim fazia isso. No final, eles faziam as pazes, mas era assim que eles lidavam com o estresse, acho.

M: O que eles falavam?

D: Bem, uma que eu me lembro foi a leitura do roteiro do episódio no qual Mikey Palmice morre. Aquele ator fez uma campanha vigorosa para permanecer na série: ele não queria mesmo sair. Estávamos nos reunindo para a leitura e Sirico entrou, e eu esqueci qual era o comentário, mas Al Sapienza disse que realmente não queria morrer, algo assim, e ele fez algum tipo de comentário de mafioso, e Sirico fez [imitando uma arma com os dedos]: "Rá tá tá tá". Porque foi ele quem o matou! *(risos)*

A: Com quanta antecedência as pessoas costumavam descobrir que iam ser mortas? Quando recebiam os roteiros?

D: No início da preparação, logo antes da leitura. Tenho certeza de que ficavam frustrados com o sigilo, mas havia muita gente tentando descobrir o que ia acontecer!

A: *Família Soprano* foi a primeira série da HBO a dar um basta no envio das cópias antecipadas para críticos antes que a série terminasse.

M: Como os fãs tentavam descobrir o que ia acontecer a seguir?

D: Eles reviravam latas de lixo em busca de páginas do roteiro. As pessoas circulavam pelo set, encontravam páginas descartadas e as pegavam. Era principalmente assim que acontecia.

M: Alguma reviravolta na história foi estragada pelas pessoas que faziam isso?

D: Não me lembro de nenhum spoiler ter surtido efeito, mas ficamos paranoicos de verdade com isso. Também havia suspeitas que alguma pessoa dentro da produção pudesse ser um traidor...

M: Um dedo-duro?

D: É! *(risos)* O negócio foi feio.

M: Alguém chegou a ser demitido por vazar coisas ou por ser descuidado?

D: Você deveria perguntar ao meu assistente, Jason Minter. Ele estava muito envolvido nisso. Ele era o cara da segurança rastreando quem disse o quê.[19]

A: Em "Irregular Around the Margins" parece que algo está prestes a acontecer entre Tony e Adriana, mas um acidente de carro impede isso. Você acha que se as circunstâncias fossem um pouco diferentes, eles teriam dormido juntos?

D: Eu não acho que Adriana poderia trair Carmela. Não acho que ela permitiria que isso acontecesse com ela mesma.

A: E seria Carmela, não Christopher, com quem ela se preocuparia em primeiro lugar?

D: É, isso também, mas Christopher não era legal com ela. As pessoas são infiéis umas às outras. Ela se sentiria mal por Christopher se tivesse transado com Tony, mas ainda acho que ela talvez tivesse feito. Mas não acho que ela se permitiria trair Carmela.

M: Você lembra qual seria o plano B se decidisse não matar Adriana?

D: Não havia plano B.

A: O que você teria feito com Tony Blundetto se ele tivesse sobrevivido para a sexta temporada? Você me disse uma vez que ele seria um conselheiro para Tony, e, em outro momento, você disse que ele seria o principal antagonista da temporada final. Você tinha mesmo um plano específico?

D: Não, não. Eu só sabia que o que quer que fizéssemos seria muito bom. [Steve Buscemi] brilharia e seria fantástico, porque ele é um ótimo ator. E eu queria viver isso e continuar com ele. Mas não conseguimos encontrar uma justificativa.

A: Frankie Valli e Tim Daly aparecem nesta temporada depois de terem sido mencionados por seus nomes verdadeiros no início da série. Em "Christopher", Valli

---

19 Minter (que ocupou vários cargos na série, além de ser assistente de Chase) diz que ninguém chegou a ser demitido, mas só porque não conseguiu pegá-los: "Alguém ficava vazando coisas para o *Enquirer*, especificamente a morte de Adriana, e eu embarquei numa busca pelo culpado, mas nunca encontrei", lembra. "Houve muita informação vazada, e Adriana foi a mais notória. No entanto, cerca de dois anos atrás, descobri por acaso quem era o traidor, e era um membro sênior da equipe — tipo um chefe de departamento. E estava fazendo uma fortuna vendendo histórias para o *Enquirer* — milhares e milhares de dólares. Havia fotos tiradas da produção, então eu tentava descobrir quem estava lá naquele dia, mas sempre era atrapalhado. Nunca em um milhão de anos suspeitei que poderia ter sido essa pessoa."

é citado na última piada, e o pai de Noah Tannenbaum diz que ele é o empresário de Tim Daly de verdade. Em ambos os casos, você pensou nessas coisas quando estava escalando?

D: Não. E sabe, na verdade, Frankie fez um teste para o piloto.

A: Para que papel?

D: Tio Junior, talvez? Ele nos procurou originalmente, antes mesmo da série estrear.

Acontece que, como todos sabemos agora, Frankie Valli é daquela área específica de New Jersey, e Frankie Valli teve uma experiência na vida real que inspirou a cena "Sou engraçado como?" em *Os Bons Companheiros*. Frankie Valli me contou a história.

M: O que Frank Vincent trouxe para o papel de Phil Leotardo?

D: Uma tremenda autenticidade. Quando Frank Vincent estava nos filmes pelos quais ele é famoso e em *Família Soprano*, você sentia que estava olhando para um mafioso de verdade em ação. Acho que ele é mais inteligente do que a maioria desses caras. Tem algo em Frank que é assustador. E, em *Família Soprano*, ele era capaz de fazer o papel de tolo também. Houve uma cena entre ele, Butchie e outro cara, na qual ele está falando sobre a morte de seu irmão, e ele está dizendo: "É difícil esquecer. Eu não esqueço". A forma que ele usava a linguagem era tão absurda. Ele podia fazer a piada sem *apontar* para a piada. Isso é muito difícil.

M: Eu não acho que ele tenha recebido reconhecimento suficiente de quão bom ator ele era.

D: Acho que você tem razão, talvez porque ele era estereotipado com frequência. Mas ele era um ótimo ator. Agora estou pensando na cena entre ele e o filho do Vito, com o milk-shake. Uma cena muito insignificante e não muito longa, mas ele é ótimo nela. Uma cena de Matt Weiner — como só ele sabe escrever.

M: Há também o momento em que temos aquele close-up silencioso dele, sem diálogo, enquanto ele se lembra do assassinato do irmão, logo após "The Test Dream". Eu tinha visto Frank Vincent em vários filmes, mas essa foi a primeira vez que me senti *mal* por um personagem interpretado por Frank Vincent. É um momento doloroso, e ele nem diz nada.

D: Não. Ele era um ator muito, muito bom. Ele preencheu aquele lugar na série como antagonista, inimigo, nêmesis por quanto tempo? Três anos?

A: Precisamos falar sobre "The Test Dream". Aquele é um tipo de sonho que, infelizmente, tenho muito.

D: Qual é o seu sonho de teste? Como funciona?

A: Normalmente estou de volta à faculdade, no final do semestre, e descubro que ainda estou matriculado em uma aula que não fui nem uma vez, o exame está prestes a começar e estou tentando fazer com que o professor me deixe sair da sala, mas ele se recusa.

M: Eu digo a um amigo meu: "Ei, nós deveríamos sair na sexta". Ele responde que eu não posso sair na sexta-feira. Eu pergunto por que não. Ele diz: "É noite de estreia".

"Noite de estreia de quê?"

"*Hamlet*."

"Eu tô metido nisso?"

"É."

"Como assim?"

"Você faz o papel do Hamlet!"

Corta para mim: entrando em uma livraria para comprar um exemplar de *Hamlet*.

D: Aqui está o meu: vou dirigir algo e as pessoas me dizem "Você está preparado para filmar a cena quarenta e dois?", e eu respondo: "Sim, sim".

"Você fez o storyboard?"

"Não, eu não preciso."

"Você tem uma lista das tomadas?"

"Não é um negócio tão grande. Eu não preciso fazer uma lista de tomadas", há muito disso.

Então, chega o dia em que eu deveria filmar, e a verdade é que eu nunca *li* a cena! Estou no set e eu meio que sei o que tá na cena, mas é a primeira vez que ouço falar daquilo, então não faço ideia, e não estou nenhum pouco preparado!

A: Você usou sonhos antes na série, mas nunca fez algo no nível de "The Test Dream". Você estava ansioso para fazer algo assim antes?

D: Tem algumas coisas que eu sempre quis fazer. Uma era fazer um episódio inteiro que fosse basicamente só sonhos. Não tem nem de longe mesmo um toque de Luis Buñuel,[20] mas Buñuel foi uma das minhas inspirações. A outra coisa que eu queria fazer era um episódio inteiro no consultório com Tony e Melfi, mas achei melhor não fazer. Não acho que teria funcionado. As pessoas ficariam entediadas.

A: Os sonhos se equilibram numa linha delicada entre iconografia abstrata, que você pode interpretar como quiser, e iconografia literal, que deve dizer algo importante a Tony e que o público pode entender apenas o suficiente para justificar a jornada. Como você descobre onde está essa linha e a quantidade de informação que precisa ser compreensível em cada um desses sonhos?

D: Você apenas segue o que é um enredo divertido. Você só vai encontrando seu caminho através dele. Se parece emocionante para você, então você faz isso. Algumas ideias que você tem são boas, outras são emocionantes.

Muitas das perguntas que vocês fazem são: "Por que você fez isso? Como isso aconteceu?". Mas, com frequência, a resposta é: "Apenas para experimentar". É por

---

20 Buñuel era um cineasta espanhol cujo trabalho muitas vezes tinha um toque surrealista e tendia a ser alimentado pela lógica e iconografia dos sonhos. Colaborou com Salvador Dalí em um dos filmes experimentais mais influentes, *Um Cão Andaluz*, de 1929.

isso que eu tive muita sorte de fazer parte desta série. Eu tinha um laboratório. Eu sabia que estava em uma posição privilegiada, e isso foi parte do que me fez querer continuar fazendo a série. Eu só sabia que o espaço específico que tínhamos conquistado na cultura era sólido o bastante, e que a HBO tinha força financeira suficiente para que eu talvez pudesse fazer o que quisesse, e isso não acontece com muita frequência.

Agora, tenho certeza de que os espectadores estão dizendo: "Ahh, vai se ferrar! Nós somos o quê, ratos de laboratório?". Mas nada avança a menos que as pessoas tentem coisas!

Matt Weiner escreveu esse episódio. Não acho que ele ficou muito contente de receber a tarefa.

M: Por que não?

D: É difícil! É muito difícil não saber o que é real e o que não está na série, e escrever coisas que parecem reais, mas não são. Separar isso é muito difícil. Que episódio foi esse, onze?

A: Sim, logo antes de "Long Term Parking".

D: Acho que talvez tenha surgido do desespero. Estávamos ficando sem ideias.

A: A discussão de Meadow e Finn sobre a mala em "Unidentified Black Males" não consome tanto do episódio quanto em "Test Dream", mas é uma conversa interminável.

D: Ficou mais difícil escrever para Meadow com o passar do tempo. Ela não era mais uma adolescente, e adolescentes... você pode acertar tropos com eles que sempre parecem funcionar. Mas quando ela foi para Columbia, eu não sei. O que ela estava mesmo fazendo ali? Você acreditou de verdade que ela estava lá? Todos esses pensamentos passaram pela minha cabeça.

A cena da mala surgiu porque Denise e eu nos casamos muito jovens, e era assim que costumávamos brigar. Era assim mesmo: tarde da noite, e eu exausto, só pensando que queria ir para a cama, então eu concordava com tudo. Eu só queria ir dormir! Nunca tivemos uma briga de mala, mas esse era o tipo de discussão. "Mas você pegou a mala!" e "Eu sei, mas eu não tinha intenção nenhuma...", e continuaria até às cinco horas da manhã! E pedir desculpas não bastava.

M: Eu queria te perguntar sobre imigrantes, em particular sobre o episódio em que Tony B é repreendido em sua própria empresa de massagem pelo seu chefe coreano, o sr. Kim. Tem muitos imigrantes na série. Há os ítalo-americanos, é claro, mas também tem poloneses, russos, coreanos... Qual é o fascínio e como isso se relaciona com esses temas maiores de pessoas tentando mudar quem são?

D: Bem, é uma série sobre os Estados Unidos, e eu fiquei muito feliz por poder mostrar isso. Naquela época, parecia para mim que se você quisesse mostrar um mecânico de oficina, em uma série de televisão aberta, esse personagem não seria um cara indiano. Talvez eu esteja errado, talvez eles estivessem bem com isso, mas eu nunca senti que estariam. E eu simplesmente amo a diversidade de Nova York e New Jersey, e estar aqui, tendo caras paquistaneses no posto de gasolina e na oficina, eu amo a parte da diversidade. Simples assim. *Família Soprano*, em si, é uma história de imigrantes.

A: Você não ganhou o Emmy de melhor série dramática até a quinta temporada. Você acha que deveria ter recebido antes?

D: É, acho sim. Para falar a verdade, acho que houve muita inveja. Acho que houve muita atitude moralista. Acho que havia muito sentimento anti-Nova York, sabe? Rivalidade entre os sindicatos dos roteiristas da Costa Leste e da Costa Oeste, todas essas coisas. Essa tensão não existe mais, até onde eu sei. Mas eram todas essas coisas.

Eles achavam que não tinha como os DPs (diretores de fotografia) de Nova York serem tão bons quanto os de Los Angeles. Nossos DPs foram prejudicados. Eles eram muito bons, e nunca ganharam *nada*. Achei que o fato da nossa abertura nunca ter recebido qualquer tipo de reconhecimento... puxa vida! Naquela época, era realmente revolucionário! Eu pensava muito nisso.

Eu acho que provavelmente havia uma certa quantidade de... Puritanismo, também. Quer dizer, veja como era a TV. Era tudo tão sem-sal. De repente, estão pedindo para a Academia premiar algo que não era. Naquela época, eu pensava mesmo que nem deveríamos ter ganhado o Emmy. Eu pensei: "É uma série de gente fora da lei e deveria continuar sendo fora da lei".

Uma vez eu nem ia à premiação, foi no ano do Onze de Setembro. Eu não iria por causa do Onze de Setembro, mas também por outra coisa, e eu disse ao [então CEO da HBO] Jeff Bewkes que não iria, e ele me deu um sermão, dizendo: "Parte do seu trabalho é comparecer a esses eventos!". *(risos)*

SESSÃO 6
"Ah, vão se foder."

Em que uma conversa sobre a penúltima temporada toma um rumo inesperado até o Holsten's.

MATT: Você vê esse leva de episódios, de "Members Only" a "Kaisha", como uma temporada completa e independente?
DAVID: Sim.
ALAN: E os outros nove episódios são uma coisa separada?
D: Sim. Sete temporadas.
A: Mas, contratualmente, foi considerada uma temporada só para evitar dar aumentos a muitas pessoas?
D: Foi isso mesmo. Aos atores, especificamente.
M: O que ter Junior atirando em Tony fez pela história, por Tony, por Junior? O que isso te proporcionou como roteirista?
D: Bem, isso nos deu outra visão de Tony e um monte de histórias diferentes que nunca teríamos. Acho que a melhor coisa que saiu disso foram os dois episódios sobre o universo alternativo, ou sei lá que nome você prefere, embora eu não devesse chamar assim. *(risos)* Não é um sonho, mas acho que você poderia chamar mesmo de universo alternativo... Tive muito orgulho desses dois episódios. Nós nunca teríamos algo assim, é óbvio. Eles também nos deram muito foco em Junior, algo que eu sempre gostei.

Isso aconteceu porque John Patterson, nosso amigo e diretor, ficou doente, com câncer, e estava morrendo. Ele disse a Denise e a mim, ou a filha dele nos disse, que ele foi levado ao hospital Cedars-Sinai e estava fazendo essas declarações de peso usadas nos episódios: "Quem sou eu? Pra onde eu vou?". Isso é o que deu início a tudo. Foi aí que tivemos a ideia.

Eu tinha lido *O Leopardo-das-Neves*, então muito do livro estão nesses episódios, como os monges e o ditado ojíbua.
A: Se você olhar para o ditado, é quase uma maneira elegante de dizer "Coitadinho de você".
D: É sim. [Mas] eu considerei a declaração muito... inspiradora e acolhedora, não tanto "coitadinho de você", mas o fato de que existe uma força me carregando pelo céu. Eu gostei mesmo desse pensamento. E em nossa casa na França, quando eu estava lendo aquele livro, tínhamos um penhasco na propriedade que ficava, não sei, 60 metros acima do rio. Era o topo de uma montanha ou algo assim, e todas aquelas

brisas agradáveis iam e vinham. Era como o campo, o bosque. A junção dessas duas coisas foi muito marcante para mim.

A: O arco de Tony sendo baleado e se recuperando no hospital é seguido pelo casamento de Allegra Sacrimoni, que talvez seja o episódio mais abertamente inspirado em *O Poderoso Chefão* que você já fez.

D: Em geral, nós fazíamos funerais, desta vez fizemos um casamento. O Johnny perdendo o controle e chorando foi muito interessante para mim. Eu gosto do personagem, e achei o Vince muito bom. Aquela imagem de poder que ele estava tentando desempenhar, gastando todo aquele dinheiro no casamento; "a preço de ouro", como disse Tony.

A: Quando Johnny Sack começa a chorar é basicamente o fim dele como chefe de Nova York. Isso aconteceu por que você precisava o tirar do caminho já que ele e Tony se davam muito bem e a guerra com Nova York tinha que acontecer, ou você sentiu que tinha esgotado o personagem?

D: A gente esgotou o personagem. Talvez eles estivessem muito próximos, de certa forma. Achei que seria mais difícil para Tony ter uma relação calorosa com Phil.

A: Antes de Junior atirar em Tony, o grosso da estreia é uma breve história sobre Eugene Pontecorvo, que coloca Robert Funaro em evidência. Aqui, temos alguém que estava por perto desde a terceira temporada, mas com quem você não fez muita coisa. Agora, você está construindo a estreia da penúltima temporada em volta desse cara.

D: Parecia natural para mim. Ele é um bom ator, o Bobby [Funaro].

M: Eugene e a esposa recebem essa herança e têm a chance de ir para a Flórida, e ele basicamente pergunta: "Ei, posso sair disso aqui?". Um mafioso perguntaria mesmo isso? Ele não saberia que a resposta seria não? Ou ele só está dando uma última cartada?

D: Acho que não. Eu ouvi desde então que tem caras que saíram, se aposentaram.

M: E então você tem Vito, que é uma versão mais complexa da elaboração de uma ideia do cara que percebe que esta vida não é mais para ele e quer sair.

A: A história de Vito em Dartford começa de verdade em "Unidentified Black Males", quando descobrimos que Vito é gay. Essa ideia foi de Joe Gannascoli. Com que frequência os atores sugeriam enredos para você?

D: Nunca.

A: Essa foi a única vez que aconteceu?

D: Talvez não a única vez, mas era muito raro. Eu tinha lido — talvez no *Star-Ledger* — sobre um gângster que era potencialmente ou provavelmente gay, algo assim, e isso só me interessou porque a homossexualidade não é o que eles estão transmitindo em geral. E também, porque muitas vezes eu sentia que há algo muito feminino nessa cultura. Esses caras ficam o dia todo cozinhando, jogando baralho, fofocando, como garotas de quinze anos. Muitas vezes senti que esse aspecto era muito marcante e me perguntei o que significava. Então, quando Joe veio com essa ideia, pensei: "Vamos explorar isso".

A: É tão totalmente diferente de tudo que a série havia feito antes. Como você deu forma à história de Vito, e qual foi a reação dos roteiristas, dos atores, de todo mundo?

D: Bem, eu lembro que Tony Sirico não morria de amores por essa ideia. *(risos)*

M: Então, ele não precisou atuar como se estivesse angustiado naquelas cenas em que reclama do Vito?

D: Na verdade não, não. É uma pergunta difícil de responder, porque... como posso dizer isso? Havia certas tensões naquele set, e algumas pessoas eram mais queridas do que outras. Não acho que esse arco do personagem melhorou a popularidade de Joe Gannascoli no set, talvez também por ele ter trazido essa história até a gente.

M: Então, houve ressentimento por ele ter sido tirado do banco e recebido algo para fazer?

D: É, acho que teve muito a ver com isso.

A: Houve muitas reações negativas sobre o enredo ambientado em Dartford. Você acha que é apenas o caso de existir um certo tipo de telespectador de *Família Soprano* que só não ia se interessar por essa história, não importa como você a contasse?

D: Acho que o público não achou Vito um personagem cativante, não importa o que ele fizesse. Eles diziam: "Quem se importa com esse cara?". Se tivéssemos feito a mesma coisa com Paulie ou Silvio, talvez tivesse sido uma história totalmente diferente.

M: Meu Deus, se Paulie se descobrisse gay, Tony Sirico teria ganhado um Emmy! *(risos)*

D: Ele provavelmente teria se demitido!

M: "Estou sentindo uma sensação estranha, T."

A: Alguma vez Tony se opôs às histórias que você deu a ele?

D: Você se lembra daquela das três horas?

A: Sim, "From Where to Eternity", quando Christopher está no hospital.

D: Tony estava preocupado com o fato do cabelo dele estar desarrumado. Ele não queria acordar e o cabelo estar todo bagunçado. Esse era o limite! *(risos)* Acho que Tony evoluiu de verdade. Eu acho que ele realmente se desenvolveu nas coisas que faria ou não. E acho que ele amadureceu a respeito das coisas da vida também, tipo, o que estava acontecendo no set ou na história. O que era preciso para interpretar aquilo, o que significava, acho que tudo isso era importante para ele. Ele não estava dizendo tantas coisas como "Eu não vou fazer isso" ou "Eu não vou fazer aquela cena com aquele cara". Ele estava completamente empenhado.

A: Conta para a gente sobre o crescimento de Robert Iler como ator e o que foi interessante sobre esse momento específico da vida de AJ, que você registrou nas duas temporadas finais.

D: Ele estava se tornando um homem, mas, você pode me dizer, as pessoas simplesmente não gostavam daquele garoto, e eu não sabia por quê. Eu não sabia por quê. Ele não era um adolescente empoderado, como costumam ser retratados hoje em dia. Eles odiavam AJ, e eu achava que ele era uma pessoa muito boa, confusa e jovem.

A: Ele passa por uma grande transformação enquanto experimenta identidades e se esquece delas. A cada dois episódios vemos um novo AJ. É um momento muito volátil na vida dele.

D: Pense na criança desse garoto, sua formação! O pai é um gângster deprimido! E isso sem falar na parte genética! Eu nunca entendi por que as pessoas estavam tão contra ele.

A: Acho que as pessoas não gostavam que ele parecia fraco. Como já falamos, havia uma parte do público que gostava de Tony e gostava de ver ele acabando com a raça dos inimigos, mas ele tem um filho que é retratado de maneira muito realista como confuso e chorão.

D: Eu acho que Anthony Jr. parece bastante com Tony. Se o assunto é fraqueza, não é difícil argumentar que Tony Soprano é um crianção.

M: Ele com certeza imagina o pior cenário possível sempre que não consegue o que quer, como a mãe. Ambos estão dispostos a se martirizar de imediato.

D: E como seu criador também, na verdade. Eu sempre penso na pior das hipóteses. *(risos)* É verdade!

A: Voltando à cena de abertura da temporada ao som de "Seven Souls", que termina com Adriana na obra da casa pronta e, como já falamos, havia todas essas pessoas dizendo: "Nós não a vimos morrer! Talvez ela ainda esteja viva!". Isso foi inspirado de alguma forma...

D: Pelo fato das pessoas se recusarem a acreditar que ela tinha morrido? Não.

A: Já aconteceu de fantasmas visitarem personagens antes. Adriana aparece logo no início da temporada e, de novo, quando Roe e Carmela estão em Paris.

M: Ela visita Carmela duas vezes. É curioso. Carmela, sem dúvida, se sente muito culpada por ela.

D: Eu acho que, em algum nível, Carmela desconfia do que Tony fez.

M: De onde surgiu a ideia da viagem a Paris? Qual foi o ganho desse enredo?

D: Meu momento favorito é quando ela vê a Torre Eiffel e suas luzes e é como a luz que Tony viu [em coma]. Vou ser honesto, eu adorei aquilo. Por que ela foi para Paris? No início, ela iria a Roma. Acho que ela iria com alguém...

A: Lá atrás, na segunda temporada.[21]

---

21 No final de "The Knight in White Satin Armor".

D: Ela é uma sofredora, afinal, quanto Carmela se divertiu? Só achei que ir a Paris seria algo que ela ia gostar. Ela está vendo pessoas que não têm ideia de quem é Tony Soprano, quem ela é, ou onde fica New Jersey, sobre a máfia. É todo um outro mundo.
M: Que papel Paris desempenhou em sua vida?
D: Minha conexão com Paris começa a partir do filme *Casablanca*. Acho que assisti pela primeira vez quando tinha vinte e poucos anos, e não era o tipo de filme que estaria interessado antes disso, porque era um romance. A mãe de Denise era francesa e falava a língua muito bem. A gente costumava ver filmes franceses o tempo todo, filmes de Claude Chabrol, Jean-Luc Godard, François Truffaut, todos esses caras. Eu simplesmente amava esses filmes. Eles foram muito especiais para nós. E esses diretores adoravam Paris, então eles faziam a cidade parecer muito encantadora.

Assim, em 1977, fomos a Paris pela primeira vez, e foi a primeira vez que qualquer um de nós esteve fora dos Estados Unidos. E não sei vocês, mas quando cheguei lá, disse a mim mesmo: "Já estive neste lugar antes. Não conheço a cidade, mas já estive aqui antes". Paris me lembrou de Nova York, que não é nada parecida, exceto um pouco da arquitetura, talvez. Ficamos apaixonados por Paris. Então queríamos comprar uma casa na França, e as pessoas perguntavam por que não na Itália, e eu dizia: "Nós amamos mais a França, a mãe dela era francesa e blá blá blá".

O que Carmela sente por Paris é o que eu sinto por Paris. Para Carmela, estar em um lugar que remonta dois mil anos seria esclarecedor, e é isso que estar lá faz com ela. Viajar expande seus horizontes. Há uma razão pela qual Paris é, ou foi, o destino número um do mundo. Também sinto que é uma cidade muito feminina.
M: Quando Carm fala com Roe, há uma cena que realmente me chamou a atenção, que é quando ela fala sobre essa sensação de história. Fiquei muito emocionado quando reassisti a cena para escrever este livro. Não me lembro de ter sido tão cativado da primeira vez. Acho que talvez porque estou mais velho agora, a fala dela sobre como tudo isso simplesmente desaparece... ela está arrasada de verdade com isso. Eu pensei sobre o final da série, e essa ideia de que a vida é preciosa e pode ser tirada de nós a qualquer momento. Não sei se estou viajando aqui...
D: Acho que não. Foi o que ela disse, certo? "Mas, no fim, tudo cai no esquecimento. Tudo passa e... cai no esquecimento." E cai mais no esquecimento aqui do que lá. Quer dizer, você sabe como é nos Estados Unidos, quando um prédio fica muito velho, é derrubado. Isso não acontece em Paris.

O que vocês acharam de "Cold Stones"?
M: Quando Vito está saindo de New Hampshire e voltando para Nova York eu senti esse pavor na boca do estômago, porque eu sabia, desde a primeira vez que assisti ao episódio, que ele não iria sobreviver, mas dessa vez eu sabia como ele ia morrer, e eu me senti tão mal por ele, sabendo o que estava por vir. Eu me senti mal por todos nesta temporada.

D: Sério?

M: É, porque, em algum nível, todos eles queriam sair, mas não conseguiam. Até mesmo Tony. Acho que é disso que se trata muito do que ele viveu no coma: perceber que não pode sair da vida em que está. Até a viagem de Carmela a Paris tem um toque disso. Nenhuma dessas pessoas é capaz de escapar.

D: Bem, a tristeza é sem dúvida uma parte disso, com certeza. De propósito. Não é como se eu tivesse dito: "Vamos fazer algo triste de verdade", mas esse era o sentimento. Há algo triste em Tony Soprano. Para começar, havia algo triste em Jim, um cara grandalhão com aqueles olhos. Acho que, na vida real, havia algo triste acontecendo lá. Talvez tenha sido por isso que as pessoas gostavam tanto dele — ele, de certa forma, era como uma grande criança ou um filhotinho. Havia algo triste nele, ponto final; e algo triste em Tony Soprano porque você sabia que além de ser um gângster, era um gângster eficiente, porém, ainda assim, não era feliz. Na verdade, estava muito infeliz. Ele estava deprimido. Claro que seria triste. A depressão também foi usada para a comédia. Acho que a maioria dos filmes de máfia não teria abordado a história dessa maneira.

A: A respeito do que Matt está dizendo sobre a incapacidade das pessoas de escapar, a temporada começa com a história de Eugene e sua fuga está a cabo de uma corda, porque essa é a única maneira de ajudar sua família. Isso influencia tudo o que acontece depois.

M: E Vito faz uma fuga física, mas depois volta, tanto por causa de sua família, quanto porque a máfia é a única vida que ele conhece.

E Paris também faz parte dessa ideia. Carmela sai um pouco daquela vida, e só por um momento isso lhe dá perspectiva.

Lembro de ouvir de espectadores que estavam muito, muito insatisfeitos com toda aquela viagem a Paris. Eles não entendiam do que se tratava.

D: Eu não entendo o porquê disso. Eles não disseram isso quando Tony foi para a Itália, certo? Eu sempre me pergunto o que as pessoas queriam. [As] pessoas não entendem isso? Ou será que só não entendem? As pessoas vão aceitar essas coisas em um filme de terror, uma história de fantasmas, uma coisa sobrenatural. Algumas pessoas que não gostam disso também não gostam dos sonhos. Não sei por que eles não gostam.

A: Eu acho que a série era diversas coisas diferentes em um seriado só, mas com certeza havia um segmento do público que só queria uma série de máfia. Eles queriam o assassinato da semana, o imbecil do dia, apenas isso. Sempre que você se afastava muito disso, eles diziam: "Isso não está certo. Não é para isso que estamos aqui", embora a primeira cena da série se passe no consultório de uma psiquiatra.

D: Você sabe o que deve ser, sobre a resistência do público aos sonhos e coisas assim? É como se você estivesse me apresentando um mundo fictício, e eu aceito esse mundo fictício. Não é real e eu sei disso. E agora você está me dizendo que há um outro mundo além daquele? Se eu aceito o mundo ficcional, o universo de *Família Soprano*, agora você me diz que eu tenho que ir para outro nível? Então isso significa que o que aconteceu antes não é real, e eu quero acreditar que o que aconteceu antes é real. Eu preciso chegar na parte verossímil de tudo, do contrário, para que estou assistindo isso? Eu tenho que acreditar.

M: Eu escuto muito isso. A representação ficcional do personagem é a realidade que o público decide aceitar. E quando é revelado que algo tinha sido um sonho, eles pensam: "Ah, então isso não aconteceu de verdade". E sentem que você desperdiçou o tempo deles.

Mas eu não tenho certeza se entendi a resistência, considerando quantas cenas, sequências, e enredos inteiros apresentam essa característica de sonho — em que, por um momento, você pode questionar o quão real certas coisas são e a série não as resolve obrigatoriamente. Quase a totalidade de "Pine Barrens", com as coisas que acontecem no bosque, dá essa sensação.

D: Tipo um sonho.

M: Correto. Algumas vezes, o que está acontecendo na tela não é um sonho em si, mas há vários momentos no quais você pensa: "Isso está acontecendo mesmo com os personagens ou é só o sonho de alguém?".

D: É. Acho que se nós, como espécie, não tivéssemos os sonhos, nós não perderíamos tempo com cinema. Eu acho que eles estão muito ligados. E filmes não precisam ter sonhos neles para serem como sonhos. Filmes *são* como sonhos! Isso que é maravilhoso sobre eles e sobre a TV. *Cidadão Kane*, se isso não for um sonho... Por exemplo, Denise e eu assistimos *Um Corpo que Cai* há algumas noites. Esses filmes não são como sonhos? Quer dizer...

A: Falando sobre sonhos, por que você escolheu Tony B — ou Steve Buscemi, se não era para ser Tony B — para aparecer na realidade alternativa, no final, e ser o cara que tenta convencer Tony a colocar a mala no chão e entrar na casa?

D: Você está dizendo no sentido de que havia um monte de personagens mortos que poderíamos ter usado? Por que não o primo, ou o amigo de infância? Nós tivemos dificuldade em decidir isso: quem seria e por quê. Eu lembro que foi difícil. A gente sabia que teria que ser alguém da Terra dos Mortos, Tony era quem o havia matado, para começar. E também, falando sério, Steve era um dos melhores atores com quem estávamos trabalhando, um excelente ator.

E além disso, não sei. É como se, se você está próximo do Paraíso ou da vida após a morte e você vê Steve Buscemi vindo na direção do seu carro...

A: Não é bom!

D: Não!

A: Se Chris Albrecht não tivesse chegado para você e dito "Você tem que começar a pensar em finalizar", você teria continuado por mais outras temporadas além das que fez?

D: Não, eu talvez tivesse finalizado antes.

A: Sério?

D: Eu acho que sim. Depois que ele disse isso, de certa forma, estavam me dando uma opção: "Você quer fazer isso ou não?". Então eu disse que sim. Se ele não tivesse me procurado e dito aquilo, eu talvez tivesse encerrado em alguma outra temporada e teria falado: "Agora me deixem sair e fazer filmes, esse é o meu sonho". De certa forma, a afirmação dele me deu uma estrutura, um ponto final que eu podia vislumbrar.

A: Mas você disse que não tentava planejar com muita antecedência. Quando você falou que havia um ponto final, você não estava falando de Tony no Holsten's, você só quis dizer: "Acho que ainda tenho mais duas temporadas de histórias em mim"?

D: Sim. Acho que eu tinha aquela cena de morte pronta, mais ou menos, dois anos antes do fim. Eu me lembro de falar com Mitch Burgess sobre isso, mas não era... era um pouco diferente. Tony ia ser chamado para uma reunião com Johnny Sack em Manhattan, e ele iria passar pelo túnel Lincoln para ir à reunião, e então a tela ficaria preta e você nunca mais o veria voltando, a teoria seria de que algo ruim acontece com ele naquela reunião. Mas nós não fizemos isso.

M: Você percebe, é claro, que acabou de se referir àquilo como uma cena de morte.

(uma longa pausa se segue)

D: Ah, vão se foder, vocês dois.

(Matt e Alan explodem de tanto rir. Depois de um momento, Chase se junta para uns bons trinta segundos de gargalhadas.)

D: Mas mudei de ideia com o tempo. Eu não queria fazer uma cena de morte tão direta. Não queria que pensassem: "Ah, ele está indo encontrar Johnny Sack e vai ser morto". Essa é a verdade.

M: Estou atordoado... meu cérebro simplesmente pifou.

A: Bem, na matéria da revista da Director's Guild of America que saiu alguns anos atrás, você chega muito perto de dizer isso. Você fala sobre como a sensação da cena é "a morte pode estar vindo para nós a qualquer momento".

D: Essa é a verdade. Isso é tudo que eu sempre quis dizer.

A: Então o objetivo da cena não é "eles o mataram na lanchonete?", mas sim que ele *poderia* ser morto?

D: Sim, que ele *poderia* ser morto na lanchonete. *Todos* nós poderíamos ser mortos em uma lanchonete. Esse foi o objetivo da cena. Ele poderia ser assassinado.

M: Já que nos embrenhamos por essas bandas, estou curioso quanto ao que você quis dizer no final e o que você conseguiu articular.

D: O que eu quis dizer? Eu quis dizer que o tempo aqui é precioso e pode acabar a qualquer momento, e, de alguma forma, o amor é a única defesa contra este universo muito, muito frio. Foi isso que eu quis dizer.

M: De início, você fazia com que ele passasse pelo túnel, e se tivesse filmado dessa maneira, a implicação seria que, onde quer que ele estivesse indo, ele seria morto. É claro que o restaurante é uma extensão dessa ideia de alguma forma.

D: Não, não é, porque eu me *afastei* disso.

M: Então o impulso inicial era matá-lo, mas depois você se afastou desse impulso?

D: Se estivesse produzindo [a cena do túnel], você diria: "Bem, é óbvio que ele é um gângster e sua morte significa o fim da série, então ele deveria morrer. Qualquer um devia, então ele deveria passar por isso". Mas, no final, decidi não fazer isso. Caso contrário, eu o teria filmado indo à reunião com Johnny.

M: Você sabe que tem gente que analisa o final como se fosse o assassinato de John F. Kennedy. Se alguém sentar e olhar os últimos quatro minutos do episódio final, dentro da totalidade das sete temporadas da série, e falar: "Tá, Tony foi morto no restaurante, vou mostrar a lógica que prova isso", o que você diria? Você diria que a pessoa está errada? Está equivocada?

D: Eu não sei se esse é meu trabalho. A pessoa interpretou a cena dessa maneira. Isso deve ser uma coisa boa, que a cena permita diferentes interpretações.

M: Então, se alguém diz que Tony foi morto na lanchonete, essa pessoa não está errada? Ela não está incorreta?

(Chase não responde a essa pergunta)

A: Uma das razões pelas quais eu, por muito tempo, defendi com muito fervor que "é óbvio que Tony está vivo" é a ideia de que, na narrativa da série naquele momento, ninguém o quer morto. Você pensou em cada elemento dessa ideia? Se o cara da jaqueta Members Only está mesmo lá para matar Tony, quem é ele e por quê, ou isso não era uma preocupação?

D: Não era uma preocupação. Sempre existe alguém por aí que odeia um cara assim.

M: Então, em teoria, qualquer pessoa poderia matá-lo. Sempre há alguém que pode matar Tony.

D: Isso aí. Sempre existe alguém que pode nos matar, qualquer um de nós.

A: Em retrospectiva, você acha que o corte para tela preta acabou sendo contraproducente para o argumento principal que você estava tentando provar? Existe alguma coisa que você poderia ter feito de modo diferente?

D: Eu não acho que foi contraproducente. Claro que poderia ter feito diferente, mas não acho que foi contraproducente, não.

Mas posso dizer o seguinte: não era minha intenção criar uma perplexidade que já dura dez anos. Nunca pensei que fosse criar tanto alvoroço. Achei que as pessoas ficariam empolgadas como ficaram com todo o restante, pensei: elas gostam dessa série,

elas vão ficar animadas, elas vão gostar disso. Nunca pensei: "Ah, eles vão falar sobre isso por dez anos porque eu *quero* que falem sobre isso por dez anos". E a outra coisa é que, como consequência, não importa o que eu diga sobre isso, só complica minha situação.
M: Qual é a sensação de ter uma série que durou oito anos, então assistir ao último episódio?
D: Você fica muito consciente disso, tipo, "Eu vou mesmo sentir falta disso tudo?". Naquela época, eu não chegava a estar de saco cheio de *Família Soprano*, mas já estava cansado. Então era disso que eu estava mais farto... eu só não queria fazer aquilo de novo. E você está sempre se perguntando o que as pessoas estão pensando enquanto tudo acontece. Mas eu não estava lá [nos Estados Unidos], estava em Paris, seis horas à frente de tudo.
A: Quando você e eu conversamos no dia seguinte ao final, você não quis explicar nada.
D: Você foi o único cara com quem conversei.
A: Certo, e você não queria dar entrevista, disse: "Não tenho interesse em explicar, defender, reinterpretar ou acrescentar algo ao que está lá".
D: Isso é o que eu disse e é a isso que eu deveria ter me apegado! Mas como as pessoas continuaram a discutir sobre essa coisa toda, eu tentei... eles me perguntam o que eu quis dizer com aquilo, e eu já respondi, mas nunca é suficiente! Eles me perguntam o que eu quis dizer com aquilo e eu digo, mas isso não os satisfaz. Eu me dou conta que eles só querem uma resposta: ele morreu ou não? Já ouvi pessoas dizerem: "Fala sério, você pode contar! Sim ou não? É muito simples, é tudo o que estamos pedindo a você. Ele morreu ou não?".
A: Mas acho que parte do que acontece também é porque, com todo o respeito, isso se arrastou por muito tempo. Você ficou um bom tempo sem dizer nada, e quando você começou a falar, foi logo depois de todas aquelas análises da cena final, feitas com um nível de obsessão parecido ao usado para analisar a gravação do assassinato de Kennedy feita por Zapruder. Pessoas no vácuo desenvolveram essas teorias e estavam comprometidas com elas.

Mas lendo aquele artigo da *DGA*[22] foi a primeira vez que senti: "Tudo bem, isso é claramente o que é".
M: Quando Alan e eu reassistimos juntos ao final, eu disse: "Ah, é interessante que os dois sons que se repetem naquela cena final sejam a música do Journey e o sino tocando", e um dos poemas mais famosos da língua inglesa é um de John Donne que fala: "Nunca perguntes por quem os sinos dobram". Senti como se estivesse dizendo: "Será a sua vez mais cedo ou mais tarde, pessoa que assiste essa série".

---

22 Veja as páginas 399 e 400.

D: Bem, você sabe, o sino foi introduzido no episódio que se passa na casa do lago. E qual é o propósito de um sino? Na religião budista, o sino chama você de volta para estar no presente. "Blem!" Ah sim, isso mesmo. "Blem!", aqui estamos.

A: O primeiro episódio da sexta temporada é chamado "Members Only". Vito tira sarro da jaqueta da marca que Eugene está vestindo. Foi uma referência explícita ter o cara no restaurante vestindo a mesma jaqueta, ou era apenas para que o sujeito parecesse alguém que poderia estar na máfia?

D: É, um cara que poderia estar na máfia — ou não.

A: Eu lembro daquele cara de quem falamos, o que escreveu o artigo de 20 mil palavras no qual insiste que prova de uma vez por todas que Tony está morto e você não pode convencê-lo do contrário.[23]

D: Eu nunca li tudo.

A: Bem, ele segue afirmando que uma das principais evidências é a maneira como você quebra o ponto de vista na cena. Você vê Tony na porta, ele está olhando para o restaurante, e, logo em seguida, o vemos sentado à mesa.

Mas você quebra o ponto de vista outras vezes nesse episódio: quando ele visita Junior e quando vê Janice. E, em "Employee of the Month", quando Melfi tem o sonho, você quebra o ponto de vista exatamente da mesma maneira — ela está parada na porta do consultório, e então ela está na máquina automática de refrigerante. E há todas essas referências a sonhos no próprio episódio final, bem antes da música que está tocando quando ele entra no restaurante.

D: Há muitas sim... A influência para essa [técnica de filmagem] foi *2001: Uma Odisseia no Espaço*. É quando Dave Bowman está na cápsula, e então pousa naquele quarto de hotel, ou o que quer que seja, e você ouve o som de assobio, e de repente ele se vê do lado de fora — então, ele está do lado de fora e aí se vê no espelho. Aquilo pirou minha cabeça. Eu estava chapado de mescalina, mas ainda me surpreendeu!

O que acontece em *Família Soprano* é que há cada vez menos tempo entre Tony e seu ponto de vista, e o que eu estava tentando dizer era que nós mesmos nos colocamos nessas posições. Nós nos colocamos nessas cenas. Nada acontece por acaso. Nós somos os engenheiros do nosso destino.

Por exemplo, quando ele subiu as escadas e viu Janice, levou um certo tempo até ele analisar e se aproximar dela. Há menos caminhadas com Junior e, na última cena, não há caminhadas. Tudo deveria ser sobre: "Somos responsáveis por nosso próprio destino". Esse deveria ser o verdadeiro significado, onde eu deveria chegar.

A: E você tocou uma música sobre sonhos, mas aí você começa a...

---

23 "Master of Sopranos", o pseudônimo de um blogueiro cuja identidade real permanece desconhecida, publicou um artigo no WordPress, em 9 de junho de 2008, intitulado "*The Sopranos*: The Definitive Explanation of 'The END'" ["*Família Soprano*: A Explicação Definitiva de 'O FIM'"], que tenta demonstrar por meio de uma análise detalhada das tomadas da cena final que não há dúvida de que Tony morreu.

D: "All That You Dream", do Little Feat.

A: Sim, está tocando enquanto ele entra no restaurante pela primeira vez. Então ele começa a olhar o jukebox e ao lado de "Don't Stop Believin" está "Any Way You Want It".

D: Totalmente por acaso!

A: Tudo bem! Mas, pensando na discussão sobre ele estar vivo ou morto, é perfeita!

Você disse que lutou por muito tempo para decidir qual seria a música, e também considerou "Love and Happiness", de Al Green. Por que ficou entre essas duas? Qual seria a cena com essa em vez da outra?

D: Só Deus sabe. Eu apenas senti que essa era melhor. Como dizia a letra, "Estranhos esperando, subindo e descendo a avenida". De certa forma, representava a série. Mesmo que muitas pessoas pensem que essa música é uma merda, eu não concordo.

Para as pessoas que dizem que *Família Soprano* ficou cada vez mais sombria, eu diria: "Terminou ao som de 'Don't Stop Believin'". Eu acabei de ler um negócio na revista *The Atlantic* que dizia: "David Chase acabou de arruinar o final de *Família Soprano*", porque eu disse algo sobre como o que eu estava tentando dizer era que a vida é muito curta e o amor é a única defesa, então não pare de acreditar. O cara da *The Atlantic* falou que estraguei tudo e que era melhor quando eu mantinha minha boca fechada... Ele provavelmente está certo!

A: Qual foi a última cena de "Made in America" que você gravou?

D: A da lanchonete Holsten's.[24]

A: Como foi a atmosfera geral no set quando você se despediu das pessoas individualmente ao longo do episódio?

D: Foi muito emotivo, e eu lembro que Silvio não morreu, é claro, mas ele estava em coma na cama, e eu lembro quando anunciamos o fim das filmagens para Stevie, Jim veio até mim e disse: "Bem, esse é o fim do nosso trabalho com uma estrela do rock". *(risos)*

A: Como Jim estava durante esse momento?

D: Ele estava muito bem. Ele estava cheio de gás, ou seja lá como que você chame isso. Ele estava bem. Quem se lembraria disso? Ilene se lembraria mais do que eu. Terry também.[25]

---

[24] Na verdade, houve mais um dia de filmagem depois do Holsten's, uma simples tomada de James Gandolfini caminhando em direção ao Bada Bing. A filmagem foi anunciada de antemão como a última cena e atraiu uma multidão de espectadores, e a imprensa da área cobriu como tal; mas era uma isca destinada a impedir que fãs e repórteres assediassem o set da verdadeira cena final.

[25] Terence Winter: "Após a leitura de roteiro final (9h30, 26 de fevereiro de 2007), houve uma salva de palmas; então, ao mesmo tempo em que todos estávamos sentados em silêncio, Edie Falco chorou baixinho enquanto Jim Gandolfini deu um apoio, colocando a mão no ombro dela. Após cerca de dez minutos, David olhou para cima e perguntou se alguém tinha algo a dizer. Ninguém tinha — como alguém poderia colocar em palavras essa experiência incrível? Aos poucos, todos começaram a sair e seguir com suas vidas".

A: Você lembra se alguém ficou particularmente emocionado?
D: Teve alguém que ficou, mas não me lembro bem quem. Não fui eu. *(risos)* Não, eu estava emocionado. Mas outros também estavam.

Foi estranho quando Michael se foi. Essa foi uma sensação estranha para todos. Ele era uma parte muito importante da série, então havia um sentimento de: "Como isso pode estar acontecendo?". Além disso, acho que foi um marco quando chega a hora de dizer: "Tudo bem, rapazes, está quase acabando". Apenas o fato de que Michael e Christopher não estavam por perto era difícil de aceitar.

A: E como estava a atmosfera enquanto você filmava no Holsten's?
D: Parecia mais um dia normal. Tudo focado no trabalho, sabe? Perdi um dos últimos dias. Acho que não dirigi a cena de Meadow com o carro. Tinha voltado a Los Angeles para começar a edição. Como eu disse antes, já estava saturado de *Família Soprano* naquela altura. Eu não estava enjoado tipo "eu não aguento mais", mas já estava farto. Eu não estava particularmente triste, mas quando Jim disse aquela coisa sobre "É o fim do nosso trabalho com uma estrela do rock and roll", eu senti. Senti a respeito de Jim, porque também senti: "Esse é o fim do nosso trabalho juntos".

M: Aquele close-up final de Tony... você acha que ele está preocupado em morrer naquele momento?
D: Não. Não acho.
M: Eu assisti a essa cena tantas vezes e há um tremendo pavor e suspense na cena em si, mas não sinto necessariamente nada da parte dele.
A: Que direção você deu a Jim?
D: Acho que não lhe dei nenhuma direção. Acho que ele não precisava.
A: Estamos paranoicos, mas ele não está interpretando como se Tony fosse paranoico.
D: De jeito nenhum.
M: É tão fascinante para mim, David, que de início havia essa sugestão de que você mataria Tony, e você se afastou disso.
D: Eu disse que ele estava indo para uma reunião fatal. Mas você não *veria* a reunião. Nesse esquema para o final, ele estava no túnel Lincoln indo para Nova York em direção a uma reunião, mas você nunca o veria na reunião e nunca o veria ser morto.
M: Mas, novamente, não estou tentando ser a dra. Melfi aqui, mas você acabou de dizer: "encontro fatal"! Poderia ter sido um encontro decisivo, mas você disse "fatal".
D: Talvez "decisivo" seja a melhor palavra. Eu nunca pensei nisso.
M: Esse final teórico do túnel Lincoln parece uma imagem espelhada da abertura.
D: É. Era para funcionar como a abertura invertida.
M: E aí você tem uma imagem que qualquer um que foi criado a base de filmes de gângster interpretaria como: "Ah, Tony está indo em direção à morte... é a luz no fim do túnel. É o que acontece quando você morre. É uma maneira de dizer 'nós o matamos' mesmo que você nunca mostre que ele foi morto".

D: Eu não vejo dessa maneira. A luz no fim do túnel significa solução para um problema.
A: Salvação. "Eu posso ver isso no fim do túnel", seus problemas desaparecendo.
M: Isso é verdade, mas as pessoas que têm experiências de quase morte...
D: Elas descrevem a luz brilhante?
M: Sim, um túnel de luz, como no final de *All That Jazz: O Show Deve Continuar*, no qual veem isso literalmente e adicionam a música, sabe?
D: Isso, isso. Quer dizer, nunca houve um final em que você o viu morto ou o viu ser morto. Nunca esteve no cardápio.
A: Eu me lembro de ler essas teorias da conspiração de leitores do tipo "isso deve ter acontecido, aquilo deve ter acontecido", e eu dizia: "Não, não é assim que a série funciona. Se algo importante está acontecendo, nós vemos", e acho que foi por isso que acabei ficando tão preso na última cena. O modo de contar histórias é bastante onisciente na maioria das vezes.
D: Era mesmo, você tem razão. Eu acreditava piamente que as pessoas deveriam ter todos os fatos. O público deve ter todos os fatos.
M: *Exceto* quando não é importante que eles os tenham.
D: Isso.
M: Você disse que teve essa ideia original em que Tony passa pelo túnel Lincoln para encontrar Johnny em Nova York, e não foi concebida de forma clara como uma cena de morte, mas algumas pessoas a interpretam dessa maneira. Você meio que deixou escapar isso em um deslize freudiano quando nos falamos antes, mas disse que desistiu da ideia depois. Mas eu me pergunto, é possível que a tendência das pessoas de querer descrever o final no Holsten's como uma cena de morte seja uma consequência de você ter crescido assistindo a filmes de gângster em que eles matam o cara no final?
D: É.
M: Em outras palavras, mesmo que você não queira fazer o final padrão de um filme de gângster, ainda está fazendo coisas de forma inconsciente que sugerem: "Nós o matamos" — você entende o que quero dizer?
D: É possível! Sei que James Cagney nos degraus da catedral em *Heróis Esquecidos* sempre estava na minha mente quando eu pensava no que *não* faríamos no final. Pensei muito nessa cena, então talvez o veneno estivesse no meu sistema.
M: O final da série é um dos meus favoritos de qualquer coisa, porque força as pessoas a dizerem quem são quando falam sobre o assunto.
D: Como um teste de Rorschach? Me dê um exemplo.
M: Acho que meu fascínio pelas propriedades formais do cinema e da TV me deixa propenso a pensar que esse final é sobre a relação entre o público e a série em si, e isso é algo que pode não ter ocupado o primeiro lugar em sua mente. Isso lhe diz algo sobre mim, que minha mente iria para lá de imediato.

D: E isso poderia dizer algo sobre mim: que eu não estava pensando nisso, e talvez devesse estar.

O fato é que muito disso é apenas instinto. Não é uma perspectiva visionária. Não é tipo, "Ah, eu vou planejar isso, e isso significará isso, e isso fará isso". É apenas instintivo. Talvez seja por isso que a arte funcione!

Por que a *Mona Lisa* é considerada a maior pintura do mundo?

A: Porque as pessoas não conseguem decifrar o que a expressão dela significa.

M: Isso. E a pintura inspirou uma das maiores canções pop, "Mona Lisa", que também não oferece nenhuma resposta.

D: Não, não oferece.

M: A letra da música "Mona Lisa" é uma série de perguntas sem respostas.

D: Isso mesmo. Interessante.

A: Quando você estava editando a cena, alguma vez ela terminou em um trecho diferente da música do Journey?

D: Não.

A: Era importante parar na palavra "stop" [pare]?

D: "Don't stop..." [Não pare]. É.

SESSÃO 7
"Foi muito emocional."

O fim da linha para Christopher, Bobby e para a própria
Família Soprano: vida após a "morte".

ALAN: Quando você se reuniu de novo com os roteiristas para os últimos nove episódios, o que achou que ainda era importante contar sobre a história?
DAVID: Achei que tinha sido uma boa ideia me concentrar em outros personagens além de Tony e Carmela: Paulie, Johnny Sack, AJ — e o último episódio é, na verdade, sobre Junior, de certa forma. Cada um era sobre um personagem em particular.
A: Você começa a temporada com "Soprano Home Movies", que, como "Whitecaps", é outro episódio pequeno e teatral. Por que você quis começar dessa maneira?
D: Eu estava pensando que não custaria muito. *(risos)* A gente achou que seria um episódio de garrafa! Gravado em um único cenário, sem atores convidados e tal, e assim reduziria os custos de produção. Acabou nos custando uma fortuna.
A: Após a briga, Tony manda Bobby matar o cara franco-canadense, sabendo que Bobby nunca tinha matado ninguém e que o pai nunca quis isso para ele. Tony está fazendo isso para punir Bobby por causa da briga?
D: Em parte é isso, e em parte é porque, na máfia, ter uma morte creditada a você lhe torna mais respeitável. Isso é bom para garantir a segurança do sistema. Se você cometeu um assassinato, vai ter cuidado sobre o que diz, e para quem diz, o que você diz à polícia e o que você não diz, porque isso pode se voltar contra você.
A: Bobby chegou a ser um membro iniciado na máfia, que impunha respeito?
D: Eu nunca pensei muito a respeito disso. Provavelmente não, não. Ele não fez nada daquelas coisas.
MATT: Você pode falar um pouco sobre Steven Schirripa?
D: Ele veio para a seleção de elenco, e acho que ele não tinha atuado muito antes disso. Ele administrava uma boate em Las Vegas, e talvez ele tivesse feito algumas coisas antes de vir até nós, mas o trabalho como gerente era principalmente o que ele estava fazendo. Ele veio por meio do processo de seleção de elenco, e tinha uma ótima expressão. Ele era muito calmo, e muito sensível como Bobby. Tony o sacaneava muito. Zombavam dele.

Ter colocado Janice contra Bobby foi ótimo, porque ela era muito diferente dele. Tenho certeza de que ele tinha medo dela, de certa forma. Mas ele nunca deixou isso transparecer. Ele era um marido perfeito para ela: grande e fofinho. Eles foram ótimos.
A: Em "Remember When", Junior e Carter no hospital psiquiátrico são a subtrama de Tony e Paulie.

D: Esse é um dos meus episódios favoritos. Terry, mais uma vez, escreveu um roteiro magnífico. O melhor. É todo o aspecto do hospital psiquiátrico, e a história de Junior e aquele garoto. É tão mirabolante que ele tenha se tornado o mentor de Ken Leung, e que eles tenham se tornado essa dupla de amigos que riam de todos. Tinha esse aspecto picante que eu adorava.

A: Junior é diagnosticado com demência no final da quarta temporada, depois ele começa a se comportar de modo errático e perigoso no início da quinta temporada, e há diferentes momentos nas temporadas seguintes em que os remédios estão funcionando ou não.

D: De acordo com nossas necessidades.

A: Como você decidia quando ele estaria bem de cabeça e quando não estaria?

D: Todas as histórias se entrelaçam, então se ele estava em uma sequência da história e havia algo acontecendo com outra pessoa, e ele precisava se opor a isso ou estar por fora, nós adequávamos de acordo com as necessidades do restante do roteiro.

A: E então, a última cena do final antes de Holsten's mostra Tony e Junior no hospital psiquiátrico. É tão triste e tão bonito. Tony tem muitas despedidas no final: uma última cena com Junior, outra com Janice, uma com Paulie. Mas essa, em particular, quão importante foi ter um acerto de contas final entre os dois chefes?

D: Muito importante. Mais do que apenas dois chefes, era, na verdade, uma relação pai e filho, então precisávamos mesmo disso.

A: Além de matar Johnny Sack, "Stage 5" tem a estreia de *Cleaver*. Até que ponto você queria que parecesse próximo da série em si?

D: Nós queríamos bastante... Estávamos assistindo *Nascida Ontem* e, com o roupão e os berros, eu achei que aquilo era incrível. Pensei que havia uma história a ser contada na qual eles tiram sarro de Tony de um modo inspirado em *Nascida Ontem*.

M: Há muito do que os acadêmicos chamariam de "intertextualidade", em que o texto da série de TV conversa com esses outros textos, principalmente de filmes e seriados que o inspiraram... *Cleaver* é particularmente fascinante porque é como um sonho...

(Um cliente do restaurante passa por nossa mesa a caminho da porta do banheiro, que fica logo atrás do assento de Matt.)

CLIENTE: *(para David Chase)* Eu estava pensando, isso me lembra uma cena de um filme... um filme seu!

(Todos riem. O cliente entra no banheiro e fecha a porta.)

D: Falando sobre intertextualidade.

A: Esse cara vai sair e atirar na cabeça de Matt.

M: Minha filha está lá fora, estacionando o carro.

A: Há muito Christopher nesta temporada até "Kennedy and Heidi". Quando você percebeu que a morte era o caminho para onde ele estava indo?

D: Antes da temporada começar. Em dado momento, comecei a me perguntar: "Por que Tony atura esse cara?". Nós gostamos dele, e ele é um ótimo personagem na série, mas ele é uma proposta de alto risco.

A: Quanto dinheiro Tony tem de verdade?

D: Perguntamos a Dan Castleman, nosso consultor técnico, e acho que ele calculou 1,5 milhão de dólares ou algo assim.

M: Isso é menos do que eu teria imaginado.

D: É mesmo.

M: Tem algum mafioso que era conhecido por ser bom em lidar com dinheiro?

D: Eu acho que tinha, sim. Tipo, caras que investiram bem.

A: Quando Tony garante a Carmela que há dinheiro em contas no exterior para cuidar dela se ele morrer, havia dinheiro de verdade para eles?

D: Não muito. Contas no exterior seriam nas Ilhas Cayman ou algo assim.

M: Tony sempre teve problemas com jogo, ou foi algo que ele desenvolveu no final da série?

D: Todos esses caras têm problemas com jogos de azar. Assim, eu não sei sobre cada um deles, mas é muito, muito comum. John Gotti tinha problema com jogo.

M: Quantos personagens da máfia na série você acha que têm problemas com jogos de azar?

D: Provavelmente todos eles.

A: Por que você matou Christopher daquele jeito? Ele está preso dentro do carro na vala, e tudo o que Tony precisa fazer é estender a mão e tapar seu nariz, e ele faz isso, quase como se fosse conveniente demais.

D: Quero falar uma coisa a respeito disso: eu sempre fiquei surpreso que a maioria das pessoas não entendeu o fato de que Tony viu a cadeira de bebê no banco de trás e ele disse a si mesmo: "Basta! Esse cara vai acabar matando a própria filha, ou minha filha pode estar no carro com ele e ele vai matá-la". Essa decisão não partiu apenas de um sentimento de raiva ou de estar farto de ter esse lunático em sua vida.

Você poderia perguntar "Mas por que apertar o nariz?". Porque quando eu fazia *Arquivo Confidencial*, a gente falava sobre isso o tempo todo. Legalmente, há três coisas que constituem evidência de homicídio: motivo, arma e oportunidade. Nesse caso, tínhamos motivo; nenhuma arma, porque ele poderia ter atirado, mas não o fez; e oportunidade, e essa oportunidade era boa demais para ele deixar passar. Christopher já estava morrendo, então por que não acelerar o processo um pouquinho?

A: Depois do funeral de Christopher, Tony vai para Vegas, dorme com a namorada de Christopher lá e eles tomam peiote e acabam no deserto. O episódio termina com os dois assistindo ao sol nascer, e Tony grita: "EU SAQUEI!". O que ele sacou?

D: Ele sacou que Christopher era uma influência negativa em sua vida. Christopher o corrompeu espiritualmente. Tony começou a ganhar depois que ele morre. Isso é o que ele "sacou". Mas é o alucinógeno falando, então tenho certeza de que há muitas outras coisas que ele estava compreendendo ao mesmo tempo.

M: Isso é fascinante, porque um desses temas recorrentes na série é Tony sempre estar perto de um progresso emocional, com o público entendendo o que aquilo poderia ser, e Melfi não apenas entendendo, mas tentando encaminhá-lo nessa direção, porém as epifanias são sempre pequenas e muito egocêntricas. Isso acontece até no piloto.

D: É tudo sobre ele. É sim, é a terapia dele, mas é de se esperar que tenha alguma relação com as outras pessoas na vida dele: os filhos, a esposa, mas não é. Tudo se resume a "sou uma vítima".

M: E também, sob um ponto de vista moral e espiritual, talvez uma das razões para que ele seja infeliz é porque ganha a vida matando e roubando.

D: Exatamente.

M: Você pode falar sobre o mecanismo que usou para tirar Melfi da série e cortar o relacionamento dela com Tony?

D: Quando recebemos um prêmio da Associação de Psiquiatras, no Waldorf-Astoria, um deles tinha mencionado um estudo, ou pelo menos uma fase de um estudo. Liguei para ele e verifiquei que havia algo assim mesmo. Esqueci o nome do pesquisador.[26]

M: Aqui está o que eu me pergunto, no entanto: você acha que isso é verdade sobre Tony? Quando Melfi se volta contra ele, o que ele está falando naquela cena, o jeito que ele está falando com ela, é realmente muito sincero. Ele não está mentindo para ela. Parece que é uma das únicas vezes na série em que alguém acusa Tony de um crime do qual ele não é culpado.

A: Ou, pelo menos, não é culpado naquela cena. Ele mente para ela o tempo todo!

M: Mente mesmo?

D: Ah, sim.

M: Ele omite certos fatos... não sei, é curioso você achar que ele é um mentiroso, Alan. Acho que ele está sendo tão honesto quanto um cara como ele pode ser. Essa é a minha opinião.

D: Talvez seja por isso que ele continuou indo lá, para que pudesse desabafar.

A: Há uma cena [em "Chasing It"] em que ele diz a ela que a única razão pela qual ele continua indo é que "isso aqui é um oásis na minha semana". Você acha que ele estava tirando alguma coisa da terapia quando ela o expulsou?

---

26 O estudo de três partes, chamado *The Criminal Personality* [A Personalidade Criminosa] foi feito por Samuel Yochelson e Stanton Samenow.

D: Não, acho que não. Acho que ele conseguiu alguns resultados com a terapia. Mas ninguém mais parece concordar.
A: Além de curar os ataques de pânico, ou contê-los, o que você diria que foram as coisas positivas que ele ganhou com a terapia?
D: Ele foi preparado para isso, mas acho que ele se tornou um pai melhor por causa da terapia. Acho que ele talvez tenha mais paciência com AJ do que teria em outras circunstâncias. E mesmo no aconselhamento matrimonial, seu relacionamento com Carmela provavelmente foi afetado de forma positiva pela terapia.
A: Você disse que pensou muitas vezes no passado sobre Melfi o dispensar como paciente, mas isso não acontece até o penúltimo episódio. Por que você optou por enfim fazer isso?
D: Porque eu queria salientar que ela fez um pacto com o diabo, que ela não era tão inocente. Não sei se consegui isso.
A: Você já havia introduzido a noção de que AJ sofria de ataques de pânico, mas de onde veio a ideia de que ele tenha o mesmo gene depressivo dos Soprano que Tony tem, e entra nessa grande espiral depois que Blanca termina com ele?
D: Os pecados do pai e tudo o mais. Foi muito simples mesmo.
A: A tentativa de suicídio de AJ é algo muito elaborado que exigiu um esforço quase sobre-humano de Tony para o salvar. O que você lembra de todos tentando imaginar o que AJ faria, como seria?
D: Ninguém deu essa ideia. Alguém que conhecíamos... o filho deles fez isso.
M: Exatamente a mesma coisa? Uau. Ele sobreviveu?
D: Sim. O interessante para mim foi que, se você vai pular na água com um bloco preso ao pé para se afogar, por que você também colocaria um saco plástico na cabeça? Não faz sentido nenhum.
A: Lembro que na época houve muitos comentários a respeito de como com a sacola sobre a cabeça e a capa sobre a sacola faziam lembrar uma foto da prisão de Abu Ghraib. Isso foi intencional de alguma forma, ou só acabou parecendo assim?
D: Acabou parecendo assim.

As pessoas odiavam AJ, e eu simplesmente não entendia. Eu queria que eles tentassem entender qual era o problema dele. Ainda não sei por que eles o odiavam. Foi porque ele era mimado?

Eu me preocupo com a má reputação que AJ recebe, só isso. Dizem que se você é um roteirista, todos os personagens são você. Eu meio que acredito nisso no caso de AJ. Acho que me vejo, quando adolescente, como uma pessoa meio atrapalhada. O rei da maioria dos adolescentes literários é Holden Caulfield, e vejo um pouco dele em AJ. Para mim, Holden Caulfield era essa voz dizendo: "Por quê? O quê? Por quê?". É assim que eu vejo AJ. Acho que talvez eu tenha sido assim quando era jovem, e é por isso que defendo AJ.

A: Como você decidia quem ia viver, quem ia morrer ou, no caso de Silvio, quem acabaria em coma? Como você escolhia como queria que eles saíssem da história (ou não) ao longo dos últimos episódios? Tipo, Paulie ou Patsy poderiam ter morrido, mas não morreram.

D: Isso não é para menosprezar ninguém, mas Paulie... não sei, ele é como Junior, é um personagem que você ama escrever. Ele tem uma visão estranha da vida, e você gosta de ver pelos olhos dele. Ele é muito divertido. É por isso.

A: Três anos após o fim da série, você enfim conseguiu escrever e dirigir um longa-metragem, *Música e Rebeldia* [um drama de época dos anos 1960 sobre adolescentes obcecados por rock and roll]. Jim interpreta o pai do herói. Steve van Zandt é o supervisor musical. Por que esse filme?

D: Eu simplesmente amava a música daquela época, e tinha o que achei que eram alguns eventos curiosos que aconteceram na minha vida e eu queria mostrar. Além disso, Stevie e eu conversávamos muito sobre o fato de que as bandas naquela época eram como gangues em certo sentido. Uma banda era meio como uma religião. Todos pensavam igual, se vestiam igual, odiavam e amavam as mesmas coisas.

A experiência de fazer o filme foi ótima. A reação ao filme não foi boa. Não foi, de forma alguma, como a reação à *Família Soprano*. Mas fazer o filme foi bom. Era um grande elenco, era maravilhoso trabalhar com eles, jovens. A equipe era boa. Aprendi muito e acho que finalmente superei meu pavor de dirigir.

M: Para alguém com medo de dirigir, você não facilitou as coisas para si mesmo com esse projeto. Por exemplo, muitos diretores fariam os atores dublarem as músicas e fingirem tocar os instrumentos, mas muitas das músicas no filme são tocadas ao vivo ou encenadas de tal maneira que seria plausível que fossem apresentadas ao vivo. Isso é muito mais difícil.

D: Stevie os fez passar por um treinamento, então eles aprenderam a tocar de verdade. A gente estava pensando em fazê-los tocar na festa de encerramento e tudo mais, mas isso nunca aconteceu. Eles se saíram muito, muito bem.

M: Eles eram músicos?

D: Nenhum dos protagonistas. O baixista era, mas não era um dos personagens principais. Ele era um baita músico.

M: Por que foi importante para você que todos os atores parecessem músicos?

D: Eu me importo com todas essas coisas. Eu sou muito, muito obcecado por detalhes, e eu amo muito essa música ["Not Fade Away", de Buddy Holy & The Crickets, de onde vem o título original do filme]. Ter alguém fingindo ser músico... simplesmente não estava funcionando. Acho que daria para perceber. Eu não queria isso. E Stevie teria se demitido.

M: Você tem músicas que tocam por inteiro ou que permanecem no momento por mais tempo do que em outros filmes. Por quê?

D: Era um musical. Era sobre aquela música, e eu achava que eles eram bons. Eles foram convincentes. E eu achei interessante de assistir, então, se eu achei interessante, supus que outras pessoas também achariam. Steve foi ótimo. Ele fez mais do que ser consultor, ele foi o produtor-executivo. Ele ensinou ao elenco tudo sobre como tocar. Ele ensinou o que fazer no palco.
M: E quanto ao medo que alguns diretores de musicais têm, de que, quando os personagens estão cantando, o drama está parado? Acho que é por isso que em tantos números musicais eles cortam o mais rápido que podem porque querem chegar ao próximo ponto da trama.
D: Bem, acho que talvez a gente tenha escolhido as músicas certas. Foi dinâmico. Eu só achava que aquelas músicas ajudavam na trama, que faziam *parte* da trama. Nunca me ocorreu que o drama iria parar se eles continuassem tocando. Eu apenas achei que eles eram muito bons, e que se você gosta de rock and roll, você iria gostar, porque há algo interessante em ver as pessoas tocando. Todo mundo tem uma banda favorita, e todos sempre querem vê-los ao vivo.
A: Como Jim acabou interpretando o pai?
D: Ele estava em uma lista, e ou ele me ligou ou eu liguei para ele. Não havia tantos candidatos para o papel. Talvez ele tenha me ligado para dizer que não poderia fazer, que eu deveria escolher outra pessoa, não era a sua praia, e eu disse: "Tá, tudo bem". Então desligamos e eu ainda não tinha escolhido o ator. Acho que ele me ligou e falou: "Como você está?", e respondi: "Ainda não escolhemos o elenco, ainda não consegui esse papel", e ele disse: "Em quem você está pensando?", e eu citei o nome de um ator, ao que ele respondeu: "Ah, eu não posso deixar você fazer isso! *(risos)* Eu vou pegar o papel!".
A: O pai do filme não é Tony, mas ele tem alguns rompantes violentos e raivosos em diferentes momentos do filme. Nós conversamos sobre como Jim tinha dificuldade em interpretar isso na série. Essa também foi a sua experiência no filme?
D: Não, não foi. Ele não espancou nem matou ninguém naquele filme. Mas você teria que perguntar a ele, e isso não é possível. Foi um prazer trabalhar com ele. Ele parecia mais feliz. Acho que ele era casado naquela época, tinha uma nova esposa e um bebê a caminho. É, ele parecia mais feliz, mais relaxado. Ele tinha se livrado daquela cruz que tinha que carregar para interpretar Tony Soprano. Então acho que ele estava mais tranquilo.

Ninguém sequer soube desse filme. Na semana passada, eu recebi um e-mail do ex-chefe da Paramount, que estava me escrevendo sobre outro assunto, e ele me disse: "A indústria do cinema está engraçada hoje em dia. Eu falo com as pessoas o tempo todo e elas amam seu filme, citam as falas e acham que é maravilhoso. É uma pena. Queria que tivesse sido assim na época em que foi lançado". Eu respondi: "Não há nenhum mistério no motivo de não ter sido assim: ninguém sabia que estava em cartaz".

A: Jim não interpretou exatamente você na série, mas um cara que tinha uma mãe muito parecida com a sua. E agora, neste filme, ele está interpretando alguém que é um pouco, presumo, como seu pai, ou a figura paterna de um personagem baseado em você. Como é vê-lo nesses dois papéis diferentes que foram tão fortemente influenciados por sua própria vida?
D: Não sei o que falar. Quer dizer, Jim não comete erros. Achei que ele foi muito bem. Mas isso não é realmente uma resposta.

Sabe, às vezes ele me lembrava meu pai durante a produção de *Família Soprano* também. Então não foi uma experiência nova. E a história do pai no filme... qual era a história do meu pai? Ele tinha essa doença e teve um problema parecido no hospital. Essa era a história dele, e... eu não sei, não existia uma separação entre os dois para mim.

Meu pai sempre tirava sarro de mim ou dizia que eu achava que era um figurão por causa do show business. Eu me lembro dos meus pais vindo me ver em Los Angeles uma vez. Eu os levei ao meu escritório na Universal. Era um prédio novinho em folha, eu tinha um pátio e essas coisas. Eu era um editor nesse prédio novo, e tinha um ótimo escritório novo com um monte de antiguidades. Levei meus pais para almoçar, tirei uma foto deles na vaga de estacionamento de Clint Eastwood, subimos de elevador com Charlton Heston. Minha mãe ficou completamente pasma. E então meus familiares vieram na mesma noite, e meu pai disse: "Hoje nós vimos o escritório pedante de David".

Meu pai tinha uma loja de ferragens, e as pessoas me diziam que ele ia levantar a minha bola e depois me colocar para baixo. Eles entravam na loja e perguntavam como estava seu filho, e eles conseguiam ver que ele estava orgulhoso, mas ele não podia demonstrar.

M: Foi uma coisa de ressentimento de classe? O filho superando o pai de alguma forma?
D: Provavelmente é verdade... talvez tenha sido isso. Mas se eu fosse advogado, ele não teria se sentido assim. Minha situação estava se afastando muito deles, até filosoficamente. Ninguém em nossa família é artista, muito menos no show business. E *todo mundo* vai ao cinema. É Hollywood! É realmente grande! E eu, sendo parte disso, era ameaça demais. Se eu fosse advogado, estaria tudo bem, porque eu poderia ter sido o advogado *deles*.
M: Seu pai foi uma influência tão grande na sua arte quanto sua mãe?
D: Só me resta dizer que deve ter sido o caso, sim. Quer dizer, havia muito dele em Tony. Mas acho que ele não era o mesmo. Meu pai se achava engraçado, e não era. Já a minha mãe não achava graça nas coisas que ela mesma dizia, mas era sempre muito engraçada!
A: Falando do seu interesse por música: eu me lembro de apenas uma vez em que conversei com você ao longo dos anos e que você não parecia feliz com uma escolha

musical que fez: a peça de doo-wop que toca quando Tony caça Mahaffey, no piloto. Você se deu conta disso quando estava assistindo ao episódio, ou foi só mais tarde que percebeu que tipo de som era?

D: Foi sugestão de Stevie Van Zandt. Eu gosto muito de Stevie e, claro, ele é Stevie Van Zandt. No começo, chamou minha atenção, mas, à medida que ouvia sem parar, a música começou a me irritar, e eu pensei: "Isso é o contrário do que quero fazer". Eu não queria colocar muita música italiana. Eu queria deixar em aberto. Stevie muitas vezes não concordava com minhas escolhas. A primeira coisa em que pensei foi que queria que a música fosse do estilo que Tony teria ouvido na época em que estava na escola — e essa música não é tão boa assim! Então eu me aventurei fora disso. Mas alguma coisa ainda ficou.

A: Quanto tempo você levou, ao longo da primeira temporada ou mais, até que você instintivamente soubesse que uma música deveria estar em *Família Soprano* e outra não?

D: Isso nunca aconteceu. Era como objetos achados. No final, as pessoas estavam nos enviando músicas, e, às vezes, eu usava. Essas decisões eram tomadas: eu escolhia músicas interessantes de jazz que achava que seriam boas, ou outras músicas que achava que funcionariam, ou me lembrava de uma música que sempre quis usar, e testava todas várias vezes com a imagem para ver o que funcionava bem mesmo.

A: A ária de Carmela, aquela peça de Andrea Bocelli que se repete na segunda temporada: você se lembra por que resolveu torná-la o tema dela por um tempo?

D: Ah sim, foi porque essa música estava em todo lugar. Toda vez que você ia a um restaurante italiano, ouvia aquela música sem parar. Eu estava apenas tentando dar um toque de vida real, sabe?

A: O primeiro episódio termina, os créditos finais são ao som de "The Beast in Me"; é a primeira hora da série que você está fazendo, na qual você está apresentando as coisas, e essa música fala, de várias maneiras, sobre quem é Tony. Você já conhecia a música? Como foi parar na série?

D: Nós dois somos fãs de Nick Lowe, e acho que ele escreveu essa música para Johnny Cash, na verdade. Há uma versão de Johnny Cash. Parecia perfeito para ele. Liricamente era perfeita para isso.

A: Quando lhe perguntei anos atrás sobre o fato de usar "I'm Not Like Everybody Else" depois de Tony ter aborrecido Janice em "Cold Cuts", você disse que era óbvio o suficiente e que não precisava explicar. Em geral, como você descobria quando uma música era, liricamente, nada sutil? Isso não era uma preocupação para você?

D: Claro que era, havia algumas músicas que eu não usaria. E eu não fazia muito esse negócio de músicas óbvias. Pelo menos tentei não fazer. Mas a qualidade da música vinha em primeiro lugar. "I'm Not Like Everybody Else" é uma música muito boa...

e parecia um comentário engraçado. "The Beast in Me"... não sei, parecia que mais ninguém na TV usaria aquela música.

A: Uma outra música do The Kinks, "Living on a Thin Line", dá o tom de pavor ao episódio ["University"] de uma forma que não estou acostumado a ouvir da banda. A maioria das coisas do Kinks que eu gosto é um pouco mais divertida. Você conhecia muito bem aquela música?

D: Não, e era de Dave Davies, não de Ray. A maioria dos sucessos deles são canções de Ray Davies. Essa música é sobre a Inglaterra, além de tudo. Denise e eu tínhamos um CD com um tipo de coletânea de músicas do The Kinks, e essa estava lá. Estávamos morando na rua 57 e ouvindo o álbum, então eu escutei essa e pensei: "Isso é muito bom". Por alguma razão, fiz a conexão dessa música com "University". Não me pergunte por que, eu apenas fiz.

Eu particularmente não acredito que seja uma música que tocaria no Bing, mas era boa demais para deixar passar. Funcionou muito bem.

M: Tem várias músicas que foram usadas mais de uma vez em um episódio. "Living on a Thin Line"; "My Lover's Prayer"; "White Rabbit", de Jefferson Airplane. Houve uma razão específica pela qual você queria fazer isso em um determinado episódio em oposição a outro?

D: Acho que o que rolava era que eu queria apresentar uma espécie de demo da música. Eu deixava os espectadores a ouvindo no começo, porque podiam ou não conhecer ou não ter ouvido o suficiente antes. Podiam achar que era apenas mais uma música, mas se tocasse duas vezes, eles notariam que havia um elemento temático, e se lembrariam da primeira vez que tocou e seria algo que remeteria ao início. Em geral, fazíamos a demo primeiro e deixávamos tocar depois. Era mais ou menos assim que funcionava.

A: Houve algum artista que você não conseguiu usar ao longo dos anos por causa dos custos ou por outros motivos?

D: Os Beatles.

A: Qual música você queria usar e onde?

D: "I'll Follow the Sun". Acho que teria tocado quando Tony acordasse no hospital, depois do estado de realidade alternativa em que ele esteve. Acho que teria encerrado o episódio. Mas não queria gastar tanto dinheiro com isso.

A: Na manhã seguinte à exibição do final, perguntei se você se veria retornando ao universo da série. Você disse que talvez ou para um evento no início da série, como algo que tenha acontecido entre as temporadas três e quatro, ou para mostrar Johnny Boy e Junior na década de 1960. São coisas que você cogitou seriamente?

D: Sim.

A: Quão sério?

D: Muito sério.

M: Tipo, ao ponto de escrever um argumento ou esboço?

D: Sim.

M: Sério? Então essas coisas estão guardadas em uma gaveta em algum lugar?

D: Não estão em uma gaveta, estão por aí.

M: Sério? Então a HBO, ou quem quer que seja, disse não?

D: Eles disseram que não.

M: Sério?

D: Primeiro, disseram que sim e depois que não... era uma complicação corporativa. Mas a HBO não deve ser culpada por isso. Quem sabe? Talvez cheguemos lá.[27]

A: Qual você acha que é o legado de *Família Soprano* neste momento?

D: Não acho que eu seja a pessoa certa para responder. Não sei se o legado é o mesmo agora que era há cinco anos. A série vai ser esquecida, como tudo. Não vai deixar um legado.

A: Você acha que o sentimento das pessoas sobre a série mudou à medida que ela progrediu, ou cinco anos depois que terminou, em comparação a agora?

D: Acho que melhorou. Eu acho que mais pessoas abraçaram a série. Não posso contar os números porque obviamente tivemos um grande público, mas acho que há pessoas que assistiram depois e realmente gostaram. Achei que seria o contrário. Pensei que as pessoas diriam: "Não envelheceu bem".

A: Esta é uma série que é realmente obcecada, entre outras coisas, com mortalidade e legado. Com Jim tendo falecido tão jovem, você, de alguma forma, se sente diferente a respeito dela?

D: Sim, há uma dimensão extra. Há sim.

E eu deveria ser a última pessoa a dizer uma coisa dessas, mas isso também se multiplicou de alguma forma devido à forma como *Família Soprano* terminou. Jim não teve uma cena de morte na série, porém teve uma na vida real, uma morte inesperada, que te fez pensar: "O quê? Quem foi que morreu? Você está de sacanagem!".

A: Toda essa ideia da última cena que discutimos, sobre essa fragilidade, que pode acontecer com qualquer um...

D: E aconteceu!

---

[27] Chase se recusou a dar mais detalhes, mas, alguns meses depois desta entrevista, a New Line anunciou que tinha dado luz verde para *Os Muitos Santos de Newark*, filme que servia de prelúdio de *Família Soprano* escrito por Chase e Lawrence Konner, e dirigido por outro veterano da série, Alan Taylor. Chase permaneceu de boca fechada sobre exatamente o quanto disso é uma prequela — recusando nossos pedidos para uma entrevista complementar sobre o filme, que está em estágio inicial de desenvolvimento —, além de ser ambientado no mesmo universo fictício da série. A história se passa no final dos anos 1960, na época dos conflitos de Newark. Será um tipo tradicional de prólogo, ou talvez um filme em que os jovens Johnny e Livia são brevemente vislumbrados discutindo ao fundo de uma cena sobre os personagens principais? Não temos ideia no momento da redação deste livro, embora o título sugira que o filme possa ser sobre Dickie Moltisanti e sua família extensa (em italiano, *moltisanti* significa "muitos santos"). [Nota da Editora: *Os Muitos Santos de Newark* foi lançado em 2021 e traz o filho de Gandolfini no papel do jovem Tony Soprano.]

M: Onde você estava quando soube que ele havia morrido?
D: Na França. O empresário dele me contou. Não dava para acreditar. Eu nunca falava com essas pessoas, e de repente ele me ligou na França. Quando ouvi que era o empresário dele, pensei, sendo que a série havia terminado e não tínhamos mais negócios um com o outro, conhecendo Jim, senti: "Isso não é um bom presságio. Há algo de errado aqui". Quando peguei o telefone e o cara me contou, não fiquei tão chocado quanto você imaginaria. Era inacreditável, mas eu não fiquei, tipo, "Isso é impossível".
M: Por que você não achou que era impensável? Foi pelo fato de ele ser um cara que viveu uma vida difícil?
D: É. Ele tratava mal o corpo.

A família dele me pediu para falar no memorial. Eu não gosto de falar na frente de pessoas, então não fiquei feliz, mas sabia que precisava fazer aquilo. Senti que era parte do meu trabalho.

Eu não conseguia encarar aquilo. Por isso decidi escrever uma carta para ele. Eu não conseguia pensar em como fazer aquilo de outra forma. Como se eu tivesse que estar dentro do personagem ou algo assim.[28]

M: Nós dois estamos revendo todos os episódios para escrever a exposição crítica do livro, e estou achando muito difícil não ter uma reação emocional involuntária a Jim. Eu sempre gostei dele, sempre tive uma conexão com ele, dentro ou fora da série escrevi muito sobre sua atuação. É ótima. Mas além da performance em si, havia algo naquele cara que era muito vulnerável.
D: Ele era extremamente emotivo. Não conseguia desligar as emoções.
M: O filho de Jim nasceu pouco antes de dar início à turnê de imprensa [para a Television Critics Association]. Comprei um exemplar de *Uma Lagarta Muito Comilona* para ele ler para o filho. O livro estava na minha mochila e Jim estava voltando de uma sessão de entrevistas, cercado por repórteres, e eu disse: "Espere um pouco!", e dei o livro a ele. Ele olhou para o livro intrigado, o pegou, abriu — e ele leu a porra do livro! Ele se sentou, virou as páginas, sorrindo, e leu! Não em voz alta nem nada, mas ele queria saber como a história terminava.
D: Um cara especial. Um homem intenso e muito... muito *quieto*, de alguma forma. Acho que disse no discurso daquele dia que havia algo de juvenil nele, em seus olhos, em sua expressão.
A: Tem mais alguma coisa que você queria falar?
D: Só para tirar isso da minha cabeça: as pessoas reclamaram sobre como a série era degradante para os italianos... mas acho que a série contribuiu muito para dar mais visibilidade aos italianos. Eu sei que os personagens eram mafiosos e assassinos, mas acho que, para o público certo, eles eram muito inocentes. Acho

---

28 Leia o texto de David Chase na íntegra mais adiante no livro.

que o que as pessoas gostaram na série foi a humanidade, eles eram seres humanos. "Esse cara é como meu primo Eddie!" Acho que ajudou muito os italianos. Esse é o meu ponto de vista.

A: A experiência de fazer a série fez você se sentir diferente sobre a TV?

D: É! Acho que há todos os tipos de possibilidades agora. Eu sempre achei, só nunca os vi postos em prática. É, a experiência me fez ver a TV de outra maneira. Pode ser uma ótima mídia, e é em muitos casos. Quando eu era criança, adorava televisão, mas quando fiquei mais velho, fui para a escola, li Byron e coisas assim, então comecei a pensar: "O que é isso? O que diabo é *Marcus Welby, Médico*? Se você vai fazer uma coisa de médico, por que não faz algo interessante?". Eu tinha muitos sentimentos assim e tive que trabalhar com essas pessoas e ouvir suas asneiras e ideias terríveis, como eu costumava dizer, "cozinhando para extrair as vitaminas".

Mas é isso mesmo: *Família Soprano* mudou completamente minha opinião sobre TV, como muitas pessoas provaram desde então. *Mad Men* é uma grande obra de arte, eu acho.

A: Quando você olha para o que a televisão é agora em comparação ao que era vinte anos atrás, como você se sente?

D: Acho que a única maneira de responder é falando que estou muito orgulhoso do trabalho que fiz. Estou orgulhoso dos riscos que encaramos. E é por aí mesmo.

BÔNUS
"Pine Barrens"

A seguir, uma transcrição editada de uma conversa entre Matt Zoller Seitz, David Chase, Terence Winter e Steve Buscemi, que aconteceu no Split Screen Festival TV, no IFC Center, em junho de 2017. Chase recebeu o primeiro prêmio Vanguard do festival, que homenageia indivíduos que mudaram a televisão.

MATT: Estava muito frio?
STEVE: Não tão frio quanto esperávamos! *(risos)* Quer dizer, estava muito frio, mas eu estava achando que as cenas dentro da van seriam o problema. Estávamos preocupados porque o interior da van foi filmado em um estúdio, então não parecia tão frio. Quando vi o episódio, fiquei surpreso por eles terem mesmo vapor saindo da boca, e era CGI!
TERENCE: É uma daquelas coisas que, se não estivesse lá, você sentiria que tinha algo faltando, mas quando está lá, você aceita pela realidade. Na verdade, a primeiríssima cena do russo, Valery, sendo arrastado pelo bosque, aquela neve que você vê foram os últimos flocos de neve da nevasca que aconteceu na manhã em que filmamos. Tinha parado de nevar para aquela cena, e então filmamos o restante do episódio; aquela nevasca aconteceu durante vários dias, acho, de dezembro a janeiro de 2001.
S: E não foi escrito para neve.
DAVID: Tivemos tanta sorte de ter nevado; a princípio achávamos que ia ser um desastre, porque pensamos: "Ah, eles vão conseguir seguir as pegadas de volta".
S: E aí você pensou que teria que reescrever.
T: Sim, você disse isso, e aí eu usei um argumento convincente de que você poderia me levar a um quarteirão daqui, me fazer dar voltas, e eu não seria capaz de encontrar meu caminho de volta.
    Com ou sem pegadas, não tem jeito. Você fica tão desorientado, aí tenta imaginar o caminho de volta, e pensamos, "Isso parece lógico, acredito nisso".
S: Isso acontece o tempo todo. Você lê histórias no jornal sobre pessoas que se perdem na floresta e morrem para depois descobrirmos que estavam a um quilômetro de distância da estrada, sabe?
M: Então, Terry e David, vocês se lembram em que posição exata na história da terceira temporada isso deveria ocorrer? O que vocês estavam tentando fazer? Como parte de um enredo maior, qual era o propósito deste episódio? Onde isso iria levar vocês?
T: Bem, de início, foi proposto como parte da segunda temporada. Eu estava sentado com Todd Kessler, um de nossos roteiristas na época, que criou *Damages* para a FX

e *Bloodline* para a Netflix. Todd e eu... estávamos discutindo ideias de histórias, e Tim Van Patten, que é um de nossos diretores regulares, apareceu e só se sentou e perguntou o que estávamos fazendo, e respondemos: "Ah, estamos só de conversa fiada, falando sobre ideias para histórias". E Tim disse: "Ah, eu tive uma ideia para uma história, mas é bem boba". "Ah, não pode ser mais idiota do que estamos falando. O que é?". "Não, eu não quero te dizer."

Nós enfim o convencemos, e ele contou: "Eu sonhei que Paulie e Christopher se perdiam no bosque depois de levar um cara lá para matá-lo". E eu disse: "Timmy, isso é ótimo! Vai propor isso para David!", e ele falou: "Nem, estou com vergonha". David estava em seu escritório e eu disse: "Vou falar com ele agora mesmo". Bati na porta e falei: "Você tem que ouvir isso! Timmy teve uma ideia muito boa!". Eu lancei a ideia para ele, que respondeu: "Ótimo, vamos fazer". Acho que estávamos em algum lugar no meio da segunda temporada, e simplesmente não se encaixava em lugar nenhum, então David falou: "Vamos segurar essa ideia", e quando voltamos para a terceira temporada, dissemos: "Vamos fazer".

Não me lembro exatamente por que fez sentido no final daquele ano. Acho que as coisas estavam chegando a um ponto crítico no que diz respeito a Tony e Paulie se enfrentando, ao relacionamento de Tony e Gloria, então meio que se encaixou ali.

M: David, como Steve acabou integrando a série como diretor?

D: Ele acabou integrando a série como diretor porque tinha feito um filme — um grande filme, na minha opinião — chamado *Ponto de Encontro*. Eu amei esse filme. Achei tão bem dirigido e claro, e não barroco ou algo do tipo. Nossa equipe de seleção de elenco (Georgianne Walken e Sheila Jaffe) veio a partir desse filme. Elas eram as diretoras de elenco do filme dele, e foi por isso que eu as contratei...

M: Todo mundo pensa em "Pine Barrens" como um dos episódios mais engraçados de *Família Soprano*. Quanto desse humor, dessas piadas, dessas pegadinhas estava no roteiro, e quanto disso surgiu quando você estava no local?

S: Estava tudo no roteiro. O momento que me lembro, lendo o roteiro e gargalhei, foi: "Ele matou 16 checoslovacos. O cara trabalhava com decoração!". *(risos)* Naquela altura, eu ri muito e disse: "Meu Deus, é melhor eu não estragar isso. É a coisa mais engraçada". Não sei se alguma coisa foi inventada na hora, foi tudo escrito.

T: Apesar do que estava na página, quando você coloca esses caras lá fora atuando, você pode descrever Steve Schirripa andando em uma fantasia de caça... *(risos)* Dickens não poderia descrever isso, não seria tão engraçado quanto quando você o vê lá! Michael Imperioli e Tony Sirico juntos são uma das lendárias duplas de comédia. Era sempre uma sorte conseguir uma cena deles juntos e colocar aqueles dois caras naquela circunstância, em que eles estão batendo boca — para mim, essa é a situação mais engraçada em que você pode colocar duas pessoas, é quando elas estão sob pressão em um espaço de fechado, e começam a se atacar.

M: E acho que esse é talvez um dos melhores momentos de Tony, nesse episódio, devido à loucura que transparece em seus olhos.

T: Essa foi talvez a maior negociação que já tivemos que fazer nessa série. Tony Sirico está parado no meio da floresta, e seu personagem está muito bem montado. Desde a concepção, o episódio começa com ele fazendo as unhas cuidadas na manicure, em seu estado imaculado, e daí iríamos o levar e o destruir no final do episódio.

Então, quando filmamos o episódio, estávamos no meio do bosque e o dublê desabou no monte de neve, e ele usava uma peruca, mas o cabelo estava completamente torto, então essa era nossa oportunidade. Colocamos Tony Sirico, e ele nunca deixa ninguém tocar no cabelo dele, nunquinha. Isso é totalmente verdade. Ele cuida do próprio cabelo. Nós dissemos: "Tony, você tem que bagunçar seu cabelo". Ele respondeu: "Eu não vou tocar no meu cabelo". "Mas essa é a realidade. Olha o dublê, o cabelo dele está saindo da peruca!" Então, com muito relutância, ele fez assim *[gesticula mal tocando o cabelo]*, colocou alguns fios de cabelo fora do lugar, e Steve teve que intervir! Nós ficamos, tipo, "Tony, vamos lá!". A única maneira de apelar a Tony como artista era dizer: "É muito engraçado, vai ser muito engraçado. Nós nunca vimos você assim".

Finalmente, depois de quinze minutos de negociação em um metro de neve, ele estava bradando: "Seus filhos da puta!", ele bagunçou o cabelo e nós ficamos: "Vai, vai! Filmem isso!". Foi ótimo, e ele topou a brincadeira. Ele ficou daquele jeito pelo restante do episódio.

M: Todo o humor do episódio lembra o estilo de comédia dos anos 1930 e 1940. Eles são praticamente Os Dois Patetas perdidos no bosque.

T: É, eu estaria mentindo se dissesse que não mencionamos Os Três Patetas pelo menos uma vez por dia na sala de roteiristas, de uma forma ou de outra!

M: Eu também quero falar um pouco sobre Annabella Sciorra. Este é um de seus grandes episódios na terceira temporada. Você pode falar um pouco sobre como foi trabalhar com ela, dirigi-la, em especial quando ela joga carne na nuca de James Gandolfini, e também, eu tinha esquecido disso, quando quebra o vaso depois que ele vai embora. Isso foi tudo roteirizado?

S: Bem, isso foi outra coisa que foi escrita, e acho que foi importante ver como essa personagem era tão frágil e tão violenta. Você mencionou o bife que bate na nuca: ela não conseguia acertar direito, continuava errando. O contrarregra tentou e também errou — ele atingia o ombro ou o topo da cabeça. Então eu falei: "Me dá isso", e peguei, e — tenho certeza de que Gandolfini olhou para mim e disse: "Ah, você estava doido para fazer isso!" — eu acertei em cheio!

M: Quantas tomadas foram necessárias para chegar ao ponto em que James Gandolfini riu para caramba de Bobby na roupa de caça?

T: Não sei se deveria falar isso ou não, mas, em certo instante, Steve (Schirripa) estava vestindo um aparelho que é geralmente usado para gratificação sexual, pelo que ouvi. *(risos)* Ele entrava com visuais diferentes, e Jim olhava. Porque depois das primeiras vezes não é tão engraçado, Steve aparecia com uma coisa diferente saindo de vários lugares — pelo que me contaram. Eu não estava lá naquele dia.

Mas era engraçado quando você fazia Jim rir. Eu me lembro de outro episódio, o do tio Junior, no qual ele tinha que usar uma máscara para apneia do sono e a fala era: "Quantos aviões você derrubou na semana passada?". Jim Gandolfini não conseguia olhar para Dominic com aquela máscara e dizer aquela fala. Filmamos na noite anterior ao Dia de Ação de Graças, e tudo que Jim tinha que fazer era entrar e dizer a fala, e, tipo, por dezoito vezes seguidas, ele saiu do personagem. Eram duas da manhã, todos queriam ir para casa.

Lembro de Tim Van Patten dirigindo a cena e ele disse: "Jimmy, já chega, vamos terminar isso". "Tudo bem, tudo bem." Ele entrou e, no final, a gravação teve que ser feita em duas tomadas separadas. Tivemos que tirar Dominic da sala. Foi a única vez que Jim fisicamente não conseguiu fazer seu trabalho. Uma vez que você o fazia rir, ele não conseguia mesmo se recuperar.

M: Acho que precisamos falar sobre o russo. No verão de 2001, a HBO fez uma apresentação de *Família Soprano* na turnê de imprensa da Television Critics Association, e todo mundo estava perguntando sobre o russo: O que aconteceu com o russo? Vamos ver o russo? Haverá uma guerra de gangues entre a gangue de Tony e a do russo? E você [David] ficou cada vez mais... foi quase como um momento tirado de "Pine Barrens", porque eu podia ver você dizendo: "O que importa o que aconteceu?". Você estava irritado. As pessoas já pararam de te perguntar sobre o russo?

D: Não. Nunca pararam. *(risos)* O que você quer saber?

M: Por que o russo não importa? Por que saber o que aconteceu com ele não é importante?

D: Não sei. Achei que isso estava mais de acordo com o folclore russo ou algo assim, que o cara simplesmente desaparece. Quer dizer, não fazíamos contos folclóricos toda semana, mas parecia apropriado nesse caso.

M: Terry, você compartilha essa interpretação sobre o motivo pelo qual não nos importamos com o destino do russo?

T: Compartilho sim, mas tenho que confessar que, no final das contas, foi difícil para mim. Todos nós crescemos assistindo TV e esperando o desfecho das histórias. Acho que defendi essa ideia. E mesmo ao longo dos anos, eu pressionei nesse sentido, dizendo: "Seria legal finalmente descobrir o que aconteceu". Acho que em certo momento eu quase cheguei a convencer David, mas cometi o erro fundamental de dizer: "As pessoas vão adorar!". E ele falou: "Foda-se! Não devemos fazer algo por *esse* motivo!". *(risos)*

Esse era sem dúvida o caminho certo a seguir, e nunca deveríamos saber o que aconteceu.

D: Essa era a outra coisa — não queríamos seguir um enredo que levaria a Tony tendo que brigar contra os russos. Só não existe luta entre as máfias italiana e russa. Elas simplesmente não se sobrepõem.

M: Quando eu quis organizar um painel de debate sobre *Família Soprano*, meu primeiro pensamento foi, claro, "Vamos discutir o final". E então refleti: "Não podemos fazer isso, porque David nunca vai aceitar participar". Você já tinha explicado o que estava tentando fazer naquele final — em geral, não em específico — tantas vezes que eu não queria infligir isso a você de novo.

Mas sinto que, de certa forma, temos que fazer isso aqui essa noite, porque este, para mim, é o primeiro exemplo flagrante em *Família Soprano* desse tipo de coisa — a coisa que a maioria das pessoas focaria, o negócio da narrativa linear e óbvia, "O que aconteceu com o russo?" ou "O que aconteceu depois do corte seco para a tela preta?". Você disse: "Não é disso que se trata. Isso não é importante". Mas você não está apenas sendo teimoso em relação a isso. Na verdade, existe uma razão.

D: É, há uma razão. *(pausa)* Eu deveria ter mandado o russo entrar no Holsten's!

T: Uma coisa sobre a qual conversamos foi que, em algum momento, Christopher, bem no fim da série, entraria no clube do Slava e o russo estaria lá, limpando o chão, e seus olhares se cruzariam; então a câmera daria a volta até a nuca do russo e você veria que um grande pedaço de sua cabeça está faltando e ele não consegue se comunicar. Alguém diria, "É, umas crianças o encontraram assim, ele foi mandado para a Rússia e cuidaram para que se recuperasse, mas ele não pode mais falar". Durante todo o encontro, ele ficaria só olhando para Christopher, e você sentiria que ele sabe, mas não consegue comunicar isso. Pronto.

Minha proposta de final para *Família Soprano* era que um Nucky Thompson [personagem de Buscemi na série *Boardwalk Empire: O Império do Contrabando*] muito idoso entrasse e matasse Tony Soprano! *(risos)* Era assim que íamos finalizar *Boardwalk Empire*, mas não funcionou.

D: Vou te contar o que Matt Weiner falou: ele queria acabar a série *Mad Men* com Don Draper aos 92 anos, assistindo ao final de *Família Soprano*, e ele pega a garrafa de cerveja e joga na TV!

S: Perdemos um local de gravação.

T: Isso mesmo, para este episódio!

D: Nós íamos filmar "Pine Barrens" no Condado de Essex e o comissário...

T: Que era ítalo-americano e oponente ferrenho da difamação...

D: E que, mais tarde, foi preso por corrupção... *(risos)*

T: A maior piada de todos os tempos! Ele disse que não nos deixaria filmar lá porque a série maculava a imagem dos ítalo-americanos, e então ele próprio foi preso por aceitar suborno! *(risos)* Você não poderia inventar essas coisas! Mas, sim, perdemos aquela locação, então tivemos que nos virar e acabamos no parque estadual Harriman, em West Point.

S: Não consigo explicar como foi intimidador... mesmo já tendo trabalhado com Michael e Tony antes, eu ainda não tinha trabalhado com Jimmy, então foi muito surreal entrar naquele set no primeiro dia, porque eu senti que estava dirigindo Tony Soprano, não Jimmy. E eu não sabia como fazer aquilo! "Como eu falo com esse cara?". Mas Jimmy era um cara doce. Ele queria direção. Eu só tinha que superar meu nervosismo! Foi muito divertido, muito divertido de fazer.

M: Como foi atuar na série depois de dirigir por duas temporadas?

S: Quando atuei na série, fiquei muito nervoso e intimidado de novo! Mas todos fizeram com que eu me sentisse muito bem-vindo. Eu adorava atuar na série. Quer dizer, dirigir sempre me deixa um pouco mais ansioso e nervoso porque há tanta coisa que você tem que ter em mente. Como diretor, também interpreto cada papel na minha cabeça, sabe? Como ator, pude trabalhar com outros diretores, e isso foi ótimo. É difícil dizer do que gostei mais.

M: Você teve um baita bota-fora da série. Eles tocaram uma bela e grande música de Van Morrison e Tony atirou em você.

S: É! Para mim, essa foi a melhor forma de partir! Levar um tiro de Tony Soprano bem no meio da cara... e ele fez isso por amor, sabe? Isso! Ele estava me salvando de um destino muito pior!

D: Originalmente não era para ele morrer, e discutimos muito sobre isso, porque contratamos Steve por duas temporadas. Mas então ficou claro, do jeito que a história evoluiu, que ele não iria sobreviver até a próxima temporada.

S: E aí eu recebi uma ligação. Você deixou uma mensagem de voz, eu liguei de volta e esperava totalmente que você me dissesse [que estava matando meu personagem], e, em vez disso, você falou: "Quer almoçar amanhã?", e eu respondi que sim. Eu me convenci: "Ah, ele quer almoçar! Talvez ele tenha uma ótima ideia de história para a próxima temporada, ou talvez tenha outra ideia que queira fazer!". Eu estava meio em negação porque não podia aceitar aquilo. Eles me contrataram por duas temporadas! Fomos almoçar e ele me contou.

D: Não foi divertido.

S: Pelo menos comemos bem!

De olho na Máfia

Artigos selecionados do *Star-Ledger*

1999 - 2006

A seguir, uma coletânea de artigos e críticas publicadas na seção de artes do *Star-Ledger* (o jornal favorito de Tony), escritas por Matt Zoller Seitz, que fez a cobertura de *Família Soprano* entre 1999 e 2003, e Alan Sepinwall, que fez a cobertura de 2004 a 2006. Alguns textos são apresentados na íntegra. Outros são representados por uma seção ou fragmento.

PRIMEIRA TEMPORADA: 1999

Casado com a máfia
Um Poderoso Chefão atormentado luta para equilibrar a vida pessoal e profissional

POR MATT ZOLLER SEITZ | 09/01/1999

FILMADO EM LOCAÇÕES nas cidades ao norte de New Jersey, *Família Soprano* é uma fábula doméstica agridoce que mistura *Raymond e Companhia* e *Os Bons Companheiros*. É uma comédia do absurdo sobre comportamento criminoso e vida suburbana que gentilmente zomba de seus alvos enquanto leva a sério seus personagens e suas emoções.

Diz o ex-membro da E Street Band, Steve Van Zandt, que interpreta um dono de boate e mafioso de baixo nível chamado Silvio Dante: "Eu gosto de descrever a série como sendo uma versão gângster de *The Honeymooners*".

"Não é tanto sobre a máfia, mas, sim, sobre a família", diz Gandolfini, natural de Englewood e formado pela Universidade Rutgers, que teve papéis coadjuvantes em filmes como *Amor à Queima-Roupa* (interpretando o assassino que espancou Patricia Arquette), *O Nome do Jogo* (como o braço direito barbudo de Delroy Lindo) e o atual *A Qualquer Preço* (como funcionário delator de um curtume poluente).

Família Soprano também é, segundo Gandolfini, uma história cômica exagerada de filhos e netos de imigrantes tentando ter sucesso na assim chamada "sociedade bem-educada". Tony e seus comparsas se esforçam para subir na organização mafiosa como se esse fosse um negócio legítimo, incluindo a politicagem, disputas internas sobre promoções e "demissões" repentinas, muitas das quais acabam empacotadas e despejadas em algum lugar perto dos Meadowlands. Esses caras são bandidos e assassinos, mas também se preocupam em preparar festas e churrascos no quintal, em dirigir o carro certo e em conseguir mandar os filhos para a universidade certa.

"Eu vejo a série como sendo sobre a pressão de ser o primeiro", continua Gandolfini. "Tony é o primeiro cara a realmente se destacar em sua profissão, sair, mudar-se para o agradável subúrbio e a ter uma chance de se encaixar na sociedade. Mas existe um conflito entre isso e o que você poderia chamar do jeito que se faziam as coisas no Velho Mundo."

David Chase, o criador, produtor-executivo, roteirista e, às vezes, diretor da série, sabe uma ou duas coisas sobre esses problemas. Criado em North Caldwell, onde a casa de *Família Soprano* está localizada de verdade, o nome de sua família é originalmente DeCesare.

"Durante todo o período em que estava crescendo, eu ouvia falar de caras que diziam ter laços com esse tipo de vida — ou que tinham laços com pessoas que tinham laços", conta Chase. "Eu cresci vendo representações da vida mafiosa nos filmes e na TV. Esses personagens não se pareciam muito com os que eu conhecia. Os caras que me apontaram como tendo laços com a máfia eram caras que moravam em bairros abastados, os subúrbios, fora dos grandes centros depois de terem começado a vida na cidade, em algum lugar como Newark. Eles queriam sair, eles queriam tirar as famílias de lá. E agora tinham que lidar com problemas totalmente diferentes. A vida nos subúrbios.

"O fato é que, de alguma forma, todos os personagens desta série estão em busca disso."

Lorraine Bracco, que interpreta a terapeuta de Tony, dra. Jennifer Melfi, conhece bem esse terreno fictício. Ela recebeu uma indicação ao Oscar por interpretar uma esposa da máfia no épico *Os Bons Companheiros*, de Martin Scorsese, em 1990. Assim como *O Poderoso Chefão*, o filme de Scorsese mostrou a vida da máfia como uma metáfora exagerada para a vida em geral e destacou as tentativas de seus personagens ambiciosos de serem levados a sério pelo restante da sociedade — usando a força, se necessário.

"Quando conheci David e conversamos sobre o meu possível envolvimento neste projeto, eu estava muito insegura sobre me comprometer exatamente por esses motivos", diz ela. "Mas ele aliviou meus medos. Se você assistir à série, verá que lida mesmo com muitos problemas familiares. Tony é um homem perdido e deprimido. Ele sente que a vida não faz mais sentido e tudo está em declínio. Tudo está mudando para ele. Ele tem problemas no casamento, problemas no trabalho, com a mãe, com a filha que está indo para a faculdade."

Van Zandt, que mergulhou em livros sobre mafiosos para entrar no personagem, coloca o elemento gângster em um contexto ainda maior.

"Na versão romântica do estilo de vida criminoso, sempre há a sugestão de que o gângster é o cara que quebra todas as regras e se safa, pelo menos por um tempo", afirma Van Zandt. "É bebida, garotas, cavalos, dados, matar um cara se ele ficar no seu caminho e não se importar com o que pensam de você. Não é à toa que o público adora esse tipo de história."

"Não são apenas gângsteres ítalo-americanos", continua ele. "São filmes de Cagney e Bogart, são faroestes. O estadunidense parece ter algum tipo de fascínio por bandidos em geral. Talvez seja porque, no início, éramos uma nação de foras da lei. Esta nação nasceu da rebelião contra a autoridade e, de uma forma estranha, é isso que esses personagens representam. Essa imagem é muito atraente para os estadunidenses. Faz parte do inconsciente nacional. Está praticamente em nosso código genético."

O Poderoso Chefão encontra Ralph Kramden

POR MATT ZOLLER SEITZ | 02/02/1999

EM UMA ERA em que a televisão e o cinema preferem preencher os papéis principais com personalidades conhecidas, é uma verdadeira emoção assistir ao nascimento de uma estrela. Essa estrela é James Gandolfini, protagonista da série dramática da HBO *Família Soprano*. Sua excelência é do tipo que não se anuncia. Cena após cena e episódio após episódio, ele continua se aproximando de você, tirando pequenos milagres de seus bolsos.

É um dos papéis mais ricos da história da televisão — talvez o papel mais rico que qualquer ator já teve. Tony é como Michael Corleone interpretado por Ralph Kramden (personagem de Jack Gleason em *The Honeymooners*). Ele é patético e nobre, temível e trágico, doce e grandioso.

No entanto, Gandolfini habita o papel com tanta facilidade e sutileza que você toma como certa a complexidade do personagem e da performance. Ele nunca sugere que é superior a Tony, ou nos convida a nos sentirmos superiores. Ele nunca insinua, por voz ou gesto, que Tony faz uma distinção entre negócios legais e ilegais — ou que ele pode imaginar qualquer vida, exceto a que ele tem.

A separação entre a atividade comercial de Tony e sua vida familiar é essencial para seu funcionamento, mas essa divisão não existe entre o personagem e Gandolfini. Ele interpreta Tony de maneira natural, como uma pessoa comum, e não como um ator controlando um papel. As falas e situações são frequentemente engraçadas pela maneira única com que Gandolfini as entrega.

Assista à cena no episódio desta noite, em que Tony visita a mãe no asilo e lhe oferece macarons. "Ah, eles são muito doces", diz ela friamente. Tony esconde sua mágoa da mãe, mas percebemos isso pela maneira como ele faz uma pausa, fica imóvel, antes de falar de novo. Você quer sutileza? Nesta cena em particular, Gandolfini está de costas e só podemos ver um pedaço de seu rosto. O homem está interpretando com a nuca.

Gandolfini sugere as qualidades melancólicas, ansiosas e problemáticas de Tony apenas com algumas pequenas opções de linguagem corporal. Às vezes ele olha para o céu depois de um ato violento, como se dissesse: "Nossa, espero que você não tenha visto isso, Deus". Quando não consegue se comunicar, ele pressiona a mão na testa, como se tentasse forçar o cérebro a trabalhar. Quando se sente explorado, inclina-se para a frente e encara a câmera por baixo de sua testa larga, como quem carrega o peso do mundo nas costas.

Gandolfini: Qualidade de estrela, zero arrogância

POR MATT ZOLLER SEITZ | 14/02/1999

"**É COMO SE DEMONSTRAR** emoção tivesse se tornado uma coisa ruim. Como se houvesse algo de errado com você e você estivesse realmente apaixonado ou com muita raiva e demonstrasse isso. Por exemplo, se você sente essas emoções poderosas e as expressa, em vez de guardar para você ou de se expressar com discrição, então você deve ser alguém que precisa de terapia ou de Prozac. Esse é o mundo em que estamos agora."

As palavras sairiam facilmente da boca de Tony Soprano, o *capo* da máfia do norte de New Jersey que atua como o anti-herói cômico do aclamado novo drama da HBO, *Família Soprano*. Quase todos os episódios contêm um monólogo de Tony — às vezes amargo, às vezes cômico, às vezes pungente — sobre como a sociedade dificulta a vida de caras como ele.

Só que, desta vez, não é Tony quem está desabafando. É James Gandolfini, o ator de 37 anos que o interpreta.

"O personagem combina comigo", diz Gandolfini, que foi criado em Park Ridge, New Jersey. Ele está sentado em um assento ensolarado na janela da White Horse Tavern, em Greenwich Village, depois de treinar em uma academia próxima. "É óbvio que não sou um mafioso, e há outros aspectos do cara com os quais não estou familiarizado, como o quão confortável ele se sente com a violência. Mas na maioria dos aspectos importantes, eu tenho que dizer, sim — esse cara sou eu."

Criada pelo produtor-escritor David Chase, a série de treze episódios é uma mistura de *O Poderoso Chefão* e *The Honeymooners*, sobre um mafioso que se sente desconectado da esposa e dos filhos, se sente culpado por colocar a mãe em uma casa de repouso, está convencido de que o mundo está desequilibrado, e está até indo a uma terapeuta para lidar com o estresse. As coisas estariam ótimas se não estivessem péssimas.

Com um material tão rico, não é de se admirar que Tony e *Família Soprano*, vistos aos domingos às 21h, tenham se tornado um para-raios para matérias sobre vários tópicos: ítalo-americanos no cinema, o fascínio persistente das histórias de crimes, imagens da vida suburbana na cultura pop, e até mesmo o mal-estar que afeta alguns *baby boomers* quando chegam à meia-idade. A série de Chase é queridinha da crítica de uma costa à outra, um sucesso entre os telespectadores de TV a cabo (com a maior audiência para um drama original na história da HBO) e, talvez o mais importante, um sucesso com os executivos do canal a cabo, que encomendaram mais treze episódios depois de exibirem só dois.

Família Soprano também consolidou o estrelato de Gandolfini. Nos primeiros anos de sua carreira como ator, que começou há catorze anos, ele trabalhou principalmente em pequenos teatros de Nova York e Los Angeles. Seu maior papel no cinema foi em *Amor à Queima-Roupa*, de 1993, no qual ele interpretou o assassino contratado que morre em uma luta violenta contra Patricia Arquette. "Foi como uma dança", diz Gandolfini. "Nós meio que inventamos à medida que progredimos na cena."

Desde então, ele foi escalado sobretudo como bandidos, assassinos e caras meio bobões, mas amáveis — nas palavras de Gandolfini, "os papéis que você imaginaria que um cara parecido comigo conseguiria".

Mas, hoje em dia, ele está com mais pinta de protagonista. Em seu filme mais recente, *A Qualquer Preço*, estrelado por John Travolta interpretando um litigante em uma cruzada, as cenas de Gandolfini como o delator em um curtume servem como bússola moral do filme. Gandolfini também interpreta o antagonista de Nicolas Cage em *8 Milímetros*, um thriller sombrio do escritor de *Se7en: Os Sete Crimes Capitais*, que estreia em 29 de fevereiro. ("Um filme sombrio, sombrio", diz Gandolfini.)

E, claro, está ficando difícil andar pelas ruas de qualquer cidade sem passar por cartazes e anúncios em ônibus com Tony Soprano e seu olhar mortal.

Cineastas e atores que trabalharam com Gandolfini são efusivamente elogiosos.

"Acho que ele não tem ideia de quão bom ele é, o que pode ser uma das razões pelas quais ele é tão bom", declara Edie Falco, atriz do elenco fixo da série *Oz* da HBO e que interpreta Carmela, a esposa de Tony Soprano.

"Ele tem um poço emocional extremamente grande que eu acho que ele pode usar quando quiser", diz Michael Imperioli, um veterano de *Os Bons Companheiros* e de vários filmes de Spike Lee, que interpreta Chris, o jovem e impulsivo sobrinho de Tony. "É bastante poderoso. A força disso, às vezes, pode me tirar de qualquer tipo de complacência em que eu possa cair."

"Ele é um ator muito sério", afirma Steven Zaillian, que dirigiu Gandolfini em *A Qualquer Preço*. "Ele foi um dos poucos atores daquele filme que *me* pedia para fazer outra tomada... Ele sempre acha que pode ser melhor quando o que acabou de fazer é perfeito."

Você pode pensar que tal elogio empolgaria um ator que lutou tanto por reconhecimento. De certa forma, isso acontece. Mas, por outro lado, deixa Gandolfini desconfortável. Em entrevistas, ele muitas vezes atribui o sucesso à pura sorte, faz comentários autodepreciativos sobre o peso e o cabelo, e fica surpreso com a noção de que um cara com a aparência dele possa de repente receber tanto apreço da indústria do entretenimento.

"Essa é uma parte genuína dele", conta Martha Coolidge, que dirigiu Gandolfini em *Angie*, de 1994, no qual ele interpretou seu primeiro papel romântico como amante de Geena Davis. "Não estou falando de aparência, porque o considero um homem extremamente atraente. Estou falando sobre a impressão que ele mesmo tem de sua aparência. É essa atitude [autodepreciativa] que o torna um ator tão versátil. Em *Angie*, consegui o melhor dos dois mundos. Eu queria um cara que fosse muito real, mas que também tivesse qualidades de protagonista para atuar ao lado de Geena. James é um homem de verdade, então ele pode ser durão e sexy, mas também pode ser vulnerável e sensível. Ele era ideal para esse tipo de papel e é ideal para *Família Soprano*."

"Sinto que estou sendo o centro das atenções de um trabalho em grupo", explica Gandolfini. "Não é justo com os outros atores da série — Edie, Michael, Lorraine [Bracco] e todos os outros. E David Chase, que é, convenhamos, brilhante. Sem a mente de David Chase por trás dessa coisa era melhor que nós, atores, fôssemos para casa."

Histórias cativantes sobre o desconforto de Gandolfini com a fama já começaram a circular. Fontes da HBO confirmam algumas delas — que ele relutou em dar muitas entrevistas porque não quer desviar a atenção de Chase e de seus colegas de elenco; ele odeia posar para fotografias publicitárias de qualquer tipo; que ele quase foi à festa de estreia de *Família Soprano* em Nova York em um táxi amarelo porque não queria que os amigos o vissem sair de uma limusine e pensassem que ele tinha se tornado um famoso de Hollywood.

Ele não gosta de dar entrevistas para que façam matérias com seu perfil. "Não estou tentando ser difícil", explica ele. "Não é que eu tenha medo de revelar coisas pessoais... É só que eu realmente, de verdade, não vejo por que as pessoas achariam esse tipo de coisa interessante."

Questionado sobre a juventude, ele diz apenas que foi criado na "classe média" ou no "chão de fábrica". Ele conta que sempre gostou de ir ao cinema. ("John Wayne. Você não pode errar com John Wayne.") Mas ele nunca tietou famosos e, até hoje, não se considera um cinéfilo. Ele não gosta da maioria dos filmes de gênero de grande orçamento, preferindo *Sindicato de Ladrões*, dramas domésticos fortes como *Gente como a Gente*, e especialmente filmes ao ar livre, como *Mais Forte que a Vingança* e *Nada é para Sempre*.

"É engraçado", diz ele. "Faço tantos filmes urbanos, mas os que me atraem são os filmes ao ar livre."

Ele não teve sua primeira aula de atuação até 1985, dois anos depois de se formar na Universidade Rutgers em New Brunswick, New Jersey. Ele não é casado e não tem filhos. Ele está saindo com uma mulher e preferiria que o nome dela não fosse publicado. Ele tem duas irmãs. A mãe já faleceu. O pai era pedreiro em Nova York e agora trabalha como zelador em uma escola católica em New Jersey. Ele também não quer que seus nomes sejam divulgados por causa dos telefonemas de estranhos que estão recebendo em casa. Ele mora em um apartamento em Greenwich Village, mas está pensando em vendê-lo, voltar para New Jersey e comprar uma residência menor em Manhattan. Depois que a segunda temporada de *Família Soprano* terminar, ele provavelmente vai tirar um ano de folga.

Questionado sobre sua formação na Rutgers, ele responde: "Não me lembro". (De acordo com a universidade, Gandolfini é formado em Comunicação. Ele se formou em 1983.)

Muitos atores afirmam ser ambivalentes sobre a fama. Gandolfini é realmente ambivalente. Ele nem gosta de usar o status de celebridade como um palanque — um passatempo favorito de artistas supostamente tímidos e sérios. Muitas vezes durante esta entrevista, ele começava a expressar uma opinião sobre um tipo específico de filme que ele gosta ou não, ou o valor relativo dos programas de atuação da faculdade confrontado com a experiência do mundo real. Então ele parava e dizia: "Corta isso" ou "Esquece. Quem se importa com o que um ator tem a dizer sobre qualquer coisa?".

"Se tem uma coisa que eu odeio é ator que sobe em um palanque", diz ele. Então ri e faz um movimento de "apaga isso". "Ei, esqueça o que eu disse. Se você imprime o que estou dizendo, é como se eu estivesse subindo em um palanque."

"Você tem que lembrar, ele trabalhou em muitos filmes e no teatro antes dessa fase da carreira, então ele é conhecido pelos cinéfilos, mas não muito reconhecível", explica Imperioli. "Agora ele é Tony Soprano. Ele está na casa dos espectadores uma vez por semana. Ele gosta disso, mas quer manter os pés no chão."

Uma coisa sobre a qual Gandolfini é irredutível é a sinceridade no cinema. Seu filme recente favorito é *Shakespeare Apaixonado*, que ele afirma ter achado "muito comovente".

Ele odeia publicidade e filmes que parecem publicidade. Ele não gosta de modernidade e humor mesquinho. Ele prefere filmes que são muito emotivos em vez de sarcásticos, simplórios ou descolados.

"Gosto quando você vai ver um filme ou uma série de TV que tem pessoas que, de uma forma ou de outra, se parecem com você, agem como você e sentem algumas das coisas que você sente", diz ele. "Eu gosto de histórias sobre caras normais, não sobre os caras descolados. Ser descolado me dá vontade de vomitar."

Ouvir a rara declaração de palanque de Gandolfini faz Coolidge rir com prazer.

"Observe como sua própria avaliação sobre o que ele está interessado como cinéfilo o aponta para o material que ele é mais adequado para interpretar", diz ela. "Em virtude de sua aparência e sua personalidade, James é adequado para estar nos tipos de filmes que ele gosta. Isso é um feliz acidente. Imagine se ele se parecesse com algum modelo masculino. Os tipos de filmes que ele odeia são os únicos tipos de filmes que eles o deixariam entrar. Seria o Purgatório."

Fadiga de Máfia
Grupos ítalo-americanos consideram *Família Soprano* apenas mais uma representação negativa

POR MATT ZOLLER SEITZ | 05/03/1999

PELO QUE TUDO INDICA, a série *Família Soprano* da HBO, que retrata uma família de classe média no subúrbio de New Jersey, cujo patriarca, Tony Soprano, é um mafioso em terapia, é um sucesso para o canal a cabo premium. É um sucesso de audiência, já foi renovada para uma segunda temporada e ganhou elogios quase unânimes dos críticos.

Mas Emanuele Alfano não está impressionado.

"Não me importa quão boa seja como série dramática", diz o médico de Bloomfield, membro do comitê antipreconceito da UNICO National, uma organização ítalo-americana. "O fato é que é apenas mais uma história da máfia, da qual os ítalo-americanos não precisam."

"Então, a série é bem escrita, bem interpretada", afirma Nicolas Addeo, presidente do Speranza, um grupo de New Jersey que promove representação positiva de grupos étnicos, religiosos e raciais em Hollywood. "Seja o que for. É um inferno bem-apresentado."

Desde que *Família Soprano* foi ao ar, em 10 de janeiro, tem sido objeto de protesto público feito pelas organizações UNICO National, Speranza, Sons of Italy, Italian American One Voice Committee e outros grupos. Eles têm mirado na HBO com cartas, faxes e telefonemas, e organizando palestras e ensinamentos sobre difamação.

Alfano, Addeo e outros ativistas antidifamação afirmam que *Família Soprano* é apenas a mais recente onda de uma guerra interminável da cultura pop contra os ítalo-americanos. Na opinião deles, desde o lançamento de *O Poderoso Chefão*, em 1972, Hollywood tem apresentado um número crescente de imagens problemáticas, algumas flagrantes e grotescas (gângsteres assassinos); outras cômicas e aparentemente inofensivas (o bruto e traiçoeiro dr. Romano em *ER: Plantão Médico*, o bobo Joey Tribbiani de Matt LeBlanc em *Friends*).

Quando uma série como *Família Soprano* surge e ganha elogios por sua arte, mas poucas críticas por seu tema, diz Addeo, isso torna a luta por imagens positivas mais difícil.

"Então você ouve que *Família Soprano* é uma série de qualidade, você assiste para conferir, e é a mesma coisa de novo — ítalo-americanos roubando, batendo, atirando, trapaceando, matando", diz Addeo.

O criador da série, David Chase — um ítalo-americano criado em North Caldwell cujo sobrenome era originalmente DeCesare — diz que os manifestantes exageram o dano causado pelos filmes de gângster. "Ainda não me foi provado que um único ítalo-americano sofreu nos últimos quinze anos por causa disso."[1] Ele também observa que a maioria dos talentos envolvidos na série são ítalo-americanos — incluindo os atores principais James Gandolfini, Edie Falco e Michael Imperioli — e afirma que se algum deles pensasse que o material era difamatório, eles não teriam se envolvido.

Imperioli, que interpreta um mafioso de baixo nível chamado Chris em *Família Soprano*, ecoa os sentimentos de Chase. "Honestamente, acho que os ítalo-americanos estão em um lugar agora onde esse tipo de coisa não é difamação, ou se for estereotipado, não é prejudicial. Os ítalo-americanos assimilaram todos os aspectos da cultura. Estão no governo, na lei. São chefes corporativos. Se fossem os anos 1920 ou 1930, que foi quando meu avô veio para cá, uma série como *Família Soprano* seria muito mais prejudicial para alguém como ele."

"Esses caras precisam de um pouco de conscientização", fala Addeo, ao ser informado sobre as declarações de Chase e de Imperioli. "O fato de afirmarem que não há problema só me prova que temos um longo caminho a percorrer."

Chase diz que há muitas histórias de gângster porque a criminalidade é um ótimo assunto para filmes. "Roubar dinheiro, jogos de poder, tiroteios — esse é o território dos filmes estadunidenses, em geral." E, infelizmente, acrescenta ele, muitas manchetes de jornais sobre o crime organizado nos últimos trinta anos foram focadas em gângsteres ítalo-americanos, que tiveram um impacto na sociedade estadunidense desproporcional ao seu número. "O homem que foi assassinado por controlar a Família Gambino em frente ao Sparks Steakhouse em Nova York não se chamava Phil Van Hoovel, ele se chamava Paul Castellano... Quando o fenômeno ao qual me refiro deixar de ser um fato demonstrável da vida, talvez vejamos esse tipo de história desaparecer, assim como os faroestes começaram a entrar em declínio quando a maioria dos estadunidenses não conseguia mais ver um cavalo por perto."

---

1   Devido a uma conexão de telefone ruim, eu escutei David dizendo "cinquenta anos" em vez de "quinze anos", que foi próximo do tempo decorrido entre o lançamento de *O Poderoso Chefão Parte II* e a estreia de *Família Soprano*, então "cinquenta" é o número que chegou ao jornal, provocando uma enxurrada de correspondências raivosas de ítalo-americanos que se perguntavam se ele havia enlouquecido. David posteriormente escreveu uma carta ao editor dizendo que ele havia sido citado erroneamente e se desculpando por esse sentimento em particular, já que os ítalo-americanos obviamente haviam sido discriminados durante o meio século anterior, e eu fiz um *mea culpa*. Felizmente, ele continuou a falar comigo depois disso.

Tio Junior é o cantor "Soprano"

POR MATT ZOLLER SEITZ | 02/12/1999

DOMINIC CHIANESE TEM atuado e cantado por mais de quatro décadas, culminando em seu papel de destaque em *Família Soprano*, da HBO, como o estoico e vingativo chefe da máfia tio Junior, e em duas noites esgotadas de cabaré no Judy's Chelsea, uma casa de shows em Manhattan, nos dias 5 e 12 de dezembro. Ele já se apresentou na Broadway, off-Broadway, em filmes e na televisão.

Se ele não tivesse descido de um ônibus em 1952, é possível que nada disso tivesse acontecido.

Naquela época, Chianese era um jovem magro de 20 anos, recém-saído dos fuzileiros navais e trabalhando na construção civil com seu pai, Gaetano "Tony" Chianese, um pedreiro. Ele cantava a sério desde o colegial e queria se tornar um músico profissional. Mas hesitou, em parte porque não tinha certeza se seu pai entenderia ou aprovaria.

Nesse dia importante, os dois homens estavam indo de sua casa no Bronx para trabalhar em um apartamento com jardim em Clifton, New Jersey. "Estávamos em um ônibus cheio de pedreiros do Bronx", lembra Chianese, 68 anos, sentado em um café não muito longe de seu apartamento no Upper East Side de Manhattan. "Meu pai estava sentado na frente do ônibus. Eu estava atrás."

Chianese viu um anúncio, no *New York Herald Tribune*, de um teste procurando cantores para uma companhia musical especializada em operetas de Gilbert e Sullivan. Ele perguntou ao pai se poderia faltar ao trabalho naquele dia e descer do ônibus na rua 74 para fazer o teste.

"Ele disse: 'Um teste? Para quê?'."

"Eu falei: 'Para cantor'."

O ancião Chianese esperou cerca de quatro ou cinco segundos antes de responder.

Finalmente, ele disse: "Tudo bem".

Chianese fez o teste e foi aceito. Desde então, ele tem se apresentado mais ou menos sem parar, em uma variedade surpreendente de cenários.

Em meados dos anos 1960, ele era o mestre de cerimônias do café Gerde's no West Village — mais conhecido como Folk City devido às apresentações musicais que passavam por lá e que incluíram Bob Dylan, Emmylou Harris e Arlo Guthrie. Ele também cantou em *Jacques Brel Is Alive and Well and Living in Paris*, uma apresentação da obra do compositor em um off-Broadway no final dos anos 1960. (Chianese talvez tocasse algumas músicas de Brel em sua performance de cabaré, acompanhado pelo pianista David Lahm.)

Ele chamou a atenção de agentes de seleção de elenco quando interpretou um papel coadjuvante em *Gotti: No Comando da Máfia*, o docudrama da HBO sobre o mafioso.

Chianese não acredita muito no método de atuação. Ele prefere estudar o texto, entender o personagem e dizer as falas da maneira mais direta e descomplicada possível. Ele acha que a pesquisa e a identificação de personagens são ferramentas úteis para um ator, mas não substituem a análise dos diálogos e das direções de palco, especialmente se o roteiro foi escrito por alguém com um cérebro na cabeça.

"A visão do dramaturgo é a que você deve buscar", diz ele. "Tio Junior só pode ser interpretado de uma maneira. Isso porque [o criador da série] David Chase foi muito específico na criação do personagem. Ele sabe quem é esse homem, o que ele valoriza. Ele protege seu dinheiro, odeia o FBI, ama sua família.

"Acredito que Shakespeare tem que ser interpretado de uma certa maneira. Eu sinto o mesmo sobre qualquer dramaturgo de talento. O texto lhe diz o que fazer — ou pelo menos deveria. Mesmo se o que for escrito seja horrível, você pode se aproximar do personagem e encontrar algo que valha a pena interpretar, mas nosso trabalho como atores não é tentar torná-lo interessante. Esse é o trabalho do escritor."

Chianese tem seis filhos e dez netos. Três de seus filhos estão nas artes. A filha Rebecca Scarpatti é dramaturga. Outra filha, Sarah Francesca, organiza festivais de cinema. O filho, Dominic Chianese Jr., é um ator cujo crédito mais recente é como um dos ladrões de museu em *Thomas Crown: A Arte do Crime*.

Ele diz que, embora cante desde criança, não se fixou na ideia de se tornar um cantor profissional até ver Frank Sinatra se apresentar no teatro Paramount, em Manhattan, em 1947. As fãs de Frank Sinatra gritavam, Chianese estava sentado no centro da décima fila. Sinatra era magnífico — um deus magricela da música de camisa branca, paletó esporte marrom e gravata verde.

"Ele me acertou bem no coração", lembra Chianese. "Sua primeira canção foi 'I've Got the World on a String', de Harold Arlen. Não me lembro de outra música além dessa. Eu abro minhas apresentações com essa música. Isso causou uma boa impressão. A voz dele! O canto. Naquela época, se você fosse um garoto ítalo-americano do Bronx, esse era o seu caminho para o mundo dos sonhos. Se você não fosse um boxeador ou um jogador de futebol, então tinha que estar se apresentando, cantando, algo assim.

"Eu não poderia ser um boxeador. Meu pai sabia disso. Eu também não podia seguir seus passos, e ele sabia disso também. Foi por isso que ele me deixou sair daquele ônibus."

SEGUNDA TEMPORADA: 2000

Localização, Localização, Localização
Você sente que já esteve por lá? Provavelmente já esteve

POR MATT ZOLLER SEITZ | 16/01/2000

QUANDO VOCÊ ESTÁ EXPLORANDO um novo terreno na TV, ajuda ter um guia que conheça o território. Em *Família Soprano*, esse papel é preenchido pelo gerente de locações Mark Kamine, um veterano da indústria que é de New Jersey até os ossos: nascido em Jersey City, criado em Wayne e morador de Montclair.

Kamine descreve *Família Soprano* como "a experiência mais intensa em New Jersey que já tive em um [projeto]". Atualmente, pelo menos 75% dos exteriores da série são filmados em locações em New Jersey, com viagens paralelas a Nova York e Long Island. A maioria das cenas interiores é filmada em estúdios no Silvercup Studios, no Queens. A maioria do elenco e da equipe vive e trabalha na área de Nova York–New Jersey.

Kamine é cuidadoso ao apontar que poucos locais em *Família Soprano* têm um equivalente exato no mundo real... A equipe de *Família Soprano* pode fazer uma filmagem externa em, por exemplo, Verona, outra interna em Montclair e mais algumas internas no Silvercup Studios, e então juntar as tomadas na sala de edição para criar um lugar convincente.

Veja o episódio cinco da primeira temporada, em que Tony Soprano (James Gandolfini) leva sua filha adolescente Meadow (Jamie-Lynn Sigler) em um passeio de carro para visitar faculdades. No Maine, eles ficam em um hotel e visitam uma faculdade; no meio disso tudo, Tony encontra por acaso um delator que está no programa de proteção a testemunhas, o rastreia e o mata.

A equipe de *Família Soprano* nunca pôs os pés no Maine.

"A faculdade que eles visitaram era, na verdade, a Universidade Drew, em Madison", conta Kamine. "O hotel em que se hospedaram ficava em Oakland, New Jersey. Filmamos as cenas em que eles estão dirigindo pelas estradas e a cena em que Tony mata o cara no estado de Nova York, no condado de Rockland."

A sequência dos créditos de abertura também toma algumas liberdades com a geografia, diz Jason Minter, o gerente assistente de locações e nativo de Nova York, que ajudou a criá-la. Mas o objetivo final é o mesmo: dar aos espectadores um sentido abstrato, quase poético, de New Jersey e suas paisagens.

Há alguns anos, quando Chase estava procurando ideias para os créditos de abertura, ele pediu a Minter e ao primeiro assistente de direção, Henry Bronchtein, que dirigissem pelo norte de New Jersey com uma filmadora, gravando tudo o que viam. Chase gostou tanto do aspecto irregular e bagunçado da filmagem bruta que quis duplicá-la em filme. Então Minter; Allen Coulter, frequente diretor de *Família Soprano*; e o diretor de fotografia Phil Abraham revisitaram as locações da fita de vídeo duas vezes com câmeras de filme de 35 milímetros: a primeira vez com um carro de filmagem totalmente equipado, a segunda vez com uma câmera portátil em um carro dirigido pelo ator principal, James Gandolfini.

Houve complicações — a polícia estadual não permite carros de filmagem na rodovia Turnpike nem imagens falsificadas (o World Trade Center é visto no espelho retrovisor de Tony quando ele sai do túnel Lincoln, o que não é possível; a foto foi tirada de uma estrada perto do Liberty Science Center). Mas o resultado tem o efeito desejado.

"Um dos produtores disse: 'Eu não sei... acho que você precisa tomar um Dramin para assistir'", conta Minter. "Mas funciona, especialmente se você é de New Jersey. Tem todas essas coisas que ficam no fundo da sua mente, mesmo que você se mude de lá."

Mudando de Direção
O diretor Peter Bogdanovich tenta um novo papel — como ator

MATT ZOLLER SEITZ | 22/01/2000 (TRECHO)

"**MUITAS VEZES, AS PESSOAS** têm medo da palavra 'ambiguidade', mas essa série realmente a abraça na melhor tradição dos anos 1970. Você teria dificuldade em encontrar alguém na vida real que não tivesse ambiguidade. Não que o primeiro objetivo de *Família Soprano* não seja entreter, mas os personagens são tão bem escritos que acabam sendo repletos de ambiguidade."

Bogdanovich diz que, embora *Família Soprano* seja muito específica em seus cenários e personagens, seu significado vai além disso. Ele afirma que essa é a série certa para este período da história dos Estados Unidos: o alvorecer de um novo século quando as pessoas não têm certeza se as velhas regras ainda se aplicam, e estão preocupadas que o passado e seus valores possam estar desaparecendo.

"Nessa série, os valores não são em preto e branco. Isso reflete o que está acontecendo no país no momento. Tenho a sensação de que as pessoas não têm mais certeza do que é certo. Toda a história de Clinton fez esse sentimento borbulhar", diz ele, referindo-se ao escândalo envolvendo Monica Lewinsky.

"Agora há um tremendo desconforto com julgamentos de qualquer tipo, mas, ao mesmo tempo, enquanto assiste à série, você faz julgamentos morais mesmo assim. Você meio que vai e volta. Isso também reflete esse momento da história. Está profundamente em sintonia com a forma como as coisas estão agora. *Família Soprano* é uma espécie de grande ponto de interrogação moral."

Estrela dos palcos e de *Família Soprano*, Nancy Marchand morre de câncer

POR MATT ZOLLER SEITZ | 20/06/2000

NANCY MARCHAND, que interpretou uma monstruosa matriarca em *Família Soprano*, da HBO, e uma aristocrata editora de jornal em *Lou Grant*, da CBS, morreu no domingo à noite em sua casa em Stratford, Connecticut, após uma longa batalha contra o câncer de pulmão.

A morte de Marchand ocorreu no dia anterior ao que teria sido seu aniversário de setenta e dois anos. Ela era mais conhecida do público contemporâneo por seu trabalho indicado ao Emmy e vencedor do Globo de Ouro em *Família Soprano*, um drama sobre gângsteres de bairros nobres de New Jersey que sua personagem, Livia Soprano, domina com a astúcia de um senador romano. Furiosa por ter sido colocada em uma casa de repouso pelo filho, o chefe do crime Tony Soprano (James Gandolfini), Livia conspirou para tirar Tony do poder por qualquer meio necessário, incluindo assassinato. Suas ininterruptas e frequentes admissões de perda de memória camuflavam a crueldade de um assassino e a paciência de um monge.

O papel de Livia foi apenas o último de uma série de cinquenta anos de distintas caracterizações no palco, na tela grande e na TV. Nascida e criada em Buffalo, Nova York, Marchand desempenhou uma surpreendente variedade de papéis, aparecendo em tudo, desde produções teatrais de Shakespeare e Tennessee Williams a filmes (incluindo *Hospital*, a sátira da década de 1970, ao lado de George C. Scott) e séries do horário nobre (como *Cheers*, na qual ela interpretou a mãe do personagem de Kelsey Grammer, dr. Frasier Crane).

"É uma grande perda para o teatro e para o cinema dos Estados Unidos", disse Dominic Chianese, que interpreta o chefe ancião do crime Corrado "tio Junior" Soprano na série da HBO.

"Ela era alguém que tinha alcance suficiente para interpretar a sra. Pynchon em *Lou Grant* e depois fazer aquela mãe extraordinária em *Família Soprano*", falou Mason Adams, coestrela de Marchand em *Lou Grant*, além de inúmeras produções teatrais. "Ela era uma atriz incrivelmente versátil."

A descoberta de Marchand veio em 24 de março de 1953, quando ela estrelou, ao lado de Rod Steiger, na transmissão televisionada ao vivo original de *Marty*, corajoso drama do dramaturgo Paddy Chayefsky sobre um dócil açougueiro do Bronx. Um dos maiores sucessos de audiência da era da TV ao vivo, *Marty* foi refeito dois anos depois como um filme de sucesso que ganhou quatro prêmios da Academia.

A longa lista de créditos da Broadway e off-Broadway de Marchand incluía papéis vencedores do prêmio Obie em *The Cocktail Hour* e *The Balcony*, e interpretações indicadas ao Tony em *The White Liars and Black Comedy*. Seu trabalho no cinema ia de *Hospital*, de Paddy Chayefsky, em 1970, uma exposição satírica da corrupção e incompetência na medicina estadunidense, a papéis de comédia pastelão em *Corra que a Polícia Vem Aí!* e na comédia ao estilo dos irmãos Marx, *Uma Noite no Balé*.

Durante sua passagem pela série *Lou Grant*, Marchand ganhou quatro prêmios Emmy consecutivos de melhor atriz coadjuvante em um drama, de 1978 a 1982. Sua personagem, a sra. Pynchon, era uma herdeira de jornal durona, inteligente e socialmente conectada, que foi, em parte, inspirada em Katharine Graham, a antiga editora do *Washington Post*.

"Eu a conheci no Stratford Shakespeare Festival, em Stratford, Connecticut, em 1959", disse Ed Asner, estrela de *Lou Grant*. "Ela me deslumbrou com sua atuação, e com suas pernas também. Ela foi uma experiência. Ela foi uma experiência de aprendizado. Ela foi uma alegria. Ela era como um cara normal, se você entende o que quero dizer. Ela era durona."

Asner lembrou com carinho a velocidade com que Marchand conseguia avaliar um roteiro e explorá-lo em busca de emoções inesperadas.

"Essa mulher pegava um roteiro e encontrava as falhas nele imediatamente. Sempre fiquei deslumbrado com a forma como ela era incisiva. Assim que estávamos de pé e começávamos a atuar em uma cena, ela apenas me deslumbrava com a profundidade que tirava de um personagem, ou de um único discurso dentro da cena. Eu a considero uma das principais atrizes dos Estados Unidos."

Victor Kemper, natural de Newark e presidente da American Society of Cinematographers, trabalhou com Marchand em *Hospital* e em vários comerciais. "Ela realmente tinha uma noção do que estava acontecendo ao seu redor e sempre foi receptiva aos comentários do diretor ou da equipe de filmagem. Ela foi uma verdadeira colaboradora, ao contrário de algumas dessas pessoas que insistem em fazer do seu jeito."

O criador de *Família Soprano*, David Chase, afirma que a morte de Marchand deixou "um enorme buraco" na série — não apenas porque a questão do declínio da saúde de Livia não foi resolvida antes do falecimento de Marchand, mas também porque a atriz era muito querida por seu talento, profissionalismo e senso de humor impassível. "Ela poderia derrotar qualquer situação estúpida ou pomposa com apenas uma ou duas palavras oportunas... Quando ensaiávamos as cenas entre Livia e Tony, e as revelávamos pela primeira vez para que pudéssemos planejá-las, ela fazia todo mundo rir o tempo todo."

A escalação de Marchand como uma ítalo-americana de classe média surpreendeu a algumas pessoas, já que a maioria dos espectadores a conhecia de seu papel como uma protestante branca de classe média alta em *Lou Grant*. Marchand, como sempre, confundiu aqueles que a queriam rotulada como um tipo específico, ganhando elogios da crítica e inúmeros prêmios e indicações. Ela continuou a atuar em *Família Soprano* mesmo depois que soube que estava enfrentando uma batalha perdida contra o câncer de pulmão. (Marido de Marchand por quarenta e sete anos, o ator Paul Sparer morreu em novembro, também de câncer.)

Chase disse que ele e Marchand conversaram sobre o que fazer no caso da morte da atriz — se filmavam um episódio de morte com antecedência ou faziam a morte da personagem acontecer fora da tela. De comum acordo, o assunto nunca foi resolvido.

"Chegamos à conclusão de que lidaríamos com isso quando acontecesse", contou Chase. "Quer dizer, o que você poderia fazer? Realmente não tínhamos plano B."

Chase disse que o que mais surpreendia na atuação de Marchand como Livia foi sua capacidade de fazer uma personagem monstruosa parecer humana, tão triste e solitária quanto implacável. "A coisa mais surpreendente, considerando como é a personagem de Livia, é que tantas pessoas vieram até mim depois que a série estreou e falaram: 'Meu Deus, eu odeio dizer isso, mas minha mãe é assim'. Ou talvez eles mencionassem uma avó, ou uma tia. Eu não acho que eles queriam dizer que essas mulheres levaram as coisas ao ponto de tentar matar um filho. Eles estavam falando sobre a atitude sofredora e mórbida. Um egoísmo completo e absoluto."

Asner se lembrava com carinho de outro lado de Marchand: o jeito que ela dirigia. "Eu a trouxe para jantar na minha casa uma vez. Ela me seguiu na estrada. Você conhece essas pessoas que sentem que precisam deixar um quilômetro de distância entre você e elas enquanto você vai na frente mostrando o caminho? Nancy era assim... Eu quase tive que parar na rodovia e esperar que ela chegasse. Foi a viagem mais inacreditável e enlouquecedora que já fiz. Espero que alguém não tenha que guiá-la para o céu."

Mason Adams disse que viu Marchand pela última vez há algumas semanas, quando ela veio a Westport, Connecticut, para ver seu genro cantar em um show. "Ela estava lá em uma cadeira de rodas. Era claro que ela estava muito fraca. Mas veio ouvir o genro cantar. Ela era uma pessoa especial mesmo."

TERCEIRA TEMPORADA: 2001

Ator por trás do personagem Artie Bucco mostra um outro lado

POR MATT ZOLLER SEITZ | 16/09/2000

O ATOR JOHN VENTIMIGLIA é mais conhecido por seu trabalho em *Família Soprano*, na qual interpreta o dono de restaurante Artie Bucco. O personagem é um trabalhador de bom coração em uma série cheia de desajustados violentos; um joão-ninguém que se orgulha do próprio trabalho, mas se sente atraído pelo fascínio sombrio exercido pelo mundo da máfia, representado pelo amigo de infância Tony Soprano (James Gandolfini). Se você apenas associar Ventimiglia a Artie, seu papel no longa independente de baixo orçamento *Em Fuga* pode parecer um pouco chocante. O filme, que estreou ontem em lançamento limitado em Manhattan, é uma comédia urbana divertida que o coloca ao lado do amigo de longa data Michael Imperioli, que interpreta o jovem mafioso volátil, Chris Moltisanti, em *Família Soprano*.

Neste filme, seus papéis estão invertidos em relação aos de *Família Soprano*. Aqui, Imperioli é o cara que respeita a lei e é responsável, o dócil agente de viagens Albert DeSantis. Ventimiglia assume um papel marcante como Louie Salazar, amigo de infância de Albert, um galanteador perigoso que retorna à sua vida após sair da prisão.

Como Louie, Ventimiglia, que não é um homem grande, de alguma forma parece enorme — um macho alfa carismático, estilo Jack Nicholson, que se diverte à custa de todos os outros.

"Sou um grande fã de filmes dos anos 1970", disse Ventimiglia, conversando com um repórter enquanto come sanduíches e azeitonas em sua delicatessen italiana favorita no bairro de Cobble Hill, no Brooklyn, onde mora com a esposa e os dois filhos pequenos. "Esse é o tipo de filme no qual há um papel que poderia ter sido interpretado por Jack Nicholson ou Al Pacino ou Gene Hackman naquela época."

Ventimiglia não está tentando provar sua versatilidade como protagonista com este papel, mas acredita que é um passo na direção certa. No entanto, com seu papel recorrente em uma série de sucesso, a trajetória será desafiadora. Durante a entrevista, um estranho entra na delicatessen, se abaixa perto de Ventimiglia para pegar uma Coca-Cola na geladeira e exclama alegremente: "Ei, Artie! Como vai o ramo dos restaurantes?".

"Está indo bem, cara, muito bem", diz Ventimiglia, sorrindo.

HBO transforma gerente de escritório em uma esposa da máfia

POR MATT ZOLLER SEITZ | 22/2/2001

QUANDO DENISE BORINO fez o teste para um pequeno papel em *Família Soprano*, ela disse que não estava ansiosa. Tinha tantas outras coisas em mente que conseguir um papel era a menor de suas preocupações.

"Minha avó tinha acabado de falecer", conta a moradora de Roseland, que tem um pequeno papel em três episódios da temporada corrente como Ginny Sack, a esposa do capitão da máfia de Nova York, Johnny Sack (Vincent Curatola). "Na noite de terça-feira, quando fiz a leitura fria, estava perdendo a parte noturna do velório da minha avó. Com tudo isso acontecendo, nunca nem tive a chance de pensar em ficar nervosa."

Borino é gerente de escritório e assistente jurídica na Coffey & Sullivan, um escritório de advocacia em Morristown. Assim como sete outros atores amadores — quatro de New Jersey, um da Filadélfia, e dois de Nova York —, Borino respondeu em julho passado a um convite para o teste aberto de elenco, em Harrison, que buscava novos rostos para o drama criminal da HBO.

Borino diz que saiu da experiência impressionada com a produção — e muito interessada em atuar novamente. "Minha primeira cena no meu primeiro episódio foi com James Gandolfini. Ele é um cara muito inteligente e legal. No final das filmagens, ele fez questão de vir me dizer que eu tinha feito um bom trabalho. Ganhei o meu dia com aquilo."

Ela insiste que não vai dar uma festa na noite de estreia do primeiro episódio. Mas seus amigos talvez tenham outros planos.

"Eu disse aos meus amigos: 'Nossa, não sei se vou deixar vocês verem comigo'. Eles iam me deixar muito ansiosa."

Parando no bosque em uma noite de neve

POR MATT ZOLLER SEITZ | 08/05/2001

O EPISÓDIO DE *Família Soprano* de domingo, intitulado "Pine Barrens" e construído em torno de uma bizarra perseguição a pé por um bosque nevado, foi uma comédia sombria brutal ambientada em um inferno claro e gelado. Foi também o melhor episódio da temporada atual. Assim que acabou, eu quis ver de novo; embora alguns episódios deste ano tenham sido muito bons, "Pine Barrens" foi o primeiro que sem dúvida igualou ou superou qualquer coisa da primeira temporada.

A mudança de cenário provavelmente teve algo a ver com isso. *Família Soprano* tem duas cores dominantes, marrom e verde — marrom para os interiores cor de uísque onde os negócios da família são conduzidos; verde para os subúrbios onde o clã-título mora. Os tons de marfim desbotados do episódio do domingo chamaram a atenção; você tem a sensação de estar assistindo a um episódio que, no futuro próximo, se revelaria crucial.

Escrito por um produtor e diretor de longa data de *Família Soprano* chamado Terence Winter (sim, esse é o nome verdadeiro dele), "Pine Barrens" foi dirigido pelo ator Steve Buscemi, que sabe umas coisinhas sobre filmar na neve depois de ter estrelado *Fargo*, filme dos irmãos Coen. (Ele também é um cineasta excelente por si só; se você não viu seus dois filmes, a comédia de bar *Ponto de Encontro* e o drama da prisão *Fábrica de Animais*, alugue-os agora.)

A trama principal é deliciosamente estranha: quando o cobrador regular Silvio (Steve Van Zandt) pega uma gripe, Tony (James Gandolfini) atribui a Paulie (Tony Sirico) e Chris (Michael Imperioli) a responsabilidade de coletar o dinheiro lavado por um parceiro de negócios russo. Infelizmente, o encontro com o contato russo — um bêbado gigante e barulhento chamado Valery (Vitali Baganov) — degringola para uma discussão, depois uma briga, e Paulie estrangula o cara com uma luminária de chão até a morte — ou assim ele acha.

Acontece que Valery é muito difícil de matar. Paulie e Chris enfiam Valery, citado em conversas no celular como "a encomenda", no porta-malas do carro de Paulie e o levam até Pine Barrens para enterrá-lo. Como Valery está vivo, eles o fazem cavar sua própria cova.

Mas o engenhoso Valery, que já foi um soldado de elite do exército russo, escapa ("A encomenda atingiu Chrissy com um apetrecho", diz Paulie ao chefe, provando que ele não é exatamente o rei dos eufemismos). O russo mais perigoso desde Ivan Drago de *Rocky IV*, Valery sobrevive a um ferimento na cabeça e leva os dois desafortunados suburbanos de Jersey em uma perseguição cada vez mais estranha e sem esperança que se assemelha ao filme *A Bruxa de Blair* misturado a *Doutor Jivago*. (Será que uma guerra entre duas gangues de Jersey se aproxima?)

Embora a discussão desesperada de Paulie e Chris ocupasse o centro deste episódio, havia muita ação secundária interessante, incluindo o relacionamento recém-conturbado de Tony com a amante Gloria Trillo (Annabella Sciorra), que ele coloca em segundo plano sempre que o trabalho se impõe. "Se eu quisesse ser tratada como lixo, teria me casado", reclamou ela, antes de atirar um pedaço de carne na nuca de Tony.

É interessante que "University", o episódio repugnantemente violento de *Família Soprano* que foi ao ar no início do ano, pretendia evocar uma comparação com "College", o episódio da primeira temporada que alguns fãs ainda acham ser o melhor do drama. Apesar da falta de semelhanças estruturais, "Pine Barrens" é, na verdade, muito mais próximo em espírito a "College". Ao mesmo tempo em que promove algumas das principais vertentes da trama da série, é um filme autônomo de uma hora que pode ser apreciado por qualquer pessoa que goste de uma comédia sombria e grosseira.

QUARTA TEMPORADA: 2002

Elenco de *Família Soprano* floresce com atores que começaram suas carreiras mais tarde

POR ALAN SEPINWALL | 05/09/2002

HOMENS ADULTOS NÃO desistem de seus trabalhos para entrar na máfia. De vez em quando, porém, largam seus empregos para interpretar chefes da máfia na TV.

A mais recente adição ao elenco continua a tradição de *Família Soprano* de início tardio. Vincent Curatola, que se tornou um ator fixo em tempo integral este ano como o subchefe de Nova York, Johnny Sack, era um empreiteiro de alvenaria até o início dos anos 1990.

Até 1989, o mais próximo que Curatola chegou de atuar foi quando era encarregado dos telefonemas na sua empresa, no Condado de Bergen.

"Minha esposa, Maureen, me disse: 'Você é tão bom com os clientes, com as pessoas no banco, e você muda as linhas tão rapidamente de um telefonema para o outro; você deveria mesmo ser um ator'."

Curatola cresceu admirando os atores que via nos filmes exibidos no programa *Million Dollar Movie* do Channel 9, mas não deu muita importância à bajulação de sua esposa até que ela lhe mostrou um anúncio na revista *Backstage* sobre uma aula de teatro sendo ministrada por Michael Moriarty. Moriarty ficou intrigado com a ligação de Curatola a ponto de convidá-lo para visitar a aula, e o empresário logo se tornou uma presença constante na sala de aula.

"Depois de cerca de um mês e meio, eu me senti confortável para começar a trabalhar em um monólogo, e foi assim que tudo começou", conta ele. "Eu alugava um espaço a cada dois meses para que os alunos pudessem se apresentar aos agentes. Assumi a parte de produção do estúdio de atuação de Michael Moriarty. Toda vez que entro em algo, acabo assumindo o controle."

"Nenhum de nós é criança", diz ele. "Há coisas que todos nós aprendemos como empresários, ou o que quer que fôssemos antes disso, que aprimoram nosso desempenho na tela. Isso se encaixa tão bem que podemos ser inflexíveis sobre um determinado acordo ou uma divisão específica de dinheiro. O fato de muitos de nós termos vindo de outras atividades apenas aumenta o realismo."

"Joey Pants" volta para casa

POR ALAN SEPINWALL | 13/09/2002

"AQUI FOI ONDE eu levei uma surra de um garoto cujo apelido era Raiva", explica Joe Pantoliano, sorrindo no pátio de um conjunto habitacional de Jackson Street, em Hoboken.

"E bem ali", diz ele, correndo empolgado para o meio da rua, "foi onde meu pai e meu primo Florie trocaram socos e o carro começou a andar para trás enquanto mamãe ainda estava nele."

Pantoliano, que interpreta o mafioso sociopata Ralphie Cifaretto em *Família Soprano*, não está descrevendo cenas de uma das dezenas de filmes e séries de TV dos quais ele participou. Em uma tarde chuvosa no final de agosto, ele está revisitando suas próprias lembranças pessoais.

Pantoliano — ou Joey Pants, como é conhecido do Condado de Hudson a Hollywood — passou os primeiros quinze anos de sua vida crescendo nas ruas de Hoboken. Não o Hoboken limpo e classe média alta de hoje, mas o Hoboken duro e torto, o Hoboken retratado em *Sindicato de Ladrões*.

"Agora bem aqui", conta ele, apontando para um bueiro a alguns quarteirões de distância do conjunto habitacional, "foi onde meu pai amarrou o garoto que jogou minha bola no esgoto."

E, a alguns quarteirões ao norte, ele verifica um amassado de quarenta anos atrás deixado na lateral de um prédio de tijolos quando um carro bateu nele.

"Na época, estávamos morando no segundo andar, meu pai botou a cabeça para fora da janela para ver o que acontecia, e era um cara que ele conhecia", diz Pantoliano, surpreso que o tijolo não tenha sido substituído em todo esse tempo.

Pantoliano tem dezenas de histórias como essas. Como filho de dois apostadores degenerados e combativos, que cresceu em uma cidade onde muamba era a única mercadoria aceitável na época de férias e delinquentes juvenis em ascensão, como o já mencionado Raiva, podiam ser encontrados em cada esquina, seria difícil não ter todas essas histórias.

Seus pais, Monk e Mary Pantoliano, viviam à beira da miséria durante a maior parte da infância de Joe, preferindo mudar de apartamento em vez de pagar as contas. Quando as dificuldades surgiam, Mary usava seus poderes de persuasão, que eram lendários.

"Uma vez, meu primo Mario trabalhava para a Sears and Roebuck e eles o mandaram pegar nossos móveis", lembra ele. "Ela o fez se sentir tão mal que ele acabou a emprestando 200 dólares."

Mary amava seu pequeno Joey, mas tinha pouca paciência com os outros homens de sua vida. (Pantoliano atribui essa atitude ao avô materno, um bruto aterrorizante que, certa vez, atirou na perna de um homem por cuspir na calçada perto de Mary.) Ela intimidava Monk sempre que podia, verbal e fisicamente. Uma noite, Monk voltou para casa triunfante por jogar uma partida de boliche em que conseguiu 300 pontos. Mary o acusou de a estar traindo, e quando Monk apontou para o troféu de boliche como defesa, ela o acertou usando o troféu com tanta força que quebrou sua clavícula.

Pantoliano é tão rápido em defender sua mãe quanto em apontar seus erros. "Por mais maluca que fosse, ela era divertida", diz ele.

O primo Florie, também conhecido como Florio Isabella, era um mafioso que entrava e saía da vida do jovem Joe, desaparecendo por longos períodos quando foi condenado por roubar a balsa de Hoboken.

"Florie foi até o capitão com uma arma e falou: 'Capitão, isto é um motim'", conta Pantoliano.

Atores de cinema e TV têm muito tempo ocioso entre as tomadas, e Pantoliano passou boa parte de sua carreira preenchendo esse tempo contando as histórias do antigo bairro. "Toda vez que conto, as pessoas dizem: 'São personagens fictícios. Esses personagens não podem ser reais'. E eu falo, 'Não, juro por Deus, eles são reais'."

Depois de anos cogitando a ideia de transformar a história de sua família em um filme — ele fez ensaios breves para o projeto, com Diane Lane interpretando sua mãe Mary e Andy Garcia como Florie —, ele decidiu que funcionaria melhor como um livro. *Who's Sorry Now?* [Quem está arrependido agora?], coescrito por David Evanier, traça a história de Pantoliano desde seu nascimento até o dia em que deixou New Jersey para estudar teatro.

Depois de viver no sul da Califórnia no início da carreira, Pantoliano voltou para Hoboken há uma década. Apesar de atuar sob uma variedade de perucas desde que perdeu o cabelo, ele ainda é facilmente reconhecível como aquele cara de *Matrix* ou *Negócio Arriscado* ou *Família Soprano*, e passa grande parte dessa caminhada relembrando a infância, educadamente dando autógrafos.

"Eu costumava trabalhar com os caras de verdade ali", fala um aspirante a mafioso, enquanto Pantoliano tenta não revirar os olhos. Outro chama do outro lado da rua: "Ei, Ralphie! Quando a nova temporada vai começar?".

"Sou um ator versátil", diz ele. "As pessoas me reconhecem de tudo. Mas eu sempre reconheço um fã de *Família Soprano*, porque eles sempre me chamam de Ralphie. De todos os outros filmes pelos quais as pessoas me conhecem, elas falam: 'Ei, Joe Pantoliano', 'Ei, Joey Pants'."

Apesar da atmosfera urbana, Hoboken é uma cidade de apenas um quilômetro quadrado. Durante sua caminhada, Pantoliano encontra vários conhecidos: um capitão dos bombeiros que o ajudou na pesquisa para seu livro sobre o avô e um antigo colega da escola primária, que ele não via há 40 anos.

Pantoliano admite que será sempre a segunda pessoa mais famosa a sair de Hoboken, atrás de Frank Sinatra, mas sua conexão com Sinatra é mais pessoal do que a maioria: sua mãe cresceu

DE OLHO NA MÁFIA 521

na mesma rua de Sinatra, enquanto a família de seu pai mantinha uma rixa com a família Sinatra.

Segundo a lenda familiar, Dolly Sinatra teria oferecido mil dólares ao pai de Monk, Pete, para que ele recomendasse seu marido como capitão dos bombeiros de Hoboken. No entanto, Frank Sinatra se recusou a pagar após Pete cumprir sua parte no acordo. O ódio de Monk por Sinatra era tão profundo que ele se levantou de seu leito de morte quando ouviu o médico falar sobre Frank. Monk morreu cerca de uma hora depois, em outro hospital.

"Uma das coisas que descobri enquanto pesquisava para este livro é que meu avô devia dinheiro a um agente de apostas local, e achamos que o agente se aproximou de Frank diretamente e disse: 'Esse cara me deve dinheiro, então dê para mim em vez de entregar a ele'", explica Pantoliano. "Então [a família] fez disso um negócio maior do que talvez deveria ter sido."

Pantoliano afirma que nunca conheceu alguém como Ralphie em sua juventude — "Ninguém tão louco existe", diz ele. No entanto, ele teve Florie, que se tornou seu padrasto informal quando Mary deixou Monk. Florie foi uma influência tanto negativa quanto positiva: ele levou Joe aos pontos de encontro da máfia, tornando o estilo de vida dos gângsteres glamoroso, mas também fez o possível para impedir que Joe seguisse esse caminho. Ele apoiava seus sonhos de atuação e o conectou ao seu primeiro professor de teatro.

"Todos esses grupos falam que *Família Soprano* propaga estereótipos negativos", diz Pantoliano. "Bem, fui criado por um estereótipo negativo que fez uma coisa incrível por mim. Em mim, eu acho, ele encontrou uma criança que teve uma chance que ele nunca teve."

A caminhada continua, enquanto Pantoliano se maravilha com a vida que construiu para si. Um disléxico que foi retido na escola três vezes por professores que estavam convencidos de que ele tinha um transtorno de desenvolvimento, ele agora é coautor de um livro. Filho da pobreza, ele é um dos atores mais requisitados de Hollywood. E deve tudo a Hoboken.

"Mesmo estando lisos, sempre me diverti muito morando aqui", conta ele. "Era um bairro barra-pesada. E daí? Você levava um tapa de vez em quando, mas isso me ajudou no futuro. Ser rejeitado em uma audição dentro de uma sala, ficar na frente de Bob Fosse e Martin Scorsese e tê-los lhe dizendo 'não' é muito mais fácil do que ter o Raiva te segurando e chutando você pra [censurado]. Eu nasci para ter alguém me dizendo não."

O sorriso estampado no rosto de Pantoliano o dia todo enfim desaparece quando ele se aproxima de um prédio na rua Monroe, o segundo lugar em que morou e o local onde a foto da capa do livro foi tirada. Os degraus que ele subia e descia foram quebrados e porcamente reconstruídos há alguns meses.

"Olha o que fizeram com meus degraus", ele suspira. "Quem está arrependido agora?"

Será que este casamento pode ser salvo?

POR MATT ZOLLER SEITZ | 15/09/2002

ENQUANTO *FAMÍLIA SOPRANO* entra em uma temporada na qual o criador David Chase diz que o tema dominante será o estado do casamento de Tony e Carmela, quão saudável o alter ego de Carmela, Edie Falco, acha que é a união?

"Quem pode dizer o que é saudável e não saudável?", pergunta Falco. "É difícil dizer, pois estou tão próxima [do papel], mas olho ao redor e vejo muitos casamentos semelhantes a esse, cuja única diferença é o aspecto da máfia. Muitos casamentos existem com concessões, faladas e silenciosas. Para Carmela, há uma sensação de consistência: Tony sustenta a família, cuida dela e dos filhos, e isso dá a ela um lugar na sociedade."

Embora Falco nunca tenha se casado, ela é abordada com frequência por fãs do sexo feminino que explicam o quanto Carmela as inspira ao lidar com seus próprios cônjuges insensíveis, que podem não ser assassinos, mas, no entanto, têm muitos comportamentos que as ferem.

"Essas mulheres vêm até mim e falam: 'Preciso dizer que realmente te acho um exemplo', o que é incrível de verdade para mim", conta Falco. "'Ele é igual ao meu marido, eu amo o jeito que você lida com ele, você não tem papas na língua.'"

O que não quer dizer que Falco se ressinta de interpretar Carmela; a atuação do personagem é tão confortável para ela quanto um velho par de sapatos — literalmente. Ela notou no início deste ano que um par que usava como Carmela desde a primeira temporada estava completamente desgastado.

"Eu não poderia ser mais diferente dela e, em outro aspecto, eu sou ela. Ela é uma outra parte de mim mesma. É uma experiência extremamente gratificante para uma atriz. Eu amo que as pessoas a conheçam."

E, claro, sempre há a interpretação de seu casamento com James Gandolfini.

"É simplesmente perfeito, nós dois", diz ela sobre a parceria. "Isso me lembra de quando eu era criança e costumava brincar de casinha. É como brincar. Eu nunca estive mais confortável ao lado de outro ator. É uma grande sorte; eles escalaram duas pessoas entre as quais existe um relacionamento muito especial."

O melhor dos dois mundos: Michael Imperioli brilha como ator e roteirista em *Família Soprano*

POR ALAN SEPINWALL | 14/09/2002

DURANTE TREZE SEMANAS por ano, Michael Imperioli interpreta Christopher Moltisanti, um impaciente mafioso de *Família Soprano*. E por uma ou duas semanas por ano, ele controla todos os outros personagens como roteirista.

"Escrever para a série surgiu do meu amor pelos outros personagens e de querer me colocar um pouco no lugar deles", diz Imperioli, que também coescreveu o roteiro de *O Verão de Sam*, de Spike Lee. "Adoro os personagens, principalmente Paulie Walnuts, por quem, por algum motivo, tenho afinidade, e Silvio, em cuja voz gosto muito de entrar."

Durante o hiato entre as duas primeiras temporadas, ele escreveu um roteiro não comissionado que mostrava Christopher sofrendo uma overdose de heroína e tendo uma experiência extracorpórea.

Ele abordou o criador de *Família Soprano*, David Chase, que explicou que os roteiristas tinham planejado que Christopher fosse baleado. As duas ideias foram combinadas em "From Where to Eternity", que se tornou um dos destaques daquela temporada.

"Michael é como qualquer outro roteirista da série neste momento", explica o roteirista e produtor Terence Winter. "As coisas dele são muito boas." Imperioli escreveu dois dos treze episódios da próxima temporada, incluindo "Christopher" (o título se refere a Cristóvão Colombo, não a Moltisanti), que aborda com humor o orgulho étnico e rebate as acusações de que *Família Soprano* reforça estereótipos negativos sobre ítalo-americanos.

"Não compro essa ideia de que devemos representar demografias e grupos étnicos de pessoas", diz Imperioli, que também apareceu em *Os Bons Companheiros*. "É um drama. Os gregos ficaram chateados porque uma das primeiras peças foi Édipo? Isso significa que os gregos são essas pessoas traiçoeiras e loucas? A série não pretende representar a experiência ítalo-americana. É sobre um grupo específico de pessoas, um tempo e lugar específicos.

"Acho que a maioria das pessoas sabe que é uma série de TV e nem todos os italianos que conhecem estão na máfia", acrescenta. "E a ideia de que os italianos são impactados de forma negativa por *Família Soprano*? Nós nos assimilamos anos atrás, já somos senadores e governadores e advogados em todos os níveis da sociedade. Eu só acho [que os ativistas são] chorões."

QUINTA TEMPORADA: 2004

Buscemi se junta à Família

POR ALAN SEPINWALL | 04/03/2004

STEVE BUSCEMI QUERIA estar em *Família Soprano* desde o primeiro minuto em que assistiu à série. David Chase queria Buscemi no seriado desde o minuto em que o criou.

Mas ambos estavam com medo demais da possível rejeição até para abordarem o outro sobre um papel na série — mesmo quando Buscemi estava no set para dirigir o famoso episódio "Pine Barrens".

"Nós nunca conversamos sobre isso", lembra Chase, "porque eu tinha vergonha de convidá-lo para a série. Ele é o Steve Buscemi, ele tem uma carreira próspera no cinema, e a vida na TV é muito difícil para um ator."

"Era algo em que eu pensava às vezes", diz Buscemi, "mas eu ficava meio sem graça de tocar no assunto."

Como Buscemi virou fã de *Família Soprano* desde o começo — ele teve esperanças de dirigir episódios nas duas primeiras temporadas, mas não foi possível devido a conflitos de agenda —, ele se sentiu um pouco deslumbrado quando chegou o momento de aparecer na frente das câmeras.

"De repente estar em uma lanchonete com Tony Soprano me levou a pensar: 'Eu não acredito que eu estou fazendo isso'", revela.

Buscemi permanece de boca fechada sobre o plano para Tony Blundetto, mas deixou escapar um detalhe na coletiva de imprensa: "Eu mantenho a minha cabeça, se é isso que vocês estão se perguntando."

Chase segue o mafioso que existe dentro dele

POR ALAN SEPINWALL 02/03/2004

DAVID CHASE TENTA não prestar atenção às queixas. Sério, ele não dá atenção às reclamações. O criador de *Família Soprano* ainda se lembra da experiência feliz de fazer a primeira temporada, quando todas as cenas foram escritas, filmadas e editadas muito antes de alguém ter ideia do que a série se tornaria. Então, todos os anos, ele incentiva seus colegas roteiristas a se fecharem em casulos à prova de som e ignorarem o que está sendo escrito e dito sobre seu trabalho.

Mas, às vezes, ele deixa o barulho crescente chegar até ele.

"Havia uma jornalista que disse: 'Mate alguém! Mate alguém, pelo amor de Deus!'", conta o nativo de Caldwell. "Então, este ano decidimos matar alguém que se parece com ela."

A matança — ou a falta dela — foi o assunto principal em torno da quarta temporada. Depois de ser criticado no ano anterior pelo excesso de violência, de repente Chase estava sendo acusado de não derramar sangue e entranhas suficientes.

"Estou um pouco chocado com muitas dessas comparações", diz ele. "Eu pensei que havia uma quantidade razoável de violência no ano passado, e então as pessoas dizem que não há violência suficiente, outras falam que há violência demais."

A quinta temporada parece ter aumentado o potencial de caos com um arco de história inspirado por um artigo que Chase leu no *Star-Ledger* sobre mafiosos condenados nos julgamentos de combate à corrupção dos anos 1980 que enfim receberam liberdade condicional. Mas Chase nega que o arco seja uma reação a qualquer uma das pessoas que veem *Família Soprano* como um reality-show em que alguém tem que ser espancado toda semana.

"Nós apenas tentamos fazer o que nos interessa no momento", afirma. "Acho meio irritante quando as pessoas tratam a série como se fosse *Survivor* com balas."

Toda essa reclamação sobre "Onde está o assassinato?" poderia fazer com que outro roteirista desejasse criar um mundo menos brutal, mas Chase entende o pacto com o diabo que ele fez quando transformou uma série sobre sua própria família em uma série sobre a Família.

"Não seria a mesma série se Tony não fosse um mafioso", diz ele. "Esse aspecto da máfia intensifica tudo. Se Tony estivesse vendendo próteses médicas, não seria vida ou morte. As pequenas coisas de cada dia não teriam a mesma ressonância. O tema da máfia intensifica as coisas banais e mundanas."

A jornada de Tony chegará no final da próxima temporada (data de estreia desconhecida), que será a última da série. As temporadas anteriores foram escritas, em grande parte, isoladamente das demais, mas a quinta foi feita de olho na linha de chegada.

"Tem coisas que foram estabelecidas há algum tempo e ainda não aconteceram", diz ele.

"Eu estou falando sobre o destino das pessoas — não tanto tramas de crimes, mas como as pessoas vão crescer ou não ou como vão concluir seus últimos anos."

SEXTA TEMPORADA: 2006

Até que o "Dia do Assassinato" os separe

POR ALAN SEPINWALL | 07/03/2006

A QUESTÃO DE quem será morto e quando pode ser uma brincadeira divertida para os fãs de *Família Soprano,* mas é um negócio mortalmente sério para as pessoas que trabalham na série, desde os atores que a todo momento têm que temer por seus empregos até os roteiristas que acabam tendo que matá-los, deixando-os sem trabalho.

"Uma das coisas que concordamos desde o início foi que não manteríamos um personagem vivo apenas porque gostávamos do ator", explica o roteirista e produtor Terence Winter. "Gostamos de todos os atores, desde Vinny Pastore e adiante. Nós nunca mataríamos ninguém se fosse assim. Os roteiristas têm que se perguntar: 'O que faz mais sentido para esta história? O que Tony faria? Pussy era um dedo-duro e por isso se foi'. Mas trabalhamos com essas pessoas por tanto tempo, e eles são nossos amigos. Tenho certeza de que para eles também é difícil, você fica sem trabalho. É triste, parece que alguém está partindo."

"Estamos cientes de que alguém vai ficar sem trabalho", diz o criador David Chase. "Mas o fato é que estamos todos aqui para contar uma história, incluindo os atores, e essa é a função deles. Quando você aceita um emprego em uma série da máfia, você tem que entender isso."

A disposição de Chase para sacrificar outros personagens pela história de Tony criou um clima compreensível de paranoia no set.

"Sempre perguntamos uns aos outros: 'O que você ouviu?'", conta Joseph Gannascoli, que interpreta o *capo* Vito Spatafore.

"Eu folheio rapidamente os roteiros toda vez que recebo um", diz Tony Sirico, "só para ter certeza de que minha hora não chegou. É só uma questão de sorte que eu tenha resistido até agora."

———

"Há pessoas que vêm falar comigo o tempo todo", diz Chase, "e me falam as condições sob as quais aceitarão morrer: 'Se eu vou sair, não vou sair como dedo-duro. Eu te disse isso desde o primeiro dia!'. 'Se você vai me matar, você tem que me massacrar.' 'Eu tenho que estar no filme.' 'Eu quero lançar um spin-off. Não faça isso!'."

———

"Quando você é convidado para jantar", conta Michael Imperioli, "não é um bom sinal."

O material do qual os sonhos de Tony são feitos

POR ALAN SEPINWALL | 06/03/2006

HAVERÁ MAIS SONHOS. Apenas aceite.

A única reclamação mais persistente entre os fãs de *Família Soprano* do que todas as queixas sobre assassinatos é a que ocorre sempre que Tony faz check-in em um hotel e os espectadores têm que visitar seu inconsciente.

"The Test Dream" pareceu irritar especialmente os fãs da carnificina, porque aconteceu no final da temporada, quando o enredo da guerra entre as máfias de Nova York e de New Jersey ameaçava satisfazer a sede deles por sangue.

Os roteiristas de *Família Soprano* sabem que uma parte do público não gosta dos sonhos. E eles não se importam.

"As pessoas reclamavam comigo sobre isso", diz o roteirista e produtor Terence Winter, "e eu respondo: 'A cena de abertura da série é um cara no consultório da psiquiatra. Você não acha que talvez a série vá lidar com sonhos e psicologia?'. Foi assim que você conheceu Tony Soprano, sendo assim, a série vai lidar com essas coisas. Então, se você está interessado em Tony Soprano, você não está interessado no que ele pensa, no que ele sonha? Era de se esperar. Infelizmente, para algumas pessoas, tudo o que interessa são as coisas da máfia. Cada um tem suas preferências. Você não pode agradar a todos."

"Eu sei que as pessoas reclamam dos sonhos, mas nós chegamos a esses enredos através da honestidade", concorda o criador David Chase. "Esta é a história de um paciente em terapia, e os sonhos fazem parte disso."

Chase, que roteiriza a maioria das sequências dos sonhos, reconhece que "como fazemos uma série psicológica, os sonhos são interpretáveis". No entanto, o simbolismo nem sempre sai intencionalmente. Chase e os roteiristas tentam deixar a iconografia dos sonhos "vir do nosso subconsciente", disse ele.

Enquanto escrevia "Funhouse", a imagem de Tony andando de bicicleta até a peixaria veio à sua cabeça, e então ele se lembrou do sucesso que teve em *No Fim do Mundo* usando tecnologia digital para criar um cachorro falante. A partir daí, ele acabou interagindo com Pussy na forma de um peixe falante, que por sua vez evocou a velha frase de *O Poderoso Chefão* sobre dormir com os peixes.

"Você deve se perguntar por que, na minha mente, inconscientemente, ele foi até a peixaria. Eu não estava pensando: 'Vamos fazer isso, vai ser legal porque ele dorme com os peixes'. Esse cara, ele está andando em algum lugar, ele está de bicicleta, e acabou sendo uma peixaria. E para mim, isso é como um sonho real. E então eu me dei conta, 'Ah, ele dorme com os peixes'. E então isso levou à coisa toda em que Pussy foi mesmo para o oceano, no final."

Os sucessos continuam vindo: David Chase fala sobre 10 Momentos Musicais de *Família Soprano*

POR ALAN SEPINWALL | 08/03/2006

PEDI A DAVID CHASE para falar sobre a origem de dez dos melhores momentos musicais da série. Em ordem cronológica:

A música: A clássica canção de ninar "All Through the Night" (em "Denial, Anger, Acceptance", primeira temporada).

A cena: Enquanto Tony e Carmela sorriem orgulhosos com a apresentação de Meadow no coral da escola nas festividades de Natal, Mikey Palmice atira no amigo de Christopher, Brendan, na banheira.

Chase: "Lembrando bem, isso é um momento inspirado em *O Poderoso Chefão*. Acho que não percebi isso na época."

A música: A melancólica "It Was a Very Good Year", de Frank Sinatra (em "Guy Walks Into a Psychiatrist's Office", segunda temporada).

A cena: A primeira das montagens de abertura da temporada, enquanto nos atualizamos sobre o que todos os personagens estão fazendo (Livia fazendo fisioterapia, dra. Melfi trabalhando de dentro de um quarto de hotel barato, Meadow aprendendo a dirigir, Tony sendo infiel etc.) desde o final da surpreendentemente bem-sucedida primeira temporada.

Chase: "Foi um ano muito bom. Nosso primeiro ano foi um ano muito bom."

A música: A alegre "Baubles, Bangles, and Beads", de Sinatra (em "Funhouse", segunda temporada).

A cena: Tony, Paulie e Silvio confrontam Pussy sobre ele trabalhar com o FBI e depois o matam.

Chase: "Musicalmente, essa canção é tão interessante e cadenciada e simplesmente flutua, sabe? Não tinha nada a ver com o dinheiro ou as joias. Às vezes, essas letras meio que atrapalham."

A música: Um *mashup* (antes que a maioria das pessoas soubesse o que era um *mashup*) de "Every Breath You Take", do The Police, e o tema musical do seriado de detetive particular dos anos 1950, *Peter Gunn* (em "Mr. Ruggerio's Neighborhood", terceira temporada).

A cena: Agentes do FBI seguem membros da família Soprano enquanto se preparam para colocar uma escuta no porão de Tony.

Chase: "Minha esposa comentou: 'Você sabe que 'Every Breath You Take' e o tema de *Peter Gunn* são a mesma música?'. Nós as ouvimos e dissemos: 'Nossa, é mesmo'. Ela recebeu crédito de compositora nesse episódio. 'Every Breath You Take' foi interessante para essa sequência, e *Peter Gunn* é a música dos federais para desmantelar gangues."

A música: "Living on a Thin Line", do The Kinks (em "University", terceira temporada).

A cena: Usada tanto como música de dança para Tracee, a stripper, quanto como tema recorrente para sugerir sua morte iminente.

Chase: "Tem uma letra sobre como não há Inglaterra agora. Fico arrepiado só de pensar nisso enquanto estamos falando sobre o assunto." (O roteirista e produtor Terence Winter acrescenta: "Recebi mais e-mails e perguntas de amigos sobre o significado dessa música do que qualquer outra coisa que já usamos na história da série".)

A música: "Black Books", balada etérea de Nils Lofgren sobre uma mulher com um olhar vago (em "Second Opinion", terceira temporada).

A cena: Usada duas vezes, primeiro conforme Carmela se sente solitária e indesejada enquanto espera no corredor do dormitório de Meadow; e no momento após Carmela debater se deve deixar Tony, ela faz com que ele doe uma grande quantia de dinheiro para a escola de Meadow, só para que ela possa sentir que ele fez uma coisa boa por ela recentemente.

Chase: "É só uma bela música. A guitarra de Nils é luminosa."

A música: A batida implacável de "World Destruction", de Time Zone (em "For All Debts Public and Private", quarta temporada).

A cena: Ouvida pela primeira vez quando Tony desce a ladeira da garagem para pegar sua cópia do *Star-Ledger* na abertura da temporada, e, de novo, no final quando Christopher cola na geladeira da casa de sua mãe a nota de 20 dólares que pegou do policial que teria matado seu pai.

Chase: "Esse episódio foi escrito na semana do Onze de Setembro, por aí. Muito profeticamente, Afrika Bambaataa e John Lydon haviam cantado sobre sofrer lavagem cerebral pela religião. Essa música é de 1985, será?"

A música: "Dawn (Go Away)", de Frankie Valli and The Four Seasons (em "Christopher", quarta temporada).

A cena: Na volta de um cassino indígena, onde acabaram de ser chantageados para contratar Frankie Valli, Tony e Silvio têm um debate sobre o orgulho ítalo-americano e estereótipos prejudiciais. Tony responde à última opinião de Sil vociferando: "Fale com Frankie Valli, quando você o vir", uma fração de segundo antes dos créditos rolarem e a música começar.

Chase: *(rindo)* "Você pode não saber disso, mas o Four Seasons é ítalo-americano... E aquela cena era sobre ítalo-americanos. Tinha a ver com aquela coisa toda de Tony estar contando a Silvio sobre as diferenças de classe."

A música: "Oh Girl", a crescente canção romântica dos Chi-Lites (em "Watching Too Much Television", quarta temporada).

A cena: Depois de autorizar que o deputado Zellman namore Irina, sua ex-amante, Tony ouve "Oh Girl" no som do carro e começa a chorar. Então ele dirige até a casa de Zellman, olha para Irina com uma expressão possessiva e desejosa, e bate cruelmente em Zellman com um cinto.

Chase: "É apenas uma ótima música. Algumas pessoas que realmente fogem de suas emoções são muito sentimentais. Elas têm dificuldade em reconhecer as emoções verdadeiras, mas chafurdam no sentimentalismo. Esse é o tipo de música que se você estiver dirigindo sozinho, tarde da noite, e ela começar a tocar, mexe com você."

A música: "I'm Not Like Everybody Else", outra música do The Kinks (em "Cold Cuts", quinta temporada).

A cena: Tony fica irritado ao ver que a terapia de controle da raiva de Janice está funcionando bem melhor para ela do que as sessões com Melfi já funcionaram para ele, então ele a humilha de forma tão completa no jantar que ela o ataca com uma fúria homicida — momento em que Tony sai triunfante e caminha para casa, acompanhado pela música.

Chase: *(risos)* "Este é bastante autoexplicativo... Minha coisa favorita sobre essa música é que é uma versão ao vivo, e Ray Davies está cantando, e então ele diz, 'O que você é?', e 10 mil pessoas dizem em uníssono: 'Eu não sou como todo mundo!'."

SÉTIMA TEMPORADA: 2007

Crimes da Moda

POR ALAN SEPINWALL | 08/04/2007

JULIET POLCSA, A FIGURINISTA de *Família Soprano*, estava em uma prova de figurino com Edie Falco quando teve uma epifania perturbadora.

"Eu disse: 'Meu Deus, tem algo de errado comigo? Eu gosto disso'", lembra Polcsa com uma risada.

Desde o piloto, Polcsa foi responsável por criar ou aperfeiçoar o visual de quase todos os personagens da série, desde as estampas *animal print* de Adriana até os plastrões de Ralphie.

Depois que Polcsa recebe o roteiro e se encontra com o roteirista e o diretor, ela entende quantas trocas de figurino ocorrerão no episódio — 100 a 120 é a média, embora tenha subido para 160 em um episódio recente —, e então ela e sua equipe vão às compras. Eles visitam lojas por toda a região, desde lojas de departamento, como a Macy's, até pequenas lojas de moda masculina, em Bensonhurst e Howard Beach, que vestem os Tony e Johnny Sack da vida real.

Para os atores fixos da série, as roupas que vestem ajudam a definir quem eles estão interpretando. Steve Van Zandt nunca se sente no personagem até que esteja com o figurino completo. Como sinal do quanto valoriza as roupas de Silvio, ele compra seu guarda-roupa completo no final de cada temporada, mesmo que nunca use a maior parte dos figurinos longe das câmeras.

(Outro que também compra peças do figurino, embora por outro motivo, é Tony Sirico, cujo senso de moda é tão próximo ao de Paulie Walnuts que Polcsa uma vez o vestiu com uma camisa idêntica à que Sirico tinha em seu closet. "Um ano depois, ele rasgou a própria camisa e disse: 'Eu preciso daquela para substituir'.")

Coreografando um assassinato

POR ALAN SEPINWALL | 09/04/2007

QUANDO TONY SOPRANO dá a ordem para que alguém seja morto, é hora de ligar para Pete Bucossi.

O nativo de North Plainfield, New Jersey, tem sido o coordenador de dublês de *Família Soprano* desde o início, e ao longo de nove anos e 77 episódios, ele ajudou a orquestrar esfaqueamentos, tiroteios, acidentes de carro, enforcamentos e outras formas de morte e desmembramento.

Uma das cenas de luta mais longas e brutais da série foi a briga na cozinha, na quarta temporada, entre Tony e Ralphie, que terminou com a morte de Ralphie (e, depois, sua decapitação). Muitos dos detalhes, como Ralphie borrifar os olhos de Tony com inseticida, estavam no roteiro, enquanto outros movimentos tiveram que ser negociados durante o ensaio.

"Aquilo foi bastante complexo", explica Bucossi. "Você está trabalhando com adereços, havia alguns cacos de vidro. Você quer levá-lo ao limite, quase onde a cabeça de Ralphie está rolando pelo chão. Está bem detalhado no roteiro e, para uma grande luta, temos o privilégio dos ensaios."

O protagonista da série também é seu ator físico mais talentoso, o que é útil, considerando a frequência com que Tony se envolve em uma briga.

"É óbvio que Jimmy [Gandolfini] consegue se virar. Ele já é um homem grande e poderoso, mas está sempre preocupado em não machucar ninguém e fazer com que tudo pareça real. Ele é ótimo."

Uma cena memorável na terceira temporada teve Tony pegando Gloria, sua amante, e a jogando no chão. Durante o ensaio, houve um debate sobre a maneira exata como Tony deveria agarrar a mulher, que é muito menor, tanto para fins práticos quanto para fazer com que a cena ficasse perfeita.

"Não me lembro se estava no roteiro que ele tinha que agarrá-la pela garganta ou pelas roupas, mas ela estava de camisola, então sabíamos, obviamente, que se ele a agarrasse pelas roupas, elas se rasgariam. Ele tem mãos imensas. Acho que Jim deu a ideia: 'Eu a agarro pela garganta'. Então percebemos que ela poderia agarrar a mão dele e segurá-lo, e assim ele poderia levantá-la com facilidade. Foi um casamento feliz ali. E então usamos uma dublê para fazer a parte da queda."

Mesmo a mais básica das cenas de ação requer muita preparação, às vezes apenas para tranquilizar o ator.

Quando Eugene Pontecorvo se enforcou, na estreia da temporada passada, Bucossi fez questão de colocar um arnês de duas peças no ator Robert Funaro com alguns dias de antecedência, "só para que ele soubesse que não ia se enforcar". No final, o relativo conforto de Funaro com o equipamento permitiu que o diretor se demorasse mais na cena de Eugene pendurado na corda, adicionando um pouco de magia cinematográfica em algo perturbadoramente diferente.

Montando a cena

POR ALAN SEPINWALL | 08/04/2007

QUANDO BOB SHAW, o designer de produção, e Regina Heyman, a gerente de locação de *Família Soprano*, foram encarregados de encontrar um lar para a nova amante de Tony, Gloria Trillo, na terceira temporada, ambos presumiram que seria um apartamento em um arranha-céu em Fort Lee ou em algum outro local adjacente a Nova York, onde uma mulher solteira de negócios poderia viver.

Então, eles se reuniram com David Chase, que insistiu: "Não, não, ela mora em uma cabana na floresta! Ela é uma bruxa!".

Depois de se recuperar do susto, Heyman enviou sua equipe para caçar locações e encontrar uma cabana exatamente assim. Eles olharam e olharam, e todos os candidatos promissores foram vetados porque o local era distante demais para levar toda a equipe de produção até lá. Por acaso, um dos caçadores estava passando pela Friar Tuck Inn na rota 23, em Cedar Grove, e notou uma pequena cabana escondida logo atrás da pousada.

E, depois de todo esse esforço, o exterior da cabine foi visto apenas brevemente na tela, enquanto o interior da casa de Gloria foi construído do zero nos estúdios do Silvercup Studios, em Long Island City.

Sejam bem-vindos ao mundo de Heyman e Shaw, que desde o início da segunda temporada foram responsáveis por encontrar ou construir (ou, em alguns casos, ambos) os lugares onde Tony Soprano e companhia vivem, trabalham e, às vezes, matam.

Quando o tio Junior ficou em prisão domiciliar na segunda temporada, isso significava que ele precisava de uma casa, e Shaw sabia, a partir de sua própria infância e dos parentes do lado italiano de sua família, exatamente como o lugar deveria ser.

"Ele era de uma geração mais velha. Naquela época, eles não tinham pretensão de se tornar parte da classe média alta, como Tony e Carmela têm. E as pessoas mais velhas simplesmente não se mudam, elas dizem: 'Esta é a minha casa'. Supusemos também que, nunca tendo sido casado, e sendo dessa geração, ele nunca saiu da casa dos pais, e que a última reforma feita por Junior em sua casa foi nos anos 1950. As pessoas sempre se perguntam por que, sendo o chefe da máfia de fato, ele mora naquela porcaria de casa, mas, na verdade, é uma coisa muito precisa quando falamos daquela geração de ítalo-americanos e do jeito que a máfia costumava ser."

Chase tem uma lembrança quase completa de todos os lugares em que viveu e visitou enquanto crescia em New Jersey, e é muito específico sobre o que quer e o que não quer. Ao escolher uma locação para a casa da dra. Melfi, Shaw não chegou a notar um espelho pendurado no saguão, e, do jeito que uma cena foi filmada, o espelho estava mostrando claramente uma coleção de chapéus fora do enquadramento.

"David viu a cena", lembra Shaw, "e ficou muito chateado, ele disse: 'Melfi não tem uma coleção de chapéus!'."

A última palavra do criador de *Família Soprano*: O final fala por si só

POR ALAN SEPINWALL | 12/06/2007

O QUE VOCÊ FAZ quando o seu mundo televisivo acaba? Você vai jantar, e depois fica em silêncio.

O criador de *Família Soprano*, David Chase, levou sua esposa para jantar no domingo à noite na França, para onde fugiu com o objetivo de evitar "todas as críticas de segunda-feira de manhã" sobre o final da série. Após esta entrevista exclusiva (combinada antes do início da temporada), ele pretende deixar a obra — principalmente a polêmica cena final — falar por si só.

"Não tenho interesse em explicar, defender, reinterpretar ou acrescentar algo ao que está lá", diz ele sobre a cena final.

"Ninguém estava tentando ser audacioso, juro por Deus", acrescenta. "Fizemos o que achamos que deveríamos fazer. Ninguém estava tentando impressionar as pessoas ou estava pensando: 'Uau, isso vai irritá-las'.

"As pessoas têm a impressão de que você está tentando mexer com a cabeça delas, e isso não é verdade. Você está tentando entretê-las."

"Quem quiser ver, está tudo lá", diz Chase.

Alguns fãs supuseram que o final ambíguo foi o modo de Chase dar o pontapé inicial no tão falado filme de *Família Soprano*.

"Eu não penso muito em um filme", afirma. "Eu nunca digo nunca. Uma ideia poderia surgir na minha cabeça, que me faria dizer: 'Uau, isso daria um ótimo filme', mas duvido.

"Não estou sendo sonso", acrescenta. "Se surgisse algo que fosse mesmo uma boa ideia para um bom filme de *Família Soprano* e você pudesse investir nele e todo mundo quisesse fazer, eu faria. Mas acho que já fizemos tudo que tinha que ser feito e dito."

Outro problema: na última temporada, Chase matou vários personagens importantes. Ele até considerou a ideia de "voltar a um dia em 2006 que você não viu, no qual os filhos de Tony seriam mais velhos do que eram então, e você saberia que Tony não foi morto. Mas é complicado". (Mais cedo na entrevista, Chase observou que muitas vezes sua parte favorita da série era quando os personagens contavam histórias sobre os bons tempos dos pais de Tony. Apenas um palpite, mas se Chase fizer um spin-off, provavelmente será ambientado em Newark nos anos 1960.)[1]

Enquanto isso, lembra daquele hiato de vinte e um meses entre as

---

[1] A maioria das previsões que fizemos sobre a série durante sua exibição se revelou muito errada; uma década depois, *Os Muitos Santos de Newark* vai provar que essa está certa.

temporadas cinco e seis? Esse foi o tempo para Chase pensar no final. O então presidente da HBO, Chris Albrecht, conversou com ele após a quinta temporada e sugeriu que ele começasse a pensar em uma conclusão para a série; Chase concordou, com a condição de que ele tivesse "uma longa pausa" para decidir um final.

Originalmente, o final deveria ter ocorrido no ano passado, mas, no meio da produção, o número de episódios foi aumentado, e Chase esticou certos elementos da trama enquanto guardava os principais clímaces para essa leva final de nove episódios.

"Se tivesse sido apenas uma temporada, o enredo de Vito não teria sido tão importante", diz ele.

Grande parte desta temporada final apresentou Tony intimidando, matando ou alienando os membros de seu círculo íntimo. Depois de todos aqueles anos vendo-o como "o simpático chefe da máfia", deveríamos, como sua terapeuta, dra. Melfi, admitir que estamos lidando com um psicopata?

"Do meu ponto de vista, não há nada diferente sobre Tony nesta temporada", fala Chase. "Para mim, este é Tony."

Chase teve uma relação ambivalente com seus fãs, particularmente a multidão sanguinária que parecia sintonizar o canal apenas pela chance de ver a cabeça de alguém explodir (ou ser atropelado por um SUV). Então, será que ele estava relutante em preencher o penúltimo episódio da semana passada, "The Blue Comet", com tantas cenas vívidas de morte?

"Sou o fã número um de filmes de gângster", conta ele. "Não existe maior devoto de Martin Scorsese do que eu. Como todo mundo, me divirto em parte com as traições, as retaliações, a justiça imediata. Mas o que você percebe quando faz uma série é que pode estar matando espantalhos o dia todo. Esses assassinatos só têm algum significado quando existe história por trás deles. Caso contrário, é melhor você assistir *Cleaver*."

Um detalhe sobre a cena final que ele discutirá, ainda que provisoriamente: a seleção de "Don't Stop Believin'", do Journey, como a música no jukebox.

"Não demorou muito para escolher, mas houve muita conversa após o fato. Eu fiz algo que nunca tinha feito antes: estava na van de locação com a equipe e disse: 'O que vocês acham?'. Quando eu falei: 'Don't Stop Believin', as pessoas disseram: 'O quê? Ai meu Deus!'.

"Eu respondi: 'Eu sei, eu sei, apenas deem uma chance'. Pouco a pouco, as pessoas começaram a se convencer."

Se os espectadores terão uma reação semelhante ao final como um todo, Chase não sabe. ("Ouvi dizer que algumas pessoas ficaram muito bravas e outras não, que era o que eu esperava.") Ele está relaxando na França, e depois vai tentar fazer filmes.

"Foi a maior experiência profissional da minha vida", conclui. "Não há mais nada no mundo televisivo que eu possa dizer ou até que gostaria de dizer."

Palavras ao Chefe

Uma homenagem a James Gandolfini: o obituário escrito por Matt Zoller Seitz, um relato do funeral que foi publicado na *Vulture*, e o elogio fúnebre escrito por David Chase, transcrito por Alan Sepinwall.

Seitz fala sobre James Gandolfini, 1961-2013: Um grande ator, um grande homem

POR MATT ZOLLER SEITZ | 20/06/2013

JAMES GANDOLFINI era uma pessoa autêntica. Ele era especial. Você conseguia sentir.

Os amigos sentiam. Os colegas sentiam. As pessoas que falavam com ele por cinco minutos e nunca mais o viam sentiam. Pessoas que nunca o conheceram pessoalmente e o conheceram apenas por sua atuação em *Família Soprano* sentiam.

Foi real. Foi profundo. Verdadeiro.

James Gandolfini tinha uma conexão autêntica com os espectadores. Todos que o viram atuar, como protagonista ou em um papel pequeno, saíram se sentindo compreendidos. Você o via atuar e pensava: "Sim. Ele entende. Ele entende".

Ele não era um deles. Ele era um de nós.

"Sou ator", disse ele certa vez a um repórter. "Eu faço meu trabalho e vou para casa. Por que você está interessado em mim? Você não pergunta a um caminhoneiro sobre o trabalho dele."

Após a morte de James Gandolfini — vítima de um infarto com a idade assustadoramente jovem de cinquenta e um anos —, continuo voltando a essa autenticidade e à fonte dela, sua bondade. Eu o conheci um pouco como repórter e posso atestar que o que você ouviu é verdade. Ele era um homem bom.

A bondade de Gandolfini, acredito, foi a qualidade que lhe permitiu forjar sua poderosa conexão com os espectadores. Você podia sentir a bondade nele, não importa o quanto seus personagens fossem torturados e atormentados. Estava ali naqueles olhos tristes e naquele sorriso radiante.

Fiz a cobertura de *Família Soprano* para o *Star-Ledger*, o jornal que Tony Soprano sempre pegava na descida da garagem. Mantive contato com membros da equipe de produção depois que entreguei a cobertura para meu colega Alan Sepinwall, em 2004. Eu não cheguei a ser exatamente amigo de Gandolfini. Não havia muita gente na imprensa que fosse, acho, exceto talvez pessoas que Gandolfini havia conhecido antes de ficar famoso.

Fiz uma das únicas entrevistas individuais com ele, no final de 1998, antes de *Família Soprano* estrear na HBO.

Dois dias antes de nossa entrevista agendada, ele ligou para minha casa. Minha esposa atendeu o telefone.

"Alô?", disse ela.

Então seu queixo caiu. Ela colocou a mão sobre o bocal e sussurrou: "É James Gandolfini!".

Ela amava Gandolfini. Tinha uma queda por ele desde que o viu interpretar o namorado de Geena Davis em *Angie*.

Então ela levantou um dedo para me silenciar, porque Gandolfini já estava falando, nervoso e praticamente gaguejando.

"Tá", ela disse a ele. "Tudo bem. Bem, certo. Nós vamos. Nós vamos... bem, eu não sei a respeito disso. Tem certeza?"

Longa pausa.

"Pode não ser tão ruim", ela falou a ele. "Não dá para ter certeza. Quer saber? Acho que esta é uma conversa que você deveria mesmo ter com o Matt. Espere um segundo, ele está bem aqui."

Quando peguei o telefone, Gandolfini disse: "Ei, escute, estive pensando e realmente acho que é melhor não fazer a entrevista".

"Por que não?", perguntei.

"Só não vejo como eu teria algo interessante a dizer", explica ele. "Por que alguém se importaria? Eu não sou nenhum pouco interessante. Quem se importa com o que algum ator tem a dizer sobre qualquer coisa? Vou parecer um idiota."

Ele ficou em silêncio por um momento constrangedor.

Então falou: "Mas não quero que você fique encrencado com seus chefes. Então pensei que deveria falar com você sobre isso, e perguntar se talvez houvesse alguma maneira de podermos não fazer isso. E apenas... não fazer. Sem causar problemas para você. Ou para mim".

De algum jeito, consegui convencê-lo a fazer a entrevista de qualquer maneira.

Meu editor, Mark Di Ionno, perguntou se ele poderia ir comigo quando eu visitasse o set, porque ele tinha estudado em Universidade Rutgers com Gandolfini e dizia ser pessoalmente responsável pelo nítido amassado na testa do ator. Pelo visto, um bando de caras estava correndo pelo dormitório, atirando dardos uns nos outros, e Mark surpreendeu Gandolfini ao abrir uma porta com um chute antes que ele pudesse sair do caminho. A porta atingiu Gandolfini na testa e deixou aquele famoso vinco.

"Mal posso esperar para ver a cara dele", disse Mark.

Quando chegamos ao set, Gandolfini avistou Mark. Seu rosto se iluminou com um dos sorrisos mais calorosos que já vi em alguém. Ele abraçou Mark e deu um tapa nas costas dele com tanta força que você pensaria que ele estava tentando desalojar alguma comida engasgada na garganta de Mark.

Era assim que, muitas vezes, James Gandolfini cumprimentava as pessoas: como se estivesse muito feliz em vê-las e quisesse se deleitar em sua presença, caso nunca mais as visse.

Passamos metade de um dia juntos no set de *Família Soprano*. Ele foi ótimo. Gostaria de ter guardado a fita cassete. Ele falou sobre ganhar destaque em Hollywood e sobre a cena teatral de Nova York. Ele falou sobre atuar e do trabalho como barman. Eu me lembro vividamente dele falando sobre o quanto amava Mickey Rourke.

Ele disse: "Nos anos 1980, Mickey Rourke era o cara. Se você era um jovem que adorava filmes, queria ser ator e estava vendo muitos filmes nos anos 1980, não havia ninguém melhor do que Mickey Rourke. De Niro, Pacino, Dustin Hoffman, todos são ótimos, não me entenda mal. Mas Mickey Rourke era o cara. Eu queria ser Mickey Rourke".

Eu perguntei: "Você queria ser como Mickey Rourke?".

Ele riu e explicou: "Não! Quero dizer, na verdade, queria ser o Mickey Rourke. Eu queria ser ele. Tipo, roubar sua alma, como em *Coração Satânico*, e virar Mickey Rourke de verdade!".

No verão de 1999, a Television Critics Association concedeu a Gandolfini um prêmio por seu trabalho na série. Ninguém o avisou que o coquetel após a premiação era um evento de imprensa e que ele seria cercado por repórteres com blocos de nota e gravadores. Ele pensou que era um evento informal, apenas um grupo profissional apreciando outro. Eu já estava no bar quando ele se aproximou de mim, pediu uma cerveja e disse: "Um dia desses, você vai ter que me explicar como essa coisa funciona", e acenou com a mão, indicando os jornalistas se acumulando na varanda do hotel onde ficava o bar. Quando os gravadores e os blocos de nota apareceram, seus olhos se encheram de pânico.

Quando as câmeras apareceram e os flashes começaram a disparar, ele ficou mais alguns minutos e depois fugiu.

Um amigo me contou, mais tarde, que o momento o lembrou da cena no final de *King Kong*, logo antes do gorila quebrar as correntes e ser tomado pela fúria.

Ele foi melhorando seu nível de conforto em conversas com a imprensa e com fóruns públicos. Ao longo do tempo, ele se sentiu confortável o suficiente para ter uma conversa de uma hora com James Lipton no *Inside the Actors Studio*.

Mas acho justo dizer que nada disso é prova de que ele "virou um cara de Hollywood". O mais provável é que ele estivesse fazendo um tipo diferente de atuação, mas tão convincente quanto seus outros papéis.

Toda vez que falei com Gandolfini entre 1998 e 2006 — última vez que tivemos algum contato — ele parecia o mesmo cara que conheci da primeira vez, só que com mais dinheiro. Levei meu irmão Richard, um grande fã de *Família Soprano*, para a festa de lançamento do DVD da sexta temporada. Quando Gandolfini me viu, ele agiu como se nunca tivesse ficado tão feliz em ver alguém. Ele me agarrou com uma chave de braço, me deu cascudos e exclamou: "Nossa! O que aconteceu com todo o seu cabelo?".

"O que aconteceu com todo o *seu* cabelo?", retruquei sem jeito, me libertando de seu aperto.

"Olhe para esse safado, com esse papinho", disse ele para todos na sala.

"Quando foi a última vez que você o viu?", Richard me perguntou depois.

"Não sei. Talvez há três anos?"

Você não teria dito isso a partir da reação dele.

Era muito evidente que ele realmente curtia as pessoas, vivenciando suas personalidades, suas idiossincrasias; ouvindo suas histórias.

Acho que é por isso que, quando ele recebeu alguns prêmios, ganhou um monte de dinheiro e teve bastante influência para fazer seus próprios projetos, a primeira coisa que ele fez foi um documentário de história oral sobre veteranos de guerra recém-chegados ao país. Ele estava fazendo diante da câmera para entrevistar. Ele ouvia mais do que falava. Não tinha pauta política. Ele só queria dar aos soldados uma tribuna para falar sobre como foi passar por tudo o que eles viveram.

Não era sobre ele. Mesmo que ele fosse a estrela de uma série de TV ou de um filme, não era sobre ele.

Era sobre eles.

Era sobre você.

Era sobre nós.

Quando minha esposa morreu repentinamente de um infarto, em 2006, ele me enviou uma nota de condolências. Dizia: "Sinto muito por sua perda. Eu me lembro de falar com sua esposa ao telefone uma vez. Ela parecia uma mulher encantadora".

Estava assinada: "Jim".

Qualquer um que tenha tido o menor contato com Gandolfini pode atestar como ele era um grande sujeito, como ele era cheio de vida, como ele fazia as outras pessoas se sentirem extraordinárias. Sim, com certeza, ele tinha problemas — com bebida, com drogas, com mulheres, talvez com muitas outras coisas, mas, de uma forma ou de outra, todo mundo tem. Mas se ele estava se sentindo bem ou mal, ou vivendo com habilidade ou insensatez, sempre havia algo no cara que te dava vontade de abraçá-lo.

Você podia sentir isso brilhando através da tela, aquele calor e vulnerabilidade, aquela humanidade em colapso, mas ainda esperançosa.

Foi isso que fez de Tony Soprano, um valentão, assassino, trapaceiro e hipócrita nojento, tão carismático. A parte decente de Tony, a parte que representava o potencial humano tragicamente desperdiçado que a dra. Melfi continuava tentando provocar e acolher, veio de Gandolfini. Sua humanidade brilhou por meio da fachada podre de Tony. Quando as pessoas diziam que sentiam algo bom em Tony, era James Gandolfini que elas estavam sentindo.

Ele era Tony Soprano. Ele era James Gandolfini. Ele era nós.

Perdemos um amigo hoje.

Luto público por um homem privado: As palavras de Seitz no funeral de James Gandolfini

POR MATT ZOLLER SEITZ | 27/06/2013

FUNERAIS SÃO PARA os vivos. O de James Gandolfini foi lindo, doloroso e apropriado. Dado o cara que ele era, pareceu adequado que fosse aberto ao público e que as pessoas pudessem se aglomerar nas ruas do lado de fora da Catedral de São João, o Divino, no Harlem, no início da manhã, para conseguir um lugar e prestar suas homenagens.

Não posso deixar de pensar, porém, que se ele pudesse ter visto todas as pessoas usando ternos e vestidos, a imensa igreja com seu teto abobadado e 1800 bancos, e os carros de reportagem, as câmeras e os fãs fazendo fila ao amanhecer, ele pensaria, "Que bobagem. Sou apenas um ator...".

O James Gandolfini retratado pelos elogios desta manhã correspondia a essa percepção de um homem grato por seu talento e suas oportunidades, mas desconfortável com a atenção que recebeu, como se acreditasse que sua contribuição era muito pequena, no plano maior das coisas, para ser mencionada. Não era pequena — a demonstração de pesar por sua morte prematura de um infarto aos cinquenta e um anos é uma prova disso. Mas o fato de sua mente funcionar dessa maneira é uma das razões pelas quais as pessoas se emocionavam com sua atuação e com Gandolfini, o homem.

Muitos atores, cineastas e personalidades da mídia lotaram os bancos da frente da igreja. Havia os produtores e coadjuvantes de *Família Soprano*: David Chase, Michael Imperioli, Dominic Chianese, Lorraine Bracco, Tony Sirico, Edie Falco, Steve Buscemi, Annabella Sciorra, Aida Turturro, Vincent Pastore, Michael Rispoli, Vincent Curatola. Havia artistas e personalidades da mídia que conheciam ou trabalharam com Gandolfini: Alec Baldwin, Julianna Margulies, Brian Williams, Chris Noth, Dick Cavett, Marcia Gay Harden.

Jamie-Lynn Sigler, que interpretou Meadow, a filha de Tony Soprano na série, foi uma visão especialmente comovente, visivelmente grávida e, como tantos outros convidados, com os olhos vermelhos de tanto chorar. Ouvi um convidado falando sobre Michael, o filho de treze anos de Gandolfini: "Ele é um garoto muito forte, mas parece tão perdido".

O caixão do ator foi levado quando o reverendo James A. Kowalski entoou: "Eu sou a ressurreição, eu sou a vida, diz o Senhor". Os carregadores do caixão tentavam parecer tão calmos e resolutos quanto podiam, como sempre fazem os que desempenham essa função, mas dava para ver a tristeza inconsolável. Eu nunca vou esquecer o olhar no rosto do antigo roteirista e produtor de *Família Soprano*, Todd Kessler, um dos carregadores, posicionado perto da extremidade do caixão. Um nó de angústia.

Os elogios deixaram claro que havia uma verdadeira bondade, empatia e humildade em Gandolfini. Essas qualidades transpareciam mesmo quando ele estava interpretando personagens imponentes ou sucumbindo à escuridão e se transformando no aventureiro dos escândalos retratados nos tabloides do início dos anos 2000 — um lado mencionado pelo amigo de longa data de Gandolfini, Thomas Richardson, e pelo criador de *Família Soprano*, David Chase.

A esposa de Gandolfini, Deborah, mãe de sua filha recém-nascida Liliana, lembrou-se do marido como "um homem honesto e amoroso. Ironicamente", disse ela, indicando à multidão, "ele era extremamente reservado". Ela contou que ele "sempre estava ajudando alguém em segredo", uma característica confirmada em vários obituários e enfatizada em depoimentos no funeral.

Richardson, amigo de Gandolfini, o descreveu como "a pessoa mais altruísta e generosa que todos aqui já conheceram". Ele falou sobre como os abraços de Gandolfini eram sempre um pouco mais apertados e duravam um pouco mais do que os de todos os outros. Então ele pediu a todos na capela que se levantassem e colocassem os braços em volta das pessoas ao lado e as abraçassem o mais forte que pudessem, "porque é abraçando que somos abraçados".

Havia anedotas sobre Gandolfini, que às vezes aleatoriamente passava horas com fãs que conheceu na rua, ou contratava um sushiman do próprio bolso para mimar a equipe nos sets de filmagem, e apoiava pessoas e organizações por anos, sem que ninguém na mídia soubesse que ele estava fazendo isso.

O reverendo Kowalski lembrou-se do primeiro encontro com Gandolfini em um evento beneficente para o Tannenbaum Center for Religious Understanding. Ele falou sobre como o ator costumava manter um bloco de notas e uma caneta com ele enquanto dirigia; se Gandolfini ouvisse no rádio o nome de uma organização beneficente com a qual ele queria se envolver, ele encostava o carro e escrevia. "Ele dizia: 'Quero fazer algo para apoiar o que eles estão tentando fazer acontecer'", recordou Kowalski.

O reverendo falou de maneira comovente sobre a capacidade de Gandolfini de explorar medos e anseios universais de maneira tão direta que humanizou um personagem muitas vezes monstruoso, Tony Soprano. Ele disse que, embora não gostasse da violência de *Família Soprano*, assistiu à série mesmo assim porque sentiu que a atuação de Gandolfini lhe deu uma visão sobre de onde vem a violência.

"Não existe dinheiro no mundo que pague alguém para fazer um trabalho como esse", afirmou ele sobre ambos Gandolfini e Tony Soprano, e também sobre a generosidade pessoal do ator.

A velha amiga de Gandolfini, Susan Aston, creditada como sua "professora de atuação" em *Família Soprano*, falou do ator como alguém que estava plenamente consciente de suas falhas e que trabalhou o máximo que pôde para entender a si mesmo, controlar seus demônios e ser uma pessoa melhor.

"Em um pequeno escritório em casa, que ele chamava de 'a caverna', onde ele e eu trabalhávamos até tarde nas cenas do dia seguinte, a outra coisa que ele se esforçava era para ser capaz de se aceitar mesmo nos momentos em que não conseguia fazer o que achava o certo", ela disse.

O elogio fúnebre de Chase foi apresentado na forma de uma carta para o amigo. "Tentei escrever um elogio tradicional, mas saiu como um roteiro ruim de TV", brincou. Ele disse que pensou em escrever alguns pensamentos norteadores em um pedaço de papel e improvisar, como Gandolfini costumava fazer em premiações, mas desistiu, porque "muitos de seus discursos não faziam sentido. Mas não importava que não fizesse sentido, porque o sentimento era real. A sensação era real. A sensação era real. Não me canso de falar isso".

"Quando Jim pousava seu olhar incrível em você", disse Richardson, amigo de Gandolfini, "você se sentia muito importante para ele."

Absolutamente.

Todos nós sentimos aquela sensação de importância, aquela sensação de sermos compreendidos. Mesmo que você nunca tenha o encontrado pessoalmente e o conhecesse apenas vendo-o como Tony Soprano, havia algo em Gandolfini que parecia familiar e acessível — uma franqueza, uma vontade de ser vulnerável, de se deixar ser desamparado ou patético, para permitir que, por meio dele, vejamos o melhor em nós mesmos. Essas qualidades não podem ser ensinadas, apenas aproveitadas. Gandolfini nasceu com elas e trabalhou duro para transformá-las em ferramentas que pudesse usar para se conectar conosco.

E ele realmente se conectou.

Depois do funeral, parei em uma pizzaria para comer uma fatia. Quando eu estava sentado sozinho à mesa, um homem veio até mim e perguntou se ele poderia ver o meu programa [do funeral]. Ele disse: "Não se preocupe, não vou derramar nada nele".

Este era Robert Sattinger, um nova-iorquino de cinquenta e dois anos que tentou entrar no funeral, mas "chegou um pouco tarde demais". Ele me disse que não assistia *Família Soprano* na época de sua exibição original, mas assistiu em reprises anos depois, enquanto se recuperava de "uma situação médica", e acabou vendo a série inteira duas vezes.

"Eu nunca fiz nada assim antes", contou ele, sobre sua tentativa de comparecer ao funeral de um ator que ele nunca conheceu.

Mas a atuação de Gandolfini o emocionou tanto que, quando o ator morreu, ele sentiu a necessidade de ir prestar sua homenagem.

Enquanto observava Tony, disse Sattinger, ele sabia que, mesmo em seus momentos mais horríveis, o personagem "tinha um lado humano, e ele tinha fraquezas que tentava dominar. Você conseguia perceber o que estava em seu coração".

Elogio Fúnebre a James Gandolfini

POR DAVID CHASE | 27/06/2013

Querido Jimmy,

Sua família me pediu para falar em seu velório, e estou muito honrado e comovido. Também estou com muito medo, e digo isso porque você, de todas as pessoas, entenderá isso. Eu gostaria de fugir e ligar daqui a quatro dias do salão de beleza. Quero fazer um bom trabalho, porque te amo e porque você sempre fez um bom trabalho.

Acho que o negócio é que eu deveria falar sobre sua vida como ator/artista. Outros terão falado lindamente e magnificamente sobre as outras lindas e magníficas partes de você: pai, irmão, amigo. Acho que o que me disseram é que também devo falar pelos seus colegas de elenco, que você amava, pela sua equipe, que você amava tanto, pelo pessoal da HBO e do Journey. Espero poder falar por todos eles hoje e por você.

Perguntei por aí e os especialistas me disseram para começar com uma piada e uma anedota engraçada. "Ha ha ha". Mas como você mesmo disse tantas vezes, não estou no clima para isso. Estou muito triste e cheio de desânimo. Estou escrevendo para você em parte porque gostaria de ter recebido seu conselho. Porque eu me lembro como você fazia discursos. Eu vi você dar muitos discursos em premiações e outras coisas, e invariavelmente você anotava dois ou três pensamentos em uma folha de papel e colocava no bolso, e, na hora, nem olhava para as anotações.

E, por isso, muitos de seus discursos não faziam sentido. Acho que isso poderia acontecer aqui, exceto que, no seu caso, não importava que não fizesse sentido, porque o sentimento era real. A sensação era real. A sensação era real. Não me canso de repetir isso.

Tentei escrever um discurso tradicional, mas saiu como um roteiro ruim de TV. Então, estou escrevendo esta carta para você e agora estou lendo esta carta na sua frente. Mas está sendo feito para e na frente de um público, então vou tentar a abertura engraçada. Espero que seja engraçado; é para mim e é para você.

Vamos lá: um dia, já mais para o final da série — talvez na quarta ou quinta temporada —, estávamos no set gravando uma cena com Stevie Van Zandt, e acho que era a cena em que Tony havia recebido a notícia da morte de alguém, e isso era inconveniente para ele. E o roteiro dizia: "Tony abre a porta da geladeira, fecha e começa a falar". E as câmeras começaram a rodar, você abriu a porta da geladeira e bateu com muita força — você bateu com tanta força que a porta se abriu de novo. E então você bateu mais uma vez e ela se abriu novamente. Você continuou batendo e batendo e batendo e batendo e *batendo*, e ficou enfurecido com aquela geladeira.

E a parte engraçada, para mim, é que me lembro de Steven Van Zandt — por conta das câmeras rodando, temos que gravar toda essa cena com uma porta de geladeira se abrindo —, lembro de Steven Van Zandt parado ali, boquiaberto, tentando descobrir: "Bem, o que devo fazer? Primeiro, como Silvio, porque ele acabou de estragar minha geladeira. E também como o ator Steven, porque agora vamos fazer uma cena com a porta da geladeira aberta; as pessoas não fazem isso". E eu me lembro dele indo lá e tentando mexer na porta e consertá-la, mas não funcionou. E então tivemos que mandar cortar para poder consertar a porta da geladeira, e nunca funcionou, porque a fita isolante aparecia na geladeira, foi um problema o dia todo.

E eu lembro de você dizendo: "Ah, esse papel, esse papel, os lugares para onde ele me leva, as coisas que tenho que fazer, é tão sombrio".

E eu me lembro de falar para você: "Eu te disse para destruir a geladeira? Dizia em algum lugar do roteiro, 'Tony destrói uma geladeira'? O roteiro diz 'Tony fecha a porta da geladeira com raiva'. Você destruiu a geladeira".

Outra lembrança sua que me vem à mente é de um episódio logo no início — pode ter sido o piloto, não sei. Estávamos filmando naquele dia muito quente e úmido do verão de New Jersey. E eu olhei e você estava sentado em uma cadeira de praia de alumínio, com suas calças enroladas até os joelhos, usando meias pretas e sapatos pretos, e um lenço molhado na cabeça.

E eu me lembro de olhar para você e dizer: "Bem, isso não é mesmo um visual maneiro". Mas eu estava cheio de amor e soube então que estava no lugar certo. Eu acrescentei: "Uau, eu não vejo ninguém fazer aquilo desde que meu pai costumava fazer isso, e meus tios italianos costumavam fazer isso, e meu avô italiano costumava fazer isso". E eles eram trabalhadores sob o mesmo sol quente de New Jersey. Eles eram pedreiros, e seu pai trabalhava com concreto. Não sei o que há com italianos e cimento. E eu estava tão orgulhoso de nossa origem — me deixou tão orgulhoso de nossa origem ver você fazendo aquilo.

Antes, quando eu disse que você era meu irmão, tem muito a ver com isso: ítalo-americano, trabalhador italiano, construtor, aquela coisa de ser de Jersey — seja lá o que isso signifique —, a mesma classe social. Eu realmente sinto isso, embora seja mais velho que você, sempre senti que somos irmãos. E foi baseado naquele dia. Eu estava cheio com tanto amor por tudo o que estávamos fazendo e no que estávamos prestes a embarcar.

Eu também sinto que você é meu irmão porque temos gostos diferentes, mas tem coisas que nós dois amamos, que é família, trabalho, pessoas em todas suas imperfeições, comida, álcool, conversa, raiva e um desejo de derrubar todo o sistema. Nós nos divertimos.

A imagem de meus tios e meu pai me fez lembrar de algo que aconteceu entre nós uma vez. Porque esses caras eram muito machões — seu pai e esses homens da Itália. E você estava passando por uma crise de fé em si mesmo e como ator, muitas coisas, estava bastante chateado. Eu fui encontrá-lo nas margens do rio Hudson, e você me disse: "Você sabe o que eu quero ser? Eu quero ser um homem. Isso é tudo. Eu quero ser um homem". Agora, isso é tão estranho, porque você é um homem. Você é um homem de várias maneiras, que muitos homens, inclusive eu, gostariam de poder ser mais homem.

O paradoxo sobre você como homem é que eu sempre senti pessoalmente que, ao olhar para você, eu estava vendo um menino. Um menino da idade de Michael agora. Porque você era como uma criança, naquela idade em que a humanidade e a vida no planeta estão realmente desabrochando e dando um espetáculo, se revelando mesmo em toda sua bela e terrível glória. E eu vi você como um menino — como um menino triste, maravilhado e confuso, cheio de amor e admiração por tudo. E tudo isso transparecia nos seus olhos.

E foi por isso, eu acho, que você foi um grande ator: por conta daquele garoto que estava lá dentro. Era uma criança reagindo. Claro que você era inteligente, mas era uma criança reagindo, e suas reações eram, muitas vezes, infantis. E com isso quero dizer que eram pré-escolares, eram pré-etiqueta, eram pré-intelecto. Eram apenas emoções simples, diretas e puras. E acho que seu talento é que você pode absorver a imensidão da humanidade e do universo, e iluminá-lo para o restante de nós como uma enorme luz brilhante.

Acredito que só uma alma pura, como uma criança, pode fazer isso muito bem. E esse era você.

Agora, quero falar sobre o terceiro cara entre nós, havia você, eu e esse terceiro cara. As pessoas sempre dizem: "Tony Soprano. Por que nós o amávamos tanto quando ele era um canalha?". E minha teoria era que eles viram nele o garotinho. Eles sentiram e amaram o garotinho, e sentiram seu amor e sua mágoa. E você trouxe tudo isso para ele. Você foi um bom menino. Seu trabalho com os veteranos feridos era apenas um exemplo disso. E vou dizer uma coisa porque sei que você gostaria que eu dissesse em público: que ninguém deve esquecer os esforços de Tony Sirico fez com você para apoiar esse projeto. Ele estava lá com você o tempo todo e, na verdade, você me disse recentemente: "É mais Tony do que eu". E eu conheço você, e eu sei que você gostaria que eu colocasse o foco nele, ou você não ficaria satisfeito. Então estou fazendo isso.

Tony Soprano nunca mudou, dizem as pessoas. Ele ficou mais sombrio. Eu não sei como eles podem não ter entendido isso. Ele tentou e ele tentou e ele tentou. E você tentou e tentou, mais do que a maioria de nós, e com mais afinco do que a maioria de nós, e, às vezes, você tentou demais. Essa geladeira é um exemplo. Às vezes, seus esforços custaram caro para você e para os outros, mas você tentou. Estou pensando em como você foi legal com estranhos na rua, com fãs e fotógrafos. Você era paciente, amoroso e particular, até que chegava a um ponto que era demais, e então, de repente, você perdia o controle. E é claro que todo mundo lia sobre isso, sobre o descontrole.

Me pediram para falar sobre a parte do trabalho, então vou falar da série que fazíamos e como a fazíamos. Você sabe, todo mundo sabe que sempre terminávamos um episódio com uma música. Essa era uma forma que eu e os roteiristas encontramos de deixar os verdadeiros gênios fazerem o trabalho pesado: Bruce, Mick e Keith, Howlin' Wolf e vários outros. Então, se isso fosse um episódio, terminaria com uma música. E a música, na minha opinião, seria "(What If God Was) One Of Us?", de Joan Osborne. E o cenário — nunca fizemos isso, e você nunca ouviu falar disso — é que Tony estava, de alguma forma, perdido em Meadowlands. Ele não estava com o carro, a carteira e nem as chaves do carro. Eu me esqueço como ele chegou lá — houve algum tipo de encrenca —, mas ele não tinha nada no bolso além de alguns trocados. Ele não tinha os capangas com ele, ele não tinha a arma. E, assim, o chefe da máfia, Tony Soprano, tinha que ser um dos trabalhadores manuais, entrando na fila do ônibus. E do jeito que íamos filmar, ele ia entrar no ônibus, e a letra da música que tocaria nesse momento — não temos Joan Osborne para cantar — seria:

Se Deus tivesse um rosto, como seria?
E você iria querer ver
Se ver significasse que você tinha
que acreditar?
E sim, sim, Deus é grande.
Sim, sim, Deus é bom.
Sim, sim, sim.

Então Tony entrava no ônibus e se sentava lá, e o ônibus partia em uma grande nuvem de fumaça de diesel. E então a parte principal da letra começava a tocar, e seria:

E se Deus fosse um de nós?
Apenas um desajeitado como um
de nós?
Apenas um estranho no ônibus,
tentando voltar para casa.

E isso estaria tocando enquanto o foco estaria no seu rosto, Jimmy. Mas então — e é aí que fica meio estranho —, agora eu teria que atualizar, por causa dos eventos da semana passada. E eu deixaria a música tocar mais, e a letra seria:

Apenas tentando voltar para casa
Como uma pedra sagrada vagando.
De volta para o céu, sozinho.
Ninguém ligando no telefone.
Exceto pelo papa, talvez, em Roma.

Com amor,
David.

Agradecimentos

Obrigado a Terence Winter, Ilene Landress, Meredith Tucker, Tobe Becker, Diego Aldana, Angela Tarantino e Cecile Cross-Plummer por ajudarem a preencher as lacunas na memória de David Chase e na nossa. Obrigado aos nossos muitos chefes atuais e anteriores no *Star-Ledger*, *HitFix*, *Uproxx*, *New York Magazine/Vulture.com*, *RogerEbert.com* e *Rolling Stone* pelo apoio quando as peças de arquivo do livro estavam sendo escritas e/ou pela flexibilidade que nos deram para escrever as centenas de milhares de palavras de material novo. Obrigado a David Chase por vir para essas entrevistas, e a Denise Chase por acompanhar a maioria dessas maratonas de viagens pela memória.

Mais importante ainda, obrigado às nossas famílias por compreenderem todas as vezes que nos entregamos a essa jornada obsessiva, ou quando começamos a falar sobre Artie Bucco enquanto dormíamos.

Matt Zoller Seitz é crítico de televisão da revista *New York* e o editor geral da *RogerEbert.com*. É autor de *Mad Men Carousel* (Abrams, 2015) e dos best-sellers do *New York Times*, *The Wes Anderson Collection* (Abrams, 2013) e *The Wes Anderson Collection: Grand Budapest Hotel* (Abrams, 2015). Ele mora em Cincinnati e no Brooklyn.

Alan Sepinwall é o principal crítico de televisão da *Rolling Stone* e autor de *Breaking Bad 101* (Abrams, 2017). Ele também é autor de *The Revolution Was Televised* e, com Seitz, coautor do best-seller do *New York Times*, TV *(The Book)*. Ele mora em New Jersey.

CUCINA ITALOAMERICANA

the Sopranos

NEW YORK • NEW JERSEY

Receita Afetiva
Gabagool & Ziti

**PARA MARATONAR
E SABOREAR CADA
INGREDIENTE DE FAMÍLIA**

Sanduíche de Gabagool

(Capocollo com Provolone, Pimentões em Vinagre e Straciatella)

Ingredientes
1 xícara de vinagre branco ou vinagre de maçã
1 xícara de água
Sal a gosto
Açúcar a gosto
1/2 pimentão vermelho, cortado em tiras
1/2 pimentão amarelo, cortado em tiras
1 dente de alho, esmagado
1 folha de louro
Pimenta seca a gosto
Orégano seco a gosto
Grãos de pimenta-do-reino a gosto
1 pão tipo panino, fatiado e regado com azeite de oliva extra virgem
Provolone dolce em fatias finas a gosto
Carne de copa a gosto em fatias finas a gosto
Queijo straciatella ou burrata (opcional)

MODO DE PREPARO

1. Em uma panela, adicione o vinagre, a água, o sal e o açúcar. Leve à fervura, certificando-se de que o sal e o açúcar estejam dissolvidos.

2. Em um pote de 450ml coloque pedaços de pimentões, alho, folha de louro, pimenta seca, orégano e grãos de pimenta-do-reino. Amasse bem para gerar um líquido.

3. Em seguida, despeje o líquido quente no pote de vidro. Certifique-se de que tudo esteja completamente submerso.

4. Feche e deixe o pote esfriar antes de colocar na geladeira. Após 24 a 48 horas, pode ser consumido.

5. Coloque o pão fatiado na mesa. Adicione o queijo provolone e a carne de copa na metade inferior do pão. Acrescente os pimentões em vinagre e o queijo straciatella (se estiver usando) por cima.

Ziti ao forno

Ingredientes
450 gramas de macarrão ziti
Sal a gosto
Molho bolonhesa
Almôndegas
1 xícara de queijo parmesão ralado
1 xícara de queijo ricotta
250 gramas de queijo mozzarella

MODO DE PREPARO

1. Forre o fundo de uma travessa com molho de tomate e uma camada de ziti.
2. Despeje molho com almôndegas por cima e um terço do queijo ralado.
3. Depois, construa camadas, espalhando queijo ricota, pedaços de queijo mozzarella e queijo ralado, ziti e molho com almôndegas. Finalize com o restante do queijo ralado.
4. Cubra com papel alumínio e asse no forno a 160 °C por 45 minutos.
5. Deixe descansar por 15 minutos antes de servir.

Este livro é dedicado a todas as famílias de fãs de uma das séries que revolucionaram a forma de contar histórias na TV.

THE SOPRANOS

FEAR IS NATURAL ©MACABRA.TV   DARKSIDEBOOKS.COM